TEACHER'S EDITION

Chemins 3
FRENCH FOR A CONNECTED WORLD

Boston, Massachusetts

On the cover: Ornate shutters, Imperial Citadel of Hué, Vietnam.

Creative Director: José A. Blanco
Executive Vice President and General Manager of K12: Vincent Grosso
Editorial Director: Harold Swearingen
Managing Editor: Carol Shanahan
Editorial Development: Émilie Brodeur, Armando Brito
Project Management: Chrystie Hopkins, Rosemary Jaffe
Rights Management: Jorgensen Fernandez, Kristine Janssens, Annie Pickert Fuller
Technology Production: David Duque, Egle Gutiérrez, Lauren Krolick, Sandra Rojas
Design: Catalina Acosta, Paula Díaz, Radoslav Mateev, Gabriel Noreña, Andrés Vanegas
Production: Sebastián Díez, Oscar Díez, Andrés Escobar, Adriana Jaramillo, Daniel Lopera, Daniela Peláez

© 2023 by Vista Higher Learning, Inc. All rights reserved.

No part of this work may be reproduced or distributed in any form or by any means, electronic or mechanical, including photocopying and recording, or by any information storage or retrieval system without prior written permission from Vista Higher Learning, 500 Boylston Street, Suite 620, Boston, MA 02116-3736.

Student Text ISBN: 978-1-54336-231-2
Teacher's Edition ISBN: 978-1-54336-232-9
Library of Congress Control Number: 2021940100

1 2 3 4 5 6 7 8 9   TC   26 25 24 23 22 21

AP and Advanced Placement Program are registered trademarks of the College Board, which was not involved in the production of, and does not endorse, this product.

Printed in Canada

Contents

Teacher's Edition Front Matter

Chemins Program Scope & Sequence	T4
The VHL Story	T9
Articulation	T10
Technology	T12
Flexibility with **Chemins**	T14
Chemins Prime	T16
Walkthrough	T21
ACTFL World-Readiness Standards	T36
Teaching with **Chemins**	T37
Assessments with **Chemins**	T41
Index of AP® Themes & Contexts	T42

Student Edition Front Matter

Table of Contents of the Student Edition	iv
Maps	viii
Video	xv
Studying French	xvi
Getting Started	xxiii
Acknowledgments	xxv

Scope & Sequence: Chemins 1A & 1B

1A

Unité/Leçon	Mise en scène/Contextes	Structures	Culture/Panorama
Unité préliminaire			
	Greetings and introductions The French alphabet Popular French names Countries, capitals, and nationalities Classroom objects and school subjects Classroom expressions Days of the week and months of the year	Numbers 0–31 The verb **être**	**Le français dans le monde** **Le monde francophone**
Unité 1 Salut!			
Leçon 1A	Greetings and goodbyes Introductions and expressions of courtesy	Nouns and articles Numbers 0–60	Greetings and manners
Leçon 1B	People and things around the classroom	Subject pronouns and the verb **être** Adjective agreement	French identity and diversity **La France**
Unité 2 Au lycée			
Leçon 2A	Academic life	Present tense of regular **-er** verbs Forming questions and expressing negation	French school life
Leçon 2B	Everyday activities	Present tense of **avoir** Telling time	**Le bac** **Le Québec**
Unité 3 La famille et les copains			
Leçon 3A	Family, friends, and pets	Descriptive adjectives Possessive adjectives	Families in France
Leçon 3B	Descriptive adjectives Occupations	Numbers 61–100 Prepositions of location and disjunctive pronouns	Relationships **Le Maghreb**

1B

Unité/Leçon	Mise en scène/Contextes	Structures	Culture/Panorama
Reprise			
	A brief overview of the contexts and grammar from Level 1A		La communauté haïtienne aux États-Unis **La France, le Québec**, and **le Maghreb**
Unité 4 Au café			
Leçon 4A	Places and activities around town	The verb **aller** Interrogative words	Popular leisure activities
Leçon 4B	Going to a **café**	The verbs **prendre** and **boire**; Partitives Regular **-ir** verbs	**Café** culture **La France d'outre-mer**
Unité 5 Les loisirs			
Leçon 5A	Sports and leisure activities	The verb **faire** and expressions with **faire** Irregular **-ir** verbs	Soccer in the francophone world
Leçon 5B	Weather Seasons and months	Numbers 101 and higher Spelling-change **-er** verbs	**Le Tour de France** **Les Pays de la Loire** and **Le Centre-Val de Loire** **La Normandie** and **La Bretagne**
Unité 6 Les fêtes			
Leçon 6A	Parties and celebrations Stages of life	Demonstrative adjectives The **passé composé** with **avoir**	Le carnaval
Leçon 6B	Clothing and colors	Indirect object pronouns Regular and irregular **-re** verbs	Fashion **Paris**

Scope & Sequence: Chemins 1

1	Unité/Leçon	Mise en scène/Contextes	Structures	Culture/Panorama
	Unité préliminaire			
		Greetings and introductions The French alphabet Popular French names Countries, capitals, and nationalities Classroom objects and school subjects Classroom expressions Days of the week and months of the year	Numbers 0–31 The verb **être**	**Le français dans le monde** **Le monde francophone**
	Unité 1 Salut!			
	Leçon 1A	Greetings and goodbyes Introductions and expressions of courtesy	Nouns and articles Numbers 0–60	Greetings and manners
	Leçon 1B	People and things around the classroom	Subject pronouns and the verb **être** Adjective agreement	French identity and diversity **La France**
	Unité 2 Au lycée			
	Leçon 2A	Academic life	Present tense of regular **-er** verbs Forming questions and expressing negation	French school life
	Leçon 2B	Everyday activities	Present tense of **avoir** Telling time	**Le bac** **Le Québec**
	Unité 3 La famille et les copains			
	Leçon 3A	Family, friends, and pets	Descriptive adjectives Possessive adjectives	Families in France
	Leçon 3B	Descriptive adjectives Occupations	Numbers 61–100 Prepositions of location and disjunctive pronouns	Relationships **Le Maghreb**
	Unité 4 Au café			
	Leçon 4A	Places and activities around town	The verb **aller** Interrogative words	Popular leisure activities
	Leçon 4B	Going to a **café**	The verbs **prendre** and **boire**; Partitives Regular **-ir** verbs	**Café** culture **La France d'outre-mer**
	Unité 5 Les loisirs			
	Leçon 5A	Sports and leisure activities	The verb **faire** and expressions with **faire** Irregular **-ir** verbs	Soccer in the francophone world
	Leçon 5B	Weather Seasons and months	Numbers 101 and higher Spelling-change **-er** verbs	**Le Tour de France** **Les Pays de la Loire** and **Le Centre-Val de Loire** **La Normandie** and **La Bretagne**

Scope & Sequence: Chemins 2

	Unité/Leçon	Mise en scène/Contextes	Structures	Culture/Panorama
	Reprise			
		Review of Level 1 vocabulary	Review of Level 1 grammar	**Le monde francophone**
	Unité 1 Les fêtes			
	Leçon 1A	Parties and celebrations Stages of life	Demonstrative adjectives The **passé composé** with **avoir**	Le carnaval and holidays
	Leçon 1B	Clothing and colors	Indirect object pronouns Regular and irregular **-re** verbs	Fashion **Paris**
	Unité 2 En vacances			
	Leçon 2A	Travel and transportation	The **passé composé** with **être** Direct object pronouns	Cultural attractions in Belgium and France
	Leçon 2B	Hotels and accommodations	Adverbs and the verbs **dire**, **écrire**, and **lire** The **imparfait**	Vacations **La Belgique** **La Suisse**
	Unité 3 Chez nous			
	Leçon 3A	Parts of the house Furniture	The **passé composé** vs. the **imparfait** (Parts 1 and 2) The verb **vivre**	Housing in the francophone world
	Leçon 3B	Household chores	The **passé composé** vs. the **imparfait** (Summary) The verbs **savoir** and **connaître**	Household interiors **L'Afrique de l'Ouest**
	Unité 4 La nourriture			
	Leçon 4A	Food and meals	The verb **venir**, the **passé récent**, and time expressions The verbs **devoir**, **vouloir**, **pouvoir**	French gastronomy and the **Guide Michelin**
	Leçon 4B	Dining Specialty food shops	Comparatives and superlatives of adjectives and adverbs Double object pronouns	French meals and Vietnamese cuisine **La Polynésie française** **L'Asie du Sud-Est**
	Unité 5 La santé			
	Leçon 5A	Daily routine Parts of the body	Reflexive verbs Reflexives: **Sens idiomatique**	Healthcare in France
	Leçon 5B	Health, maladies, and remedies	The **passé composé** and **imparfait** of reflexive verbs The pronouns **y** and **en**	**La sécurité sociale** **La Nouvelle-Aquitaine** **L'Occitanie** **L'Auvergne-Rhône-Alpes**

Scope & Sequence: Chemins 3

Unité/Leçon	Mise en scène/Contextes	Structures	Culture/Panorama
Reprise			
	Review of Levels 1 and 2 vocabulary	Review of Levels 1 and 2 grammar	Le monde francophone
Unité 1 La technologie			
Leçon 1A	Technology and electronics	Prepositions with the infinitive Reciprocal verbs	Technology
Leçon 1B	Cars and driving	The verbs **ouvrir** and **offrir** **Le conditionnel**	Cars in France **L'Île-de-France**
Unité 2 En ville			
Leçon 2A	Errands and places around town	**Voir, croire, recevoir,** and **apercevoir** Negative/affirmative expressions	Small shops and markets
Leçon 2B	Giving and asking for directions	**Le futur simple** Irregular stems in the **futur simple**	Cities and towns **Haïti**
Unité 3 L'avenir et les métiers			
Leçon 3A	At the office Making phone calls	**Le futur simple** with **quand** and **dès que** The interrogative pronoun **lequel**	Summer jobs
Leçon 3B	Professions	**Si** clauses Relative pronouns **qui, que, dont, où**	Unions and strikes **L'Afrique Centrale**
Unité 4 L'espace vert			
Leçon 4A	Environmental concerns	Demonstrative pronouns The subjunctive (Part 1)	The ecological movement in France
Leçon 4B	Nature	The subjunctive (Part 2) Comparatives and superlatives of nouns	National parks **Provence-Alpes-Côte d'Azur** **La Corse**
Unité 5 Les arts			
Leçon 5A	Performance arts	The subjunctive (Part 3) Possessive pronouns and **être à (quelqu'un)**	Theater in France
Leçon 5B	Literary arts TV and movies	The subjunctive (Part 4) Review of the subjunctive	Haitian painting **La Bourgogne-Franche-Comté** **Le Grand Est et Les Hauts-de-France**

Scope & Sequence: Chemins 4

4	Unité	Contextes	Structures	Imaginez/Culture	Court métrage/Littérature
	Reprise				
		Review of Levels 1, 2 and 3 vocabulary	Review of Levels 1, 2 and 3 grammar		
	Unité 1 Ressentir et vivre				
		Relationships	Spelling-change verbs The irregular verbs **être**, **avoir**, **faire**, and **aller** Forming questions	Les États-Unis Les francophones d'Amérique	**Court métrage:** *Foudroyés* **(France)** **Littérature:** *Il pleure dans mon cœur* de Paul Verlaine
	Unité 2 Habiter en ville				
		Towns and cities	Reflexive and reciprocal verbs Descriptive adjectives and adjective agreement Adverbs	La France Rythme dans la rue: La fête de la Musique	**Court métrage:** *J'attendrai le suivant* **(France)** **Littérature:** *Tout bouge autour de moi* de Dany Laferrière
	Unité 3 L'influence des médias				
		News and media	The **passé composé** with **avoir** The **passé composé** with **être** The **passé composé** vs. the **imparfait**	Le Québec Le paysage musical au Québec	**Court métrage:** *Le Technicien* **(Canada)** **Littérature:** *La game a changé* de Marie-France Bazzo
	Unité 4 La valeur des idées				
		Human rights Politics	The **plus-que-parfait** Negation and indefinite adjectives and pronouns Irregular **-ir** verbs	Les Antilles Haïti, soif de liberté	**Court métrage:** *L'hiver est proche* **(France)** **Littérature:** *Discours sur la misère* de Victor Hugo
	Unité 5 La société en évolution				
		Diversity Social change	Partitives The pronouns **y** and **en** Order of pronouns	L'Afrique de l'Ouest Le numérique fait bouger les écoles africaines	**Court métrage:** *Le Bout de la piste* **(France)** **Littérature:** *Le Marché de l'espoir* de Ghislaine Sathoud
	Unité 6 Les générations qui bougent				
		Families Stages of life	The subjunctive: impersonal expressions; will, opinion, and emotion Demonstrative pronouns Irregular **-re** verbs	L'Afrique du Nord et le Liban Jour de mariage	**Court métrage:** *Le Monde du petit monde* **(France)** **Littérature:** *Mon père en doute encore* de Saphia Azzedine
	Unité 7 À la recherche du progrès				
		Technology and inventions The sciences	The comparative and superlative of adjectives and adverbs The **futur simple** The subjunctive with expressions of doubt and conjunctions; the past subjunctive	La Belgique, la Suisse, et le Luxembourg CERN: À la découverte d'un univers particulier	**Court métrage:** *Le Manie-Tout* **(France)** **Littérature:** *Aude Billard, au cœur des robots qui devraient bientôt soulager les humains* de Anouch Seydtaghia
	Unité 8 S'évader et s'amuser				
		Leisure activities Sports	Infinitives Prepositions with geographical names The **conditionnel**	L'océan Indien La Réunion, île intense	**Court métrage:** *Le Ballon prisonnier* **(France)** **Littérature:** *Le Football* de Sempé-Goscinny
	Unité 9 Perspectives de travail				
		At the office Banking and finances	Relative pronouns The present participle Irregular **-oir** verbs	L'Afrique Centrale Des Africaines entrepreneuses	**Court métrage:** *La Répétition* **(France)** **Littérature:** *Les Tribulations d'une caissière* de Anna Sam
	Unité 10 Les richesses naturelles				
		Nature The environment	The past conditional The future perfect **Si** clauses	La Polynésie française, la Nouvelle-Calédonie, l'Asie Les richesses du Pacifique	**Court métrage:** *Un héros de la nature gabonaise* **(Gabon)** **Littérature:** *Baobab* de Jean-Baptiste Tati-Loutard

VHL Story

The Vista Higher Learning Difference

As a specialized publisher, we focus on what we love and do best—developing language materials that get teachers and students as excited about language and culture as we are. Our singular focus has been on creating the highest-quality, integrated print and digital solutions that meet the needs of all language learners—from those learning a new language, improving a second language, or perfecting their native language.

What does that mean for you?

- Unparalleled service from day one, including personalized training by nationally-renowned language educators.
- Superior technology support to ensure that your classes run smoothly throughout the year.
- Seamless integration of technology, content, and resources to ensure success for you and your students.

"My **Vista Higher Learning rep** is absolutely fantastic. He is **responsive to the needs** of my department and colleagues."

Sally Sefami, Sage High School
Newport Coast, CA

VISTA
HIGHER LEARNING

Articulation

French as a World Language
Sequence of Study

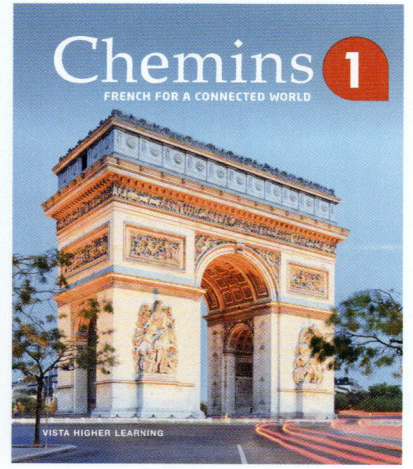

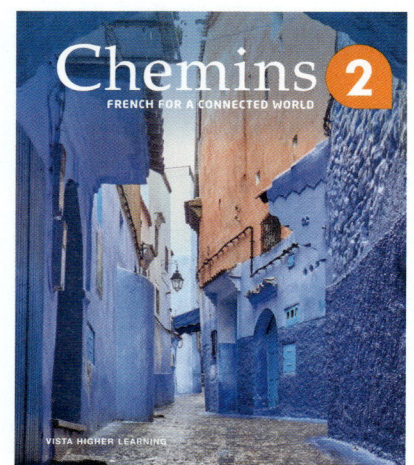

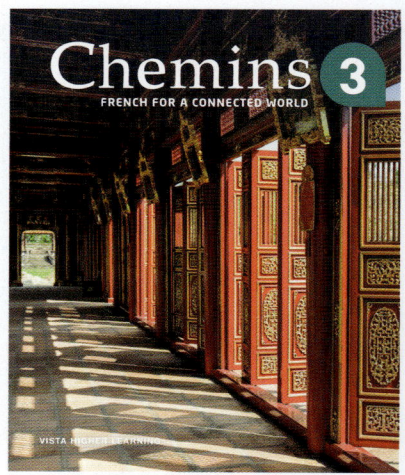

Year 1　　　　　　　　　　Year 2　　　　　　　　　　Year 3

- Sequenced instruction builds interpretive, interpersonal, and presentational communication skills
- Consistent pedagogy enables a seamless transition from year to year

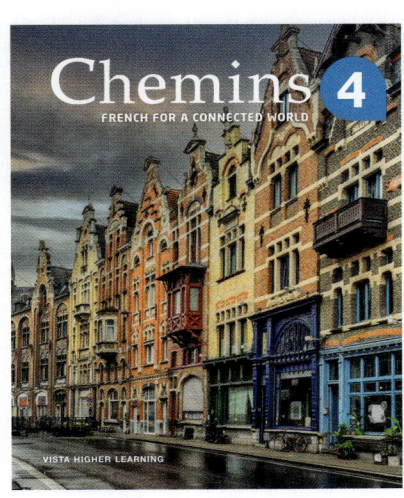

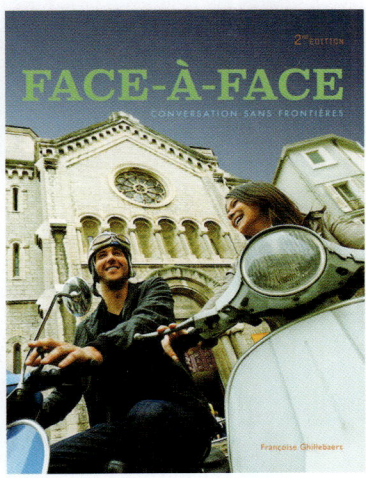

Year 4 **AP®** **Advanced**

- Focus on personalized language learning enhances the student experience
- A technology platform built specifically for world language education—vhlcentral

Technology

Learning is just a click away

Discover the vhlcentral—the only online learning environment created specifically for world language acquisition.

vhlcentral

For students

Plenty of Practice

Learning a new language takes practice. With vhlcentral, students have hundreds of program-specific, thematically based, and carefully scaffolded practice activities right at their fingertips.

Safe Environment

Language learning can be intimidating for many students. With its uncluttered interface, innovative tools, and seamless textbook-technology integration, vhlcentral will help you reach students and build their love of language in a safe digital space.

Engaging Media

Episodic storyline videos, authentic short films, synchronous video chat activities, audio-sync readings, and audio by native speakers... vhlcentral has it all.

750,000+
secondary student enrollments per year

OVER
550,00
average daily activity submissions

> "Everything about the VHL's online learning environment is tremendously engaging and appealing to the students."
>
> Richard Mcmullan
> Wylie E Groves High School

For teachers

Time-Saving Tools

No need to spend your time hunting down authentic materials…finding the perfect video…crafting scaffolded activities…creating assessments…or grading homework. We've done the heavy lifting for you, providing everything you need to plan, prepare, teach, and assess.

Powerful Course Management

Choose what you use and how you use it. With vhlcentral, you can easily shape our curriculum to fit your instructional goals and teaching preferences. Plus, you can monitor student progress, communicate securely with individual students or the entire class, and track and report on student effort and outcomes.

Enhanced Support

Get all the guidance you need to use vhlcentral to its fullest potential—from face-to-face presentations and training webinars by fellow educators to pre-recorded videos on a variety of topics.

Plus!
Monthly News and Cultural Updates

Receive monthly links to carefully curated authentic resources from across the French-speaking world. From online newspaper articles to TV news segments, each source is chosen for its age-appropriate content, currency, and high interest to students. Each selection includes scaffolded pre-, during, and post-reading and viewing activities for a wide range of learning abilities.

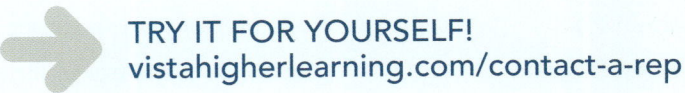

TRY IT FOR YOURSELF!
vistahigherlearning.com/contact-a-rep

Flexibility with Chemins

Chemins vs. Chemins
PRIME Supersite

At Vista Higher Learning, we recognize that classrooms and districts across the country are implementing technology at varying rates. That's why we offer two levels of technology with **Chemins Prime** or **Supersite**. Regardless of a school's resources and readiness, **Chemins** is the perfect fit with any curriculum and infrastructure. It meets customers where they are, and will take them where they want to be.

For the Teacher

COMPONENT	WHAT IS IT?	PRIME	Supersite
Teacher's Edition	Teacher support for core instruction	•	•
Activity Pack (with Answer Key)	Supplementary activities for levels 1, 2 and 3, including: • Additional structured language practice • Additional activities using authentic sources • Communication activities for practicing interpersonal speaking • Lesson review activities	•	•
Audio and Video Scripts	Scripts for all audio and video selections: • Textbook audio • Video Virtual Chat scripts • *Cahier de l'élève* audio • *Roman-photo*, *Le Zapping*, and *Flash culture* • Assessment Program audio • Grammar Tutorials	•	•
Cahier de l'élève Teacher's Edition	Workbook with overprinted answers		•
Digital Image Bank	Images and maps from the text to use for presentation in class, plus a bank of illustrations to use with the Instructor-Created Content tool	•	•
Digital Integrated Performance Assessment	IPAs can be assigned and completed digitally	•	
Grammar Presentation Slides	Grammar presentation reformatted in PowerPoint	•	•
I Can Worksheets	Unit Objectives broken down by section and written in student-friendly "I Can" statement format	•	•
Implementation Guides	In-depth support for every stage of instruction—from planning and implementation, to assessment and remediation	•	
Index to AP® Themes and Contexts	Overview chart showing where you can explore the various themes and contexts with students	•	•
Learning Templates	Pre-built syllabi that provide you with flexible options to suit your On-level and Above-level classes	•	
Lesson Plans	Editable block and standard schedules	•	•
Middle School Activity Pack (with Answer Key)	Hands-on vocabulary and grammar practice designed for younger learners, but effective for kinesthetic instruction for levels 1A, 1B, and 1	•	•
Pacing Guides	Guidelines for how to cover the level's instructional material for a variety of scenarios (standard, block, etc.)	•	•
Program Audio	Audio files for all textbook and *Cahier* audio activities	•	•
Assessment Program (with Answer Key)	Quizzes, tests, and exams; includes downloadable IPAs with grading rubrics	•	•
Assessment Program Audio	Audio to accompany all tests and exams	•	•

For the Student

COMPONENT	WHAT IS IT?	PRIME	Supersite
Student Edition	Core instruction for students	•	•
Cahier de l'élève	Student workbook with listening and writing practice	•	•
Audio-synced Readings	Audio to accompany all *Lecture* selections	•	•
Dictionary	Easy digital access to dictionary	•	•
eBook	Downloadable Student Edition	•	•
eCompanion	Online version of the Student Edition	•	
Enhanced Diagnostics	Embedded assessment activities provide immediate feedback to students	•	
Flash culture Video	Young broadcasters from the French-speaking world share cultural aspects of life	•	•
Grammar Tutorials	Animated tutorials pair lesson concepts with fun examples and interactive questions that check for understanding		•
Grammar Tutorials with Diagnostics	Interactive tutorials featuring embedded quick checks and multi-part diagnostics with real-time feedback and remediation	•	
Group Chats	Small groups of students work synchronously to record a conversation in the target language	•	
Interactive Maps	Maps with embedded audio and images	•	•
Learning Progression	Unique learning progression logically contextualizes lesson content	•	
Le Zapping Video	Authentic TV clips from across the French-speaking world	•	•
My Vocabulary	A variety of tools to practice vocabulary	•	•
News and Cultural Updates	Monthly posting of authentic resource links with scaffolded activities	•	•
Online Information Gap Activities	Student pairs work synchronously to record a conversation as they negotiate for meaning to complete a task	•	
Panorama culturel Video	Short videos showcase the nations of the French-speaking world	•	•
Partner Chat Activities	Pairs of students work synchronously to record a conversation in the target language	•	•
Personalized Study Plan	Personalized prescriptive pathway highlights areas where students need more practice	•	
Practice Tests with Diagnostics	Students get feedback on what they need to study before a test or exam	•	•
Pronunciation Tutorials	Interactive presentation of French pronunciation and spelling with Speech Recognition	•	
Roman-photo Video	Engaging storyline video	•	•
Speech Recognition	Innovative technology analyzes students' speech and provides real-time feedback	•	
vText (online textbook)	Virtual interactive textbook for browser-based exploration	•	•
Video Record and Submit	Create and upload video responses	•	
Video Virtual Chat Activities	Students create simulated conversations by responding to questions delivered by video recordings of native speakers	•	•
Vocabulary Presentation (Interactive)	Vocabulary presentation with embedded audio	•	
Vocabulary Tutorials (Interactive)	Lesson vocabulary taught in a cyclical learning sequence—Listen & repeat, Match, Say it—with Speech Recognition and diagnostics	•	
Web-enhanced Readings	Dynamic presentation with audio	•	

Chemins Prime

Teacher-Driven Technology

Chemins Prime allows your unique teaching style to shine through. Use the powerful Assignment Wizard to build courses quickly and easily to meet the needs of each classroom. With this program, you'll have the time and flexibility to create and incorporate your own activities, videos, assignments, and assessments. Adding your own voice is easy—and your students will hear your unique accent loud and clear.

With integrated content, comprehensive resources, and innovative tools, **Chemins Prime** online provides everything you need to engage students and support language learning—all while making instruction easier.

A powerful setup wizard lets you customize your course settings, copy previous courses to save time, and create your all-in-one gradebook. Grades for teacher-created assignments (pop-quizzes, class participation, etc.) can be incorporated for a true, up-to-date cumulative grade.

So what are Learning Templates? Learning Templates are pre-built lesson plans that provide flexible options to suit different level learners in your classes.

Once you've selected a Learning Template as a base for your course, **Chemins Prime** will automatically set all of the assignments for the entire year, as well as create your gradebook. You can then add or delete activities, change due dates, and customize assessments.
You can even add your own personal touches, including activities, videos, and notes to students.

Administer pre-built online quizzes and tests or develop your own—such as open-ended writing prompts or chat activities.
You can also add your own text reference, image reference, or word bank to a section of a test.

Student-Directed Learning

To effectively learn a new language, students need opportunities for meaningful practice—both inside and outside of the classroom. **Chemins Prime** provides students with the interactive tools and engaging content they need to stay motivated and on track throughout the school year.

Chemins Prime is unique in its organization and delivery of lesson content. Each color-coded strand features a progression that contextualizes the learning experience for students by breaking lesson content into comprehensible chunks.

Explore and Learn

Explore and Learn activities engage students, so they can actively learn and build confidence in a safe online environment. With these low-stakes assignments, students receive credit for participation, not performance.

Explore

Explore activities activate students' prior knowledge and connect them with the material they are about to learn.

Contextes Explore features a multimodal presentation with audio, text, brand new illustrations, and contemporary photos that immerses students in an engaging learning environment.

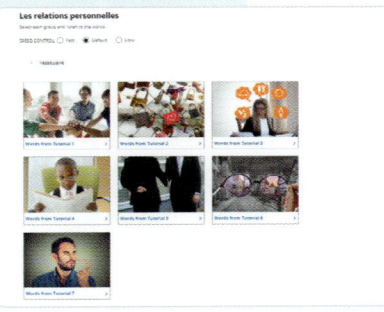

Roman-photo Explore mini video clips, in an easy-to-follow storyboard format, set the context for the entire episode.

Structures Explore features carefully designed charts and diagrams that call out key grammatical structures as well as additional active vocabulary. Audio and point-of-use photos from the Vocabulary Tutorials and *Roman-photo* episode provide additional context.

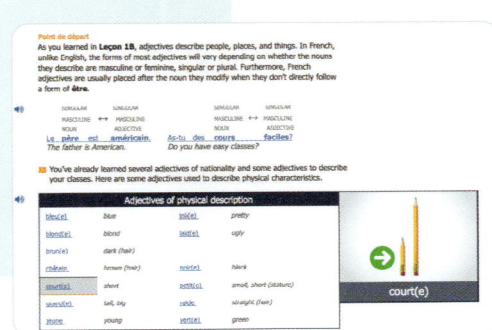

Chemins Prime

Learn

Learn activities shift from receptive to interactive, inviting students to be active participants and take ownership of their learning. Embedded quick checks give students immediate feedback, without grading or demotivating them.

Speech Recognition, embedded in the Vocabulary Tutorials, Pronunciation Tutorials, and *Roman-photo*, identifies student utterances in real time and objectively determines whether a student knows the word.

This innovative technology increases student awareness of pronunciation through low-stakes production practice.

Vocabulary Tutorials with Speech Recognition feature a cyclical learning sequence that optimizes comprehension and retention:

- **Listen & repeat:** Connects words with their sound and a visual.
- **Match:** Show comprehension of a word by choosing an image.
- **Say it:** Using Speech Recognition, students say the word or phrase for each image to check understanding.

Audio hints and cognate/false cognate icons help students understand and remember new vocabulary.

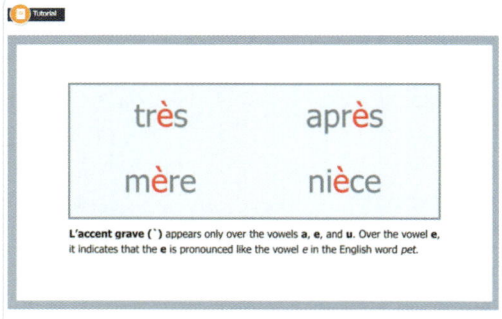

Pronunciation Tutorials require students to engage with the material via interactive quick checks throughout each tutorial.

Real-time feedback via embedded **Speech Recognition** gives students an opportunity to reflect on their language patterns and increases their awareness of pronunciation for more effective speaking and listening skills.

Learn

Culture à la loupe features a dynamic web-enhanced presentation of the reading with audio to engage 21st-century learners.

The all-new **Panorama culturel** videos provide authentic visuals and voice-over narration for select paragraphs on the Panorama spreads. Each interactive video contains an integrated viewing activity that checks comprehension in a low-stakes setting and prepares students for deeper reflection.

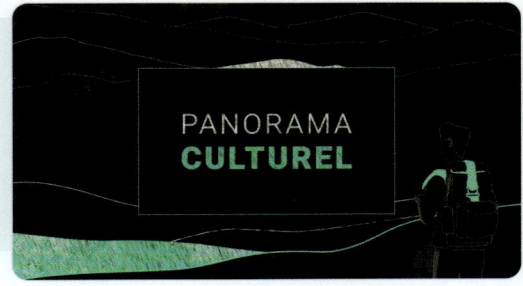

Practice

Practice activities are carefully scaffolded—moving from discrete to open-ended—to support students as they acquire new language. This purposeful progression develops students' confidence and skills as they master new vocabulary and structures.

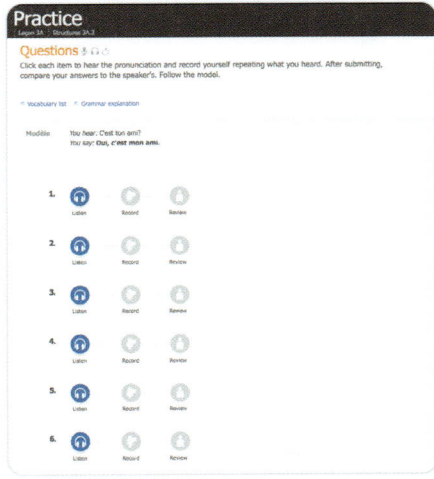
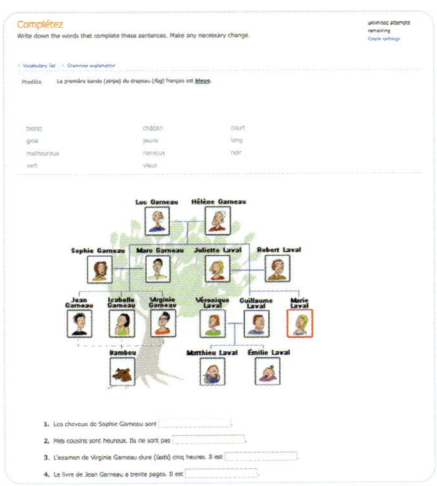

Chemins Prime

Communicate

Communicate activities provide opportunities for students to develop their oral skills and build confidence. Scaffolded activities expand on the three modes of communication: interpretive, interpersonal, and presentational.

Online Information Gap activities engage student partners in interpersonal communication as they negotiate meaning to solve a real-world task.

Partner and Group Chats Students work synchronously—in pairs or small groups—to record a conversation in the target language. These collaborative activities allow for spontaneous and creative communication.

Video Record and Submit This feature allows students to create and upload video responses.

Self-check

Self-check activities enable students to gauge their performance every step of the way. These low-stakes activities feature real-time feedback and personalized remediation that highlights areas where students may need more practice.

Évaluation personnelle is a self-check activity that provides students with low-stakes diagnostic opportunities for each vocabulary and grammar section. Depending on their performance, students are provided with opportunities for review.

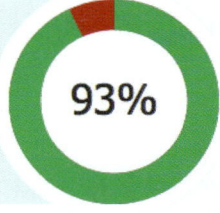

Assessment

A variety of formative and summative assessments allow for varied and ongoing evaluation of student learning and progress. Tailor these assessments to meet the needs of your students.

Épreuve diagnostique is a multi-question practice test in the *Révision* section of each B lesson that provides students with a low-stakes opportunity for assessing their knowledge of the vocabulary and grammar points covered in each unit.

A **Personalized Study Plan** highlights areas where students need additional support and recommends remediation activities for completion prior to the unit test.

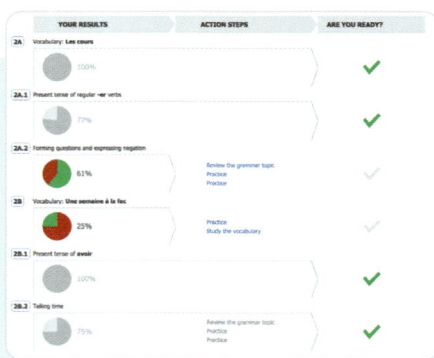

Walkthrough

Six-step instructional design

Chemins is built around Vista Higher Learning's proven six-step instructional design. Each unit is organized into color-coded strands that present new material in clear, comprehensible, and communicative ways. With a focus on personalization, authenticity, cultural immersion, and the seamless integration of text and technology, language learning comes to life in ways that are meaningful to each and every student.

1. Context
Provide students with a place to start. Let them share their own experiences with and about the unit topic.

2. Vocabulary
Give students a new linguistic code to express what they already know and experience in the context of the unit theme.

3. Media
Once students see that French is a tool for expressing their own ideas, media helps them relate their own experiences to those of native speakers.

4. Culture
Bring students into the experience of contemporary French-speaking culture as seen from the perspective of those living it.

5. Structure
The formal presentation of relevant grammar and scaffolded, personalized activities help students leverage grammar as a tool for building confidence, fluency, and accuracy.

6. Synthesis
Pulling everything together, students integrate context, personal experience, communication tools, and cultural products, perspectives, and practices.

Walkthrough

Beginning with the student in mind

La technologie | Unité 1

Essential Question
How does technology influence human interactions and our means of transportation?

Can-Do Goals
By the end of this unit, you will be able to:
- Talk about electronics and how you communicate using technology
- Talk about cars, traffic, and driving
- Express complex and reciprocal actions
- Say what you would do and make polite requests

Culture
- Technology, cars, and driving in the francophone world
- Geography and culture of the Île-de-France region

Strategies
- **Listening:** Guessing the meaning of words through context
- **Reading:** Recognizing the purpose of a text
- **Project:** Organizing information using note cards

Pour commencer
- Que fait le jeune sur la photo? Il regarde son téléphone.
- Comment est l'espace où le jeune se trouve? Il est moderne. Il a beaucoup de couleurs.

All units open with images that provide visual context for the unit theme.

Each unit provides a thought-provoking **Essential Question** connecting the lesson's content to contemporary life.

Can Do Goals introduce the unit's learning objectives.

Pour commencer jump-starts the unit, allowing students to use the French they know to talk about the photo.

Setting the stage for student success

Rappelez-vous! recycles vocabulary from previous units in a new meaningful context.

Using cognates in context helps students build cross-language and induction skills.

Mots apparentés empowers students by introducing the new theme in a narrative context.

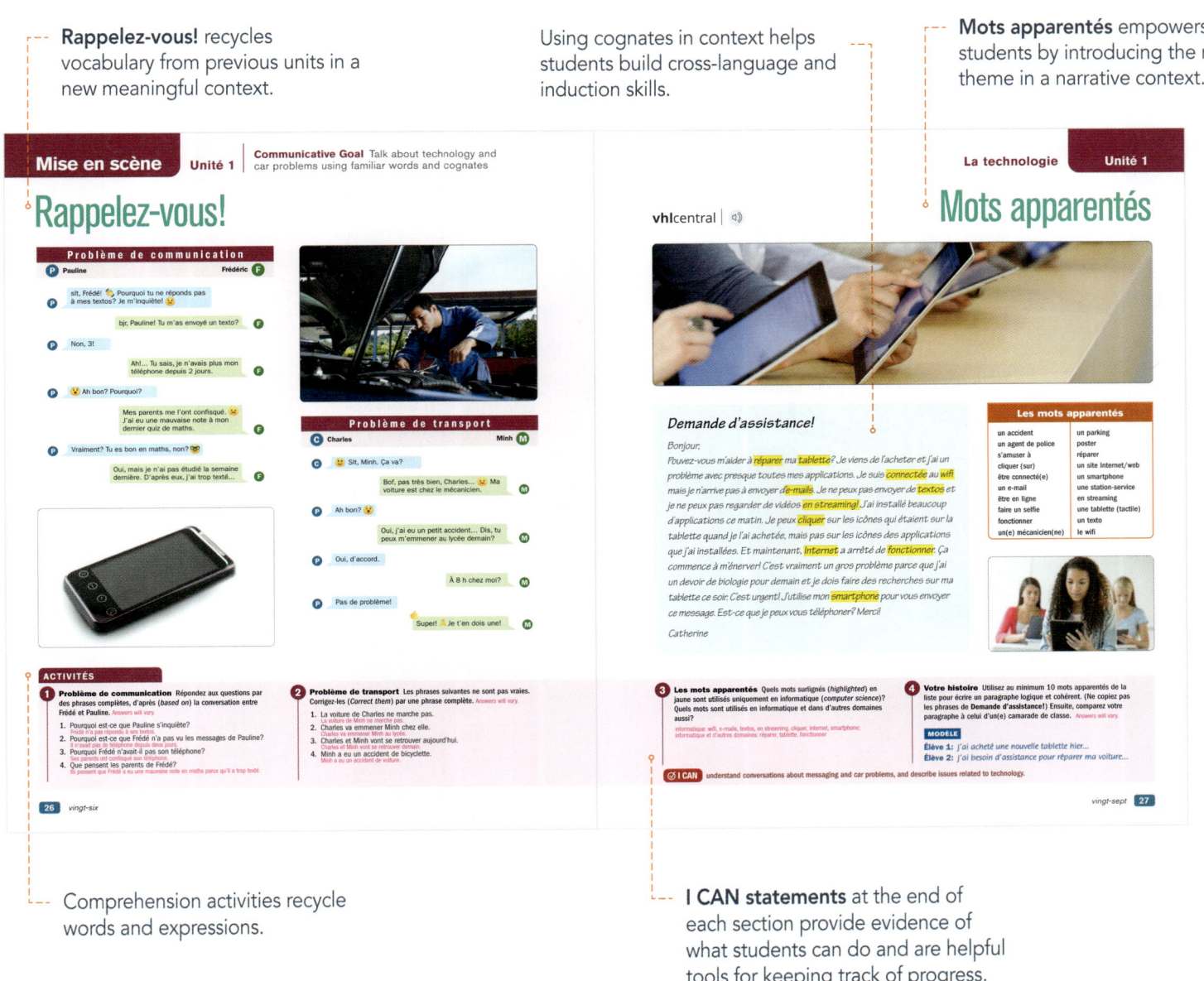

Comprehension activities recycle words and expressions.

I CAN statements at the end of each section provide evidence of what students can do and are helpful tools for keeping track of progress.

Walkthrough

Setting the stage for communication

Communicative Goals encourage students to anticipate the section's objectives, showing them what communicative skills they can expect to be able to perform upon completing the section.

Theme-related vocabulary is introduced through full-color, expansive illustrations and easy-to-use reference lists.

Mise en pratique starts the lesson's activity sequence with controlled practice.

Interactive Vocabulary Tutorials provide multisensory practice that adapts to each student. A game-like cumulative matching activity, *Les deux font la pare*, expands vocabulary practice.

Chemins Prime also includes:
- Audio recordings of all vocabulary items
- Vocabulary Tools flashcards and customizable study lists with audio
- Audio for Contextes listening activity
- Textbook activities
- Additional activities for extra practice

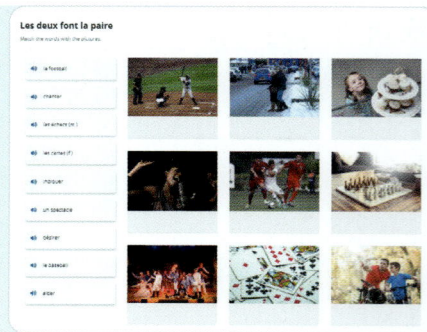

Engaging students in active communication

The **Communication** section includes communicative activities that allow students to use the vocabulary creatively in interactions with a partner, a small group, or the entire class.

Les sons et les lettres presents the rules of French pronunciation and spelling.

The audio icon at the top of the page indicates when an explanation and activities are recorded.

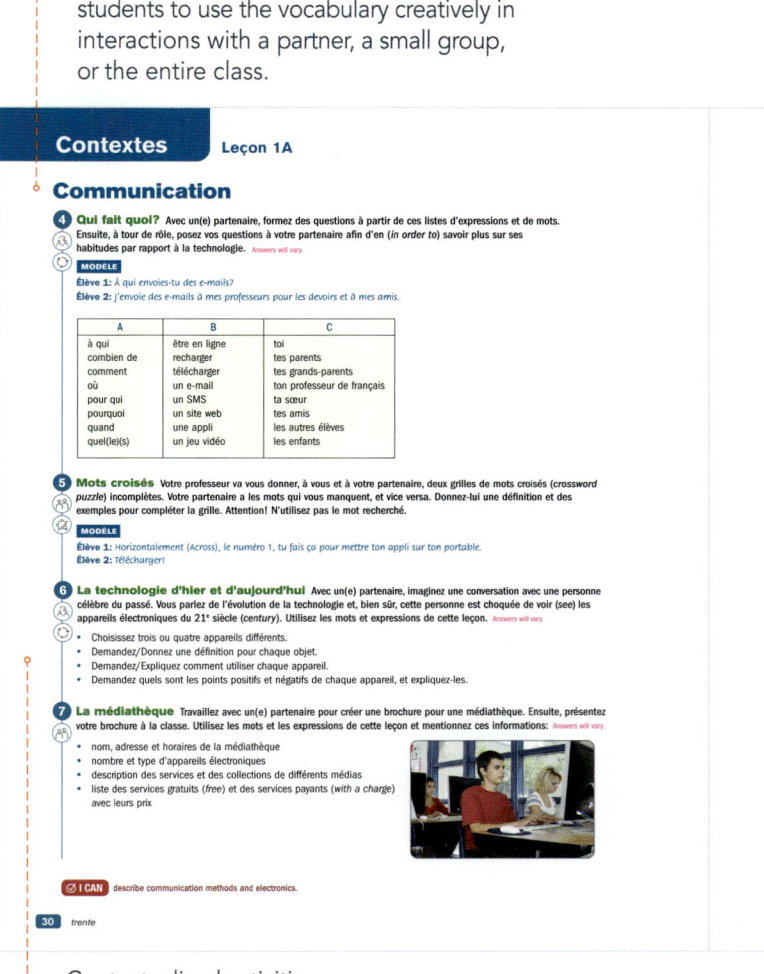

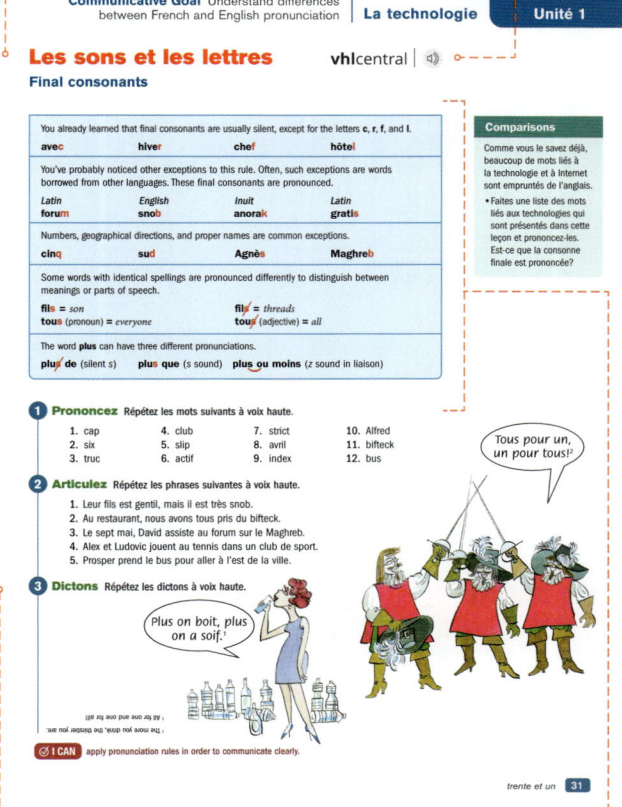

Contextualized activities encourage interaction and communication.

The last activity features illustrative sayings and proverbs to practice the pronunciation or spelling point in an entertaining cultural context.

An abundance of model words and phrases focus students' attention on the target sounds and letters.

Video Virtual Chats Students create simulated conversations by responding to questions delivered by video recordings of native speakers. Students benefit from non-verbal and articulatory cues—essential for production and pronunciation.

Pronunciation Tutorials provide audio in an interactive activity so students can practice independently

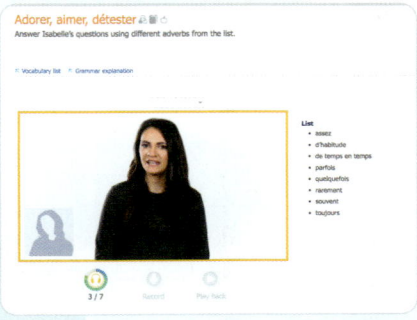

Teacher's Edition • Walkthrough   T25

Walkthrough

Media bridges language and culture

Follow characters through all the levels of **Chemins.**

The **Roman-photo** storyline video brings lesson vocabulary and grammar to life. Students experience local life with a group of students living in Aix-en-Provence, France.

Products, practices, and perspectives are featured in every episode.

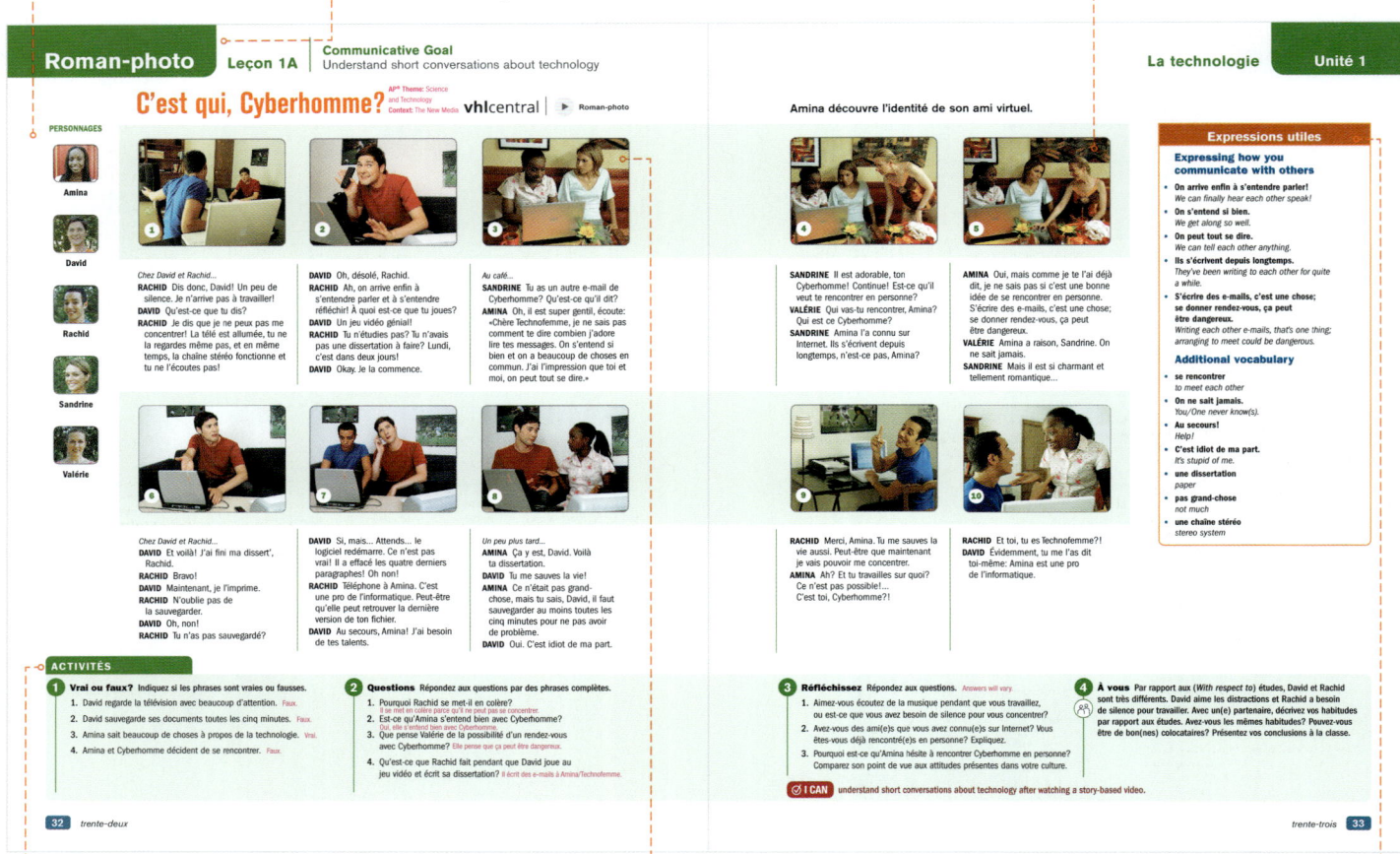

Activities feature comprehension questions, communicative tasks, and research-based tasks.

The easy-to-follow storyboard sets the context for the video, while the dialogue reinforces the lesson's vocabulary and previews the language structures that will be covered later in the lesson.

Expressions utiles organizes the most important words and expressions from the episode by language function, showing how students can apply them in real, practical ways.

Roman-photo Episodes bridge language and culture, providing a glimpse into everyday life in the French-speaking world. Each dramatic segment presents and reviews vocabulary and structures in accurate cultural contexts for effective training in both comprehension and personal communication.

Culture
presented in context

Culture à la loupe explores a topic related to the lesson theme with in-depth cultural information on related products, practices, and perspectives.

Portrait features francophone personalities, places, and customs that are of interest to students.

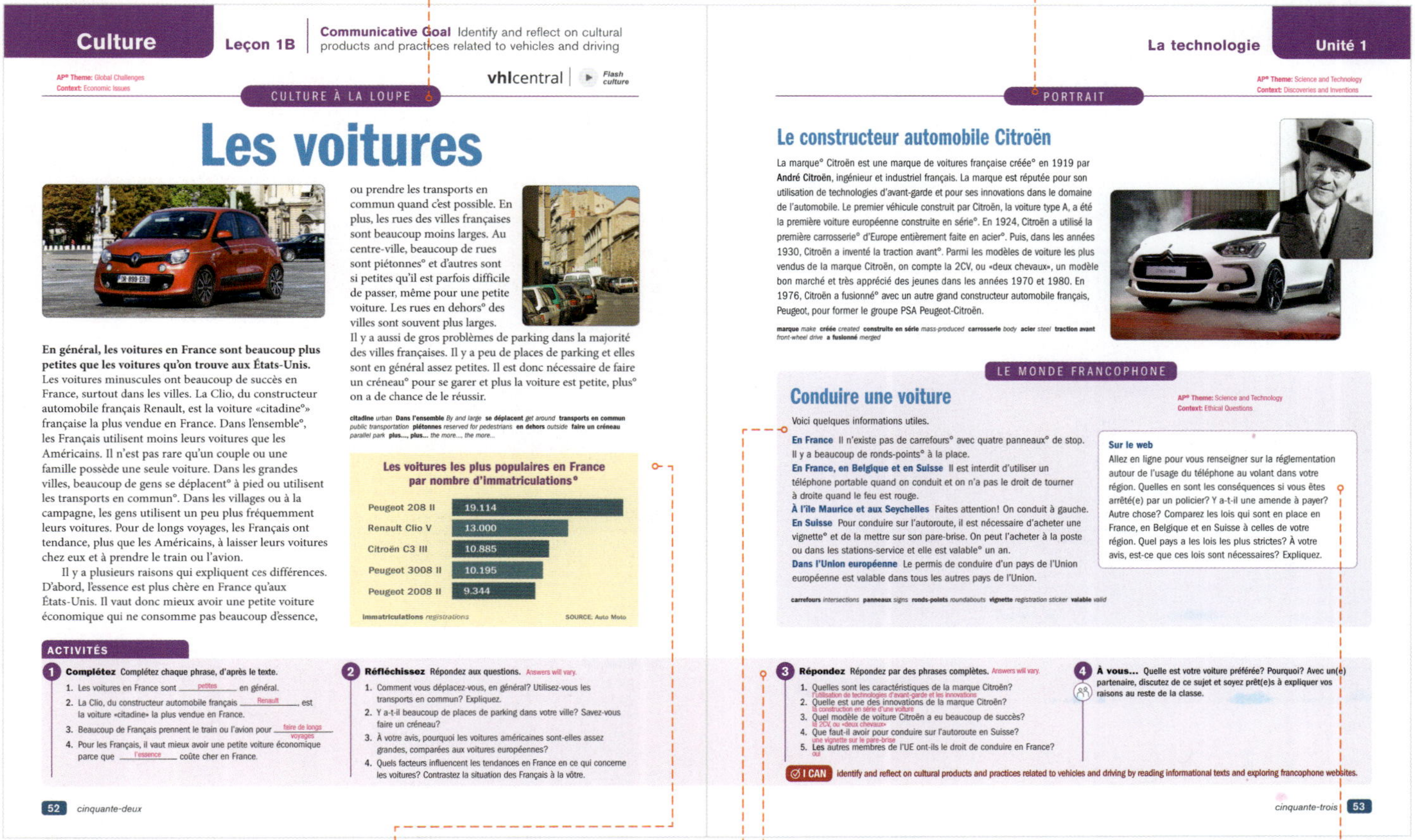

Graphs with statistics and/or intriguing facts support and extend the theme-based information.

Le monde francophone continues the exploration of the lesson's cultural theme,

Comprehension activities solidify learning.

Sur le web features additional cultural explorations online.

For Prime users, **Culture à la loupe** features audio and additional cultural photos in a dynamic web-enhanced presentation of the reading.

News and Cultural Updates provide real-world connections to language and culture via authentic articles and videos. From online newspaper articles to TV news segments, each source is chosen for its high interest to students. All selections include scaffolded pre-, during, and post-reading and viewing activities.

News and Cultural Updates

STRANDS

| September
| October

Walkthrough

Grammar
as a tool not a topic

The **Structures** sections include two grammar points per lesson, each with an explanation and practice activities.

Carefully designed charts and diagrams call out key grammatical structures and forms, as well as important related vocabulary.

Assign **Vérifiez** activities online to give students practice with discrete grammar concepts before they move on to the main practice sequence.

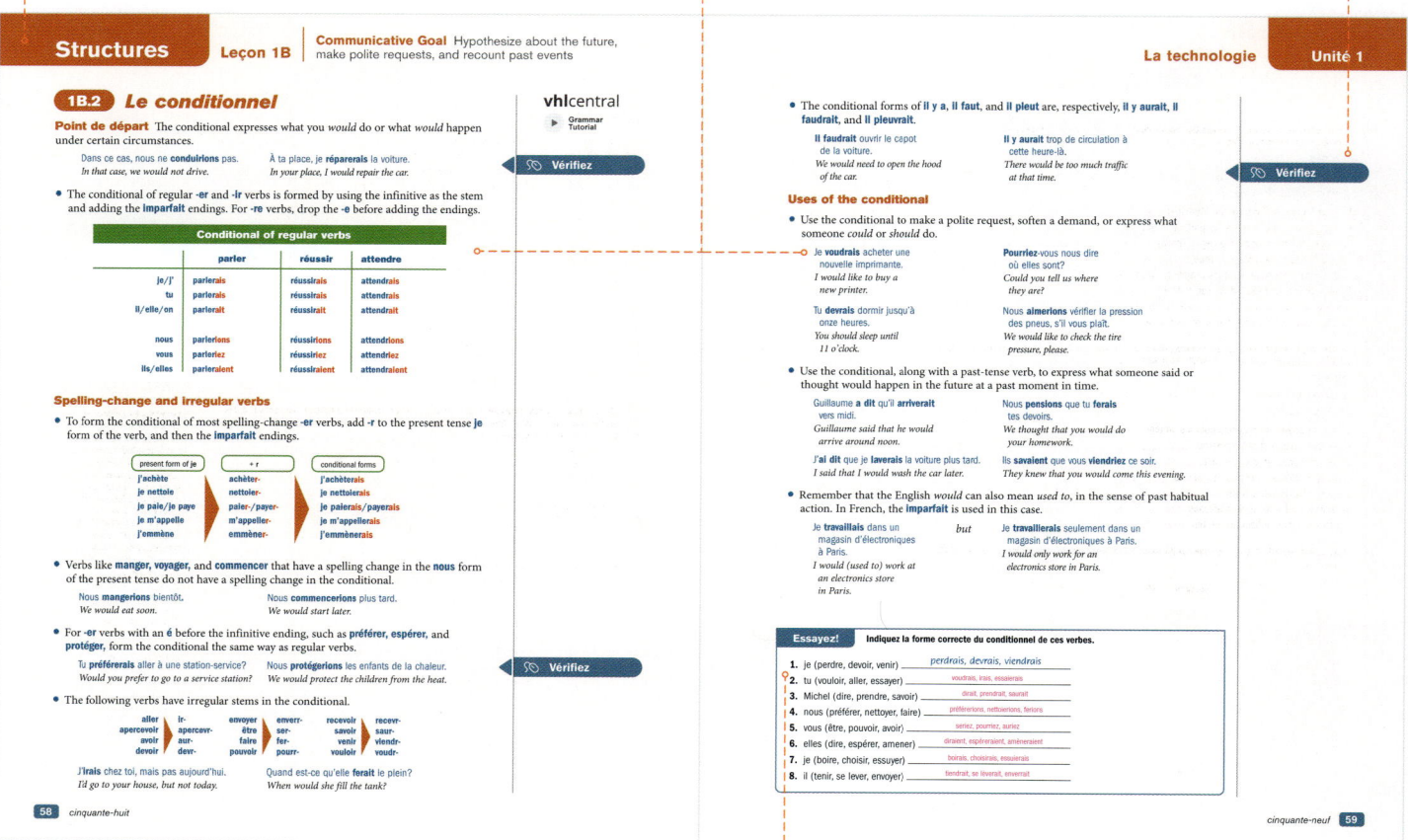

Essayez! offers students their first comprehensive practice of each new grammar point.

Animated Grammar Tutorials feature guided instruction with interspersed quick checks to keep students on track and ensure comprehension. *Le professeur* provides a humorous, engaging, and relatable twist to grammar instruction.

T28 Teacher's Edition • Walkthrough

Carefully scaffolded activities

Mise en pratique includes contextualized, sequenced activities that practice all the forms and structures in the grammar presentation.

Communication features pair and group activities for interpersonal and presentational communicative practice.

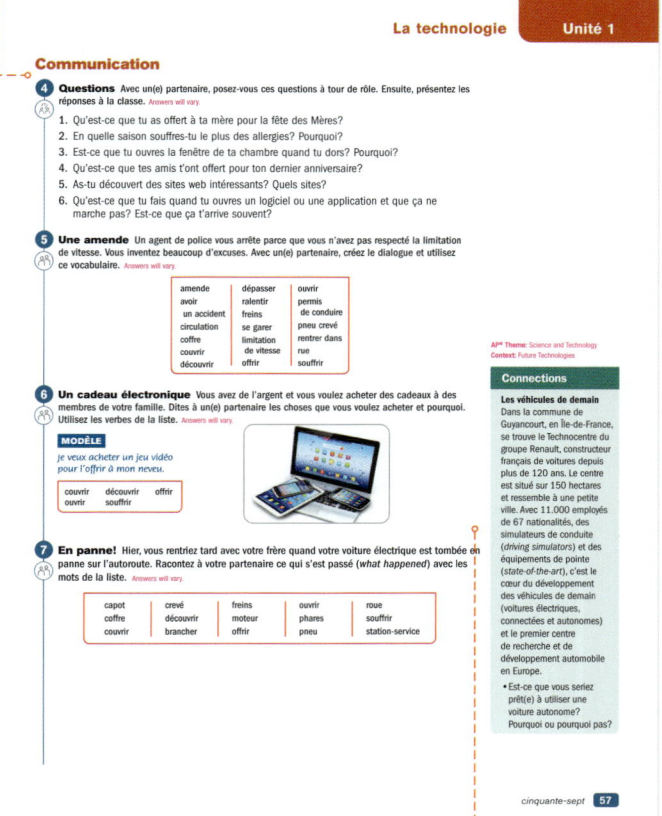

The new ACTFL Standards-based boxes provide relevant cultural and cross curricular information related to the content.

Partner Chat activities enable students to work in pairs to synchronously record a conversation in the target language to complete a specific activity. This collaboration facilitates spontaneous and creative communication in a safe environment.

Teacher's Edition • Walkthrough   T29

Walkthrough

Targeted review and recycling

Révision activities integrate the lesson's two grammar points with previously learned vocabulary and structures, providing consistent, built-in review and recycling as students progress through the text.

Interpersonal activities encourage students to demonstrate proficiency with the lesson's vocabulary and grammar.

Synthèse — Leçon 1B

Révision

1 Dans ma famille... Votre professeur va vous donner une feuille d'activités. Circulez dans la classe pour interviewer un(e) camarade différent(e) pour chaque question. Mentionnez un détail supplémentaire dans vos réponses. Answers will vary.

MODÈLE
Élève 1: Qui, dans ta famille, a peur de conduire?
Élève 2: Mon oncle Olivier a peur de conduire. Il a eu trop d'accidents.

Qui, dans ta famille, …	Noms
1. a peur de conduire?	l'oncle de Marc
2. aime l'odeur de l'essence?	
3. n'aime pas conduire vite?	
4. n'a jamais eu d'accident?	
5. ne dépasse jamais la limitation de vitesse?	
6. n'a pas son permis de conduire?	
7. ne sait pas faire le plein?	
8. sait vérifier l'huile?	

2 Des explications Observez ces personnes et inventez une phrase au conditionnel pour expliquer leur situation. Ensuite, lisez les phrases à votre partenaire, qui doit deviner de quelles images vous parlez. Answers will vary.

MODÈLE
Il ferait du jogging, mais il s'est foulé la cheville.

1.
2.
3.
4.

3 Des dilemmes Dites ce que (*what*) vous aimeriez, devriez, pourriez ou voudriez faire dans les circonstances suivantes. Ensuite, à tour de rôle, comparez vos réponses avec celles d'un(e) partenaire. Demandez-lui si, à votre place, il/elle ferait la même chose. Answers will vary.

MODÈLE
Vous vous rendez compte que votre petit(e) ami(e) et vous ne vous aimez plus.
Élève 1: Nous devrions nous quitter.
Élève 2: Oui, à ta place, je la quitterais tout de suite. / Non, à ta place, je lui téléphonerais pour parler de vos problèmes.

1. Vous avez beaucoup de devoirs ce week-end et vous êtes invité(e) à une fête.
2. Votre ami(e) organise une fête sans rien vous dire.
3. Votre meilleur(e) ami(e) ne vous envoie plus de textos depuis deux jours.
4. Le prof de français vous donne une mauvaise note.
5. Vos parents ont confisqué votre smartphone.

4 Technophile ou technophobe? Avec un(e) partenaire, inventez une conversation entre vous et un de vos grands-parents à qui vous venez d'offrir un objet électronique pour son anniversaire. Comprend-il/elle comment ça marche? Est-ce que vous devez lui expliquer comment utiliser cette technologie ou est-ce qu'il/elle sait le faire? Answers will vary.

5 Une voiture autonome Imaginez que vous avez l'opportunité de tester une voiture autonome. Quelle serait votre réaction? Seriez-vous content(e)? Quels seraient les avantages, les inconvénients et les dangers d'une telle voiture? Écrivez un paragraphe pour exprimer votre opinion. Answers will vary.

6 Mots croisés Votre professeur va vous donner, à vous et à votre partenaire, deux grilles de mots croisés (*crossword*) incomplètes. Attention! Ne regardez pas la feuille de votre partenaire. Utilisez le conditionnel dans vos définitions. Answers will vary.

MODÈLE
Élève 1: Horizontalement, le numéro 1, tu les allumerais pour conduire la nuit.
Élève 2: Les phares!

62 soixante-deux

Authentic media and listening
for interpretive communication

Le Zapping presents authentic video clips from around the francophone world connected to the language, vocabulary, and theme of the lesson.

À l'écoute builds students' listening skills with authentic recordings in real-world situations.

The scaffolded activity sequence engages students by helping them to understand and apply what they have seen.

Stratégie and **Préparation** prepare students for the listening passage.

À vous d'écouter guides students through the recorded passage, and **Compréhension** checks their understanding of what they heard.

Le Zapping clips are a great tool for exposing students to target language discourse. This authentic input provides evidence of the correct formulations of the language so that students can form hypotheses about how it works.

Walkthrough

Perspective through history, geography, and culture

Maps point out major cities, rivers, and other geographical features while captioned images provide a glimpse into the featured locations.

Art, history, and daily life are brought to life using vivid language and photos.

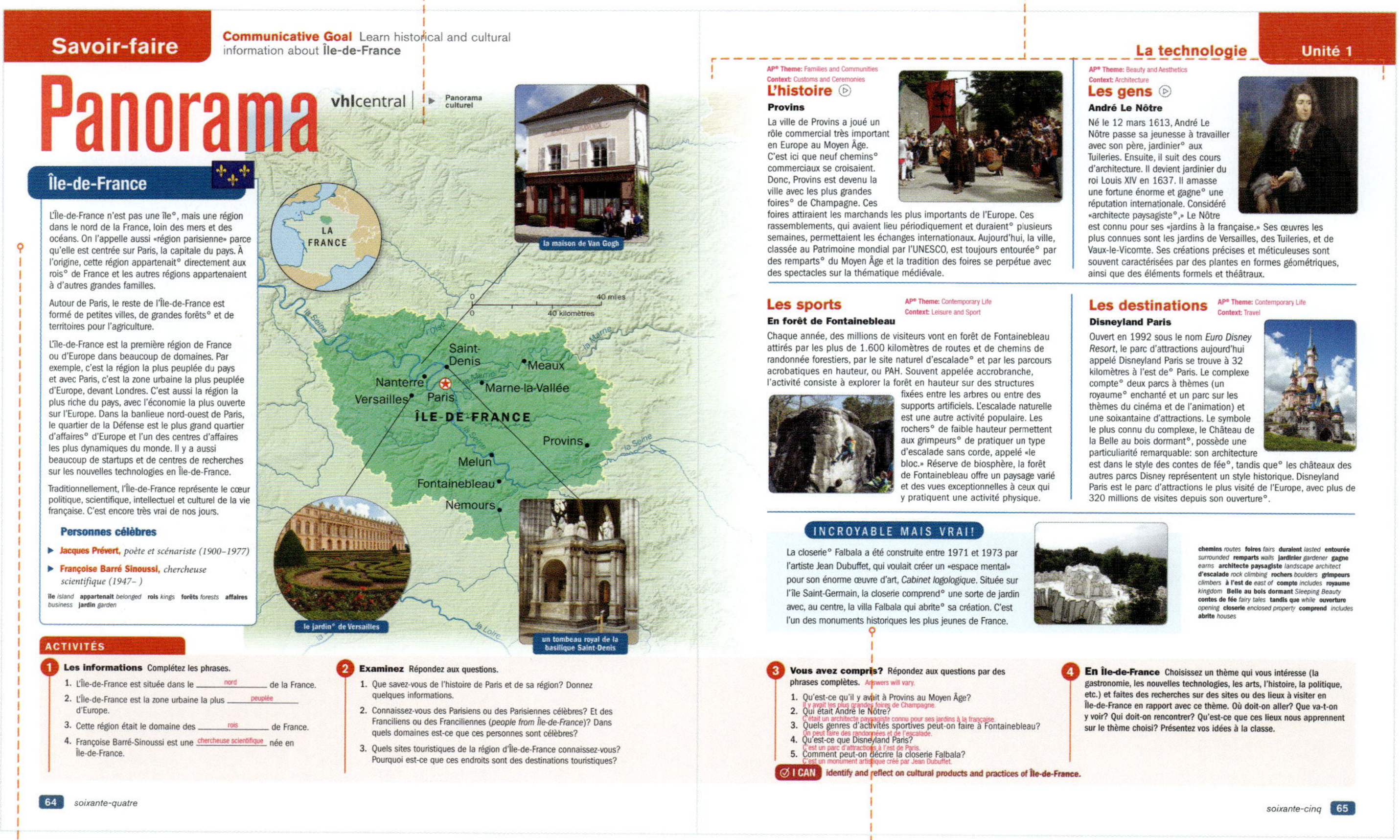

Introductions to the featured regions provide insight into the geography and history.

Incroyable mais vrai! highlights an "Isn't that cool?" fact about the featured place or its people.

For Prime users, an **Interactive Map** points out major cities and geographical features and situates the country or region.

Panorama culturel videos are followed by integrated viewing activities.

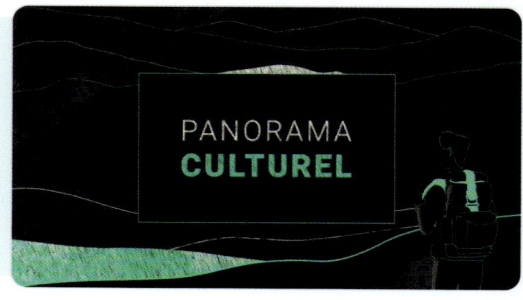

Reading skills
developed through authentic resources

Avant la lecture presents valuable reading strategies and pre-reading activities.

Authentic readings pull all the unit elements together.

Après la lecture activities include comprehension checks and post-reading expansion exercises.

Graphics, photos, and other visual elements support reading comprehension.

Audio-synced authentic readings provide students with an opportunity to listen to native speakers and to develop reading fluency.

Walkthrough

Presentational skills
developed for real-world contexts

Project descriptions introduce students to the task and connect to interests in their own life and the francophone world.

Projects include post-writing tasks and problem-solving exercises for pairs or groups.

Savoir-faire — **Communicative Goal**: Talk about futuristic modes of transportation

Projet

Création d'une présentation multimédia
Présentation écrite

La technologie est partout dans notre vie et les moyens de transport sont de plus en plus sophistiqués, comme les voitures autonomes et électriques, les taxis volants ou en lévitation, le vélo-city, le scarab, etc. Nous avons donc tous besoin de nouvelles technologies dans notre vie pour aller plus loin et plus vite.

Lors de ce projet, imaginez que vous participez à un concours pour sélectionner le meilleur véhicule du futur pour votre communauté. Pour cela, vous allez faire des recommandations à votre gouvernement local afin d'améliorer (*improve*) le système des transports. Vous allez créer une présentation multimédia décrivant les améliorations à apporter à un moyen de transport déjà en utilisation dans votre communauté, ou un nouveau prototype futuriste qui serait bénéfique pour tous les voyageurs de votre région. Les trois meilleures présentations seront sélectionnées et présentées à la classe (le comité des Transports).

un taxi volant sur la Seine

STRATÉGIE

Organizing information with notecards

When doing research, being organized is essential. Using notecards to keep track of your ideas and findings is useful. Organize your findings with keywords and write them down on your notecards as you go along. As you learn more about your topic, you may discover you need to create a new card with a different keyword. The keywords may serve as the basis for the titles of the different sections of your presentation. When you have finished your research, you should also have the answers to the five "W-questions" (*who, what, when, where, why*) and the "H-question" (*how*).

Étape 1: Remue-méninges: quel prototype proposer?

Quels moyens de transport publics existent dans votre communauté (bus, taxis, métro, avions, vélos…)? Choisissez-en un que vous aimeriez perfectionner. En vous inspirant des photos sur ces pages, pensez à un prototype futuriste idéal qui pourrait remplacer celui qui existe. Aidez-vous de la **Stratégie** et créez vos cartes en faisant une liste de mots-clés possibles à utiliser pour votre recherche; par exemple, **véhicule, avantages, désavantages, améliorations**, etc.

la DX-X-E   la Scarab

La technologie — **Unité 1**

Étape 2: Préparez les informations

- Surfez sur le net ou allez à la bibliothèque de votre école ou de votre communauté pour faire des recherches sur votre prototype.
- Écrivez au moins cinq mots-clés par carte. Utilisez la liste à droite pour vous aider. Notez les détails importants sur vos cartes. Utilisez ensuite vos cartes pour organiser vos idées au fur et à mesure qu'elles se concrétisent.
- Sélectionnez ou imaginez des caractéristiques que vous aimeriez ajouter afin d'améliorer un modèle existant ou de créer un nouveau modèle: des phares, des moteurs, des pneus, etc.
- Recherchez des photos des prototypes choisis et des caractéristiques que vous souhaitez ajouter. Utilisez-les pour faire cinq collages en y ajoutant des dessins ou des flèches pour montrer certains attributs modifiés ou ajoutés.
- Vérifiez que vous avez trouvé les bonnes informations avant de commencer à écrire.

1. le type de véhicule choisi
2. les raisons de votre choix
3. les caractéristiques de ce véhicule futuriste
4. les améliorations que vous avez ajoutées ou pas et pourquoi
5. quand, où et pourquoi ce véhicule va être en service

- Écrivez sur une feuille le plan de votre présentation. Organisez vos informations écrites, un petit paragraphe par photo, cinq photos ou cinq diapositives au minimum.

Étape 3: Création de la présentation multimédia
- Choisissez un logiciel de présentation.
- Créez une page de présentation.
- Utilisez une section ou une page par élément. Assurez-vous d'avoir un titre pour chacune des différentes sections.
- Incorporez votre contenu et assurez-vous d'écrire une légende pour chacune des photos présentées.
- N'oubliez pas de citer vos sources!

Étape 4: Évaluation par les pairs
- En groupes de quatre, présentez votre recherche, chacun(e) à tour de rôle. Répondez à ces questions pour commenter le travail de chacun(e).
  - ☐ Votre partenaire a-t-il/elle couvert le sujet?
  - ☐ A-t-il/elle donné un titre à sa présentation?
  - ☐ A-t-il/elle donné les informations nécessaires pour le projet?
  - ☐ A-t-il/elle inclus assez de photos? Illustrent-elles bien le texte?
  - ☐ Votre partenaire a-t-il/elle utilisé le vocabulaire approprié?
  - ☐ A-t-il/elle créé son projet en tenant compte du destinataire?
  - ☐ A-t-il/elle correctement conjugué les verbes et utilisé le conditionnel?
  - ☐ A-t-il/elle répondu aux questions essentielles posées?
- Corrigez votre présentation d'après les commentaires de vos partenaires et remettez votre projet final à votre professeur.

Étape 5: La présentation finale
Une fois que vous avez terminé, sélectionnez la meilleure présentation de votre groupe. Les élèves élu(e)s devront présenter leur projet à la classe qui décidera des trois finalistes.

I CAN share my own vision of a futuristic means of transportation in my community by creating a multimedia presentation.

Stratégie boxes provide strategies for preparation and execution of the theme-related task.

Step-by-step instructions guide students through their project by dividing it into smaller, comprehensible tasks.

Rubrics are provided online for auto-evaluation.

Vocabulary as a reference and study tool

Vocabulaire summarizes all the active vocabulary in the unit.

Vocabulaire — Unité 1

Leçon 1A

L'ordinateur

un appel vidéo	video call
une appli(cation)	app
une batterie faible/déchargée	low/dead battery
un clavier	keyboard
des écouteurs (m.)	headphones
un écran	screen
un fichier	file
un identifiant	username
une imprimante	printer
un logiciel	software, program
un mot de passe	password
une souris	mouse
démarrer	to start up
imprimer	to print
sauvegarder	to save
télécharger	to download/upload

L'électronique

un appareil	device
une chaîne (de télévision)	(television) channel
un lien	link
un portable	cell phone
un réseau (social)	(social) network
une télécommande	remote control
un texto/SMS	text message
allumer	to turn on
brancher	to plug in; to connect
composer (un numéro)	to dial (a number)
effacer	to erase
enregistrer	to record
éteindre	to turn off
fermer	to close; to shut off
fonctionner/marcher	to work; to function
prendre une photo(graphie)	to take a photo(graph)
recharger	to charge
sonner	to ring

Verbes avec prépositions et complément infinitif

See p. 36.

Verbes pronominaux réciproques

s'adorer	to adore one another
s'aider	to help one another
s'aimer (bien)	to love (to like) one another
se connaître	to know one another
se dire	to tell one another
se disputer	to argue, fight with one another
se donner	to give one another
s'écrire	to write one another
s'embrasser	to kiss one another
s'entendre bien (avec)	to get along well (with one another)
s'envoyer	to send each other something
se parler	to speak to one another
se quitter	to leave one another
se regarder	to look at one another
se rencontrer	to meet one another (make an acquaintance)
se retrouver	to meet one another (planned)
se téléphoner	to phone one another

Leçon 1B

La voiture

arrêter (de faire quelque chose)	to stop (doing something)
attacher sa ceinture de sécurité (f.)	to buckle one's seatbelt
avoir un accident	to have/to be in an accident
dépasser	to go over; to pass
faire le plein	to fill the tank
freiner	to brake
se garer	to park
ralentir	to slow down
rentrer (dans)	to hit (another car)
rouler (lentement/vite)	to drive (slowly/fast)
tomber en panne	to break down
vérifier (l'huile (f.)/la pression des pneus)	to check (the oil/the air pressure)
un capot	hood
un coffre	trunk
l'essence (f.)	gas
un essuie-glace (des essuie-glaces pl.)	windshield wiper(s)
un feu rouge (orange, vert)	red (yellow, green) light
les freins (m.)	brakes
un moteur	engine
un pare-brise (des pare-brise pl.)	windshield
un pare-chocs (des pare-chocs pl.)	bumper
les phares (m.)	headlights
un pneu (crevé)	(flat) tire
une portière	car door
un rétroviseur	rearview mirror
une roue (de secours)	(spare) tire
une voiture autonome	self-driving car
un volant	steering wheel
un agent de police/un(e) policier/policière	police officer
une amende	fine
une autoroute	highway
la circulation	traffic
une contravention	ticket
un cours de conduite	driving lessons
(dépasser/respecter) la limitation de vitesse	(to exceed/to respect) the speed limit
un permis de conduire	driver's license
une rue	street

Verbes

couvrir	to cover
découvrir	to discover
offrir	to offer, to give something
ouvrir	to open
souffrir	to suffer

Mots apparentés: See p. 27.

70 soixante-dix

Color-coded groups arrange vocabulary according to the section where it is presented.

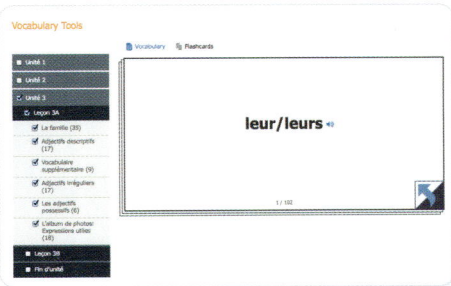

My Vocabulary enables students to identify, practice, and retain individualized vocabulary for each lesson.

Students can print bilingual word lists. They can also create personalized word lists.

Interactive Flashcards featuring the French word or expression (with audio) and the English translation are available for fast and effective review and practice.

ACTFL Standards

World-Readiness Standards for Learning Languages

GOAL AREAS	STANDARDS		
COMMUNICATION Communicate effectively in more than one language in order to function in a variety of situations and for multiple purposes	**Interpersonal Communication:** Learners interact and negotiate meaning in spoken, signed, or written conversations to share information, reactions, feelings, and opinions.	**Interpretive Communication:** Learners understand, interpret, and analyze what is heard, read, or viewed on a variety of topics.	**Presentational Communication:** Learners present information, concepts, and ideas to inform, explain, persuade, and narrate on a variety of topics using appropriate media and adapting to various audiences of listeners, readers, or viewers.
CULTURES Interact with cultural competence and understanding	**Relating Cultural Practices to Perspectives:** Learners use the language to investigate, explain, and reflect on the relationship between the practices and perspectives of the cultures studied.		**Relating Cultural Products to Perspectives:** Learners use the language to investigate, explain, and reflect on the relationship between the products and perspectives of the cultures studied.
CONNECTIONS Connect with other disciplines and acquire information and diverse perspectives in order to use the language to function in academic and career-related situations	**Making Connections:** Learners build, reinforce, and expand their knowledge of other disciplines while using the language to develop critical thinking and to solve problems creatively.		**Acquiring Information and Diverse Perspectives:** Learners access and evaluate information and diverse perspectives that are available through the language and its cultures.
COMPARISONS Develop insight into the nature of language and culture in order to interact with cultural competence	**Language Comparisons:** Learners use the language to investigate, explain, and reflect on the nature of language through comparisons of the language studied and their own.		**Cultural Comparisons:** Learners use the language to investigate, explain, and reflect on the concept of culture through comparisons of the cultures studied and their own.
COMMUNITIES Communicate and interact with cultural competence in order to participate in multilingual communities at home and around the world	**School and Global Communities:** Learners use the language both within and beyond the classroom to interact and collaborate in their community and the globalized world.		**Lifelong Learning:** Learners set goals and reflect on their progress in using languages for enjoyment, enrichment, and advancement.

Taken from ACTFL's *World-Readiness Standards for Learning Languages*.
ACTFL was not involved in the production of, and does not endorse, this product.

Teaching with Chemins

Learning to Use Your Teacher's Edition

Chemins offers you a comprehensive, thoroughly developed Teacher's Edition (TE). It features student text pages overprinted with answers to all activities with discrete responses. Each page also contains annotations for most activities that were written to complement and support varied teaching styles, to extend the already rich contents of the student textbook, and to save you time in class preparation and course management.

In the Teacher Wrap and Annotations

- **Section Goals** summarize what students will learn and practice in each section

- **Suggestions** offer ideas for working with on-page materials, carrying out specific activities, and presenting new vocabulary or grammar

- **Expansions** present ways to expand or vary the activities on the page

- **21st Century Skills** incorporate the Partnership for 21st Century Skills framework to identify and classify skills that high school students need to meet today's workplace requirements

- **Pre-AP®** activity suggestions offer ways for students to work with the materials on the page in a way that prepares them for advanced study

- **ACTFL World Readiness Standards** tags correlate each activity at point of use to the appropriate standard as an aid in lesson planning.

- **SEL Suggestions** provide Social and Emotional Learning suggestions to support your instruction.

In your Resources on Supersite

- **Pacing Guides** for traditional and block schedules can now be found online.

Pre-AP is a registered trademark of the College Board, which was not involved in the production of, and does not endorse, this product.

Please visit **vhlcentral.com** for additional teaching support.

Teaching with Chemins

Differentiation

Knowing how to appeal to learners of different abilities and learning styles will allow you to foster a positive teaching environment and motivate all your students. Here are some strategies for creating inclusive learning environments. Point-of-use expansion activities and ideas for differentiation are also provided in your Teacher Wrap.

Learners with Special Needs

Learners with special needs include students with attention priority disorders or learning disabilities, slower-paced learners, at-risk learners, and English-language learners. Some inclusion strategies that work well with such students are:

Clear Structure By teaching concepts in a predictable order, you can help students organize their learning. Encourage students to keep outlines of materials they read, classify words into categories such as colors, or follow prewriting steps.

Frequent Review and Repetition Preview material to be taught and review material covered at the end of each lesson. Pair proficient learners with less proficient ones to practice and reinforce concepts. Help students retain concepts through continuous practice and review.

Multi-sensory Input and Output Use visual, auditory, and kinesthetic tasks to add interest and motivation, and to achieve long-term retention. For example, vary input with the use of audio recordings, video, guided visualization, rhymes, and mnemonics.

Additional Time Consider how physical limitations may affect participation in special projects or daily routines. Provide additional time and recommended accommodations.

Different Learning Styles

Visual Learners learn best by seeing, so engage them in activities and projects that are visually creative. Encourage them to write down information and think in pictures as a long-term retention strategy; reinforce their learning through visual displays such as diagrams, videos, and handouts.

Auditory Learners best retain information by listening. Engage them in discussions, debates, and role-playing. Reinforce their learning by playing audio versions of texts or reading aloud passages and stories. Encourage them to pay attention to voice, tone, and pitch to infer meaning.

Kinesthetic Learners learn best through moving, touching, and doing hands-on activities. Involve such students in skits and dramatizations; to infer or convey meaning, have them observe or model gestures and facial expressions.

Best Practices

The creators of **Chemins** understand that there are many different approaches to successful language teaching and that no one method works perfectly for all teachers or all learners. These strategies and tips may be applied to any language-teaching method.

Maintain the Target Language

As much as possible, create an immersion environment by using French to *teach* French. Encourage the exclusive use of the target language in your classroom, employing visual aids, mnemonics, circumlocution, or gestures to complement what you say. Encourage students to perceive meaning directly through careful listening and observation, and by using cognates and familiar structures and patterns to deduce meaning.

Cultivate Critical Thinking

Prompt students to reflect, observe, reason, and form judgments in French. Engaging students in activities that require them to compare, contrast, predict, criticize, and estimate will help them to internalize the language structures they have learned.

Encourage Use of Circumlocution

Prompt students to discover various ways of expressing ideas and of overcoming potential blocks to communication through the use of circumlocution and paraphrasing.

Engage all students

Learning French isn't all about grammar and memorization. **Chemins** provides multiple ways to get students excited about the language and culture of the Francophone world.

Make It Personal

- Find out why students decided to learn French. Is it to speak to relatives? To interact with Francophone friends on social media? To learn more about a particular element of French culture, film, or literature? Keep students motivated by helping them see how individual tasks lead to the larger goal of communicating with French-speaking people. Take the time to explore (and expand on) the **Culture** and **Panorama** sections to engage students with daily life and geography, as well as fine and performing arts.

- Have students talk about themselves! The Teacher's Edition interpersonal communication annotations point out activities where students ask each other questions about their own lives. Personalizing the discussion helps keep students engaged with the material they are practicing in French.

Get Students Talking

Look for icons calling out pair and group work. Some great speaking activities include:

Virtual and Partner Chat activities:

- Offer opportunities for spoken production beyond the face-to-face classroom
- Help reduce students' affective filter and build confidence
- Provide a recorded portfolio of students' spoken work that can be easily graded

Info Gap activities: Give students these worksheets either electronically or in print, and have them work to get information from a partner.

Textbook Activity Worksheets: Get the whole class on their feet to participate in classroom activities, such as surveys, using the language they just learned.

Take Advantage of Multimedia

For students:

- Are your students on YouTube every minute of their free time? Engage them with the video selections in **Le Zapping**.

- Do your students want to study abroad in a Francophone area? Get them engaged with the **Roman-photo** series featuring David, an American studying abroad in Aix-en-Provence. Younger students are fascinated by what older students are doing, so the situations with university students should hold their interest.

- Make learning vocabulary engaging and effective for students with **My Vocabulary** online. They can study the vocabulary for each lesson or customize flashcard banks to study only those words they need to learn for an upcoming quiz. The flashcard tool is ideal for student self-study of vocabulary.

- Provide a humorous, engaging, and relatable approach to grammar instruction with the **Grammar Tutorials** online. They feature guided instruction to keep students on track and ensure comprehension.

For teachers:

- Assign or use the audio-enabled **Vocabulary Presentations** online to give students an interactive experience while they hear the new terms spoken by a native speaker of French.

- Use the **Digital Image Bank** to enliven your own digital or print activities.

- Have students follow along in their text as the selections in **Lecture** are read aloud by a native French speaker.

- Keep grammar instruction focused by using the **Grammar Slides**. Breaking up the instructional points into slides helps make the lesson more digestible.

- Don't forget to use the summaries of the **Roman-photo** to reinforce grammar instruction.

Teaching with Chemins

"I Can" Statements

Students can assess their own progress by using "I Can" (or "Can-Do") Statements. The template below may be customized with the Student Objectives found in **Chemins** to guide student learning, and to train students to assess their progress. An online self-evaluation activity at the end of each unit also incorporates the "I Can" Statements.

Editable worksheets in the **Content > Resources** area online

---

I Can Statements
Chemins 1, Unité 5

Nom _____ Date _____

Auto-évaluation de ma performance

4	*Formidable!*	I know this well enough to teach it to someone.
3	*Très bien*	I can do this with almost no mistakes.
2	*Assez bien*	I can do much of this, but I have questions.
1	*C'est dur*	I can do this, but only with help.
0	*Au secours!*	I can't do this, even with help.

Mise en scène (pages 210-211)

	Où?	Auto-évaluation
Interpretive		
I can understand short text messages about activities around town.	SE/Online	
I can identify cognates in a short paragraph about activity preferences.	SE/Online	
Presentational		
I can describe my sports preferences using cognates.	SE/Online	

Contextes 5A (pages 212-215)

	Où?	Auto-évaluation
Interpretive		
I can identify basic words relating to sports and leisure activities.	SE/Online	
I can understand the main idea from an audio recording of a conversation about preferences for leisure activities.	SE/Online	
Interpersonal		
I can ask and answer simple questions about preferences in leisure activities.	SE/Online	
Presentational		
I can write a short dialogue about preferences in sports and leisure activities.	SE/Online	
I can write a letter giving specific details to a new friend about what I like to do in my free time.	SE/Online	

Notes: _____
_____
_____
_____
_____
_____

© by Vista Higher Learning, Inc. All rights reserved.   "I Can" Statements

Assessment with Chemins

As you use the **Chemins** program, you can employ a variety of assessments to evaluate progress. The program provides comprehensive, discrete answer assessments, as well as more communicative assessments that elicit open-ended, personalized responses.

Assessment Program

The **Chemins** Assessment Program offers quizzes for each vocabulary and grammar section, Lesson Tests and Unit Exams with listening comprehension, Cumulative Exams, Communication Assessment sections, IPAs with rubrics for every unit, grading rubrics, audio scripts for listening comprehension activities, and all answer keys. The quizzes, tests, and exams may be administered online or printed for in-class assessment, and may be customized by adding, eliminating, or moving items according to your classroom and student needs.

Portfolio Assessment

Portfolios can provide further valuable evidence of your students' learning. They are useful tools for evaluating students' progress in French and also suggest to students how they are likely to be assessed in the real world. Since portfolio activities often comprise classroom tasks that you would assign as part of a lesson or as homework, you should think of the planning, selecting, recording, and interpreting of information about individual performance as a way of blending assessment with instruction.

You may find it helpful to refer to portfolio contents, such as drafts, essays, and samples of presentations when writing student reports and conveying the status of a student's progress to his or her parents.

Ask students regularly to consider which pieces of their own work they would like to share and help them develop criteria for selecting representative samples. Prompt students to choose a variety of media to demonstrate development in all four language skills.

Assign the Portfolio section online to provide students' digital versions of the **Dossier culturel** and the "I Can" statements.

Self-assessment

Students can assess their own progress by using "I Can" (or "Can-Do") Statements. The templates provided may be customized to guide student learning within and between units, and to train students to assess their progress.

Integrated Performance Assessments

IPAs give students a real-life task that makes sense to them and engages their interest. To complete the task, students progress through the three modes of communication: they read, view, and listen for information (interpretive mode); they talk and write with classmates and others on what they have experienced (interpersonal mode); and they share formally what they have learned (presentational mode). A critical step in administering the IPA is to define and share rubrics with students before beginning the task so they are aware of what successful performance should look like.

Go online to assign the IPAs to your students. Prime users can assign and complete the IPAs digitally.

Strategies for Differentiating Assessment

Modify tests and other forms of assessment by using the new **VHL Assessment Builder**. You can adjust questions, provide tiered assignments, promote flexible grouping, adjust pacing by using the Assessment Builder, designed exclusively for language teachers.

Combine existing assessments Leverage any existing quiz, test, or exam content from any lesson within the same program to create new quizzes and tests. Quickly search and import questions to your new assessment.

Questions Banks Quickly create or edit assessments by creating content from new VHL-provided question banks. These question banks will provide thousands of new questions per program for use in any assessment.

Index of AP® French Themes & Contexts

AP® French Themes & Contexts

This index aligns the cultural content in **Chemins 3** with the AP® French Language and Culture themes and recommended contexts to help you build the broad cultural understanding you need to succeed in class, on the AP® Exam, and beyond.

The numbers following each entry can be understood as follows:

(1) 9 = **(Unit)** page
As shown, the entry above would be found in Unit 1, page 9.

*Entries marked with an asterisk offer cultural information that supports the AP® theme and context but may not fully align with it.

Beauty & Aesthetics

Architecture
La Pagerie **(4)** 177
La porte Bab Bou Jeloud **(3)** 152
Le château de Chambord **(5)** 249
Des parcs publics **(5)** 237
La vallée des rois **(5)** 249

Contributions to World Artistic Heritage
L'artisanat français et le luxe **(R)** 23
Les Berbères du Maghreb **(R)** 23
Giverny et les impressionistes **(5)** 251
Le Mont-Saint-Michel **(5)** 251
*Paris: Ville de lumière, ville d'art **(1)** 35
La Pagerie **(4)** 177
Giverny et les impressionistes **(5)** 251
Le Mont-Saint-Michel **(5)** 251

Ideals of Beauty
Les parcs naturels français **(5)** 223

Literature
Assia Djebar **(3)** 157
Maryse Condé **(4)** 203

Music
Le festival de jazz de Montréal **(2)** 171
*Édith Piaf **(1)** 57
Le maloya **(4)** 203
La musique raï **(3)** 145
Le Printemps de Bourges **(5)** 249

Performing Arts
Le cinéma, le 7e art! **(1)** 65

Contemporary Life

Advertising and Marketing
Annonce de Tim Hortons **(1)** 45

Education
Le lycée Louis-le-Grand **(1)** 38
L'âge de classe: la journée d'un collégien **(2)** 91
Au lycée **(2)** 80
Le bac **(2)** 98
*Les cours **(2)** 74
Les études supérieures en France **(2)** 99
Immersion française au Canada **(2)** 81
*L'immersion française **(2)** 99
Le lycée **(2)** 81
On trouve une solution **(2)** 96–97
*Trop de devoirs! **(2)** 78–79
Les langues étrangères **(2)** 85
Le système scolaire au Québec **(2)** 112

Holidays and Celebrations
Le carnaval d'hiver **(2)** 111
Les communautés vietnamiennes en Amérique du Nord **(R)** 13
Les fêtes et la famille **(3)** 127

Leisure and Sports
Au parc **(5)** 216–217
Deauville: station balnéaire de réputation internationale **(5)** 251
Des champions **(5)** 219
Les cafés **(4)** 190
*Couleurs des équipes **(5)** 226
Des parcs publics **(5)** 237
Le football **(5)** 218
Les Français et le vélo **(5)** 237
Où passer le temps **(4)** 173
Le parc Astérix **(4)** 173
Les passe-temps des jeunes Français **(4)** 172
La route des vins **(5)** 249
*Star du cinéma **(4)** 170–171
Le surf en Bretagne **(5)** 229
Le Tour de France **(5)** 236
Les 24 heures du Mans **(5)** 249
Zinédine Zidane et Laura Flessel **(5)** 219

Travel
L'heure officielle **(2)** 106
*L'Hexagone **(1)** 65
Incroyable mais vrai! **(R)** 23
Marrakech **(3)** 157
*Montréal **(2)** 111
Paris: Ville de lumière, Ville d'art **(1)** 35
*Un podcast **(4)** 206–207
Les Quatre saisons à Caen **(5)** 252–253
Le tourisme en Tunisie **(R)** 23
Le Train à Grande Vitesse **(1)** 65
Les vacances **(5)** 245
*La ville de Québec **(2)** 111
Les Machines de l'Île **(5)** 249
Les Quatre saisons à Caen **(5)** 252-253

Families & Communities

Customs and Ceremonies
Les bonnes manières (1) 35
La cabane à sucre (R) 23
Le Ramadan (3) 127
Le mariage: Qu'est-ce qui est différent? (3) 145
*Des spécialités à grignoter (4) 191
Les hammams (3) 157
La tradition du thé au Maroc (4) 191

Family Structures
Un blog (3) 160–161
La famille de Sana Cherif (3) 120
La famille (3) 126
Vocabulaire de la famille (3) 130
Portrait d'enfant: Aya en Tunisie (3) 137
France, portrait de famille (3) 158–159

Friendship and Love
L'amitié (3) 144
*Les copains (1) 50–51
La poignée de main ou la bise? (1) 34
Annonce de Tim Hortons (1) 45

Global Challenges

Diversity Issues
*Les DROMs (4) 202
*La montagne Pelée

Economic Issues
Les cafés parisiens (4) 183
L'industrie (1) 65

Environmental Issues
Le lagon de Mayotte (4) 203

Human Rights
La communauté haïtienne aux États-Unis (R) 12
Haïti, première République noire (P) 23

Nutrition and Food Safety
La cantine (2) 89

Peace and War
La Louisiane (P) 23
La Nouvelle-France (2) 103

Personal & Public Identities

Beliefs and Values
Marianne (1) 53

Language and Identity
*Incroyable mais vrai! (P) 23
Le français dans le monde (P) 14
Le français aux États-Unis (P) 15
Le français au Québec (P) 23
Le français au Québec (2) 102
La Journée internationale de la Francophonie (P) 23
Les langues (1) 53
La Louisiane (P) 23
Le français dans le monde (P) 14

Multiculturalism
Qu'est-ce qu'un Français typique? (1) 52
La Journée internationale de la Francophonie (P) 23

Nationalism and Patriotism
Un Québec indépendant (2) 111

Science and Technology

The New Media
Les médias français (R) 13

Social Impact of Technology
Les abréviations dans les SMS en français (P) 15
*Les passe-temps des jeunes Français (4) 172

Current Research Topics
La recherche scientifique (4) 203

You can find a comprehensive index of AP® Themes & Contexts for all levels of **Chemins** on vhlcentral.com.

Chemins 3
FRENCH FOR A CONNECTED WORLD

VISTA
HIGHER LEARNING

Boston, Massachusetts

On the cover: Ornate shutters, Imperial Citadel of Hué, Vietnam.

Creative Director: José A. Blanco
Executive Vice President and General Manager of K12: Vincent Grosso
Editorial Director: Harold Swearingen
Managing Editor: Carol Shanahan
Editorial Development: Émilie Brodeur, Armando Brito
Project Management: Chrystie Hopkins, Rosemary Jaffe
Rights Management: Jorgensen Fernandez, Kristine Janssens, Annie Pickert Fuller
Technology Production: David Duque, Egle Gutiérrez, Lauren Krolick, Sandra Rojas
Design: Catalina Acosta, Paula Díaz, Radoslav Mateev, Gabriel Noreña, Andrés Vanegas
Production: Sebastián Díez, Oscar Díez, Andrés Escobar, Adriana Jaramillo, Daniel Lopera, Daniela Peláez

© 2023 by Vista Higher Learning, Inc. All rights reserved.

No part of this work may be reproduced or distributed in any form or by any means, electronic or mechanical, including photocopying and recording, or by any information storage or retrieval system without prior written permission from Vista Higher Learning, 500 Boylston Street, Suite 620, Boston, MA 02116-3736.

Student Text ISBN: 978-1-54336-231-2
Teacher's Edition ISBN: 978-1-54336-232-9
Library of Congress Control Number: 2021940100

1 2 3 4 5 6 7 8 9   TC   26 25 24 23 22 21

AP and Advanced Placement Program are registered trademarks of the College Board, which was not involved in the production of, and does not endorse, this product.

Printed in Canada

Chemins 3
FRENCH FOR A CONNECTED WORLD

Table of Contents

REPRISE

Contextes
- La vie en famille 2
  - Le passé composé 3
  - Le passé composé (suite) 4
- Les voyages 6
  - L'imparfait 7
  - Le passé composé vs l'imparfait 8

Roman-photo
- Récapitulatif 10

UNITÉ 1 — La technologie

Leçon 1A
Contextes
- Mise en scène 26
- Contextes
  - Le son et l'image 28
- Les sons et les lettres
  - Final consonants 31

Roman-photo
- C'est qui, Cyberhomme? 32

Leçon 1B
Contextes
- Contextes
  - En voiture! 46
- Les sons et les lettres
  - The letter **x** 49

Roman-photo
- La panne 50

UNITÉ 2 — En ville

Leçon 2A
Contextes
- Mise en scène 72
- Contextes
  - Les courses 74
- Les sons et les lettres
  - The letter **h** 77

Roman-photo
- On fait des courses 78

Leçon 2B
Contextes
- Contextes
  - Où se trouve...? 92
- Les sons et les lettres
  - Les majuscules et les minuscules 95

Roman-photo
- Chercher son chemin 96

Culture

Culture à la loupe
Les vacances des Français 12

Portrait
L'histoire des congés payés ... 13

Contextes

À la maison 14
  Les verbes devoir, vouloir et pouvoir 15
  Le comparatif et le superlatif des adjectifs et des adverbes 16
La toilette et la santé 18
  Les verbes réfléchis 19
  Le passé récent avec venir de 20
  Les pronoms y et en 20

Synthèse

Révision 24

Savoir-faire

Panorama: Le monde francophone 22

Culture

Culture à la loupe
La technologie et les Français 34

Portrait
La fusée Ariane 35

Culture à la loupe
Les voitures 52

Portrait
Le constructeur automobile Citroën 53

Culture à la loupe
Les petits commerces 80

Portrait
Le Marché en fer 81

Culture à la loupe
Villes et villages 98

Portrait
Les tap-taps 99

Structures

1A.1 Prepositions with the infinitive 36
1A.2 Reciprocal verbs 40

1B.1 The verbs **ouvrir** and **offrir** 54
1B.2 **Le conditionnel** 58

2A.1 **Voir, croire, recevoir,** and **apercevoir** 82
2A.2 Negative/affirmative expressions 86

2B.1 **Le futur simple** 100
2B.2 Irregular stems in the **futur simple** 104

Synthèse

Révision 44
Le Zapping: Sénégal: Un génie de 15 ans, passionné de robotique 45

Révision 62
À l'écoute 63

Révision 90
Le Zapping: Paris je te quitte... pour Montpellier 91

Révision 108
À l'écoute 109

Savoir-faire

Panorama: Île-de-France 64

Lecture: Simone: La trotinette «la plus compacte du monde» est made in Hainaut 66
Projet: Création d'une présentation multimédia 68

Panorama: Haïti 110

Lecture: Suppositions de Jacques Charpentreau 112
Projet: Création d'une vidéo promotionnelle 114

Table of Contents

		Contextes	Roman-photo
UNITÉ 3 L'avenir et les métiers	**Leçon 3A**	Mise en scène............ 118 **Contextes** Au bureau............ 120 **Les sons et les lettres** La ponctuation française..... 123	Le bac............ 124
	Leçon 3B	**Contextes** Les professions............ 138 **Les sons et les lettres** Les néologismes et le franglais............ 141	Je démissionne!............ 142
UNITÉ 4 L'espace vert	**Leçon 4A**	Mise en scène............ 164 **Contextes** Sauvons la planète!......... 166 **Les sons et les lettres** French and English spelling .. 169	Une idée de génie......... 170
	Leçon 4B	**Contextes** En pleine nature............ 184 **Les sons et les lettres** Homophones............. 187	La randonnée............ 188
UNITÉ 5 Les arts	**Leçon 5A**	Mise en scène............ 210 **Contextes** Que le spectacle commence!.. 212 **Les sons et les lettres** Les liaisons obligatoires et les liaisons interdites........ 215	Après le concert............ 216
	Leçon 5B	**Contextes** Au festival d'art............ 232 **Les sons et les lettres** Les abréviations............ 235	Au revoir, David!............ 236

Appendices

Appendix A
The **impératif**; Glossary of Grammatical Terms............... A-2

Appendix B
Verb Conjugation Tables.................... A-6

Vocabulary
French–English.......................... A-17
English–French.......................... A-41

Culture

Culture à la loupe
Le téléphone en France 126
Portrait
Les artisans 127

Culture à la loupe
Syndicats et grèves
en France. 144
Portrait
Gardiens de parcs nationaux
africains: un métier à risque!.. 145

Culture à la loupe
L'écologie. 172
Portrait
L'énergie nucléaire. 173

Culture à la loupe
Les parcs nationaux. 190
Portrait
Madagascar. 191

Culture à la loupe
Le théâtre, un art vivant
et populaire. 218
Portrait
Molière. 219

Culture à la loupe
La peinture haïtienne 238
Portrait
Le Cirque du Soleil 239

Grammar Index A-67
Credits A-69

Structures

3A.1 **Le futur simple** with **quand** and **dès que** 128
3A.2 The interrogative pronoun **lequel** 132

3B.1 **Si** clauses 146
3B.2 Relative pronouns **qui**, **que**, **dont**, and **où** 150

4A.1 Demonstrative pronouns.. 174
4A.2 The subjunctive (Part 1)... 178

4B.1 The subjunctive (Part 2) ... 192
4B.2 Comparatives and superlatives of nouns 196

5A.1 The subjunctive (Part 3)... 220
5A.2 Possessive pronouns and **être à (quelqu'un)** ... 224

5B.1 The subjunctive (Part 4)... 240
5B.2 Review of the subjunctive 244

Synthèse

Révision 136
Le Zapping: Reportage d'Artisanat de France 137

Révision 154
À l'écoute. 155

Révision 182
Le Zapping: Visite d'une maison écologique 183

Révision 200
À l'écoute. 201

Révision 228
Le Zapping: Court métrage 229

Révision 248
À l'écoute. 249

Savoir-faire

Panorama: L'Afrique centrale 156
Lecture: La Cigale et la Fourmi de Jean de La Fontaine 158
Projet: Site services carrières... 160

Panorama: Provence-Alpes-Côte d'Azur et la Corse 202
Lecture: Le Petit Prince d'Antoine de Saint-Exupéry 204
Projet: Forum: Environnement.. 206

Panorama: La Bourgogne-Franche-Comté 250
Le Grand Est et les Hauts-de-France 252
Lecture: Je suis lectrice de Maïssa Bey............... 254
Projet: Critique d'une œuvre.... 256

Maps

Le monde francophone

Maps

L'Amérique du Nord et du Sud

La France

Maps

L'Europe

L'Afrique

Maps

L'Asie et l'Océanie

Video

Roman-photo video program

Fully integrated with your textbook, the **Roman-photo** video series contains 36 dramatic episodes—one for each lesson in Levels 1, 2 and 3, and 6 episodes in the **Reprise** lesson in Level 4. The episodes present the adventures of four students who are studying in the south of France in Marseille. They live near Le P'tit Bistrot, a café owned by Valérie Forestier and her teenage son, Stéphane.

The **Roman-photo** dialogues in each textbook lesson are an abbreviated version of the dramatic episode in the video. Therefore, each **Roman-photo** section in the text can used as a preparation before you view the corresponding video episode, as post-viewing reinforcement, or as a stand-alone section.

In each episode the characters interact using the vocabulary and grammar you are studying, as well as previously taught language. Each episode ends with a **Reprise** segment, which highlights the key language functions and grammar points used in the episode.

Flash culture video program

Exclusively online, the **Flash culture** segment allows you to experience the sights and sounds of the French-speaking world and the daily life of French speakers. Hosted by narrators Csilla and Benjamin, these segments transport you to a variety of locations, and include authentic-language mini-interviews on topics such as family, friends, school, and professions.

The footage captures rich, vibrant images that will expand your cultural perspectives while conversations reflect the vocabulary and grammar you are learning in **Chemins**.

Le Zapping

Authentic TV clips from around the French-speaking world connect to the vocabulary and theme of each unit. These clips include commercials, newscasts, short films, and TV shows.

Panorama culturel video program

The **Panorama culturel** videos are integrated with the **Panorama** section in each lesson. These videos provide exciting visual highlights of the featured country.

Studying French

The French-speaking World

Do you know someone who speaks French? Chances are you do! More than 2 million Americans speak French or one of its varieties at home, and it is the second most common language in some states. It is the official language of more than twenty-five countries and an official language of the European Union and United Nations. English and French are the only two languages that are spoken on every continent of the world.

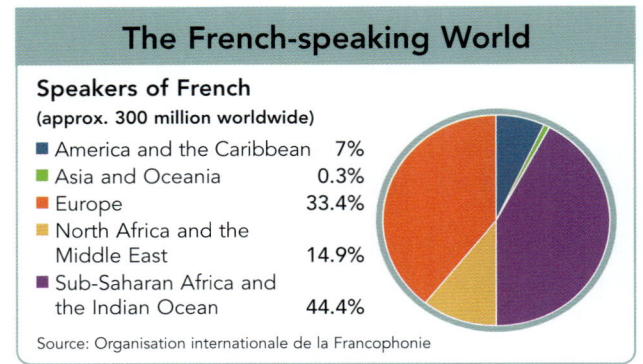

The French-speaking World

Speakers of French
(approx. 300 million worldwide)

- America and the Caribbean — 7%
- Asia and Oceania — 0.3%
- Europe — 33.4%
- North Africa and the Middle East — 14.9%
- Sub-Saharan Africa and the Indian Ocean — 44.4%

Source: Organisation internationale de la Francophonie

The Growth of French

Have you ever heard someone say that French is a Romance language? This doesn't mean it's romantic—although some say it is the language of love!—but that it is derived from Latin, the language of the Romans. Gaul, a country largely made up of what is now France and Belgium, was absorbed into the Roman Empire after the Romans invaded Gaul in 58 B.C. Most Gauls began speaking Latin. In the third century, Germanic tribes including the Franks invaded the Roman territories of Western Europe. Their language also influenced the Gauls. As the Roman empire collapsed in the fifth century, people in outlying regions and frontiers were cut off from Rome. The Latin spoken by each group was modified more and more over time. Eventually, the language that was spoken in Paris became the standard for modern-day French.

French in the United States

1500 — 1600 — 1700

1534
Jacques Cartier claims territories for France as he explores the St. Lawrence river, and the French establish fur-trading posts.

1600s
French exploration continues in the Great Lakes and the Mississippi Valley. La Salle takes the colony of Louisiana for France in 1682.

1685–1755
The Huguenots (French Protestants) form communities in America. French Acadians leave Nova Scotia and settle in northern New England and Louisiana.

French in the United States

French came to North America in the 16th and 17th centuries when French explorers and fur traders traveled through what is now America's heartland. French-speaking communities grew rapidly when the French Acadians were forced out of their Canadian settlement in 1755 and settled in New England and Louisiana. Then, in 1803, France sold the Louisiana territory to the United States for 80 million francs, or about 15 million dollars. Overnight, thousands of French people became citizens of the United States, bringing with them their rich history, language, and traditions.

This heritage, combined with that of the other French populations that have immigrated to the United States over the years, as well as U.S. relations with France in World Wars I and II, has led to the remarkable growth of French around the country. It is one of the most commonly spoken languages in the U.S., and there are significant populations in Louisiana, Maine, New Hampshire, and Vermont who speak French or one of its varieties.

You've made a popular choice by choosing to take French in school; it is the second most commonly taught foreign language in classrooms throughout the country! Have you heard people speaking French in your community? Chances are that you've come across an advertisement, menu, or magazine that is in French. If you look around, you'll find that French can be found in some pretty common places. Depending on where you live, you may see French on grocery items such as juice cartons and cereal boxes. In some large cities, you can see French language television broadcasts on stations such as TV5Monde. When you listen to the radio or download music from the Internet, some of the most popular choices are French artists who perform in French. French and English are the only two official languages of the Olympic Games. More than 20,000 words in the English language are of French origin. Learning French can create opportunities within your everyday life.

1800 — 1900 — 2000

1803
The United States purchases Louisiana, where Cajun French is widely spoken.

1980s
Nearly all high schools, colleges, and universities in the United States offer courses in French as a foreign language. It is the second most commonly studied language.

2021
In the U.S., French is one of the languages most commonly spoken at home, with over 2 million speakers.

Studying French

Why Study French?

Connect with the World

Learning French can change how you view the world. While you learn French, you will also explore and learn about the origins, customs, art, music, and literature of people all around the world. When you travel to a French-speaking country, you'll be able to converse freely with the people you meet. And whether here in the U.S. or abroad, you'll find that speaking to people in their native language is the best way to bridge any culture gap.

Learn an International Language

There are many reasons for learning French, a language that has spread to many parts of the world and has along the way embraced words and sounds of languages as diverse as Latin, Arabic, German, and Celtic. The French language, standardized and preserved by the Académie française since 1634, is now among the most commonly spoken languages in the world. It is the second language of choice among people who study languages other than English in North America.

Understand the World Around You

Knowing French can also open doors to communities within the United States, and it can broaden your understanding of the nation's history and geography. The very names Delaware, Oregon, and Vermont are French in origin. Just knowing their meanings can give you some insight into the history and landscapes for which the states are known. Oregon is derived from a word that means "hurricane," which tells you about the windy weather; and Vermont comes from a phrase

City Name	Meaning in French
Bel Air, California	"beautiful air"
Boise, Idaho	"wooded"
Des Moines, Iowa	"of the monks"
Montclair, New Jersey	"bright mountain"

meaning "green mountain," which is why its official nickname is The Green Mountain State. You've already been speaking French whenever you talk about these states!

Explore Your Future

How many of you are already planning your future careers? Employers in today's global economy look for workers who know different languages and understand other cultures. Your knowledge of French will make you a valuable candidate for careers abroad as well as in the United States. Doctors, nurses, social workers, hotel managers, journalists, businesspeople, pilots, flight attendants, and many other kinds of professionals need to know French or another foreign language to do their jobs well.

Expand Your Skills

Studying a foreign language can improve your ability to analyze and interpret information and help you succeed in many other subject areas. When you begin learning French, much of your studies will focus on reading, writing, grammar, listening, and speaking skills. You'll be amazed at how the skills involved with learning how a language works can help you succeed in other areas of study. Many people who study a foreign language claim that they gained a better understanding of English and the structures it uses. French can even help you understand the origins of many English words and expand your own vocabulary in English. Knowing French can also help you pick up other related languages, such as Portuguese, Spanish, and Italian. French can really open doors for learning many other skills in your school career.

Studying French

How to Learn French

Start with the Basics!

As with anything you want to learn, start with the basics and remember that learning takes time!

Vocabulary Every new word you learn in French will expand your vocabulary and ability to communicate. The more words you know, the better you can express yourself. Focus on sounds and think about ways to remember words. Use your knowledge of English and other languages to figure out the meaning of and memorize words like **téléphone**, **l'orchestre**, and **mystérieux**.

Grammar Grammar helps you put your new vocabulary together. By learning the rules of grammar, you can use new words correctly and speak in complete sentences. As you learn verbs and tenses, you will be able to speak about the past, present, or future; express yourself with clarity; and be able to persuade others with your opinions. Pay attention to structures and use your knowledge of English grammar to make connections with French grammar.

Culture Culture provides you with a framework for what you may say or do. As you learn about the culture of French-speaking communities, you'll improve your knowledge of French. Think about a word like **cuisine** and how it relates to a type of food as well as the kitchen itself. Think about and explore customs observed at **le Réveillon de la Saint-Sylvestre** (New Year's Eve) or **le Carnaval** (or **Mardi Gras**, "fat Tuesday") and how they are similar to celebrations you are familiar with. Observe customs. Watch people greet each other or say good-bye. Listen for sayings that capture the spirit of what you want to communicate!

Listen, Speak, Read, and Write

Listening Listen for sounds and for words you can recognize. Listen for inflections and watch for key words that signal a question such as **comment** (*how*), **où** (*where*), or **qui** (*who*). Get used to the sound of French. Play French pop songs or watch French movies. Borrow books on CD from your local library, or try to attend a meeting with a French language group in your community. Download a podcast in French or watch a French newscast online. Don't worry if you don't understand every single word. If you focus on key words and phrases, you'll get the main idea. The more you listen, the more you'll understand!

Speaking Practice speaking French as often as you can. As you talk, work on your pronunciation, and read aloud texts so that words and sentences flow more easily. Don't worry if you don't sound like a native speaker, or if you make some mistakes. Time and practice will help you get there. Participate actively in French class. Try to speak French with classmates, especially native speakers (if you know any), as often as you can.

Reading Pick up a French-language newspaper or a magazine on your way to school, read the lyrics of a song as you listen to it, or read books you've already read in English translated into French. Use reading strategies that you know to understand the meaning of a text that looks unfamiliar. Look for cognates, or words that are related in English and French, to guess the meaning of some words. Read as often as you can, and remember to read for fun!

Writing It's easy to write in French if you put your mind to it. Memorize the basic rules of how letters and sounds are related, practice the use of diacritical marks, and soon you can probably become an expert speller in French! Write for fun—make up poems or songs, write e-mails or instant messages to friends, or start a journal or blog in French.

Studying French

Tips for Learning French

- **Listen** to French radio shows, often available online. Write down words you can't recognize or don't know and look up the meaning.

- **Watch** French TV shows or movies. Read subtitles to help you grasp the content.

- **Read** French-language newspapers, magazines, websites, or blogs.

- **Listen** to French songs that you like—anything from a a jazzy pop song by Zaz to an old French ballad by Edith Piaf. Sing along and concentrate on your pronunciation.

- **Seek** out French speakers. Look for neighborhoods, markets, or cultural centers where French might be spoken in your community. Greet people, ask for directions, or order from a menu at a French restaurant in French.

- **Pursue** language exchange opportunities in your school or community. Try to join language clubs or cultural societies, and explore opportunities for studying abroad or hosting a student from a French-speaking country in your home or school.

Practice, practice, practice!
Seize every opportunity you find to listen, speak, read, or write French. Think of it like a sport or learning a musical instrument—the more you practice, the more you will become comfortable with the language and how it works. You'll marvel at how quickly you can begin speaking French and how the world that it transports you to can change your life forever!

- **Connect** your learning to everyday experiences. Think about naming the ingredients of your favorite dish in French. Think about the origins of French place names in the U.S., like Baton Rouge and Fond du Lac, or of common English words and phrases like **café**, **en route**, **fiancé**, **matinée**, **papier mâché**, **petite**, and **souvenir**.

- **Use** mnemonics, or a memorizing device, to help you remember words. Make up a saying in English to remember the order of the days of the week in French (L, M, M, J, V, S, D).

- **Visualize** words. Try to associate words with images to help you remember meanings. For example, think of a **pâté** or **terrine** as you learn the names of different types of meats and vegetables. Imagine a national park and create mental pictures of the landscape as you learn names of animals, plants, and habitats.

- **Enjoy** yourself! Try to have as much fun as you can learning French. Take your knowledge beyond the classroom and find ways to make your learning experience your very own.

Getting Started

Useful French Expressions

The following expressions will be very useful in getting you started learning French. You can use them in class to check your understanding, and to ask and answer questions about the lessons. Learn these ahead of time to help you understand direction lines in French, as well as your teacher's instructions. Remember to practice your French as often as you can!

Expressions utiles	Useful expressions
Allez à la page 2.	Go to page 2.
Alternez les rôles.	Switch roles.
À tour de rôle…	Take turns…
À voix haute	Aloud
À votre/ton avis	In your opinion
Après une deuxième écoute…	After a second listen…
Articulez.	Enunciate.; Pronounce carefully.
Au sujet de, À propos de	Regarding/about
Avec un(e) partenaire/ un(e) camarade de classe	With a partner/a classmate
Avez-vous/As-tu des questions?	Do you have any questions?
Avez-vous/As-tu fini/ terminé?	Are you done?/Have you finished?
Chassez l'intrus.	Choose the item that doesn't belong.
Choisissez le bon mot.	Choose the right word.
Circulez dans la classe.	Walk around the classroom.
Comment dit-on ___ en français?	How do you say ___ in French?
Comment écrit-on ___ en français?	How do you spell ___ in French?

Expressions utiles	Useful expressions
Corrigez les phrases fausses.	Correct the false statements.
Créez/Formez des phrases…	Create/Form sentences…
D'après vous/Selon vous…	According to you…
Décrivez les images/ dessins…	Describe the images/ drawings…
Désolé(e), j'ai oublié.	I'm sorry, I forgot.
Déterminez si…	Decide whether…
Dites si vous êtes/Dis si tu es d'accord ou non.	Say if you agree or not.
Écrivez une lettre/ une phrase.	Write a letter/a sentence.
Employez les verbes de la liste.	Use the verbs from the list.
En utilisant…	Using…
Est-ce que vous pouvez/tu peux choisir un(e) autre partenaire/ quelqu'un d'autre?	Can you please choose… another partner/someone else?
Êtes vous prêt(e)?/ Es-tu prêt(e)?	Are you ready?
Excusez-moi, je suis en retard.	Excuse me for being late.
Faites correspondre…	Match…
Faites les accords nécessaires.	Make the necessary agreements.

Getting Started

Expressions utiles	Useful expressions
Félicitations!	Congratulations!
Indiquez le mot qui ne va pas avec les autres.	Indicate the word that doesn't belong.
Indiquez qui a dit…	Indicate who said…
J'ai gagné!/Nous avons gagné!	I won!/We won!
Je n'ai pas/Nous n'avons pas encore fini.	I/We have not finished yet.
Je ne comprends pas.	I don't understand.
Je ne sais pas.	I don't know.
Je ne serai pas là demain.	I won't be here tomorrow.
Je peux continuer?	May I continue?
Jouez le rôle de…/la scène…	Play the role of…/the scene…
Lentement, s'il vous plaît.	Slowly, please.
Lisez…	Read…
Mettez dans l'ordre…	Put in order…
Ouvrez/Fermez votre livre.	Open/Close your books.
Par groupes de trois/quatre…	In groups of three/four…
Partagez vos résultats…	Share your results…
Posez-vous les questions suivantes.	Ask each other the following questions.
Pour demain, faites…	For tomorrow, do…

Expressions utiles	Useful expressions
Pour demain, vous allez/tu vas faire…	For tomorrow you are going to do…
Prononcez.	Pronounce.
Qu'est-ce que ____ veut dire?	What does ____ mean?
Que pensez-vous/penses-tu de…	What do you think about…
Qui a gagné?	Who won?
…qui convient le mieux.	…that best completes/is the most appropriate.
Rejoignez un autre groupe.	Get together with another group.
Remplissez les espaces.	Fill in the blanks.
Répondez aux questions suivantes.	Answer the following questions.
Soyez prêt(e)s à…	Be ready to…
Venez/Viens au tableau.	Come to the board.
Vous comprenez?/Tu comprends?	Do you understand?
Vous pouvez nous expliquer/m'expliquer encore une fois, s'il vous plaît?	Could you explain again, please?
Vous pouvez répéter, s'il vous plaît?	Could you repeat that, please?
Vrai ou faux?	True or false?

Acknowledgments

On behalf of its authors and editors, Vista Higher Learning expresses its sincere appreciation to the many educators nationwide who reviewed materials from **Chemins**. Their input and suggestions were vitally helpful in forming and shaping the program in its final, published form.

We also extend a special thank you to Mayanne Wright, Stephen Adamson, Marion Bermondy, Gregory Madan, Priscilla Blanton, Véronique Dupont, Myriam Arcangeli, Géraldine Touzeau-Patrick, and Séverine Champeny, whose hard work was central to bringing **Chemins** to fruition.

Reviewers

Alexandra Todorova
  Bangor High School
  Bangor, ME

Missie Valdiviez
  Southern Boone County R-1 School District
  Ashland, MO

Nancy Montanaro
  Belmont Hill School
  Belmont, MA

L. Turner
  South Delta Secondary School
  Delta, Canada

Mindy Orrison
  Centennial High School
  Champaign, IL

Rosa Trombley
  Niagara Christian Collegiate
  Ridgeway, Canada

Carolyn Quinby
  Terra Linda High School
  San Rafael, CA

Rae-Anne Phillips
  Boulder Creek High School
  Anthem, AZ

Mrs. Jean Davis
  Lake Norman Charter High School
  Huntersville, NC

Kimberly Pope
  Grier School
  Tyrone, PA

Agnes P.
  The Harker School
  Cupertino, CA

Will Fritz
  Troy High School
  Fullerton, CA

Dominique J. Kuhn
  Academy of Saint Elizabeth
  South Plainfield, NJ

Deborah Alden
  Essex High School
  Essex Junction, VT

Agnes Ferrara
  San Jacinto High School
  Redlands, CA

Jessica Meuir-Fries
  Coral Academy of Science
  Henderson, NV

Dr. Teresa Todd
  Ensworth School
  Brentwood, TN

Benedicte A. Corbett
  Thomas Jefferson High School
  Cedar Rapids, IA

Sylvia Rascoe
  Incarnate Word High School
  San Antonio, TX

Anne N. Bornschein
  St. Xavier High School
  Louisville, KY

Kiara M. Wessling
  Episcopal School of Jacksonville
  Jacksonville, FL

Gregory Paulemon
  Lake Taylor High School
  Norfolk, VA

Michelle Emery
  Burr and Burton Academy
  Manchester, VT

Antonella Garcia
  Burnaby North Secondary
  Burnaby, Canada

Loreen Timperley
  Emerson Middle School
  Niles, IL

Tiffany Brutto
  The Linsly School
  Wheeling, WV

Maggie Smith
  Wesleyan School
  Brookhaven, GA

Matt Crew
  Wesleyan School
  Peachtree Corners, GA

Acknowledgments

Mary Townsend
  Kettering Fairmont High School
  Kettering, OH

Caroline McKay
  La Reina High School
  Thousand Oaks, CA

Raghia
  Providence School Department
  Woonsocket, RI

R. Safier
  Saint Francis High School
  Mountain View, CA

Candace Thomason
  Enterprise High School
  Enterprise, AL

Maxime Lavallee
  Friends Academy
  Locust Valley, NY

Roula Farah
  Slippery Rock School District
  Wexford, PA

Maxanna Nichols
  Baker High School
  Mobile, AL

Emily Balaban-Garber
  Cheverus High School
  Scarborough, ME

Catherine Tetu
  Burlington High School
  Burlington, VT

Laura Walker
  St. Stephen's & St. Agnes School
  Alexandria, VA

Amy Whitlock
  Oswego East High School
  Oswego, IL

Michelle Hamilton
  Hamilton High School
  Queen Creek, AZ

Jill Prado
  Essex High School
  Essex Junction, VT

Isabelle Jay
  Manchester High School
  Manchester, CT

Marie Martine Shannon
  Washington Latin Public Charter School
  Washington, DC

Michael Shippie
  Xaverian Brothers High School
  Westwood, MA

William Heidenfeldt
  Salesian College Preparatory
  Richmond, CA

Lynda-Marie Allen
  Roland Park Country School
  Baltimore, MD

Georgette Kat Kawel
  American International School of Cape Town
  Cape Town, South Africa

Brian Hayenga
  Hinkley High School
  Aurora, CO

Elaine Diveley
  Oswego High School
  Naperville, IL

Emily Williams
  Sperreng Middle School
  Maplewood, MO

Marianne Zemil
  University of Chicago Laboratory Schools
  Chicago, IL

Gissele Drpich
  Prospect High School
  Long Grove, IL

Reprise

Essential Question
How does the country where one lives influence one's lifestyle?

Can-Do Goals
By the end of this unit, you will have reviewed how to:
- Talk about family, relationships, and life events
- Discuss vacations and traveling
- Talk about clothing to pack for a trip
- Discuss your home and the chores you do around the house
- Discuss routine activities
- Talk about health

Culture
- Vacations in France
- History of **les congés payés**
- Interesting vacation destinations in the French-speaking world
- Geography and cultures of the francophone world, including French-speaking Africa, French Polynesia, and Southeast Asia

Pour commencer
- Qui sont les jeunes sur la photo? Sont-ils amis ou membres d'une même famille?
- Que font-ils? Où sont-ils, à votre avis? Que vont-ils peut-être faire ensuite?
- Est-ce qu'ils ont l'air de bien s'amuser? Pourquoi, selon vous?

Essential Question
Go over the Essential Question as a class. Ask students what they remember about vacation and daily lifestyle in francophone countries and have them call out similarities and differences with vacation and daily lifestyle in their community. Then, on the board, write **Les activités pendant les vacances** and **La routine quotidienne**. Have students name activities they enjoy doing on vacation and things they do every day. List them on the board. Finally, ask: **À votre avis, est-ce que les activités que vous faites pendant les vacances sont similaires dans les pays francophones et dans votre culture? Et la routine de tous les jours? Qu'est-ce qui influence le style de vie d'une personne?**

Can-Do Goals
Review the list of communicative goals with your students. Point out that this unit will provide them with the tools necessary to achieve these goals. Tell your students that they will review vocabulary and expressions that will allow them to talk about family, relationships, and life events. They will also discuss vacations, including destinations, travel preparations, and packing for a trip. They will talk about their homes and the things they do around the house, and they will discuss routines and health. In this unit, students will also learn about vacations in France, the history of **les congés payés**, and the geography and cultures of French-speaking Africa, French Polynesia, and Southeast Asia.

Pour commencer
Ask these additional questions about the photo: **Que portent les jeunes sur la photo? Est-ce que les jeunes de votre communauté portent le même style de vêtements? Est-ce qu'ils aiment aussi faire des selfies?**

Initiative and Self-Direction
Students can monitor their progress online using the activities and assessments on vhlcentral.com.

SUPPORT FOR BACKWARD DESIGN

Dossier culturel
Throughout the unit, your students will identify and compare cultural realities from the francophone world. These important observations can be added to their **Dossier culturel**.

Forums on vhlcentral.com allow you and your students to record and share text and audio messages. Use Forums for presentations, oral assessments, class discussions, exit tickets, etc. Encourage students to reflect weekly on what they've learned about the different cultural elements. Ask more advanced students to dig deeper and investigate a particular topic. This will facilitate the creation of their **Dossier culturel**.

Section Goals

In **La vie en famille**, students will review and practice:
- how to talk about family, relationships, and life events
- the **passé composé** with **avoir**
- the **passé composé** with **être**
- regular and irregular past participles
- object pronouns in the **passé composé**

Vocabulaire Vocabulary and expressions lists in this unit provide students with quick and easy reference to words and phrases.

Structures Throughout the unit, **Structures** sections and accompanying activities will help students review and practice important grammar concepts.

Teaching Tips

- Greet students and introduce yourself, sharing some information about you and your family. Then, call on students to introduce themselves, and if they wish, share information about themselves and their families as well.
- Have students open their books. Point to the young boy with the yellow T-shirt in the first photo and introduce him as Anthony. Tell students that they are going to listen to him describe family photos. Play the first audio segment and ask some comprehension questions to assess how much review your students need with vocabulary for family members. Examples: **Qui sont Annie et Laurent?** (les grands-parents d'Anthony) **Comment s'appelle la mère d'Anthony?** (Corinne) **Qui est Julien?** (le cousin d'Anthony). Repeat with the second audio segment.
- Go over the terms in **Vocabulaire**, calling on different students to read 2–3 words or expressions out loud. Model pronunciation as needed. If students need additional review of and practice with the vocabulary, play a game of Jeopardy as a class (see below).
- Ask for volunteers to read the descriptions under each photo aloud. Clarify vocabulary and expressions, as needed.

La vie en famille

Des photos de famille

Communicative Goal Describe family, relationships, and life events

Vocabulaire	
un beau-père	father-in-law; stepfather
une belle-mère	mother-in-law; stepmother
un(e) cousin(e)	cousin
un demi-frère	half-brother; stepbrother
une demi-sœur	half-sister; stepsister
une femme	wife; woman
une fille	daughter; girl
un fils	son
un frère	brother
une grand-mère	grandmother
un grand-père	grandfather
un mari	husband
une mère	mother
un neveu	nephew
une nièce	niece
un oncle	uncle
un père	father
une petite-fille	granddaughter
un petit-fils	grandson
une sœur	sister
une tante	aunt
l'amour (*m.*)	love
le bonheur	happiness
un(e) fiancé(e)	fiancé; fiancée
des jeunes mariés (*m.*)	newlyweds
un divorce	divorce
un mariage	marriage; wedding
prendre sa retraite	to retire
tomber amoureux/amoureuse	to fall in love
l'adolescence (*f.*)	adolescence
l'âge adulte (*m.*)	adulthood
l'enfance (*f.*)	childhood
la jeunesse	youth
la mort	death
la naissance	birth

2 *deux*

Salut! Je m'appelle Anthony et voici des photos de ma famille. Là, c'est moi, avec le tee-shirt jaune. Voici mon père, Luc, et mes grands-parents, Annie et Laurent. Ce sont les parents de ma mère, Corinne. Ils venaient de prendre leur retraite. Ma mère est à droite. Et le garçon avec le tee-shirt rouge, c'est mon cousin Julien.

Ah! Et revoici Julien, à l'âge adulte, sur cette photo. Il est avec Lise, sa fiancée. Leur mariage est le 10 juillet et toute la famille va y aller. Lise est américaine mais elle a passé sa jeunesse en France parce que son beau-père est français. Elle est très sympa et nous souhaitons tous beaucoup de bonheur au jeune couple.

GAME

Jeopardy Form two teams to play a game of Jeopardy. Say a sentence describing a vocabulary word, for example, **C'est la mère de mon mari. C'est quand on est très heureux.** or **C'est avant l'âge adulte.** Provide buzzers or bells for students to ring in and remind them that they should formulate their response in the form of a question (**Qui est votre belle-mère? Qu'est-ce que le bonheur? Qu'est-ce que l'adolescence?**).

DIFFERENTIATION

Advanced Learners Challenge students to write a detailed description of one of Anthony's family members, without using his/her name. Encourage them to use a variety of vocabulary they know, including descriptive adjectives, and to hypothesize on age, personality traits, likes and dislikes, etc. Call on students to read their descriptions aloud for classmates to guess which family member is being described.

Reprise

Mise en pratique

1 **Vrai ou faux?** Écoutez Maeva qui parle de sa famille et indiquez si les phrases sont vraies (**Vrai.**) ou fausses (**Faux.**). Corrigez les phrases fausses.

1. Les parents de Maeva ont divorcé quand elle avait dix-sept ans. Faux. Ils ont divorcé dans son enfance.
2. Maeva a une belle-mère. Faux. Elle a un beau-père.
3. Maeva a deux sœurs. Faux. Elle a un demi-frère.
4. Il va bientôt y avoir une naissance dans la famille de Maeva. Vrai.
5. Maeva va avoir un cousin. Faux. Elle va avoir un neveu.
6. La mère de Maeva va prendre sa retraite. Vrai.

2 **Complétez** Complétez les phrases avec les mots et expressions de vocabulaire appropriés.

1. La mère de Catherine a deux frères. Ce sont les ____oncles____ de Catherine.
2. M. Hubert va bientôt arrêter de travailler. Il va ____prendre sa retraite____ à 65 ans.
3. Ma sœur a trois filles. Ce sont mes ____nièces____.
4. Les enfants de ta tante sont tes ____cousins____.
5. Je n'ai pas de sœur, mais mon beau-père a une fille. C'est ma ____demi-sœur____.
6. Louise et Yann sont jeunes mariés. Louise est la ____femme____ de Yann.

Structures: *Le passé composé*

- The **passé composé** is used to express actions that began and ended in the past. It is composed of two parts: the *auxiliary verb* (present tense of **avoir** or **être**) and the *past participle* of the main verb. It has three possible translations in English.

  Nous **avons dansé.** Il **est sorti.**
  We danced. *He went out.*
  We have danced. *He has gone out.*
  We did dance. *He did go out.*

- Most verbs use the verb **avoir** as a helping verb to form the **passé composé.**

Passé composé with *avoir*	
j'**ai fini**	nous **avons fini**
tu **as fini**	vous **avez fini**
il/elle/on **a fini**	ils/elles **ont fini**

- When the verbs use **être** as a helping verb, the past participle agrees in gender and number with the subject.

Passé composé with *être*	
je **suis allé(e)**	nous **sommes allé(e)s**
tu **es allé(e)**	vous **êtes allé(e)(s)**
il/elle/on **est allé(e)**	ils/elles **sont allé(e)s**

EXTRA PRACTICE

Mini-dictée Prepare sentences with verbs that have regular past participles in the **passé composé**, and have students write what they hear. Examples: **1. Tu as joué au foot. 2. Sophie est allée au stade**. Then, give alternate subjects and have students rewrite the sentences, substituting the new subjects. Examples: **1. je → J'ai joué au foot. 2. Sophie et David → Sophie et David sont allés au stade**. Check answers as a class.

DIFFERENTIATION

Visual Learners Write these verbs on the board: **aller, arriver, partir, descendre, entrer, monter, passer, rentrer, sortir, tomber, rester,** and **retourner**. Have pairs draw a house with doors, windows, and a staircase. Tell them to add stick figures doing actions described by the verbs on the board and to write captions in the **passé composé** for each figure.

---

1 Script
Mes parents ont divorcé dans mon enfance, et aujourd'hui, ma mère est remariée. Mon beau-père avait déjà un fils de son premier mariage, alors j'ai un demi-frère. Mon demi-frère est jeune marié, et lui et sa femme vont avoir un enfant dans un mois. Je vais devenir tante d'un petit garçon! Ma mère va prendre sa retraite cet été et elle est très contente parce qu'elle va avoir du temps libre pour son premier petit-fils. Et moi? Eh bien, depuis hier, j'ai un fiancé! Il s'appelle Pierre et je suis très amoureuse...

- **Suggestion** Play the audio a second time for students to check their answers. Then, ask comprehension questions, for example: **Qui a une femme dans la famille de Maeva?** (son beau-père et son demi-frère) **Qui va avoir un petit garçon?** (son demi-frère et sa femme).

2 Expansion For writing practice, have students close their books. Read aloud 3–4 sentences from the activity and have students write them down. Then have them open their books again and verify their answers.

Scaffolding

- Tell what you did yesterday using a variety of verbs in the **passé composé**. Ask students if they can name the tense you used in your description and have them share what they remember about this tense.
- Go over the first bulleted point and have a student read the example sentences out loud.
- Review the formation of regular past participles (**-er, -ir,** and **-re** verbs), then call out several infinitives from each group and have students supply the past participles.
- Remind students that **liaison** is required between the final consonants of **on, nous, vous, ils,** and **elles** and the first vowel of forms of **avoir**.
- Go over the last bullet and have another student write the **passé composé** forms of **aller** on the board, using a different color for the past participle endings. Again, point out the **liaison** between the final consonants of **on** and **vous** and the first vowel of forms of **être**.

La vie en famille

Structures: *Le passé composé (suite)*

- Many common verbs have irregular past participles. Here are a few you've already learned:

appendre	→	**appris**	courir	→	**couru**	mourir	→	**mort**
avoir	→	**eu**	être	→	**été**	naître	→	**né**
boire	→	**bu**	faire	→	**fait**	prendre	→	**pris**

- In the **passé composé**, place object pronouns before the conjugated helping verb.

  Ma tante? Je **l'**ai vu**e**.   Mes parents? Je **les** ai écouté**s**.
  My aunt? I saw her.   *My parents? I listened to them.*

---

3 **Jour de mariage** Noémie décrit le mariage de sa cousine Clarisse. Complétez la description avec le passé composé des verbes de la boîte.

arriver	organiser	être	commencer	tomber
danser	partir	prendre	finir	courir

Clarisse et Clément se sont mariés samedi et la famille de Clément __a organisé__ une fête dans son jardin. Quand les jeunes mariés __sont arrivés__ à la fête, les invités __ont pris__ des photos d'eux. Malheureusement, il __a commencé__ à pleuvoir et on __a été__ obligés de rentrer dans la maison. Les autres invités et moi, nous __avons couru__ dans le salon et moi, je __suis tombée__, mais ce n'était pas grave. Après, nous __avons dansé__ sur de la musique super. La fête __a fini__ très tard et mes parents et moi, nous __sommes partis__ à minuit.

4 **Une fête d'anniversaire** Thomas et son frère Marc sont allés à la fête d'anniversaire de leur tante Karine hier et leurs parents leur posent des questions. Écrivez les réponses des deux frères. Utilisez des pronoms d'objet direct et des pronoms personnels *(subject pronouns)* dans les réponses.

MODÈLE

Thomas, tu as aimé la musique? (oui)
Oui, je l'ai aimée.

1. Est-ce que vous avez vu vos cousines? (oui)
   Oui, nous les avons vues.
2. Thomas, tu as attendu Marc avant d'aller à la fête? (oui)
   Oui, je l'ai attendu.
3. Marc, est-ce que tu as donné nos cadeaux à Tante Karine? (oui)
   Oui, je les ai donnés à Tante Karine.
4. Avez-vous pris notre voiture? (non)
   Non, nous ne l'avons pas prise.
5. Qui vous a conduit à la fête? Votre oncle? (oui)
   Oui, il nous a conduits à la fête.
6. Vos cousines ont pris ces belles photos? (non)
   Non, elles ne les ont pas prises.

Communication

5 Nos arbres généalogiques Travaillez avec un(e) camarade pour créer un arbre généalogique de sa famille. Sur une feuille de papier, commencez à dessiner une première boîte et écrivez le nom de votre camarade. Ensuite, posez-lui des questions sur sa famille et ajoutez des boîtes à l'arbre. Quand vous avez fini l'arbre de votre camarade, changez de rôles. Answers will vary.

MODÈLE
Élève 1: *Bonjour, comment t'appelles-tu?*
Élève 2: *Salut, je m'appelle Taylor.*
Élève 1: *Comment s'appelle ton père, Taylor?*
Élève 2: *Mon père s'appelle Jack.*
Élève 1: *Est-ce que tu as un frère?*

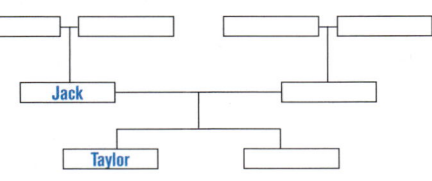

6 Activités du week-end Qui sont ces personnes? Qu'est-ce qu'elles ont fait le week-end dernier? À deux, faites des hypothèses sur les relations entre les personnes sur les photos. Puis, parlez de leurs activités du week-end dernier. Ajoutez des détails. Answers will vary.

1.

2.

3.

4.

7 La semaine dernière Avec un(e) camarade, posez-vous des questions sur ce que vous avez fait avec votre famille la semaine dernière. Demandez et donnez des détails sur les membres de la famille et précisez quand vous avez fait ces activités. Answers will vary.

MODÈLE
Élève 1: *Parker, est-ce que tu es allé chez tes grands-parents?*
Élève 2: *Oui*
Élève 1: *Quand et avec qui est-ce que tu es allé chez tes grands-parents?*
Élève 2: *Mes cousins et moi, nous avons mangé chez nos grands-parents dimanche soir.*

I CAN describe family, relationships, and life events.

Section Goals

In **Les voyages**, students will review and practice:
- how to discuss vacations, including destinations and places associated with traveling
- how to talk about travel preparations and packing for a trip
- the **imparfait**
- the uses of the **passé composé** vs. the **imparfait**

Teaching Tips

- Tell students about some of the countries you have visited, pointing them out on a world map, and share some information about each one. Ask students if they've had the opportunity to travel abroad, and if so, what countries they have visited. If students have not traveled abroad, ask them which countries they would like to visit, and why.
- Go over the list of countries in **Des pays à l'étranger**, pointing each one on a map. As a class, brainstorm additional names of countries. Ask students to name one thing they associate with each country.
- Review the terms in **Des endroits associés aux vacances**, calling on students to use each one in a logical sentence to demonstrate understanding. Examples: **Dans une agence de voyages, on fait des réservations pour les vacances. Paris est la capitale de la France.** etc.
- With books closed, play the audio recording for **À l'agence de voyages**, then ask comprehension questions. Examples: **Quel pays la cliente veut-elle visiter? (la Suisse); Comment veut-elle voyager? (en avion)**, etc.
- With books still closed, play the second audio recording and ask students: **Qu'est-ce que la jeune femme a fait? (sa valise)**
- Go over the vocabulary for clothing and accessories, modeling pronunciation as needed. For practice, play a game of Clothing Bingo (see below).

Les voyages

Communicative Goal Describe travel preparations, traveling, and destinations

On se prépare

vhlcentral

Vocabulaire

Des pays à l'étranger

l'Allemagne (f.)	Germany
l'Angleterre (f.)	England
la Belgique	Belgium
le Brésil	Brazil
la Chine	China
l'Espagne (f.)	Spain
l'Italie (f.)	Italy
le Japon	Japan
le Mexique	Mexico
la Suisse	Switzerland

Des endroits associés aux vacances

une agence de voyages	travel agency
un aéroport	airport
un arrêt d'autobus	bus stop
une auberge de jeunesse	youth hostel
la campagne	country (side)
une capitale	capital
une gare (routière)	train station (bus station)
un hôtel	hotel
la mer	sea
une plage	beach
une station de ski	ski resort

Les vêtements et les accessoires

un anorak	ski jacket, parka
une casquette	(baseball) cap
une chaussure	shoe
une chemise	shirt
un chemisier	blouse
une jupe	skirt
des lunettes (de soleil) (f.)	(sun)glasses
un maillot de bain	swimsuit, bathing suit
un manteau	coat
un pantalon	pants
un pull	sweater
une robe	dress

À l'agence de voyages

—Bonjour. Je voudrais réserver un voyage.
—Oui, bien sûr. Où voulez-vous aller?
—Dans la région de Genève, en Suisse. Je voudrais faire du ski.
—Vous préférez voyager en avion ou en train?
—En avion. Je voudrais partir le 12 février et rentrer le 19.
—Alors, il y a un vol de Marseille-Genève à 10h, avec retour à 15h30. C'est 199 euros.
—Parfait. Et pour la station de ski?
—Je vous recommande Combloux. C'est très joli et il y a plusieurs bons hôtels. Voici une brochure.
—Merci, je vais regarder et choisir un hôtel. Je vous téléphonerai pour la réservation. Au revoir.

Bon, alors, qu'est-ce que je prends pour mon séjour à la mer? Voyons... mon maillot de bain, bien sûr, une jupe, deux robes et des tee-shirts. Je vais aussi prendre un jean et des shorts. Et comme chaussures? Des baskets... et ces chaussures noires. Voilà, j'ai fait ma valise!

6 six

EXTRA PRACTICE

Role-Play Have pairs of students use the dialogue in **À l'agence de voyages** as a model to create and act out a similar conversation, but using different details, including destination, means of transportation, travel dates, planned activities, etc.

GAME

Clothing Bingo Have students draw a game grid with nine spaces on a sheet of paper. In each space, have them draw an item of clothing or accessory from **Les vêtements et les accessoires**. Tell students you're packing for an upcoming trip and describe what you're putting in your suitcase. Ask them to mark an X in the spaces with the items you mention. When they have three in a row, they call out **Bingo**!

Mise en pratique

1 On part en vacances Écoutez la conversation entre Anne et sa sœur Lou, deux jeunes Belges, puis choisissez la bonne réponse à chaque question.

1. Dans quel pays les sœurs vont-elles en vacances?
   a. en Espagne   b. en Italie   **c. en France**
2. Comment vont-elles voyager?
   a. en avion   **b. en train**   c. en voiture
3. Où vont-elles dormir pendant leur séjour?
   a. dans un hôtel   b. chez des cousins   **c. dans une auberge de jeunesse**
4. Où ont-elles envie de passer du temps?
   a. à la plage   b. à la campagne   c. dans la capitale
5. Quels vêtements Anne a-t-elle mis dans sa valise?
   a. des jupes et des chemisiers   b. des shorts et des tee-shirts   c. des robes
6. Qu'est-ce que Lou lui dit de ne pas oublier?
   a. son anorak   b. son manteau   **c. ses lunettes**

Structures: *L'imparfait*

- The **imparfait** is used to talk about past actions that took place repeatedly or habitually and about ongoing actions over an unspecified period of time in the past. The **imparfait** is also used for descriptions in the past, often with the verb **être**.

   Mes parents **allaient** souvent au Canada.   La plage **était** belle.
   My parents would often go to Canada.   *The beach was beautiful.*

- To form the **imparfait**, drop the **-ons** ending from the **nous** form of the present tense and replace it with the **imparfait** endings shown in the table.

Formation of the *imparfait*	
parler (parl**ons**)	
je parl**ais**	nous parl**ions**
tu parl**ais**	vous parl**iez**
il/elle/on parl**ait**	ils/elles parl**aient**

2 Complétez Complétez les phrases avec l'imparfait des verbes entre parenthèses.

1. Nous ___faisions___ toujours nos valises le jour avant le voyage. (faire)
2. Est-ce que vous ___alliez___ souvent au Cambodge? (aller)
3. Mes parents ___aimaient___ beaucoup aller à la campagne. (aimer)
4. Tu ___voyageais___ souvent à l'étranger? (voyager)
5. D'habitude, Marthe ___finissait___ ses réservations avant le mois de juin. (finir)
6. Quand j'étais enfant, on ___prenait___ le train pour aller à Nice. (prendre)

Les voyages

Teaching Tips
- If needed, do a rapid drill to review the forms of the **passé composé** and the **imparfait**. Call out a subject, an infinitive, and one of the two tenses, and have students supply the correct form, orally. Repeat with additional verbs.
- Go through all the uses of the **passé composé**. Ask students to provide additional example sentences for each use.
- Repeat with the uses of the **imparfait**, asking students to again provide additional examples for each use.

❸ Suggestion Check answers by calling on individual students to tell whether they used the **passé composé** or the **imparfait** for each verb, and explain why.

Structures: *Le passé composé vs l'imparfait*

As you know, the **passé composé** and the **imparfait** are both used to talk about the past, but they have very distinct uses and are not interchangeable.

- Use the **passé composé** to:

• express actions that started and ended in the past	Nous **avons acheté** nos billets d'avion.
• talk about events that happened at a specific point in time or within a specific period in the past	Nourdine **a voyagé** en Chine pendant deux mois.
• narrate a series of past actions or events	D'abord, j'**ai lu** le guide. Ensuite, j'**ai téléphoné** à l'agence et j'**ai réservé** mon billet.
• signal a change in someone's mental, physical, or emotional state	Tu **as eu** peur quand tu as perdu ton passeport?

- Use the **imparfait** to:

• talk about actions that lasted for an unspecified duration of time	Je **jouais** sur la plage avec mes frères.
• relate habitual past actions and events	Ma famille **faisait** du ski tous les hivers.
• describe past mental, emotional, or physical states or conditions	Assia **avait** froid, alors, elle a mis son pull.
• give background information or describe people and things in the past	L'hôtel **était** confortable et bon marché.

Remember that the **imparfait** and the **passé composé** are sometimes used in the same sentence to say what was going on when something else happened. Use the **imparfait** to say what was going on and the **passé composé** to say what happened.

Nous **nagions** quand *il a commencé à pleuvoir*.   Je **faisais** *une randonnée et tout à coup* **j'ai vu** *un lynx*.

3 Au passé Complétez les phrases avec le passé composé ou l'imparfait des verbes entre parenthèses. Attention au choix du verbe et du temps.

Interpretive Communication

1. Il ___faisait___ beau et les touristes ___étaient___ heureux d'être en vacances. (être / faire)
2. Je/J' ___entrais___ dans l'agence de voyages quand je/j' ___ai vu___ Edgard. (entrer / voir)
3. Est-ce vrai qu'hier matin, Léon et toi, vous ___êtes allés___ à la gare et vous ___avez acheté___ vos billets pour aller à Paris? (acheter / aller)
4. Nous ___avons visité___ la ville et ensuite, nous ___avons mangé___ au restaurant. (visiter / manger)
5. Il y ___avait___ beaucoup de monde et l'hôtel ___était___ complet. (être / avoir)
6. D'abord, Kylian ___est descendu___ du train. Ensuite, il ___est monté___ dans le bus. (monter / descendre)
7. Ennelise ___prenait___ des photos quand tout à coup, elle ___est tombée___. (tomber / prendre)
8. Est-ce que vous ___dormiez___ toujours dans cet hôtel quand vous ___alliez___ en Italie? (aller / dormir)

huit

EXTRA PRACTICE

Mini-dictée Prepare a short story about a family vacation. Include verbs in both the **passé composé** and the **imparfait**. Have students write down what you say as a dictation. Then, give them a few minutes to go over the passage again. They should (1) underline the verbs in the **passé composé** and (2) circle the verbs in the **imparfait**. Call on students to identify the verbs they underlined and circled and say what tense they are in and why.

Pairs Give students this scenario: Anne and Lou (from Activity 1 on page 7) have returned from their trip to Brittany and they're telling their parents about it. Have students work in pairs to write their conversation. Remind them that they will need to use both the **passé composé** and the **imparfait**. If you did the Proficiency/Comparisons activity on page 7, encourage students to include information about Brittany in the conversation.

Communication

4 Les vacances de la famille Imbert À deux, discutez de ce que la famille Imbert a fait pendant ses dernières vacances. Utilisez les temps du passé et donnez des détails, d'après les photos. *Answers will vary.*

5 Notre voyage Vous avez gagné un voyage! Par petits groupes, discutez de vos préférences et de vos projets. *Answers will vary.*

- Où est-ce que vous voulez aller?
- Où préférez-vous dormir?
- Comment allez-vous préparer votre voyage?
- Quels vêtements allez-vous prendre?
- Quelles activités allez-vous faire?

MODÈLE

Élève 1: *Moi, j'ai envie d'aller au Mexique.*
Élève 2: *Bonne idée. Tu as envie de visiter la capitale?*
Élève 1: *Non, je préfère aller à la mer. Et toi, Faith?*
Élève 3: *Moi, je voudrais aller à la campagne...*

6 Une vidéo de voyage Vous avez décidé de faire des vidéos de voyage pour les réseaux sociaux. Choisissez un voyage ou un séjour de vacances que vous avez beaucoup aimé. (Vous pouvez inventer un voyage, si vous préférez.) Écrivez un script pour votre première vidéo. Racontez une ou deux journées de votre voyage. *Answers will vary.*

MODÈLE

Jour 1
Je me suis levée tôt pour aller à la gare. Il faisait beau et j'étais très contente de partir au Canada. Je suis arrivée à la gare à sept heures et j'ai attendu mon train. Il n'y avait pas beaucoup de monde. Ensuite,...

I CAN describe travel preparations, traveling, and destinations.

Section Goals

In **Roman-photo**, students will:
- get reacquainted with the main characters of the Roman-photo
- review and practice vocabulary and grammatical structures

Video Synopsis

Rachid has offered to help Stéphane get ready for his upcoming **baccalauréat** exam and they regularly meet at Rachid's place to study. On one occasion, Rachid shows Stéphane some family photos and tells him about his family. Later, Stéphane meets with David, who's just returned from a trip to Paris, and they discuss vacations. Sandrine is planning a trip over the Christmas holidays and she goes to a travel agency to make reservations. On another occasion, Rachid and David visit Sandrine at her apartment and she gives them a tour of the place. Finally, we find Rachid at the doctor's office after he had a minor accident.

Scaffolding

- Ask students to share what they remember about the **Roman-photo** characters. Prompt them with questions, like **Qui est Rachid? D'où vient la famille d'Amina? Qui est Valérie Forestier? Qui est David? Qui aime cuisiner? Qui fait du sport pour rester en forme?**, etc. Then, have students complete Activity 1.
- Give students a few minutes to read silently the mini-conversations in the **Récapitulatif**. Then, have them complete Activity 2. Call on students to read their answers out loud.
- Ask comprehension questions about the scenes in the **Récapitulatif**. For example, ask **Qui est la famille sur la photo? Quel est le métier du père de Rachid? Combien de frères et sœurs Rachid a-t-il?**
- Have students complete Extra Practice/Pairs and assign Extra Practice/Groups to be done outside of class.

Roman-photo

Communicative Goal Understand conversations about family, home, travels, and health issues

Récapitulatif

Dans **Roman-photo**, vous avez fait la connaissance d'un groupe d'étudiants de l'Université Aix-Marseille et de leurs amis. Les voici.

PERSONNAGES

 Sandrine   Amina

 David   Rachid

 Stéphane Valérie

STÉPHANE C'est ta famille? C'est où?
RACHID En Algérie, l'année dernière chez mes grands-parents. Le reste de ma famille, mes parents, mes sœurs et mon frère, habitent à Marseille.
STÉPHANE C'est ton père, là?
RACHID Oui. Il est médecin.

STÉPHANE Alors, ces vacances? Tu as fait bon séjour?
DAVID Oui, formidable!
STÉPHANE Pour moi, les vacances idéales, c'est un voyage à Tahiti. Ahhh... la plage, et moi en maillot de bain avec des lunettes de soleil... et les filles en bikini!

SANDRINE J'ai besoin d'une réservation d'hôtel, s'il vous plaît. C'est pour les vacances de Noël.
AGENT Où allez-vous? En Italie?
SANDRINE Non, nous allons à Albertville.
AGENT Et c'est pour combien de personnes?
SANDRINE Nous sommes deux, mais il nous faut deux chambres individuelles.

SANDRINE Il y a trois pièces: le salon, la salle à manger, ma chambre. Bien sûr, il y a une cuisine et j'ai aussi une grande salle de bains. Je te fais visiter? Et voici ma chambre.
RACHID Elle est belle! Comparé à cet appartement, le nôtre, c'est une cave! Pas de décorations, juste des affiches, un canapé, des étagères et mon bureau.

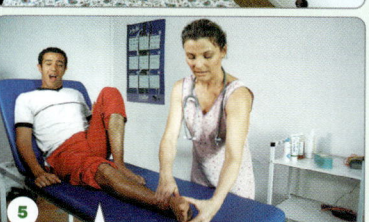

DOCTEUR Alors, expliquez-moi ce qui s'est passé.
RACHID Eh bien, je jouais au foot quand tout à coup, je suis tombé.
DOCTEUR Et où est-ce que vous avez mal? Au genou? À la jambe? Ça ne vous fait pas mal ici?
RACHID Non, pas vraiment.

10 dix

EXTRA PRACTICE

Pairs Organize students in pairs and ask each pair to choose one of the five scenes in the **Récapitulatif**. Have the pairs add several lines to the characters' dialogue. Then, have students role-play the complete scene for the class.

GAME

Cinq questions Organize students in groups and have each student in a group secretly pick one of the characters. The other group members ask questions about the secret character. The questions might be about their physical appearance, personality, or any event likely to provide clues about their identity. Groups only get five attempts at guessing the character's name.

Que se passe-t-il?

Reprise

1. Qui est-ce? Est-ce que vous vous souvenez des cinq amis de **Roman-photo**? Lisez chaque phrase et identifiez le personnage.

Interpretive Communication

Sandrine   **Amina**   **David**   **Rachid**   **Stéphane**

1. ___David___ est venu(e) à Aix pour ses études. Il/Elle aime la littérature, la nature et l'art.
2. ___Amina___ étudie le stylisme de mode à l'université. Chic et élégant(e), il/elle aime créer des vêtements.
3. ___Sandrine___ est de Paris. Très sociable, il/elle passe beaucoup de temps sur son portable.
4. ___Stéphane___ est passionné(e) par le sport et les jeux vidéo, mais n'est pas très sérieux/sérieuse dans ses études.
5. ___Rachid___ est un(e) étudiant(e) brillant(e) et sa famille est très fière de lui/d'elle.

2. Vrai ou faux? Indiquez si les phrases sont vraies (**Vrai.**) ou fausses (**Faux.**), d'après le **Récapitulatif**. Corrigez les phrases fausses. *Answers will vary.*

Interpretive Communication

1. Sandrine a besoin de réserver deux chambres d'hôtel pour les vacances de Noël. *Vrai.*
2. Rachid s'est blessé quand il faisait une randonnée à vélo. *Faux. Il s'est blessé quand il jouait au foot.*
3. Pour Stéphane, les vacances idéales sont des vacances à la montagne. *Faux. Pour lui, les vacances idéales sont des vacances à la plage, à Tahiti.*
4. Dans l'appartement de Sandrine, il y a un salon, une salle à manger, une chambre, une cuisine et une grande salle de bains. *Vrai.*
5. Toute la famille de Rachid habite en Algérie. *Faux. Ses parents, ses sœurs et son frère habitent à Marseille.*

3. Mon personnage préféré Qui est votre personnage préféré dans **Roman-photo**? Choisissez un des cinq étudiants et écrivez un paragraphe à son sujet *(about him/her)*. Donnez des informations sur son apparence physique, sa personnalité, ses études, sa famille, ses activités, etc. Mentionnez tout ce dont vous vous souvenez *(everything you remember)*. Inspirez-vous de la description de Valérie dans le modèle. *Answers will vary.*

Presentational Communication

MODÈLE

Mon personnage préféré est Valérie. Elle habite à Aix. Elle est patronne d'un café en ville et propriétaire d'appartements qu'elle loue à des étudiants. Valérie est divorcée et elle a un fils de dix-huit ans qui s'appelle Stéphane. Elle a aussi un frère qui est marié et qui a plusieurs enfants. Valérie a environ (about) quarante-cinq ans. Elle est assez grande et elle a les cheveux blonds. C'est une femme indépendante et travailleuse, mais elle est souvent inquiète parce que son fils n'étudie pas sérieusement.

4. La suite Dans le dernier épisode de **Roman-photo**, Rachid s'est fait mal quand il jouait au football avec Stéphane. À votre avis, qu'est-ce qui va se passer dans les prochains épisodes *(next)*? Écrivez vos prédictions sur l'avenir *(future)* de Sandrine, Amina, David, Rachid et Stéphane. *Answers will vary.*

Presentational Communication

☑ **I CAN** understand conversations about family, home, travels, and health issues.

onze **11**

Culture

Communicative Goal Identify and reflect on cultural practices related to vacations

AP® Theme: Contemporary Life
Context: Travel

CULTURE À LA LOUPE

Les vacances des Français

Si l'idée de partir à l'étranger pour s'évader° est associée aux vacances et fait rêver, la plupart° des Français (environ 65%) choisissent de rester en France. Quand ils vont à l'étranger, c'est l'Espagne qui est la destination la plus populaire, devant l'Italie, le Portugal et l'Amérique du Nord (États-Unis et Canada).

Se reposer, se retrouver en famille et aller passer du temps à la plage sont les raisons principales que les Français donnent pour partir en vacances. Il n'est donc pas surprenant qu'en été, les stations balnéaires° de la côte atlantique, de la Manche° et de la Méditerranée soient très fréquentées°. La durée moyenne° des séjours d'été des Français est de deux semaines.

Pour le logement, de nombreux vacanciers° vont chez leurs proches° ou louent une maison de vacances. En été, le camping est aussi un type d'hébergement° populaire qui permet de ne pas dépenser trop d'argent.

En revanche°, les tendances changent quand il s'agit° des vacances d'hiver. La montagne et les stations de ski sont les endroits préférés de plus de 35% des Français. Par contre, la durée moyenne du séjour est en général plus courte (une semaine ou moins) que la durée des séjours estivaux° parce que le budget est plus élevé° pour les vacances d'hiver.

Quant aux° activités préférées pendant les vacances, elles varient selon la période de l'année, mais la grande majorité des vacanciers disent aimer visiter des sites culturels ou naturels (58% et 56%) et découvrir la gastronomie et les spécialités locales (53%). Le sport et le shopping sont aussi mentionnés par plus de 20% des vacanciers.

Les 10 activités préférées des Français en vacances.

- Découvrir des site culturels — 58%
- Découvrir des sites naturels (lac, montagne, forêt, campagne...) — 56%
- Passer du temps avec sa famille, ses amis — 54%
- Aller à la plage — 53%
- Découvrir la gastronomie locale/les spécialités culinaires — 53%
- Profiter de la piscine du lieu d'hébergement — 31%
- Partir à l'aventure, se dépayser (traversée d'une région, d'un pays...) — 27%
- Faire des escapades hors des sentiers battus (randonnées, treks...) — 27%
- Faire du shopping — 24%
- Faire du sport (tennis, voile, plongée, golf...) — 21%

s'évader get away **la plupart** most of **stations balnéaires** seaside resorts **la Manche** English Channel **fréquentées** busy **durée moyenne** average length **vacanciers** vacationers **proches** family members **hébergement** accommodation **En revanche** On the other hand **il s'agit** it comes to **estivaux** summer **élevé** high **Quant aux** As for

ACTIVITÉS

1 Répondez Répondez aux questions par des phrases complètes, d'après la lecture. *Answers will vary.*

1. Quelle destination est-ce que la plupart des Français choisissent pour leurs vacances? *Ils choisissent de rester en France.*
2. Quelles destinations à l'étranger sont populaires? *L'Espagne, l'Italie, le Portugal et l'Amérique du Nord sont populaires.*
3. Quelles sont les raisons principales données par les Français pour partir en vacances? *Ils veulent se reposer, se retrouver en famille et passer du temps à la plage.*
4. Quelle est l'activité préférée des vacanciers français? *Ils aiment visiter des sites culturels ou naturels.*

2 Réfléchissez Par petits groupes, discutez de ces questions.

1. Pourquoi la majorité des Français choisissent-ils de rester en France pour les vacances, d'après vous? Est-ce que la situation est similaire dans votre pays?
2. Étudiez le graphique qui montre les activités préférées des Français pendant les vacances. Quelles sont les activités les plus populaires pendant les vacances dans votre culture? Comparez-les avec celles des Français.
3. Quelles seraient pour vous les vacances idéales? Votre vision se rapproche-t-elle plus de l'idée des vacances des Français, de celle de votre culture ou est-elle complètement différente? Expliquez.

12 *douze*

PORTRAIT

L'histoire des congés payés

AP® Theme: Personal and Public Identities
Context: Beliefs and Values

Les congés payés sont des périodes de congés pendant lesquelles les salariés° ne travaillent pas mais sont quand même° payés par leur employeur.

Entre 1900 et 1930, les congés payés ont été instaurés° dans de nombreux pays comme l'Allemagne, la Norvège°, le Chili et le Brésil. En France, on a dû attendre 1936 pour que le gouvernement accorde° les premiers congés payés aux salariés: deux semaines par an. Cette année-là, 600.000 Français sont partis pour la première fois en vacances.

En 1956, les Français ont obtenu une troisième semaine de congés payés, puis une quatrième en 1968, et enfin, une cinquième en 1982. Avec cinq semaines de congés payés, la France est aujourd'hui un des pays européens où les salariés ont le plus de jours de congés payés.

Les travailleurs non-salariés et indépendants ne bénéficient pas des congés payés.

salariés employees **quand même** still **ont été instaurés** were established **Norvège** Norway **accorde** grant

LE MONDE FRANCOPHONE

Quelques destinations de vacances

AP® Theme: Contemporary Life
Context: Travel

- **Nosy Be (Madagascar)** avec ses lagons turquoises et sa réserve naturelle de lémuriens°

- **La Gaspésie (Québec)** connue pour ses magnifiques panoramas sur la mer et la montagne

- **Porto Vecchio (Corse, France)** et ses magnifiques plages, comme celle de Palombaggia, considérée comme une des plus belles plages du monde

- **Sapa et les montagnes du nord (Viêt-Nam)**, un endroit unique et authentique situé à 1.650 mètres d'altitude, entre montagnes et rizières°

- **Carthage (Tunisie)**, site romain aux nombreux vestiges archéologiques qui attirent les passionnés d'histoire

Sur le web
Quelles sont d'autres destinations de vacances à ne pas manquer dans le monde francophone? Utilisez Internet pour en trouver une que vous aimeriez visiter.

lémuriens lemurs **rizières** rice paddies

3 Vrai ou faux? Indiquez si les phrases sont vraies (Vrai.) ou fausses (Faux.). Corrigez les phrases fausses. *Answers will vary.*

1. Les salariés français ont eu leurs premiers congés payés en 1956.
   Faux. Ils ont eu leurs premiers congés payés en 1936.
2. Depuis 1982, les Français ont cinq semaines de congés payés par an.
   Vrai.
3. Tous les Français qui travaillent ont droit aux congés payés.
   Faux. Les travailleurs non-salariés et indépendants n'ont pas droit aux congés payés.
4. Si on aime nager, il faut aller à Porto Vecchio. Vrai.

4 Les congés payés Par petits groupes, discutez des congés payés dans votre région. Est-ce que tous les salariés ont droit à des congés payés? Combien de jours de congés payés est-ce que les salariés ont, en général? Qu'est-ce qui influence le nombre de jours de congés payés qu'un salarié peut avoir? Faites des comparaisons avec les congés payés en France.

✓ **I CAN** identify and reflect on cultural practices related to vacations.

Section Goals

In **À la maison**, students will review and practice:
- discussing their homes
- talking about the chores they do around the house
- the verbs **devoir**, **vouloir**, and **pouvoir**
- comparatives and superlatives of adjectives and adverbs

Teaching Tips

- Show students photos of different rooms in a house and ask either/or questions to assess how much review students need with the vocabulary. Examples: **C'est une cuisine ou une chambre? Cette salle de bains a une douche ou une baignoire?**, etc. Review the terms in **Le logement** as needed. Remind students that **une pièce** is the generic term for *a room* and that **une chambre** is *a bedroom*. Point out that there used to be a difference between **un salon**, a more formal room used primarily for entertaining guests, and **une salle de séjour**, a more functional room, similar to an American family room or den. However, nowadays, the difference as faded, and the word **salon** is more commonly used over **salle de séjour**.
- Have students open their books and look at the three photos without reading the dialogues. Play the three audio segments out of order, and ask students to raise one, two, or three fingers to indicate which photo each segment goes with.
- Make some **vrai/faux** statements about each pictured room and have students raise their right hand if the statement is true and their left hand if the statement is false. They can refer to the captions as needed. Examples: **Dans la cuisine, il y a un frigo et un four. (Vrai.) Les toilettes sont dans la salle de bains. (Faux.) Il y a deux commodes dans la chambre. (Vrai.)**, etc.

À la maison

Le logement

Communicative Goal Describe the home and discuss chores

vhlcentral

Vocabulaire

Le logement

une chambre	bedroom
une cuisine	kitchen
un jardin	garden; yard
une pièce	room
une salle à manger	dining room
une salle de bains	bathroom
une salle de séjour	living/family room
un salon	formal living/sitting room
les toilettes/W.-C.	restrooms/toilet
un appareil électrique/ménager	electrical/household appliance
une armoire	armoire, wardrobe
une baignoire	bathtub
un canapé	couch
une commode	dresser, chest of drawers
une cuisinière	stove
une douche	shower
une étagère	shelf
un évier	kitchen sink
un fauteuil	armchair
un four (à micro-ondes)	(microwave) oven
un frigo	refrigerator
un lave-linge	washing machine
un lave-vaisselle	dishwasher
un meuble	piece of furniture
un placard	closet, cupboard

Les tâches ménagères

balayer	to sweep
cuisiner	to cook
débarrasser la table	to clear the table
enlever/faire la poussière	to dust
essuyer la vaisselle	to dry the dishes
faire la lessive	to do the laundry
faire la vaisselle	to do the dishes
faire le lit	to make the bed
faire le ménage	to do the housework
faire les courses (f.)	to go (grocery) shopping
mettre la table	to set the table
passer l'aspirateur	to vacuum
ranger	to tidy up; to put away
sortir la/les poubelle(s)	to take out the trash

Juliette montre sa maison à une étudiante qui va habiter avec sa famille.

—Voici la cuisine. Elle n'est pas très grande, mais il y a tout ce qu'il faut pour cuisiner, manger et ranger la vaisselle: une table, des chaises, un évier, un four, un frigo, des placards et des appareils ménagers.
—Il n'y a pas de lave-vaisselle?
—Non, on fait la vaisselle à la main dans l'évier.

—Ici, c'est la salle de bains. Il y a une baignoire avec douche.
—Ah! Le lave-linge est dans la salle de bains?
—Oui, il est là, si tu as besoin de faire de la lessive.
—Et les toilettes?
—Les toilettes sont dans une autre pièce, à côté des chambres.

—Et là, à côté de la salle de séjour, c'est ma chambre. Euh... désolée, je dois ranger, passer l'aspirateur et faire mon lit. Comme tu vois, je n'aime pas beaucoup les tâches ménagères.
—J'aime bien tes meubles. Ils sont jolis. Mais... tu n'as pas d'armoire?
—Non, mais j'ai deux commodes, et il y a aussi des placards dans le couloir.

14 quatorze

GAME

Scrabble Divide the class into several small groups. Write 15 letters on the board and tell students to come up with as many words as they can for rooms in a house, furniture, household objects, and appliances using the letters on the board as many times as they like. After five minutes, have a representative from each group write the group's list on the board. The group with the most words wins.

Memory Write chores expressions on two sets of index cards. On another two sets, tape images to match each term in the sets of expressions, for example, a picture of someone dusting. Divide the class into two groups and give each group a set of expressions and a set of images, face down. Students should set their pairs aside as they match them. Call time after five minutes. The team with the most pairs wins.

Reprise

Mise en pratique

1 Vrai ou faux? Madame El Katib téléphone à une agence immobilière. Écoutez la conversation et indiquez si les phrases sont vraies ou fausses. Corrigez les phrases fausses. *Answers will vary.*

1. Madame El Katib cherche un appartement. *Faux. Elle cherche une maison.*
2. La famille El Katib a besoin de trois chambres. *Vrai.*
3. Il y a une douche dans la salle de bains. *Faux. Il y a une baignoire.*
4. Il n'y a pas de lave-vaisselle dans la cuisine. *Vrai.*
5. Les chambres ont des armoires et des commodes. *Faux. Les chambres ont des placards.*
6. Il n'y a pas d'appareils ménagers dans la cuisine. *Faux. Il y a une cuisinière, un four et un frigo.*

2 Où sont-ils? Complétez les phrases pour décrire dans quelle pièce ces personnes sont, d'après leurs activités.

1. Monsieur Duchemin fait la vaisselle dans l'évier. Il est dans ___la cuisine___.
2. Madame Duchemin lave le bébé dans la baignoire. Elle est dans ___la salle de bains___.
3. Paul fait le lit. Il est dans ___la chambre___.
4. Edgard passe l'aspirateur sous le canapé. Il est dans ___le salon/la salle de séjour___.
5. Nathalie débarrasse la table. Elle est dans ___la cuisine/la salle à manger___.
6. Inès range les courses dans le frigo. Elle est dans ___la cuisine___.

Structures: *Les verbes devoir, vouloir et pouvoir*

- The verbs **devoir**, **vouloir**, and **pouvoir** are irregular.

	devoir	vouloir	pouvoir
je	dois	veux	peux
tu	dois	veux	peux
il/elle/on	doit	veut	peut
nous	devons	voulons	pouvons
vous	devez	voulez	pouvez
ils/elles	doivent	veulent	peuvent

- **Devoir**, **vouloir**, and **pouvoir** all take **avoir** in the **passé composé**. They have irregular past participles.

devoir → **dû**   vouloir → **voulu**   pouvoir → **pu**

---

3 Complétez Complétez les phrases avec les verbes **devoir**, **vouloir** et **pouvoir** au temps indiqué.

1. Est-ce que tu ___veux___ bien mettre la table, s'il te plaît? (présent)
2. Nous ___avons pu___ trouver une jolie maison à la campagne. (passé composé)
3. Je ___dois___ payer mon loyer aujourd'hui. (présent)
4. Est-ce que vous ___voulez___ ce lave-linge? (présent)
5. Tu ___devais___ ranger ta chambre quand tu étais petit? (imparfait)
6. La maison n'était pas propre. Nous ___avons dû___ faire le ménage. (passé composé)

quinze 15

À la maison

Structures: *Le comparatif et le superlatif des adjectifs et des adverbes*

- To compare people, things, and actions, use these expressions with adjectives and adverbs:

  plus/aussi/moins + [adjectives/adverbs] + que

  Ce jardin est **plus petit que** celui-là.
  This yard is smaller than that one.

  Je cuisine **aussi fréquemment que** ma mère.
  I cook as frequently as my mother.

- Superlatives express *the most* or *the least*. Remember that, because adverbs are invariable, you always use **le** to form the superlative. Use the preposition **de** to express *in* or *of*.

  le/la/les + plus/moins + [adjective] + (de)
  le + plus/moins + [adverb] + (de)

  Ce sont les fours **les plus chers du** magasin.
  They're the most expensive ovens in the store.

  C'est Luc qui sort la poubelle **le moins souvent**.
  Luc is the one who takes out the trash the least often.

- Adjectives and adverbs with irregular comparative forms are:

bon(ne)(s)	→	meilleur(e)(s)		mauvais(e)(s)	→	plus mauvais(e)(s) / pire(s)
bien	→	mieux		mal	→	plus mal / pire

  Adjectives and adverbs with irregular superlative forms are:

bon(ne)(s)	→	le/la/les meilleur(e)(s)		mauvais(e)(s)	→	le/la/les plus mauvais(e)(s) / le/la/les pire(s)
bien	→	le mieux		mal	→	le plus mal / le pire

4 Fragments Faites des phrases comparatives avec les éléments donnés. N'oubliez pas les accords (*agreements*) pour les adjectifs!

1. notre cuisine / être / + / moderne / que / votre cuisine *Notre cuisine est plus moderne que votre cuisine.*
2. leur / jardin / être / = / vert / que / mon jardin *Leur jardin est aussi vert que mon jardin.*
3. ces canapés / être / – / confortable / que / ces fauteuils *Ces canapés sont moins confortables que ces fauteuils.*
4. cette lessive / être / + / bon *Cette lessive est meilleure.*
5. ces pâtes / + / mauvais / cette pizza *Ces pâtes sont plus mauvaises/pires que cette pizza.*
6. tu / passer l'aspirateur / – / lentement / que / ton frère *Tu passes l'aspirateur moins lentement que ton frère.*

5 Maison à vendre Zoé est agente immobilière et elle a trouvé une maison idéale pour ses clients. Utilisez le superlatif pour compléter les réponses de Zoé aux questions de ses clients. *Answers will vary.*

1. Est-ce que c'est un bon quartier? C'est ___le meilleur quartier___ de la ville.
2. Est-ce que la maison est grande? C'est ___la plus grande maison___ que j'ai jamais vue.
3. Est-ce que le loyer est cher? Non, c'est ___le loyer le moins cher___ de la ville.
4. Les propriétaires sont-ils sympathiques? Ce sont ___les propriétaires les plus sympathiques___ du monde.
5. Est-ce que les chambres sont jolies? Oui, ce sont ___les plus jolies chambres___.
6. Faut-il nous décider rapidement? Oui, il faut vous décider ___le plus rapidement___ possible.

seize

Communication

6 Questions Répondez aux questions par des phrases complètes. *Answers will vary.*

1. Quelles tâches ménagères est-ce que vous faites à la maison?
2. Lesquelles n'aimez-vous pas faire du tout?
3. Est-ce que vous faites les courses?
4. Qui cuisine souvent chez vous? Quelle est la meilleure recette de cette personne?
5. Quels meubles avez-vous dans votre chambre?
6. Préférez-vous une salle de bains avec douche ou avec baignoire?

7 Chez nous Deux jeunes couples partagent l'appartement sur l'illustration. À deux, décrivez leur logement en détail et dites ce que fait chaque personne.

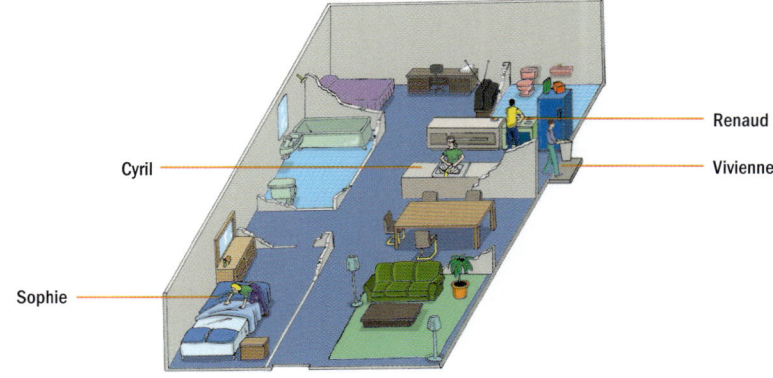

8 Le logement de mes rêves Comment est le logement de vos rêves *(dreams)*? Écrivez un paragraphe pour le décrire. Considérez les questions de la liste et faites une description détaillée. Utilisez des superlatifs. *Answers will vary.*

- Est-ce que c'est une maison ou un appartement?
- Où est ce logement?
- Quel est le style du logement?
- Combien de pièces est-ce qu'il y a? Comment sont-elles?
- Quels meubles et appareils ménagers avez-vous?

MODÈLE
Le logement de mes rêves est un appartement dans le plus grand immeuble de Miami, en Floride. L'appartement est près de la plage. Ma chambre est la plus grande...

9 Quelle chambre! Maël déteste les tâches ménagères. Sa chambre est un vrai désastre *(disaster)* aujourd'hui et ses parents ne sont pas contents. Par groupes de trois, inventez et jouez une conversation entre Maël et ses parents. Maël n'a pas du tout envie de ranger et il trouve des excuses. *Answers will vary.*

MODÈLE
Élève 1: *Maël, tu dois ranger ta chambre ce matin.*
Élève 2: *Ce matin, je ne peux pas. Je vais faire du vélo avec Lucas.*
Élève 3: *Ah non, ce n'est pas possible! Tu dois passer l'aspirateur et faire la poussière.*

I CAN describe the home and discuss chores.

Section Goals

In **La toilette et la santé**, students will review and practice:
- discussing routine activities
- talking about health
- reflexive verbs
- the **passé récent** with **venir de**
- the pronouns **y** and **en**

Scaffolding

- Have students look at the photos and read the captions silently. Then, ask what the verbs in boldface type have in common (they are all reflexive verbs).
- Have students recall other reflexive verbs they learned. You may hint at the fact that a lot of those verbs express actions related to daily routine.
- As you review reflexive verbs, you may want to mention that **s'endormir** is conjugated like **dormir** and to remind students of spelling changes in the verbs **se lever** and **se sécher**.
- Remind students that, since reflexive verbs imply that the action is performed on oneself, French uses definite articles with body parts, whereas English uses possessive adjectives. Give an example: **Je me lave les mains** vs. *I wash my hands*. Have students find examples reflecting that rule in the photo captions. (**se brosse les dents; se laver les cheveux**).
- Have students name the items in the vocabulary box that Jérémy and Nolwenn each use, based on the captions. (**Jérémy**—le savon, une serviette, une brosse à dents, le dentifrice; **Nolwenn**—le savon, le shampooing, une serviette, une brosse à cheveux, le maquillage, un peigne).
- Give students a few minutes to review the vocabulary in **La santé**. Make illogical statements using the vocabulary and have volunteers correct them. Examples: **Quand on est en bonne santé, on se sent mal.** (Quand on est en bonne santé, on se sent bien.)
- Finally, ask students questions about their routines. Examples: **Est-ce que vous utilisez une brosse à cheveux, un peigne ou les deux? Faites-vous votre toilette le soir ou le matin? À quelle heure est-ce que vous vous couchez le soir?**, etc.

La toilette et la santé

Communicative Goal Discuss routine activities and health issues

À la salle de bains

vhlcentral

Vocabulaire

La toilette

une brosse (à cheveux, à dents)	brush (hairbrush, toothbrush)
la crème à raser	shaving cream
le dentifrice	toothpaste
faire sa toilette	to wash up
le maquillage	makeup
un peigne	comb
prendre une douche	to take a shower
un rasoir	razor
le savon	soap
une serviette (de bain)	(bath) towel
le shampooing	shampoo

La santé

aller aux urgences/ à la pharmacie	to go to the emergency room/to the pharmacy
avoir mal	to have an ache
être en bonne/ mauvaise santé	to be in good/bad health
se blesser	to hurt oneself
se casser...	to break one's...
se sentir	to feel
tomber/être malade	to get/to be sick
une blessure	injury, wound
une douleur	pain
la fièvre	fever
(avoir de la fièvre)	(to have a fever)
la grippe	flu
un médicament	medication
(contre/pour)	(to prevent/for)
un rhume	cold
un symptôme	symptom

Jérémy **se réveille** vers sept heures. Après son petit-déjeuner, il va dans la salle de bains pour **se préparer**. Il prend une douche, puis il **se sèche** et il **se rase**. Ensuite, il **se brosse** les dents et après, il **s'habille**.

Nolwenn travaille très tôt et elle préfère prendre sa douche et **se laver** les cheveux le soir. Le matin, elle fait sa toilette rapidement, elle **se coiffe**, elle **se maquille** et elle part pour son travail avant huit heures.

18 *dix-huit*

GAME

Jacques a dit Play a game of *Simon says* as a class. First, remind students that in affirmative commands, the reflexive pronoun is placed after the verb and that in negative commands, it is placed between **ne** and the verb. Tell students to remember to change **me/te** to **moi/toi** in affirmative commands. Begin the game by giving a command. Instruct one or more students to act it out only if it is preceded by the phrase **Jacques a dit**.

EXTRA PRACTICE

Groups To practice questions with reflexive verbs, have students work in small groups to find out about their routines. Instruct them to use different question types. Examples: **Est-ce que tes parents se réveillent tôt le samedi? Paul et Lilly, vous vous lavez les cheveux avec du shampooing, n'est-ce pas? Emily, te maquilles-tu le week-end?** Circulate to verify correct question formation, and if needed, review as a class.

Structures: *Les verbes réfléchis*

- As you know, reflexive verbs describe what a person does to or for himself or herself. In other words, they "reflect" the action of the verb back to the subject. The pronoun **se** before an infinitive identifies the verb as reflexive: **se laver**. When a reflexive verb is conjugated, the reflexive pronoun agrees with the subject.

se laver (to wash oneself)

je **me** lave	I wash (myself)
tu **te** laves	you wash (yourself)
il/elle/on **se** lave	he/she/it washes (himself, herself, itself)
nous **nous** lavons	we wash (ourselves)
vous **vous** lavez	you wash (yourself/yourselves)
ils/elles **se** lavent	they wash (themselves)

Le corps et la tête

l'œil (yeux *pl.*), l'oreille, le dos, le nez, la bouche, le ventre, le genou (genoux *pl.*), le bras, la jambe, le doigt, le pied

Mise en pratique

1 La routine d'Emmanuel Écoutez Emmanuel qui décrit sa routine, puis répondez aux questions.

1. À quelle heure est-ce qu'Emmanuel se lève? Il se lève à sept heures.
2. Qu'est-ce qu'il fait en premier dans la salle de bains? Il se lave.
3. Que fait-il quand il s'est rasé? Il s'habille.
4. Quelle est la dernière chose qu'il fait pour se préparer avant de partir en cours? Il se brosse les dents.
5. Que fait-il juste avant de se coucher? Il se déshabille.
6. Vers quelle heure est-ce qu'il s'endort d'habitude? Il s'endort vers dix heures et demie.

2 En d'autres mots Décrivez ce que ces personnes font en d'autres mots. Utilisez un verbe réfléchi et le même sujet que dans la phrase initiale. *Answers will vary.*

MODÈLE
Max utilise du shampooing. Il se lave les cheveux.

1. Nous prenons une douche. *Nous nous lavons.*
2. Stéphanie utilise du dentifrice. *Elle se brosse les dents.*
3. J'ai un peigne dans la main. *Je me coiffe.*
4. Les garçons utilisent des rasoirs. *Ils se rasent.*
5. Vous enlevez vos vêtements. *Vous vous déshabillez.*
6. Tu sors de la douche et tu prends ta serviette. *Tu te sèches.*

3 Vrai ou faux? Apolline a des problèmes de santé et elle est chez le médecin. Écoutez leur conversation et indiquez si les phrases sont vraies (**Vrai.**) ou fausses (**Faux.**). Corrigez les phrases fausses.

1. Apolline est tombée et elle a une blessure. *Faux. Elle ne se sent pas bien et elle est très fatiguée.*
2. Apolline a mal au ventre. *Faux. Elle a mal à la tête et au dos.*
3. Apolline a de la fièvre. *Vrai.*
4. Apolline a un rhume. *Faux. Elle a la grippe.*
5. Apolline va devoir prendre des médicaments et se reposer. *Vrai.*
6. Apolline doit aller aux urgences. *Faux. Elle doit aller à la pharmacie.*

dix-neuf 19

La toilette et la santé

Structures: *Le passé récent avec venir de*

- To talk about something that has just happened, you can use the verb **venir** in the present tense followed by **de** and an infinitive.

  Je **viens de** me raser.   Tu **viens de** te lever?   Faustine **vient de** se réveiller.
  I just shaved.   *Did you just get up?*   *Faustine just woke up.*

Structures: *Les pronoms y et en*

- The pronoun **y** replaces a previously mentioned phrase that begins with the prepositions **à**, **chez**, **dans**, **en**, or **sur**. The pronoun **en** replaces a previously mentioned phrase that begins with a partitive or indefinite article, or with the preposition **de**.

  Je suis **dans la salle de bains**. → J'**y** suis.   J'utilise **du dentifrice**. → J'**en** utilise.
  Je suis allée **à la pharmacie**. → J'**y** suis allée.   Je suis revenu **de Paris**. → J'**en** suis revenu.
  Tu vas aller **au magasin**? → Tu vas **y** aller?   Tu vas acheter **du shampooing**? → Tu vas **en** acheter?

4. Que viennent-ils de faire?
Dites ce que ces personnes viennent de faire, d'après les informations données. Utilisez les mots de la boîte et la forme appropriée de **venir de**. *Answers will vary.*

> *Interpretive Communication*

| à la pharmacie | se laver | tomber malade |
| aller aux urgences | se blesser | se réveiller |

1. Nous avons acheté des médicaments contre la fièvre.   *Nous venons d'aller à la pharmacie.*
2. Je sors de la douche et je me sèche avec une serviette.   *Je viens de me laver.*
3. Théodore a montré sa blessure au médecin.   *Il vient d'aller aux urgences.*
4. Tu faisais du ski et tu es tombé.   *Tu viens de te blesser.*
5. Lise et Floriant ne vont pas pouvoir aller au lycée aujourd'hui.   *Ils viennent de tomber malades.*
6. Vous vous levez pour vous préparer pour la journée.   *Vous venez de vous réveiller.*

5. Questions
Complétez les mini-dialogues de façon logique. Dans vos réponses, utilisez les pronoms **y** et **en** pour remplacer les parties soulignées.

1. —Tu vas <u>chez le médecin</u>?
   —Oui, _j'y vais_ tout de suite!
2. —Avez-vous trouvé <u>des médicaments</u> pour la grippe à la pharmacie?
   —Oui, nous _en avons trouvé_ plusieurs.
3. —Zut! Nous n'avons pas <u>de dentifrice</u>. Et toi, tu as du dentifrice dans ta valise?
   —Non, moi, non plus, je _n'en ai pas_.
4. —Est-ce que les filles vont se préparer <u>dans la salle de bains</u>?
   —Oui, elles _vont s'y préparer_.
5. —Est-ce que tu as acheté <u>du shampooing</u>?
   —Non, _je n'en ai pas acheté_.
6. —Thomas travaille <u>aux urgences</u>?
   —Oui, il _y travaille_ depuis deux mois.

20 vingt

Teaching Tips

- Remind students that they can also use the verb **venir** in the present tense followed by **de** and an infinitive to talk about what happened in the recent past. Have a different student read each of the examples in **Structures:** *Le passé récent avec venir de* and call students' attention to the forms of **venir**, pointing out that the **e** in the stem changes to **ie** in all forms except the **nous** and **vous** forms. Then, have students complete Activity 4.
- Go over **Structures:** *Les pronoms y et en*. Brainstorm with students sentences that use the prepositions and articles mentioned. Examples: **Je suis chez Manon. Mamadou est en Italie. Tu vas acheter de la crème à raser.**, etc. Remind students that **y** and **en** never refer to people and cannot be left out.
- Ask students what they recall about the placement of these pronouns in the present tense, **passé composé**, and in sentences with a conjugated verb and an infinitive. Then go over the examples provided. Remind students that the past participle never agrees with **y** and **en** in the **passé composé**.
- Remind students that when **en** is used with a number or an expression of quantity, the number or expression of quantity is repeated after the verb. Model some examples: **Nous avons deux salles de bains.** → **Nous en avons deux.** / **Tu as une bouteille de shampooing?** → **J'en ai une.**
- Finally, review negative structures with **y** and **en** by using the examples above and having students change them into negative statements.

4 Expansion Have students work in pairs to create additional statements and logical follow-up sentences.

5 Suggestion After students have completed the mini-dialogues, have volunteers read each one out loud to verify answers.

DIFFERENTIATION

Advanced Learners For Activity 5, challenge Advanced Learners to cover up the second sentence in each mini-dialogue and come up with their own original answers. Encourage them to give several possibilities and to be creative. Examples for item 1: —**Oui, je dois y aller. Je vais téléphoner au médecin et demander un rendez-vous cet après-midi.**

EXTRA PRACTICE

Pairs As a follow-up to Activity 5, have students work in pairs to write additional mini-dialogues, using a variety of vocabulary from various **Reprise** sections and the pronouns **y** and **en**. Example:
—**Est-ce que tu vas en Espagne pour les vacances cette année?**
—**Oui, j'y vais en juillet avec mes frères.**
—**Tu as combien de frères?**
—**J'en ai trois.**

Reprise

Communication

6 Questions Répondez aux questions par des phrases complètes. *Answers will vary.*

1. À quelle heure vous réveillez-vous pendant la semaine? Et le week-end?
2. Quelle est votre routine pour vous préparer pour l'école le matin?
3. Quels produits de toilette utilisez-vous souvent?
4. Quelle est votre routine le soir, avant d'aller vous coucher?
5. Avez-vous été malade récemment? Qu'est-ce que vous avez eu?
6. Avez-vous déjà eu une blessure? Comment c'est arrivé? Qu'avez-vous fait?

 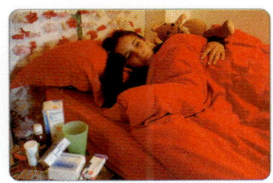

7 Un(e) camarade de chambre Imaginez que vous allez partir en voyage scolaire avec votre classe. Vous devez partager une chambre avec un(e) camarade. Circulez dans la classe et posez des questions à vos camarades pour connaître leurs habitudes et leurs routines. Prenez des notes dans un tableau. Ensuite, analysez vos notes pour trouver le/la camarade de chambre le/la plus compatible avec vous. *Answers will vary.*

Qui...	Noms
1. se réveille tôt le matin	Mélanie
2. préfère se laver le soir	
3. se prépare rapidement le matin	
4. a mangé à la cantine cette semaine. Combien de fois?	
5. est déjà allé(e) aux urgences. Pourquoi?	
6. est allé(e) chez le dentiste ce mois-ci. Quand?	

MODÈLE

Élève 1: Moi, d'habitude, je me réveille tôt le matin. Et toi, Josh?
Élève 2: Non, moi, j'aime me lever vers dix heures.
Élève 3: Est-ce que tu prends ta douche le matin ou le soir?...

8 Une très mauvaise journée

A. Jérôme a passé une très mauvaise journée aujourd'hui. À deux, regardez les photos et racontez ce qui lui est arrivé. Utilisez des verbes pronominaux et les parties du corps. *Answers will vary.*

 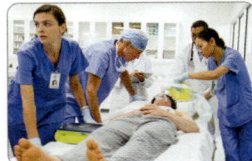 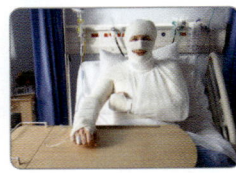

B. Maintenant, imaginez et jouez une conversation entre le médecin des urgences et Jérôme.

I CAN discuss routine activities and health issues.

vingt et un 21

Savoir-faire

Panorama

Communicative Goal Learn historical and cultural information about francophone countries and territories.

vhlcentral ▶ Panorama culturel

L'Afrique francophone

L'idée de francophonie est née en Afrique pendant une conférence au Niger, entre 21 pays francophones. L'Afrique est à l'origine de la francophonie et la représente en grande partie. La première ville francophone du monde en nombre d'habitants n'est pas Paris, mais Kinshasa, au Congo. On estime qu'aujourd'hui, la moitié de la population francophone du monde entier vit en Afrique.

La Polynésie française

Cette région du monde fait partie de la France d'outre-mer. Elle est composée de cinq archipels° différents et de 118 îles°. Ces îles sont situées dans un vaste espace océanique de cinq millions de kilomètres carrés°. Les trois plus grandes villes françaises de Polynésie sont sur l'île de Tahiti: Faa'a a, Papeete et Punaauia.

L'Asie du Sud-Est

Colonisés par la France au 19ᵉ siècle°, trois pays de cette région, le Viêt-Nam, le Laos et le Cambodge, ont été influencés par la culture française. Pourtant°, de moins en moins de gens parlent français dans ces pays. On estime qu'ils sont 623.000 au Viêt-Nam, 173.000 au Laos et 439.000 au Cambodge.

archipels *archipelagos* **îles** *islands* **kilomètres carrés** *square kilometers* **siècle** *century* **Pourtant** *However*

ACTIVITÉS

1 Les informations Complétez les phrases.
1. __Kinshasa__ est la première ville francophone du monde en nombre d'habitants.
2. La __moitié__ de la population francophone du monde entier vit en Afrique.
3. Il y a __118__ îles différentes en Polynésie française.
4. À la suite des colonisations du 19ᵉ siècle, __trois__ pays d'Asie du Sud-Est ont été influencés par la culture française.
5. Ces pays sont le Viêt-Nam, le Laos et __le Cambodge__.

2 Réflexion Répondez aux questions. *Answers will vary.*
1. Que savez-vous sur la gastronomie en Afrique? Est-ce que vous connaissez et aimez des plats de cuisines africaines? Lesquels?
2. Est-ce que le tatouage est une tradition ancienne? Dans quels pays ou quelles cultures, d'après vous?
3. Est-ce que le Viêt-Nam est une destination touristique? Pourquoi ou pourquoi pas, d'après vous?
4. Que savez-vous de l'Algérie? Est-ce un grand ou un petit pays? Que savez-vous de son histoire?

22 *vingt-deux*

Reprise

AP® Theme: Families and Communities
Context: Customs and Ceremonies

La gastronomie
Le foufou en Afrique

Le foufou est un plat traditionnel mangé dans plusieurs pays africains. C'est une boule de pâte° faite à base de farine° et d'eau. Pour la farine, on utilise différents ingrédients: par exemple, de l'igname° au Bénin et au Togo, du manioc et du maïs° au Congo ou des bananes plantains en Côte d'Ivoire. La préparation du foufou est longue et précise, donc elle se fait souvent en famille. Le foufou est délicieux. On le sert pour accompagner différents plats, par exemple, avec une sauce à la viande et aux arachides°, du poisson et des condiments ou simplement avec de l'huile rouge de palme.

AP® Theme: Families and Communities
Context: Customs and Ceremonies

Les traditions
Les tatouages polynésiens

L'art du tatouage est au centre de la culture polynésienne. Dans cette région, c'est une pratique ancestrale et personne ne sait exactement quand elle a commencé. À l'origine, pour tatouer, on utilisait des instruments en bois et en os° et c'était douloureux°. Les techniques modernes sont plus douces, mais les motifs des tatouages sont restés traditionnels: la tortue° représente la force° et la protection. Chaque culture polynésienne a un style particulier: les tatouages tahitiens sont un peu différents des tatouages maoris plus connus de Nouvelle-Zélande.

La géographie
La baie d'Along au Viêt-Nam

La baie d'Along, ou baie d'Halong, est officiellement l'une des sept merveilles° naturelles du monde depuis 2011, d'après l'organisation suisse New7Wonders. Ce site exceptionnel appartient° aussi au patrimoine mondial° de l'UNESCO depuis 1994 pour sa beauté naturelle, et depuis l'an 2000, pour son importance scientifique en géologie et en géomorphologie. C'est une des destinations touristiques les plus populaires au Viêt-Nam. Il y a presque 2.000 îles dans la baie, mais seulement° 40 de ces îles sont peuplées.

Les gens
Les francophones d'Algérie

Depuis 1830, date de l'arrivée des Français dans la région et de sa colonisation, l'influence culturelle française est très importante en Algérie. Aujourd'hui indépendante, l'Algérie est un des plus grands pays francophones au monde. L'arabe y est la langue officielle, mais le français est la deuxième langue parlée dans le pays et est compris par la majorité de la population algérienne.

AP® Theme: Personal and Public Identities
Context: Language and Identity

INCROYABLE MAIS VRAI!

Le lac Retba, au Sénégal, s'appelle aussi le lac rose parce que la couleur de ses eaux varie du rose fuchsia au rouge selon la lumière° et les saisons. C'est un lagon entouré° de dunes près de la ville de Dakar et de l'océan Atlantique. Ses eaux sont extrêmement salées° et on peut y flotter, comme dans la mer Morte°. Sa couleur vient de micro-organismes qui vivent dans le lac et peuvent résister à sa forte concentration en sel.

boule de pâte ball of paste **farine** flour **maïs** corn **igname** yam **arachides** peanuts **os** bone **douloureux** painful **tortue** turtle **force** strength **merveilles** wonders **appartient** belongs **patrimoine mondial** world heritage **seulement** only **lumière** light **entouré** surrounded **salées** salted **mer Morte** Dead Sea

3 **Vous avez-compris?** Répondez aux questions. *Answers will vary.*
1. Qu'est-ce que le foufou? *C'est un plat à base de farine et d'eau mangé dans beaucoup de pays en Afrique.*
2. Est-ce que le tatouage est une pratique récente en Polynésie? *Non, c'est une pratique ancienne et très importante culturellement.*
3. Pourquoi est-ce que la baie d'Along est une destination touristique? *Parce que c'est un site naturel très beau.*
4. Pourquoi est-ce que beaucoup d'Algériens comprennent le français? *Parce que l'Algérie est une ancienne colonie française.*
5. De quelle couleur est le lac Retba? *Sa couleur varie du rose au rouge.*

I CAN identify and reflect on francophone cultural products and practices.

4 **Le monde francophone** En petits groupes, choisissez un élément culturel intéressant de ce panorama pour faire une comparaison avec votre culture ou votre communauté. Cet élément peut être, par exemple, un objet, un endroit, une perspective ou une activité. Réfléchissez à votre culture ou à votre communauté et décrivez un élément comparable. Utilisez des exemples pour illustrer et justifier votre comparaison.

Le foufou en Afrique Fufu is time-consuming and requires a lot of strength and energy for its preparation. While flour is pounded with a pestle in a large mortar, water is added to create a paste for a perfect texture.

Les tatouages polynésiens The word *tattoo* in English as well as the word **tatouage** in French both stem from the Tahitian word **tatau**. Thomas Cook was the first European explorer to visit the area and used the word *tattoo* for the first time after witnessing local Polynesian tattooing practices.

La baie d'Along au Viêt-Nam Ha Long Bay is a geomorphologic wonder because it shows the complete evolution of a karst landscape over 20 million years. Karst landscapes are formed by the dissolution of soft rocks, such as limestone, into water.

Les francophones d'Algérie Algeria gained its independence from France in 1962, but French is still taught from primary school through high school. French is principally used in business relations, some social situations, and in the information industries.

Incroyable mais vrai! Lake Retba is so rich in salt that 60,000 metric tons of pink salt can be harvested from its water every year. The harvesters cover their skin with shea butter to protect themselves against the effect of the salt.

3 Suggestion Have groups of students compare their answers.

4 Suggestion Have students share their group work and discuss their choices and impressions as a class.

21st Century Skills

Information and Media Literacy
Go to vhlcentral.com to complete the Sur Internet activity associated with **Panorama** for additional practice accessing and using culturally authentic sources.

DIFFERENTIATION

Visual Learners Have students research a topic of their choice from this **Panorama** and collect four to five significant images to illustrate that topic. Have them organize the images on a board and explain what they have learned on the topic, using one image at a time.

GAME

Jeopardy Have each student prepare two Jeopardy-style prompts and responses about the information they have learned in this **Panorama**. Students may use the maps, the photos, the text, and any other data they see on the pages to create their Jeopardy content. Have students write their prompts and responses on cards, collect the cards, and play a game of Jeopardy with the class.

Synthèse

Révision

vhlcentral

1 Des conseils Dominique Lenoir veut offrir un voyage à sa famille et louer *rent* une maison de vacances. Elle demande des conseils à un(e) ami(e) qui voyage beaucoup. Jouez cette scène avec un(e) camarade et à la fin, choisissez une destinaton. Dans votre conversation, parlez de la raison pour la réunion familiale, des membres de la famille, des activités de vacances qu'ils aiment faire, du type de maison nécessaire et des destinations francophones potentielles. Answers will vary.

Interpersonal Communication

MODÈLE
Élève 1: Salut, mon grand-père va prendre sa retraite cette année et notre famille veut faire un beau voyage. Je veux trouver une maison de vacances pour toute la famille. Est-ce que tu as des conseils?
Élève 2: Qui sont les personnes qui vont voyager et qu'est-ce qu'elles aiment faire?

 Polynésie française  Viêt-Nam  Afrique du Nord

2 Les préparatifs C'est la veille (*day before*) du départ en vacances et la famille Lenoir fait ses valises. Par petits groupes, choisissez une destination pour vos vacances et discutez des vêtements et accessoires qu'il faut prendre. Answers will vary.

Interpersonal Communication

MODÈLE
Élève 1: Je vais prendre des pantalons et des chemises.
Élève 2: Tu ne prends pas de pull?

3 On s'organise La famille vient d'arriver à la maison de vacances et tout le monde s'organise pour les tâches ménagères. Par petits groupes, décidez qui va faire chaque tâche ménagère. Answers will vary.

Interpersonal Communication

MODÈLE
Élève 1: Manu, veux-tu ranger le salon?
Élève 2: Oui, d'accord. Et toi, Aurélien, peux-tu faire les lits?

4 Un problème de santé Pendant les vacances, un des membres de la famille Lenoir a un problème de santé. À deux, jouez une conversation entre cette personne et le médecin. Answers will vary.

Interpersonal Communication

MODÈLE
Élève 1: Qu'est-ce qui vous est arrivé?
Élève 2: Je faisais une randonnée et je suis tombée. J'ai très mal au doigt.

5 Un mail Pendant ses vacances en famille, Dominique écrit un mail à un(e) ami(e). Écrivez son mail. Décrivez la destination et la maison de vacances et parlez des activités de la famille. Utilisez le passé récent, le passé composé et l'imparfait. Answers will vary.

Presentational Communication

vingt-quatre

La technologie | Unité 1

Essential Question
How does technology influence human interactions and our means of transportation?

Can-Do Goals
By the end of this unit, you will be able to:
- Talk about electronics and how you communicate using technology
- Talk about cars, traffic, and driving
- Express complex and reciprocal actions
- Say what you would do and make polite requests

Culture
- Technology, cars, and driving in the francophone world
- Geography and culture of the Île-de-France region

Strategies
- **Listening:** Guessing the meaning of words through context
- **Reading:** Recognizing the purpose of a text
- **Project:** Organizing information using note cards

Pour commencer
- Que fait le jeune sur la photo? Il regarde son téléphone.
- Comment est l'espace où le jeune se trouve? Il est moderne. Il a beaucoup de couleurs.

Essential Question
Go over the Essential Question as a class. Ask guiding questions to facilitate the discussion: What impact do technology, electronic devices, and social media have on a culture? How does technology and our culture influence our attitudes toward different forms of transportation?

Can-Do Goals
Review the list of communicative goals with your students. Point out that this lesson will provide them with the tools necessary to achieve these goals. Tell your students that they will learn about the use of technology and technological advances in French-speaking countries in **Roman-photo, Culture,** and **Le Zapping**. Throughout the unit, they will also learn more about the geography and the culture of the **Île-de-France** region.

Pour commencer
This photo shows a teen playing an online mobile game. Ask these additional questions based on the photo:
Pensez-vous qu'il s'amuse? (Oui.) Comment le savez-vous? (Il sourit.) Aimeriez-vous avoir un espace comme celui-ci? Pourquoi ou pourquoi pas?

 21st Century Skills

Initiative and Self-Direction
Students can monitor their progress online using the activities and assessments on vhlcentral.com.

SUPPORT FOR BACKWARD DESIGN

Unité 1 Integrated Performance Assessment
Before teaching the chapter, review with your students the Integrated Performance Assessment (IPA) and its accompanying scoring rubric provided in the Testing Program. **IPA Context:** Students will discuss with a partner how technologies have evolved and impacted their lives. They will write an essay on something they would like to invent.

Dossier culturel
Throughout the unit, your students will identify and compare cultural realities from the francophone world. These important observations can be added to their **Dossier culturel**.

 Forums on vhlcentral.com allow you and your students to record and share text and audio messages. Use Forums for presentations, oral assessments, class discussions, exit tickets, etc. Encourage students to reflect weekly on what they've learned about the different cultural elements. Ask more advanced students to dig deeper and investigate a particular topic. This will facilitate the creation of their **Dossier culturel**.

Section Goals

In this section, students will review:
- prepositions with the infinitive
- object pronouns
- reflexive pronouns
- reflexive verbs
- the **passé composé**
- the **imparfait**

Teaching Tips

- Have students identify all the verbs in the two exchanges. Ask them what tenses are used and why. For instance, in **Problème de communication**, ask why **envoyer** is in the **passé composé**? (It is an action happening at a specific time in the past.)
- Have students identify the reflexive verb in **Problème de communication (je m'inquiète)**. Have them recall why the subject and object pronouns are in the same person. (The subject and object of the action are the same person.) Review all the forms of reflexive pronouns with the class.
- Students will not be familiar with the word **d'après** used in **Problème de communication**. Have them guess the meaning of that word based on context. In **Problème de transport**, Minh says **Je t'en dois une!** Have students infer the meaning of this phrase from what happens in the conversation. Point out that this is a French Canadian expression with an exact English equivalent.
- Tell students that emojis are called **émoticones**.

1 Expansion Have students work in pairs to ask each other more questions about **Problème de communication**, using **qui, qu'est-ce que, combien,** and **quand**.

2 Suggestion To help students do this activity, draw their attention to the following keywords in each prompt: 1. **Charles** 2. **chez elle** 3. **aujourd'hui** 4. **bicyclette**. You might also ask the questions **Qui a une voiture? Où est-ce que Charles va emmener Minh? Quand est-ce que Charles et Minh vont se retrouver? Quel type d'accident Minh a-t-elle eu?**

Mise en scène | **Unité 1** | **Communicative Goal** Talk about technology and car problems using familiar words and cognates

Rappelez-vous!

Problème de communication

P Pauline   Frédéric **F**

P: slt, Frédé! 👋 Pourquoi tu ne réponds pas à mes textos? Je m'inquiète! 😟

F: bjr, Pauline! Tu m'as envoyé un texto?

P: Non, 3!

F: Ah!... Tu sais, je n'avais plus mon téléphone depuis 2 jours.

P: 😮 Ah bon? Pourquoi?

F: Mes parents me l'ont confisqué. 😟 J'ai eu une mauvaise note à mon dernier quiz de maths.

P: Vraiment? Tu es bon en maths, non? 🤨

F: Oui, mais je n'ai pas étudié la semaine dernière. D'après eux, j'ai trop texté...

Problème de transport

C Charles   Minh **M**

C: 🙂 Slt, Minh. Ça va?

M: Bof, pas très bien, Charles... 😟 Ma voiture est chez le mécanicien.

C: Ah bon? 😮

M: Oui, j'ai eu un petit accident... Dis, tu peux m'emmener au lycée demain?

C: Oui, d'accord.

M: À 8 h chez moi?

C: Pas de problème!

M: Super! 🙏 Je t'en dois une!

ACTIVITÉS

Interpretive Communication

1 Problème de communication Répondez aux questions par des phrases complètes, d'après (*based on*) la conversation entre Frédé et Pauline. Answers will vary.

1. Pourquoi est-ce que Pauline s'inquiète?
   Frédé n'a pas répondu à ses textos.
2. Pourquoi est-ce que Frédé n'a pas vu les messages de Pauline?
   Il n'avait pas de téléphone depuis deux jours.
3. Pourquoi Frédé n'avait-il pas son téléphone?
   Ses parents ont confisqué son téléphone.
4. Que pensent les parents de Frédé?
   Ils pensent que Frédé a eu une mauvaise note en maths parce qu'il a trop texté.

Interpretive Communication

2 Problème de transport Les phrases suivantes ne sont pas vraies. Corrigez-les (*Correct them*) par une phrase complète. Answers will vary.

1. La voiture de Charles ne marche pas.
   La voiture de Minh ne marche pas.
2. Charles va emmener Minh chez elle.
   Charles va emmener Minh au lycée.
3. Charles et Minh vont se retrouver aujourd'hui.
   Charles et Minh vont se retrouver demain.
4. Minh a eu un accident de bicyclette.
   Minh a eu un accident de voiture.

26 vingt-six

EXTRA PRACTICE

Writing Have students rewrite **Problème de communication** as a story in the third person. As a model, you might suggest that they start their narrative with **Pauline se demande pourquoi Frédé... Frédé lui répond que...** Students should reuse all the verbs from the conversation in the correct tense with the correct subject, object, and reflexive pronouns.

DIFFERENTIATION

Visual Learners For **Problème de transport**, organize the class into groups of three or four. Have each group create on a large sheet of paper a cartoon based on the conversation, with speech bubbles containing the dialogue. One student in each group should volunteer to draw while the other group members offer suggestions on how to represent the action. Have groups display their cartoons, then ask the class to vote for the best cartoon.

La technologie — Unité 1

Mots apparentés

Demande d'assistance!

Bonjour,

Pouvez-vous m'aider à réparer ma tablette? Je viens de l'acheter et j'ai un problème avec presque toutes mes applications. Je suis connectée au wifi mais je n'arrive pas à envoyer d'e-mails. Je ne peux pas envoyer de textos et je ne peux pas regarder de vidéos en streaming! J'ai installé beaucoup d'applications ce matin. Je peux cliquer sur les icônes qui étaient sur la tablette quand je l'ai achetée, mais pas sur les icônes des applications que j'ai installées. Et maintenant, Internet a arrêté de fonctionner. Ça commence à m'énerver! C'est vraiment un gros problème parce que j'ai un devoir de biologie pour demain et je dois faire des recherches sur ma tablette ce soir. C'est urgent! J'utilise mon smartphone pour vous envoyer ce message. Est-ce que je peux vous téléphoner? Merci!

Catherine

Les mots apparentés

un accident	un parking
un agent de police	poster
s'amuser à	réparer
cliquer (sur)	un site Internet/web
être connecté(e)	un smartphone
un e-mail	une station-service
être en ligne	en streaming
faire un selfie	une tablette (tactile)
fonctionner	un texto
un(e) mécanicien(ne)	le wifi

Interpretive Communication

3 Les mots apparentés Quels mots surlignés (*highlighted*) en jaune sont utilisés uniquement en informatique (*computer science*)? Quels mots sont utilisés en informatique et dans d'autres domaines aussi?

informatique: wifi, e-mails, textos, en streaming, cliquer, Internet, smartphone;
informatique et d'autres domaines: réparer, tablette, fonctionner

Presentational Writing

4 Votre histoire Utilisez au minimum 10 mots apparentés de la liste pour écrire un paragraphe logique et cohérent. (Ne copiez pas les phrases de **Demande d'assistance!**) Ensuite, comparez votre paragraphe à celui d'un(e) camarade de classe. Answers will vary.

MODÈLE
Élève 1: J'ai acheté une nouvelle tablette hier...
Élève 2: J'ai besoin d'assistance pour réparer ma voiture...

 I CAN understand conversations about messaging and car problems, and describe issues related to technology.

vingt-sept **27**

GAME

Competition Divide the class into small groups and have students brainstorm all the problems Catherine has with her tablet in **Demande d'assistance!** Each group should have a notetaker in charge of listing the issues in French. Give the class five minutes to do the activity, and compare all the lists with the class. The group with the most complete list wins.

PROFICIENCY

Interpersonal Have students work in pairs to ask each other questions about **Demande d'assistance!** First, each partner should jot down the questions they want to ask, then group members take turns asking one another their questions. Before students start the activity, you might review interrogative expressions such as **Qu'est-ce que, qui, quel(le), pourquoi, quand,** and **comment**.

Teaching Tips

- Have students identify conjugated verbs in the text that are directly followed by an infinitive (**pouvoir, devoir**). Then have them find all verbs followed by the prepositions **à** or **de** (**aider à, venir de, arriver à, arrêter de, commencer à**). Suggest to students that, as they learn new verbs followed by a preposition, they memorize the verbs and prepositions together.
- Read the sentence **Ça commence à m'énerver!** and explain that **ça** is an abbreviation of **cela** very commonly used in spoken French. Have students recall an expression they learned early on in French class that uses the word **ça**. (**Ça va?**) You might give them a hint by saying that the expression is a greeting.
- Tell students that even though **wifi** is officially masculine, most French people say **la wifi** (or **la wi-fi**).

❸ Suggestion Students might not be aware of the uses of **tablette** in French, besides the electronic device. First ask them what other word they recognize in **tablette**. (*table*) Then ask them what the suffix **-ette** usually means. (*little*) Have students infer the original meaning of **tablette**. (*little table*) Ask students if they can think of other uses of the word **tablette** (**de chocolat, pour écrire**).

❹ Suggestion Before students do Activity 4, you might help them recall conjunctions and prepositions that will help them connect phrases and sentences. Review words such as **et, mais, quand, ou, pour, avec, dans, en, parce que,** by using them in context. You might use examples from **Demande d'assistance!**, such as **j'ai un problème <u>avec</u> presque toutes mes applications, c'est vraiment un gros problème <u>parce que</u> j'ai un devoir**, and ask students to recall these words' meaning based on context. Have them come up with additional sentences using these words.

Mise en scène **27**

Section Goals

In this section, students will learn and practice vocabulary related to:
- electronic products
- the Internet

 SEL Suggestions

As you work through this unit, be mindful that students may not have the same access to technological resources outside of class. Remind students to also be sensitive and not to make assumptions about others' access to technology.

Teaching Tips

- Have students look over the vocabulary. Remind them that many words related to electronics and the Internet are cognates. Have them recall technology-related cognates they saw in **Mise en scène**.
- Use the digital image for this page. Point out objects and describe what the people are doing. Examples: **C'est un portable. Elle recharge son téléphone.**
- Ask students questions about electronics and the Internet using previously learned and new vocabulary. Examples: **Avez-vous un portable? un ordinateur? Une imprimante? Quels réseaux sociaux utilisez-vous? Quel type de portable avez-vous?**
- Tell students that the official French term for *e-mail* is **la messagerie (électronique)**, but most people say **l'e-mail**. **Le courriel** is used in Canada. When referring to just one e-mail, the official term is **un courrier électronique**.
- Explain that **télécharger** also means *to upload*. When used in this sense, it is often followed by the preposition **vers** (*toward*) and a noun (**un serveur, le cloud,** etc.).
- Point out that **marcher** is used more than **fonctionner** in everyday language.
- Also point out that both **fermer** and **éteindre** are used with electronic devices but that the use of **fermer** with electronics varies according to the region and who is speaking: **éteindre la radio, la télévision, fermer son ordinateur.**

Contextes

Leçon 1A

Communicative Goal
Discuss technology and electronics

vhlcentral 🔊

Le son et l'image

Vocabulaire

allumer	to turn on
brancher	to plug in; to connect
démarrer	to start up
effacer	to erase
enregistrer	to record
éteindre	to turn off; to shut off
fermer	to close; to shut off
fonctionner/marcher	to function, to work
imprimer	to print
prendre une photo(graphie)	to take a photo(graph)
recharger	to charge
sauvegarder	to save
télécharger	to download, to upload
un appareil	device
une chaîne (de télévision)	(television) channel
un appel vidéo	video call
un fichier	file
un identifiant	username
un lien	link
un logiciel	software, program
un mot de passe	password
un réseau (social)	(social) network
un texto/SMS	text message

Coup de main

- The prefix **re-** in French is used much as it is in English. It expresses the idea of doing an action again.

to dial	composer
to redial	recomposer
to start	démarrer
to restart	redémarrer

- The conjugation of **éteindre** is irregular:

j'éteins	nous éteignons
tu éteins	vous éteignez
il/elle/on éteint	ils/elles éteignent

Labels on image: une batterie faible/déchargée; une appli(cation); des écouteurs (m.); un écran; un clavier; une souris; une imprimante; un portable

28 vingt-huit

PROFICIENCY

Interpersonal Have students make a list of six electronic devices they have or use frequently. Then tell them to circulate around the room asking others if they have or use the same items. If someone answers affirmatively, the student should ask the person to sign his or her name next to the item. Students should try to get a different signature for each item.

GAME

Memory Write vocabulary words for electronic equipment on index cards. On another set of cards, draw or paste pictures to match each term. Tape them face down on the board in random order. Divide the class into two teams. Play a game of Memory in which students match words with pictures. When a player makes a match, that player's team collects those cards. The team with the most cards at the end of the game wins.

La technologie — Unité 1

Mise en pratique

1 Écoutez Écoutez la conversation entre Jérôme, qui vient de recevoir une toute nouvelle tablette, et l'employée d'une boutique informatique. Ensuite, complétez les phrases suivantes.

1. Jérôme a pris des photos avec _____
   a. une tablette. ✓
   b. un smartphone.
   c. un appareil photo (*camera*).
2. Jérôme voudrait (*would like*) _____
   a. imprimer et envoyer ses photos. ✓
   b. sauvegarder ses photos dans le cloud.
   c. effacer ses photos.
3. Jérôme n'a pas _____ pour imprimer ses photos.
   a. de télécommande adaptée
   b. d'imprimante ✓
   c. de mot de passe
4. Jérôme peut sélectionner les photos _____
   a. par un clic de la souris. ✓
   b. sur l'écran.
   c. avec le clavier.
5. L'employée propose à Jérôme _____
   a. de fermer sa tablette.
   b. brancher sa tablette à l'imprimante. ✓
   c. d'utiliser une imprimante noir et blanc.
6. Pour envoyer les photos, Jérôme doit _____
   a. aller sur un site Internet.
   b. utiliser un logiciel spécial.
   c. les attacher à un e-mail. ✓

2 Association Faites correspondre les activités de la colonne de gauche aux objets correspondants de la colonne de droite.

1. protéger ses e-mails — c
2. faire un appel vidéo — f
3. poster une photo — e
4. cliquer sur un lien — h
5. écouter de la musique — g
6. recharger — a
7. composer — c
8. télécharger — c

a. une batterie déchargée
b. un numéro
c. un identifiant et un mot de passe
d. un fichier / une appli(cation)
e. un réseau social
f. un smartphone / un ordinateur
g. des écouteurs
h. une souris

3 Chassez l'intrus Choisissez le mot ou l'expression qui ne va pas avec les autres.

1. un lien, un identifiant, un site web, (un SMS)
2. sonner, (démarrer), un portable, un smartphone
3. une souris, un clavier, un écran, (une chaîne de télévision)
4. brancher, démarrer, (sonner), allumer
5. un fichier, sauvegarder, (une télécommande), effacer
6. un site web, être en ligne, télécharger, (composer)

vingt-neuf 29

— une télécommande
— Le téléphone sonne. (sonner)

Contextes — Leçon 1A

Communication

4 Suggestion Point out that some of the items in column B require verbs to make complete sentences. Tell students to write down their questions.

5 Suggestions
- Tell students that crossword terms can be found **horizontalement** and **verticalement**.
- Have two volunteers read the **modèle** aloud. Then divide the class into pairs and distribute the Info Gap Handouts found in the Activity Pack in the **Resources** section of vhlcentral.com. Give students ten minutes to complete the activity.

6 Suggestion Before beginning this activity, brainstorm famous people from the past with whom it might be interesting to have such a discussion. Examples: Benjamin Franklin, Thomas Edison, and Alexander Graham Bell.

- **Partner Chat** You can also assign activity 6 on vhlcentral.com. Students work in pairs to record the activity online. The pair's recorded conversation will appear in your gradebook.

7 Suggestions
- Explain: **Une médiathèque conserve des livres numériques et différents types de média comme une bibliothèque virtuelle.**
- Encourage students to include drawings, clip art, or magazine photos in their brochures. You may wish to assign this activity as homework.

PRE-AP®

7 Presentational Speaking Ask students to use their brochure to prepare an oral presentation on the services offered by the **médiathèque**. They should mention a feature that makes this a special place in their community.

21st Century Skills

Technology Literacy Ask students to prepare a digital presentation on the recent evolution of technology and how it has influenced human life in both positive and negative ways.

---

4 Qui fait quoi? Avec un(e) partenaire, formez des questions à partir de ces listes d'expressions et de mots. Ensuite, à tour de rôle, posez vos questions à votre partenaire afin d'en (*in order to*) savoir plus sur ses habitudes par rapport à la technologie. *Answers will vary.*

MODÈLE
Élève 1: À qui envoies-tu des e-mails?
Élève 2: J'envoie des e-mails à mes professeurs pour les devoirs et à mes amis.

A	B	C
à qui	être en ligne	toi
combien de	recharger	tes parents
comment	télécharger	tes grands-parents
où	un e-mail	ton professeur de français
pour qui	un SMS	ta sœur
pourquoi	un site web	tes amis
quand	une appli	les autres élèves
quel(le)(s)	un jeu vidéo	les enfants

5 Mots croisés Votre professeur va vous donner, à vous et à votre partenaire, deux grilles de mots croisés (*crossword puzzle*) incomplètes. Votre partenaire a les mots qui vous manquent, et vice versa. Donnez-lui une définition et des exemples pour compléter la grille. Attention! N'utilisez pas le mot recherché.

MODÈLE
Élève 1: Horizontalement (Across), le numéro 1, tu fais ça pour mettre ton appli sur ton portable.
Élève 2: Télécharger!

6 La technologie d'hier et d'aujourd'hui Avec un(e) partenaire, imaginez une conversation avec une personne célèbre du passé. Vous parlez de l'évolution de la technologie et, bien sûr, cette personne est choquée de voir (*see*) les appareils électroniques du 21e siècle (*century*). Utilisez les mots et expressions de cette leçon. *Answers will vary.*

- Choisissez trois ou quatre appareils différents.
- Demandez/Donnez une définition pour chaque objet.
- Demandez/Expliquez comment utiliser chaque appareil.
- Demandez quels sont les points positifs et négatifs de chaque appareil, et expliquez-les.

7 La médiathèque Travaillez avec un(e) partenaire pour créer une brochure pour une médiathèque. Ensuite, présentez votre brochure à la classe. Utilisez les mots et les expressions de cette leçon et mentionnez ces informations: *Answers will vary.*

- nom, adresse et horaires de la médiathèque
- nombre et type d'appareils électroniques
- description des services et des collections de différents médias
- liste des services gratuits (*free*) et des services payants (*with a charge*) avec leurs prix

I CAN describe communication methods and electronics.

DIFFERENTIATION

Kinesthetic Learners Have students work in pairs. Tell them to role-play a situation between a person who is computer-savvy and someone who wants to learn how to use a computer to go online. If possible, have students use their laptops during the role-play to demonstrate how a computer works.

PROFICIENCY

Interpersonal Stage a debate about the role of technology in today's world. Propose this question: **La technologie est-elle bonne ou mauvaise pour la société?** Divide the class into two groups, assigning each side a position. Allow groups time to plan their arguments before staging the debate. You may also divide the class into four groups and have two debates going on at the same time.

Communicative Goal Understand differences between French and English pronunciation | **La technologie** | **Unité 1**

Les sons et les lettres

vhlcentral

Final consonants

You already learned that final consonants are usually silent, except for the letters **c**, **r**, **f**, and **l**.

| ave**c** | hive**r** | che**f** | hôte**l** |

You've probably noticed other exceptions to this rule. Often, such exceptions are words borrowed from other languages. These final consonants are pronounced.

| Latin | English | Inuit | Latin |
| foru**m** | sno**b** | anora**k** | grati**s** |

Numbers, geographical directions, and proper names are common exceptions.

| cin**q** | su**d** | Agnè**s** | Maghre**b** |

Some words with identical spellings are pronounced differently to distinguish between meanings or parts of speech.

fil**s** = *son*   fil~~s~~ = *threads*
tou**s** (pronoun) = *everyone*   tou~~s~~ (adjective) = *all*

The word **plus** can have three different pronunciations.

plu~~s~~ de (silent s)   plu**s** que (s sound)   plu**s** ou moins (z sound in liaison)

Comparisons

Comme vous le savez déjà, beaucoup de mots liés à la technologie et à Internet sont empruntés de l'anglais.

• Faites une liste des mots liés aux technologies qui sont présentés dans cette leçon et prononcez-les. Est-ce que la consonne finale est prononcée?

❶ Prononcez Répétez les mots suivants à voix haute.

1. cap
2. six
3. truc
4. club
5. slip
6. actif
7. strict
8. avril
9. index
10. Alfred
11. bifteck
12. bus

❷ Articulez Répétez les phrases suivantes à voix haute.

1. Leur fils est gentil, mais il est très snob.
2. Au restaurant, nous avons tous pris du bifteck.
3. Le sept mai, David assiste au forum sur le Maghreb.
4. Alex et Ludovic jouent au tennis dans un club de sport.
5. Prosper prend le bus pour aller à l'est de la ville.

❸ Dictons Répétez les dictons à voix haute.

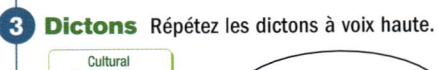

Plus on boit, plus on a soif.[1]

Tous pour un, un pour tous![2]

[1] The more you drink, the thirstier you are.
[2] All for one and one for all!

✓ **I CAN** apply pronunciation rules in order to communicate clearly.

trente et un 31

Section Goals

In this section, students will learn functional phrases for talking about communication and technology.

Video Recap

Before doing this **Roman-photo**, review the previous one with this activity.
1. Que faisait Rachid quand il s'est blessé? (Il jouait au foot.)
2. Qu'est-ce qui est arrivé? (Il est tombé et il s'est foulé la cheville.) 3. Que lui a dit le médecin? (Elle lui a dit de mettre de la glace, de se reposer, de prendre des médicaments contre la douleur et de ne pas jouer au football pendant une semaine).
4. Pourquoi David avait-il de la crème sur le visage? (Il a eu une réaction allergique.)

Video Synopsis

Rachid is annoyed because David is playing several electronic devices. Rachid reminds him of a paper that is due in two days. Just as David finishes his paper, he has a computer problem and loses part of his work. He calls Amina for help, and she manages to retrieve his document. When Amina sees Rachid's computer screen, she realizes that he is Cyberhomme.

Scaffolding

- Tell students to scan the captions for vocabulary related to electronics and technology.
- After reading the **Roman-photo**, have students summarize the episode.

❶ Suggestion After students complete the activity, review their answers and clarify as needed.

❷ Suggestion Have students compare their answers in pairs or small groups.

Roman-photo Leçon 1A

Communicative Goal
Understand short conversations about technology

C'est qui, Cyberhomme?

AP® Theme: Science and Technology
Context: The New Media

PERSONNAGES

Amina

David

Rachid

Sandrine

Valérie

Chez David et Rachid...
RACHID Dis donc, David! Un peu de silence. Je n'arrive pas à travailler!
DAVID Qu'est-ce que tu dis?
RACHID Je dis que je ne peux pas me concentrer! La télé est allumée, tu ne la regardes même pas, et en même temps, la chaîne stéréo fonctionne et tu ne l'écoutes pas!

DAVID Oh, désolé, Rachid.
RACHID Ah, on arrive enfin à s'entendre parler et à s'entendre réfléchir! À quoi est-ce que tu joues?
DAVID Un jeu vidéo génial!
RACHID Tu n'étudies pas? Tu n'avais pas une dissertation à faire? Lundi, c'est dans deux jours!
DAVID Okay. Je la commence.

Au café...
SANDRINE Tu as un autre e-mail de Cyberhomme? Qu'est-ce qu'il dit?
AMINA Oh, il est super gentil, écoute: «Chère Technofemme, je ne sais pas comment te dire combien j'adore lire tes messages. On s'entend si bien et on a beaucoup de choses en commun. J'ai l'impression que toi et moi, on peut tout se dire.»

Chez David et Rachid...
DAVID Et voilà! J'ai fini ma dissert', Rachid.
RACHID Bravo!
DAVID Maintenant, je l'imprime.
RACHID N'oublie pas de la sauvegarder.
DAVID Oh, non!
RACHID Tu n'as pas sauvegardé?

DAVID Si, mais... Attends... le logiciel redémarre. Ce n'est pas vrai! Il a effacé les quatre derniers paragraphes! Oh non!
RACHID Téléphone à Amina. C'est une pro de l'informatique. Peut-être qu'elle peut retrouver la dernière version de ton fichier.
DAVID Au secours, Amina! J'ai besoin de tes talents.

Un peu plus tard...
AMINA Ça y est, David. Voilà ta dissertation.
DAVID Tu me sauves la vie!
AMINA Ce n'était pas grand-chose, mais tu sais, David, il faut sauvegarder au moins toutes les cinq minutes pour ne pas avoir de problème.
DAVID Oui. C'est idiot de ma part.

ACTIVITÉS

 Vrai ou faux? Indiquez si les phrases sont vraies ou fausses. *Interpretive Communication*

1. David regarde la télévision avec beaucoup d'attention. Faux.
2. David sauvegarde ses documents toutes les cinq minutes. Faux.
3. Amina sait beaucoup de choses à propos de la technologie. Vrai.
4. Amina et Cyberhomme décident de se rencontrer. Faux.

 Questions Répondez aux questions par des phrases complètes. *Interpretive Communication*

1. Pourquoi Rachid se met-il en colère?
   Il se met en colère parce qu'il ne peut pas se concentrer.
2. Est-ce qu'Amina s'entend bien avec Cyberhomme?
   Oui, elle s'entend bien avec Cyberhomme.
3. Que pense Valérie de la possibilité d'un rendez-vous avec Cyberhomme? Elle pense que ça peut être dangereux.
4. Qu'est-ce que Rachid fait pendant que David joue au jeu vidéo et écrit sa dissertation? Il écrit des e-mails à Amina/Technofemme.

trente-deux

PRE-VIEWING

C'est qui, Cyberhomme? Tell students to read the title and scene setter. Then have them guess who Cyberhomme is. They should support their ideas with details from previous episodes. Write their guesses on the board.

VIEWING

Regarder la vidéo Show the video episode once without sound and have the class create a plot summary based on the visual cues. Then show the episode with sound and have the class make corrections and fill in any gaps in the plot summary.

La technologie — Unité 1

Amina découvre l'identité de son ami virtuel.

SANDRINE Il est adorable, ton Cyberhomme! Continue! Est-ce qu'il veut te rencontrer en personne?
VALÉRIE Qui vas-tu rencontrer, Amina? Qui est ce Cyberhomme?
SANDRINE Amina l'a connu sur Internet. Ils s'écrivent depuis longtemps, n'est-ce pas, Amina?

AMINA Oui, mais comme je te l'ai déjà dit, je ne sais pas si c'est une bonne idée de se rencontrer en personne. S'écrire des e-mails, c'est une chose; se donner rendez-vous, ça peut être dangereux.
VALÉRIE Amina a raison, Sandrine. On ne sait jamais.
SANDRINE Mais il est si charmant et tellement romantique...

RACHID Merci, Amina. Tu me sauves la vie aussi. Peut-être que maintenant je vais pouvoir me concentrer.
AMINA Ah? Et tu travailles sur quoi? Ce n'est pas possible!... C'est toi, Cyberhomme?!

RACHID Et toi, tu es Technofemme?!
DAVID Évidemment, tu me l'as dit toi-même: Amina est une pro de l'informatique.

Expressions utiles

Expressing how you communicate with others

- **On arrive enfin à s'entendre parler!**
  We can finally hear each other speak!
- **On s'entend si bien.**
  We get along so well.
- **On peut tout se dire.**
  We can tell each other anything.
- **Ils s'écrivent depuis longtemps.**
  They've been writing to each other for quite a while.
- **S'écrire des e-mails, c'est une chose; se donner rendez-vous, ça peut être dangereux.**
  Writing each other e-mails, that's one thing; arranging to meet could be dangerous.

Additional vocabulary

- **se rencontrer**
  to meet each other
- **On ne sait jamais.**
  You/One never know(s).
- **Au secours!**
  Help!
- **C'est idiot de ma part.**
  It's stupid of me.
- **une dissertation**
  paper
- **pas grand-chose**
  not much
- **une chaîne stéréo**
  stereo system

---

3 Réfléchissez Répondez aux questions. *Answers will vary.*

1. Aimez-vous écoutez de la musique pendant que vous travaillez, ou est-ce que vous avez besoin de silence pour vous concentrer?
2. Avez-vous des ami(e)s que vous avez connu(e)s sur Internet? Vous êtes-vous déjà rencontré(e)s en personne? Expliquez.
3. Pourquoi est-ce qu'Amina hésite à rencontrer Cyberhomme en personne? Comparez son point de vue aux attitudes présentes dans votre culture.

4 À vous Par rapport aux (*With respect to*) études, David et Rachid sont très différents. David aime les distractions et Rachid a besoin de silence pour travailler. Avec un(e) partenaire, décrivez vos habitudes par rapport aux études. Avez-vous les mêmes habitudes? Pouvez-vous être de bon(nes) colocataires? Présentez vos conclusions à la classe.

I CAN understand short conversations about technology after watching a story-based video.

Culture

Leçon 1A

Communicative Goal Identify and reflect on cultural products and practices related to technology

AP® Theme: Science and Technology
Context: Discoveries and Inventions, The New Media

CULTURE À LA LOUPE

La technologie et les Français

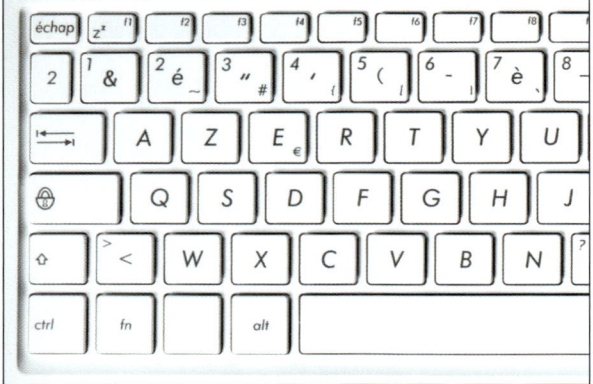

un clavier AZERTY

Pendant les années 1980, la technologie a connu une grande évolution. En France, cette révolution technologique a commencé par l'invention du Minitel, développé par France Télécom, l'ancienne° compagnie nationale française de téléphone, au début des années 1980. Le Minitel peut être considéré comme le prédécesseur d'Internet. Aujourd'hui, la plupart° des Français sont équipés chez eux d'un ordinateur et d'une connexion haut débit°. Les Français ont le choix, pour ce haut débit, entre la connexion par câble, l'ADSL° ou la fibre optique. L'autre manière° de se connecter à Internet, bien sûr, est avec son smartphone ou sa tablette. Tout ce dont on a besoin est un abonnement° avec un opérateur téléphonique français ou international. On peut ensuite accéder à Internet grâce au réseau mobile en 3G/4G ou à un des «hotspots» de wifi gratuit qui existent dans beaucoup de cafés, parcs, gares et autres lieux publics.

En ce qui concerne les autres appareils électroniques à la mode, on note une augmentation des achats° de consoles de jeux vidéo, de tablettes tactiles, d'appareils photos numériques et de produits périphériques° pour les ordinateurs, comme les imprimantes et les écouteurs. Mais l'appareil qui a connu le plus grand succès en France, c'est sans doute le téléphone portable. Aujourd'hui, presque tous les Français en possèdent un.

ancienne *former* **plupart** *majority* **haut débit** *high-speed* **ADSL** *DSL* **manière** *way* **abonnement** *subscription* **achats** *purchases* **périphériques** *peripheral*

Connections

Le clavier AZERTY est utilisé en France, en Belgique et dans certains pays africains. Son nom vient des six premières lettres des touches (*keys*). Ce clavier donne un accès facile aux lettres accentuées de la langue française, ainsi qu'à certains caractères supplémentaires comme le symbole euro.

- Quels autres types de claviers existent? Quels facteurs influencent son choix de clavier? Expliquez.

ACTIVITÉS

Interpretive Communication

1 Répondez Répondez aux questions.

1. Quelle invention française est le prédécesseur d'Internet? *le Minitel*
2. Pour les Français qui ont un ordinateur, quels choix existent pour avoir une connexion Internet haut débit? *On peut choisir entre la connexion par câble, l'ADSL ou la fibre optique.*
3. Comment est-ce qu'on peut accéder à Internet avec son portable? *par le réseau mobile en 3G/4G ou par le wifi*
4. Quel appareil connaît le plus grand succès en France? *le téléphone portable*

Relating Cultural Products to Perspectives | **Acquiring Information & Diverse Perspectives**

2 Considérez Répondez aux questions. *Answers will vary.*

1. Pensez-vous que l'accès à une connexion Internet est une nécessité absolue? Expliquez.
2. Est-ce qu'il y a beaucoup de «hotspots» de wifi gratuit dans votre communauté? Trouvez des informations pour votre pays et comparez-les aux chiffres pour des pays francophones.
3. Quelles situations et valeurs pourraient (*might*) expliquer la présence (ou l'absence) des points d'accès wifi gratuit dans une communauté?

34 trente-quatre

La technologie — Unité 1

AP® Theme: Science and Technology
Context: Discoveries and Inventions

PORTRAIT

La fusée Ariane

Après la Seconde Guerre mondiale°, la conquête de l'espace° s'est amplifiée. Les Russes et les Américains progressent très rapidement dans leurs programmes spatiaux, ce qui leur donne accès à de nouvelles perspectives, principalement dans les domaines de la physique et de l'astronomie. En Europe, le premier programme spatial, le programme Europa, n'a pas bien marché et a été abandonné. En 1973, afin de ne pas dépendre des autres puissances spatiales pour mettre des satellites en orbite, l'Agence spatiale européenne, sur la base de travaux de scientifiques français, a proposé un nouveau programme spatial, le projet Ariane, qui a eu, lui, un succès considérable. La fusée° Ariane est un lanceur° civil européen de satellites: la première fusée du programme, Ariane 1, a été lancée en 1979 depuis la base de Kourou, en Guyane française, une région d'outre-mer° située en Amérique du Sud. Elle transporte des satellites commerciaux dans l'espace. Depuis, il y a eu plusieurs générations de fusées. Fin 2016, Ariane 5 a connu un nouveau succès et a placé sur orbite deux satellites de télécommunication destinés à l'Inde et à l'Australie. En décembre 2014, l'Agence spatiale européenne a pris la décision de fabriquer Ariane 6 avec l'intention de remplacer progressivement Ariane 5. En 2017, l'entreprise ArianeGroupe a commencé la phase de production du nouveau lanceur.

Seconde Guerre mondiale World War II **espace** space **fusée** rocket **lanceur** launcher **outre-mer** overseas

LE MONDE FRANCOPHONE

Quelques stations de radio francophones

Voici quelques radios francophones en ligne.

En Afrique
Africa 1 radio africaine qui propose des actualités et beaucoup de musique africaine (africaradio.com)

En Belgique
Classic 21 radio pour les jeunes qui passe° de la musique rock et propose des emplois° pour les étudiants (rtbf.be/classic21)

En France
NRJ radio privée nationale pour les jeunes qui passe tous les grands tubes° (nrj.fr)

En Suisse
Fréquence Banane radio universitaire de Lausanne (frequencebanane.ch)

passe plays **emplois** jobs **tubes** hits

Sur le web
Choisissez une des stations de radio présentées dans **Le monde francophone** pour en faire une critique. Explorez son site web—regardez les rubriques (*features*) et écoutez de la musique. Quel genre d'émissions ou de musique est-ce qu'elle offre? Est-ce que vous aimez ou n'aimez pas? Qu'est-ce que vous avez remarqué d'intéressant? Cette station de radio est-elle similaire à une station que vous écoutez régulièrement? Présentez votre critique à la classe.

[Cultural Comparisons] [Lifelong Learning]

[Interpretive Communication] [Cultural Comparisons]

3 Complétez Complétez les phrases d'après les textes.
1. La radio privée nationale française destinée aux jeunes s'appelle ___NRJ___.
2. En Suisse, beaucoup d'étudiants apprécient la radio ___Fréquence Banane___.
3. Le premier programme spatial européen s'appelait ___Europa___.
4. La fusée Ariane est un ___lanceur civil___ européen de satellites.

[Interpersonal Communication]

4 Les réseaux sociaux et vous Est-ce que les réseaux sociaux occupent une grande place dans votre vie? Quelles applis utilisez-vous et pour quelles raisons? Qu'est-ce que vous faites sur ces réseaux? Avez-vous beaucoup d'abonné(e)s (*followers*)? Combien d'heures y passez-vous par jour? Êtes-vous accro (*addicted*)? Allez en ligne et faites des recherches pour comparer vos habitudes et celles de vos amis à celles des jeunes Français. Quelles en sont les similitudes et les différences? Discutez des résultats avec la classe.

☑ **I CAN** identify and reflect on cultural products and practices related to technology by reading informational texts and exploring francophone websites.

trente-cinq **35**

Section Goals

In this section, students will learn verbs that require a preposition before the infinitive.

Scaffolding

- Point out that students already know how to use verbs with infinitives by asking questions with **aller**, **pouvoir**, **savoir**, etc. Examples: **Allez-vous faire une promenade après la classe? Pouvons-nous refaire la leçon? Savez-vous danser?**
- Introduce prepositions with the infinitive by using both constructions (*verb + infinitive, verb + preposition + infinitive*) in the same sentence. Ask students what differences they hear. Example: **Mon père aime surfer sur Internet mais il hésite à faire des achats en ligne.**
- After presenting the use of **à** and **de** with the infinitive, write an infinitive on the board and ask volunteers to use it in a sentence with the appropriate preposition. Examples: **s'amuser à** (Je m'amuse à jouer à des jeux-vidéo avec mes amis.); **rêver de** (Elle rêve d'acheter un nouveau portable.) Then assign the **Vérifiez** activity.
- To contrast the use of **à** and **de** with pronouns, review the contractions these prepositions form with definite articles: **au, aux, des**. Point out that prepositions with infinitives and pronouns do not take this form. Example: **Ce logiciel… je n'ai pas réussi à le télécharger.**
- Point out that the preposition **pour** + [*infinitive*] can mean *in order to*. Example: **Ils sont allés à la bibliothèque pour étudier.** *(They went to the library [in order to] study.)* Assign the **Vérifiez** activity.

Essayez! Have students underline the conjugated verb and preposition (if applicable). Ask volunteers to replace the verbs and prepositions with others from the list on this page.

Structures

Leçon 1A

Communicative Goal
Express complex actions

1A.1 Prepositions with the infinitive

Grammar Tutorial

Point de départ Infinitive constructions, where the first verb is conjugated and the second verb is an infinitive, are common in French.

CONJUGATED VERB	INFINITIVE
Vous **pouvez**	**fermer** le document.
You can	*close the document.*

- Some conjugated verbs are followed directly by an infinitive. Others are followed by the preposition **à** or **de** before the infinitive.

verbs followed directly by infinitive	verbs followed by **à** before infinitive	verbs followed by **de** before infinitive
adorer	aider à	**arrêter de** *to stop*
aimer	**s'amuser à** *to pass time by*	**décider de** *to decide to*
aller		**éviter de**
détester	apprendre à	**finir de**
devoir	**arriver à** *to manage to*	**s'occuper de** *to take care of, to see to*
espérer	commencer à	
pouvoir	continuer à	oublier de
préférer	**hésiter à** *to hesitate to*	permettre de
savoir	se préparer à	**refuser de** *to refuse to*
vouloir	réussir à	**rêver de** *to dream about*
		venir de *to have just*

Nous **allons manger**
à midi.
We are going to eat at noon.

Elle **a appris à conduire**
une voiture.
She learned to drive a car.

Il **rêve de visiter**
la France.
He dreams of visiting France.

- Place object pronouns before infinitives. Unlike definite articles, they do not contract with the prepositions **à** and **de**.

J'ai décidé **de les** télécharger.
I decided to download them.

Il est arrivé **à le lui** donner.
He managed to give it to him.

N'oublie pas **de l'**éteindre.
Don't forget to turn it off.

Elle continue **à t'**envoyer des e-mails?
Does she continue to send you e-mails?

- The infinitive is also used after the prepositions **pour** (*[in order] to*) and **sans** (*without*).

Nous sommes venus **pour** t'aider.
We came to help you.

Elle part **sans** manger.
She's leaving without eating.

Il a téléphoné **pour** dire bonjour.
He called to say hello.

Ne fermez pas le fichier **sans** le sauvegarder.
Don't close the file without saving it.

Essayez! Décidez s'il faut ou non une préposition. S'il en faut une, choisissez entre **à** et **de**.

1. Tu sais __Ø__ cuisiner.
2. Commencez __à__ travailler.
3. Tu veux __Ø__ goûter la soupe?
4. Allez-vous vous occuper __de__ vos chiens?
5. J'espère __Ø__ avoir mon diplôme cette année.
6. Elles vont __Ø__ revenir.
7. Je finis __de__ mettre la table.
8. Il hésite __à__ me poser la question.
9. Marc continue __à__ lui parler.
10. Arrête __de__ m'énerver!

36 trente-six

EXTRA PRACTICE

Whole Class Have students write **à, de,** and **X** on three different index cards. Call out each verb listed above and have students hold up the appropriate card for what follows the verb when it precedes an infinitive. Make sure to go through all verbs on the list.

DIFFERENTIATION

Visual and Auditory Learners Show the **Roman-photo** video again to give the students more input with verbs + [*infinitives*] and verbs + [*prepositions*] + [*infinitives*]. Stop the video where appropriate to discuss how these constructions were used and to ask comprehension questions.

La technologie — Unité 1

Le français vivant

Football? Jeux? Musique? Films et séries?

Vous avez toujours rêvé de posséder un ordinateur comme ça. Vous vouliez l'acheter et vous venez de l'allumer. Maintenant, vous commencez à vous rendre compte de ses possibilités. N'hésitez pas à en profiter. En tout confort.

Identifiez Quels verbes trouvez-vous devant un infinitif dans le texte de cette publicité (*ad*)? Lesquels (*Which ones*) sont suivis (*are followed*) d'une préposition? Quelle préposition?
rêver de, vouloir, venir de, commencer à, hésiter à

Questions À tour de rôle avec un(e) partenaire, posez-vous ces questions. *Answers will vary.*

1. Rêves-tu de posséder quelque chose en particulier? De faire quelque chose en particulier? Explique.
2. Que veux-tu acheter en ce moment? Pourquoi?
3. D'habitude, qu'hésites-tu à faire?
4. La technologie peut-elle vraiment apporter le confort? Expliquez.
5. Qu'as-tu commencé à faire grâce à (*thanks to*) la technologie? Qu'as-tu arrêté de faire à cause de la technologie?
6. Y a-t-il quelqu'un dans ta famille qui évite d'utiliser la technologie? Qui? Pourquoi?

Structures Leçon 1A

1A.1 Mise en pratique

1 Les vacances Paul veut voyager cet été. Il vous raconte ses problèmes. Complétez le paragraphe avec les prépositions **à** ou **de**, si nécessaire.

Je n'arrive pas (1) _à_ décider où passer mes vacances. Je veux (2) _Ø_ visiter un pays chaud et ensoleillé (*sunny*). J'espère (3) _Ø_ trouver des billets d'avion pour la Martinique. Cet après-midi, je me suis amusé (4) _à_ regarder les prix des billets d'avion sur Internet. Je n'ai pas réussi (5) _à_ trouver un bon tarif (*fare*). Je vais continuer (6) _à_ chercher. J'hésite (7) _à_ payer plein tarif, mais je refuse (8) _de_ voyager en stand-by.

2 Questionnaire Vous cherchez un travail d'été. Complétez les questions qui vous sont posées avec les prépositions **à** ou **de**, quand c'est nécessaire. Ensuite, indiquez vos réponses.

	oui	non
1. Vous savez _Ø_ parler plusieurs langues?	__	__
2. Vous évitez _de_ voyager souvent?	__	__
3. Vous n'hésitez pas _à_ travailler tard?	__	__
4. Vous oubliez _de_ répondre au téléphone?	__	__
5. Vous pouvez _Ø_ travailler le week-end?	__	__
6. Vous préférez _Ø_ communiquer par e-mail?	__	__
7. Vous oubliez _d'_ éteindre l'imprimante?	__	__
8. Vous pouvez commencer _à_ travailler immédiatement?	__	__

3 Le week-end dernier Sophie et ses copains ont fait beaucoup de choses le week-end dernier. Regardez les illustrations et dites ce qu'ils (*what they*) ont fait. *Suggested answers*

▶ **MODÈLE**
J'ai décidé de conduire ma voiture.

je / décider

1. nous / devoir
Nous avons dû nous réveiller tôt.

2. elles / apprendre
Elles ont appris à jouer au tennis.

3. André / refuser
André a refusé de nager.

4. vous / aider
Vous avez aidé à faire la cuisine.

5. tu / s'amuser
Tu t'es amusée à dessiner.

6. mes cousins / éviter
Mes cousins ont évité de ranger leur chambre.

7. Sébastien / continuer
Sébastien a continué à faire de la planche à voile.

8. il / finir
Il a fini de nettoyer.

38 *trente-huit*

---

1 Suggestion Before starting, ask individuals to identify the infinitives of the conjugated verbs.

2 Expansion Take a survey of students' responses to the statements. Examples: **Qui sait parler plusieurs langues? Qui évite de voyager souvent?** Have students expand on their answers. Example: **Pourquoi hésitez-vous à travailler tard?** Alternatively, have students complete the questions on their own, then have them work in pairs with one playing the role of the hiring manager and the other the employee. Once they have finished, ask: **Vous allez l'engager? Pourquoi ou pourquoi pas?**

3 Expansion Ask volunteers to tell two things they did last weekend using verbs with prepositions and infinitives.

EXTRA PRACTICE

Writing Have students write five original sentences using verbs with prepositions and infinitives. Students should use as much active lesson vocabulary as possible. Then have students read their sentences aloud.

GAME

Sentence Creation Divide the class into teams. Call out a verb from p. 36. The first member of each team races to the board and writes a sentence with the verb (+ preposition) + infinitive. Check the sentence of the student who finishes first. If correct, the team gets a point. If not, check the next team, and so on. At the end, tally the points to see which team wins.

La technologie — Unité 1

Communication

4 Assemblez Avez-vous eu de bonnes ou de mauvaises expériences avec la technologie? À tour de rôle, avec un(e) partenaire, assemblez les éléments des colonnes pour créer des phrases logiques.
Answers will vary.

Interpersonal Communication

MODÈLE
Élève 1: *Je déteste télécharger des logiciels.*
Élève 2: *Chez moi, ma mère n'arrive pas à envoyer des e-mails.*

A	B	C	D
ma mère		accepter	brancher
mon père		aimer	composer
mon frère		arriver	effacer
ma sœur		décider	envoyer
mes copains		détester	éteindre
mon petit ami	(ne pas)	hésiter	être en ligne
ma petite amie		oublier	fermer
notre prof		refuser	ouvrir
nous		réussir	sauvegarder
?		?	télécharger

Acquiring Information & Diverse Perspectives

AP® Theme: Science and Technology
Context: The New Media

Connections

L'appli de visite Pour découvrir le château de Versailles, ancienne résidence des rois de France de 1682 à 1789, vous pouvez télécharger gratuitement l'application de visite sur votre mobile ou tablette. L'application contient tous les audio-guides en plusieurs langues, une carte interactive et des informations pratiques. Laissez-vous guider et suivez les pas (*steps*) des rois et des reines de France en explorant le château, ses vastes jardins et le domaine de Trianon.

- Est-ce que vous connaissez un lieu touristique (musée, parc, réserve naturelle, etc.) près de chez vous qui utilise aussi une application pour vous guider pendant votre visite? Est-ce que vous pensez que c'est pratique? Expliquez.

5 Les voyages Vous et votre partenaire chattez en ligne sur les vacances et les voyages. Utilisez ces éléments pour vous poser des questions. Prenez des notes, puis partagez vos réponses les plus intéressantes avec la classe. *Answers will vary.*

Interpersonal Communication

MODÈLE aimer / faire des voyages
Élève 1: *Aimes-tu faire des voyages?*
Élève 2: *Oui, j'aime faire des voyages. J'aime faire la connaissance de beaucoup de gens.*

1. rêver / aller en France
2. vouloir / visiter des musées et des châteaux
3. préférer / voyager avec un groupe ou juste en famille
4. éviter / télécharger des applis de visites guidées
5. réussir / trouver des moyens de transport bon marché
6. aimer / rencontrer des amis à l'étranger
7. hésiter / visiter un pays où on ne parle pas anglais
8. apprendre / parler des langues étrangères

6 Une pub Par groupes de trois, préparez une publicité pour École-dinateur, une école qui enseigne l'informatique aux technophobes. Utilisez le plus de verbes possible de la liste avec un infinitif. *Answers will vary.*

Interpersonal Communication
Presentational Communication

MODÈLE *Rêvez-vous d'écrire des e-mails? Continuez-vous à travailler comme vos grands-parents? Alors...*

aimer	détester	refuser
s'amuser	espérer	réussir
apprendre	éviter	rêver
arriver	hésiter	savoir
continuer	oublier	vouloir

⊘ I CAN express complex actions on a variety of topics.

trente-neuf **39**

Section Goals

In this section, students will learn reciprocal verbs.

Scaffolding

- Review the reflexive pronouns in the paradigm: **(je) me, (tu) te, (il/elle/on) se, (nous) nous, (vous) vous, (ils/elles) se.**
- Ask volunteers to explain what reflexive verbs are. Ask other students to provide examples. Review reflexive verbs and pronouns by first asking students questions about their personal routine. Example: **Je me réveille généralement à sept heures. Et vous, à quelle heure est-ce que vous vous réveillez le matin?**
- Use images to introduce the concept of reciprocal verbs. Examples: (party) **Cet homme parle à cette femme. Cette femme parle à cet homme. Ils se parlent.** (two people texting) **Anne envoie un texto à Myriam et Myriam envoie un texto à Anne. Elles s'envoient des textos**.
- Ask students questions using reciprocal constructions. Examples: **Vous vous entendez bien avec vos frères et sœurs? Votre meilleur(e) ami(e) et vous, vous vous envoyez des SMS tous les jours?**
- Have students do the first **Vérifiez!** activity followed by **Essayez!** before you introduce the **passé composé** of reciprocal verbs.
- Now review the **passé composé** of reflexive verbs by saying: **Normalement, je me couche à minuit, mais hier soir je me suis couché(e) à dix heures. Et vous? À quelle heure est-ce que vous vous êtes réveillé(e) ce matin?** Write the sentences on the board and ask students to explain the agreement, then go over the example sentences with reciprocal verbs. Assign the second **Vérifiez!** activity before doing the activities.

Essayez! Have volunteers create sentences with the verbs in this activity in both the present and the **passé composé**.

Structures — Leçon 1A

Communicative Goal Describe reciprocal actions between two or more people or things

1A.2 Reciprocal verbs

Point de départ You have already learned that reflexive verbs indicate that the subject of a sentence does the action to itself. Reciprocal verbs, on the other hand, express a shared or reciprocal action between two or more people or things. In this context, the pronoun means *(to) each other* or *(to) one another*.

REFLEXIVE		RECIPROCAL
Il **se regarde** dans le miroir.	but	Alain et Diane **se regardent**.
He looks at himself in the mirror.		*Alain and Diane look at each other.*

Common reciprocal verbs

s'adorer	to adore one another	s'entendre bien (avec)	to get along well (with one another)
s'aider	to help one another	s'envoyer	to send each other something
s'aimer (bien)	to love (to like) one another	se parler	to speak to one another
se connaître	to know one another	se quitter	to leave one another
se dire	to tell one another	se regarder	to look at one another
se disputer	to argue with one another	se rencontrer	to meet one another (make an acquaintance)
se donner	to give one another	se retrouver	to meet one another (planned)
s'écrire	to write one another	se téléphoner	to phone one another
s'embrasser	to kiss one another		

Annick et Joël **s'écrivent** tous les jours.
Annick and Joël write one another every day.

Vous **vous donnez** souvent rendez-vous le lundi?
Do you often arrange to meet each other on Mondays?

Nous **nous retrouvons** devant le métro à midi.
We're meeting each other in front of the subway at noon.

Vous **embrassez**-vous devant vos parents?
Do you kiss each other in front of your parents?

- The past participle of a reciprocal verb only agrees with the subject when the subject is also the direct object of the verb.

DIRECT OBJECT
Marie a aidé **son frère**.
Marie helped her brother.

DIRECT OBJECT → AGREEMENT
Marie et son frère **se** sont **aidés**.
Marie and her brother helped each other.

DIRECT OBJECT
Son frère a aidé **Marie**.
Her brother helped Marie.

INDIRECT OBJECT
Régine a parlé à **Sophie**.
Régine spoke to Sophie.

INDIRECT OBJECT → NO AGREEMENT
Régine et Sophie **se** sont **parlé**.
Régine and Sophie spoke to each other.

INDIRECT OBJECT
Sophie a parlé à **Régine**.
Sophie spoke to Régine.

Essayez! Donnez les formes correctes des verbes.

1. (s'embrasser) nous _nous embrassons_
2. (se quitter) vous _vous quittez_
3. (se rencontrer) ils _se rencontrent_
4. (se dire) nous _nous disons_
5. (se parler) elles _se parlent_
6. (se retrouver) ils _se retrouvent_
7. (se regarder) vous _vous vous regardez_
8. (s'aider) nous _nous nous aidons_

DIFFERENTIATION

Visual and Auditory Learners Ask students to write two columns on a piece of paper: Reflexive Verbs and Reciprocal Verbs. Replay the video episode. Have students write down any examples they hear. Then form groups of three and have students compare their lists.

Auditory Learners To provide oral practice with reciprocal verbs, create sentences that follow the pattern of the sentences in the examples. Say the sentence, have students repeat it, then give a different subject, varying the number. Have students then say the sentence with the new subject, changing pronouns and verbs as necessary.

La technologie — Unité 1

Le français vivant

MIEUX CHERCHER ■ MIEUX COMMUNIQUER ■ MIEUX JOUER

■ POUR MIEUX S'ENTENDRE ■

Avec le smartphone, je décide où retrouver mes amis.
Nous nous retrouvons.

Nous nous écrivons.
Nous nous entendons mieux.
Avec ce téléphone, c'est facile de se parler.

Identifiez Quels verbes réciproques avez-vous trouvés dans la publicité (*ad*)?

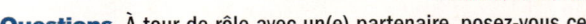
se retrouver, s'écrire, s'entendre mieux, se parler

Questions À tour de rôle avec un(e) partenaire, posez-vous ces questions. *Answers will vary.*

1. Tes amis et toi, vous envoyez-vous des SMS par téléphone?
2. Penses-tu que les gens s'entendent mieux grâce à (*thanks to*) la technologie? Pourquoi?
3. Quels réseaux sociaux utilises-tu pour communiquer avec tes amis? Pourquoi les utilises-tu?
4. Quels types de technologie utilisaient tes grands-parents pour communiquer avec leurs amis? Pourquoi les utilisaient-ils?
5. Quelles applications de ton portable utilises-tu le plus souvent?

quarante et un 41

Structures   Leçon 1A

1A.2 Mise en pratique

1 L'amour réciproque Imaginez que vous écrivez une brève version de l'histoire d'amour entre Napoléon 1ᵉʳ et Joséphine de Beauharnais. Employez des verbes réciproques pour raconter leur histoire.

MODÈLE
Napoléon aime Joséphine. Joséphine aime Napoléon.
Napoléon et Joséphine s'aiment.

1. Joséphine rencontre Napoléon. Napoléon rencontre Joséphine. *Joséphine et Napoléon se rencontrent.*
2. Elle le regarde amoureusement. Il la regarde amoureusement. *Ils se regardent amoureusement.*
3. Joséphine écrit des lettres d'amour à Napoléon. Napoléon écrit des lettres d'amour à Joséphine. *Joséphine et Napoléon s'écrivent des lettres d'amour.*
4. Et puis, un jour, elle l'embrasse. Et puis, un jour, il l'embrasse. *Et puis, un jour, ils s'embrassent.*
5. Elle lui dit tous ses secrets. Il lui dit tous ses secrets. *Ils se disent tous leurs secrets.*
6. Finalement, Joséphine quitte Napoléon. Finalement, Napoléon quitte Joséphine. *Finalement, Joséphine et Napoléon se quittent.*

2 Souvenirs Les élèves de votre classe se retrouvent dix ans après la fin des études. Employez l'imparfait pour parler de vos souvenirs. *Answers will vary.*

MODÈLE Marie et moi / s'aider souvent
Marie et moi, nous nous aidions souvent.

1. Marc et toi / se regarder en cours *Marc et toi, vous vous regardiez en cours.*
2. Anne et Mouna / se téléphoner tout le temps *Anne et Mouna se téléphonaient tout le temps.*
3. François et moi / s'écrire deux fois par semaine *François et moi, nous nous écrivions deux fois par semaine.*
4. Paul et toi / s'entendre bien *Paul et toi, vous vous entendiez bien.*
5. Luc et Sylvie / s'adorer *Luc et Sylvie s'adoraient.*
6. Patrick et moi / se retrouver après les cours *Patrick et moi, nous nous retrouvions après les cours.*
7. Alisha et Malik / ne pas se connaître bien *Alisha et Malik ne se connaissaient pas bien.*
8. Agnès et moi / se parler à la cantine *Agnès et moi, nous nous parlions à la cantine.*
9. Félix et toi / se donner parfois des cadeaux *Félix et toi, vous vous donniez parfois des cadeaux.*

3 Une rencontre Regardez les illustrations. Qu'est-ce que ces personnages ont fait? *Answers will vary.*

▶ **MODÈLE**
Ils se sont rencontrés.
ils

1. Arnaud et moi
Arnaud et moi, nous nous sommes embrassés.

2. vous
Vous vous êtes quittés.

3. elles
Elles se sont téléphoné.

4. nous
Nous nous sommes écrit.

42 *quarante-deux*

Connections

Napoléon et Joséphine: Napoléon 1ᵉʳ et sa première femme, Joséphine de Beauharnais, se rencontrent à la fin de 1795. Pour Napoléon, c'est le coup de foudre (*love at first sight*) et ils se marient quelques mois plus tard, le 9 mars 1796. Le château de Malmaison, acquis par Joséphine en 1799, est transformé pour devenir la résidence du couple. En 1809, ne pouvant avoir un héritier (*heir*), Napoléon et Joséphine divorcent. Après leur divorce, Joséphine conserve son titre d'impératrice et garde à sa disposition ce beau château. Aujourd'hui, on peut visiter le château, transformé en musée, et son parc qui se trouvent à Rueil-Malmaison, à 15 kilomètres de Paris.

• Avez-vous déjà visité la résidence d'un personnage important ou le siège de votre gouvernement local (maison du gouverneur, congrès, la Maison Blanche, etc.)? Qu'est-ce qui vous a le plus impressionné(e)?

La technologie — Unité 1

Communication

4 Curieux Pensez à deux amis qui sont amoureux. Votre partenaire va vous poser beaucoup de questions pour tout savoir sur leur relation. Répondez-lui. *Answers will vary.*

MODÈLE

Élève 1: Est-ce qu'ils se regardent tout le temps?
Élève 2: Non, ils ne se regardent pas tout le temps, mais ils n'arrêtent pas de se téléphoner!

s'adorer	se retrouver	régulièrement
s'aimer	se téléphoner	souvent
s'écrire	bien	tout le temps
s'embrasser	mal	tous les jours
s'entendre	quelquefois	?

5 Un rendez-vous Avec un(e) partenaire, posez-vous des questions sur la dernière fois que vous avez eu rendez-vous avec quelqu'un. *Answers will vary.*

MODÈLE

à quelle heure / se donner rendez-vous
Élève 1: À quelle heure vous êtes-vous donné rendez-vous?
Élève 2: Nous nous sommes donné rendez-vous à sept heures.

1. où / se retrouver
2. se parler / longtemps
3. s'entendre / bien
4. à quelle heure / se quitter
5. se téléphoner / plus tard
6. s'envoyer des SMS / pour dire merci

6 On se quitte Julie a reçu (*received*) cette note de son petit ami Sébastien. Elle ne comprend pas du tout, mais elle doit lui répondre. Avec un(e) partenaire, employez des verbes réciproques pour écrire la réponse. *Answers will vary.*

> Chère Julie,
>
> Nous devons nous quitter. Pourquoi sommes-nous encore ensemble? Nous ne nous aimons pas. Nous nous disputons tout le temps et nous ne nous parlons pas souvent. Soyons réalistes. Je te quitte et j'espère que tu comprends.
>
> Sébastien

I CAN describe reciprocal actions in a variety of contexts.

quarante-trois **43**

---

4 Expansion Have pairs use the reciprocal verbs from the activity to create a short story about two friends falling in love. Encourage them to use the **passé composé**, the **imparfait**, and the present tense. If students are familiar with Shakespeare's play *Roméo et Juliette*, you could have them tell the story of the couple's first meeting using reciprocal verbs. **Ils se sont rencontrés au bal masqué. Ils se sont regardés...**

• **Virtual Chat** You can also assign Activity 4 on vhlcentral.com. Students record individual responses that appear in your gradebook.

5 Expansion After completing the activity, have students imagine they overheard the conversation about the date. Have pairs retell the facts of the conversation using the **passé composé** and the third person.

SEL Suggestions

You may want to encourage students to invent the responses to this activity if they are uncomfortable talking about dating and their personal lives, especially since younger students may have never been on a date.

6 Suggestion Before assigning the activity, have volunteers identify the infinitive forms of each verb. You might also have pairs act this out as a phone conversation where one person wants to break up with the other.

Activity Pack For additional activities, go to the **Activity Pack** in the **Resources** section of vhlcentral.com.

EXTRA PRACTICE

Individual Ask students the following questions about the letter in Activity 5: **1.** Qui se quittent? **2.** Pourquoi ils se quittent? **3.** Pensez-vous que ces raisons sont justifiées? Pourquoi? **4.** Doivent-ils rester ensemble? **5.** Pour quelles raisons doit-on quitter quelqu'un?

Groups Have students list the behaviors that help make a relationship work and the behaviors that harm a relationship. Tell them to use as many reciprocal verbs as they can. Then have groups report to the class. Take a poll on which three behaviors are the most important to insure a successful relationship and which three are the most harmful.

Synthèse — Leçon 1A

Révision

1 À deux Que peuvent faire deux personnes avec ces objets et moyens de communication? Avec un(e) partenaire, répondez à tour de rôle et employez des verbes réciproques. Answers will vary.

MODÈLE un portable
Avec un portable, deux personnes peuvent se téléphoner.

- un réseau social
- un smartphone
- du papier et un stylo
- une tablette
- un ordinateur

2 La communication Votre professeur va vous donner une feuille d'activités. Circulez dans la classe pour interviewer vos camarades. Comment communiquent-ils avec leurs familles et leurs amis? Pour chaque question, parlez avec des camarades différents qui doivent justifier leurs réponses. Answers will vary.

MODÈLE
Élève 1: Tes amis et toi, vous écrivez-vous plus de cinq textos par jour?
Élève 2: Oui, parfois nous nous écrivons dix textos.
Élève 1: Pourquoi vous écrivez-vous tellement souvent?

Activités	Oui	Non
1. s'écrire plus de cinq textos par jour	Théo	Corinne
2. s'envoyer des lettres par la poste		
3. se téléphoner le week-end		
4. se parler dans les couloirs		
5. se retrouver au parc		
6. se donner rendez-vous		
7. se retrouver sur les réseaux sociaux		
8. bien s'entendre		

3 Dimanche au parc Ces personnes sont allées au parc dimanche dernier. Avec un(e) partenaire, décrivez à tour de rôle leurs activités. Employez des verbes réciproques. Answers will vary.

4 Leur rencontre Comment ces couples se sont-ils rencontrés? Par groupes de trois, inventez une histoire courte pour chaque couple. Utilisez les verbes donnés (*given*) et des verbes réciproques. Answers will vary.

1. venir de

3. continuer à

2. commencer à

4. rêver de

5 Les bonnes relations Parlez avec deux camarades. Que faut-il faire pour maintenir de bonnes relations avec ses amis ou sa famille? À tour de rôle, utilisez les verbes de la liste pour donner des conseils (*advice*). Answers will vary.

MODÈLE
Élève 1: Dans une bonne relation, deux personnes peuvent tout se dire.
Élève 2: Oui, et elles doivent apprendre à se connaître.

s'adorer	se connaître	hésiter à
s'aider	se dire	oublier de
apprendre à	s'embrasser	pouvoir
arrêter de	espérer	refuser de
commencer à	éviter de	savoir

6 Rencontre sur Internet Votre professeur va vous donner, à vous et à votre partenaire, une feuille d'illustrations sur la rencontre d'Amandine et de Christophe. Attention! Ne regardez pas la feuille de votre partenaire. Answers will vary.

Communicative Goal Understand and reflect on attitudes around innovation, technology, and science | **La technologie** | **Unité 1**

vhlcentral | ▶ Le Zapping

AP® Theme: Science and Technology
Context: The New Media

Sénégal: Un génie de 15 ans, passionné de robotique

Ma passion, c'est la robotique.

1 Préparation Répondez aux questions.

1. Que savez-vous du Sénégal? Dans quelle région d'Afrique se trouve ce pays?
2. Qu'est-ce que la robotique?

La technologie au Sénégal

Depuis l'an 2000, le Sénégal investit dans l'économie et l'éducation pour devenir un hub technologique en Afrique. Plus de 60% des Sénégalais ont accès à Internet et leur nombre est en expansion. Le pays est aussi le leader des technologies de l'information et de la communication en Afrique de l'Ouest francophone. Les Sénégalais innovent aussi dans le domaine de la robotique. C'est à Dakar que la Pan-African Robotics Competition est née en 2016. Cette compétition internationale sur la robotique est ouverte à tous les lycéens et lycéennes d'Afrique.

2 Compréhension Choisissez la bonne réponse. *(Interpretive Communication)*

1. Où est le laboratoire de Cheikh?
   a. dans sa chambre ✓
   b. à l'école
2. Pourquoi est-ce qu'il est allé sur Internet, à l'origine?
   a. pour apprendre à réparer un téléphone ✓
   b. pour éviter de faire ses devoirs
3. Qu'a-t-il fait ensuite?
   a. Il a commencé un cours d'informatique au lycée.
   b. Il a travaillé sur plusieurs projets de robotique. ✓

3 Conversation Discutez de la vidéo avec un(e) partenaire. *Answers will vary.*

1. Qu'est-ce qui est le plus surprenant au sujet de Cheikh, d'après vous?
2. Quelles sont les qualités (*character traits*) des gens autodidactes, d'après la vidéo?
3. Que pensez-vous des stratégies que Cheikh utilise pour apprendre la robotique et l'électronique?

(Interpersonal Communication)

Vocabulaire utile

à mains nues	with bare hands
autodidacte	self-taught
un concours	contest
se débrouiller	to manage
un génie	genius
un(e) inventeur/inventrice	inventor

4 Réflexion Répondez aux questions. *(Making Connections)*

1. Est-il facile ou difficile de vivre sans connaissances (*knowledge*) technologiques aujourd'hui?
2. Avez-vous déjà essayé de réparer quelque chose vous-même? Quel en a été le résultat?

5 Application En groupes de trois, réfléchissez aux programmes et équipements qui existent déjà dans votre école en sciences et technologies. Puis, trouvez des solutions pour les améliorer (*improve*). *(School & Global Communities)*

✓ **I CAN** identify and reflect on attitudes toward innovation, technology, and science after watching and discussing an authentic video on these topics.

quarante-cinq **45**

Section Goals

In this section, students will learn and practice vocabulary related to:
- cars and driving
- car maintenance and repair

Teaching Tips

- Use the digital image for this page. Point out objects and describe what the people are doing. Examples: **Ces personnes sont dans une station-service. C'est une voiture. Elle a un pneu crevé. Elle fait le plein d'essence.**
- Follow up with simple questions based on your narrative. Examples: **C'est un volant? Qu'est-ce que c'est? Où sont les deux personnes sur la première image? Qui fait le plein d'essence? Qui donne une contravention? Qui regarde le pneu crevé?**
- Ask students questions about cars and driving using the new vocabulary. Examples: **Attachez-vous votre ceinture de sécurité quand vous êtes en voiture? Quand vous allez à la station-service, qui fait le plein? Combien coûte un gallon d'essence?**
- Explain that **dépasser** has two meanings: **dépasser la limitation de vitesse** means *to go over the speed limit* and **dépasser une voiture/un camion** means *to pass a car/truck.*

Contextes

Leçon 1B

Communicative Goal Discuss driving, vehicle maintenance, traffic, and rules of the road

En voiture!

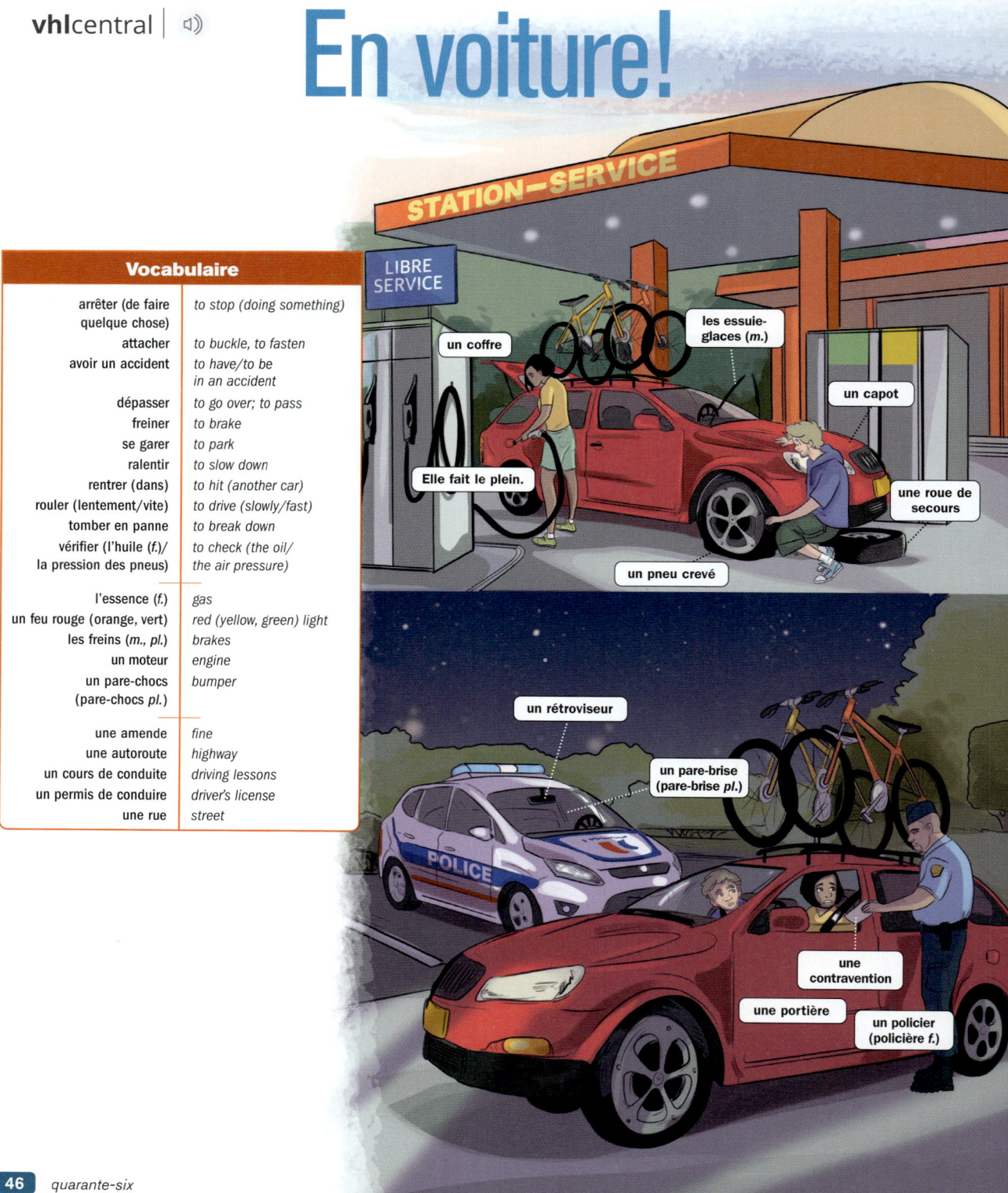

Vocabulaire

arrêter (de faire quelque chose)	to stop (doing something)
attacher	to buckle, to fasten
avoir un accident	to have/to be in an accident
dépasser	to go over; to pass
freiner	to brake
se garer	to park
ralentir	to slow down
rentrer (dans)	to hit (another car)
rouler (lentement/vite)	to drive (slowly/fast)
tomber en panne	to break down
vérifier (l'huile (f.)/ la pression des pneus)	to check (the oil/ the air pressure)
l'essence (f.)	gas
un feu rouge (orange, vert)	red (yellow, green) light
les freins (m., pl.)	brakes
un moteur	engine
un pare-chocs (pare-chocs pl.)	bumper
une amende	fine
une autoroute	highway
un cours de conduite	driving lessons
un permis de conduire	driver's license
une rue	street

46 *quarante-six*

GAME

10 questions Ask a volunteer to think of a car part from the new vocabulary. Other students get to ask one yes/no question, then they can guess what the word is. Limit attempts to ten questions per word. You might want to tell students that they can narrow down the options by asking questions about where the part is on the car and what it does.

DIFFERENTIATION

Visual Learners Distribute images of cars to groups of three students. Detailed photos of car interiors and exteriors are available online or from car dealerships. List parts of the car on the board, such as **un volant, un pneu, un coffre,** and **un rétroviseur.** Tell students to label the parts on the images. Alternatively, ask a student who can draw to sketch a car (inside and out) on the board and have students label its parts.

La technologie — Unité 1

Mise en pratique

1 Écoutez Madeleine a eu une mauvaise journée. Écoutez son histoire. Ensuite, indiquez si les phrases suivantes sont **vraies** ou **fausses**.

Interpretive Communication

	Vrai	Faux
Madeleine...		
1. a oublié son permis de conduire.	☐	☑
2. a dépassé la limitation de vitesse.	☑	☐
3. a fait le plein avant d'aller au lycée.	☐	☑
4. a attaché sa ceinture de sécurité.	☑	☐
5. s'est garée au lycée.	☑	☐
6. roulait lentement quand un policier l'a arrêtée.	☐	☑
Sa voiture...		
7. a redémarré.	☐	☑
8. avait un pneu crevé.	☐	☑
9. n'avait pas d'essence.	☑	☐
10. était en panne.	☑	☐

2 Les correspondances Reliez (*Link*) les éléments des deux colonnes.

Interpretive Communication

_b_ 1. dépasser   a. les freins
_d_ 2. tomber en panne   b. la limitation de vitesse
_a_ 3. freiner   c. la ceinture de sécurité
_e_ 4. faire le plein   d. une voiture
_g_ 5. réparer une voiture   e. l'essence
_f_ 6. se garer   f. un parking
_c_ 7. attacher   g. un mécanicien
_h_ 8. vérifier la pression   h. les pneus

3 Complétez Complétez les phrases avec le bon mot de vocabulaire.

Interpretive Communication

1. Il faut __ouvrir__ le capot de la voiture pour vérifier l'huile.
2. Quand on n'a plus d'__essence__, il faut faire le plein.
3. Le __permis de conduire__ est un document officiel qui vous autorise à conduire.
4. On utilise les __phares__ pour voir (*see*) quand on conduit la nuit.
5. On utilise les __essuie-glaces__ pour voir à travers (*through*) le pare-brise quand il pleut.
6. Dans une voiture autonome, il n'y a personne derrière le __volant__.
7. Vous utilisez le __rétroviseur__ pour voir la circulation derrière vous.
8. On peut ranger ses valises dans le __coffre__ de la voiture.
9. On utilise les __freins__ quand on veut ralentir.
10. Quand il y a beaucoup de voitures sur la route, il y a de la __circulation__.

quarante-sept **47**

PROFICIENCY

Cultures The letter preceding the highway number indicates what type of road it is. For example, the **A-8** is **une autoroute**. **Une autoroute à péage** is a *toll road*. The **N-7** is **une route nationale**, a smaller highway. The **D-15** is **une route départementale**, an even smaller road. Have students explore a road map of France and make a list of the **autoroutes** and **routes nationales** based on their names on the **map**.

EXTRA PRACTICE

Whole class Propose various situations to your students and then ask: **De quoi avez-vous besoin?** Examples: **1. Vous n'avez plus d'essence.** (une station-service) **2. Vous avez un pneu crevé.** (une roue de secours) **3. Vous avez 18 ans et vous ne savez pas conduire.** (des cours de conduite) **4. Vous conduisez et il commence à pleuvoir.** (les essuie-glaces)

---

1 Script Hier, j'ai eu une journée terrible! J'avais un examen de maths à 8h00 du matin et je me suis levée en retard. J'étais très pressée, donc je conduisais très vite, quand tout à coup j'ai entendu une sirène. Quand j'ai regardé dans le rétroviseur, c'était un policier. Heureusement, j'avais mon permis de conduire avec moi et j'avais ma ceinture de sécurité attachée, mais comme je roulais plus vite que la vitesse autorisée, j'ai dû payer une amende. Finalement, je suis arrivée au lycée et j'ai trouvé une place pour me garer sans problème. J'ai passé mon examen de maths et j'ai terminé ma journée. Quand je suis retournée à ma voiture pour partir, elle n'a pas démarré. Un mécanicien est venu, il a vérifié la voiture et il m'a dit qu'elle ne démarrait pas parce qu'elle n'avait plus d'essence.

- **Suggestions**
- Play the recording again, stopping at the end of each sentence that contains an answer so students can check their work.
- Tell students that in France, the legal driving age for a regular permit is 18. In order to get a license, students take classes at an **auto-école**. Drivers must know **le code de la route** (*the driving code*) and understand how a car works. Since the lessons are very expensive, it is not unusual for young people to receive them as a gift for their eighteenth birthday. Ask: **Vous avez votre permis de conduire? À quel âge peut-on l'obtenir? Vous vous êtes inscrit(e) à un cours de conduite?**

2 Suggestion You might give students pieces of paper with the words from both lists on them. Students read their word aloud and whoever has a matching word pronounces it and joins the student with a match.

3 Suggestion Have students work in pairs on this activity. Then go over the answers with the class.

Contextes Leçon 1B

Communication

4 Conversez Interviewez un(e) camarade de classe.

1. Quelle sorte de voiture ont tes parents?
2. À quel âge ta mère a-t-elle obtenu (*obtained*) son permis de conduire? Et ton père?
3. Sais-tu comment changer un pneu crevé? En as-tu déjà changé un?
4. Ta voiture est-elle tombée en panne récemment? Qui l'a réparée?
5. Tes parents respectent-ils la limitation de vitesse sur l'autoroute? Et d'autres membres de la famille?
6. Combien de fois par mois font-ils le plein (d'essence)? Combien paient-ils à chaque fois?

Interpersonal Communication

5 Sept différences Votre professeur va vous donner, à vous et à votre partenaire, deux feuilles d'activités différentes. À tour de rôle, posez-vous des questions pour trouver les sept différences entre vos dessins. Attention! Ne regardez pas la feuille de votre partenaire. Answers will vary.

MODÈLE

Élève 1: *Ma voiture est blanche. De quelle couleur est ta voiture?*
Élève 2: *Oh! Ma voiture est noire.*

Interpersonal Communication

6 Une leçon de conduite

A. Imaginez que vous êtes un(e) moniteur/monitrice d'auto-école qui donne une leçon de conduite à un(e) jeune conducteur/conductrice. Qu'est-ce que vous lui dites? Faites une liste de six à huit instructions. Answers will vary.

MODÈLE

Fermez votre portable avant de démarrer!

B. Maintenant, circulez en classe et posez des questions à vos camarades pour voir s'ils/si elles suivent toujours ces instructions quand ils/elles conduisent. S'ils/Si elles disent oui, notez leur nom à côté de l'instruction. Qui est le/la meilleur(e) conducteur/conductrice de la classe?

MODÈLE

Est-ce que tu fermes toujours ton portable avant de démarrer?

Interpersonal Communication

7 Écriture Écrivez un paragraphe à propos d'un (*about an*) accident de la route. Suivez les instructions. Answers will vary.

- Parlez d'un accident (voiture, moto [*f.*], vélo) que vous avez eu récemment. Si vous n'avez jamais eu d'accident, inventez-en un.
- Décrivez ce qui (*what*) s'est passé avant, pendant et après.
- Donnez des détails.
- Comparez votre paragraphe à celui (*that*) d'un(e) camarade de classe.

Presentational Communication

I CAN talk about driving, vehicle maintenance, and traffic.

48 *quarante-huit*

Communicative Goal Understand how the position of the letter **x** within words influences how it sounds

La technologie — **Unité 1**

Les sons et les lettres

vhlcentral

The letter x

The letter **x** in French is sometimes pronounced *-ks*, like the *x* in the English word *axe*.

ta**x**i   e**x**pliquer   me**x**icain   te**x**te

Unlike English, some French words begin with a *gz-* sound.

xylophone   **x**énon   **x**énophile   **X**avière

The letters **ex-** followed by a vowel are often pronounced like the English word *eggs*.

e**x**emple   e**x**amen   e**x**il   e**x**act

Sometimes an **x** is pronounced *s*, as in the following numbers.

soi**x**ante   si**x**   di**x**

An **x** is pronounced *z* in a liaison. Otherwise, an **x** at the end of a word is usually silent.

deu**x** enfants   si**x** éléphants   mieu**x̸**   curieu**x̸**

1 **Prononcez** Répétez les mots suivants à voix haute.

1. fax
2. eux
3. dix
4. prix
5. jeux
6. index
7. excuser
8. exercice
9. orageux
10. expression
11. contexte
12. sérieux

2 **Articulez** Répétez les phrases suivantes à voix haute.

1. Les amoureux sont devenus époux.
2. Soixante-dix euros! La note (*bill*) du taxi est exorbitante!
3. Alexandre est nerveux parce qu'il a deux examens.
4. Xavier explore le vieux quartier d'Aix-en-Provence.
5. Le professeur explique l'exercice aux étudiants exceptionnels.

3 **Dictons** Répétez les dictons à voix haute. *Cultural Comparisons*

Les beaux esprits se rencontrent.[1]

Les belles plumes font les beaux oiseaux.[2]

[1] Great minds think alike.
[2] Beautiful feathers make beautiful birds.

✓ I CAN apply pronunciation rules in order to communicate clearly in a variety of situations.

quarante-neuf **49**

Section Goals

In this section, students will learn about the letter **x**.

Teaching Tips
- Model the pronunciation of the example words and have students repeat after you.
- Have students practice saying words that contain the letter **x** in various positions. Examples: Middle: **excellent, expliquer, expérience,** and **extérieur**. End: **yeux, heureux, époux, cheveux, jeux,** and **mieux**.
- Ask students to provide more examples of words with the letter **x**.
- Dictate five simple sentences with words that have the letter **x**, repeating each one at least two times. Then write the sentences on the board or display them digitally and have students check their spelling.

3 Suggestion The saying «**Les belles plumes font les beaux oiseaux**» is a quote from the French poet Bonaventure Des Périers (1500–1544).

EXTRA PRACTICE

Pronunciation For additional practice with the letter **x**, have students write sentences on individual index cards using the words below. Then collect the cards and distribute some of them (at least one for each word) for students to read aloud.
1. excuser 2. deux 3. époux 4. cheveux 5. malheureux 6. roux 7. vieux 8. ennuyeux 9. explorer 10. généreux

GAME

Tongue Twisters Teach students these French tongue twisters that contain the letter **x**. 1. Le fisc fixe exprès chaque taxe fixe excessive exclusivement au luxe et à l'acquis. 2. Un taxi attaque six taxis. 3. Je veux et j'exige d'exquises excuses. Ask volunteers to say them as fast as they can without making a mistake.

Roman-photo | Leçon 1B

Communicative Goal: Understand short conversations about car trouble

La panne

PERSONNAGES

Amina

Garagiste

Rachid

Sandrine

Valérie

À la station-service...
GARAGISTE Elle est belle, votre voiture! Elle est de quelle année?
RACHID Elle est de 2005.
GARAGISTE Je vérifie l'huile ou la pression des pneus?
RACHID Non, merci ça va. Je suis un peu pressé en fait. Au revoir.

Au P'tit Bistrot...
SANDRINE Ton Cyberhomme, c'est Rachid! Quelle coïncidence!
AMINA C'est incroyable, non? Je savais qu'il habitait à Aix, mais...
VALÉRIE Une vraie petite histoire d'amour, comme dans les films!
SANDRINE C'est exactement ce que je me disais!

AMINA Rachid arrive dans quelques minutes. Est-ce que cette couleur va avec ma jupe?
SANDRINE Vous l'avez entendue? Elle doit être amoureuse.
AMINA Arrête de dire des bêtises.

RACHID Oh non!!
AMINA Qu'est-ce qu'il y a? Un problème?
RACHID Je ne sais pas, j'ai un voyant qui s'est allumé.
AMINA Allons à une station-service.
RACHID Oui... c'est une bonne idée.

De retour à la station-service...
GARAGISTE Ah! Vous êtes de retour. Mais que se passe-t-il? Je peux vous aider?
RACHID J'espère. Il y a quelque chose qui ne va pas, peut-être avec le moteur, regardez, ce voyant est allumé.
GARAGISTE Ah, ça? C'est l'huile. Je m'en occupe tout de suite.

GARAGISTE Vous pouvez redémarrer? Et voilà.
RACHID Parfait. Au revoir. Bonne journée.
GARAGISTE Bonne route!

ACTIVITÉS

1 Vrai ou faux? Indiquez si les affirmations suivantes sont vraies ou fausses.
1. Amina savait que Cyberhomme habitait à Aix. *Vrai.*
2. Sandrine trouve l'histoire de Rachid et d'Amina très romantique. *Vrai.*
3. Amina ouvre la portière de la voiture. *Faux.*
4. Le premier problème que Rachid rencontre, c'est une panne d'essence. *Faux.*

2 Qui? Indiquez la personne décrite dans chaque phrase: Rachid, Amina, Sandrine, Valérie ou le garagiste.
1. Cette personne va suivre les conseils (*advice*) du garagiste la prochaine fois. *Rachid*
2. Cette personne sort avec Rachid pour la première fois. *Amina*
3. Cette personne est très heureuse pour Amina et Rachid. *Sandrine*
4. Cette personne vérifie l'huile dans la voiture. *le garagiste*
5. Cette personne compare l'histoire de Rachid et d'Amina à une histoire d'amour dans un film. *Valérie*

PRE-VIEWING

La panne Tell students to read the title and look at the video stills. Then have them predict what might happen in this episode. Write their predictions on the board. After viewing the episode, have them confirm or correct their predictions.

VIEWING

Regarder la vidéo Print out the videoscript found on vhlcentral.com. Then white out words related to cars and other key vocabulary in order to create a master for a cloze activity. Distribute photocopies and tell students to fill in the missing information as they watch the video episode.

Section Goals

In this section, students will learn functional phrases for talking about dating and cars.

Video Recap: Leçon 1A
Before doing this **Roman-photo**, review the previous one with this true/false activity.
1. Rachid n'arrive pas à travailler à cause de David. (Vrai.) 2. David ne finit pas sa dissertation. (Faux.) 3. Amina n'a pas l'intention de rencontrer Cyberhomme. (Vrai.) 4. Amina retrouve la dissertation de David. (Vrai.) 5. David est Cyberhomme. (Faux.)

Video Synopsis
Rachid goes to the service station to get some gas. Amina is waiting at **Le P'tit Bistrot** for him to pick her up for a date. Rachid brings her flowers and is very attentive. In the car, Rachid notices that an indicator light is on, so he returns to the service station. The car just needs some oil. After fixing the problem, they take off again, but they don't get very far because they have a flat tire.

Suggestions
- Have students predict what the episode will be about based on the video stills and captions.
- Tell students to scan the captions and find vocabulary related to cars and driving.
- After reading the **Roman-photo**, review students' predictions and have them summarize the episode.

❶ Suggestion After students complete the activity, review their answers and clarify as needed.

❷ Expansion Have students create three more items using lines from the **Roman-photo** conversation. Collect their papers, write some of the items on the board, and ask volunteers to identify the speakers.

La technologie — Unité 1

Amina a rendez-vous avec Rachid pour la première fois.

SANDRINE Oh, regarde, il lui offre des fleurs.
RACHID Bonjour, Amina. Tiens, c'est pour toi.
AMINA Bonjour, Rachid. Oh, merci, c'est très gentil.
RACHID Tu es très belle aujourd'hui.
AMINA Merci.

RACHID Attends, laisse-moi t'ouvrir la portière.
AMINA Merci.
RACHID N'oublie pas d'attacher ta ceinture.
AMINA Oui, bien sûr.

Expressions utiles

Talking about dating
- **Il lui offre des fleurs.**
  He's offering/giving her flowers.
- **Attends, laisse-moi t'ouvrir la portière.**
  Wait, let me open the (car) door for you.

Talking about cars
- **N'oublie pas d'attacher ta ceinture.**
  Don't forget to fasten your seatbelt.
- **J'ai un voyant qui s'est allumé.**
  A warning light came on.
- **Il y a quelque chose qui ne va pas.**
  There's something wrong.

Additional vocabulary
- **incroyable**
  incredible

AMINA Heureusement, ce n'était pas bien grave. À quelle heure est notre réservation?
RACHID Oh! C'est pas vrai!

AMINA Qu'est-ce que c'était?
RACHID On a un pneu crevé.
AMINA Oh, non!!

Relating Cultural Practices to Perspectives

3 Réfléchissez Répondez aux questions. *Answers will vary.*
1. Quand vous avez un rendez-vous, comment est-ce que vous y allez? En voiture? En train?
2. Comparez votre dernier rendez-vous à celui de Rachid et d'Amina.
3. Mettez-vous à la place d'Amina ou de Rachid. Comparez votre attitude à la leur (*theirs*).

Presentational Communication

4 Écrivez Qu'est-ce qui se passe pour Amina et Rachid après le deuxième incident? Utilisez votre imagination et écrivez un paragraphe qui raconte ce qu'ils ont fait. Est-ce que quelqu'un d'autre les aide? Amina est-elle fâchée? Y aura-t-il (*Will there be*) un deuxième rendez-vous pour Cyberhomme et Technofemme?

I CAN understand short conversations about car trouble.

cinquante et un 51

Expressions utiles
- Model the pronunciation of the **Expressions utiles** and have students repeat them after you.
- As you work through the list, point out forms of **offrir** and **ouvrir**. Tell students that these verbs will be formally presented in **Structures**.
- Respond briefly to questions about verbs like **offrir** and **ouvrir**. Reinforce correct forms, but do not expect students to produce them consistently at this time.
- Tell students that **un mécanicien** is a *car mechanic* and **un garagiste** is a *garage owner*. However, in daily language, these terms tend to be used as synonyms.
- Explain the different words for *light*: **un voyant (lumineux)** is a *warning light* on a dashboard, **les phares** are *headlights*, and the generic term for *light* is **la lumière**.
- Point out that **une portière** is a *car door*; a door in a room or a house is **une porte**. Similarly, a *car window* is **une vitre**, not **une fenêtre**.

3 Suggestion Have students answer the questions on their own then share their thoughts with the class.

4 Expansion Have students exchange papers for peer editing. Then ask volunteers to read their paragraphs aloud.

POST-VIEWING

Après la vidéo Assign students a character (**Rachid, Amina,** or **le mécanicien**) and have them prepare a brief summary of the day's events from that character's point of view without saying the person's name. Ask volunteers to read their summaries to the class. Then have the class guess which character would have given each summary.

PROFICIENCY

Comparisons: Cultural Have small groups research driving schools in France or in another francophone country. Ask them to find out the minimum age for enrollment, at what age one can obtain his/her license, the length of the course, the curriculum, and the cost. Have groups compare driving schools in their community to those of the country they chose and share their findings with the class.

Culture

Leçon 1B

Communicative Goal Identify and reflect on cultural products and practices related to vehicles and driving

AP® Theme: Global Challenges
Context: Economic Issues

CULTURE À LA LOUPE

Les voitures

En général, les voitures en France sont beaucoup plus petites que les voitures qu'on trouve aux États-Unis. Les voitures minuscules ont beaucoup de succès en France, surtout dans les villes. La Clio, du constructeur automobile français Renault, est la voiture «citadine°» française la plus vendue en France. Dans l'ensemble°, les Français utilisent moins leurs voitures que les Américains. Il n'est pas rare qu'un couple ou une famille possède une seule voiture. Dans les grandes villes, beaucoup de gens se déplacent° à pied ou utilisent les transports en commun°. Dans les villages ou à la campagne, les gens utilisent un peu plus fréquemment leurs voitures. Pour de longs voyages, les Français ont tendance, plus que les Américains, à laisser leurs voitures chez eux et à prendre le train ou l'avion.

Il y a plusieurs raisons qui expliquent ces différences. D'abord, l'essence est plus chère en France qu'aux États-Unis. Il vaut donc mieux avoir une petite voiture économique qui ne consomme pas beaucoup d'essence, ou prendre les transports en commun quand c'est possible. En plus, les rues des villes françaises sont beaucoup moins larges. Au centre-ville, beaucoup de rues sont piétonnes° et d'autres sont si petites qu'il est parfois difficile de passer, même pour une petite voiture. Les rues en dehors° des villes sont souvent plus larges.

Il y a aussi de gros problèmes de parking dans la majorité des villes françaises. Il y a peu de places de parking et elles sont en général assez petites. Il est donc nécessaire de faire un créneau° pour se garer et plus la voiture est petite, plus° on a de chance de le réussir.

citadine urban **Dans l'ensemble** By and large **se déplacent** get around **transports en commun** public transportation **piétonnes** reserved for pedestrians **en dehors** outside **faire un créneau** parallel park **plus..., plus...** the more..., the more...

Les voitures les plus populaires en France par nombre d'immatriculations°

Peugeot 208 II	19.114
Renault Clio V	13.000
Citroën C3 III	10.885
Peugeot 3008 II	10.195
Peugeot 2008 II	9.344

immatriculations registrations   SOURCE: Auto Moto

ACTIVITÉS

Interpretive Communication

1 Complétez Complétez chaque phrase, d'après le texte.

1. Les voitures en France sont __petites__ en général.
2. La Clio, du constructeur automobile français __Renault__, est la voiture «citadine» la plus vendue en France.
3. Beaucoup de Français prennent le train ou l'avion pour __faire de longs voyages__.
4. Pour les Français, il vaut mieux avoir une petite voiture économique parce que __l'essence__ coûte cher en France.

Cultural Comparisons **Acquiring Information & Diverse Perspectives**

2 Réfléchissez Répondez aux questions. *Answers will vary.*

1. Comment vous déplacez-vous, en général? Utilisez-vous les transports en commun? Expliquez.
2. Y a-t-il beaucoup de places de parking dans votre ville? Savez-vous faire un créneau?
3. À votre avis, pourquoi les voitures américaines sont-elles assez grandes, comparées aux voitures européennes?
4. Quels facteurs influencent les tendances en France en ce qui concerne les voitures? Contrastez la situation des Français à la vôtre.

52 cinquante-deux

La technologie — Unité 1

PORTRAIT

AP® Theme: Science and Technology
Context: Discoveries and Inventions

Le constructeur automobile Citroën

La marque° Citroën est une marque de voitures française créée° en 1919 par **André Citroën**, ingénieur et industriel français. La marque est réputée pour son utilisation de technologies d'avant-garde et pour ses innovations dans le domaine de l'automobile. Le premier véhicule construit par Citroën, la voiture type A, a été la première voiture européenne construite en série°. En 1924, Citroën a utilisé la première carrosserie° d'Europe entièrement faite en acier°. Puis, dans les années 1930, Citroën a inventé la traction avant°. Parmi les modèles de voiture les plus vendus de la marque Citroën, on compte la 2CV, ou «deux chevaux», un modèle bon marché et très apprécié des jeunes dans les années 1970 et 1980. En 1976, Citroën a fusionné° avec un autre grand constructeur automobile français, Peugeot, pour former le groupe PSA Peugeot-Citroën.

marque make **créée** created **construite en série** mass-produced **carrosserie** body **acier** steel **traction avant** front-wheel drive **a fusionné** merged

LE MONDE FRANCOPHONE

Conduire une voiture

Voici quelques informations utiles.

AP® Theme: Science and Technology
Context: Ethical Questions

En France Il n'existe pas de carrefours° avec quatre panneaux° de stop. Il y a beaucoup de ronds-points° à la place.
En France, en Belgique et en Suisse Il est interdit d'utiliser un téléphone portable quand on conduit et on n'a pas le droit de tourner à droite quand le feu est rouge.
À l'île Maurice et aux Seychelles Faites attention! On conduit à gauche.
En Suisse Pour conduire sur l'autoroute, il est nécessaire d'acheter une vignette° et de la mettre sur son pare-brise. On peut l'acheter à la poste ou dans les stations-service et elle est valable° un an.
Dans l'Union européenne Le permis de conduire d'un pays de l'Union européenne est valable dans tous les autres pays de l'Union.

Sur le web
Allez en ligne pour vous renseigner sur la réglementation autour de l'usage du téléphone au volant dans votre région. Quelles en sont les conséquences si vous êtes arrêté(e) par un policier? Y a-t-il une amende à payer? Autre chose? Comparez les lois qui sont en place en France, en Belgique et en Suisse à celles de votre région. Quel pays a les lois les plus strictes? À votre avis, est-ce que ces lois sont nécessaires? Expliquez.

Cultural Comparisons | Relating Cultural Practices to Perspectives | Lifelong Learning

carrefours intersections **panneaux** signs **ronds-points** roundabouts **vignette** registration sticker **valable** valid

3 *Interpretive Communication* **Répondez** Répondez par des phrases complètes. *Answers will vary.*
1. Quelles sont les caractéristiques de la marque Citroën?
   l'utilisation de technologies d'avant-garde et les innovations
2. Quelle est une des innovations de la marque Citroën?
   la construction en série d'une voiture
3. Quel modèle de voiture Citroën a eu beaucoup de succès?
   la 2CV, ou «deux chevaux»
4. Que faut-il avoir pour conduire sur l'autoroute en Suisse?
   une vignette sur le pare-brise
5. Les autres membres de l'UE ont-ils le droit de conduire en France?
   oui

4 *Interpersonal Communication* **À vous...** Quelle est votre voiture préférée? Pourquoi? Avec un(e) partenaire, discutez de ce sujet et soyez prêt(e)s à expliquer vos raisons au reste de la classe.

 I CAN identify and reflect on cultural products and practices related to vehicles and driving by reading informational texts and exploring francophone websites.

cinquante-trois **53**

Portrait
- André Citroën (1878–1935) got the idea of mass producing cars when he visited Henry Ford's new Rouge River plant in Detroit. He was also a master at marketing his cars.
- Have students look at the photo of the car. Ask: **Que pensez-vous de la Citroën sur la photo? Voulez-vous en posséder une? Pourquoi?**

Le monde francophone
Have students compare the information given here with driving rules in the United States. Example: **Aux États-Unis, il y a souvent des carrefours avec quatre panneaux de stop. En France, il n'y en a pas.**

3 Expansion For additional practice, give students these items. 6. Qu'est-ce qu'il est interdit de faire au volant dans les pays francophones d'Europe? (utiliser un portable) 7. Dans quels lieux francophones conduit-on à gauche? (à l'île Maurice et aux Seychelles)

4 Suggestion Have students bring in a photo of their favorite car to use as a visual aid during this activity. Before they begin the activity, write the following types of cars on the board or display them digitally: **un break** (*station wagon*), **une berline** (*sedan*), **un coupé, une décapotable** (*convertible*), **un monospace** (*minivan*), **un pickup**. Use photos to illustrate their meaning. Quiz students by asking: **Qu'est-ce que c'est? C'est un monospace ou un pickup?**

Flash culture
Tell students that they will learn more about cars and driving in a city by watching a variety of real-life images narrated by Csilla. Show the video segment. Use the activities in the *Cahier* in class to reinforce this **Flash culture** or assign them as homework.

21st Century Skills

Information and Media Literacy: Sur le web
Students access and critically evaluate information from the Internet.

PROFICIENCY

Comparisons: Cultural Speed limits are generally higher in France than in the United States. For example, speed limits are 130 km/h (about 80 mph) on **les autoroutes**, 110 km/h (about 70 mph) on **les voies** (*lanes*) **rapides**, 90 km/h (about 55 mph) on **les routes**, and 50 km/h (about 30 mph) in cities and towns. Have students write sentences comparing the French speed limits to those in their community.

Cultures Display images of French road signs (**panneaux de signalisation/signaux routiers**) from the Internet or other reference sources. Then have the class guess what the signs mean.

Culture

Structures

Leçon 1B

Communicative Goal: Express actions based on certain circumstances

1B.1 The verbs *ouvrir* and *offrir*

Point de départ The verbs **ouvrir** (*to open*) and **offrir** (*to offer*) are irregular. Although they end in **-ir**, they use the endings of regular **-er** verbs in the present tense.

Rachid **ouvre** la portière pour Amina.
Rachid opens the door for Amina.

Il lui **offre** des fleurs.
He gives her flowers.

	ouvrir	offrir
j'	ouvre	offre
tu	ouvres	offres
il/elle/on	ouvre	offre
nous	ouvrons	offrons
vous	ouvrez	offrez
ils/elles	ouvrent	offrent

- The verbs **couvrir** (*to cover*), **découvrir** (*to discover*), and **souffrir** (*to suffer*) use the same endings as **ouvrir** and **offrir**.

  Nous **souffrons** quand nous sommes chez le dentiste.
  We suffer when we are at the dentist's.

  Couvrez la tête d'un enfant quand il fait soleil.
  Cover the head of a child when it's sunny.

- The past participles of **ouvrir** and **offrir** are, respectively, **ouvert** and **offert**. Verbs like **ouvrir** and **offrir** follow this pattern.

  Elle a **ouvert** la porte.
  She opened the door.

  Gabriel a **offert** des écouteurs à Alice.
  Gabriel gave Alice some earphones.

  Nous avons **découvert** un bon logiciel.
  We discovered a good software program.

  Elles ont **souffert** d'une allergie.
  They suffered from an allergy.

- Verbs like **ouvrir** and **offrir** are regular in the **imparfait**. They take **-ir** verb endings.

  Nous **souffrions** pendant les moments difficiles.
  We suffered during the bad times.

  Ils nous **offraient** de beaux cadeaux.
  They used to give us nice gifts.

Essayez! Complétez les phrases avec les formes correctes du présent ou du passé composé des verbes.

1. On _découvre_ (découvrir) beaucoup de choses quand on lit.
2. Vous _ouvrez_ (ouvrir) le livre et vous le lisez.
3. Tu _as souffert_ (souffrir) chez le dentiste hier?
4. Elle _offre_ (offrir) des fleurs à ses amis quand elle leur rend visite.
5. Nous _offrons_ (offrir) dix mille dollars pour la voiture. Vous acceptez l'offre?
6. Ils adorent leur voiture. Ils la _couvrent_ (couvrir) tous les soirs pour la protéger.
7. Tu _découvres_ (découvrir) la culture francophone quand tu viens en cours.
8. Ils _ont ouvert_ (ouvrir) les fenêtres parce qu'il faisait chaud.
9. Nous _avons couvert/couvrons_ (couvrir) la table pour la protéger (*protect*).

54 cinquante-quatre

La technologie — Unité 1

Le français vivant

À Noël, offrez le plus beau des cadeaux

Elle ouvre le paquet, et c'est le bonheur!
Quoi de plus beau à offrir?
Parlez-vous à cœur ouvert.

TopTel

Identifiez Avez-vous trouvé des formes des verbes **ouvrir** et **offrir** dans cette publicité (*ad*)? Lesquelles (*Which ones*)? offrez, ouvre, offrir, ouvert

Questions Posez ces questions à un(e) partenaire et répondez à tour de rôle. Answers will vary.

1. Qui offre un cadeau dans la pub? Qui reçoit (*receives*) un cadeau?
2. Quel cadeau offre-t-on?
3. Qui t'offre les plus beaux cadeaux? Quels sont quelques exemples de beaux cadeaux qu'on t'a offerts?
4. À qui offres-tu de beaux cadeaux? Quels sont quelques exemples de beaux cadeaux que tu as offerts?

Structures — Leçon 1B

1B.1 Mise en pratique

1 **Mais non!** Alexandra et sa copine Djamila viennent d'arriver en cours et parlent de leurs camarades. Que se disent-elles?

MODÈLE
Julianne souffre d'un mal de tête. (je)
Je souffre aussi d'un mal de tête.

1. Sylvain ouvre son ordinateur. (Caroline) *Caroline ouvre aussi son ordinateur.*
2. Antoine souffre d'allergies. (le professeur et moi) *Le professeur et moi souffrons aussi d'allergies.*
3. Loïc découvre la réponse en ligne. (nous) *Nous découvrons aussi la réponse en ligne.*
4. Tu offres ta place à Maéva. (Théo) *Théo offre aussi sa place à Maéva.*
5. Je souffre beaucoup avant les examens. (nous) *Nous souffrons aussi beaucoup avant les examens.*
6. Vous ouvrez votre sac à dos. (Luc et Anne) *Luc et Anne ouvrent aussi leur sac à dos.*
7. Odile et Fatou couvrent leurs devoirs. (Lise) *Lise couvre aussi ses devoirs.*
8. Angèle découvre qu'elle adore les maths. (je) *Je découvre aussi que j'adore les maths.*

2 **Je l'ai déjà fait** Maya parle avec sa sœur des choses qu'elle veut faire pour organiser une fête dans leur nouvelle maison. Sophie lui dit qu'elle les a déjà faites.

MODÈLE
Je veux ouvrir les bouteilles.
Je les ai déjà ouvertes.

1. Je veux couvrir les meubles pour les protéger. *Je les ai déjà couverts.*
2. Je veux ouvrir toutes les fenêtres. *Je les ai déjà ouvertes.*
3. Je veux découvrir le centre-ville. *Je l'ai déjà découvert.*
4. Je veux offrir des cadeaux aux voisins. *Je leur en ai déjà offert.*
5. Je veux ouvrir ces fichiers. *Je les ai déjà ouverts.*
6. Je veux couvrir les murs d'affiches. *Je les ai déjà couverts.*
7. Je veux offrir une fleur aux invités. *Je leur en ai déjà offert une.*

3 **Que faisaient-ils?** Qu'est-ce que ces personnages faisaient hier? Employez les verbes de la liste à l'imparfait. *Answers may vary.*

| couvrir | découvrir | offrir | ouvrir | souffrir |

1. Benoît
Benoît ouvrait son livre.

2. tu
Tu souffrais d'une grippe.

3. vous
Vous découvriez de l'argent.

4. ils
Ils offraient un cadeau.

5. Thérèse
Thérèse ouvrait la fenêtre.

6. je
Je souffrais d'une allergie.

La technologie Unité 1

Communication

4 Questions Avec un(e) partenaire, posez-vous ces questions à tour de rôle. Ensuite, présentez les réponses à la classe. Answers will vary.

1. Qu'est-ce que tu as offert à ta mère pour la fête des Mères?
2. En quelle saison souffres-tu le plus des allergies? Pourquoi?
3. Est-ce que tu ouvres la fenêtre de ta chambre quand tu dors? Pourquoi?
4. Qu'est-ce que tes amis t'ont offert pour ton dernier anniversaire?
5. As-tu découvert des sites web intéressants? Quels sites?
6. Qu'est-ce que tu fais quand tu ouvres un logiciel ou une application et que ça ne marche pas? Est-ce que ça t'arrive souvent?

5 Une amende Un agent de police vous arrête parce que vous n'avez pas respecté la limitation de vitesse. Vous inventez beaucoup d'excuses. Avec un(e) partenaire, créez le dialogue et utilisez ce vocabulaire. Answers will vary.

amende	dépasser	ouvrir
avoir	ralentir	permis
un accident	freins	de conduire
circulation	se garer	pneu crevé
coffre	limitation	rentrer dans
couvrir	de vitesse	rue
découvrir	offrir	souffrir

6 Un cadeau électronique Vous avez de l'argent et vous voulez acheter des cadeaux à des membres de votre famille. Dites à un(e) partenaire les choses que vous voulez acheter et pourquoi. Utilisez les verbes de la liste. Answers will vary.

MODÈLE
Je veux acheter un jeu vidéo pour l'offrir à mon neveu.

couvrir	découvrir	offrir
ouvrir	souffrir	

7 En panne! Hier, vous rentriez tard avec votre frère quand votre voiture électrique est tombée en panne sur l'autoroute. Racontez à votre partenaire ce qui s'est passé (*what happened*) avec les mots de la liste. Answers will vary.

capot	crevé	freins	ouvrir	roue
coffre	découvrir	moteur	phares	souffrir
couvrir	brancher	offrir	pneu	station-service

Connections

Les véhicules de demain

Dans la commune de Guyancourt, en Île-de-France, se trouve le Technocentre du groupe Renault, constructeur français de voitures depuis plus de 120 ans. Le centre est situé sur 150 hectares et ressemble à une petite ville. Avec 11.000 employés de 67 nationalités, des simulateurs de conduite (*driving simulators*) et des équipements de pointe (*state-of-the-art*), c'est le cœur du développement des véhicules de demain (voitures électriques, connectées et autonomes) et le premier centre de recherche et de développement automobile en Europe.

- Est-ce que vous seriez prêt(e) à utiliser une voiture autonome? Pourquoi ou pourquoi pas?

AP® Theme: Science and Technology
Context: Future Technologies

cinquante-sept 57

Structures

Leçon 1B

Communicative Goal Hypothesize about the future, make polite requests, and recount past events

1B.2 Le conditionnel

Point de départ The conditional expresses what you *would* do or what *would* happen under certain circumstances.

Dans ce cas, nous ne **conduirions** pas.
In that case, we would not drive.

À ta place, je **réparerais** la voiture.
In your place, I would repair the car.

- The conditional of regular **-er** and **-ir** verbs is formed by using the infinitive as the stem and adding the **imparfait** endings. For **-re** verbs, drop the **-e** before adding the endings.

Conditional of regular verbs			
	parler	**réussir**	**attendre**
je/j'	parlerais	réussirais	attendrais
tu	parlerais	réussirais	attendrais
il/elle/on	parlerait	réussirait	attendrait
nous	parlerions	réussirions	attendrions
vous	parleriez	réussiriez	attendriez
ils/elles	parleraient	réussiraient	attendraient

Spelling-change and irregular verbs

- To form the conditional of most spelling-change **-er** verbs, add **-r** to the present tense **je** form of the verb, and then the **imparfait** endings.

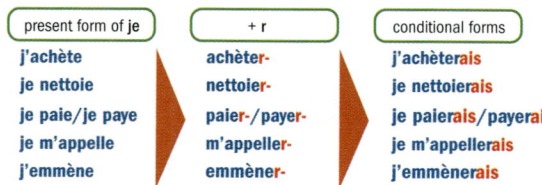

present form of je	+ r	conditional forms
j'achète	achèter-	j'achèterais
je nettoie	nettoier-	je nettoierais
je paie/je paye	paier-/payer-	je paierais/payerais
je m'appelle	m'appeller-	je m'appellerais
j'emmène	emmèner-	j'emmènerais

- Verbs like **manger, voyager,** and **commencer** that have a spelling change in the **nous** form of the present tense do not have a spelling change in the conditional.

Nous **mangerions** bientôt.
We would eat soon.

Nous **commencerions** plus tard.
We would start later.

- For **-er** verbs with an **é** before the infinitive ending, such as **préférer, espérer,** and **protéger,** form the conditional the same way as regular verbs.

Tu **préférerais** aller à une station-service?
Would you prefer to go to a service station?

Nous **protégerions** les enfants de la chaleur.
We would protect the children from the heat.

- The following verbs have irregular stems in the conditional.

aller	ir-	envoyer	enverr-	recevoir	recevr-
apercevoir	apercevr-	être	ser-	savoir	saur-
avoir	aur-	faire	fer-	venir	viendr-
devoir	devr-	pouvoir	pourr-	vouloir	voudr-

J'**irais** chez toi, mais pas aujourd'hui.
I'd go to your house, but not today.

Quand est-ce qu'elle **ferait** le plein?
When would she fill the tank?

- The conditional forms of **il y a**, **il faut**, and **il pleut** are, respectively, **il y aurait**, **il faudrait**, and **il pleuvrait**.

  Il faudrait ouvrir le capot
  de la voiture.
  *We would need to open the hood
  of the car.*

  Il y aurait trop de circulation à
  cette heure-là.
  *There would be too much traffic
  at that time.*

 Vérifiez

Uses of the conditional

- Use the conditional to make a polite request, soften a demand, or express what someone *could* or *should* do.

  Je **voudrais** acheter une
  nouvelle imprimante.
  *I would like to buy a
  new printer.*

  Pourriez-vous nous dire
  où elles sont?
  *Could you tell us where
  they are?*

  Tu **devrais** dormir jusqu'à
  onze heures.
  *You should sleep until
  11 o'clock.*

  Nous **aimerions** vérifier la pression
  des pneus, s'il vous plaît.
  *We would like to check the tire
  pressure, please.*

- Use the conditional, along with a past-tense verb, to express what someone said or thought would happen in the future at a past moment in time.

  Guillaume **a dit** qu'il **arriverait**
  vers midi.
  *Guillaume said that he would
  arrive around noon.*

  Nous **pensions** que tu **ferais**
  tes devoirs.
  *We thought that you would do
  your homework.*

  J'**ai dit** que je **laverais** la voiture plus tard.
  I said that I would wash the car later.

  Ils **savaient** que vous **viendriez** ce soir.
  They knew that you would come this evening.

- Remember that the English *would* can also mean *used to*, in the sense of past habitual action. In French, the **imparfait** is used in this case.

  Je **travaillais** dans un
  magasin d'électroniques
  à Paris.
  *I would (used to) work at
  an electronics store
  in Paris.*

  but

  Je **travaillerais** seulement dans un
  magasin d'électroniques à Paris.
  *I would only work for an
  electronics store in Paris.*

Essayez! Indiquez la forme correcte du conditionnel de ces verbes.

1. je (perdre, devoir, venir) ___ *perdrais, devrais, viendrais*
2. tu (vouloir, aller, essayer) ___ *voudrais, irais, essaierais*
3. Michel (dire, prendre, savoir) ___ *dirait, prendrait, saurait*
4. nous (préférer, nettoyer, faire) ___ *préférerions, nettoierions, ferions*
5. vous (être, pouvoir, avoir) ___ *seriez, pourriez, auriez*
6. elles (dire, espérer, amener) ___ *diraient, espéreraient, amèneraient*
7. je (boire, choisir, essuyer) ___ *boirais, choisirais, essuierais*
8. il (tenir, se lever, envoyer) ___ *tiendrait, se lèverait, enverrait*

① **Suggestion** Ask six volunteers to write the completed sentences on the board. Have other volunteers correct any errors.

② **Expansion** Have students compose questions that would elicit the sentences from the activity as answers. Example: **Marc donnerait-il des devoirs?**

③ **Suggestion** Have students do this as an oral activity with a partner.

Structures — Leçon 1B

1B.2 Mise en pratique

1 Changer de vie Alexandre parle à son ami de ce qu'il (*what he*) aimerait changer dans sa vie. Complétez ses phrases avec les formes correctes du conditionnel.

MODÈLE

Je n' _étudierais_ (étudier) jamais le week-end.

1. Ma petite amie et moi _ferions_ (faire) nos devoirs ensemble tous les soirs.
2. Je _vendrais_ (vendre) ma vieille voiture.
3. Nous _achèterions_ (acheter) une belle moto.
4. J' _attacherais_ (attacher) toujours ma ceinture de sécurité.
5. Nos amis nous _rendraient_ (rendre) souvent visite.
6. Quelqu'un _nettoierait_ (nettoyer) la maison.
7. Je n' _aurais_ (avoir) pas de problèmes d'argent.
8. Mes amis et moi, nous _pourrions_ (pouvoir) nous retrouver tous les jours.
9. Tous mes cours _seraient_ (être) très faciles.

2 Les professeurs Que feraient ces personnes si elles étaient profs de français? Faites des changements et ajoutez des mots si nécessaire.

MODÈLE

tu / donner / examen / difficile
Tu donnerais des examens difficiles.

1. Marc / donner / devoirs   Marc donnerait des devoirs.
2. vous / répondre / à / questions / élèves   Vous répondriez aux questions des élèves.
3. nous / permettre / à / élèves / de / manger / en classe   Nous permettrions aux élèves de manger en classe.
4. tu / parler / français / tout le temps   Tu parlerais français tout le temps.
5. tes parents / boire / café / classe   Tes parents boiraient du café en classe.
6. nous / regarder / films / français   Nous regarderions des films français.
7. je / enseigner / chansons françaises / élèves   J'enseignerais des chansons françaises aux élèves.
8. Guillaume et Robert / être / gentil / avec / élèves   Guillaume et Robert seraient gentils avec les élèves.

3 Je suis d'accord! Quand on vous dit ce que vos amis font ou ne font pas, dites que vous feriez ou ne feriez pas ces choses. Utilisez le conditionnel dans vos réponses. Answers will vary.

MODÈLE

Je n'ai pas envie de ranger les valises dans le coffre.
Moi non plus, je n'aurais pas envie de ranger les valises dans le coffre.
Je regarde souvent dans le rétroviseur.
Moi aussi, je regarderais souvent dans le rétroviseur.

1. Élodie ne prend pas le vélo.   Moi non plus, je ne prendrais pas le vélo.
2. Arthur et Emma ne se garent pas dans le parking.   Moi non plus, je ne me garerais pas dans le parking.
3. Laurent et toi ne vérifiez pas la pression des pneus.   Moi non plus, je ne vérifierais pas la pression des pneus.
4. Tu fais le plein avant de partir.   Moi aussi, je ferais le plein avant de partir.
5. Ma petite amie veut acheter une nouvelle voiture.   Moi aussi, je voudrais acheter une nouvelle voiture.
6. Chloé ne dépasse pas le policier sur l'autoroute.   Moi non plus, je ne dépasserais pas le policier sur l'autoroute.
7. Nous devons souvent nettoyer le pare-brise.   Moi aussi, je devrais souvent nettoyer le pare-brise.
8. Marie vient chaque semaine à la station-service.   Moi aussi, je viendrais chaque semaine à la station-service.

60   *soixante*

EXTRA PRACTICE

Pairs Have students circulate around the class to find out what important change their classmates would make in their lives: **Qu'est-ce que tu changerais dans ta vie?** Have students note responses, and then report to the class what they discovered: **J'ai découvert que…**

Pronunciation Some students may find pronouncing the conditional forms challenging. After students complete each activity, have them read their answers aloud to a partner. Partners should correct each other's pronunciation. If they have doubts, have them consult you. You may wish to have the entire class repeat some of the sentences after you for additional practice.

La technologie — Unité 1

Communication

4 **Une grosse fortune** Imaginez que vous héritez d'une très grosse fortune. Avec un(e) partenaire, échangez vos idées sur la manière dont vous dépenseriez cet argent. *Answers will vary.*

1. Partirais-tu en voyage? Où irais-tu?
2. Achèterais-tu une nouvelle voiture? Plusieurs voitures? Une maison?
3. Où habiterais-tu?
4. Qu'est-ce que tu achèterais à tes amis? À ta famille?
5. Donnerais-tu de l'argent à des œuvres de charité (*charities*)? Auxquelles (*To which ones*)?
6. Qu'est-ce qui changerait dans ta vie quotidienne (*daily*)?

5 **Sans ça...** Par groupes de trois, dites ce qui (*what*) changerait dans le monde sans ces choses. *Answers will vary.*

MODÈLE
sans devoirs?
Les élèves s'amuseraient plus.

- sans voitures?
- sans ordinateurs?
- sans télévisions?
- sans avions?
- sans téléphones?
- ?

6 **Le tour de la France** Vous aimeriez faire le tour de la France en co-voiturage avec un(e) partenaire. Regardez la carte et discutez de l'itinéraire. Où commenceriez-vous? Que visiteriez-vous? Utilisez ces idées et trouvez-en d'autres. *Answers will vary.*

MODÈLE
Nous commencerions à Paris.

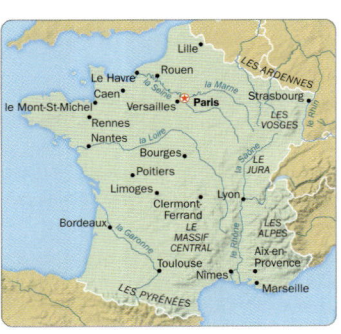

- les plages de la Côte d'Azur
- les randonnées dans le Centre
- le ski dans les Alpes
- les musées à Paris
- les châteaux (*castles*) de la Loire

Connections

Le co-voiturage (*carpooling*) BlaBlaCar est un site de voiturage français qui permet à un conducteur de proposer une place libre dans sa voiture à quelqu'un qui doit faire le même trajet. Il suffit de télécharger l'application sur votre ordinateur ou portable, de préciser votre point de départ, vos horaires et votre destination. Un choix de trajets (conducteur + voiture) s'affiche (*is displayed*) avec le tarif de chaque voyage et les avis (*opinions*) des autres passagers. Une fois que vous avez choisi votre conducteur, vous réservez et payez votre place en un clic. Vous pouvez utiliser ce site pour le co-voiturage longue distance, comme entre Paris et Nice, ou pour vous rendre au travail ou chez des amis de l'autre côté de la ville. C'est pratique, ce n'est pas cher et c'est écologique!

- Est-ce que vous ou un des membres de votre famille avez déjà utilisé le co-voiturage? Pensez-vous que c'est pratique? Expliquez.

I CAN hypothesize about current and future conditions, make polite requests, and recount what someone said in the past.

soixante et un 61

Synthèse

Leçon 1B

Révision

1 Dans ma famille... Votre professeur va vous donner une feuille d'activités. Circulez dans la classe pour interviewer un(e) camarade différent(e) pour chaque question. Mentionnez un détail supplémentaire dans vos réponses. *Answers will vary.*

MODÈLE

Élève 1: Qui, dans ta famille, a peur de conduire?
Élève 2: Mon oncle Olivier a peur de conduire.
Il a eu trop d'accidents.

Qui, dans ta famille, ...	Noms
1. a peur de conduire?	l'oncle de Marc
2. aime l'odeur de l'essence?	
3. n'aime pas conduire vite?	
4. n'a jamais eu d'accident?	
5. ne dépasse jamais la limitation de vitesse?	
6. n'a pas son permis de conduire?	
7. ne sait pas faire le plein?	
8. sait vérifier l'huile?	

2 Des explications Observez ces personnes et inventez une phrase au conditionnel pour expliquer leur situation. Ensuite, lisez les phrases à votre partenaire, qui doit deviner de quelles images vous parlez. *Answers will vary.*

MODÈLE

Il ferait du jogging, mais il s'est foulé la cheville.

1.

3.

2.

4.

3 Des dilemmes Dites ce que (*what*) vous aimeriez, devriez, pourriez ou voudriez faire dans les circonstances suivantes. Ensuite, à tour de rôle, comparez vos réponses avec celles d'un(e) partenaire. Demandez-lui si, à votre place, il/elle ferait la même chose. *Answers will vary.*

MODÈLE

Vous vous rendez compte que votre petit(e) ami(e) et vous ne vous aimez plus.
Élève 1: Nous devrions nous quitter.
Élève 2: Oui, à ta place, je la quitterais tout de suite. / Non, à ta place, je lui téléphonerais pour parler de vos problèmes.

1. Vous avez beaucoup de devoirs ce week-end et vous êtes invité(e) à une fête.
2. Votre ami(e) organise une fête sans rien vous dire.
3. Votre meilleur(e) ami(e) ne vous envoie plus de textos depuis deux jours.
4. Le prof de français vous donne une mauvaise note.
5. Vos parents ont confisqué votre smartphone.

4 Technophile ou technophobe? Avec un(e) partenaire, inventez une conversation entre vous et un de vos grands-parents à qui vous venez d'offrir un objet électronique pour son anniversaire. Comprend-il/elle comment ça marche? Est-ce que vous devez lui expliquer comment utiliser cette technologie ou est-ce qu'il/elle sait le faire? *Answers will vary.*

5 Une voiture autonome Imaginez que vous avez l'opportunité de tester une voiture autonome. Quelle serait votre réaction? Seriez-vous content(e)? Quels seraient les avantages, les inconvénients et les dangers d'une telle voiture? Écrivez un paragraphe pour exprimer votre opinion. *Answers will vary.*

6 Mots croisés Votre professeur va vous donner, à vous et à votre partenaire, deux grilles de mots croisés (*crossword*) incomplètes. Attention! Ne regardez pas la feuille de votre partenaire. Utilisez le conditionnel dans vos définitions. *Answers will vary.*

MODÈLE

Élève 1: Horizontalement, le numéro 1, tu les allumerais pour conduire la nuit.
Élève 2: Les phares!

Communicative Goal Apply a listening strategy to better understand key information from a recorded conversation | **La technologie** | **Unité 1**

À l'écoute

vhlcentral

STRATÉGIE

Guessing the meaning of words through context

When you hear an unfamiliar word, you can often guess its meaning by listening to the words and phrases around it.

To practice this strategy, you will listen to a paragraph. Jot down the unfamiliar words that you hear. Then, listen to the paragraph again and jot down the word or words that are the most useful clues to the meaning of each unfamiliar word.

Préparation

Regardez la photo. Que fait la policière? Et l'homme, que fait-il? Décrivez-le. Où sont-ils? Que se passe-t-il, d'après vous?

À vous d'écouter

Écoutez la conversation entre la policière et l'homme et utilisez le contexte pour vous aider à comprendre les mots et expressions de la colonne A. Trouvez leur équivalent dans la colonne B.

A	B
d 1. la moto	a. un document qui indique une infraction
f 2. la loi	b. un signal pour indiquer dans quelle direction on va aller
a 3. une contravention	c. conduire une voiture
c 4. rouler	d. véhicule à deux roues
b 5. le clignotant	e. faire attention
e 6. être prudent	f. quelque chose qu'il faut respecter

Compréhension

Vrai ou faux? Indiquez si les phrases sont **vraies** ou **fausses**. Corrigez les phrases fausses.

1. L'homme a oublié son permis de conduire à l'aéroport.
   Faux. Il va chercher son fils à l'aéroport.

2. L'homme roulait trop vite.
   Vrai.

3. La vitesse est limitée à 150 km/h sur cette route.
   Faux. Elle est limitée à 130.

4. L'homme a dépassé un camion rouge.
   Faux. Il a dépassé une grosse moto.

5. L'agent de police donne une contravention à l'homme.
   Vrai.

6. L'homme préfère payer l'amende tout de suite.
   Faux. Il pense qu'il ne va pas pouvoir payer l'amende.

7. L'agent de police demande à l'homme de faire réparer son rétroviseur avant de repartir.
   Faux. Elle lui demande de bien regarder dans son rétroviseur avant de repartir.

Racontez Choisissez un sujet et écrivez un paragraphe.

1. Connaissez-vous une personne qui a déjà eu une contravention (*ticket*)? Quand? Où? Que faisait-elle? Donnez des détails.

2. Vous êtes-vous déjà trouvé(e) dans une voiture qui est tombée en panne? Quand? Où? Quel était le problème? Êtes-vous allé(e) chez un mécanicien? Qu'a-t-il fait? Est-ce que ça a coûté cher?

I CAN identify key information from a recorded conversation by applying a listening strategy.

I CAN write about a personal experience involving a traffic ticket or a car repair.

soixante-trois **63**

Section Goals

In this section, students will:
- learn to guess the meaning of words from context
- listen to a paragraph and jot down unfamiliar words plus clues to their meaning
- listen to a conversation and complete several activities

Stratégie
Script Bonjour, Monsieur. J'ai examiné votre voiture. Suite à l'accident, votre voiture a plusieurs problèmes. En particulier, la portière côté passager ne ferme pas et on ne peut plus remonter la vitre. J'ai regardé sous le capot et le moteur est en bon état. Je vais réparer la voiture et vous pouvez venir la chercher demain.

SEL Suggestions

Be mindful of students' attitudes about law enforcement's role in society as you listen to the recording. Also keep in mind that they may not want to share some of the information requested in the Racontez activity. If you sense this is the case, give students the choice to invent an answer, and only call on volunteers to share answers for a class discussion.

À vous d'écouter
Script L'AGENT DE POLICE: Bonjour, Monsieur. Votre permis de conduire, s'il vous plaît.
L'HOMME: Oui, Madame. Voilà. Euh... Quel est le problème?
AP: Vous rouliez à 150 kilomètres/heure quand vous avez dépassé la grosse moto et la limitation de vitesse sur cette autoroute est à 130, Monsieur.
H: Vous êtes sûre que j'allais si vite?
AP: Sûre et certaine, Monsieur!
H: Euh... Je suis désolé. C'est que... je suis très, très en retard. Je dois aller chercher mon fils à l'aéroport à vingt heures et...
AP: Ce n'est pas une raison, Monsieur. Vous devez respecter la limitation de vitesse comme tout le monde...
H: Oui, je sais. Je suis vraiment désolé. Vous ne pouvez pas...
AP: Je dois vous donner une contravention.

H: Oh non! Je vous en prie... Je n'ai vraiment pas beaucoup d'argent en ce moment. Je ne sais pas comment je vais pouvoir payer une amende pareille!
AP: Désolée, Monsieur, mais c'est la loi. Tenez. Et roulez moins vite!
H: Oui, Madame.

AP: Et n'oubliez pas d'attacher votre ceinture de sécurité, de mettre votre clignotant et de bien regarder dans votre rétroviseur avant de repartir.
H: Oui, Madame. Au revoir.
AP: Au revoir, Monsieur, et soyez prudent.

Synthèse **63**

Savoir-faire

Panorama

Communicative Goal Learn historical and cultural information about Île-de-France

vhlcentral ▶ Panorama culturel

Île-de-France

L'Île-de-France n'est pas une île°, mais une région dans le nord de la France, loin des mers et des océans. On l'appelle aussi «région parisienne» parce qu'elle est centrée sur Paris, la capitale du pays. À l'origine, cette région appartenait° directement aux rois° de France et les autres régions appartenaient à d'autres grandes familles.

Autour de Paris, le reste de l'Île-de-France est formé de petites villes, de grandes forêts° et de territoires pour l'agriculture.

L'Île-de-France est la première région de France ou d'Europe dans beaucoup de domaines. Par exemple, c'est la région la plus peuplée du pays et avec Paris, c'est la zone urbaine la plus peuplée d'Europe, devant Londres. C'est aussi la région la plus riche du pays, avec l'économie la plus ouverte sur l'Europe. Dans la banlieue nord-ouest de Paris, le quartier de la Défense est le plus grand quartier d'affaires° d'Europe et l'un des centres d'affaires les plus dynamiques du monde. Il y a aussi beaucoup de startups et de centres de recherches sur les nouvelles technologies en Île-de-France.

Traditionnellement, l'Île-de-France représente le cœur politique, scientifique, intellectuel et culturel de la vie française. C'est encore très vrai de nos jours.

Personnes célèbres

▶ **Jacques Prévert,** poète et scénariste (1900–1977)

▶ **Françoise Barré Sinoussi,** chercheuse scientifique (1947–)

île *island* appartenait *belonged* rois *kings* forêts *forests* affaires *business* jardin *garden*

la maison de Van Gogh

le jardin° de Versailles

un tombeau royal de la basilique Saint-Denis

ACTIVITÉS

1 Les informations Complétez les phrases. *Interpretive Communication*

1. L'Île-de-France est située dans le ___nord___ de la France.
2. L'Île-de-France est la zone urbaine la plus ___peuplée___ d'Europe.
3. Cette région était le domaine des ___rois___ de France.
4. Françoise Barré-Sinoussi est une ___chercheuse scientifique___ née en Île-de-France.

2 Examinez Répondez aux questions. *Making Connections*

1. Que savez-vous de l'histoire de Paris et de sa région? Donnez quelques informations.
2. Connaissez-vous des Parisiens ou des Parisiennes célèbres? Et des Franciliens ou des Franciliennes (*people from Île-de-France*)? Dans quels domaines est-ce que ces personnes sont célèbres?
3. Quels sites touristiques de la région d'Île-de-France connaissez-vous? Pourquoi est-ce que ces endroits sont des destinations touristiques?

64 *soixante-quatre*

AP® Theme: Families and Communities
Context: Customs and Ceremonies

L'histoire ▶

Provins

La ville de Provins a joué un rôle commercial très important en Europe au Moyen Âge. C'est ici que neuf chemins° commerciaux se croisaient. Donc, Provins est devenu la ville avec les plus grandes foires° de Champagne. Ces foires attiraient les marchands les plus importants de l'Europe. Ces rassemblements, qui avaient lieu périodiquement et duraient° plusieurs semaines, permettaient les échanges internationaux. Aujourd'hui, la ville, classée au Patrimoine mondial par l'UNESCO, est toujours entourée° par des remparts° du Moyen Âge et la tradition des foires se perpétue avec des spectacles sur la thématique médiévale.

La technologie   Unité 1

AP® Theme: Beauty and Aesthetics
Context: Architecture

Les gens ▶

André Le Nôtre

Né le 12 mars 1613, André Le Nôtre passe sa jeunesse à travailler avec son père, jardinier° aux Tuileries. Ensuite, il suit des cours d'architecture. Il devient jardinier du roi Louis XIV en 1637. Il amasse une fortune énorme et gagne° une réputation internationale. Considéré «architecte paysagiste°,» Le Nôtre est connu pour ses «jardins à la française.» Ses œuvres les plus connues sont les jardins de Versailles, des Tuileries, et de Vaux-le-Vicomte. Ses créations précises et méticuleuses sont souvent caractérisées par des plantes en formes géométriques, ainsi que des éléments formels et théâtraux.

Les sports
AP® Theme: Contemporary Life
Context: Leisure and Sport

En forêt de Fontainebleau

Chaque année, des millions de visiteurs vont en forêt de Fontainebleau attirés par les plus de 1.600 kilomètres de routes et de chemins de randonnée forestiers, par le site naturel d'escalade° et par les parcours acrobatiques en hauteur, ou PAH. Souvent appelée accrobranche, l'activité consiste à explorer la forêt en hauteur sur des structures fixées entre les arbres ou entre des supports artificiels. L'escalade naturelle est une autre activité populaire. Les rochers° de faible hauteur permettent aux grimpeurs° de pratiquer un type d'escalade sans corde, appelé «le bloc.» Réserve de biosphère, la forêt de Fontainebleau offre un paysage varié et des vues exceptionnelles à ceux qui y pratiquent une activité physique.

Les destinations
AP® Theme: Contemporary Life
Context: Travel

Disneyland Paris

Ouvert en 1992 sous le nom *Euro Disney Resort*, le parc d'attractions aujourd'hui appelé Disneyland Paris se trouve à 32 kilomètres à l'est de° Paris. Le complexe compte° deux parcs à thèmes (un royaume° enchanté et un parc sur les thèmes du cinéma et de l'animation) et une soixantaine d'attractions. Le symbole le plus connu du complexe, le Château de la Belle au bois dormant°, possède une particularité remarquable: son architecture est dans le style des contes de fée°, tandis que° les châteaux des autres parcs Disney représentent un style historique. Disneyland Paris est le parc d'attractions le plus visité de l'Europe, avec plus de 320 millions de visites depuis son ouverture°.

INCROYABLE MAIS VRAI!

La closerie° Falbala a été construite entre 1971 et 1973 par l'artiste Jean Dubuffet, qui voulait créer un «espace mental» pour son énorme œuvre d'art, *Cabinet logologique*. Située sur l'île Saint-Germain, la closerie comprend° une sorte de jardin avec, au centre, la villa Falbala qui abrite° sa création. C'est l'un des monuments historiques les plus jeunes de France.

chemins routes **foires** fairs **duraient** lasted **entourée** surrounded **remparts** walls **jardinier** gardener **gagne** earns **architecte paysagiste** landscape architect **d'escalade** rock climbing **rochers** boulders **grimpeurs** climbers **à l'est de** east of **compte** includes **royaume** kingdom **Belle au bois dormant** Sleeping Beauty **contes de fée** fairy tales **tandis que** while **ouverture** opening **closerie** enclosed property **comprend** includes **abrite** houses

3 Vous avez compris? Répondez aux questions par des phrases complètes. Answers will vary.

1. Qu'est-ce qu'il y avait à Provins au Moyen Âge?
   Il y avait les plus grandes foires de Champagne.
2. Qui était André le Nôtre?
   C'était un architecte paysagiste connu pour ses jardins à la française.
3. Quels genres d'activités sportives peut-on faire à Fontainebleau?
   On peut faire des randonnées et de l'escalade.
4. Qu'est-ce que Disneyland Paris?
   C'est un parc d'attractions à l'est de Paris.
5. Comment peut-on décrire la closerie Falbala?
   C'est un monument artistique créé par Jean Dubuffet.

✓ **I CAN** identify and reflect on cultural products and practices of Île-de-France.

4 En Île-de-France Choisissez un thème qui vous intéresse (la gastronomie, les nouvelles technologies, les arts, l'histoire, la politique, etc.) et faites des recherches sur des sites ou des lieux à visiter en Île-de-France en rapport avec ce thème. Où doit-on aller? Que va-t-on y voir? Qui doit-on rencontrer? Qu'est-ce que ces lieux nous apprennent sur le thème choisi? Présentez vos idées à la classe.

soixante-cinq **65**

Provins The city is also known for its famous **roses de Provins**, which have been cultivated there for centuries. During the Middle Ages the roses were said to have medicinal benefits. Today they are cultivated in **roseraies** (*rose gardens*) and are used in both cuisine and cosmetics.

André Le Nôtre Le Nôtre's gardens require meticulous upkeep to maintain their manicured perfection. The gardens at Versailles cover almost 2,000 acres and have undergone five major replantations.

En forêt de Fontainebleau It wasn't until the early 2000s that adventure parks featuring ropes courses became popular recreation destinations in France. There are now about 500 locations in France dedicated to the activity, including an indoor facility in downtown Lyon.

Disneyland Paris In the 1990s, Disney considered hundreds of locations for its new park, including London and Barcelona, before choosing Paris, in part because of its flat terrain and moderate climate. Disneyland Paris celebrated its twenty-fifth anniversary in 2017 by renovating and adding several attractions and shows, including a new HyperSpace Mountain ride with a *Star Wars* theme, and a Disney Stars on Parade show.

Incroyable mais vrai! Dubuffet financed and built the **closerie** himself, and was in his seventies at the time. His style is known as **art brut**, and his collection includes sculptures, drawings, paintings, architectural constructions, and collages.

21st Century Skills

Information and Media Literacy: Sur Internet
Students access and critically evaluate information from the Internet.

PROFICIENCY

Comparisons: Cultural Have students work in pairs to find out about another Disney theme park, such as the one in California or the one in Florida, and compare it with the one in Paris. They should visit the websites and compare prices, maps, cuisine, and lodging. Have them make a chart or diagram showing the results of their research and share it with the class. If any students have been to a Disney theme park, ask them to describe the experience to the class.

PRE-AP®

Presentational Speaking Have students prepare a one-minute presentation on Fontainebleau, Versailles, or Provins, in which they try to persuade their classmates to visit the location. They should include information not mentioned in the text, such as popular restaurants, monuments, and activities to do there. After they give their presentations, have the class vote on which location they will visit.

Savoir-faire **65**

Savoir-faire

Lecture

Avant la lecture

AP® Theme: Science and Technology
Context: Discoveries and Inventions

> **STRATÉGIE**
>
> **Recognizing the purpose of a text**
>
> When you are faced with an unfamiliar text, it is important to determine the writer's purpose. If you are reading an editorial in a newspaper, for example, you know that the journalist's objective is to persuade you of his or her point of view. Identifying the purpose of a text will help you better comprehend its meaning. Also, as you read along, try to determine the meaning of words and sentences from their context.

Examinez le texte Examinez les gros-titres (*headlines*) et les sous-titres. Que comprenez-vous? Regardez aussi les photos. Qu'est-ce qu'elles représentent? Quel est le but (*purpose*) de cet article? D'après vous, quel genre de vocabulaire allez-vous trouver dans ce texte? Soulignez (*Underline*) les mots que vous comprenez pour chaque paragraphe et devinez le sens général de cet article.

À propos

Le concours Lépine Fondé en 1901 par l'inventeur Louis Lépine (1846–1933), le concours Lépine récompense° les inventions originales. En 2019, la trottinette° pliable° Simone, inventée par Steven Pingon et Rémy Montagne, a gagné le troisième prix du concours Lépine.

récompense *rewards* trottinette *scooter* pliable *foldable*

Simone: La trottinette «la plus compacte du monde» est *made in* Hainaut

Jeudi 18 avril 2019
Par Marie Boullenger

Conçue au technopôle Transalley de Famars, la trottinette Simone espère bien révolutionner le marché de la mobilité. Son secret? Quinze secondes pour être pliée° et glissée° dans le volume... d'une ramette° de papier.

Née d'une rencontre entre deux anciens ingénieurs automobiles de Renault à Douai, la trottinette Simone répond à une nouvelle problématique urbaine: celle du dernier kilomètre. «Nous nous sommes rendus compte que les urbains perdaient un temps précieux sur celui-ci à cause des places de parking trop éloignées° ou du lien compliqué entre les différents moyens de transport. Cette trottinette fait gagner du temps, c'est une révolution pour la micro-mobilité», justifient Rémi Montagne et Steven Pingon, les entrepreneurs à l'origine du projet.

Le phénomène de la trottinette étant très en vogue depuis un an, Simone compte bien surfer sur la vague. À la différence des trottinettes électriques en libre-service, la start-up valenciennoise° **Trottinette Simone** a imaginé un engin innovant qu'on peut vraiment s'approprier.

> «Simone ne pèse que trois kilos et rentre dans n'importe quel sac.»

LA VOIX DU NORD

« Simone est toujours sur vous comme le parapluie. La trottinette est encombrante°, celle-ci ne pèse que trois kilos et rentre dans n'importe quel sac. » précise Rémi Montagne. Encore en phase d'industrialisation, le produit sera commercialisé en octobre 2019 en France et dans toute l'Europe via le e-commerce. Il faudra compter trois cents euros pour se doter de° cette trottinette « nouvelle génération » dont les préventes débuteront le 23 avril. D'ici 2020, le duo d'entrepreneurs envisage de commercialiser une version électrique baptisée la *E-simone*.

Rémi Montagne et Steven Pingon, concepteurs de la trottinette Simone

Gagnants du Concours Lépine

Leur société installée au sein° de l'incubateur du technopôle° Transalley depuis deux ans à Valenciennes, ils ont sorti les premiers prototypes il y a douze mois. Sur l'ensemble des pièces qui constituent la trottinette, près de 90% sont imprimés en 3D dans le Nord par la société Erpro&Sprint. Soutenue par plusieurs acteurs majeurs, la startup, prometteuse, a obtenu des financements conséquents pour la réalisation des prototypes. Tous semblent convaincus de l'avenir doré° de cette jeune société, qui gagna le troisième prix du prestigieux concours Lépine, rendez-vous incontournable° de l'innovation, en 2019 à Paris. [...]

pliée *folded*
glissée *slipped*
ramette *package*
éloignées *faraway*
valenciennoise *from the city Valenciennes*
encombrante *bulky*
se doter de *to equip oneself with*
au sein de *within, at the center of*
technopôle *science and technology park*
avenir doré *golden future*
incontournable *not to be missed*

La technologie — Unité 1

Après la lecture

Répondez Répondez aux questions par des phrases complètes.

1. Qui sont les créateurs de Simone?
   Les inventeurs de Simone sont Steven Pingon et Rémy Montagne.
2. Pourquoi ont-ils voulu créer Simone?
   Pour répondre à la problématique du dernier kilomètre lors des déplacements en transport en commun.
3. Donnez trois caractéristiques de Simone.
   Answers will vary.
4. Expliquez dans vos propres mots l'extrait suivant: «(...) le produit sera commercialisé en octobre 2019 en France et dans toute l'Europe via le e-commerce.»
   Answers will vary.
5. Quelle différence y a-t-il entre Simone et la E-Simone?
   La E-Simone est électrique.
6. Quel processus de fabrication est utilisé pour la majeure partie des pièces?
   L'impression 3D est utilisé pour 90% des pièces.
7. Quel prix prestigieux les créateurs ont-ils gagné grâce à leur invention?
   Le troisième prix du concours Lépine en 2019.

À vous! Travaillez avec un(e) partenaire. À tour de rôle, répondez aux questions suivantes et discutez de vos préférences. Answers will vary.

1. Selon vous, quels seraient les avantages et les inconvénients à se déplacer (*to get around*) en trottinette Simone?
2. Quel est votre moyen de transport favori? Pourquoi?
3. Connaissez-vous une invention futuriste que vous aimeriez avoir? Laquelle?
4. Comparez les options pour vous déplacer dans votre région à celles de Paris ou de l'Europe. Utilisez-vous les mêmes moyens de transports? Pourquoi ou pourquoi pas?

Des suggestions Quels éléments aimeriez-vous ajoutez à la trottinette Simone? Écrivez une lettre aux créateurs afin de leur proposer de nouvelles fonctionnalités. Soyez imaginatifs/imaginatives! Answers will vary.

I CAN apply a reading strategy to understand an article in an online French newspaper.

soixante-sept 67

Savoir-faire

Communicative Goal
Talk about futuristic modes of transportation

Projet

Création d'une présentation multimédia

Présentation écrite

La technologie est partout dans notre vie et les moyens de transport sont de plus en plus sophistiqués, comme les voitures autonomes et électriques, les taxis volants ou en lévitation, le vélo-city, le scarab, etc. Nous avons donc tous besoin de nouvelles technologies dans notre vie pour aller plus loin et plus vite.

Lors de ce projet, imaginez que vous participez à un concours pour sélectionner le meilleur véhicule du futur pour votre communauté. Pour cela, vous allez faire des recommandations à votre gouvernement local afin d'améliorer (*improve*) le système des transports. Vous allez créer une présentation multimédia décrivant les améliorations à apporter à un moyen de transport déjà en utilisation dans votre communauté, ou un nouveau prototype futuriste qui serait bénéfique pour tous les voyageurs de votre région. Les trois meilleures présentations seront sélectionnées et présentées à la classe (le comité des Transports).

un taxi volant sur la Seine

STRATÉGIE

Organizing information with notecards

When doing research, being organized is essential. Using notecards to keep track of your ideas and findings is useful. Organize your findings with keywords and write them down on your notecards as you go along. As you learn more about your topic, you may discover you need to create a new card with a different keyword. The keywords may serve as the basis for the titles of the different sections of your presentation. When you have finished your research, you should also have the answers to the five "W-questions" (*who, what, when, where, why*) and the "H-question" (*how*).

Étape 1: Remue-méninges: quel prototype proposer?

Quels moyens de transport publics existent dans votre communauté (bus, taxis, métro, avions, vélos...)? Choisissez-en un que vous aimeriez perfectionner. En vous inspirant des photos sur ces pages, pensez à un prototype futuriste idéal qui pourrait remplacer celui qui existe. Aidez-vous de la **Stratégie** et créez vos cartes en faisant une liste de mots-clés possibles à utiliser pour votre recherche; par exemple, **véhicule, avantages, désavantages, améliorations**, etc.

la DX-X-E

la Scarab

La technologie — Unité 1

Étape 2: Préparez les informations

- Surfez sur le net ou allez à la bibliothèque de votre école ou de votre communauté pour faire des recherches sur votre prototype.
- Écrivez au moins cinq mots-clés par carte. Utilisez la liste à droite pour vous aider. Notez les détails importants sur vos cartes. Utilisez ensuite vos cartes pour organiser vos idées au fur et à mesure qu'elles se concrétisent.
- Sélectionnez ou imaginez des caractéristiques que vous aimeriez ajouter afin d'améliorer un modèle existant ou de créer un nouveau modèle: des phares, des moteurs, des pneus, etc.
- Recherchez des photos des prototypes choisis et des caractéristiques que vous souhaitez ajouter. Utilisez-les pour faire cinq collages en y ajoutant des dessins ou des flèches pour montrer certains attributs modifiés ou ajoutés.
- Vérifiez que vous avez trouvé les bonnes informations avant de commencer à écrire.

1. le type de véhicule choisi
2. les raisons de votre choix
3. les caractéristiques de ce véhicule futuriste
4. les améliorations que vous avez ajoutées ou pas et pourquoi
5. quand, où et pourquoi ce véhicule va être en service

- Écrivez sur une feuille le plan de votre présentation. Organisez vos informations écrites, un petit paragraphe par photo, cinq photos ou cinq diapositives au minimum.

Étape 3: Création de la présentation multimédia

- Choisissez un logiciel de présentation.
- Créez une page de présentation.
- Utilisez une section ou une page par élément. Assurez-vous d'avoir un titre pour chacune des différentes sections.
- Incorporez votre contenu et assurez-vous d'écrire une légende pour chacune des photos présentées.
- N'oubliez pas de citer vos sources!

Étape 4: Évaluation par les pairs

- En groupes de quatre, présentez votre recherche, chacun(e) à tour de rôle. Répondez à ces questions pour commenter le travail de chacun(e).
  - ☐ Votre partenaire a-t-il/elle couvert le sujet?
  - ☐ A-t-il/elle donné un titre à sa présentation?
  - ☐ A-t-il/elle donné les informations nécessaires pour le projet?
  - ☐ A-t-il/elle inclus assez de photos? Illustrent-elles bien le texte?
  - ☐ Votre partenaire a-t-il/elle utilisé le vocabulaire approprié?
  - ☐ A-t-il/elle créé son projet en tenant compte du destinataire?
  - ☐ A-t-il/elle correctement conjugué les verbes et utilisé le conditionnel?
  - ☐ A-t-il/elle répondu aux questions essentielles posées?
- Corrigez votre présentation d'après les commentaires de vos partenaires et remettez votre projet final à votre professeur.

Étape 5: La présentation finale

Une fois que vous avez terminé, sélectionnez la meilleure présentation de votre groupe. Les élèves élu(e)s devront présenter leur projet à la classe qui décidera des trois finalistes.

⊘ I CAN share my own vision of a futuristic means of transportation in my community by creating a multimedia presentation.

Étape 1
Students can find information at the library and on the Internet about means of transportation within their community and cutting-edge technology that can serve as inspiration for their prototype.

Étape 2
- Students can select images from the web or other sources to support their descriptions for their presentation.
- Remind students to include a minimum of five photos relevant to their prototype. They should use a good variety of sources, keeping track of where the photos and information came from. Encourage them to create new keywords and note cards during the research process and to use them to help the organizational process.

Étape 3
- Students can choose from a variety of multimedia software to create their presentation. Encourage them to experiment with functionalities they've never tried before and to be mindful of the layout. It should be eye-catching and dynamic.
- Remind students of the importance of headings and captions when assembling the different sections of their presentation.
- Depending on time constraints, you may also have students record their descriptions and embed them in the presentation.

Étape 4
- Remind students to check their spelling and punctuation.
- Students can use the project rubric as a guide to finalize their work as well as during the group evaluation.

Étape 5
- The students with the best presentations from each group will present them orally to the class.
- Remind students to speak slowly and clearly, and encourage enthusiasm.
- Encourage students to take notes and ask questions during the presentations.

WRITING

Spider Chart To generate ideas, ask students to make a spider chart with their preferred means of transportation in the center, and to write associated words around it. Example: **Métro: pratique, populaire, beaucoup de gens,** etc. **Bus: dehors, propre, pas cher, embouteillages,** etc. Then ask students to form sentences. Example: **Il y a beaucoup de gens dans le métro.** or **Le bus n'est pas cher.**

POST-WRITING

Évaluons Have students provide positive feedback during the group presentations before making suggestions for improvement. Give them expressions such as: **C'est super (cool/bien fait/bien organisé/magnifique/formidable)**. Then have students ask for clarifications as needed: **je ne comprends pas; clarifie/élabore, s'il te plaît; ce n'est pas clair; résume mieux,** etc. Give them a time limit.

Vocabulaire — Unité 1

Leçon 1A

L'ordinateur

un appel vidéo	video call
une appli(cation)	app
une batterie faible/déchargée	low/dead battery
un clavier	keyboard
des écouteurs (m.)	headphones
un écran	screen
un fichier	file
un identifiant	username
une imprimante	printer
un logiciel	software, program
un mot de passe	password
une souris	mouse
démarrer	to start up
imprimer	to print
sauvegarder	to save
télécharger	to download/upload

L'électronique

un appareil	device
une chaîne (de télévision)	(television) channel
un lien	link
un portable	cell phone
un réseau (social)	(social) network
une télécommande	remote control
un texto/SMS	text message
allumer	to turn on
brancher	to plug in; to connect
composer (un numéro)	to dial (a number)
effacer	to erase
enregistrer	to record
éteindre	to turn off
fermer	to close; to shut off
fonctionner/marcher	to work; to function
prendre une photo(graphie)	to take a photo(graph)
recharger	to charge
sonner	to ring

Verbes avec prépositions et complément infinitif

See p. 36.

Verbes pronominaux réciproques

s'adorer	to adore one another
s'aider	to help one another
s'aimer (bien)	to love (to like) one another
se connaître	to know one another
se dire	to tell one another
se disputer	to argue, fight with one another
se donner	to give one another
s'écrire	to write one another
s'embrasser	to kiss one another
s'entendre bien (avec)	to get along well (with one another)
s'envoyer	to send each other something
se parler	to speak to one another
se quitter	to leave one another
se regarder	to look at one another
se rencontrer	to meet one another (make an acquaintance)
se retrouver	to meet one another (planned)
se téléphoner	to phone one another

Leçon 1B

La voiture

arrêter (de faire quelque chose)	to stop (doing something)
attacher sa ceinture de sécurité (f.)	to buckle one's seatbelt
avoir un accident	to have/to be in an accident
dépasser	to go over; to pass
faire le plein	to fill the tank
freiner	to brake
se garer	to park
ralentir	to slow down
rentrer (dans)	to hit (another car)
rouler (lentement/vite)	to drive (slowly/fast)
tomber en panne	to break down
vérifier (l'huile (f.)/la pression des pneus)	to check (the oil/the air pressure)
un capot	hood
un coffre	trunk
l'essence (f.)	gas
un essuie-glace (des essuie-glaces pl.)	windshield wiper(s)
un feu rouge (orange, vert)	red (yellow, green) light
les freins (m.)	brakes
un moteur	engine
un pare-brise (des pare-brise pl.)	windshield
un pare-chocs (des pare-chocs pl.)	bumper
les phares (m.)	headlights
un pneu (crevé)	(flat) tire
une portière	car door
un rétroviseur	rearview mirror
une roue (de secours)	(spare) tire
une voiture autonome	self-driving car
un volant	steering wheel
un agent de police/un(e) policier/policière	police officer
une amende	fine
une autoroute	highway
la circulation	traffic
une contravention	ticket
un cours de conduite	driving lessons
(dépasser/respecter) la limitation de vitesse	(to exceed/to respect) the speed limit
un permis de conduire	driver's license
une rue	street

Verbes

couvrir	to cover
découvrir	to discover
offrir	to offer, to give something
ouvrir	to open
souffrir	to suffer

Mots apparentés: See p. 27.

En ville | Unité 2

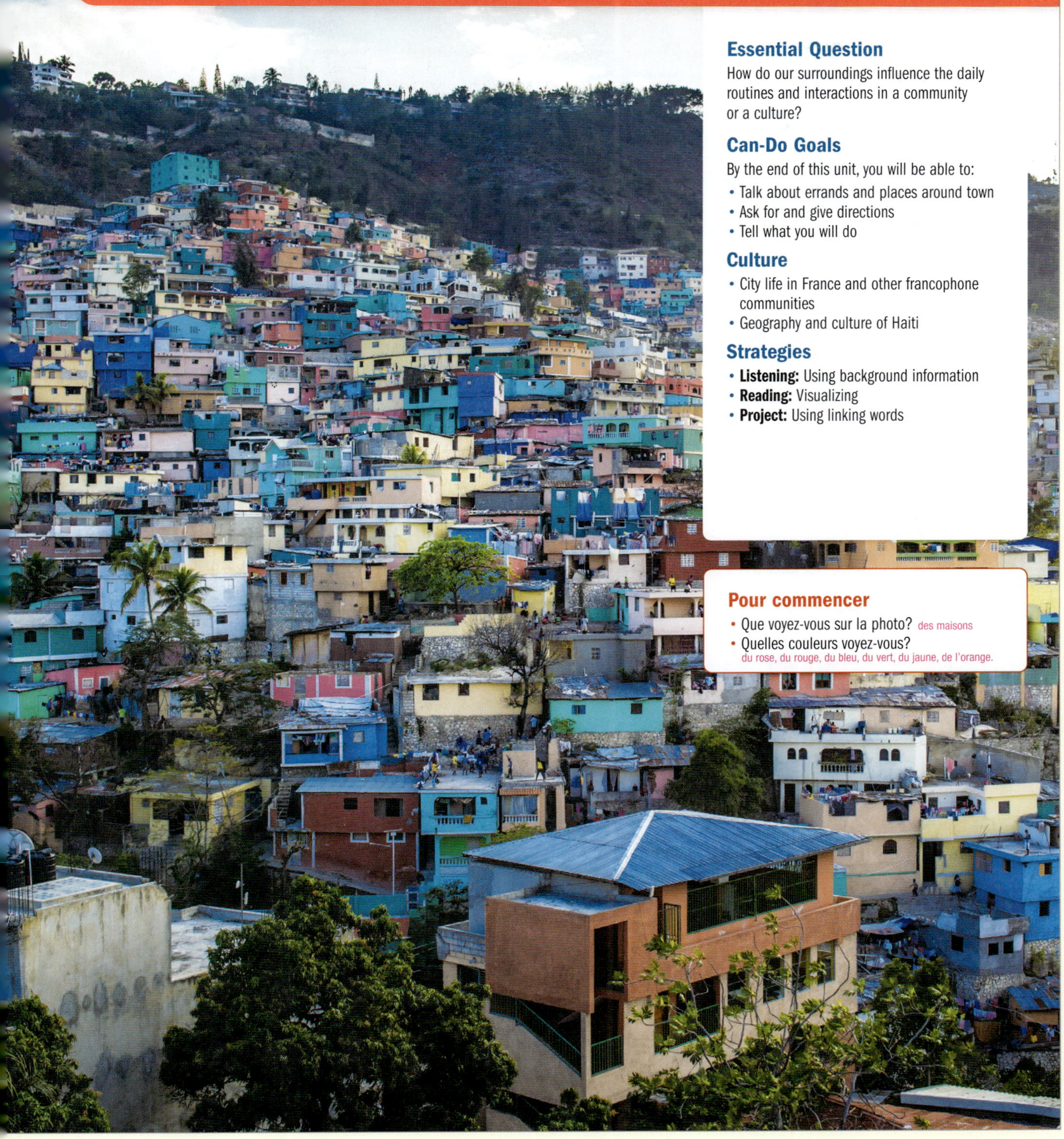

Essential Question
How do our surroundings influence the daily routines and interactions in a community or a culture?

Can-Do Goals
By the end of this unit, you will be able to:
- Talk about errands and places around town
- Ask for and give directions
- Tell what you will do

Culture
- City life in France and other francophone communities
- Geography and culture of Haiti

Strategies
- **Listening:** Using background information
- **Reading:** Visualizing
- **Project:** Using linking words

Pour commencer
- Que voyez-vous sur la photo? *des maisons*
- Quelles couleurs voyez-vous?
  du rose, du rouge, du bleu, du vert, du jaune, de l'orange.

Essential Question
Go over the Essential Question as a class. Ask guiding questions to facilitate the discussion: How do our daily activities and routines in our community compare to those of people in French-speaking countries? How do local businesses and customs influence our daily routines and interactions in our community?

Can-Do Goals
- Review the list of communicative goals with your students. Point out that this lesson will provide them with the tools necessary to achieve these goals.
- Tell your students that they will learn about shops, errands, business transactions, and cities and towns in French-speaking countries in **Roman-photo, Culture,** and **Le Zapping**. Throughout the unit, they will also learn more about the geography and the culture of Haiti.

Pour commencer
Suggestion Ask these additional questions based on the photo: **Est-ce que vous aimeriez vivre dans une ville de ce style? Pourquoi ou pourquoi pas? Est-ce qu'il y a des maisons de toutes les couleurs dans votre région?** (Answers will vary.)

21st Century Skills

Initiative and Self-Direction
Students can monitor their progress online using the activities and assessments on vhlcentral.com.

SUPPORT FOR BACKWARD DESIGN

Unité 2 Integrated Performance Assessment
Before teaching the chapter, review with your students the Integrated Performance Assessment (IPA) and its accompanying scoring rubric provided in the Testing Program. **IPA Context:** Students will read an article about getting around in a city and compare their own experiences with those of adolescents in France. They will present ideas and suggestions to improve their own community.

Dossier culturel
Throughout the unit, your students will identify and compare cultural realities from the francophone world. These important observations can be added to their **Dossier culturel**.

Forums on vhlcentral.com allow you and your students to record and share text and audio messages. Use Forums for presentations, oral assessments, class discussions, exit tickets, etc. Encourage students to reflect weekly on what they've learned about the different cultural elements. Ask more advanced students to dig deeper and investigate a particular topic. This will facilitate the creation of their **Dossier culturel**.

Section Goals

In this section, students will review:
- street directions
- places in town
- the verb **avoir** and **il y a**
- the expression **ne... pas**
- the **futur proche**

Teaching Tips

- For **Rendez-vous en ville**, tell students that the **place du Châtelet** is a square in the center of Paris. It hosts the famous **théâtre du Châtelet** and is close to the **rue de Rivoli**, one of the most popular shopping streets in the capital.
- Ask students what **m** stands for in the sentence **Continue... pendant 150 m. (mètres)**. Ask them to convert 150 meters into feet (approximately 500 feet). Remind students that the metric system is the measurement standard in France, as it is in most of the world.
- For **Noémie est en retard**, have students identify the grammar structure expressing events that take place in the future (**aller** + infinitive in **Le magasin va fermer, Ça va être trop tard, Je vais rendre visite à ma grand-mère**). Remind students that the **futur proche** conveys events that are taking place in the *immediate* future.
- Ask students to identify reflexive and reciprocal verbs in **Noémie est en retard** (**Tu te dépêches?, On se retrouve**). Ask which is reciprocal (**se retrouver**) and which is reflexive (**se dépêcher**). Discuss with the class the difference between reciprocal and reflexive verbs.

① Suggestion Help students recall vocabulary by asking, **Quel est un autre mot pour dire SMS?** *(texto)* **Que veut dire «se trouver»?** *(to be located)* **«se retrouver»?** *(to meet up)* **«avoir besoin de»?** *(to need)* **«se dépêcher»?** *(to hurry)* If students have trouble remembering those words, have them use context to infer meaning, then have them use the words in sentences.

② Expansion As students correct the statements, have them quote the lines in the exchange that support their answers.

Mise en scène — Unité 2

Communicative Goal Understand and give directions, and use cognates to navigate around town

Rappelez-vous!

Rendez-vous en ville

P Paul **A** Armèle

- **A:** Tu es où?
- **P:** Devant le magasin Le Chic Pas Cher, comme on a dit.
- **A:** Moi, je suis au pont au Change.
- **P:** Alors, continue sur la place du Châtelet pendant 150 m. Tourne sur la rue de Rivoli.
- **A:** À droite ou à gauche?
- **P:** À droite. La boutique est en face de la tour Saint-Jacques.
- **A:** Ah, d'accord! J'arrive!

Noémie est en retard

T Tatiana **N** Noémie

- **N:** Excuse-moi, Tatiana! Je suis en retard! Je prends le métro et j'arrive!
- **T:** Tu te dépêches? Le magasin va fermer!
- **A:** Ah, ouais! Ça va être trop tard. On se retrouve demain à 16 heures?
- **T:** Non. Je vais rendre visite à ma grand-mère demain soir. Je ne peux pas.
- **A:** Samedi, alors?
- **T:** Dac. Fais un effort. J'ai besoin de toi pour choisir mon nouveau téléphone. @+

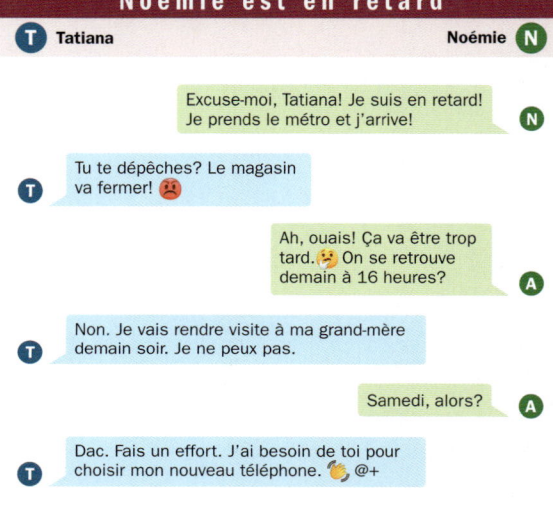

ACTIVITÉS

1 Rendez-vous en ville Dites si on parle de Paul (P) ou d'Armèle (A). *Interpretive Communication*

1. _Paul_ est dans un magasin.
2. _Paul_ envoie des directions par SMS.
3. _Armèle_ se demande où son ami(e) se trouve.
4. _Armèle_ a besoin de directions.

2 Noémie est en retard Les phrases suivantes sont fausses. Corrigez-les avec des phrases complètes. Attention! Plusieurs choses peuvent être incorrectes dans une phrase. *Interpretive Communication*

1. Noémie va acheter un téléphone aujourd'hui.
   Tatiana va acheter un téléphone samedi.
2. Le magasin de vêtements va fermer.
   Le magasin de téléphones va fermer.
3. Tatiana va aller chez sa mère samedi.
   Tatiana va aller chez sa grand-mère demain.
4. Tatiana a besoin de téléphoner à Noémie.
   Tatiana a besoin d'acheter un téléphone.

72 *soixante-douze*

PROFICIENCY

Cultures The store where Paul and Armèle are meeting in **Rendez-vous en ville** is across from the **tour Saint-Jacques**. Have students research the famous tower: when it was built (early 16th century), what it was part of (a Catholic church), what architectural style it is (Gothic), what famous physicist and philosopher it is associated with (Blaise Pascal), and why (Pascal is said to have conducted experiments on atmospheric pressure in the tower).

EXTRA PRACTICE

Pairs Have students work in pairs to come up with as many negative statements as possible about the two exchanges. Examples: **Armèle ne sait pas où est Paul. Armèle ne peut pas trouver Paul. Noémie n'est pas au magasin avec Tatiana. Tatiana ne peut pas aller au magasin demain.** Have volunteer pairs read their statements to the class.

Mots apparentés

En ville — Unité 2

Un message de Maman

Mon petit Étienne,

Je dois travailler tard et je ne peux pas aller à Port-au-Prince aujourd'hui. Peux-tu prendre le bus et faire quelques courses pour moi? Peux-tu passer chez le coiffeur? Je dois de l'argent à Betty. (Il y a une **enveloppe** pour elle dans la cuisine.) Le coiffeur est à gauche de la **banque**, sur l'**avenue** de la République. Ensuite, passe à l'épicerie du Père Hervé pour acheter des carottes et un poulet pour ce soir. Et puis, mon amie Félicie a un cadeau pour moi. Son **adresse** est 23, rue St-Honoré. C'est très simple. Tu ne vas pas avoir de problèmes à trouver sa maison. Quand tu sors de la **boutique** du père Hervé, **traverse** l'avenue Lamartinière, **continue** dans la rue Oswald Durand et **tourne** à droite dans la rue St-Honoré. L'appartement de Félicie est près de la **fontaine**.

Merci, mon chéri!

Maman

Les mots apparentés

accompagner	une fontaine
une adresse	le futur
une avenue	un office du
une banque	tourisme
un boulevard	signer
une boutique	une statue
continuer	tourner
une enveloppe	traverser

3 **Les mots apparentés** Choisissez les mots apparentés de la liste qui correspondent aux définitions.

1. Un(e) artiste a sculpté cet objet. *la statue*
2. C'est un petit magasin. *la boutique*
3. On peut prendre de l'argent dans cet endroit. *la banque*
4. Ce type d'information permet de savoir où une personne habite. *l'adresse*

4 **Des indications** Votre cousin Jérôme ne connaît pas votre ville et vous l'aidez à trouver un magasin. Utilisez au moins dix mots de la liste pour donner des indications à votre cousin. Ensuite, comparez vos indications à celles d'un(e) camarade de classe. *Answers will vary.*

MODÈLE

Élève 1: L'adresse du magasin est...
Élève 2: Quand tu descends du bus 37, traverse l'avenue...

I CAN understand directions and talk about places in town using cognates.

soixante-treize **73**

Section Goals

In this section, students will learn and practice vocabulary related to:
- banking
- the post office
- business establishments

 SEL Suggestions

As you work through this unit, be mindful that students may not want to talk about their neighborhoods, especially if they live in areas with fewer resources. Remind students to be sensitive when talking to one another about their towns.

Teaching Tips

- Use the digital image for this page. Describe what people are doing. Examples: **Il poste une lettre. Elle retire de l'argent.** Then point out the various stores and other businesses. Have students identify the types of business based on the signs.
- Explain that **un salon de beauté** is a day spa where one gets manicures, pedicures, facials, massages, etc. It is not the same as **un coiffeur/une coiffeuse**. Other related vocabulary: **un(e) esthéticien(ne), une manucure, une pédicure, un massage, se faire faire un soin du visage (des pieds), se faire faire une manucure.** Point out that **manucure** also means manucurist.
- Ask students questions using the new vocabulary. Examples: **Que fait le facteur? Que fait la femme au distributeur automatique? Qui utilise les distributeurs automatiques dans votre famille? Que vend-on dans une librairie-papeterie? Qu'achète-t-on chez le marchand/la marchande de journaux?**
- Point out that **une libraire-papeterie** are not always combined and can be two separate stores.
- To introduce banking terms, mime several transactions. Say: **Quand j'ai besoin d'argent, je vais au distributeur.** Follow the same procedure with the post office vocabulary.
- If you have any euros, bring them to class to illustrate the meaning of **les pièces de monnaie, les billets, payer en liquide.**

Contextes — Leçon 2A

Communicative Goal Talk about errands and places around town

vhlcentral

Les courses

Vocabulaire

avoir un compte bancaire	to have a bank account
déposer de l'argent	to deposit money
emprunter	to borrow
payer par appli mobile	pay with a phone app
payer par carte (bancaire/de crédit)	to pay with a (debit/credit) card
payer en liquide	to pay in cash
remplir un formulaire	to fill out a form
retirer de l'argent	to withdraw money
une boîte aux lettres	mailbox
une carte postale	postcard
un timbre	stamp
un commissariat de police	police station
une laverie	laundromat
une librairie	bookstore
une mairie	town/city hall; mayor's office
une papeterie	stationery store
un compte d'épargne	savings account
une dépense	expenditure, expense
les pièces de monnaie (f.)/ de la monnaie	coins/change

Labels on illustration: BANQUE; les billets (m.); un distributeur automatique (de billets); un(e) marchand(e) de journaux; Ils font la queue.; SALON DE BEAUTÉ; un salon de beauté; BIJOUTERIE; une bijouterie

74 *soixante-quatorze*

EXTRA PRACTICE

Whole Class For additional practice, ask these questions. **1.** Qui a un compte bancaire dans votre famille? **2.** Avez-vous un compte d'épargne? **3.** Où y a-t-il un distributeur automatique? **4.** Où y a-t-il un bureau de poste? **5.** Où y a-t-il une banque? **6.** Où peut-on trouver un marchand de journaux près de chez vous? **7.** Quelle est votre boutique préférée?

GAME

Dix questions Ask a volunteer to think of a place listed in the new vocabulary. Other students get to ask one yes/no question, then they guess what the word is. Limit attempts to ten questions per word. Tell students that they can narrow down their options by asking questions about what can be done at the location.

En ville — Unité 2

Mise en pratique

1 Écoutez Écoutez la conversation entre Jean-Pierre et Carole. Ensuite, complétez les phrases avec les bon mots.

1. Carole demande à Jean-Pierre d'acheter des timbres et de ___poster un colis___ (poster un colis, retirer de l'argent, acheter du papier).
2. ___Le bureau de poste___ se trouve sur la route de Jean-Pierre. (Le bureau de poste, La papeterie, Le distributeur automatique)
3. Jean-Pierre veut ___déposer___ de l'argent à la banque. (retirer, déposer, emprunter)
4. Jean-Pierre doit ___remplir des formulaires___ à la banque. (faire la queue, remplir des formulaires, utiliser le distributeur automatique)
5. Jean-Pierre a acheté un journal ___chez le marchand de journaux___ (à la papeterie, chez le marchand de journaux, au supermarché)
6. Jean-Pierre n'avait pas assez de ___liquide___ sur lui. (chèques, carte bancaire, liquide)

2 Associez Associez chaque activité de la colonne de gauche avec le lieu qui correspond dans la colonne de droite.

- _d_ 1. acheter un chemisier — a. un bureau de poste
- _h_ 2. acheter du maquillage — b. une banque
- _g_ 3. acheter un magazine — c. une bijouterie
- _c_ 4. acheter une montre — d. une boutique
- _a_ 5. envoyer une carte — e. un commissariat de police
- _f_ 6. retirer de l'argent — f. un distributeur automatique
- _b_ 7. ouvrir un compte — g. un marchand de journaux
- _e_ 8. payer une amende — h. un salon de beauté

3 Complétez Complétez ces phrases avec le mot ou l'expression qui convient le mieux. N'oubliez pas de faire les accords nécessaires.

1. ___Le facteur/La factrice___ apporte le courrier tous les jours à la même heure.
2. Quand les magasins sont ___fermés___, on ne peut pas faire de courses.
3. Pour poster une lettre, on peut simplement la mettre dans ___une boîte aux lettres___.
4. Quand on n'a pas beaucoup d'argent, il faut faire attention à ses ___dépenses___.
5. Si la banque n'est pas ouverte, on peut toujours ___retirer de l'argent___ au distributeur automatique.
6. Quand on envoie une lettre, il ne faut pas oublier d'écrire l'adresse sur l'enveloppe et de mettre ___un timbre___.
7. Pour acheter une voiture, il faut souvent ___emprunter___ de l'argent.
8. Si on n'a pas de lave-linge à la maison, il faut aller à ___la laverie___.

soixante-quinze 75

Contextes Leçon 2A

Communication

Interpersonal Communication

4 Décrivez À tour de rôle, choisissez une image et décrivez-la. Votre partenaire doit deviner de quelle image vous parlez. Answers will vary.

1.

2.

3.

4.

5.

6.

5 Répondez Avec un(e) partenaire, posez ces questions et répondez-y à tour de rôle. Ensuite, comparez vos réponses avec celles (*those*) d'un autre groupe. Answers will vary.

Interpersonal Communication

1. Tes parents vont-ils souvent au bureau de poste? Pour quoi faire?
2. Quel genre de courses ta famille fait-elle le week-end?
3. Où est-ce que tu fais souvent la queue? Pourquoi?
4. Y a-t-il une laverie près de chez toi? Combien de fois par mois tes parents ou toi y allez-vous?
5. Comment préfères-tu payer tes achats (*purchases*)? Et tes parents? Pourquoi?
6. As-tu déjà utilisé un distributeur de billets? Combien de fois?

6 À vous de jouer Par petits groupes, choisissez une de ces situations et écrivez un dialogue. Ensuite, jouez la scène. Answers will vary.

Presentational Communication

1. À la banque, un(e) étudiant(e) veut ouvrir un compte bancaire et connaître les services offerts.
2. À la poste, une vieille dame (*lady*) veut envoyer un colis, acheter des timbres et faire un changement d'adresse. Il y a la queue derrière elle.
3. Dans un salon de beauté, deux femmes discutent de leurs courses à la mairie, à la librairie-papeterie et chez le marchand de journaux.
4. Dans un café, des amis déjeunent ensemble et à la fin, partagent l'addition.

☑ **I CAN** talk about errands and places around town.

76 soixante-seize

Communicative Goal Understand the **h muet** versus the **h aspiré** | **En ville** | **Unité 2**

Les sons et les lettres

The letter h

You already know that the letter **h** is silent in French, and you are familiar with many French words that begin with an **h muet**. In such words, the letter **h** is treated as if it were a vowel. For example, the articles **le** and **la** become **l'** and there is a liaison between the final consonant of a preceding word and the vowel following the **h**.

l'heure   l'homme   des hôtels   des hommes

Some words begin with an **h aspiré**. In such words, the **h** is still silent, but it is not treated like a vowel. Words beginning with **h aspiré**, like these you've already learned, are not preceded by **l'** and there no liaison.

la honte   les haricots verts   le huit mars   les hors-d'œuvre

Words that begin with an **h aspiré** are normally indicated in dictionaries by some kind of symbol, usually an asterisk (*).

Comparisons

Le h en anglais En anglais aussi, il y a deux types de **h**. Il y a le **h** muet, comme dans le mot *hour*. Il y a aussi le **h** aspiré, comme dans le mot *hotel*. Au contraire du français, on entend bien la différence entre les deux **h** en anglais. On utilise un article indéfini différent s'il y a un **h** muet ou un **h** aspiré. On dit *an* hour mais *a* hotel.

- Faites une liste de cinq mots qui commencent par un **h** muet et de cinq mots qui commencent par un **h** aspiré en anglais.

1 Prononcez Répétez les mots suivants à voix haute.

1. le hall
2. le handicap
3. l'humeur
4. la honte
5. le héron
6. l'horloge
7. l'horizon
8. le hippie
9. l'hilarité
10. la Hongrie
11. l'hélicoptère
12. les hamburgers
13. les hiéroglyphes
14. les hors-d'œuvre
15. les hippopotames
16. l'hiver

2 Articulez Répétez les phrases suivantes à voix haute.

1. Hélène joue de la harpe.
2. Hier, Honorine est allée à l'hôpital.
3. Le hamster d'Hervé s'appelle Henri.
4. La Havane est la capitale de Cuba.
5. L'anniversaire d'Héloïse est le huit mars.
6. Le hockey et le handball sont mes sports préférés.

3 Dictons Répétez les dictons à voix haute.

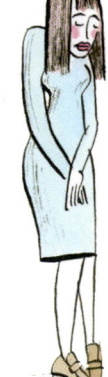

La honte n'est pas d'être inférieur à l'adversaire, c'est d'être inférieur à soi-même.[1]

L'heure, c'est l'heure; avant l'heure, c'est pas l'heure; après l'heure, c'est plus l'heure.[2]

[1] Shame is not being inferior to an adversary; it's being inferior to oneself.
[2] On time is on time; before the hour is not on time; after the hour is no longer on time.

I CAN apply pronunciation rules in order to communicate clearly in a variety of situations.

soixante-dix-sept 77

Section Goals

In this section, students will learn functional phrases for talking about errands and money and expressing negation.

Video Recap: Leçon 1B

Before doing this **Roman-photo**, review the previous one with this activity.
1. Où est Rachid quand l'épisode commence? (Il est à une station-service.)
2. Pourquoi y va-t-il? (Il y va pour faire le plein.)
3. Qui attend Rachid au P'tit Bistrot? (Amina l'attend.)
4. Qu'est-ce que Rachid donne à Amina? (Il lui donne des fleurs.)
5. Qu'est-ce qui se passe en route? (Un voyant s'allume. Ils ont un pneu crevé.)

Video Synopsis

Rachid and Amina are buying some food at a **charcuterie** for a picnic. Rachid needs some cash, so they head for an ATM. As they are walking, Amina says she has to go to the post office, the jewelry store, and a boutique that afternoon. David invites Sandrine to eat at a **brasserie**. On the way, they run into Rachid and Amina at the ATM. Sandrine and Amina discuss their new relationships.

Scaffolding

- Have students predict what the episode will be about based on the video stills.
- Have students scan the captions for sentences related to places in a city.
- After reading the **Roman-photo**, have students summarize the episode.
- Point out that Amina can buy stamps from a machine even when the post office is closed.

Roman-photo   Leçon 2A

Communicative Goal Understand short conversations about errands

On fait des courses

PERSONNAGES

Amina

David

Employée

Rachid

Sandrine

 vhlcentral | ▶ Roman-photo

À la charcuterie...
EMPLOYÉE Bonjour, Mademoiselle, Monsieur. Qu'est-ce que je vous sers?
RACHID Bonjour, Madame, quatre tranches de pâté et de la salade de carottes pour deux personnes, s'il vous plaît.
EMPLOYÉE Et avec ça?
RACHID Deux tranches de jambon, s'il vous plaît.

RACHID Vous prenez les cartes de crédit?
EMPLOYÉE Ah désolée, Monsieur, nous n'acceptons que les paiements en liquide ou par chèque.
RACHID Amina, je viens de m'apercevoir que je n'ai pas de liquide sur moi!
AMINA Ce n'est pas grave, j'en ai assez. Tiens.

Dans la rue...
RACHID Merci, chérie. Passons à la banque avant d'aller au parc.
AMINA Mais nous sommes samedi midi, la banque est fermée.
RACHID Peut-être, mais il y a toujours le distributeur automatique.
AMINA Bon d'accord... J'ai quelques courses à faire plus tard cet après-midi. Tu veux m'accompagner?

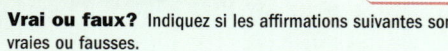

Dans une autre partie de la ville...
DAVID Tu aimes la cuisine alsacienne?
SANDRINE Oui, j'adore la choucroute!
DAVID Tu veux aller à la brasserie La Petite France? C'est moi qui t'invite.
SANDRINE D'accord, avec plaisir.
DAVID Excellent! Avant d'y aller, il faut trouver un distributeur automatique.
SANDRINE Il y en a un à côté de la banque.

Au distributeur automatique...
SANDRINE Eh regarde qui fait la queue!
RACHID Tiens, salut, qu'est-ce que vous faites de beau, vous deux?
SANDRINE On va à la brasserie. Vous voulez venir avec nous?

AMINA Non non! Euh... je veux dire... Rachid et moi, on va faire un pique-nique dans le parc.
RACHID Oui, et après ça, Amina a des courses importantes à faire.
SANDRINE Je comprends, pas de problème... David et moi, nous avons aussi des choses à faire cet après-midi.

ACTIVITÉS

Interpretive Communication

1 Vrai ou faux? Indiquez si les affirmations suivantes sont vraies ou fausses.
1. À la charcuterie, Rachid paie par carte. Faux.
2. Amina doit aller à la poste pour acheter des timbres. Vrai.
3. David et Rachid vont retirer de l'argent. Vrai.
4. Amina et Rachid vont à la brasserie. Faux.
5. Amina va faire ses courses après le pique-nique. Vrai.

Interpretive Communication

2 Complétez Complétez les phrases suivantes.
1. La charcuterie accepte les paiements en liquide et _par chèque_.
2. Amina veut aller à la poste, à la boutique de vêtements et à la _bijouterie_.
3. À côté de la banque, il y a un _distributeur automatique_.
4. Amina paie avec des pièces de monnaie et des _billets_.
5. Amina a des _courses_ à faire cet après-midi.

78 *soixante-dix-huit*

PRE-VIEWING

On fait des courses Tell students to read the title and the scene setter. Then have them predict what might happen in this episode. Write their predictions on the board. After viewing the episode, have them confirm or correct their predictions.

VIEWING

Regarder la vidéo Show the video in four parts, pausing the video before each location change. Have students describe what happens in each place. Write their observations on the board. Then show the entire episode again without pausing and have the class fill in any missing details to summarize the plot.

En ville **Unité 2**

Amina et Rachid préparent un pique-nique.

RACHID Volontiers. Où est-ce que tu vas?
AMINA Je dois aller à la poste pour acheter des timbres et envoyer quelques cartes postales, et puis je voudrais aller à la bijouterie. J'ai reçu un e-mail de la bijouterie qui vend les bijoux que je fais. Regarde.
RACHID Très joli!

AMINA Oui, tu aimes? Et après ça, je dois passer à la boutique Olivia où l'on vend mes vêtements.
RACHID Tu vends aussi des vêtements dans une boutique?
AMINA Oui, mes créations! J'étudie le stylisme de mode, tu ne t'en souviens pas?
RACHID Si, bien sûr, mais... Tu as vraiment du talent.

Expressions utiles

Dealing with money
- Nous n'acceptons que les paiements en liquide.
  We only accept payment in cash.
- Je viens de m'apercevoir que je n'ai pas de liquide.
  I just noticed/realized I don't have any cash.
- Il y a toujours le distributeur automatique.
  There's always the ATM.

Running errands
- J'ai quelques courses à faire plus tard cet après-midi.
  I have a few/some errands to run later this afternoon.
- Je voudrais aller à la bijouterie qui vend les bijoux que je fais.
  I'd like to go to the jewelry shop that sells the jewelry I make.

Expressing negation
- Pas de problème.
  No problem.
- On n'a plus besoin de chercher un Cyberhomme?
  We no longer need to look for a Cyberhomme?
- Pour le moment, je ne cherche personne.
  For the time being/the moment, I'm not looking for anyone.
- Rien d'important.
  Nothing important.

Additional vocabulary
- J'ai reçu un e-mail.
  I received an e-mail.
- Qu'est-ce que vous faites de beau?
  What are you up to?

AMINA Alors! On n'a plus besoin de chercher un Cyberhomme?
SANDRINE Pour le moment, je ne cherche personne. David est super.

DAVID De quoi parlez-vous?
SANDRINE Oh, rien d'important.
RACHID Bon, Amina. On y va?
AMINA Oui. Passez un bon après-midi.
SANDRINE Vous aussi.

3 **Considérez** Répondez aux questions. *Answers will vary.*
1. Quand vous faites les courses, comment est-ce que vous payez vos achats, d'habitude? Par carte? En liquide? Comparez vos expériences dans les petits commerces à celle de Rachid à la charcuterie.
2. Quand vous sortez en couple, qui paie? Est-ce que vous avez l'habitude de sortir avec un autre couple ou en groupe? Y a-t-il des croyances et coutumes qui influencent ces pratiques? Comment?

I CAN I can understand short conversations about errands.

4 **À vous!** Que se passe-t-il au pique-nique ou à la brasserie? Avec un(e) camarade de classe, écrivez une conversation entre Amina et Sandrine ou Rachid et David, dans laquelle elles/ils se racontent ce qu'ils ont fait. Qu'ont-ils mangé? Se sont-ils amusés? Était-ce romantique? Jouez la scène devant la classe. *Answers will vary.*

soixante-dix-neuf **79**

Culture Leçon 2A

Communicative Goal Identify and reflect on cultural products and practices related to small businesses

AP® **Theme:** Global Challenges
Context: Economic Issues

  Flash culture

CULTURE À LA LOUPE

Les petits commerces

Dans beaucoup de pays francophones, on fait toujours les courses chez les petits commerçants, même s'il est plus pratique d'aller au supermarché. On allie° modernité et tradition: on fait souvent les courses une fois par semaine au supermarché mais quand on a plus de temps, on se rend° dans les petits commerces où on achète des produits plus authentiques et parfois plus proches° de son domicile°.

Pour le fromage, par exemple, on va à la fromagerie ou à la crémerie; pour la viande, on va à la boucherie; pour le poisson, à la poissonnerie. Dans les épiceries de quartier, on trouve aussi toutes sortes de produits, par exemple des fruits et des légumes, des produits frais°, des boîtes de conserve° et des produits surgelés°. Les épiceries fines se spécialisent dans les produits de luxe et parfois, dans les plats préparés.

En France, la boulangerie reste le petit commerce le plus fréquenté. Le pain artisanal, les croissants et les brioches ont aussi un goût° bien différent des produits industriels. Chaque quartier, chaque village a au minimum une boulangerie. Dans certaines rues des grandes villes françaises (Paris, Lyon, Marseille, Bordeaux, etc.) il y en a parfois quatre ou cinq proches les unes des autres. Les pâtisseries aussi sont très nombreuses°.

Les petits commerces ont survécu° en France grâce à° une volonté° politique. Pour les sauvegarder°, les pouvoirs° publics des années 1980 ont limité les autorisations de constructions des supermarchés et hypermarchés dans la périphérie° des villes. Malgré° cela, les supermarchés se sont intégrés dans les villes au cours des années. Aujourd'hui, les petits commerces sont menacés par les prix plus intéressants des supermarchés et la hausse° des achats en ligne. Donc, une fois de plus, les pouvoirs publics ont relancé° leurs efforts afin de° les sauver parce que c'est la présence des petits commerces qui donne vie aux centres-villes et aux quartiers.

même even **allie** combines **se rend** goes **proches** close **domicile** home **frais** fresh **boîtes de conserve** canned goods **surgelés** frozen **goût** flavor **nombreuses** numerous **survécu** survived **grâce à** thanks to **volonté** will **sauvegarder** save **pouvoirs** authorities **périphérie** outskirts **Malgré** Despite **hausse** rise **relancé** renewed **afin de** in order to

Critères les plus influents dans le choix des magasins alimentaires

1. la proximité
2. les prix
3. les choix
4. le parking
5. la rapidité

Et vous? Quels facteurs considérez-vous les plus importants dans le choix des magasins alimentaires?

ACTIVITÉS

Interpretive Communication

1 Compréhension Complétez les phrases. *Answers will vary.*

1. Dans beaucoup de pays francophones, on fait les courses au supermarché ou chez _les petits commerçants_.
2. Pour acheter du fromage, on peut aller à la fromagerie ou à _la crémerie_.
3. Le _pain artisanal_ des boulangeries a un goût très différent des produits industriels.
4. Les petits commerces français ont survécu grâce à _une volonté politique_.

2 Considérez Répondez aux questions. *Answers will vary.*

1. Où est-ce que vous faites les courses? Quels petits commerces existent dans votre communauté?
2. À votre, avis, est-ce qu'il est important d'avoir des petits commerçants dans une communauté? Pourquoi ou pourquoi pas?
3. Comparez la volonté politique qui préserve les petits commerces en France aux attitudes et initiatives dans votre communauté.
4. Comment est-ce que les attitudes et valeurs d'une communauté influencent son environnement entrepreneurial?

Relating Cultural Products to Perspectives | Relating Cultural Practices to Perspectives | Cultural Comparisons

80 quatre-vingts

Unité 2 — En ville

PORTRAIT

Le Marché en fer

AP® Theme: Beauty and Aesthetics
Context: Architecture

Construite° à Paris, initialement pour devenir une gare égyptienne, l'immense structure est achetée par Haïti en 1891. Faite de fer° et peinte en rouge, elle prend alors le nom de «Marché en fer». Le marché est composé de deux galeries° de 2.000 m² chacune. Elles sont connectées par une imposante porte avec, en son centre, une horloge et quatre tours° en forme de dôme.

À l'abandon depuis 2008, complètement détruit par le séisme° de 2010, le marché a été entièrement reconstruit à l'identique, avec néanmoins° des panneaux solaires pour fournir de l'électricité à ses quelques 900 commerçants. Il est de nouveau inauguré en 2011. Tout s'y vend°. Ses galeries sont remplies d'objets variés et peu chers, comme des fruits, des légumes et des épices typiquement haïtiens.

On y trouve aussi des tissus° colorés, des produits de beauté et des vêtements, et surtout une grande sélection d'objets d'art haïtien. Le Marché en fer est un endroit incontournable° pour faire ses achats à Port-au-Prince.

Construite Built **faite de fer** made of iron **galeries** halls **tours** towers **séisme** earthquake **néanmoins** however **Tout s'y vend** everything is sold there **tissus** fabrics **incontournable** not to be missed

LE MONDE FRANCOPHONE

Où faire des courses?

Voici quelques endroits intéressants où faire des courses.

AP® Theme: Contemporary Life
Context: Travel

En Afrique du Nord les souks, quartiers des vieilles villes où il y a une grande concentration de magasins et de stands

En Côte d'Ivoire le marché de Cocody à Abidjan où on trouve des tissus et des objets locaux

À la Martinique le grand marché de Fort-de-France, un marché couvert°, ouvert tous les jours, qui offre toutes sortes de produits

À Montréal le Complexe souterrain Desjardins, un district du centre-ville où les centres commerciaux sont reliés° entre eux par des tunnels

À Paris le marché aux puces° de Saint-Ouen où on trouve des antiquités et des objets divers

À Tahiti le marché couvert de Papeete où on offre des produits pour les touristes et pour les Tahitiens

plein air outdoor **couvert** covered **souterraine** underground **reliés** connected **marché aux puces** flea market

Sur le web
Choisissez un des lieux présentés dans **Le monde francophone**. Faites des recherches en ligne et répondez aux questions: Comment est cet endroit? Quelles sortes de produits y vend-on? Qui les achète? Quel est l'objet ou le produit le plus intéressant que vous y avez trouvé? Dans un petit paragraphe, expliquez pourquoi vous avez choisi cet objet et ce que vous avez découvert à propos de la culture de cette région à travers votre exploration.

3 Vrai ou faux? Indiquez si les phrases sont vraies ou fausses. Corrigez les phrases fausses.

1. Le marché a été construit en France. Vrai.
2. La grande porte rouge est en bois (*wood*). Faux. Elle est en fer.
3. Un tremblement de terre a détruit le marché. Vrai.
4. À Montréal, il y a un quartier souterrain. Vrai.

4 Le marchandage
En Afrique du Nord et en Haïti, il est très courant de marchander ou de discuter avec un vendeur pour obtenir un meilleur prix. Avez-vous déjà eu l'occasion de marchander? Où? Quand? Qu'avez-vous acheté? Avez-vous obtenu un bon prix? Discutez de ce sujet avec un(e) partenaire.

I CAN identify and reflect on cultural products and practices related to small businesses.

quatre-vingt-un 81

Structures

Leçon 2A

Communicative Goal Describe what people see, believe, and experience

2A.1 Voir, croire, recevoir, and apercevoir

Point de départ In this section, you will learn to conjugate four new irregular verbs.

Je m'aperçois que je n'ai pas d'argent.

On vous a vus devant le distributeur!

- Here is the conjugation of the verb **voir** (*to see*).

voir	
je vois	nous voyons
tu vois	vous voyez
il/elle voit	ils/elles voient

Vous **voyez** la mairie à côté du commissariat de police?
Do you see the city hall next to the police station?

Je ne **vois** pas bien sans mes lunettes.
I don't see well without my glasses.

- The verb **revoir** (*to see again*) is derived from **voir** and is conjugated the same way.

Il ne va pas **revoir** ce film avec moi.
He is not going to see this movie again with me.

On se **revoit** mercredi ou jeudi?
Will we see each other again Wednesday or Thursday?

- Here is the conjugation of the verb **croire** (*to believe*). The prepositions **en** and **à** as well as the conjunction **que** often follow the verb **croire**.

croire	
je crois	nous croyons
tu crois	vous croyez
il/elle/on croit	ils/elles croient

Je **crois** en lui.
I believe in him.

Croyez-vous à son histoire?
Do you believe his story?

Tu **crois** que l'homme est innocent.
You believe that the man is innocent.

Nous **croyons** que la boutique est fermée aujourd'hui.
We think that the store is closed today.

82 *quatre-vingt-deux*

En ville — Unité 2

- You already know how to conjugate **devoir**. You will now learn two verbs that are conjugated similarly.

recevoir and *apercevoir*

	recevoir (to receive)	**apercevoir** (to catch sight of, to see)
je/j'	reçois	aperçois
tu	reçois	aperçois
il/elle/on	reçoit	aperçoit
nous	recevons	apercevons
vous	recevez	apercevez
ils/elles	reçoivent	aperçoivent

Je **reçois** de l'argent de mon père.
I receive money from my father.

D'ici, on **aperçoit** le bureau de poste.
From here, you see the post office.

- The verb **s'apercevoir** means *to notice*, *to be aware of*, or *to realize*.

Cela ne **s'aperçoit** pas.
It is not noticeable.

Il **s'aperçoit** de son erreur.
He realizes his mistake.

Forms in other tenses

- **Voir**, **croire**, **recevoir**, and **apercevoir** all take **avoir** as the auxiliary verb in the **passé composé**. Their past participles are respectively, **vu**, **cru**, **reçu**, and **aperçu**.

Tu **as vu** son ami au parc?
Did you see his friend at the park?

Nous **avons reçu** un colis.
We received a package.

- The **imperfect** of **voir**, **croire**, **recevoir**, and **apercevoir** is formed the same way as regular verbs. Drop the **-ons** from the **nous** form of the present tense and add the **imparfait** endings.

Je **recevais** toujours des colis pour mon anniversaire.
I used to always receive packages for my birthday.

Croyiez-vous qu'elle disait la vérité?
Did you believe that she was telling the truth?

- The **conditionnel** of **voir**, **croire**, **recevoir**, and **apercevoir** are formed respectively with the stems **verr-**, **croir-**, **recevr-**, and **apercevr-**.

On **croirait** que c'est facile à faire.
One would think it's easy to do.

De là-bas, on **apercevrait** le bureau de poste.
From over there, you would catch sight of the post office.

Essayez! Complétez les phrases avec les formes correctes des verbes au présent.

1. Je ne ___vois___ (voir) pas la banque d'ici.
2. Vous ___croyez___ (croire) à son histoire (*story*)?
3. Nous ___recevons___ (recevoir) toujours une lettre de Marie à Noël.
4. Mes amis ___croient___ (croire) que je dors.
5. Ils ___aperçoivent___ (apercevoir) le facteur au coin (*corner*) de la rue.
6. Nous ___voyons___ (voir) encore nos amis d'enfance.
7. Le prof ___reçoit___ (recevoir) un cadeau des élèves.
8. Tu ___aperçois___ (apercevoir) le marchand de journaux?

Structures
Leçon 2A

2A.1 Mise en pratique

1 **Autour du lycée** Vous parlez avec un(e) ami(e) de votre vie. Complétez les phrases avec les verbes appropriés au présent.

1. De sa chambre, mon ami Marc __voit/aperçoit__ le lycée.
2. Ma famille et moi, nous ne __recevons__ pas de visites pendant la semaine.
3. Je __crois__ que la vie au lycée peut être difficile quelquefois.
4. Ma petite amie et sa sœur __reçoivent__ souvent des colis.
5. Quand il fait beau, nous __apercevons/voyons__ les montagnes derrière le stade.
6. Ton meilleur ami et toi, vous __recevez__ de bonnes notes aux examens?
7. Mes parents __croient__ que le quartier du lycée est assez sympa.
8. Tu __vois__ beaucoup de personnes sur ton chemin (*way*) quand tu vas au lycée?

2 **En Haïti** Mélanie a passé une semaine en Haïti avec sa famille. Elle en parle avec son petit ami. Utilisez les verbes donnés au passé composé.

MODÈLE
Papa et Fabrice / apercevoir / la citadelle Laferrière / de l'avion
Papa et Fabrice ont aperçu la citadelle Laferrière de l'avion.

1. Papa et Maman / revoir / de vieux amis / à Cap-Haïtien
   Papa et Maman ont revu de vieux amis à Cap-Haïtien.
2. nous / recevoir / des cadeaux / de leurs amis
   Nous avons reçu des cadeaux de leurs amis.
3. je / voir / beaucoup / de sites historiques intéressants
   J'ai vu beaucoup de sites historiques intéressants.
4. Simon / croire / la citadelle / être fermée
   Simon a cru que la citadelle était fermée.
5. ta sœur et toi / recevoir / ma carte postale / ?
   Ta sœur et toi, vous avez reçu ma carte postale?
6. vous / s'apercevoir / elle / avoir un joli timbre / ?
   Vous vous êtes aperçus qu'elle avait un joli timbre?

Connections

La citadelle Laferrière
Cette forteresse impressionnante, qui date du 19ᵉ siècle, se trouve dans le massif de la Selle, dans le Parc national historique au sud de la ville de Cap-Haïtien, l'ancienne (*former*) capitale d'Haïti. La forteresse est un symbole important pour les Haïtiens. Elle a été construite par d'anciens esclaves (*slaves*) pour défendre leur jeune république contre le retour des Français après l'indépendance d'Haïti en 1804. De la terrasse de la forteresse qui se situe à 900 mètres d'altitude, on a une vue spectaculaire sur les montagnes au nord du pays, les rivières et l'océan.

• Y a-t-il un monument «symbolique» dans votre communauté, région ou pays? Quelle est son importance?

AP® Theme: Beauty and Aesthetics
Context: Contributions to World Artistic Heritage

3 **Ma vie au lycée** Natalia parle de sa vie au lycée l'année dernière. Regardez les illustrations et complétez les phrases avec les verbes **recevoir** et **apercevoir** au passé composé ou à l'imparfait.

Suggested answers

1. Tous les jours, je __recevais des textos.__

2. De leur fenêtre, les élèves __apercevaient d'autres élèves.__

3. La semaine dernière, mon meilleur ami __a reçu son diplôme.__

4. Quelquefois, nous __apercevions notre prof à la cantine.__

84 *quatre-vingt-quatre*

Communication

4 **Curieux!** Avec un(e) partenaire, posez-vous ces questions à tour de rôle.

1. Reçois-tu souvent des textos? De qui?
2. Tes parents recevaient-ils souvent des amis quand tu étais petit(e)?
3. Crois-tu aux extraterrestres? Pourquoi?
4. Qu'aperçois-tu de ta chambre? Des arbres?
5. Qui as-tu vu le week-end dernier?
6. Est-ce que tu as reçu beaucoup de cadeaux pour ton anniversaire? De qui?
7. D'habitude, quand est-ce que tu vois tes cousins?
8. Reçois-tu toujours de bonnes notes? Dans quels cours?

5 **Assemblez** Connaissez-vous des personnes qui achètent sur Internet? Assemblez les éléments des colonnes pour en parler. Utilisez les verbes **voir**, **recevoir**, **apercevoir**, **croire** et **s'apercevoir** dans votre conversation.

MODÈLE

Élève 1: Mon frère aîné commande parfois des livres sur Internet. Une fois, il n'a pas reçu ses livres!
Élève 2: Mon père adore acheter sur Internet. Il voit souvent des objets qui l'intéressent.

A	B	C
je	apercevoir	billets d'avion
tu	s'apercevoir	billets de concert
un(e) ami(e)	commander	carte bancaire
nous	croire	colis
vous	payer	livres
tes parents	recevoir	portable
tes profs	voir	vêtements
?	?	?

6 **Enquête** Votre professeur va vous donner une feuille d'activités. Circulez dans la classe et demandez à vos camarades s'ils connaissent quelqu'un qui pratique chaque activité de la liste. S'ils répondent par l'affirmative, demandez-leur qui est la personne et écrivez la réponse. Ensuite, présentez vos réponses à la classe.

MODÈLE

Élève 1: Connais-tu quelqu'un qui reçoit rarement des e-mails?
Élève 2: Oui, mon frère aîné reçoit très peu d'e-mails.

Activités	Noms	Réponses
1. recevoir / rarement / e-mails	Quang	son frère aîné
2. s'inquiéter / quand / ne pas / recevoir / e-mails		
3. apercevoir / e-mail bizarre / le / ouvrir		

I CAN describe what people see and experience.

Section Goals

In this section, students will learn negative and affirmative expressions.

Scaffolding

- Introduce negative expressions by providing a context for the different examples used on these pages. Examples: **J'ai mal au ventre. Je n'ai aucune envie de manger. Le bureau de poste est encore fermé! Il n'est jamais ouvert.**
- To help students distinguish between the negative expressions on this page, display a set of seven fill-in-the-blank sentences with only the second negative particle (**personne, rien,** etc.) missing from each one. Examples: **Je n'ai ____ d'argent!** (plus) **Il n'y a ____ dans le couloir.** (personne)
- Emphasize that, just as with **ne... pas, de** is used instead of the definite article in negative constructions, except with **ne... que**. Give a few affirmative examples and have students negate them: **Il y a des billets dans le distributeur** (Il n'y a pas de billets dans le distributeur.) **J'ai des timbres.** (Je n'ai plus de timbres.) **J'ai un compte bancaire.** (Je n'ai qu'un compte bancaire.)
- Write the examples using the negative expressions with the **passé composé** on the board. Ask students what they notice about the placement of **ne** and the negative words. Then practice their placement by writing sentences on sets of index cards, so that a word is on each card. Give out the cards for a sentence to a group of students and have them put the cards in order.
- Have students complete the first **Vérifiez** activity.

Structures
Leçon 2A

Communicative Goal
Affirm or negate specific information

2A.2 Negative/affirmative expressions

Point de départ You already know how to negate verbs with **ne... pas**, which is used to make a general negation. In French, as in English, you can also use a variety of expressions that add a more specific meaning to the negation.

- The other negative expressions are also made up of two parts: **ne** and a second negative word. The verb is placed between these two words.

Negative expressions			
ne... aucun(e)	none (not any)	**ne... plus**	no more (not anymore)
ne... jamais	never (not ever)	**ne... que**	only
ne... ni... ni	neither... nor	**ne... rien**	nothing (not anything)
ne... personne	nobody, no one		

Je **n'**ai **aucune** envie de manger.
I don't have any desire to eat.

Le bureau de poste **n'**est **jamais** ouvert.
The post office is never open.

Elle **n'**aime **personne**.
She doesn't like anyone.

Il **n'**a **plus** de monnaie.
He has no more change.

Ils **n'**ont **que** des timbres pour l'Europe.
They only have stamps for Europe.

Le facteur **n'**avait **rien** pour nous.
The mailman had nothing for us.

- To negate the expression **il y a**, place **n'** before **y** and the second negative word after the form of **avoir**.

Il **n'**y a **aucune** banque près d'ici?
Aren't there any banks nearby?

Il **n'**y avait **rien** sur mon compte.
There wasn't anything in my account.

- To say *neither... nor*, use three negative words: **ne... ni... ni**. Note that partitive and indefinite articles are usually omitted.

Le facteur **n'**est **ni** sympa **ni** sociable.
The mailman is neither nice nor sociable.

Je **n'**ai **ni** frères **ni** sœurs.
I have neither brothers nor sisters.

- Note that **de** is used instead of the indefinite article in a negative construction, except with **ne... que**.

Il **n'**y a **plus** de billets dans le distributeur.
There aren't any more bills in the ATM.

Je **n'**ai **qu'un** compte bancaire.
I only have one bank account.

- In the **passé composé**, the words **jamais, plus,** and **rien** are placed between the auxiliary verb and the past participle. **Aucun(e), personne,** and **que** follow the past participle.

Elle **n'**est **jamais** revenue.
She's never returned.

Vous **n'**avez signé **aucun** papier.
You didn't sign a single paper.

Nous **n'**avons **plus** emprunté d'argent.
We didn't borrow money anymore.

Il **n'**a parlé à **personne**.
He didn't speak to anyone.

Je **n'**ai **rien** dit aujourd'hui.
I didn't say anything today.

Ils **n'**en ont posté **que** deux.
They only mailed two.

vhlcentral
Grammar Tutorial

Vérifiez

quatre-vingt-six

DIFFERENTIATION

Auditory Learners Replay the **Roman-photo** while students listen for negative expressions in the last scene. Tell them to raise their hands when they hear one. Then play the video again, pausing each time a negative expression is used for students to say it aloud or write it down.

GAME

Negations Give students index cards with one negative expression and another word that could be used with it on each card. Then tell the students to produce sentences. Example: (*on the card*) **ne... personne + l'école** (**Personne ne va à l'école le dimanche.**)

En ville — Unité 2

Negative expressions: other uses

- The negative words **personne** and **rien** can be the subject of a verb, in which case they are placed before **ne (n')** and the verb.

  Personne n'était là.
  No one was there.

  Rien n'est arrivé dans le courrier.
  Nothing arrived in the mail.

- Note that **aucun(e)** can be either an adjective or a pronoun. Therefore, it must agree in gender with its corresponding noun. However, it is always used in the singular.

  ADJECTIVE
  Tu **ne** trouves **aucune banque**?
  Can't you find any banks?

  PRONOUN
  Je **n'**en trouve **aucune** par ici.
  I can't find any around here.

  ADJECTIVE
  Il **n'**a choisi **aucun** pull?
  He didn't pick any sweaters?

  PRONOUN
  Non, **aucun ne** lui allait bien.
  No, none of them fit him well.

- **Jamais**, **personne**, **plus**, and **rien** can be doubled up with **ne**.

  Elle **ne** parle **jamais** à **personne**.
  She never talks to anyone.

  Il **n'**y a **plus personne** ici.
  There isn't anyone here anymore.

  Elle **ne** dit **jamais rien**.
  She never says anything.

  Il **n'**y a **plus rien** ici.
  There isn't anything here anymore.

Affirmative expressions

- When an affirmative expression, such as **quelque chose** (*something*), **tout** (*everything*), **quelqu'un** (*someone*), **quelquefois** (*sometimes*), **toujours** (*always*), and **déjà** (*already*), is used in a question, it determines which negative expression is appropriate in the response.

  Vous cherchez **quelque chose**?
  Are you looking for something?

  Non, je **ne** cherche **rien**.
  No, I'm not looking for anything.

  Vous avez **tout** compris?
  Did you understand everything?

  Non, nous **n'**avons **rien** compris.
  No, we didn't understand anything.

  Il y a **quelqu'un**?
  Is someone there?

  Non, il **n'**y a **personne**.
  No, there's no one there.

  Est-elle **quelquefois** en retard?
  Is she sometimes late?

  Non, elle **n'**est **jamais** en retard.
  No, she's never late.

  Il est **toujours** aussi réservé?
  Is he always so reserved?

  Non, il **n'**est **jamais** si réservé.
  No, he is never that reserved.

  Tu es **déjà** allé à la banque?
  Have you already gone to the bank?

  Non, je **n'**y suis **pas encore** allé.
  No, I haven't gone there yet.

Essayez! Choisissez l'expression correcte.

1. (Jamais / **Personne**) ne trouve cet homme agréable.
2. Je ne veux (**rien** / jamais) faire aujourd'hui.
3. Y a-t-il (**quelqu'un** / personne) à la banque?
4. Je n'ai reçu (pas de / **aucun**) colis.
5. Il n'y avait (ne / **ni**) lettres ni colis dans la boîte aux lettres.
6. Il n'y a (**plus** / aucun) d'argent sur mon compte?
7. Jérôme ne va (toujours / **jamais**) à la poste.
8. La factrice n'arrive (toujours / **qu'**) à trois heures.

Structures — Leçon 2A

2A.2 Mise en pratique

1 Des vies différentes Fabiola et Mirlande sont deux sœurs haïtiennes. Fabiola habite à Port-au-Prince avec ses parents et sa sœur Mirlande est étudiante à Boston. Expliquez comment leurs vies sont totalement opposées.

MODÈLE

Fabiola est toujours élève au lycée.
Mirlande n'est plus élève au lycée.

1. Fabiola voit encore ses amies d'enfance. *Mirlande ne voit plus ses amies d'enfance.*
2. Fabiola parle créole et français en cours. *Mirlande ne parle ni français ni créole en cours.*
3. Fabiola comprend tout. *Mirlande ne comprend rien.*
4. Fabiola discute avec tout le monde en français. *Mirlande ne discute avec personne en français.*
5. Fabiola connaît tous les artistes du quartier. *Mirlande ne connaît aucun artiste du quartier.*
6. Fabiola va souvent à la plage en hiver. *Mirlande ne va jamais à la plage en hiver.*

2 À la banque Mathilde veut ouvrir un nouveau compte et elle pose des questions au banquier. Écrivez les réponses du banquier à la forme négative.

MODÈLE

La banque ferme-t-elle à midi? (jamais)
Non, la banque ne ferme jamais à midi.

1. La banque est-elle ouverte le samedi? (jamais) *Non, la banque n'est jamais ouverte le samedi.*
2. Peut-on ouvrir un compte sans papier d'identité? (personne) *Non, personne ne peut ouvrir de compte sans papier d'identité.*
3. Avez-vous des distributeurs automatiques dans les supermarchés? (aucun) *Non, nous n'avons aucun distributeur automatique dans les supermarchés./Non, nous n'avons de distributeur automatique dans aucun supermarché.*
4. Pour retirer de l'argent, ai-je encore besoin de remplir ce document? (plus) *Non, vous n'avez plus besoin de remplir ce document.*
5. Avez-vous des billets et des pièces dans vos distributeurs automatiques? (que) *Non, nous n'avons que des billets dans nos distributeurs automatiques.*
6. Est-ce que tout le monde peut retirer de l'argent de mon compte bancaire? (personne) *Non, personne ne peut retirer d'argent de votre compte bancaire.*

3 Pas exactement Tristan exagère souvent. Il a écrit ce texto et vous lui répondez pour dire que les choses ne sont pas arrivées exactement comme ça. Mettez toutes ses phrases à la forme négative dans votre réponse. *Answers will vary.*

MODÈLE

Tu n'es pas arrivé tard à la poste...

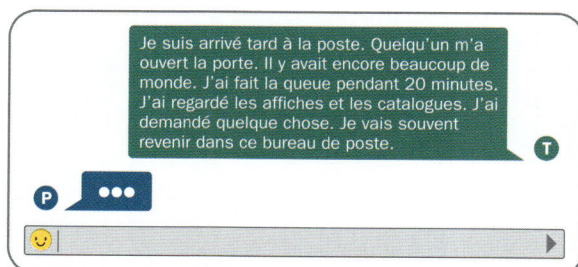

Je suis arrivé tard à la poste. Quelqu'un m'a ouvert la porte. Il y avait encore beaucoup de monde. J'ai fait la queue pendant 20 minutes. J'ai regardé les affiches et les catalogues. J'ai demandé quelque chose. Je vais souvent revenir dans ce bureau de poste.

Tu n'es pas arrivé tard à la poste. Personne ne t'a ouvert la porte. Il n'y avait plus personne. Tu n'as pas fait la queue pendant 20 minutes. Tu n'as regardé ni les affiches ni les catalogues. Tu n'as rien demandé. Tu ne vas jamais revenir dans ce bureau de poste.

Cultures

Port-au-Prince

Port-au-Prince, ou Pòtoprens en créole haïtien, est la capitale d'Haïti. Situé sur la côte ouest de l'île Hispaniola sur le golfe de Gonâve, dans la mer des Caraïbes, c'est le port principal et la ville la plus peuplée du pays, avec 1,2 millions d'habitants. Port-au-Prince est le centre de la vie politique, économique et culturelle d'Haïti. Depuis sa fondation en 1749, la ville a été dévastée par de nombreux tremblements de terre (*earthquakes*), le dernier en 2010. C'est donc une ville symbole de résilience, une des qualités fondamentales des Haïtiens. La résilience haïtienne inspire une vie artistique intense.

- Y a-t-il une ville symbole de résilience dans votre région ou pays? Qu'est-ce qui s'est passé? Comment des événements parfois tragiques ou difficiles affectent-ils une communauté?

AP® Theme: Contemporary Life
Context: Travel

Communication

4 De mauvaise humeur Aujourd'hui, Anne-Marie est très négative. Elle répond négativement à toutes les questions. Avec un(e) partenaire, jouez les rôles d'Anne-Marie et de son amie. Rajoutez (*Add*) deux lignes de dialogue supplémentaires à la fin. Answers will vary.

MODÈLE

tu / sortir avec quelqu'un en ce moment
Élève 1: Est-ce que tu sors avec quelqu'un en ce moment?
Élève 2: Non, je ne sors avec personne.

1. tu / faire quelque chose ce soir
2. ton frère / avoir encore sa vieille voiture
3. quelqu'un / habiter dans ta maison cet été
4. tu / avoir encore faim
5. ?
6. ?

5 Activités dangereuses Avec un(e) partenaire, faites une liste de dix activités dangereuses. Ensuite, travaillez avec un autre groupe et demandez à vos camarades s'ils pratiquent ces activités. Répondent-ils toujours par des phrases négatives? Answers will vary.

MODÈLE

Élève 1: Fais-tu du jogging quelque fois la nuit?
Élève 2: Non! Je ne fais jamais de jogging la nuit.

6 À la banque En vacances, vous vous apercevez que votre valise a disparu (*disappeared*) avec votre argent liquide, vos papiers et vos cartes bancaires. Vous avez besoin de retirer de l'argent à la banque. Par groupes de trois, préparez un dialogue entre vous et deux employés de banque. Utilisez les expressions de la liste. Answers will vary.

jamais	ne... que	quelqu'un
ne... aucun(e)	ne... rien	rien
ne... ni... ni	quelque chose	toujours
ne... plus		

I CAN affirm or negate specific information.

Synthèse — Leçon 2A

Révision

1. Je ne vais jamais… Votre professeur va vous donner une feuille d'activités. Circulez dans la classe pour trouver un(e) camarade différent(e) qui fait ses courses à ces endroits. Où ne vont-ils jamais? Où ne vont-ils plus? Justifiez toutes vos réponses. *Answers will vary.*

MODÈLE

Élève 1: Vas-tu souvent au café?
Élève 2: Non, je n'y vais jamais parce que je n'aime pas le café.

Endroits	Noms
1. banque	Sabrina
2. bijouterie	
3. boutique de vêtements	
4. café	
5. laverie	

2. Le courrier Avec un(e) partenaire, préparez six questions pour interviewer vos camarades à propos (*about*) de leur courrier. Utilisez les expressions négatives et les verbes **recevoir** et **envoyer**. Ensuite, posez vos questions à deux autres personnes et écrivez les réponses. *Answers will vary.*

MODÈLE

Élève 1: Est-ce que tu ne reçois que des lettres dans ton courrier?
Élève 2: Non, je reçois des cadeaux parfois, mais je n'en envoie jamais.

3. Au village Avec un partenaire, préparez une conversation entre un touriste et un habitant d'un petit village où tout est fermé. Le touriste pose des questions et l'habitant répond toujours par la négative. Utilisez les mots de la liste et des expressions négatives dans votre conversation. *Answers will vary.*

MODÈLE

Élève 1: À quelle heure le bureau de poste ouvre-t-il aujourd'hui?
Élève 2: Malheureusement, le bureau de poste n'existe plus, Monsieur!

banque	laverie
bureau de poste	mairie
commissariat de police	salon de beauté

4. Vrai ou faux? Préparez huit phrases à propos de ce que (*about what*) votre partenaire a fait ou n'a pas fait cette semaine. Ensuite, lisez vos phrases à votre partenaire qui va vous expliquer pourquoi elles sont vraies ou fausses. *Answers will vary.*

MODÈLE

Élève 1: Tu n'es jamais allé(e) dans le bureau du prof.
Élève 2: C'est faux. J'ai dû y aller hier pour lui poser une question.

- ne… aucun(e)
- ne… jamais
- ne… personne
- ne… plus
- ne… que
- ne… rien

5. Au secours! Avec un(e) partenaire, préparez un dialogue pour représenter la scène de cette illustration. Utilisez les verbes **s'apercevoir**, **voir** et **croire** et des expressions négatives et affirmatives. *Answers will vary.*

6. Dix ans plus tard Votre professeur va vous donner, à vous et à votre partenaire, deux plans d'une ville. Attention! Ne regardez pas la feuille de votre partenaire. *Answers will vary.*

MODÈLE

Élève 1: Il y a dix ans, la laverie avait beaucoup de clients.
Élève 2: Aujourd'hui, il n'y a personne dans la laverie.

Communicative Goal Watch a report about activities and places in a city

En ville — Unité 2

vhlcentral | ▶ Le Zapping

AP® Theme: Contemporary Life
Context: Travel

Paris je te quitte… pour Montpellier

On se balade dans les petites rues du centre-ville.

1 Préparation Répondez aux questions.

1. Décrivez le centre-ville de votre ville ou d'une ville voisine. Qu'est-ce qu'on y trouve? Quels moyens de transport sont disponibles? Qu'est-ce qu'on peut y acheter?
2. Où va votre famille pour faire ses courses? Quel(s) moyen(s) de transport utilise-t-on chez vous pour aller faire les courses?
3. Quels sont vos lieux préférés pour vous promener en ville? Et pour passer du temps entre amis? Imaginez ces lieux si vous n'habitez pas en ville.

Montpellier

Montpellier est une ville du sud de la France située près de la mer Méditerranée, dans la région de l'Occitanie. C'est une des rares villes de France où la population continue d'augmenter chaque année depuis 1945. Beaucoup de gens viennent à Montpellier pour améliorer° la qualité de leur vie. Ils cherchent le soleil, la nature et une ville agréable et facile à vivre. Montpellier a de bons transports, beaucoup de parcs et beaucoup d'équipements sportifs. On y trouve des quartiers historiques et touristiques, à côté de quartiers très modernes. C'est aussi une ville étudiante importante et dynamique: Les 70.000 étudiants de Montpellier représentent 20% de sa population.

améliorer *improve*

Vocabulaire utile

se balader	to take a walk
un(e) conjoint(e)	spouse
l'environnement (m.)	environment
une mutation professionnelle	job transfer
un(e) pote (fam.)	buddy
un(e) producteur/ productrice local(e)	local food producer
un tram(way)	streetcar

2 Compréhension Répondez aux questions. *Answers will vary.*

1. Où est-ce que Bastien aime bien aller dans Montpellier?
   au centre historique, à la Comédie, au jardin avec les enfants
2. Où peut-on aller pour faire les courses, d'après Solène?
   On peut aller faire son marché au centre-ville.
3. Qu'est-ce que Philippe aime faire le week-end?
   Il aime aller à la mer et voir ses copains faire du kitesurf.
4. Quels transports peut-on facilement utiliser dans Montpellier?
   le tram
5. Quel est l'avantage de la gare des trains, d'après Philippe?
   On peut aller à Paris en trois heures ou aller en Espagne.

3 Conversation Discutez en petits groupes *Answers will vary.* **Interpersonal Communication**

1. Comment Solène, Philippe et Bastien sont-ils arrivés à Montpellier? Qui a choisi de venir à Montpellier et pourquoi?
2. Ces personnes sont-elles contentes de vivre à Montpellier? Expliquez.
3. Est-ce qu'il est facile de se divertir (*entertain oneself*) à Montpellier, d'après vous? Partagez vos opinions.

4 Réflexion **Cultural Comparisons**
Faites une liste des qualités de Montpellier d'après les gens interviewés dans la vidéo, et d'après votre propre impression. Quels sont les avantages mentionnés dans la vidéo? Quels autres avantages avez-vous remarqués ou pouvez-vous imaginer?

5 Application **Making Connections**
En petits groupes, comparez Montpellier aux villes similaires de votre région. Comparez le centre-ville, les magasins, les activités, les transports, la géographie, etc. Puis, indiquez comment les villes de votre région reflètent l'histoire et la géographie de la région.

✓ **I CAN** understand several people talking about a city they like.

quatre-vingt-onze 91

Section Goals

In this section, students will learn and practice vocabulary related to:
- asking for and giving directions
- landmarks

Teaching Tips

- Tell students to look over the new vocabulary and identify the cognates.
- Use the digital image for this page. Point out objects and describe what the people are doing. Examples: **Il est perdu. Qui lui indique le chemin? Que font les élèves? Il y a deux feux de signalisation au carrefour.**
- Define and contrast the words for types of roads: **une rue, une autoroute, un boulevard, une avenue,** and **un chemin**. Also give examples using local roads students know.
- Point out that **coin** and **angle** both mean *corner*.
- Point out the difference between **tout droit** (*straight ahead*) and **à droite** (*to the right*).
- You might want to teach students the expression **point de repère** (*landmark; point of reference*).

Contextes

Leçon 2B | **Communicative Goal** Ask for and give directions

Où se trouve...?

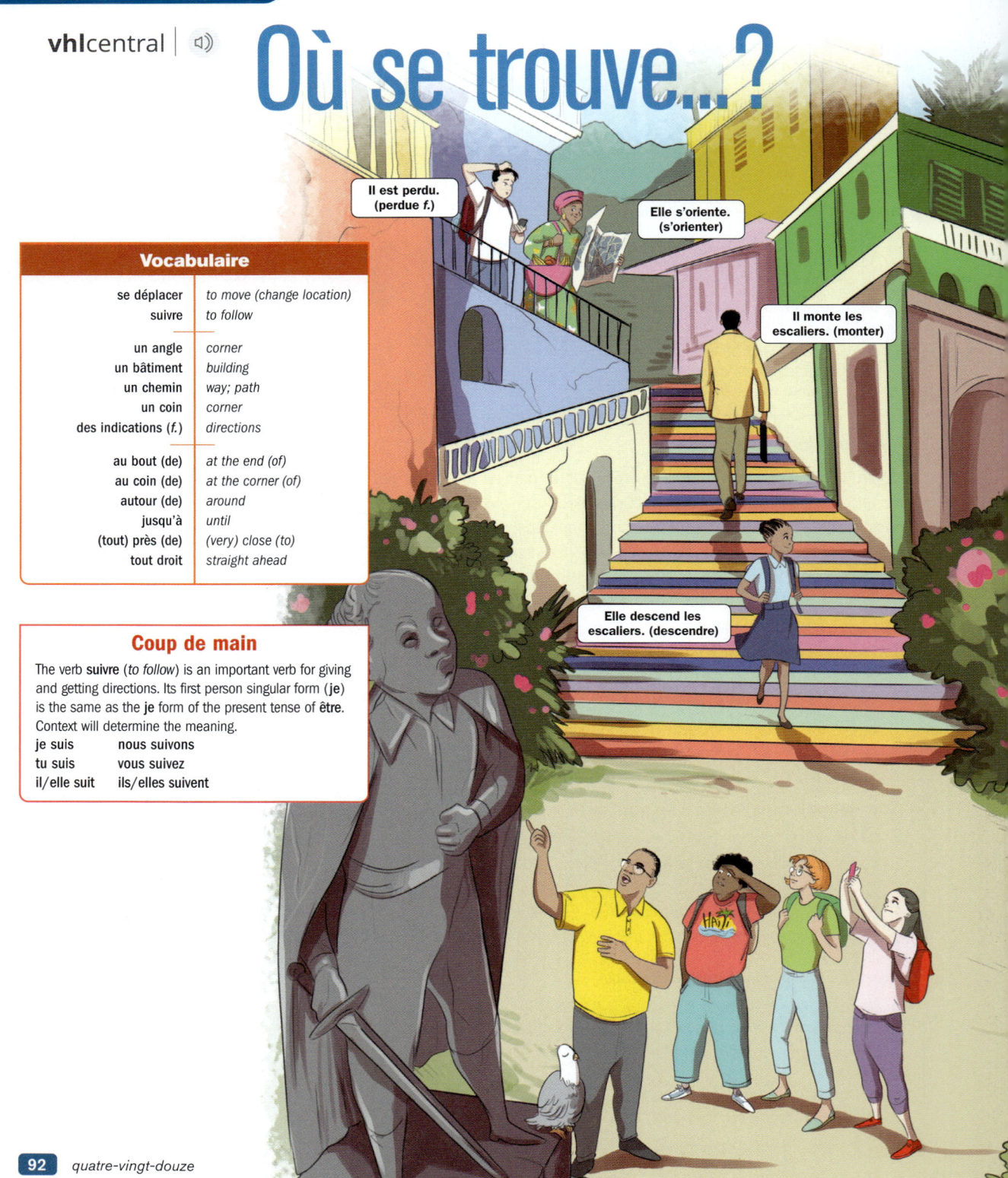

Vocabulaire

se déplacer	to move (change location)
suivre	to follow
un angle	corner
un bâtiment	building
un chemin	way; path
un coin	corner
des indications (f.)	directions
au bout (de)	at the end (of)
au coin (de)	at the corner (of)
autour (de)	around
jusqu'à	until
(tout) près (de)	(very) close (to)
tout droit	straight ahead

Coup de main

The verb **suivre** (*to follow*) is an important verb for giving and getting directions. Its first person singular form (**je**) is the same as the **je** form of the present tense of **être**. Context will determine the meaning.

je suis	nous suivons
tu suis	vous suivez
il/elle suit	ils/elles suivent

92 *quatre-vingt-douze*

EXTRA PRACTICE

Whole Class Ask students which vocabulary words they associate with these verbs. **1.** descendre (rue/escalier) **2.** suivre (rue/boulevard/chemin) **3.** tourner (gauche/droite) **4.** demander (indications) **5.** monter (escaliers) **6.** traverser (un pont/une rue) **7.** regarder (une statue) **8.** boire (une fontaine) **9.** poser des questions (office du tourisme) **10.** s'arrêter (un feu de signalisation)

GAME

Simon Says Label four points in your classroom with the cardinal directions. Play a game of **Jacques a dit** in which students respond to commands using the four directions. Example: **Regardez vers le nord.** Tell students to respond only if they hear the words **Jacques a dit**. If a student responds to a command not preceded by **Jacques a dit**, he or she is eliminated. The last person standing wins.

En ville **Unité 2**

Mise en pratique

1 Écoutez Écoutez cette conversation entre un touriste et une dame (*lady*) à qui il demande son chemin. Ensuite, dites si les affirmations suivantes sont vraies ou fausses.

	Vrai	Faux
1. Le touriste est perdu.	✓	
2. Il cherche la rue Saint-Antoine.		✓
3. Il cherche l'hôtel Étoile.	✓	
4. L'hôtel est loin d'où il se trouve.		✓
5. Le touriste doit traverser le pont de Sully.	✓	
6. Il doit tourner une fois à gauche.	✓	
7. La rue de Rivoli se trouve au bout de la rue Saint-Antoine.	✓	
8. Le touriste a peur de ne pas se souvenir des indications.	✓	

2 Les antonymes Quel est l'opposé des expressions et des mots suivants?

1. continuer tout droit — tourner
2. descendre — monter
3. sud — nord
4. est — ouest
5. à droite — à gauche
6. devant — derrière
7. très loin de — tout près de
8. s'orienter — être perdu(e)
9. rester — se déplacer
10. au début de — au bout de

3 Complétez Complétez les phrases avec le bon mot de vocabulaire pour faire des phrases cohérentes. Notez que tous les mots ne sont pas utilisés.

angles	carrefour	continuer	pont
avenue	chemin	se déplacer	statue
bâtiments	coin	feu de signalisation	traverser

1. De chaque côté du boulevard, il y a beaucoup de __bâtiments__ anciens.
2. L'__avenue__ des Champs-Élysées est très populaire à Paris.
3. La __statue__ de la Liberté se trouve à New York.
4. Le __pont__ du Golden Gate se trouve à San Francisco.
5. Il y a quatre __angles__ à un carrefour.
6. Un __carrefour__ est l'endroit où deux rues se rencontrent.
7. Il faut toujours s'arrêter quand le __feu de signalisation__ est au rouge.
8. Il faut toujours regarder à gauche et à droite avant de __traverser__ la rue.
9. En ville, on peut __se déplacer__ rapidement en métro.
10. Quand on est perdu, on demande son __chemin__.

quatre-vingt-treize **93**

Contextes Leçon 2B

Communication

4   Le plan de la ville Travaillez avec un(e) partenaire et, à tour de rôle, demandez des indications pour pouvoir vous rendre (*to get*) aux endroits de la liste. Indiquez votre point de départ. *Answers will vary.*

 Café de la Gare
 Boulangerie Le Pain Chaud
 Hôpital St-Jean
 Office du tourisme
 Épicerie Bresson
 Bureau de poste
 Pharmacie Molière
 Banque
 Université Joseph Fourier

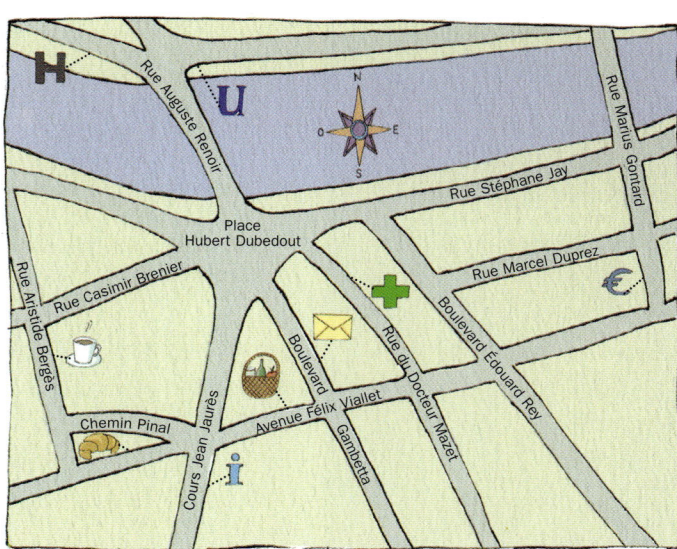

MODÈLE

la boulangerie Le Pain Chaud, le bureau de poste
Élève 1: Excusez-moi, où se trouve la boulangerie Le Pain Chaud, s'il vous plaît?
Élève 2: Du bureau de poste, suivez le boulevard jusqu'à l'avenue Félix Viallet, ensuite prenez à droite, continuez tout droit, la boulangerie est à droite, juste après le cours Jean Jaurès.

1. l'hôpital, la pharmacie
2. le café, l'office du tourisme
3. la banque, le bureau de poste
4. l'université, l'épicerie
5. le bureau de poste, la boulangerie
6. l'office du tourisme, la pharmacie
7. la banque, l'université
8. la boulangerie, la pharmacie

5   Conversez Interviewez un(e) camarade de classe. *Answers will vary.*

1. Quelles statues célèbres connais-tu? Connais-tu aussi des ponts, des bâtiments célèbres?
2. Quand t'es-tu perdu(e) pour la dernière fois? Où? Qui t'a aidé(e)?
3. Respectes-tu toujours les feux de signalisation quand tu conduis ou quand tu es piéton (*pedestrian*)? Que peut-il arriver si tu ne les respectes pas?
4. Es-tu déjà allé(e) dans un office du tourisme? Pour quoi faire?
5. Qu'est-ce qui se trouve au coin de la rue où tu habites? Et au bout de la rue?
6. Qui, de ta famille ou de tes ami(e)s, habite près de chez toi?

6   En vacances Avec un(e) partenaire, préparez cette conversation. Soyez prêt(e)s à jouer la scène devant la classe. *Answers will vary.*

- Vous êtes un(e) touriste perdu(e) en ville.
- Vous demandez où se trouvent deux endroits différents.
- Quelqu'un vous indique le chemin.

⊘ **I CAN** ask for and give directions.

94   *quatre-vingt-quatorze*

Communicative Goal Understand the differences between capitalization rules in French and English

En ville | **Unité 2**

Les sons et les lettres

Les majuscules et les minuscules

Some of the rules governing capitalization are the same in French as they are in English. However, many words that are capitalized in English are not capitalized in French. For example, the French pronoun **je** is never capitalized except when it is the first word in a sentence.

Aujourd'hui, je vais au marché. — *Today, I am going to the market.*

Days of the week, months, and geographical terms are not capitalized in French.

Qu'est-ce que tu fais lundi après-midi? **Mon anniversaire, c'est le 14 octobre.**
Cette ville est sur la mer Méditerranée. **Il habite 5 rue de la Paix.**

Languages are not capitalized in French, nor are adjectives of nationality. However, if the word is a noun that refers to a person or people of a particular nationality, it is capitalized.

Tu apprends le français. — *You are learning French.*
C'est une voiture allemande. — *It's a German car.*
Elle s'est mariée avec un Italien. — *She married an Italian.*
Les Français adorent le foot. — *The French love soccer.*

As a general rule, you should write capital letters with their accents. Diacritical marks can change the meaning of words, so not including them can create ambiguities.

LES AVOCATS SERONT JUGÉS. — *Lawyers will be judged.*
LES AVOCATS SERONT JUGES. — *Lawyers will be the judges.*

Comparisons

Répétez les phrases après votre professeur.

Au printemps, le 18 mai, les Haïtiens célèbrent la Fête du drapeau.

En hiver, les catholiques célèbrent Noël et les juifs célèbrent Hanouka.

• Comparez les règles de capitalisation en français et en anglais. Quels autres mots n'ont pas de majuscule en français?

1 Corrigez Corrigez la capitalisation des mots suivants.
1. MAI *mai*
2. QUÉBEC *Québec*
3. VENDREDI *vendredi*
4. UN HOMME ALLEMAND *un homme allemand*
5. L'OCÉAN PACIFIQUE *l'océan Pacifique*
6. LE BOULEVARD ST-MICHEL *le boulevard St-Michel*

2 Écrivez Écrivez correctement les phrases en utilisant (*by writing*) les minuscules et les majuscules.
1. LE LUNDI ET LE MERCREDI, J'AI MON COURS D'ITALIEN.
Le lundi et le mercredi, j'ai mon cours d'italien.
2. CHARLES BAUDELAIRE ÉTAIT UN POÈTE FRANÇAIS.
Charles Baudelaire était un poète français.
3. LES AMÉRICAINS AIMENT BEAUCOUP LE LAC MICHIGAN.
Les Américains aiment beaucoup le lac Michigan.
4. UN MONUMENT SE TROUVE SUR L'AVENUE DES CHAMPS-ÉLYSÉES.
Un monument se trouve sur l'avenue des Champs-Élysées.

3 Dictons Répétez les dictons à voix haute.

Si le Français est «tout yeux», l'Anglais est «tout oreilles.»[2]

La France, c'est le français quand il est bien écrit.[1]

[1] France is French (when it is) well written.
[2] If the Frenchman is all eyes, the Englishman is all ears.

✓ **I CAN** apply capitalization rules in order to communicate clearly in writing.

Section Goals

In this section, students will learn functional phrases for giving directions and talking about weekend plans.

Video Recap: Leçon 2A

Before doing this **Roman-photo**, review the previous one with this activity.
1. Pourquoi Rachid et Amina sont-ils à la charcuterie? (Ils achètent de la nourriture pour un pique-nique.)
2. Pourquoi Amina paie-t-elle? (Rachid n'a pas de liquide et la charcuterie n'accepte pas les cartes de crédit.)
3. Où Amina invite-t-elle Rachid à l'accompagner pendant l'après-midi? (dans une boutique et dans une bijouterie)
4. Où David invite-t-il Sandrine à aller avec lui? (dans une brasserie)

Video Synopsis

A tourist asks Monsieur Hulot for directions to the post office. He doesn't know, so he sends him to **Le P'tit Bistrot**. At the café, the four friends are discussing their weekend plans. When the tourist asks for directions, Rachid and David give him conflicting information. Stéphane asks the tourist, more confused than ever, if he can help and then proceeds to give him clear directions.

Scaffolding

- Have students predict what the episode will be about based on the video stills.
- Have students scan the captions, and identify places and landmarks in a city.
- After reading the **Roman-photo**, have students summarize the episode.

① Suggestion Go over the answers with the class.

• Expansion For additional practice, give students these questions. 6. Où va le touriste pour demander son chemin? (Il va chez le marchand de journaux et au café.) 7. Que cherche le touriste? (Il cherche le bureau de poste.) 8. Est-ce que le bureau de poste est loin du P'tit Bistrot? (Non, il est tout près.)

Roman-photo

Leçon 2B | **Communicative Goal** Understand directions

Chercher son chemin

vhlcentral | ▶ Roman-photo

PERSONNAGES

Amina
David
M. Hulot
Rachid
Sandrine
Stéphane
Touriste

Au kiosque de M. Hulot...
M. HULOT Bonjour, Monsieur.
TOURISTE Bonjour.
M. HULOT Trois euros, s'il vous plaît.
TOURISTE Je n'ai pas de monnaie.
M. HULOT Voici cinq, six, sept euros qui font dix. Merci.
TOURISTE Excusez-moi, où est le bureau de poste, s'il vous plaît?

M. HULOT Euh... c'est par là... Ah... non... euh... voyons... vous prenez cette rue, là et... euh, non non... je ne sais pas vraiment comment vous expliquer... Attendez, vous voyez le café qui est juste là? Il y aura certainement quelqu'un qui saura vous dire comment y aller.
TOURISTE Ah, merci, Monsieur, au revoir!

Au P'tit Bistrot...
SANDRINE Qu'est-ce que vous allez faire le week-end prochain?
RACHID Je pense que nous irons faire une randonnée à la Sainte-Victoire.
AMINA Oui, j'espère qu'il fera beau!
DAVID S'il ne pleut pas, nous irons au concert en plein air de Pauline Ester. C'est la chanteuse préférée de Sandrine, n'est-ce pas, chérie?

DAVID Non! À droite!
RACHID Non, à gauche! Puis, vous continuez tout droit, vous traversez le cours Mirabeau et c'est juste là, en face de la fontaine de La Rotonde, à côté de la gare.
DAVID Non, c'est à côté de l'office du tourisme.

TOURISTE Euh merci, je... je vais le trouver tout seul. Au revoir.
TOUS Bonne journée, Monsieur.

À la terrasse...
STÉPHANE Bonjour, je peux vous aider?
TOURISTE J'espère que oui.
STÉPHANE Vous êtes perdu?
TOURISTE Exactement. Je cherche le bureau de poste.

ACTIVITÉS

Interpretive Communication

① Questions Répondez aux questions. *Answers will vary.*
1. Qu'est-ce que Rachid et Amina vont faire ce week-end?
2. Qu'est-ce que Sandrine et David vont faire ce week-end?
3. Comment est-ce que le touriste se sent quand il sort du P'tit Bistrot?
4. Quels points de repères (*landmarks*) Stéphane donne-t-il au touriste?
5. Qui avait raison, à votre avis, David ou Rachid?

② Comment y aller? Remettez les indications pour aller du P'tit Bistrot au bureau de poste dans l'ordre. Écrivez un **X** à côté de l'indication qu'on ne doit pas suivre.

a. __3__ Suivez le cours Mirabeau jusqu'à la fontaine.
b. __4__ Le bureau de poste se trouve derrière la fontaine.
c. __2__ Tournez à gauche.
d. __X__ Tournez à droite au feu rouge.
e. __1__ Prenez cette rue à gauche jusqu'au boulevard principal.

96   *quatre-vingt-seize*

PRE-VIEWING

Chercher son chemin Before viewing the video, have students work in pairs and brainstorm a list of words and expressions they might hear in an episode involving people asking for directions.

VIEWING

Regarder la vidéo Show the video episode and tell students to check off the words or expressions they hear on their lists. Then show the episode again and have students give you a play-by-play description of the action. Write their descriptions on the board.

En ville — Unité 2

Un touriste se perd à Aix… heureusement, il y a Stéphane!

SANDRINE Absolument! «Oui, je l'adore, c'est mon amour, mon trésor...»
AMINA Pauline Ester! Tu aimes la musique des années quatre-vingt-dix?
SANDRINE Pas tous les styles de musique, mais Pauline Ester, oui.
AMINA Comme on dit, les goûts et les couleurs, ça ne se discute pas!
RACHID Tu n'aimes pas Pauline Ester, mon cœur?

TOURISTE Excusez-moi, est-ce que vous savez où se trouve le bureau de poste, s'il vous plaît?
RACHID Oui, ce n'est pas loin d'ici. Vous descendez la rue, juste là, ensuite vous continuez jusqu'au feu rouge et vous tournez à gauche.

Expressions utiles

Giving directions
- Attendez, vous voyez le café qui est juste là?
  Wait, do you see the café right over there?
- Il y aura certainement quelqu'un qui saura vous dire comment y aller.
  There'll definitely be someone there who will know how to tell you how to get there.
- Vous tournerez à gauche et suivrez le cours jusqu'à La Rotonde.
  You'll turn left and follow the street until the Rotunda.
- Vous la verrez.
  You'll see it.
- Derrière la fontaine, vous trouverez le bureau de poste.
  Behind the fountain you'll find the post office.

Talking about the weekend
- Je pense que nous irons faire une randonnée.
  I think we'll go for a hike.
- J'espère qu'il fera beau!
  I hope it will be nice/the weather will be good!
- Nous irons au concert en plein air.
  We'll go to the outdoor concert.

Additional vocabulary
- voyons
  let's see
- le boulevard principal
  the main street/principal thoroughfare

STÉPHANE Le bureau de poste? C'est très simple.
TOURISTE Ah bon! C'est loin d'ici?
STÉPHANE Non, pas du tout. C'est tout près. Vous prenez cette rue, là, à gauche. Vous continuez jusqu'au cours Mirabeau. Vous le connaissez?
TOURISTE Non, je ne suis pas d'ici.
STÉPHANE Bon... Le cours Mirabeau, c'est le boulevard principal de la ville.

STÉPHANE Alors, une fois que vous serez sur le cours Mirabeau, vous tournerez à gauche et suivrez le cours jusqu'à La Rotonde. Vous la verrez... Il y a une grande fontaine. Derrière la fontaine, vous trouverez le bureau de poste, et voilà!
TOURISTE Merci beaucoup.
STÉPHANE De rien. Au revoir!

3 Considérez Répondez aux questions. *Answers will vary.*
1. Avez-vous déjà donné des indications à un(e) touriste? Est-ce que cette personne s'est orientée facilement? Comparez cette expérience à la situation du touriste dans l'épisode.
2. Est-ce que vous demandez des indications quand vous êtes perdu(e)? Sinon, comment vous orientez-vous?
3. Quelles croyances et valeurs influencent les interactions entre les touristes et les habitants d'une communauté?

✓ **I CAN** understand short conversations about directions.

4 Écrivez Le touriste est soulagé (*relieved*) d'arriver enfin au bureau de poste. Il était très découragé; presque personne ne savait lui expliquer comment y aller. Il écrit un e-mail à sa petite amie pour lui raconter son aventure. Composez son message.

POST-VIEWING

La Rotonde The large fountain located at one end of **le cours Mirabeau** is called **la Rotonde**. Built in 1860, it features bronze lions and stone cherubs riding swans. The source of the water is the city's underground springs. Download and distribute maps of Aix-en-Provence to the class and have them locate **la Rotonde**. Project images of the town. Then have students find the verbs used to give directions in this episode and list them on the board. Examples: **prendre, tourner, descendre, traverser,** and **continuer**. Then ask them to write directions from the fountain to various places in town using as many of these verbs as possible. Have pairs take turns quizzing each other to see if the others can follow their directions.

Culture

Leçon 2B

Communicative Goal Identify and reflect on cultural products and practices related to city planning

AP® Theme: Beauty and Aesthetics
Context: Architecture

CULTURE À LA LOUPE

Villes et villages

Quand on regarde le plan d'un village, d'une petite ville ou celui d'un quartier dans une grande ville, on remarque qu'il y a souvent une place au centre, autour de laquelle° la vie urbaine s'organise. C'est un peu comme «le cœur» de la ville ou du quartier.

Sur la place principale des villes et villages français, on trouve souvent une église. Il peut aussi y avoir l'hôtel de ville (la mairie), ainsi que° d'autres bâtiments administratifs comme la poste, le commissariat de police ou l'office du tourisme. Autour de cette grande place se trouve le centre-ville, où beaucoup de gens vont pour faire leurs courses dans les magasins ou pour se détendre dans un café, restaurant ou cinéma. Parfois, on y trouve aussi un musée ou un théâtre. La place principale peut être piétonne° ou ouverte à la circulation, mais dans les deux cas, elle est souvent très animée.

En général, cette place est bien entretenue° et décorée d'une fontaine, d'un parterre de fleurs° ou d'une statue. La majorité des rues principales de la ville ou du quartier y sont connectées. Le nom de cette place reflète ce qui s'y trouve, par exemple place de l'Église, place de la Mairie ou place de la Comédie. Les rues, elles, portent souvent le nom d'un écrivain ou d'un personnage célèbre de l'histoire de France, par exemple, rue Victor Hugo ou avenue du général de Gaulle. Au centre-ville, les rues sont souvent très étroites et beaucoup sont à sens unique°.

laquelle which **ainsi que** as well as **piétonne** pedestrian **entretenue** cared for **parterre de fleurs** flower bed **à sens unique** one-way

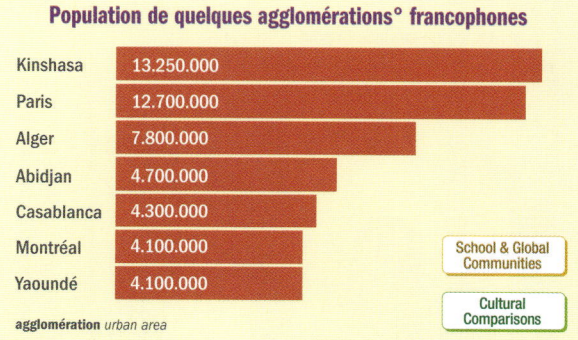

Population de quelques agglomérations° francophones

Kinshasa	13.250.000
Paris	12.700.000
Alger	7.800.000
Abidjan	4.700.000
Casablanca	4.300.000
Montréal	4.100.000
Yaoundé	4.100.000

agglomération urban area

Communities

Quelques grandes villes francophones, comme Paris, Québec et Rabat, sont divisées en arrondissements: des subdivisions administratives. En France, on peut déterminer dans quel arrondissement se trouve une certaine addresse par les trois derniers chiffres du code postal. Par exemple, 75011 indique le onzième arrondissement de Paris.

- Est-ce qu'il y a des subdivisions administratives dans les grandes villes de votre pays? Comparez les quartiers de votre ville aux arrondissements d'une ville francophone.

ACTIVITÉS

1 Complétez Complétez les phrases d'après le texte. *Interpretive Communication*

1. Il y a ___une place___ au centre de la majorité des petites villes françaises.
2. Les ___places piétonnes___ sont réservées exclusivement aux piétons (*pedestrians*).
3. ___Un bâtiment___ détermine souvent le nom d'une place.
4. Les rues du centre-ville sont souvent ___à sens unique___.
5. Les grandes villes françaises sont parfois divisées en ___arrondissements___.

2 Réfléchissez Répondez aux questions. *Answers will vary.*

1. Comment est-ce que votre ville est organisée? Y a-t-il une place principale? Y a-t-il des rues piétonnes ou des rues à sens unique?
2. Comparez le centre-ville chez vous aux centres-villes français. Est-il bien entretenu? Quels bâtiments y a-t-il? Qu'est-ce qu'on y (*there*) fait?
3. Comment les idées et les attitudes du public influencent-elles la vie urbaine d'une communauté? Donnez des exemples.
4. Comment est-ce que le centre urbain d'une ville reflète les valeurs et les traditions d'une communauté?

98 quatre-vingt-dix-huit

En ville   Unité 2

PORTRAIT

Les tap-taps

AP® Theme: Beauty and Aesthetics
Context: Visual Arts

Puisque peu d'Haïtiens possèdent une voiture, les habitants des centres-villes se déplacent généralement à pied ou en tap-taps (*quick-quick*). Les tap-taps sont des bus ou des camionnettes° qui appartiennent° à des particuliers° et qui servent de moyen de transport public. Ces véhicules suivent des itinéraires fixes et récupèrent° et déposent° les passagers en chemin. Ils circulent partout° à Port-au-Prince, la capitale, et suivent toutes les routes du pays pour peu d'argent.
Les tap-taps sont connus° pour leurs décorations très élaborées: des images et slogans religieux, des portraits de joueurs de football ou des drapeaux—tout pour attirer° les passagers. Que ce soit° pour exprimer les joies ou les peines, l'art haïtien est partout et est très important pour ses habitants.

camionnettes *small vans*   **appartiennent** *belong*   **particuliers** *individuals*
récupèrent *collect*   **déposent** *drop off*   **partout** *everywhere*   **connus** *known*
attirer *attract*   **que ce soit** *whether it be*

LE MONDE FRANCOPHONE

Le centre des villes

AP® Theme: Beauty and Aesthetics
Context: Architecture

Ces deux places sont inscrites° au patrimoine mondial° de l'UNESCO.

En Belgique
La Grand-Place à Bruxelles est bordée de superbes bâtiments aux riches architectures néo-gothiques et baroques du 17ᵉ siècle. Énorme, elle est considérée comme une des plus belles places du monde.

Au Maroc
La place Djemaa El-Fna à Marrakech est immense et débordante° d'activités. Et quelles activités! On y trouve des acrobates, des charmeurs de serpents, des danseurs, des groupes de musique, des conteurs° et beaucoup de restaurants ambulants°.

inscrites *registered*   **patrimoine mondial** *world heritage*   **débordante** *overflowing*
conteurs *storytellers*   **restaurants ambulants** *food stalls*

Sur le web
Allez en ligne pour explorer le village artistique de Noailles dans la commune de Croix-les-Bouquets aux environs de Port-au-Prince, la capitale d'Haïti. Quelle est la particularité de ce village? Décrivez son ambiance et les objets d'art créés par ses artisans. Que révèlent ces activités artistiques sur la culture haïtienne? Aimeriez-vous visiter ce village? Expliquez.

3 **Complétez** Donnez une suite logique aux phrases suivantes. *(Interpretive Communication)*
1. À Port-au-Prince, les tap-taps sont...
   des camionnettes et des bus privés artistiquement décorés.
2. Ces véhicules circulent...
   partout à Port-au-Prince et dans tout le pays.
3. L'art sur les tap-taps...
   attire les passagers.
4. L'art haïtien exprime...
   les joies et les peines des habitants.
5. La Grand-Place est bordée de bâtiments aux riches architectures...
   néo-gothiques et baroques du 17ᵉ siècle.

4 **Une école de langues** Vous et un(e) partenaire dirigez une école de langues située en plein centre-ville. Préparez une petite présentation de votre école où vous expliquez où elle se situe, les choses à faire au centre-ville, etc. Vos camarades ont-ils envie de s'y inscrire (*enroll*)? *(Presentational Communication / School & Global Communities)*

☑ **I CAN** identify and reflect on cultural products and practices related to city planning.

quatre-vingt-dix-neuf

Section Goals

In this section, students will learn:
- the **futur simple** of regular verbs
- the **futur simple** with spelling-change **-er** verbs

Scaffolding

- Begin by asking students questions about their plans for the weekend using the **futur proche**. Then repeat their responses or make a comment using the **futur simple**. Examples: **Qui va sortir ce week-end? Donc, Martin et Alex sortiront ce week-end. Moi aussi je sortirai ce week-end.** Then read over the example sentences.
- Explain that the **futur simple** uses the same verb stems as the conditional. Call on volunteers to write the verb stems for **parler, réussir,** and **attendre** on the board. Have students write the future tense endings, and repeat the forms after you. Point to the endings in the paradigm and ask what these endings remind them of. (They resemble the present tense of **avoir**.)
- Have students complete the first **Vérifiez** activity.
- Now have them repeat the forms for each spelling-change verb.
- Tell students that the verb endings indicate which tense is being used. To practice hearing the difference, call out verb forms in the conditional and future and have students identify the tense by raising their right hand when they hear the conditional and their left when they hear the future.
- Ask students for other verbs they've learned that have similar spelling changes (**se lever, emmener, employer, essayer, balayer, essuyer,** and **s'ennuyer**).
- Have them complete the second **Vérifiez** activity.
- You might want to teach the expressions **à l'avenir** and **dans l'avenir** (*in the future*) as well as adverbial expressions to use with the **futur simple**: **l'année/la semaine/le mois prochain(e)**; [day of the week] + **prochain**; **dans... ans/mois/semaines; en** + [name of month or year]; etc.

Essayez! Have students create sentences using these phrases.

Structures

Leçon 2B

Communicative Goal
Talk about what will happen in the future

2B.1 Le futur simple

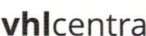

Point de départ You already know how to use **aller** + [*infinitive*] to express actions that are going to happen in the immediate future (**le futur proche**). You will now learn the future tense to say what *will happen*.

Nous **voyagerons** cet été.	Tu ne **sortiras** pas.	Ils **suivront** le chemin.
We will travel this summer.	*You won't go out.*	*They will follow the path.*

- The future uses the same verb stems as the conditional.

Future tense of regular verbs

	parler	réussir	attendre
je/j'	parlerai	réussirai	attendrai
tu	parleras	réussiras	attendras
il/elle/on	parlera	réussira	attendra
nous	parlerons	réussirons	attendrons
vous	parlerez	réussirez	attendrez
ils/elles	parleront	réussiront	attendront

- The same patterns that you learned for forming the conditional of spelling-change **-er** verbs also apply to the future.

Vérifiez

present form of **je**	+r	future forms
j'achète	achèter-	j'achèterai
je nettoie	nettoier-	je nettoierai
je paie/paye	paier-/payer-	je paierai/payerai
je m'appelle	m'appeller-	je m'appellerai

Ils t'**appelleront** demain.	Je te **payerai** dans deux jours.
They will call you tomorrow.	*I will pay you in two days.*

- For **-er** verbs with an **é** before the infinitive ending, form the future tense as you would with regular **-er** verbs.

Elle **répétera** les indications.	Elles **considéreront** le pour et le contre.
She will repeat the directions.	*They'll consider the pros and cons.*

- The words **le futur** and **l'avenir** (*m.*) both mean *future*. Use the first word when referring to the grammatical future; use the second word when referring to events that haven't occurred yet.

Vérifiez

On étudie **le futur** en cours.	Je parlerai de **mon avenir** au prof.
We're studying the future (tense) in class.	*I'll speak to the teacher about my future.*

Essayez! Complétez les phrases avec la forme correcte du futur des verbes.

1. je _mangerai_ (manger)
2. il _prendra_ (prendre)
3. on _boira_ (boire)
4. elles _partiront_ (partir)
5. ils _achèteront_ (acheter)
6. vous _choisirez_ (choisir)
7. tu _connaîtras_ (connaître)
8. nous _suivrons_ (suivre)

100 cent

EXTRA PRACTICE

Oral Write the following on the board: **L'année prochaine, je/j'...**. Then ask students to complete the sentence using a verb in the **futur simple**. If they wish to use a verb with an irregular stem (such as **aller**), give them the form and tell them that they'll learn it in Structures 2B.2.

Oral Read predictions about the future while students react by saying **Oui, c'est probable** or **Non, c'est peu probable**. Write the two phrases on the board before you get started and be sure to use only verbs with regular stems in the future. Example: **En l'an 3000, personne ne parlera ni français ni anglais.**

En ville   Unité 2

Le français vivant

Haïti vous enchantera!

Haïti vous habitera pour toujours.
Vous aimerez ses sites spectaculaires et historiques
et son atmosphère relaxante. Venez faire un tour.

Identifiez Quelles formes de verbes au futur trouvez-vous dans cette publicité (*ad*)?
enchantera, habitera, aimerez

Questions À tour de rôle, avec un(e) partenaire, posez-vous ces questions et répondez.

1. Que veut dire «Haïti vous habitera pour toujours»?
   a. Vous habiterez toujours en Haïti.
   b. Vous penserez toujours en Haïti.
   c. Haïti existera toujours.
2. Pourquoi le touriste aimera-t-il Haïti?
3. Dans quelle région du monde veux-tu voyager? Cette région t'enchantera-t-elle?
4. Voyageras-tu un jour à Haïti? Pourquoi?

cent un 101

Structures
Leçon 2B

2B.1 **Mise en pratique**

1 **Projets** Cécile et ses amis parlent de leurs projets (*plans*) d'avenir. Employez le futur pour refaire ses phrases.

MODÈLE Je vais chercher une belle maison.
Je chercherai une belle maison.

1. Je vais finir mes études. *Je finirai mes études.*
2. Philippe va me dire où trouver un travail. *Philippe me dira où trouver un travail.*
3. Tu vas gagner beaucoup d'argent. *Tu gagneras beaucoup d'argent.*
4. Mes amis vont habiter près de chez moi. *Mes amis habiteront près de chez moi.*
5. Mon frère et moi, nous allons acheter un chien. *Mon frère et moi, nous achèterons un chien.*
6. Vous allez nous rendre visite de temps en temps. *Vous nous rendrez visite de temps en temps.*

2 **Dans l'avenir** Qu'est-ce qu'Habib et sa famille vont faire cet été?

MODÈLE
mon cousin / lire / dix livres
Mon cousin lira dix livres.

1. mon neveu / apprendre / nager *Mon neveu apprendra à nager.*
2. mes grands-parents / voyager / en voiture *Mes grands-parents voyageront en voiture.*
3. en août / je / conduire / ma nouvelle voiture *En août, je conduirai ma nouvelle voiture.*
4. mon père / écrire / cartes postales *Mon père écrira des cartes postales.*
5. ma cousine Yasmine / sortir avec nous *Ma cousine Yasmine sortira avec nous.*
6. nous / vendre / notre vieille voiture *Nous vendrons notre vieille voiture.*

3 **Je cherche du travail** Regardez ces deux annonces (*ads*). Ensuite, avec un(e) partenaire, posez-vous ces questions et parlez du travail que vous préférez. *Answers will vary.*

> **NOUVEAU RESTAURANT CHERCHE SERVEUR/SERVEUSE**
> Cinq ans d'expérience minimum.
> Cuisine française.
> Du mardi au samedi
> de 16h30 à 23h30;
> le dimanche de 11h30 à 22h30
> Salaire 1.600 euros par mois,
> avec une augmentation après six mois
> Métro: Goncourt
> Téléphonez au: 01.40.96.31.15

> **TRAVAILLEZ COMME COIFFEUR/COIFFEUSE**
> Excellent salaire:
> 2.250 euros par mois
> Deux ans d'expérience
> Pour commencer
> immédiatement
> Horaires: mardi, mercredi, jeudi, de 9h00 à 15h00
> Téléphonez pour rendez-vous
> au: 01.38.18.42.90

1. Quel emploi préfères-tu? Pourquoi?
2. À quelle heure arriveras-tu au travail? À quelle heure sortiras-tu?
3. T'amuseras-tu au travail? Pourquoi?
4. Combien gagneras-tu?
5. Prendras-tu le métro? Pourquoi?
6. Chercheras-tu un autre emploi l'année prochaine? Pourquoi?

Interpretive Communication
Interpersonal Communication

cent deux

---

① Suggestion Have students do this activity in pairs. One student should read items 1–3, and the other one should restate the sentence with **futur simple**. Then they should switch roles for items 4–6.

② Suggestion Students could complete this activity in phases, first writing out the sentences in the present tense and then changing the verbs from the present to the future tense.

③ Expansion When students have finished, have them write an ad for their ideal job and write sentences about it based on the activity's questions. Allow them to create humorous job descriptions, such as for TV watchers.

EXTRA PRACTICE

Writing Have students write six sentences about what they and their family will do this summer. Tell them they may model their sentences on the ones in **Activité 2**.

PROFICIENCY

Interpersonal Have students role-play a job interview between the manager of a restaurant or the head stylist at a salon, and a job applicant. Tell students to discuss the applicant's reasons for applying for the job, past experience and studies, schedule, and salary.

En ville   Unité 2

Communication

4 Chez la voyante Vous voulez savoir ce qui (*what*) vous attend dans l'avenir. Vous allez chez une voyante (*fortune-teller*) et vous lui posez ces questions. Jouez les deux rôles avec un(e) partenaire, puis échangez les rôles. Answers will vary.

Interpersonal Communication

1. Où est-ce que je travaillerai cet été?
2. Où est-ce que j'habiterai dans 20 ans?
3. Avec qui est-ce que je partagerai ma vie?
4. Quelle voiture est-ce que je conduirai?
5. Est-ce que je m'occuperai de ma santé?
6. Qu'est-ce que j'aimerai faire pour m'amuser?
7. Où est-ce que je passerai mes vacances?
8. Où est-ce que je dépenserai mon argent?

5 L'horoscope Avec un(e) partenaire, préparez par écrit l'horoscope de quelqu'un dans la classe. Ensuite, par groupes de quatre, lisez cet horoscope à vos camarades qui essaieront de découvrir l'identité de la personne. Answers will vary.

Interpersonal Communication

MODÈLE
Vous travaillerez comme actrice de cinéma. Vous jouerez dans beaucoup de films français et américains. Vous jouerez des rôles divers dans des films comiques.

6 Partir très loin Vous et votre partenaire avez décidé de prendre des vacances très loin de chez vous. Regardez les photos et choisissez deux endroits où vous voulez aller, puis comparez-les. Utilisez ces questions pour vous guider. Ensuite, présentez vos réponses à la classe. Answers will vary.

Presentational Communication

Making Connections

Acquiring Information & Diverse Perspectives

- Qu'apporterez-vous?
- Quand partirez-vous?
- Qui vous accompagnera?
- Que visiterez-vous?
- Comment vous détendrez-vous?
- Quand rentrerez-vous?

Connections

Vacances de rêve en Haïti
En raison de sa situation géographique dans la mer des Caraïbes, Haïti a un climat tropical humide. Il y fait chaud toute l'année: entre 25°C et 30°C. La meilleure saison pour visiter l'île est l'hiver, pendant la saison sèche (*dry*). La mer, turquoise et toujours chaude, est parfaite pour se baigner et on peut bronzer sur les magnifiques plages de sable (*sand*) blanc de la Côte-des-Arcadins, à une heure et demie au nord-ouest de Port-au-Prince. C'est un paradis pour la pêche (*fishing*), la voile et la plongée.

- Est-ce qu'il y a des régions dans votre pays avec un climat tropical comme celui d'Haïti? Où se trouvent-elles et que peut-on y faire?

I CAN talk about what will happen in the future.

Section Goals

In this section, students will learn irregular forms of the **futur simple**.

Scaffolding

- Tell students that the irregular stems in the future are the same as those in the conditional. Have students list all the stems they remember.
- Ask students if they'll be doing certain things this coming year. Example: **Irez-vous à l'étranger?** As they give you their answers, write the subject pronoun and verb for each statement on the board and have the class repeat the combination after you.
- Ask students: **Que ferez-vous cet été?** As they tell you what they'll be doing, ask the other students if they'll be doing the same thing. Example: **Qui d'autre ira à la plage?**
- Make index cards with future forms of some of the verbs on this page (**j'irai, ils voudront**) and divide them equally between small groups of students. Have the groups formulate a sentence for each verb form with a statement about what will happen in the future. Example: **Rico deviendra médecin.**
- Have the class make a set of resolutions for the new year using the future tense. Write the resolutions on the board. Example: **Je ferai mes devoirs tous les jours.**
- Have students complete the **Vérifiez** activity.

Essayez! If students are struggling to remember endings, write a paradigm for a verb in the future tense on the board and underline the endings. Remind students that the endings resemble the present tense of the verb **avoir**.

Structures

Leçon 2B

Communicative Goal
Talk about what will happen in the future

2B.2 Irregular stems in the *futur simple*

vhlcentral
▶ Grammar Tutorial

Point de départ In the previous grammar point, you learned how to form the future tense. Although the future endings are the same for all verbs, some verbs use irregular stems. They are the same irregular stems you learned for the conditional.

Vous **aurez** des vacances?
Will you have vacation?

Nous **irons** en Haïti.
We will go to Haiti.

Il **enverra** des cartes postales.
He will send postcards.

Tu les **recevras** dans une semaine.
You will receive them in a week.

Irregular verbs in the future

infinitive	stem	future forms
aller	ir-	j'irai
apercevoir	apercevr-	j'apercevrai
avoir	aur-	j'aurai
devoir	devr-	je devrai
envoyer	enverr-	j'enverrai
être	ser-	je serai
faire	fer-	je ferai
pouvoir	pourr-	je pourrai
recevoir	recevr-	je recevrai
savoir	saur-	je saurai
venir	viendr-	je viendrai
vouloir	voudr-	je voudrai

- The verbs **devenir**, **maintenir**, **retenir**, **revenir**, and **tenir** are formed like **venir** in the future tense, just as they are in the present tense.

  Nous **reviendrons** bientôt.
  We will come back soon.

  Tu **deviendras** architecte un jour?
  Will you become an architect one day?

- The future forms of **il y a**, **il faut**, and **il pleut** are, respectively, **il y aura**, **il faudra**, and **il pleuvra**.

  Il **faudra** apporter le parapluie.
  We'll need to bring the umbrella.

  Tu penses qu'il **pleuvra** ce week-end?
  Do you think it will rain this weekend?

👁 **Vérifiez**

Essayez! Conjuguez ces verbes au futur.

1. je/j' (aller, vouloir, savoir) **irai, voudrai, saurai**
2. tu (faire, pouvoir, envoyer) **feras, pourras, enverras**
3. Marc (venir, être, apercevoir) **viendra, sera, apercevra**
4. nous (avoir, devoir, faire) **aurons, devrons, ferons**
5. vous (recevoir, tenir, aller) **recevrez, tiendrez, irez**
6. elles (vouloir, faire, être) **voudront, feront, seront**
7. je/j' (devenir, pouvoir, envoyer) **deviendrai, pourrai, enverrai**
8. elle (aller, avoir, vouloir) **ira, aura, voudra**

104 cent quatre

DIFFERENTIATION

Visual and Auditory Learners Replay the **Roman-photo** episode, having students focus on the conversation at the café. Afterwards, ask them questions about it. Examples: **Pourquoi Amina dit-elle qu'elle espère qu'il fera beau ce week-end? Que feront David et Sandrine ce week-end?**

GAME

Bingo Distribute Bingo cards with infinitives of verbs written in the squares. Then read aloud sentences, each with a future form of one of the verbs in it. Students should block out the verbs they recognize with tokens or scraps of paper and call Bingo! when they've blocked out a whole row.

Le français vivant

Un emplacement unique près du parc Vendôme

Le Voltaire à Nice

À 500 mètres du magnifique parc Vendôme, il y aura bientôt le Voltaire: une belle architecture, de grands appartements, avec terrasses et balcons. Vous viendrez visiter et vous ne voudrez plus repartir. Vous serez charmé.

AGENCE IMMO

Identifiez Quelles formes de verbes au futur trouvez-vous dans cette publicité (*ad*)?
aura, viendrez, voudrez, serez

Questions À tour de rôle, avec un(e) partenaire, posez-vous ces questions et répondez.
Some answers will vary.

1. Où se trouvera bientôt le Voltaire? *Il se trouvera à 500 mètres du magnifique parc Vendôme.*
2. Quelle sera l'architecture des appartements?
   L'architecture sera belle avec de grands appartements, avec terrasses et balcons.
3. D'après (*According to*) la pub, quel effet une visite au Voltaire peut-elle avoir?
   Vous ne voudrez plus repartir. Vous serez charmé.
4. As-tu été dans un appartement que tu n'as pas voulu quitter? Habiteras-tu un jour dans un appartement comme ça? *Answers will vary.*
5. Quelles boutiques et quels bureaux y aura-t-il autour du Voltaire? *Answers will vary.*

Structures   Leçon 2B

2B.2 Mise en pratique

1 Que ferai-je? Que feront ces personnes la semaine prochaine? Answers will vary.

▶ MODÈLE
J'étudierai.

je / étudier

1. nous / faire
Nous ferons du shopping.

2. tu / être
Tu seras à la plage.

3. vous / aller
Vous irez au cinéma.

4. Yves / devoir
Yves devra travailler.

5. Anne et Sara / acheter
Anne et Sara achèteront des fleurs.

6. Rachid / envoyer
Rachid enverra une lettre.

2 Le rêve de Stéphanie Complétez les phrases pour décrire le rêve (*dream*) de Stéphanie. Employez le futur des verbes.

Quand j' (1) ___aurai___ (avoir) 28 ans, je (2) ___serai___ (être) médecin. (3) J' ___irai___ (aller) travailler dans un pays défavorisé comme Haïti. Mon amie Marianne (4) ___sera___ (être) avec moi et nous (5) ___aurons___ (avoir) une petite maison dans un village pauvre. Nous (6) ___ferons___ (faire) tout pour soigner (*care for*) les enfants du village. Les parents (6) ___viendront___ (venir) nous parler de leurs enfants et nous (7) ___pourrons___ (pouvoir) partager nos idées. Marianne et moi (8) ___serons___ (être) heureuses de pouvoir aider ces familles.

3 Si... Avec un(e) partenaire, finissez ces phrases à tour de rôle. Employez le futur des verbes de la liste dans toutes vos réponses. Answers will vary.

MODÈLE
Si (*If*) mon ami(e) ne me texte pas ce soir, ...
Si mon amie ne me texte pas ce soir, je ne ferai pas de gym demain.

aller	devoir	faire	venir
avoir	être	pouvoir	vouloir

1. Si on m'invite à une fête samedi soir, ...
2. Si mes parents me donnent $1.000, ...
3. Si mon père me prête sa voiture, ...
4. Si le temps est mauvais, ...
5. Si je suis fatigué(e) vendredi, ...
6. Si ma meilleure amie me rend visite, ...
7. Si j'ai de bonnes notes ce semestre, ...
8. Si je ne dors pas bien cette nuit, ...
9. Si on a des difficultés en cours, ...

Communities

Organisations humanitaires: Haïti
On parle souvent de la résilience des Haïtiens face à toutes les catastrophes qui les ont touchés—ouragans (*hurricanes*), séismes, sécheresses (*droughts*), épidémie de choléra et paludisme (*malaria*). Après le terrible tremblement de terre de 2010, l'acteur américain, Sean Penn, a fondé JP/HRO (aujourd'hui CORE), pour aider les efforts de reconstruction du pays. Le documentaire *Haiti Untold* raconte les efforts humanitaires de Penn, Donna Karan (couturière) et Georges Laraque (joueur de hockey), parmi d'autres, et leur dévouement (*dedication*) à la reconstruction du pays.

- D'après vous, est-il important de soutenir les efforts humanitaires? Est-ce que vous, vous participez à de tels programmes dans votre communauté? Y participerez-vous à l'avenir? Que ferez-vous? Expliquez.

En ville **Unité 2**

Communication

4 Faites des projets Travaillez avec un(e) camarade de classe pour faire des projets (*plans*) pour ces événements qui auront lieu dans l'avenir. *Answers will vary.*

MODÈLE

Élève 1: *Après le lycée, j'irai à l'université. Plus tard, j'enseignerai dans un lycée où je pourrai travailler avec les adolescents.*
Élève 2: *Moi, après le lycée, j'irai en Europe. Je travaillerai comme serveuse dans un café.*

1. Samedi soir: Décidez où vous irez et comment vous y arriverez.
2. Les prochaines vacances: Parlez de ce que (*what*) vous ferez. Que visiterez-vous?
3. Votre prochain anniversaire: Quel âge aurez-vous? Que ferez-vous? Avec qui ferez-vous la fête?
4. Votre vie professionnelle: Que ferez-vous après le lycée? Où irez-vous?
5. À 30 ans: Où serez-vous? Que ferez-vous? Avec qui partagerez-vous votre vie?

Interpersonal Communication

5 Prédictions Par groupes de trois, parlez de comment sera le monde en 2050, 2100 et 2200. Utilisez votre imagination. Partagez vos réponses avec la classe. *Answers will vary.*

Presentational Communication

6 Demain Avec un(e) partenaire, parlez de ce que (*what*) vous, votre famille et vos amis ferez demain. *Answers will vary.*

Interpersonal Communication

MODÈLE

Élève 1: *Que feras-tu demain à midi?*
Élève 2: *Demain à midi, j'irai voir mes grands-parents. Mon frère fera ses devoirs.*

vendredi	samedi
8h00 _____	8h00 _____
10h00 _____	10h00 _____
12h00 _____	12h00 _____
14h00 _____	14h00 _____
16h00 _____	16h00 _____
18h00 _____	18h00 _____
20h00 _____	20h00 _____
22h00 _____	22h00 _____

dimanche
8h00 _____
10h00 _____
12h00 _____
14h00 _____
16h00 _____
18h00 _____
20h00 _____
22h00 _____

7 Bonnes résolutions! C'est bientôt le nouvel an et vous faites des résolutions. Avec un(e) partenaire, parlez à tour de rôle de cinq choses que vous changerez dans votre vie l'année prochaine. *Answers will vary.*

Interpersonal Communication

MODÈLE

Élève 1: *L'année prochaine, je boirai huit verres d'eau par jour et je ferai plus de sport.*
Élève 2: *Moi, je ferai plus attention en classe et j'aurai de meilleures notes.*

✓ I CAN talk about what will happen in the future.

cent sept **107**

---

4 Suggestion If students aren't comfortable sharing personal information, tell them that they can answer the questions in the activity for a well-known person or a fictional character.

SEL Suggestions

Talking about weekend, vacation, and birthday plans may reveal socioeconomic disparities among students. Encourage students to talk about their ideal plans for these events instead.

5 Expansion Teach a few reactions for students to use in response to their group members' predictions. Examples: **Ah, oui, c'est sûr! Mais non! C'est une blague ou quoi?**

6 Suggestion To simplify the presentations, have students present only their partner's plans for tomorrow.

7 Expansion Have students provide encouragement to their partner by pre-teaching them **Si** + *present tense verb, future tense verb*. Example: **Si tu bois huit verres d'eau par jour et si tu fais du sport, tu seras en pleine forme.**

Activity Pack For additional activities, go to the **Activity Pack** in the **Resources** section of vhlcentral.com.

DIFFERENTIATION

Slower Pace Learners Have students fill out the chat in **Activité 6** with their family's activities before they complete the activity with a partner. You might also wish to limit the conversation to just one day.

PRE-AP®

Debate Tell the class that they will debate what **la vie en ville** will be like in the future. Divide the class into two teams. One team will take a positive view of the future, while the other takes a negative view. Give teams time to prepare their predictions and then guide them in a debate. Remind them to support their ideas with examples and logical reasoning.

Structures **107**

Synthèse — Leçon 2B

Révision

1 La ville À tour de rôle, donnez des indications à un(e) partenaire pour aller du lycée jusqu'à d'autres endroits en ville. Employez le futur. *Answers will vary.*

MODÈLE

Élève 1: *Tu sortiras du bâtiment et tu tourneras à gauche. Ensuite, tu traverseras la rue. Où seras-tu?*
Élève 2: *Je serai à la bibliothèque.*

2 La visite de Port-au-Prince Avec un(e) partenaire, vous visitez la ville de Port-au-Prince. Préparez un itinéraire de votre visite où vous vous arrêterez souvent pour visiter ou acheter quelque chose, manger, boire, etc. Soyez prêt(e)s à présenter votre itinéraire à la classe. *Answers will vary.*

MODÈLE

Élève 1: *Le matin, nous prendrons le petit-déjeuner dans l'hôtel.*
Élève 2: *Ensuite, nous irons visiter les ruines de la cathédrale Notre-Dame.*

Port-au-Prince vous attend!
Visitez:
- Le Marché en fer
- La Tour 1804
- Le Parc historique de la canne à sucre
- Le Musée du Panthéon national haïtien
- Le Musée d'art haïtien

3 Ma future maison Avec un(e) partenaire, parlez de votre future maison et de ses pièces, de son jardin, du quartier et de vos voisins. Utilisez le futur et ces prépositions pour les décrire. Ensuite, présentez les projets (*plans*) de votre partenaire à la classe. *Answers will vary.*

MODÈLE

Élève 1: *Il y aura un énorme jardin devant ma future maison.*
Élève 2: *Je n'aurai aucun voisin en face de ma future maison.*

à droite (de)	autour (de)	en face (de)
à gauche (de)	derrière	loin (de)
au bout (de)	devant	(tout) près (de)
au milieu de		

4 Une visite Vous invitez votre partenaire à venir vous rendre visite chez vous. Expliquez-lui le chemin du lycée jusqu'à votre maison. Ensuite, votre partenaire donnera ces indications à un(e) autre camarade, qui vous les répétera. Les indications sont-elles toujours correctes? Utilisez le futur et alternez les rôles. *Answers will vary.*

MODÈLE

Élève 1: *Tu sortiras du lycée, tu iras jusqu'au centre-ville et tu passeras la mairie où tu tourneras à droite.*
Élève 2: *D'accord, à droite à la mairie. Et après, j'irai où?*

5 Des prévisions météo Avec un(e) partenaire, parlez des prévisions météo pour le week-end prochain. Chacun(e) (*Each one*) doit faire cinq prévisions et dire ce qu'on (*what one*) peut faire par ce temps. Soyez prêt(e)s à parler de vos prévisions et des possibilités pour le week-end devant la classe. *Answers will vary.*

MODÈLE

Élève 1: *Samedi, il fera beau dans le nord. On pourra faire une promenade.*
Élève 2: *Dimanche, il pleuvra dans l'ouest. On devra passer la journée dans l'appartement.*

 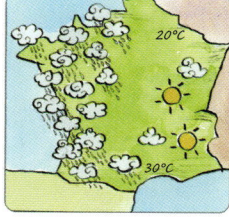

samedi   dimanche

6 La vie de Gaëlle et de Marc Votre professeur va vous donner, à vous et à votre partenaire, deux feuilles d'activités différentes sur l'avenir de Gaëlle et de Marc. Attention! Ne regardez pas la feuille de votre partenaire. *Answers will vary.*

MODÈLE

Élève 1: *Marc et Gaëlle finiront leurs études au lycée.*
Élève 2: *Ensuite, …*

Communicative Goal Use background information to understand directions

En ville | **Unité 2**

À l'écoute

vhlcentral

STRATÉGIE

Using background information

Once you discern the topic of a conversation, take a minute to think about what you already know about the subject. Using this background information will help you guess the meaning of unknown words and linguistic structures.

To help you practice this strategy, you will listen to a short paragraph. Jot down the subject of the paragraph, and then use your knowledge of the subject to listen for and write down the paragraph's main points.

Préparation

Regardez la photo. Combien de personnes y a-t-il? Où sont-elles? Que font-elles? D'après vous, de quoi parlent-elles?

À vous d'écouter

Écoutez la conversation entre Amélie et Christophe. Puis, écoutez-la une deuxième fois et notez les quatre choses qu'ils vont faire ce matin. Comparez vos notes avec celles d'un(e) camarade.

ouvrir un compte en banque

acheter des livres à la librairie

aller à la mairie

aller à la laverie/faire la lessive

Compréhension

Vrai ou faux? Indiquez si les phrases sont **vraies** ou **fausses**. Corrigez les phrases fausses.

1. Amélie habite cette ville depuis toujours.
   Faux. Elle habite cette ville depuis un mois.
2. Amélie ne connaît pas bien la ville.
   Vrai.
3. Christophe recommande la Banque de l'Ouest parce qu'il aime beaucoup son architecture. Faux. Il la recommande parce qu'elle est tout près et parce qu'il y a un distributeur automatique juste au coin de la rue.
4. La Banque de l'Ouest est en face d'une bijouterie.
   Faux. Elle est en face d'une pharmacie.
5. Amélie a besoin d'emprunter de l'argent à la banque.
   Faux. Elle veut ouvrir un compte en banque.
6. Amélie veut aller à la bibliothèque pour chercher des livres.
   Faux. Elle veut aller à une librairie pour acheter des livres.
7. La librairie Molière est près d'un jardin public.
   Vrai.
8. Christophe demande à Amélie si elle peut aller chercher un colis à la poste.
   Faux. Il lui demande de déposer un formulaire à la mairie.
9. Pour aller à la mairie, on doit traverser un pont.
   Vrai.
10. Ce matin, Christophe doit aller à la papeterie.
    Faux. Il doit aller à la laverie.

Dans votre ville Amélie passe une année dans votre lycée et elle a perdu son téléphone avec toutes les directions. Elle vous pose les mêmes questions qu'elle a posées à Christophe. Écrivez-lui un petit mot pour lui expliquer comment aller, d'abord, du lycée à une banque qui se trouve dans le quartier. Puis, expliquez-lui comment aller de cette banque à un supermarché où les habitants du quartier font souvent leurs courses. Demandez aussi à Amélie si elle peut faire une petite course pour vous et expliquez-lui où se trouve l'endroit où elle devra aller.

◯ I CAN use prior knowledge about a topic to better understand the meaning of unknown words and structures in a recorded conversation.

◯ I CAN write directions to local places in my community.

cent neuf 109

---

mairie sera juste là, de l'autre côté du pont, sur la place Bellevue.
A: Bon, d'accord, pas de problème. Et toi, qu'est-ce que tu vas faire ce matin?

C: Je vais aller à la laverie. J'ai plein de lessive à faire.
A: Eh bien, bon courage, alors! À tout à l'heure.
C: Salut!

Section Goals

In this section, students will:
- learn to use background information
- listen for the subject and main points in a paragraph
- listen to a conversation and complete several activities

Stratégie
Script La nuit dernière, il y a eu un cambriolage à la Banque Monet. Le directeur, Monsieur Dumais, a appelé le commissariat de police aussitôt qu'il est arrivé à la banque, vers huit heures trente ce matin. Pour l'instant, on ne sait pas encore combien d'argent a été volé.

À vous d'écouter
Script AMÉLIE: Dis, Christophe, j'habite ici depuis un mois et je n'ai pas encore ouvert de compte en banque. Quelle banque est-ce que tu me recommandes?
CHRISTOPHE: La Banque de l'Ouest. Elle est tout près d'ici et il y a un distributeur automatique juste au coin de la rue. Tu sais où elle se trouve?
A: Non. Elle est où?
C: Dans la rue Flaubert. Pour y aller, tu prends le boulevard Jean Jaurès et au carrefour, tu tournes à droite. La banque est à l'angle de la rue Victor Hugo, en face de la pharmacie.
A: D'accord. Et je dois aussi acheter des livres. Tu connais une bonne librairie?
C: Oui, la meilleure, c'est la librairie Molière, dans l'avenue de la République. Alors, pour y aller de la banque, tu prends la rue du Ménil et au bout de la rue, tu traverses la place d'Armes. Ensuite, tu descends l'avenue Girard et tu tournes à droite dans l'avenue de la République. Là-bas, tu trouveras la librairie, près du jardin public. Dis, est-ce que tu voudrais bien faire une petite course pour moi?
A: Oui, bien sûr.
C: C'est dans le quartier. J'ai besoin de déposer ce formulaire à la mairie.
A: OK. Elle est où, la mairie?
C: Alors, la mairie est sur la place Bellevue. De la librairie, tu continues tout droit dans l'avenue de la République. Ensuite, tu prends à gauche sur le boulevard Henri IV. Tu prends le pont Alexandre Dumas et la

Synthèse 109

Section Goals

In this section students will learn historical, geographical, and cultural information about Haïti.

Carte d'Haïti

- Have students look at the map on this page. Ask volunteers to read the place names aloud. Model pronunciation as necessary.
- Point out the **tréma** on the i of **Haïti**, a version of **Ayiti** in Creole. This name was first given to the land by the original inhabitants, the Taino-Arawak people. The country changed names several times throughout its history. It was called **Saint-Domingue** under French colonial rule and became **Haïti** after it gained its independence from France in 1804.
- Explain that the largest portion of Haitians in the United States live in South Florida. They also live in other major U.S. cities, including New York City, Boston, Philadelphia, Washington, D.C., and Chicago.

❶ **Suggestion** Have students look at a map of the Caribbean and locate other countries in the Greater Antilles. **Les Grandes Antilles** is a grouping of the larger Caribbean islands: Cuba, Hispaniola, Puerto Rico, Jamaica, and the Cayman Islands. Ask: **Pourquoi est-ce que les Grandes Antilles portent ce nom?**

❷ **Suggestion** Ask students if they hear about Haïti on the news, how often, and what kind of news they hear.

21st Century Skills

Global Awareness
Students will gain perspectives on the francophone world for developing respect and openness toward others and interacting appropriately and effectively with citizens of francophone cultures.

Savoir-faire

Communicative Goal Identify and reflect on cultural products and practices of Haiti

Panorama

vhlcentral | ▶ Panorama culturel

Haïti

Haïti est un pays francophone situé dans les Caraïbes, à l'est de Cuba et au nord de la Colombie et du Venezuela. Le pays se situe sur une île° appelée Hispaniola. Haïti occupe un tiers° de l'île, dans sa partie ouest. À l'est, il y a la République dominicaine, un pays qui n'est pas francophone.

L'histoire coloniale d'Hispaniola commence avec Christophe Colomb, qui construit le premier fort européen sur l'île en 1492 pour le gouvernement espagnol. Les Français arrivent dans la région au 17ᵉ siècle et fondent une autre colonie dans la partie ouest. Cette colonie deviendra la colonie la plus riche de l'empire français au 18ᵉ siècle.

Aujourd'hui, Haïti est une république. Sa capitale économique, politique et culturelle est Port-au-Prince. Le français et le créole haïtien sont ses deux langues officielles. En 2010, Haïti a été victime d'un énorme tremblement de terre qui a dévasté le pays.

Il y a 11 millions d'habitants en Haïti. La diaspora haïtienne dans le monde est importante. La population haïtienne habitant maintenant aux États-Unis est d'environ 975.000.

▶ **Michaëlle Jean,** journaliste, gouverneur général du Canada, première secrétaire générale de l'OIF (1957–)
▶ **Dany Laferrière,** écrivain, scénariste, et premier Haïtien membre de l'Académie française (1953–)

île island **tiers** third

ACTIVITÉS

1 **Les descriptions** Indiquez de quoi il s'agit. *Interpretive Communication*

1. C'est à l'est de Cuba et au nord de la Colombie. Haïti
2. C'est à l'est d'Haïti sur l'île d'Hispaniola. la République dominicaine
3. C'est la capitale économique, politique et culturelle d'Haïti. Port-au-Prince
4. Avec le français, c'est l'autre langue officielle d'Haïti. le créole haïtien
5. Presqu'un million d'Haïtiens ont émigré dans ce pays. les États-Unis

2 **Réflexion** Répondez aux questions. Answers will vary. *Making Connections | Acquiring Information & Diverse Perspectives*

1. Que savez-vous sur Haïti et son histoire? Donnez quelques détails.
2. Connaissez-vous des artistes ou d'autres personnes célèbres qui viennent d'Haïti? Est-ce qu'il y a une diaspora haïtienne dans votre région?
3. À votre avis, d'après la situation géographique d'Haïti, qu'est-ce qu'on trouve comme produits locaux (fruits, légumes, etc.)?
4. Avez-vous déjà goûté la cuisine haïtienne ou écouté de la musique haïtienne? Connaissez-vous un produit ou une pratique typique d'Haïti?

110 cent dix

FORUM

Le drapeau haïtien Have students research the Haitian flag and choose one related element to present briefly. For example, in what circumstances was the flag created? How was it made? What does each element drawn or written on the flag symbolize? What is Haitian Flag Day? How is it celebrated by Haitians all over the world? Then have students share their findings in a forum and discuss how these elements might relate to Haitian identity.

DIFFERENTIATION

Visual Learners Have groups of three students work together to draft a timeline of Haiti's history, based on what they learned in this unit, in previous units, and based on their shared personal knowledge. Ask them to consider and to include in their timeline when Haiti received its current name. Then have students do some research to check their timeline and make any necessary changes.

En ville **Unité 2**

La musique
La musique kompa

AP® Theme: Beauty and Aesthetics
Context: Music

Beaucoup de genres musicaux uniques sont nés en Haïti. Depuis 1955, le kompa est la musique haïtienne la plus populaire, à la fois dans le pays et dans la diaspora haïtienne. Son origine est intéressante: c'est un style musical inventé par le saxophoniste Nemours Jean-Baptiste et qui reflète la personnalité de cet artiste. Le kompa a un rythme chaloupé° pour danser. C'est une musique joyeuse que les orchestres haïtiens jouent dans toutes les fêtes et festivals.

La géographie
Les montagnes

Situé sur une île caribéenne et bordé de plages magnifiques, Haïti est aussi nommé «terre° des hautes montagnes». Les montagnes représentent les trois quarts du pays et sont importantes dans l'histoire, l'économie et la culture haïtiennes. Par exemple, Haïti a construit un système de fortifications sur ces montagnes pour pouvoir se défendre après 1804. La citadelle Laferrière est la plus grande forteresse du continent américain et un vrai symbole patriotique pour les Haïtiens.

AP® Theme: Contemporary Life
Context: Travel

Les traditions
Le carnaval

Le carnaval est la plus grande fête traditionnelle en Haïti. C'est une immense célébration populaire et nationale de trois jours, en février. Beaucoup de gens viennent à Port-au-Prince ou dans les autres grandes villes du pays pour y assister. Des danses et des concerts sont organisés dans les rues. On y porte des masques et des costumes colorés. C'est un grand moment de partage et de liberté pour tous les Haïtiens.

AP® Theme: Families and Communities
Context: Customs and Ceremonies

La gastronomie
La cuisine haïtienne

AP® Theme: Families and Communities
Context: Customs and Ceremonies

La cuisine haïtienne est une des nombreuses et délicieuses cuisines créoles des Caraïbes. Elle est plus influencée par les cultures latines et espagnoles que la cuisine créole des autres Antilles francophones. En Haïti, on utilise beaucoup une marinade verte appelée «marinade haïtienne» ou «épis». On la fait avec des poivrons, des oignons, des herbes, des piments° et des épices mélangées°. On peut utiliser cette marinade avec la viande et le poisson.

INCROYABLE MAIS VRAI!

Haïti a une histoire exceptionnelle. En 1804, Haïti devient le premier pays indépendant d'Amérique latine et des Caraïbes; la deuxième république du continent américain, après les États-Unis; le premier pays à abolir l'esclavage°; et le seul état° moderne né d'une révolution menée par des esclaves°. Les premiers leaders d'Haïti, comme Toussaint Louverture, étaient tous des esclaves à l'origine.

chaloupé swaying **terre** land **piments** hot peppers **épices mélangées** blended spices **abolir l'esclavage** abolish slavery **seul état** only state **esclaves** slaves

AP® Theme: Global Challenges
Context: Human Rights

3 Vous avez compris? Répondez aux questions par des phrases complètes. *Answers will vary.*

1. Qu'est-ce qui est intéressant dans le kompa?
   C'est un style musical qui n'a pas été créé par un groupe de musiciens mais par un seul musicien.
2. Pourquoi les montagnes sont-elles importantes en Haïti?
   Elles occupent les trois quarts du pays.
3. Quelle est la plus grande fête traditionnelle haïtienne?
   C'est le Carnaval.
4. Qu'est-ce que la marinade haïtienne?
   C'est une marinade verte utilisée pour préparer les poissons et les viandes.

4 En Haïti Faites des recherches sur un élément culturel haïtien qui vous intéresse. Vous pouvez choisir une spécialité gastronomique, une musique, une tradition, une pratique culturelle, une caractéristique particulière des Haïtiens ou de leur pays, etc. Préparez une présentation orale pour la classe. Faites une description détaillée de cet élément et expliquez pourquoi vous l'avez choisi. Faites aussi une comparaison avec un élément similaire de votre culture ou de votre communauté.
Answers will vary.

☑ **I CAN** identify cultural products and practices of Haiti and reflect on attitudes about them.

La musique kompa
Although **kompa** is still widely popular, Haitian music is evolving, and other musical genres are taking over the younger generations, including **rap kreyòl**, a type of hip hop in Haitian Creole, and **raboday**, a type of dance music.

Les montagnes
The highest peak in Haiti is the **pic la Selle**. At 8,773 feet, it is the third highest mountain in the Caribbean and offers spectacular views over southern Haiti.

Le carnaval
The carnival festivities in Haiti include a parade of elaborate floats and costumes, shows by all of the dance schools, and concerts by the most popular Haitian orchestras. Schools also plan special activities for the children.

La cuisine haïtienne
Haitian cuisine weaves together culinary styles from all over the world, including African, French, indigenous Taino, Spanish, and Arab cuisines.

Incroyable mais vrai!
François-Dominique Toussaint Louverture was the first prominent leader of the Haitian Revolution and a former slave himself. He was a skilled politician and military leader who used the principles of the French Revolution and the unrest it created to lead his fight for freedom in Haiti.

❸ Expansion Have students discuss in small groups the most surprising fact(s) they learned about Haiti.

❹ Expansion Have students vote on their favorite presentation of a Haitian cultural element and explain why it is their favorite.

PRE-AP®

Presentational Communication Many art forms, such as literature, decorative arts, graphic arts, and plastic arts, are important in Haitian culture. Have students find an interesting Haitian work of art: for example, a mural in the streets of Port-au-Prince, a work by a famous Haitian artist such as Édouard Duval-Carrié or Franketienne, a song by Wyclef Jean, etc. Have students prepare a presentation on the artwork they chose and explain how this piece relates to Haiti.

Interpersonal Speaking Have students make a list of 5–6 activities they would do if they were to visit Haiti. Where would they go? What would they see? Whom would they talk to? What kind of experiences would they like to have? Ask them to share their lists in small groups and to revise them with ideas and suggestions from their partners' lists.

Savoir-faire

Communicative Goal
Interpret a poem

Lecture

AP® Theme: Beauty and Aesthetics
Context: Literature

Avant la lecture

STRATÉGIE

Visualizing

Visualizing is creating mental pictures as you read a text. You can use the writer's words but also your own imagination to form pictures in your mind. This helps you understand the text because you are looking beyond the words and creating images. Through the images, you can recall what you've read. Visualizing also makes reading a more personal experience.

Examinez le texte

Pour chaque vers que vous lisez du poème, faites-vous une image mentale. Quand vous aurez fini le poème, comparez vos images mentales au dessin sur ces pages.

À propos de l'auteur
Jacques Charpentreau (1928–2016)

Jacques Charpentreau a été à la fois un enseignant° et un poète. Il a travaillé toute sa vie comme instituteur° et professeur de français à Paris, tout en restant° très actif dans le domaine de la poésie. Il a ainsi dirigé plusieurs collections de poésie pour diverses maisons d'édition° et a produit lui-même une variété d'œuvres°: surtout des recueils° de poésie, des contes et des nouvelles°, mais

aussi des dictionnaires, des traductions poétiques, des pamphlets ou des essais. Charpentreau a reçu différents prix littéraires au cours de sa carrière et ses poèmes ont souvent été mis en musique. Sa poésie est agréable à lire, rythmée et harmonieuse, et plusieurs de ses poèmes sont devenus des classiques que l'on étudie dans les écoles françaises et à l'étranger.

enseignant teacher **instituteur** elementary school teacher **tout en restant** while remaining **maisons d'édition** publishers **œuvres** works **recueils** collections **nouvelles** short stories

112 cent douze

Suppositions
Jacques Charpentreau

1   Si la Tour Eiffel montait
    Moins haut° que le bout de son nez,
    Si l'Arc de Triomphe était
    Un peu moins lourd° à porter,
5   Si l'Opéra se pliait°,
    Si la Seine se roulait°,
    Si les ponts se dégonflaient°,
    Si tous les gens se tassaient°
    Un peu plus dans le métro,
10 Si l'on retirait des rues
    Les guéridons° des bistrots,
    Les obèses, les ventrus°,
    Les porteurs de grands chapeaux,
    Si l'on ôtait° les autos,
15 Si l'on rasait les barbus°,
    Si l'on comptait les kilos
    À deux cents grammes pas plus,
    Si Montmartre se tassait,
    Si les trop gros maigrissaient,
20 Si les tours° rapetissaient°,
    Si le Louvre s'envolait°,
    Si l'on rentrait les oreilles,
    Avec des Si l'on mettrait
    Paris dans une bouteille.

haut *high* lourd *heavy* se pliait *bent* se roulait *rolled* se dégonflaient *deflated*
se tassaient *piled up* guéridons *pedestal tables* ventrus *potbellied* ôtait *removed*
barbus *bearded men* tours *towers* rapetissaient *shrank* s'envolait *flew away*

En ville — Unité 2

Après la lecture

Interpretive Communication

Vrai ou faux? Indiquez si les phrases sont **vraies** ou **fausses**. Citez le texte pour justifier vos réponses.

L'auteur dit...

	Vrai	Faux
1. que la Tour Eiffel devrait être moins lourde. «Si la Tour Eiffel montait moins haut que le bout de son nez»	☐	✓
2. que l'Arc de Triomphe devrait être plus léger (*light*). «Si l'Arc de Triomphe était un peu moins lourd à porter»	✓	☐
3. qu'il devrait y avoir plus de ponts sur la Seine. «Si la Seine se roulait, si les ponts se dégonflaient»	☐	✓
4. que les gens devraient arrêter de prendre le métro. «Si tous les gens se tassaient un peu plus dans le métro»	☐	✓
5. qu'on devrait enlever (*remove*) les guéridons des rues. «Si l'on retirait des rues les guéridons des bistrots»	✓	☐
6. qu'on devrait enlever les voitures. «Si l'on ôtait les autos»	✓	☐
7. qu'un kilo devrait faire la moitié (*half*). «Si l'on comptait les kilos à deux cents grammes pas plus»	☐	✓
8. que les gens trop gros devraient maigrir. «Si les trop gros maigrissaient»	✓	☐
9. que les tours devraient être plus grandes. «Si les tours rapetissaient»	☐	✓
10. que le Louvre a des oreilles. «Si le Louvre s'envolait»	☐	✓

Question de taille Le poème évoque l'idée que la réalité pourrait être modifiée à travers trois images principales: aller plus haut, disparaître et rapetisser. Faites une liste de tous les changements en rapport avec ces idées qui sont mentionnés dans le texte et classez-les selon ces trois grandes catégories. Est-ce qu'il y a des changements qu'on ne peut classer dans aucune de ces catégories? Si oui, lesquels (*which ones*)? Answers will vary.

Interpretive Communication

À votre tour Écrivez un poème de cinq ou six phrases, dans le même style que le poème «Suppositions», sur un thème de votre choix. Utilisez une ou deux image(s) de votre invention et essayez d'évoquer à la fois de petits détails de la vie quotidienne et des thèmes plus larges. Answers will vary.

Presentational Communication

 I CAN interpret a poem.

cent treize 113

Vrai ou faux? Go over the answers with the class. Then, ask for volunteers to write the supporting quotes on the board.

Question de taille Have students work in groups of three to complete this activity. Then, have each group write their responses to the last two questions, **Est-ce qu'il y a des changements qu'on ne peut classer dans aucune de ces catégories? Si oui, lesquels?** on the board. Compare and discuss with the class.

À votre tour
- As an alternative, ask students to write a few additional sentences for the poem, based on what they know about Paris.
- Another possibility is to have students write a similar poem in the same style about a city with which they are familiar. Then, ask students to read all but the last line of the poem to the class while other students guess the city.

21st Century Skills

Creativity and Innovation
Ask students to prepare a presentation on one of the Parisian sites or places mentioned in the poem.

DIFFERENTIATION

Slower Pace Learners Ask students to create a graphic organizer with three columns of all of the verbs they find in the **si** phrases of the poem. Tell them to write the verb form used in the poem in the first column and the infinitive of the verb in the second column. Then have them draw a picture representing the verb in the third column. Have students reference their graphic organizer as they read the poem.

Visual Learners Have students draw simple sketches of images as they read the poem. Tell them not to worry about their artistic ability and that this is merely a form of visualization. After students have finished reading, post the illustrations around the room and conduct a gallery walk while discussing the poem. Ask students to compare and contrast the differences in each student's interpretation.

Savoir-faire 113

Section Goals

In this section students will:
- learn to use linking words
- create a video tour of an interesting commercial square in a francophone country

Teaching Tips
- Have students read the introduction and the tasks involved.
- Review the strategy with students. Have them analyze the two sample paragraphs and discuss the various styles.

Evaluation

Discuss the evaluation criteria before students start working, and explain how this project will be graded. Here is a list of what students should aim for:

Content Students present relevant and complete information in their videos, keeping the target audience in mind. Appropriate vocabulary and linking words are used. French is used exclusively.

Organization Information is clearly and logically organized and linking words are used to connect various sections of the presentation.

Accuracy Students communicate clearly, using correct and appropriate vocabulary and grammar. They use appropriate pronunciation and intonation.

Creativity The video contains appropriate and attractive images for a young audience. The overall presentation contains personal touches.

Culture Students use culturally appropriate information about the place of choice.

Scoring
Excellent: 25–22
Good: 21–18
Satisfactory: 17–14
Unsatisfactory: < 14 points

Étape 1
Encourage groups to choose different locations and remind them that they are not limited to the four places listed in the blue box.

Savoir-faire

Communicative Goal Create a video about a commercial area in a francophone town

Projet

Création d'une vidéo promotionnelle
Présentation orale

Les besoins varient selon la région, le climat et le pays où les gens habitent. Les centres-villes, les marchés ou les souks sont des endroits intéressants avec des produits uniques qui reflètent la culture de la région ou du pays où ils se trouvent.

Pour ce projet, vous allez créer une vidéo promotionnelle au sujet d'un endroit commerçant d'une ville francophone. En groupes de quatre, vous mettrez en avant les éléments essentiels de l'endroit afin de séduire (*seduce*) de jeunes touristes.

la place Jemaa El-Fna à Marrakeck

STRATÉGIE

Using Linking Words
You can make your writing more sophisticated by using linking words to connect simple sentences or ideas to create more complex sentences. When narrating a video tour, you can use linking words to sequence your paragraphs and to guide your audience from place to place. Consider these passages that illustrate this effect:

Without linking words
Bonjour et bienvenue au Maroc et plus spécialement à Marrakech sur la place Jemaa el-Fna! Nous allons vous emmener dans un pays magique, sur une place commerçante unique. Comme vous le voyez, le souk est grandiose et très coloré, avec ses nombreux commerçants et ses produits divers.

With linking words
Bonjour et bienvenue sur la Grande-Place à Bruxelles. <u>D'abord</u>, nous allons regarder l'aspect architectural et historique de cette place et <u>ensuite</u>, nous vous emmènerons dans les boutiques uniques situées autour de la place centrale. <u>Enfin</u>, nous vous montrerons des produits typiques de la région que nous pouvons trouver ici <u>puisque</u> nous sommes au cœur du pays bruxellois.

Linking words

alors	then	finalement	finally
alors que	as	mais	but
après	after	ou	or
d'abord	first	parce que	because
donc	so	pendant (que)	while
enfin	finally	et puis	(and) then
ensuite	then, after that	puisque	since
et	and	quand	when

Étape 1: Remue-méninges: Quel marché choisir?

Parmi les quatre grands lieux commerciaux suivants, lequel voudriez-vous explorer? Vous pouvez aussi choisir un autre marché dans un pays francophone de votre choix.

- la place Jemaa el-Fna à Marrakech, au Maroc
- la Grande-Place à Bruxelles, en Belgique
- le Marché en fer à Port-au-Prince, en Haïti
- le complexe souterrain Desjardins, à Montréal, au Québec

114 cent quatorze

PRE-WRITING

Avant l'écriture Have students practice the linking words by writing a sentence on the board. Ask students to think of a linking word and a second sentence that could be joined to the first. Once you have tried this several times as a class, have students write single sentences individually and then try to combine them using different linking words. Encourage students to think of the types of sentences that they could potentially use in their tours. Remind them that, as a tour guide, they may use the future tense in their narration along with linking words. You may wish to review the irregular future forms before students begin to write.

En ville — Unité 2

Étape 2: Préparez les informations

Où aimez-vous aller faire vos courses dans votre ville ou région? Où aimez-vous retrouver vos amis? Réfléchissez aux différents aspects de ces endroits et faites une liste.

- Sur Internet ou dans une bibliothèque, recherchez des informations sur des endroits similaires dans le pays de votre choix. Notez les détails qui répondent aux questions suivantes. N'oubliez pas de noter vos sources:

  - Où se trouve ce lieu?
  - Ce lieu a-t-il une histoire intéressante? Quelle est la signification de son nom?
  - Quelles sont ses caractéristiques spéciales et uniques?
  - Quels produits locaux peut-on y trouver?
  - Qu'est-ce qui attirerait le plus un groupe de jeunes touristes à venir visiter ce lieu et ses environs?

le Complexe Desjardins à Montréal

- Cherchez des photos représentant les différents endroits et produits.
- Rassemblez toutes vos recherches et vos photos. Trouvez une façon originale de créer votre vidéo promotionnelle.
- Élaborez un plan de présentation. N'oubliez pas d'utiliser des mots connecteurs comme **d'abord, puis, ensuite, enfin.**
- Créez votre tour virtuel sur papier. Assurez-vous d'inclure un titre, plusieurs adjectifs et au moins cinq mots connecteurs par section.

Étape 3: Auto-évaluation

Analysez attentivement votre projet en groupe et évaluez objectivement votre travail à l'aide des questions suivantes.

- ☐ Avez-vous donné un titre à la vidéo?
- ☐ Avez-vous utilisé assez d'informations sur le lieu?
- ☐ Avez-vous utilisé assez d'adjectifs pour décrire le contenu?
- ☐ Avez-vous utilisé le vocabulaire approprié?
- ☐ Avez-vous correctement conjugué les verbes et utilisé le futur?
- ☐ Avez-vous utilisé au moins cinq mots connecteurs?
- ☐ Avez-vous inclus assez de photos?
- ☐ Les photos choisies illustrent-elles bien le contenu?
- ☐ Avez-vous inclus vos sources?

Étape 4: Création de la vidéo

- Rassemblez les éléments nécessaires pour filmer:
  - appareil pour filmer
  - pancartes, cartons ou images
  - votre plan de présentation
  - le contenu corrigé pour chacune des sections
  - une page contenant vos sources que vous présenterez à la fin de la vidéo

- Entraînez-vous à bien prononcer tous les noms et les phrases avec vos partenaires. Prenez en considération la clarté, l'intonation et la prononciation.
- Vous êtes prêt(e) à filmer!
- Faites ensuite le montage de votre vidéo. Ajoutez une bande-son musicale si vous le désirez.

Étape 5:

- Avant de présenter votre vidéo à la classe, expliquez pourquoi vous avez choisi ce lieu et ce que vous avez appris pendant vos recherches. Visionnez votre vidéo promotionnelle en classe.

 **I CAN** talk about what a central shopping district or town square reveals about a country's culture.

Vocabulaire — Unité 2

Leçon 2A

À la poste

poster une lettre	to mail a letter
une boîte aux lettres	mailbox
une carte postale	postcard
un colis	package
le courrier	mail
un facteur/ une factrice	mail carrier
un timbre	stamp

À la banque

avoir un compte bancaire	to have a bank account
déposer de l'argent	to deposit money
emprunter	to borrow
payer par appli mobile	to pay with a phone app
payer par carte (bancaire/ de crédit)	to pay with a (debit/credit) card
payer en liquide	to pay in cash
retirer de l'argent	to withdraw money
les billets (m.)	bills, notes
un compte d'épargne	savings account
une dépense	expenditure, expense
un distributeur automatique (de billets)	ATM
les pièces de monnaie (f.)	coins
de la monnaie	change

En ville

faire la queue	to wait in line
remplir un formulaire	to fill out a form
une banque	bank
une bijouterie	jewelry store
un bureau de poste	post office
une laverie	laundromat
une librairie	bookstore
un(e) marchand(e) de journaux	newspaper seller
une papeterie	stationery store
un salon de beauté	beauty salon; day spa
un commissariat de police	police station
une mairie	town/city hall; mayor's office

Verbes

apercevoir	to catch sight of, to see
s'apercevoir	to notice; to realize
croire	to believe
recevoir	to receive
revoir	to see again
voir	to see

La négation

jamais	never; ever
ne... aucun(e)	none (not any)
ne... jamais	never (not ever)
ne... ni... ni...	neither... nor
ne... personne	nobody, no one
ne... plus	no more (not anymore)
ne... que	only
ne... rien	nothing (not anything)
personne	no one
quelque chose	something
quelqu'un	someone
rien	nothing
toujours	always; still

Leçon 2B

Retrouver son chemin

se déplacer	to move (change location)
descendre	to go/come down
être perdu(e)	to be lost
monter	to go/come up
s'orienter	to get one's bearings
suivre	to follow
un angle	corner
un bâtiment	building
un carrefour	intersection
un chemin	way; path
un coin	corner
des indications (f.)	directions
un feu de signalisation (feux pl.)	traffic light(s)
un pont	bridge
l'est (m.)	east
le nord	north
l'ouest (m.)	west
le sud	south

Pour donner des indications

au bout (de)	at the end (of)
au coin (de)	at the corner (of)
autour (de)	around
jusqu'à	until
(tout) près (de)	(very) close (to)
tout droit	straight ahead

Le futur simple

See pp. 100, 104.

Mots apparentés: See page 73.

L'avenir et les métiers | Unité 3

Essential Question
What should we expect of the future, and how do we prepare for it?

Can-Do Goals
By the end of this unit, you will be able to:
- make and receive phone calls
- talk about your goals
- tell what you will do
- discuss your work
- say what you would do

Culture
- The workplace in France and other francophone communities
- Geography and culture of **Afrique centrale**

Strategies
- **Listening:** Using background knowledge and listening for specific information
- **Reading:** Summarizing a text in your own words
- **Project:** Implementing good layout and design principles for an online audience

Pour commencer
- Qui est sur la photo? *une jeune fille*
- Est-ce qu'elle est au lycée ou est-ce qu'elle travaille? *Elle travaille.*

Essential Question
Go over the Essential Question as a class. Ask guiding questions to facilitate the discussion: What influences the work and career opportunities in a community or a country? How do work and career opportunities in my community compare with those in French-speaking countries?

Can-Do Goals
Review the list of communicative goals with your students. Point out that this lesson will provide them with the tools necessary to achieve these goals. Tell your students that they will learn about shops, errands, business transactions, and cities and towns in French-speaking countries in **Roman-photo**, **Culture**, and **Le Zapping**. Throughout the unit, they will also learn more about the geography and the culture of **Afrique centrale**.

Pour commencer
Suggestion This photo depicts a young seamstress with an HIV assistance group in Bafut, Cameroun. Ask these additional questions based on the photo: **De quelle couleur est la robe de la jeune fille?** (rouge et noire) **Pensez-vous qu'elle est en France? Pourquoi ou pourquoi pas? Est-ce que vous aimez les tissus que vous voyez?**

Initiative and Self-Direction
Students can monitor their progress online using the activities and assessments on vhlcentral.com.

SUPPORT FOR BACKWARD DESIGN

Unité 3 Integrated Performance Assessment
Before teaching the unit, review the Integrated Performance Assessment (IPA) and its accompanying scoring rubric provided in the Testing Program. Use the IPA to assess students' progress toward proficiency targets at the end of the unit. **IPA Context:** Students will discuss their dream job with a partner and create a résumé and a cover letter for that dream job.

Dossier culturel
Throughout the unit, your students will identify and compare cultural realities from the francophone world. These important observations can be added to their **Dossier culturel**.

Forums on vhlcentral.com allow you and your students to record and share text and audio messages. Use Forums for presentations, oral assessments, class discussions, exit tickets, etc. Encourage students to reflect weekly on what they've learned about the different cultural elements. Ask more advanced students to dig deeper and investigate a specific topic. This will facilitate the creation of their **Dossier culturel**.

Mise en scène

Unité 3

Communicative Goal Discuss future jobs and careers

Rappelez-vous!

Un job

F Fabienne   **Y** Yannick

F 👋 Nico m'a dit que tu as un job! Bravo!

Y Ouais! Je commence mardi. 😄

F Qu'est-ce que c'est comme job?

Y Je vais travailler dans un fast-food près de chez moi. J'espère que ce ne sera pas trop compliqué.

F Ne t'inquiète pas, ça sera amusant! C'est quel fast-food?

Y Quick Spot, dans la rue du Four. Je t'appellerai mardi soir.

F Je penserai à toi. Bonne chance! 🙂

Projets d'avenir

R Rodolphe   **M** Manon

M slt, Rodolphe. Dis, ta mère est médecin, non?

R Non, elle est vétérinaire. Pourquoi?

M Je voudrais faire des études de médecine, mais ça prend beaucoup de temps.

R Comme tu aimes les animaux, tu pourrais être vétérinaire aussi.

M C vrai. Mais les études vétérinaires sont difficiles aussi, non?

R Oui, mais c'est super de s'occuper des animaux. 😊 Viens dîner à la maison samedi soir. Ma mère sera contente de te parler de son job.

M Bonne idée! 😄 À quelle heure?

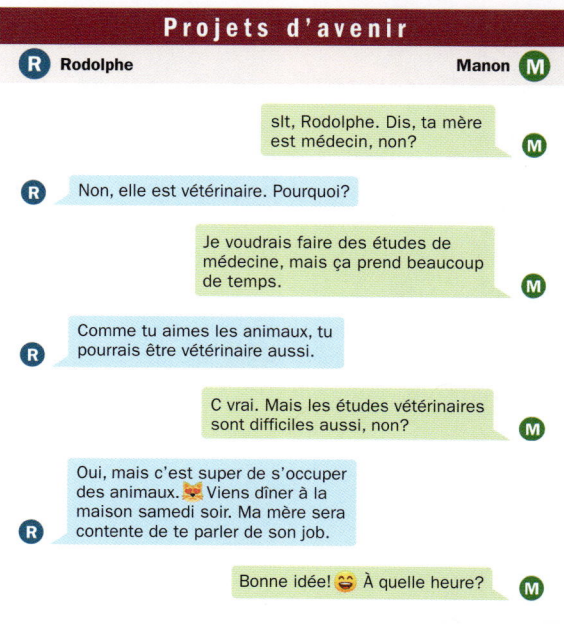

ACTIVITÉS

Interpretive Communication

1 Un job Trouvez les informations qui correspondent à chaque description dans la conversation entre Yannick et Fabienne.

1. le nom d'un restaurant — Quick Spot
2. le type de restaurant — un fast-food
3. l'adresse d'un endroit — rue du Four
4. le premier jour de travail — mardi

Interpretive Communication

2 Projet d'avenir En vous basant sur la conversation entre Manon et Rodolphe, formez des phrases complètes avec les éléments des deux colonnes et la forme correcte d'un verbe logique au temps approprié.

Manon…	…quelqu'un à dîner chez lui.
Rodolphe…	…vétérinaire.
La mère de Rodolphe…	…étudier longtemps.
Pour être médecin, il…	…devenir médecin.

Sample answers: Manon voudrait devenir médecin. Rodolphe invite quelqu'un à dîner chez lui. La mère de Rodolphe est vétérinaire. Pour être médecin, il faut étudier longtemps.

118 cent dix-huit

L'avenir et les métiers — Unité 3

Mots apparentés

Un job pour l'été

Moi, plus tard, je voudrais devenir musicienne professionnelle. Je suis sûre qu'un jour je serai connue dans le monde entier... mais mon père n'est pas d'accord. En fait, il veut que je trouve une *carrière* plus «*sérieuse*». Alors, l'été prochain, je travaillerai pour des architectes. La *compagnie* où je travaillerai s'appelle Architec. Elle offre beaucoup de *jobs* saisonniers. Le *salaire* est *modeste*, mais les *employés* que je connais aiment y travailler. Il y a beaucoup de *candidats* pour les postes d'été, mais j'ai de bonnes *références*. J'ai un oncle qui est architecte et je lui demanderai une *lettre de recommandation*. J'ai un peu d'*expérience professionnelle* parce que j'ai travaillé pour une compagnie d'ingénieurs l'année dernière. J'ai trouvé le *numéro de téléphone* d'Architec et je leur ai laissé *un message* aujourd'hui. Je les appellerai encore demain. Mais l'année prochaine, je serai DJ. Vive la musique!

Mots apparentés

un(e) candidat(e)	un message
une carrière	un numéro de téléphone
un(e) chauffeur de taxi	payé(e)
une compagnie	un plombier
un(e) électricien(ne)	une profession
un(e) employé(e)	une promotion
une expérience professionnelle	un(e) psychologue
un(e) politicien(ne)	une référence
un job	un salaire modeste
une lettre de recommandation	un(e) vétérinaire

3 **Les mots apparentés** Trouvez le mot qui n'appartient (*belong*) pas à chaque groupe.

1. la référence/le chauffeur de taxi/le plombier/la psychologue
   la référence
2. la candidate/la lettre de recommandation/la vétérinaire/la référence
   la vétérinaire
3. la compagnie/le message/l'employé/la promotion
   le message
4. payé/le salaire/le numéro de téléphone/modeste
   le numéro de téléphone

4 **Votre future carrière** Qu'est-ce que vous aimeriez faire plus tard? Écrivez un paragraphe pour parler de votre carrière idéale. Dites pourquoi vous voudriez travailler dans ce secteur. Ensuite, comparez votre paragraphe à celui d'un(e) camarade. *Answers will vary.*

MODÈLE

Élève 1: Je voudrais être dentiste parce que j'aime...
Élève 2: Ma carrière idéale est le journalisme. J'adore...

✓ **I CAN** understand people discussing future work plans, and I can understand and use cognates to talk about finding a job.

cent dix-neuf 119

GAME — Charades Write **architecte, artiste, chauffeur de taxi, coiffeur/coiffeuse, dentiste, électricien(ne), enseignant(e), politicien(ne), journaliste, médecin, musicien(ne), plombier, psychologue,** and **vétérinaire** on small pieces of paper, and fold to hide the words. Have each student pick a piece of paper. Divide the class in groups of three or four and have each student mime their word for the rest of their group to guess the word.

PRE-AP® — Presentational Speaking Have students imagine that they are the teen in **Un job pour l'été**. They haven't heard from Architec, so they decide to leave a detailed voicemail message to talk a little about themselves and ask a few questions about the job. Recommend that students use cognates from the list in their message. Have students record their message and submit it to you for review.

Section Goals

In this section, students will learn and practice vocabulary related to:
- the workplace
- job interviews
- phone calls

 SEL Suggestions

As you work through this unit, be mindful that students' current family and socioeconomic situation may impact their goals for the future. Be encouraging to all students and provide support as needed. For example, you may find it appropriate to help connect a student with a school-based or community resource, such as a guidance or career-support counselor.

Teaching Tips

- Use the digital image for this page. Point out objects and describe what the people are doing. Examples: **Il patiente. Ces sont des employés. Ils sont en réunion. Elle passe un entretien.**
- Point out the difference between **un poste** (*a job*) and **la poste** (*the post office*).
- Explain that **une lettre de motivation** is a letter a job candidate writes in response to a want ad or when introducing him or herself to a prospective employer.
- Point out the **Coup de main**. Explain that **chercher** is a general term, while **rechercher** refers to more thorough, methodical research.

 21st Century Skills

Financial, Economic, Business, and Entrepreneurial Literacy
These questions will activate your students' prior knowledge about the topic and prepare them to make comparisons with what they learn in this lesson: Do you work outside of school? What is the role of work in your life? How could that role be improved? Would you rather start your own business than working for a company? Why or why not?

Contextes   Leçon 3A

Communicative Goal Talk about the workplace and applying for a job

Au bureau

AP® Theme: Contemporary Life
Context: Professions

Vocabulaire

chercher un/du travail	to look for work/a job
embaucher	to hire
faire des projets	to make plans
lire les annonces (f.)	to read the want ads
obtenir	to get, to obtain
postuler	to apply
prendre (un) rendez-vous	to make an appointment
trouver un/du travail	to find work/a job
un conseil	advice
un domaine	a field
une entreprise	firm, business
une formation	education; training
une lettre de motivation	letter of application
un métier	profession
un poste	position
un(e) responsable	manager, supervisor
une réunion	meeting
un salaire élevé	high salary
un stage	internship; professional training
appeler	to call
laisser un message	to leave a message
un appareil	telephone
une boîte vocale	voicemail
Qui est à l'appareil?	Who's calling please?
C'est de la part de qui?	On behalf of whom?
C'est M./Mme/Mlle... (à l'appareil.)	It's Mr./Mrs./Miss... (on the phone.)
Ne quittez pas.	Please hold.

Coup de main

Note the difference in the usage and meaning of **chercher** and **rechercher**.
Il cherche du travail.
He is looking for work.
Cette compagnie recherche un chef du personnel.
This company is looking for a human resources director.

une patronne (un patron m.)

Allô!

Elle va raccrocher.

Elle va décrocher.

120 *cent vingt*

EXTRA PRACTICE

Oral For additional practice, ask students these questions.
1. Dans quel domaine aimeriez-vous travailler? 2. Quels projets avez-vous faits pour votre carrière? 3. Préférez-vous travailler dans une grande entreprise ou dans une petite compagnie? Pourquoi? 4. Est-il plus important d'avoir un salaire élevé ou un métier qu'on aime bien? 5. Avez-vous déjà écrit une lettre de motivation?

GAME

Spelling Bee Divide the class into two teams. Have a spelling bee using vocabulary words from **Contextes**. Pronounce each word, use it in a sentence, and then say the word again. Tell students that they must spell the words in French and include all diacritical marks.

L'avenir et les métiers — Unité 3

Mise en pratique

1 Écoutez Omar et Louis cherchent du travail. Écoutez leur conversation et répondez ensuite aux questions. *Answers will vary.*

Interpretive Communication

1. Quel genre de travail Omar recherche-t-il? *Omar recherche un travail d'assistant.*
2. Où est-ce qu'Omar a lu l'annonce? *Omar a lu l'annonce dans le journal ce matin.*
3. Quel(s) document(s) faut-il envoyer pour le stage? *Il faut envoyer un CV accompagné d'une lettre de motivation.*
4. Qui est M. Dupont? *M. Dupont est le chef du personnel.*
5. Que doit faire Omar pour obtenir un entretien? *Omar doit appeler M. Dupont pour prendre (un) rendez-vous.*
6. Quel est le domaine professionnel de Louis? *Son domaine professionnel est l'informatique.*
7. Pourquoi Louis a-t-il des difficultés à trouver du travail? *Louis a des difficultés à trouver du travail parce qu'il ne sait pas où postuler ni comment obtenir un entretien.*
8. Comment est-ce qu'Omar aide Louis? *Omar trouve deux entreprises qui recherchent des spécialistes dans le domaine de Louis.*

2 Complétez Complétez ces phrases avec le vocabulaire de la liste qui convient le mieux. N'oubliez pas de faire les accords nécessaires.

Interpretive Communication

appeler	métier	postuler
décrocher	obtenir	prendre (un) rendez-vous
embaucher	passer un entretien	raccrocher
lire les annonces	patienter	salaire

1. Quand on cherche du travail, il faut __lire les annonces__ tous les jours.
2. Il est toujours plus facile de trouver un __métier__ intéressant quand on a une bonne formation.
3. Le téléphone sonne. Est-ce que tu peux __décrocher__, s'il te plaît?
4. Il y a peu d'entreprises qui __embauchent__ en ce moment. L'économie ne va pas très bien.
5. —Bonjour, Madame. Je vous __appelle__ pour __prendre (un) rendez-vous__.
   —Vous pouvez venir lundi 15, à 16h00?
6. J'ai envoyé mon CV. J'espère qu'ils vont m'appeler pour __passer un entretien__.
7. __Patientez__ quelques minutes, s'il vous plaît. Madame Benoît va bientôt arriver.
8. Il __a raccroché__ parce que la connexion n'était pas bonne.

3 Corrigez Lisez ces phrases et dites si elles sont **vraies** ou **fausses**. Corrigez les phrases qui ne sont pas logiques. *Answers will vary.*

Interpretive Communication

1. Quand on postule pour un poste, on envoie une lettre de recommandation.
   Faux. Quand on postule pour un poste, on envoie une lettre de motivation.
2. Quand on est embauché, on perd son travail.
   Faux. Quand on est embauché, on trouve un travail.
3. Quand on travaille, on reçoit un salaire à la fin de chaque mois. *Vrai.*
4. À la fin d'un CV américain, il ne faut pas oublier de mentionner ses références. *Vrai.*
5. Pour savoir qui vous appelle au téléphone, vous demandez: «Ne quittez pas.»
   Faux. Vous demandez: «Qui est à l'appareil?»
6. Un(e) patron(ne) dirige (manages) une entreprise et des employés. *Vrai.*
7. Avant d'obtenir un poste, il faut souvent passer une entreprise.
   Faux. Il faut souvent passer un entretien.
8. Quand on travaille dans une entreprise, on est un(e) employé(e). *Vrai.*

cent vingt et un **121**

Script LOUIS: Alors Omar, est-ce que tu as trouvé un travail pour l'été?
OMAR: Chut, je suis au téléphone!
L: Oh, je suis désolé.
O: Allô. Oui, bonjour, Madame. C'est Omar Bachar à l'appareil. Je vous appelle au sujet de l'annonce que j'ai vue sur votre site web ce matin.
LA SECRÉTAIRE: Oui, très bien. Pour le stage, il faut envoyer votre CV accompagné d'une lettre de motivation.
O: En fait, je n'appelle pas pour le stage, mais pour le poste d'assistant.
S: Oh, excusez-moi. Dans ce cas, il vous faut appeler Monsieur Dupont, notre chef du personnel, pour prendre rendez-vous et obtenir un entretien. Ne quittez pas. Je vous le passe. (*Musique*) Je suis désolée, mais ça ne répond pas. Je vous passe sa boîte vocale. Vous pouvez laisser un message avec votre numéro de téléphone.
O: Je vous remercie, Madame. *Plus tard…*
L: Voilà, tu n'as plus besoin de chercher du travail! Je suis sûr qu'ils vont t'embaucher!
O: Je préfère attendre. Et toi, comment ça va, ta recherche de travail?
L: Je ne sais pas vraiment où postuler et je ne sais pas comment obtenir un entretien.
O: Avec ta formation et ton expérience professionnelle, je pense que tu trouveras facilement un travail dans l'informatique. Tiens, regarde ce site, cette compagnie et cette autre entreprise-là recherchent des spécialistes dans ton domaine. En plus, je suis certain qu'elles offrent un bon salaire. Tiens, prends ton téléphone et appelle-les.

• **Suggestion** Go over the answers with the class. If students have difficulty, play the conversation again.

2 Expansion Have students write sentences with the unused words from the list: **obtenir**, **postuler**, and **salaire**.

3 Suggestion Have students check their answers with a classmate.

GAME

Jeopardy Write these expressions on the board: **C'est quand on…**, **C'est ce qu'on fait quand…**, **C'est un objet/une machine qu'on utilise pour…**, **C'est quelqu'un qui…** Then have pairs of students write definitions for the following vocabulary words. 1. chercher du travail 2. postuler 3. un appareil 4. un responsable 5. raccrocher 6. un entretien 7. un stage 8. un spécialiste

Have pairs get together with another pair of students and take turns reading their definitions. The other pair has to guess using the question: **Qu'est-ce que c'est que/qu'…?** The pair with the most correct answers wins. Ask each group to choose its best definition and write it on the board for the whole class to guess.

Image labels: un curriculum vitæ, un CV; Elle passe un entretien.; un chef (une cheffe f.) du personnel; PERSONNEL; Il patiente. (patienter)

Contextes **121**

Contextes — Leçon 3A

Communication

4 Répondez Avec un(e) partenaire, posez-vous ces questions à tour de rôle. *Answers will vary.*

1. Est-ce que tu as fait des projets d'avenir? Quels sont-ils?
2. Après tes études, dans quel domaine est-ce que tu vas chercher du travail?
3. Dans quelle entreprise voudrais-tu faire un stage? Pourquoi?
4. As-tu déjà travaillé? Dans quel(s) domaine(s)?
5. As-tu déjà répondu à des annonces pour trouver du travail? Est-ce qu'on t'a embauché(e)?
6. À ton avis, qu'est-ce qui est le plus important pour réussir un entretien d'embauche?
7. Qui pourrait t'écrire une bonne lettre de recommandation un jour?
8. Selon toi, qu'est-ce qu'il faut inclure dans un curriculum vitae?

5 Les conversations Avec un(e) partenaire, complétez et remettez dans l'ordre ces conversations. Ensuite, jouez les scènes devant la classe.

Conversation 1
- _3_ —C'est Mlle Grandjean à l'appareil. Est-ce que vous pouvez me passer le chef du personnel, s'il vous plaît?
- _1_ —__Allô__. Bonjour, Monsieur.
- _2_ —Bonjour. __Qui est à l'appareil__?
- _4_ —__Ne quittez pas__. Je vous le passe.

Conversation 2
- _3_ —Tu n'as donc pas vu __le poste__ que la compagnie Petit et Fils offre.
- _1_ —Est-ce que tu __as lu les annonces__ ce matin?
- _4_ —Non, mais je connais cette entreprise et elle n'est pas dans __mon domaine__.
- _2_ —Non, je ne suis pas encore allé(e) en ligne.

Conversation 3
- _2_ —Non, appelle plutôt son portable.
- _4_ —C'est le 06-22-28-80-83.
- _5_ —Oh, encore sa __boîte vocale__! Elle ne décroche jamais.
- _3_ —Tu as raison. Quel est son __numéro de téléphone__?
- _1_ —Stéphanie ne __décroche__ pas. Je vais lui __laisser un message__.

6 Les petites annonces Lisez ces annonces et choisissez-en une. Avec un(e) partenaire, imaginez votre conversation avec le directeur de l'entreprise que vous avez sélectionnée. Vous devez parler de votre expérience professionnelle, de votre formation et de vos projets. Ensuite, choisissez une autre annonce et changez de rôle. *Answers will vary.*

> **Nous recherchons des professionnels de la gestion.** Première expérience ou expert(e) dans votre domaine, notre groupe vous offre d'intéressantes opportunités d'évolution. Retrouvez nos postes sur www.comptaparis.fr/métiers.

> France Conseil recherche un analyste financier bilingue anglais. Vous travaillez avec nos bureaux à l'étranger pour développer les projets du département. De formation supérieure, vous avez une expérience de chef de projet de 2 à 4 ans. Nous contacter à: www.france-conseil.com

> SARLA recherche un(e) assistant(e) commercial(e) trilingue anglais et espagnol avec expérience en informatique (logiciels et Internet). **Envoyer CV et lettre de motivation à www.sarla.fr/ressourceshumaines**

7 Le poste idéal Akim souhaite travailler à l'étranger pendant les vacances d'été, mais il ne sait pas par où commencer. Il va donc dans un Centre d'Information Jeunesse pour rencontrer un conseiller/une conseillère (*advisor*) qui va déterminer le pays et le domaine professionnel les mieux adaptés. Travaillez à deux et échangez les rôles avec votre partenaire. *Answers will vary.*

✓ **I CAN** talk about the workplace and applying for a job.

Les sons et les lettres

La ponctuation française

Although French uses most of the same punctuation marks as English, their usage often varies. Unlike English, no period (**point**) is used in abbreviations of measurements in French.

200 m (*meters*)   **30 min** (*minutes*)   **25 cl** (*centiliters*)   **500 g** (*grams*)

In other abbreviations, a period is used only if the last letter of the abbreviation is different from the last letter of the word it represents.

Mme Bonaire = Mada**me** Bonaire   **M.** Bonaire = Monsieu**r** Bonaire

French dates are written with the day before the month, so if the month is spelled out, no punctuation is needed. When using digits only, use slashes to separate them.

le 25 février 1954   25/2/1954   le 15 août 2006   15/8/2006

Notice that a comma (**une virgule**) is not used before **et** or **ou** in a series or list.

Lucie parle français, anglais et allemand.   *Lucie speaks French, English, and German.*

Generally, in French, a direct quotation is enclosed in **guillemets**. Notice that a colon (**deux points**), not a comma, is used before the quotation.

Charlotte a dit: «Appelle-moi!»   **Marc a demandé: «Qui est à l'appareil?»**

1 Réécrivez
Ajoutez la ponctuation et remplacez les mots en italique par leurs abréviations.

1. Depuis le *21 mars 1964 Madame Pagny* habite à 500 *mètres* de chez moi
   Depuis le 21/03/1964, Mme Pagny habite à 500 m de chez moi.
2. Ce matin j'ai acheté 2 *kilos* de poires *Monsieur* Florent m'a dit Lucien tu as très bien fait
   Ce matin, j'ai acheté 2 kg de poires. M. Florent m'a dit: «Lucien, tu as très bien fait!»

2 Corrigez
Lisez le paragraphe et ajoutez la bonne ponctuation et les majuscules.

hier milos le frère de ma meilleure amie suzelle m'a laissé un message il a dit camille on va fêter l'anniversaire de suzelle le samedi 13 novembre est-ce que tu peux venir téléphone-moi

Answers may vary. Possible answer: Hier, Milos, le frère de ma meilleure amie, Suzelle, m'a laissé un message. Il a dit: «Camille, on va fêter l'anniversaire de Suzelle le samedi 13 novembre. Est-ce que tu peux venir? Téléphone-moi!»

3 Dictons
Lisez les dictons à voix haute.

> Le temps, c'est de l'argent.[1]

> Ne parle jamais des princes: si tu en dis du bien, tu mens; si tu en dis du mal, tu t'exposes.[2]

[1] Time is money.
[2] Never talk about princes. If you talk nicely about them, you lie. If you say bad things about them, you reveal yourself.

✓ **I CAN** use French punctuation marks correctly when writing.

Roman-photo Leçon 3A

Communicative Goal Understand short conversations about tests, future plans, and successes

Le bac

AP® Theme: Contemporary Life
Context: Education

PERSONNAGES

Astrid

Jeune femme

Michèle

Stéphane

Valérie

Après le bac...
STÉPHANE Alors, Astrid, tu penses avoir réussi le bac?
ASTRID Franchement, je crois que oui. Et toi?
STÉPHANE Je ne sais pas, c'était plutôt difficile. Mais au moins, c'est fini, et ça, c'est le plus important pour moi!

ASTRID Qu'est-ce que tu vas faire une fois que tu auras le bac?
STÉPHANE Aucune idée, Astrid. J'ai fait une demande à l'université pour étudier l'architecture.
ASTRID Vraiment? Laquelle?
STÉPHANE L'université de Marseille, mais je n'ai pas encore de réponse. Alors, Mademoiselle Je-pense-à-tout, tu sais déjà ce que tu feras?

ASTRID Bien sûr! J'irai à l'université de Bordeaux et dès que je réussirai l'examen de première année, je continuerai en médecine.
STÉPHANE Ah oui? Pour moi, les études, c'est fini pour l'instant. On vient juste de passer le bac, il faut fêter ça! C'est loin, la rentrée.

VALÉRIE Mais bien sûr que je m'inquiète! C'est normal.
STÉPHANE Tu sais, finalement, ce n'était pas si difficile.
VALÉRIE Ah bon? Tu sais quand tu auras les résultats?
STÉPHANE Ils seront affichés dans deux semaines.
VALÉRIE En attendant, il faut prendre des décisions pour préparer l'avenir.

STÉPHANE L'avenir! L'avenir! Vous n'avez que ce mot à la bouche, Astrid et toi. Oh maman, je suis tellement content aujourd'hui. Pour le moment, je voudrais juste faire des projets pour le week-end.
VALÉRIE D'accord, Stéphane. Je comprends. Tu rentres maintenant?
STÉPHANE Oui, maman. J'arrive dans quinze minutes.

Au P'tit Bistrot...
JEUNE FEMME Bonjour, Madame. Je cherche un travail pour cet été. Est-ce que vous embauchez en ce moment?
VALÉRIE Eh bien, c'est possible. L'été en général nous avons beaucoup de clients étrangers. Est-ce que vous parlez anglais?
JEUNE FEMME Oui, c'est ce que j'étudie à l'université.

ACTIVITÉS

1 **Complétez** Complétez les phrases suivantes.
1. Stéphane et Astrid viennent de passer _le bac_.
2. Il aura les résultats du bac dans _deux semaines_.
3. Stéphane ne veut pas parler de l'_avenir_.
4. La jeune femme étudie _l'anglais_ à l'université.
5. _Michèle_ est en train de chercher un nouveau travail.

2 **Répondez** Répondez aux questions suivantes par des phrases complètes. Answers will vary.
1. Quels sont les projets d'avenir d'Astrid?
   Elle ira à l'université de Bordeaux et étudiera la médecine.
2. Qu'est-ce que Stéphane veut faire l'année prochaine?
   Il veut étudier l'architecture à l'université de Marseille.
3. Est-ce que les projets d'Astrid et de Stéphane sont certains?
   (Supposez que les deux auront le bac.) Les projets d'Astrid sont certains, mais Stéphane n'a pas encore de réponse de l'université de Marseille.
4. Quel est le projet de Michèle pour l'avenir?
   Michèle veut travailler comme réceptionniste pour une compagnie.
5. Son projet est-il certain? Non, son projet n'est pas certain: elle doit passer l'entretien d'embauche d'abord. Elle ne sait pas encore s'ils vont lui donner le poste.

cent vingt-quatre

L'avenir et les métiers — Unité 3

Stéphane et Astrid ont passé l'examen.

STÉPHANE Écoute, je dois téléphoner à ma mère. Je peux emprunter ta télécarte, s'il te plaît?
ASTRID Oui, bien sûr. Tiens.
STÉPHANE Merci.
ASTRID Bon... Je dois rentrer chez moi. Ma famille m'attend. Au revoir.
STÉPHANE Salut.

Stéphane appelle sa mère...
VALÉRIE Le P'tit Bistrot. Bonjour.
STÉPHANE Allô.
VALÉRIE Allô. Qui est à l'appareil?
STÉPHANE Maman, c'est moi!
VALÉRIE Stéphane! Alors, comment ça a été? Tu penses avoir réussi?
STÉPHANE Oui, bien sûr, maman. Ne t'inquiète pas!

Expressions utiles

Talking about tests
- Tu penses avoir réussi le bac?
  Do you think you passed the bac?
- Je crois que oui.
  I think so.
- Qu'est-ce que tu vas faire une fois que tu auras le bac?
  What are you going to do once you have the bac?
- Tu sais quand tu auras les résultats?
  Do you know when you will have the results?
- Ils seront affichés dans deux semaines.
  They will be posted in two weeks.

Enjoying successes
- L'avenir! Vous n'avez que ce mot à la bouche.
  The future! That's all you talk about.
- Je suis tellement content(e) aujourd'hui.
  I am so happy today.
- Pour le moment, je voudrais juste faire des projets pour le week-end.
  For the time being, I would only like to make plans for the weekend.
- Nous irons dîner pour fêter ça dès que j'aurai un nouveau travail.
  We will go to dinner to celebrate as soon as I have a new job.

Additional vocabulary
- laquelle
  which one (f.)

VALÉRIE Et vous avez déjà travaillé dans un café?
JEUNE FEMME Eh bien, l'été dernier j'ai travaillé à la brasserie les Deux Escargots. Vous pouvez les appeler pour obtenir une référence si vous le désirez. Voici leur numéro de téléphone.
VALÉRIE Au revoir, et peut-être à bientôt!

Près de la terrasse...
MICHÈLE J'ai un rendez-vous pour passer un entretien avec l'entreprise Dupont... C'est la compagnie qui offre ce poste de réceptionniste... Tu es fou, je ne peux pas demander une lettre de recommandation à Madame Forestier... Bien sûr, nous irons dîner pour fêter ça dès que j'aurai un nouveau travail.

3 Réfléchissez Répondez aux questions. *Answers will vary.*
1. Pourquoi Stéphane appelle-t-il Astrid «Mademoiselle Je-pense-à-tout»? Êtes-vous plutôt comme Astrid ou comme Stéphane? Expliquez.
2. Y a-t-il un examen comme le bac à la fin du lycée dans votre pays? Que pensez-vous de ces examens? Sont-ils utiles? Expliquez.
3. Comparez les attitudes des Français au sujet du bac aux attitudes présentes dans votre culture au sujet des examens.

✓ **I CAN** understand short conversations about tests, future plans, and successes.

4 À vous! La jeune femme qui veut travailler au P'tit Bistrot rencontre Michèle. Elle veut savoir comment est le travail et quel genre de patronne est Valérie. Michèle, qui n'est pas vraiment heureuse au P'tit Bistrot en ce moment, lui raconte tout. Avec un(e) camarade de classe, composez le dialogue et jouez la scène devant la classe.

cent vingt-cinq **125**

POST-VIEWING

Questions Ask students yes/no questions based on the **Roman-photo**. Tell them to answer **Je crois que oui** or **Je crois que non**. Examples: 1. Stéphane a-t-il réussi au bac? 2. Stéphane va-t-il étudier l'architecture à l'université? 3. Astrid va-t-elle étudier la médecine? 4. La jeune femme va-t-elle être embauchée au P'tit Bistrot? 5. Michèle va-t-elle trouver un autre travail?

PROFICIENCY

Presentational Have students work in groups of three. Tell them to write a résumé for a famous person. Write this format on the board for students to follow: **Objectif(s) professionnel(s), Formation, Expérience professionnelle,** and **Références**. Then have volunteers read the résumé to the class without saying the person's name. The class should try to guess whose résumé it is.

Culture — Leçon 3A

AP® Theme: Contemporary Life
Context: Professions

CULTURE À LA LOUPE

Les jeunes Français et les jobs d'été

Partir en vacances, ou bien trouver un job ou un stage pour l'été? C'est la question que se posent tous les jeunes Français de 16 ans et plus chaque printemps, au moment de se mettre à la recherche du job d'été idéal. Et, ils sont environ° la moitié à opter° pour le job d'été.

Comme l'indique leur nom, les jobs d'été sont liés aux activités saisonnières, souvent en relation avec le tourisme, par exemple dans la restauration et les hôtels. Les supermarchés emploient aussi de nombreux jeunes pendant les vacances. Les jeunes qui ont passé leur BAFA° (brevet d'aptitude aux fonctions d'animateur) peuvent être animateurs de colonies de vacances ou de centres aérés. Mais, il n'est pas toujours facile pour les jeunes Français d'obtenir un job d'été, et nombre d'entre eux comptent sur° les relations familiales ou les amis pour le trouver. Ainsi, plus de 40% d'entre eux disent avoir trouvé un job d'été grâce à une connaissance°.

Les jobs d'été sont, comme tout autre emploi, soumis au droit du travail, avec la signature d'un contrat, une période d'essai°, une cotisation retraite°, etc. Ils sont le plus souvent rémunérés au SMIC° (salaire minimum interprofessionnel de croissance). L'argent gagné financera leurs loisirs (50 %), leurs études (46 %) ou encore leurs prochaines vacances (34 %).

En parallèle, certains jeunes préfèrent effectuer un stage en entreprise dans le domaine de leurs études. Contrairement aux jobs d'été, les stages ne sont pas ou sont peu rémunérés, mais apportent une expérience professionnelle et une meilleure connaissance de son futur métier.

Pourquoi travailler pendant l'été?

Les jeunes de 16–23 ans trouvent qu'un job d'été, c'est…

 6% fatigant
 **46%** une bonne expérience
 3% amusant
 45% lucratif°

 **Pour 88%** un job d'été est un avantage sur son C.V.
 83% des jeunes aiment travailler.

Source: diplomeo.com

environ about **opter** opt **BAFA** youth work certificate **comptent sur** rely on
connaissance acquaintance **période d'essai** trial period **cotisation retraite** pension contribution **SMIC** minimum wage **lucratif** profitable

ACTIVITÉS

1 Complétez Complétez les phrases. *Answer will vary.*

1. L'été, les jeunes Français hésitent entre _partir en vacances et trouver un job d'été ou un stage_.
2. Beaucoup de jobs d'été sont liés au _tourisme_.
3. Pour en apprendre plus sur leur futur métier, certains jeunes Français effectuent _un stage_.
4. 83% des jeunes sont _heureux_ d'avoir un job d'été.

2 Réfléchissez Répondez aux questions. *Answer will vary.*

1. Est-ce qu'il est essentiel de travailler ou de faire un stage pendant les vacances scolaires pour acquérir une expérience professionnelle, d'après vous? Pourquoi?
2. Quelle influence peut avoir la famille ou la communauté sur la recherche d'un job d'été?
3. En France, il existe un salaire minimum, le SMIC. Est-ce que c'est important d'offrir un salaire minimum? Est-ce qu'un salaire minimum existe dans votre pays?

cent vingt-six

L'avenir et les métiers — Unité 3

PORTRAIT

AP® Theme: Contemporary Life
Context: Professions

Les artisans

L'artisanat° occupe une place centrale en France tout comme en Afrique. Il implique un savoir-faire° particulier. En France, ce secteur emploie trois millions de personnes. On le décrit souvent comme «la plus grande entreprise de France». Les artisans travaillent dans plus de 300 secteurs d'activité différents: boulangers, bouchers, plombiers, fleuristes, bijoutiers, souffleurs de verre°... Mais partout° dans le monde francophone, l'artisanat prend beaucoup d'autres formes, comme le fumage° du poisson, la fabrication de porcelaine ou encore la préparation du beurre de karité°. L'artisanat peut avoir un caractère traditionnel et refléter la richesse culturelle d'un pays, comme par exemple, les bijoux du Tchad ou la poterie en terre cuite° du Gabon.

Les entreprises artisanales sont par définition de petites tailles, avec souvent moins de dix employés. Les artisans fournissent° les services nécessaires aux habitants et aident aussi à créer un «lien social°». Artisans et artistes sont considérés comme les gardiens des traditions et du savoir-faire qu'ils se transmettent de génération en génération grâce au° système de l'apprentissage°.

En Afrique, les artisans opèrent encore sur un marché très limité et tirent donc peu de revenus° de leur savoir-faire. Le Comité de coordination pour le développement et la promotion de l'artisanat africain (CODEPA) les aide à promouvoir leurs œuvres pour augmenter° leurs chances de vivre dignement de leur métier.

L'artisanat *Arts and crafts* **savoir-faire** *expertise* **souffleur de verre** *glassblower* **partout** *everywhere* **fumage** *smoking* **beurre de karité** *shea butter* **en terre cuite** *terracotta* **fournissent** *provide* **lien social** *social cohesion* **grâce au** *thanks to the* **apprentissage** *apprenticeship* **revenus** *earnings* **augmenter** *increase*

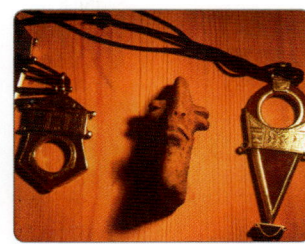

LE MONDE FRANCOPHONE

Presentational Communication · Lifelong Learning · Relating Cultural Practices to Perspectives

Comment gagner sa vie

AP® Theme: Contemporary Life
Context: Professions

Voici des métiers et des secteurs où on peut gagner sa vie dans le monde francophone.

Quelques exemples de métiers bien payés

- **En France** médecin, pilote de ligne (aviation), avocat(e)
- **En Haïti** chirurgien(ne), médecin, dentiste
- **Au Sénégal** ingénieur(e) en efficacité énergétique°
- **En Suisse** banquier/banquière d'affaires

Quelques exemples de secteurs lucratifs

- **En Belgique** l'industrie chimique, l'industrie du pétrole
- **Au Québec** l'industrie du papier, l'industrie du jeu vidéo
- **En Suisse** les banques et les assurances
- **En Centrafrique** l'agriculture et l'extraction minière

efficacité énergétique *energy efficiency*

Sur le web

Allez en ligne et, en utilisant les mots clés «métiers centres d'intérêt», découvrez les métiers qui seraient adaptés à vos talents. Parmi ces professions, y en a-t-il une qui vous intéresserait? Expliquez pourquoi.

---

3 **Complétez** *Complétez les phrases.* Answer will vary. *(Interpretive Communication)*

1. Sample answers: _____ sont des exemples d'artisans.
   Bouchers, plombiers, fleuristes, bijoutiers
2. Le savoir-faire des artisans est transmis *grâce au système de l'apprentissage*.
3. Au Sénégal, *ingénieur en efficacité énergétique* est un métier bien payé.
4. En Centrafrique, *l'agriculture et l'extraction minière* sont des secteurs lucratifs.

4 **Artisanat local** Écrivez un petit paragraphe pour présenter les produits artisanaux propres à votre région. Qui les produit? Est-ce que les artisans locaux gagnent bien leur vie? Comment se font-ils connaître? Comparez les artisans de votre communauté à ceux de France ou d'Afrique. *(Presentational Writing · Cultural Comparisons)*

✓ I CAN identify and reflect on cultural products and practices related to professions.

Structures

Leçon 3A | **Communicative Goal** Talk about future events

3A.1 Le futur simple with quand and dès que

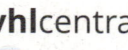
Grammar Tutorial

Point de départ In **Leçon 2B**, you learned how to form **le futur simple**, which is generally equivalent to the English future with *will*. You will now learn how to use **le futur simple** in situations where English uses the present tense.

Dès que je réussirai l'examen de première année, je continuerai en médecine.

Nous irons dîner pour célébrer dès que j'aurai un nouveau travail.

FUTURE   FUTURE
Je me **mettrai** à chercher du travail, quand je n'**aurai** plus d'argent.
FUTURE   PRESENT
I **will start** looking for work when I **don't have** any more money.

- In English, you use the present tense after the expressions *when* and *as soon as* even when the clause refers to a future event. In French, however, you use the **futur simple** after these expressions, which translate as **quand** and **dès que**.

  Il enverra son CV **quand il aura** le temps.
  He will send his résumé when he has time.

  Je posterai mon CV **dès que je pourrai**.
  I will mail my résumé as soon as I can.

  Quand nous **arriverons**, nous irons voir le responsable.
  When we arrive, we will go and see the manager.

  Dès qu'elle **pourra**, elle vous appellera.
  As soon as she can, she will call you.

- If a clause with **quand** or **dès que** does not describe a future action, another tense may be used for the verb.

  Quand avez-vous fait le stage?
  When did you do the internship?

  La patronne nous parle toujours **dès qu'elle arrive**.
  The boss always talks to us as soon as she arrives.

Vérifiez

Essayez!   Écrivez la forme correcte des verbes indiqués.

1. On l'embauchera dès qu'on _aura_ (avoir) de l'argent.
2. Nous commencerons le stage quand nous _connaîtrons_ (connaître) les résultats.
3. Il a téléphoné dès qu'il _a reçu_ (recevoir) la lettre.
4. On a envie de sortir quand il _fait_ (faire) beau.
5. Dès que vous _prendrez_ (prendre) rendez-vous, on vous indiquera le salaire.
6. Ils enverront leurs CV dès qu'ils _achèteront_ (acheter) l'ordinateur.
7. Il passera un entretien quand il _reviendra_ (revenir) de vacances.
8. Je décroche quand le téléphone _sonne_ (sonner).

128   *cent vingt-huit*

L'avenir et les métiers — Unité 3

Le français vivant

SALON DES JEUNES PROFESSIONNELS

Prenez votre avenir en main!

Vous prendrez votre avenir en main quand vous irez à ce salon. Dès que vous entrerez, vous rencontrerez des gens qui vous aideront à rencontrer d'autres gens et à trouver un emploi.

JEUNES PROFESSIONNELS

Identifiez Quelles formes de verbes au futur trouvez-vous après **quand** et **dès que** dans cette publicité (*ad*)? Quels autres verbes au futur trouvez-vous? *irez, entrerez, rencontrerez, aideront, prendrez*

Questions À tour de rôle, avec un(e) partenaire, posez-vous ces questions. *Answers will vary.*
1. Qui assistera au Salon des jeunes professionnels? Pourquoi?
2. Que trouvera-t-on au Salon? Que fera-t-on?
3. Que feras-tu dès que tu finiras le lycée?
4. Iras-tu dans un forum comme celui-ci pour trouver un emploi dans l'avenir?

Structures — Leçon 3A

3A.1 Mise en pratique

1 Projets Votre mère et une jeune voisine discutent des problèmes de travail. Votre mère explique ce qu'elle fait quand elle est sans travail. La voisine dit qu'elle fera les mêmes choses. Écrivez ce qu'elle dit.

MODÈLE Je lis les annonces quand je cherche un travail.
Moi aussi, je lirai les annonces quand je chercherai un travail.

1. J'envoie mon CV quand je cherche du travail.
   Moi aussi, j'enverrai mon CV quand je chercherai du travail.
2. Mon mari lit mon CV dès qu'il a le temps.
   Mon mari aussi lira mon CV dès qu'il aura le temps.
3. Je suis contente quand je passe un entretien.
   Moi aussi, je serai contente quand je passerai un entretien.
4. Je prends rendez-vous dès que je reçois une réponse d'une compagnie.
   Moi aussi, je prendrai rendez-vous dès que je recevrai une réponse d'une compagnie.
5. Ma famille et moi, nous sommes heureuses quand des chefs du personnel me téléphonent.
   Ma famille et moi aussi, nous serons heureuses quand des chefs du personnel me téléphoneront.
6. Je fais des projets quand j'ai un travail.
   Moi aussi, je ferai des projets quand j'aurai un travail.

2 Plus tard Aurélien parle de ses projets et des projets de sa famille et de ses amis. Mettez les verbes au futur. Faites d'autres changements si nécessaire.

MODÈLE dès que / je / avoir / le bac / je / aller / à l'université
Dès que j'aurai le bac, j'irai à l'université.

1. quand / je / être / à l'université /
   ma sœur et moi / habiter ensemble *Quand je serai à l'université, ma sœur et moi habiterons ensemble.*
2. quand / ma sœur / choisir le sujet de sa thèse de doctorat /
   elle / participer au concours MT180 *Quand ma sœur choisira le sujet de sa thèse de doctorat, elle participera au concours MT180.*
3. quand / mes parents / être / à la retraite /
   ils / partir en voyage *Quand mes parents seront à la retraite, ils partiront en voyage.*
4. dès que / vous / finir vos études /
   vous / envoyer vos CV / tout / entreprises de la ville *Dès que vous finirez vos études, vous enverrez vos CV à toutes les entreprises de la ville.*
5. quand / tu / travailler /
   tu / acheter une voiture *Quand tu travailleras, tu achèteras une voiture.*
6. quand / nous / trouver / nouveau travail /
   nous / ne plus lire / les annonces *Quand nous trouverons un nouveau travail, nous ne lirons plus les annonces.*

3 Conseils Quels conseils pouvez-vous donner à un(e) ami(e) qui cherche du travail? Assemblez les éléments des colonnes pour formuler vos conseils. Utilisez **quand** ou **dès que**. *Answers will vary.*

MODÈLE
Quand tu auras ton diplôme, tu chercheras un travail.

A	B
avoir son diplôme	s'amuser
avoir un métier	chercher un travail
passer un entretien	être riche
réussir ses examens	gagner beaucoup d'argent
trouver un emploi	lire les annonces
	se marier
	parler de son expérience professionnelle

AP® Theme: Contemporary Life
Context: Education

Cultures

L'Agence universitaire de la Francophonie
L'AUF regroupe plus de 1.000 établissements d'enseignement supérieur partout sur la planète et a pour mission de faciliter la formation et la recherche. Un de ses projets est de promouvoir la recherche, l'innovation et la culture numérique en Afrique centrale. Elle organise le concours MT180, ou Ma thèse en 180 secondes. Les participants ont trois minutes pour expliquer clairement le sujet de leur thèse de doctorat.

- Connaissez-vous un autre concours comme le MT180 dans votre pays? Sont-ils comparables? Aimeriez-vous y participer? Pourquoi?

Relating Cultural Practices to Perspectives | Cultural Comparisons

---

130 *cent trente*

L'avenir et les métiers — Unité 3

Communication

4 L'avenir Qu'est-ce que l'avenir nous réserve? Avec un(e) partenaire, complétez ces phrases. Ensuite, présentez vos réponses à la classe. *Answers will vary.*

1. Dès que je réussirai mes examens, je...
2. Ton ami(e) et toi, vous lirez les annonces quand...
3. Mon/Ma meilleur(e) ami(e) travaillera dès que...
4. Tu enverras ton CV quand...
5. Mes amis chercheront un appartement dès que...
6. Quand nous aurons beaucoup d'argent, nous...

5 Content(e) Votre professeur va vous donner une feuille d'activités. Circulez dans la classe pour trouver une réponse négative et affirmative à chaque question. Tout le monde doit justifier ses réponses. *Answers will vary.*

MODÈLE
Élève 1: Est-ce que tu seras plus content(e) quand tu auras du temps libre?
Élève 2: Oui, je serai plus content(e) dès que j'aurai du temps libre parce que je ferai plus souvent de la gym.

6 Les métiers Vous allez bientôt exercer ces métiers (*have these jobs*). À tour de rôle, dites à un(e) partenaire ce qui (*what*) sera possible et ce qui ne sera pas possible quand vous commencerez votre nouveau travail. *Answers will vary.*

MODÈLE
Élève 1: Dès que je commencerai ce travail, je chercherai un nouvel appartement.
Élève 2: Je n'aurai plus le temps de sortir quand j'aurai ce poste.

 1.  2.  3.

 4.  5.  6.

7 Un autre monde Vous espérez devenir président(e) à l'avenir. Que ferez-vous pour changer le monde? À tour de rôle, précisez au moins (*at least*) cinq choses qui seront différentes.

MODÈLE
Quand je deviendrai président(e), il n'y aura plus de pauvres.

I CAN talk about future events.

Structures

Leçon 3A | **Communicative Goal** Ask for specific information

3A.2 The interrogative pronoun *lequel*

Point de départ You already know how to use the interrogative adjective **quel**, as in **Quelle heure est-il?** You will now learn how to use the interrogative pronoun **lequel**.

- **Lequel** (*which one*) and its different forms are used to ask a question about a person or thing previously mentioned. They replace the forms of the adjective **quel** + [*noun*].

  Quel métier choisirez-vous?　　　**Lequel** choisirez-vous?
  Which profession will you choose?　*Which one will you choose?*

- **Lequel** agrees in number and gender with the noun to which it refers. Here are the four forms.

	singular	plural
masculine	lequel	lesquels
feminine	laquelle	lesquelles

  Quelle entreprise l'a embauché?　　**Laquelle** l'a embauché?
  Which company hired him?　　　　　*Which one hired him?*

- Place the form of **lequel** wherever you would place **quel(le)(s)** + [*noun*] in a question.

  Quelle femme est la responsable?　　**Laquelle** est la responsable?
  Which woman is the manager?　　　　 *Which one is the manager?*

  Quels candidats préfères-tu?　　　　**Lesquels** préfères-tu?
  Which applicants do you prefer?　　　 *Which ones do you prefer?*

- As with **quel(le)(s)** + [*noun*], the forms of **lequel** can also follow a preposition.

  Il y a **deux pharmacies** rue de Rivoli.　　J'ai vu **deux jobs intéressants** sur ce site.
  Dans **laquelle** est-ce que ta mère travaille?　Pour **lequel** postuleras-tu?
  There are two pharmacies in the rue de Rivoli.　*I saw two interesting jobs on this site.*
  Which one does your mother work in?　　　　*Which one will you apply for?*

- Three of the forms of **lequel** contract with the prepositions **à** and **de**.

à + form of *lequel*			de + form of *lequel*		
	singular	plural		singular	plural
masculine	auquel	auxquels	masculine	duquel	desquels
feminine	à laquelle	auxquelles	feminine	de laquelle	desquelles

  Auxquels vous intéressez-vous?　　**Duquel** est-ce que vous parlez?
  Which ones interest you?　　　　　*Which one are you talking about?*

Essayez!

Réécrivez les questions avec des formes de **lequel**.

1. Pour quelle compagnie travaillez-vous? _Pour laquelle travaillez-vous?_
2. Quel métier préférez-vous? _Lequel préférez-vous?_
3. À quel métier t'intéresses-tu? _Auquel t'intéresses-tu?_
4. De quels stages est-ce que vous parlez? _Desquels est-ce que vous parlez?_
5. Quelle employée est la meilleure? _Laquelle est la meilleure?_

132　*cent trente-deux*

L'avenir et les métiers — Unité 3

Identifiez Quelles formes du pronom interrogatif **lequel** trouvez-vous dans cette publicité (*ad*)?

Questions À tour de rôle, avec un(e) partenaire, posez-vous ces questions.

1. Quel est le but (*goal*) de cette pub?
2. Quelle question posait-on traditionnellement?
3. Quelle question pose-t-on aujourd'hui?
4. Les formations traditionnelles fonctionnent-elles toujours pour trouver un travail? Pourquoi?
5. Pourquoi faut-il aujourd'hui avoir une personnalité inhabituelle?

Structures — Leçon 3A

3A.2 Mise en pratique

1. Au bureau Hugo parle à ses collègues. Complétez ses phrases avec une forme du pronom interrogatif **lequel**.

1. J'ai deux stylos. __Lequel__ veux-tu emprunter?
2. Voici la liste des entreprises. À __laquelle__ devons-nous téléphoner?
3. Avez-vous contacté les employés avec __lesquels__ il faut travailler?
4. Sais-tu le nombre de réunions __auxquelles__ tu as assisté?
5. __Lesquelles__ de ces lettres avez-vous lues?
6. Je suis allé dans plusieurs bureaux. __Desquels/Duquel__ parlez-vous?

2. Répétez Nathalie rencontre M. Dupont pendant un dîner où il y a beaucoup de bruit (*noise*). Il lui pose des questions, mais il n'entend pas ses réponses. Avec un(e) partenaire, alternez les rôles. *Answers will vary.*

MODÈLE examen / avoir réussi à
Élève 1: À quel examen avez-vous réussi?
Élève 2: À l'examen de chimie.
Élève 1: Auquel avez-vous réussi?

1. métier / s'intéresser à
   À quel métier vous intéressez-vous? Auquel vous intéressez-vous?
2. CV / avoir envoyé
   Quel CV avez-vous envoyé? Lequel avez-vous envoyé?
3. entreprise / avoir embauché
   Quelle entreprise vous a embauché(e)? Laquelle vous a embauché(e)?
4. candidats / ne pas avoir obtenu de poste
   Quels candidats n'ont pas obtenu de poste? Lesquels n'ont pas obtenu de poste?
5. formations / devoir suivre
   Quelles formations devez-vous suivre? Lesquelles devez-vous suivre?
6. domaine / se spécialiser dans
   Dans quel domaine vous spécialisez-vous? Dans lequel vous spécialisez-vous?

3. La culture francophone Vous voulez savoir si votre partenaire connaît la culture francophone. À tour de rôle, posez-vous ces questions et répondez-y. Ensuite, posez-vous une question avec une forme de **lequel**. *Answers will vary.*

MODÈLE Qui chante en français?
a. Beyoncé (b.) Christine and the Queens c. Mariah Carey
Laquelle/Lesquelles de ces chanteuses aimes-tu?

1. Qui est un acteur français?
   (a.) Omar Sy   b. Tom Hanks   c. Johnny Depp
   Lequel/Lesquels de ces acteurs préfères-tu?
2. Où parle-t-on français?
   a. Philadelphie   (b.) Brazzaville   c. Athènes
   Laquelle/Lesquelles de ces villes voudrais-tu visiter un jour?
3. Quelle voiture est française?
   a. Lotus   b. Ferrari   (c.) Peugeot
   Laquelle/Lesquelles de ces voitures as-tu déjà conduite(s)?
4. Quelle marque (*brand*) est française?
   a. Desigual   b. Versace   (c.) L'Oréal
   Laquelle/Lesquelles de ces marques vas-tu essayer?
5. Qui est un metteur en scène (*director*) français?
   a. Tarantino   (b.) Besson   c. Spielberg
   Lequel/Lesquels de ces metteurs en scène connais-tu?
6. Quel écrivain est francophone?
   (a.) Hugo   b. Borges   c. Faulkner
   Lequel/Lesquels de ces écrivains connais-tu?

Connections

Pierre Savorgnan de Brazza (1852–1905) Brazzaville, capitale de la République du Congo, a été nommée en l'honneur de Pierre Savorgnan de Brazza, un explorateur franco-italien. Avec ses expéditions (1878–1905), Brazza a aidé la France à établir une colonie au Congo. C'était un homme de paix utopiste, aimé des populations qu'il a rencontrées. Pourtant, c'est lui qui a introduit la rivalité européenne sur le continent africain et il est mort désespéré de l'exploitation du peuple qu'il a aimé.

- Connaissez-vous d'autres explorateurs? Quel impact ont-ils eu sur les populations locales?

Teacher's notes (sidebar)

1 Suggestion
- Ask six volunteers to write the completed sentences on the board. Have other volunteers correct any spelling or grammar errors.
- Underline **lues** in item 5. Ask students why the past participle ends in **es**. Circle **Lesquelles** and remind them that past participles agree with preceding direct objects. To make the point, write additional examples on the board and have students supply the endings: **Laquelle avez-vous choisie? Lesquels avez-vous vus?**

2 Expansion Have students work in pairs to brainstorm other nouns and verbs similar to those in the activity. Ask volunteers to write their examples on the board. Have other volunteers formulate questions aloud using **lequel**.

3 Suggestion Before assigning the activity, use photos of popular movies, TV programs, etc., to ask some general questions about students' likes and preferences.

• Connections: Social Studies After students read the culture note and answer the question, you may wish to ask: **Vous êtes explorateur/exploratrice. Lequel de ces endroits aimeriez-vous explorer: la Lune, une autre planète, un autre endroit? Quand vous y arriverez, comment réagirez-vous envers des extra-terrestres, par exemple, ou un peuple inconnu? Serez-vous pacifique? Hostile? Sociable? Expliquez.**

EXTRA PRACTICE

Individual Distribute the handout for the activity **Des choix** from the online Resources (**Unité 3**/Activity Pack/Vocabulary and Grammar Activities). Have students read the instructions and give them 10 minutes to complete the activity. Ask volunteers to share their answers once everyone has finished the activity.

DIFFERENTIATION

Slower Pace Learners For **Activité 3**, write the answer questions on the board and have students choose the appropriate one for each item instead of coming up with it on their own. You might also write the following guidelines on the board:
É1: Lisez la question. É2: Choisissez la réponse. É1: Choisissez la bonne question sur le tableau. É2: Répondez à la question.

L'avenir et les métiers — Unité 3

Communication

4 Des choix Cet été, vous irez en vacances avec votre famille et vous visiterez plusieurs endroits. Avec un(e) partenaire, parlez de vos projets et posez des questions pour demander des détails. *Answers will vary.*

Interpersonal Communication

MODÈLE visiter des châteaux (*castles*)
Élève 1: *Quand je serai en Suisse, je visiterai des châteaux.*
Élève 2: *Lesquels visiteras-tu?*

aller dans des musées	faire du sport
bronzer sur la plage	marcher dans les rues
dîner au restaurant	se promener au parc
faire du shopping	visiter des sites touristiques
?	?

5 Enquête Votre professeur va vous donner une feuille d'activités. Circulez dans la classe et parlez à différent(e)s camarades pour trouver une réponse affirmative à chaque question. Demandez des détails. *Answers will vary.*

Interpersonal Communication

MODÈLE
Élève 1: *Écoutes-tu de la musique?*
Élève 2: *Oui.*
Élève 1: *Laquelle aimes-tu?*
Élève 2: *J'écoute toujours du rap.*

Activités	Noms	Réponses
1. écouter de la musique	Sam	musique classique
2. avoir des passe-temps		
3. bien s'entendre avec des membres de sa famille		
4. s'intéresser aux livres		
5. travailler avec d'autres élèves		
6. aimer le cinéma		

6 Ce semestre Avec un(e) partenaire, parlez des bons et des mauvais aspects de votre vie au lycée cette année. Employez des formes du pronom interrogatif **lequel**. Ensuite, présentez vos réponses à la classe. *Answers will vary.*

Interpersonal Communication
Presentational Communication

MODÈLE
Élève 1: *J'ai des cours très difficiles cette année.*
Élève 2: *Lesquels?*
Élève 1: *Le cours de biologie et le cours de chimie.*

- les cours
- les activités extra-scolaires
- les livres
- les camarades
- les profs
- ?

I CAN ask for specific information.

cent trente-cinq

PRE-AP®
Interpersonal Speaking Have students interview each other in pairs about where they want to be and what they want to be doing in five years, in ten years, in thirty years, and so forth. Encourage students to use the future tense and ask clarifying questions using the appropriate forms of **lequel**. Have each student take notes on his or her partner's plans. Then ask for a few volunteers to report on their partner's plans for the future.

PROFICIENCY
Interpersonal Divide the class into pairs and distribute the handout for the activity **Des conseils** from the online Resources (**Unité 3**/Activity Pack/Vocabulary and Grammar Activities). Make sure students understand the instructions and have two volunteers read the **modèle** aloud. Then, give them 20 minutes to do the activity and have volunteers present their role play to the class.

---

4 Expansion
- Have students bring in photos from a past vacation. Working in pairs, students should ask questions similar to those in the activity, but using the past tense.
- Ask volunteers to present their photos to the class. Have classmates ask questions using the appropriate form of **lequel**.

5 Suggestion Have two volunteers act out the **modèle**. Then hand out the **Feuilles d'activités** from the Activity Pack.

6 Suggestion Brainstorm vocabulary about high school life before assigning the activity. Examples: **la bibliothèque, la cantine, les examens**, etc.

- **Partner Chat** You can also assign Activity 6 on vhlcentral.com. Students work in pairs to record the activity online. The pair's recorded conversation will appear in your gradebook.

Activity Pack For additional activities, go to the **Activity Pack** in the **Resources** section of vhlcentral.com.

SEL Suggestions
Talking about vacation plans can reveal socioeconomic disparities among students. Point out that students can invent vacation plans if they choose, using the activities on the list or their own ideas.

Synthèse

Leçon 3A

Révision

1 Mon premier emploi Avec un(e) partenaire, dites ce que (*what*) vous ferez et utilisez **quand** ou **dès que**. Answers will vary.

MODÈLE

mon premier emploi
Dès que je serai embauché(e), je téléphonerai à ma mère.

1. mon premier entretien
2. mon premier jour dans l'entreprise
3. rencontrer les autres employés
4. mon premier salaire
5. travailler sur mon premier projet
6. changer de poste
7. me disputer avec le responsable
8. quitter l'entreprise

2 Lequel? Avec un(e) partenaire, imaginez une conversation entre le/la responsable et son assistant(e). L'assistant(e) demande des précisions. Alternez les rôles. Answers will vary.

MODÈLE

Élève 1: *Vous appellerez notre client, s'il vous plaît.*
Élève 2: *Oui, mais lequel?*
Élève 1: *Le client qui est venu hier après-midi.*

accompagner un visiteur	envoyer un colis
appeler un client	laisser un message à un(e) employé(e)
chercher un numéro de téléphone	prendre un rendez-vous
faire une lettre de recommandation	préparer une réunion

3 Mes stratégies Avec un(e) partenaire, faites une liste de dix stratégies pour bien mener (*to lead*) votre carrière. Pour chaque stratégie, utilisez **quand** ou **dès que**. Answers will vary.

MODÈLE

Élève 1: *Dès que je m'ennuierai, je chercherai un nouveau poste.*
Élève 2: *Quand je serai trop fatigué(e), je prendrai des vacances.*

4 Laquelle choisir? Deux entreprises différentes ont offert un travail à votre père/mère. Votre partenaire vous posera des questions avec la forme correcte du pronom interrogatif **lequel** pour comparer les deux. Donnez-lui des réponses avec **quand** et **dès que**. Changez de rôles. Answers will vary.

MODÈLE

Élève 1: *Laquelle lui propose un meilleur salaire?*
Élève 2: *Verrin lui propose un meilleur salaire, mais dès qu'il commencera, il devra travailler jusqu'à neuf heures du soir.*

5 Un entretien Par groupes de trois, jouez cette scène: une cheffe du personnel visite un lycée. Elle cherche des employés pour des postes d'été en informatique. Joëlle et Benoît passent un entretien informel. Utilisez le pronom interrogatif **lequel** et le futur avec **quand** et **dès que**. Answer will vary.

La cheffe du personnel...
- décrit les postes.
- pose des questions.
- répond aux questions des candidats.
- dit aux candidats quand il/elle va les contacter.

Les candidats...
- L'un doit donner toutes les bonnes réponses.
- L'autre ne donne que de mauvaises réponses.
- Les deux posent des questions pour en savoir plus sur l'entreprise et sur les postes.

6 Quand nous chercherons du travail... Votre professeur va vous donner, à vous et à votre partenaire, deux feuilles d'activités différentes. Attention! Ne regardez pas la feuille de votre partenaire. Answers will vary.

Communicative Goal Reflect on artisanal professions and traditions | **L'avenir et les métiers** | **Unité 3**

vhlcentral | ▶ Le Zapping

AP® Theme: Contemporary Life
Context: Professions

Reportage d'Artisanat de France

Je vais avoir envie de transmettre des valeurs, transmettre des choses à des jeunes.

1 Préparation Répondez aux questions. *Answers will vary.*

1. Quel métier rêvez-vous de faire? Pourquoi?
2. Comment un métier peut-il être une vocation ou être utile à la société? Vous préparez-vous à exercer un tel (*such*) métier?

Éric Kayser, artisan boulanger

Maître° boulanger de père en fils depuis six générations, Éric Kayser commence son apprentissage à 14 ans. À l'âge de 19 ans, il devient Compagnon° du Tour de France, institution de formation aux arts et métiers manuels et techniques. Cinq ans plus tard, en 1988, il rejoint l'Institut National de la Boulangerie Pâtisserie (INBP) comme professeur et passe 10 années à donner des cours partout° en France et dans le monde. En 1996 il ouvre sa première boulangerie. Aujourd'hui, ses nombreuses boulangeries se trouvent en Asie, en Amérique et bien sûr, en France. Faits selon des recettes anciennes mais en utilisant des techniques modernes, ses pains au levain° naturel sont des créations originales aux saveurs° complexes et variées. Pour Éric Kayser, être boulanger, c'est être un artiste, mais aussi le conservateur d'une tradition française.

Maître *Maste* **Compagnon** *Apprentice* **partout** *everywhere* **levain** *yeast* **saveurs** *flavors*

2 Compréhension Répondez aux questions. [Interpretive Communication]

1. D'après Éric Kayser, qu'est-ce que son métier lui permet d'être? *un artisan, un ouvrier et un chef d'entreprise*
2. D'après lui, quels sont les cinq ingrédients du pain? *la farine, l'eau, le sel, le levain et la passion*
3. Qu'est-ce que les jeunes peuvent faire à travers (*through*) l'artisanat d'après lui? *voyager, construire, créer, faire de la recherche et se développer*

3 Conversation Discutez en petits groupes de ces questions. *Answers will vary.*

1. Quels métiers permettent de créer quelque chose de beau?
2. La passion est-elle nécessaire pour réussir dans son travail? Expliquez.

[Interpersonal Communication]

Vocabulaire utile

aller à fond	to go all-out
la farine	flour
libérer l'esprit	to free the mind
la matière	material, substance
prendre la relève	to take over, take the baton

4 Réflexion *Answers will vary.* [Relating Cultural Products to Practices]

1. Y a-t-il des métiers artisanaux dans votre communauté? Lesquels? Choisissez un(e) artisan(e) et décrivez-le/la.
2. Comment est-ce que cet(te) artisan(e) conserve les traditions de son métier?

5 Application Faites des recherches sur un métier d'artisan(e) de votre choix. Ensuite, préparez une présentation dans laquelle vous expliquez brièvement l'histoire de ce métier et comment il répond aux besoins de la société. *Answers will vary.*

[Presentational Communication] [Relating Cultural Practices to Perspectives]

✓ **I CAN** identify and reflect on the relationship between artisanal professions and a society's traditions.

cent trente-sept **137**

Section Goals

In this section, students will:
- read about artist-baker Éric Kayser
- watch an interview with Éric Kayser
- complete activities about careers and vocations

Éric Kayser, artisan boulanger
After students finish the reading, ask them these comprehension questions: **Qui est Éric Kayser?** (un artisan boulanger) **Où se trouvent ses boulangeries?** (en Asie, en Amérique, en France) **Pour quel produit est-il célèbre?** (ses pains au levain naturel)

PRE-AP®

Audiovisual Interpretive Communication Strategy
Have students describe the image, read the caption, and predict what will happen in the video. Example: **L'homme est dans un studio et a du pain dans ses mains. Il va parler de son métier de boulanger. Il fait du pain.**

2 Suggestion Discuss with students how Éric Kayser's mission is to prepare the next generation for its own success, not simply to promote his business.

3 Expansion Before assigning the activity, ask students: **Pourquoi Éric Kayser pense-t-il que l'artisanat est un beau métier? Comment montre-t-il sa passion pour son métier?**

4 Suggestion If students need help identifying local artisans, supply the names of the professions from your community such as **artisan savonnier, chocolatier/chocolatière, ébéniste, fabricant(e) d'huile d'olive, fromager/fromagère, artisan(e) menuisier/menuisière, vigneron/vigneronne,** etc. Encourage students to use the dictionary as they do the activity.

5 Suggestion There are many interesting videos in French on the Internet about local artisans and their products. Encourage students to search for them using the keywords **artisans** + [name of country].

PROFICIENCY

Comparisons: Cultural Éric Kayser's work is part of a long-standing and cherished cultural tradition. He has expanded on this tradition by merging old and new technologies to better meet the needs of today and tomorrow. Have students work in groups to research a professional from their own culture and a professional from a francophone region or country whose work is associated with a traditional product, service, or practice. Then have students prepare a presentation about both professionals; the cultural product, service, or practice with which they work; and the innovations they have introduced that both preserve a tradition and make it more relevant in the world of today and tomorrow. After students make their presentations, discuss similarities and differences among these innovators and their work.

Le Zapping **137**

Contextes

Leçon 3B

Communicative Goal Discuss professions and future career plans

vhlcentral

Les professions

AP® Theme: Contemporary Life
Context: Professions

Vocabulaire

démissionner	to resign
diriger	to manage
être au chômage	to be unemployed
être bien/mal payé(e)	to be well/badly paid
être en/faire du télétravail	to work remotely
gagner	to earn; to win
prendre un congé	to take time off
renvoyer	to dismiss, to let go
un chômeur/une chômeuse	unemployed person
un emploi à mi-temps/à temps partiel	part-time job
un emploi à plein temps	full-time job
(une profession) exigeante	demanding (profession)
un(e) retraité(e)	retired person
une réussite	success
un syndicat	union
une assurance maladie	health insurance
une augmentation (de salaire)	raise (in salary)
un conseiller/une conseillère	consultant; advisor
un homme/une femme au foyer	househusband/housewife
un(e) gérant(e)	manager

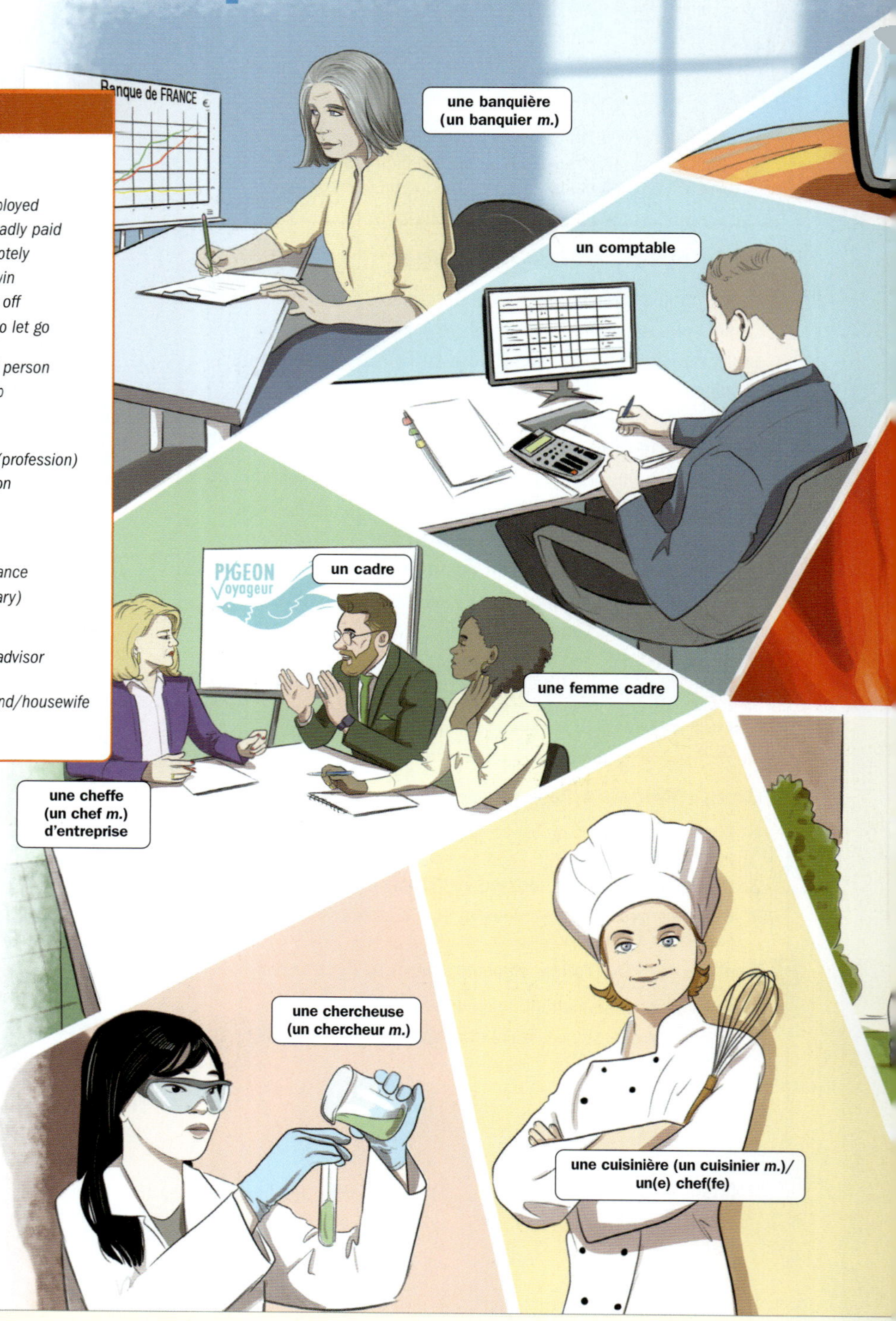

une banquière (un banquier *m.*)

un comptable

un cadre

une femme cadre

une cheffe (un chef *m.*) d'entreprise

une chercheuse (un chercheur *m.*)

une cuisinière (un cuisinier *m.*)/un(e) chef(fe)

138 *cent trente-huit*

L'avenir et les métiers — Unité 3

Mise en pratique

1 Écoutez Écoutez la conversation entre Henri et Margot, deux jeunes élèves, et indiquez si les phrases suivantes sont **vraies** ou **fausses**.

Henri

Margot

1. Henri veut être comptable. Faux.
2. Il aidera ses employés. Vrai.
3. Ses employés seront bien payés. Vrai.
4. Il offrira à tous une assurance maladie. Vrai.
5. Margot veut être cheffe d'entreprise. Faux.
6. Elle aidera les femmes au foyer. Faux.
7. Margot ne parlera pas aux syndicats. Faux.
8. Une de ses priorités sera le chômage. Vrai.

2 Le monde du travail Complétez le paragraphe en utilisant les mots de vocabulaire de la liste.

à mi-temps	un conseil
à plein temps	mal payés
une assurance maladie	un cadre
une augmentation	d'une promotion
leur carrière	un salaire élevé

Quand les lycéens ont un travail, en général c'est un emploi (1) __à mi-temps__ parce qu'ils doivent aussi étudier pour préparer (2) __leur carrière__. Souvent, ils sont (3) __mal payés__. Mais avec leur diplôme, ils auront la possibilité de trouver un poste (4) __à plein temps__, avec (5) __un salaire élevé__ et bien souvent une assurance maladie (*medical insurance*). Plus tard, ils pourront demander (6) __une augmentation__ de salaire ou bien attendre l'opportunité (7) __d'une promotion__ pour gagner plus d'argent.

3 Les professions Pour chaque profession de la colonne de gauche, trouvez la définition qui lui correspond dans la colonne de droite.

__e__ 1. un chef d'entreprise
__h__ 2. une femme au foyer
__i__ 3. un chauffeur
__g__ 4. une banquière
__f__ 5. un cuisinier
__a__ 6. une comptable
__b__ 7. un ouvrier
__c__ 8. un agent immobilier

a. travaille avec des budgets
b. fait du travail manuel
c. loue et vend des appartements
d. travaille dans un laboratoire
e. dirige des employés
f. prépare des plats dans un restaurant
g. travaille avec de l'argent
h. s'occupe de la maison et des enfants
i. conduit un taxi ou un camion
j. donne des conseils

Contextes — Leçon 3B

Communication

4 Conversez Interviewez un(e) camarade de classe. Les réponses peuvent être réelles ou imaginaires. Answers will vary.

1. Où travailles-tu en ce moment/pendant l'été? Es-tu bien payé(e)?
2. Préfères-tu travailler à mi-temps ou à plein temps? Pourquoi?
3. Est-ce le métier que tu feras plus tard? Pourquoi?
4. Est-ce que tu as des congés payés? Une assurance maladie? Qu'en penses-tu?
5. As-tu déjà demandé une augmentation de salaire? As-tu réussi à en obtenir une? Comment?
6. As-tu déjà obtenu une promotion? Quand? Pourquoi?
7. Est-il nécessaire d'assister à beaucoup de réunions? Que faites-vous pendant les réunions?
8. Quel genre de carrière veux-tu faire? Ta profession sera-t-elle exigeante? Pourquoi?

Interpersonal Communication

5 Votre carrière Voilà cinq ans que vous n'avez pas vu votre ami(e) du lycée. Depuis, vous avez obtenu tous/toutes les deux votre diplôme et trouvé un travail. Travaillez avec un(e) camarade de classe pour créer un dialogue avec ces éléments: Answers will vary.

- Vous vous retrouvez et vous parlez de votre métier.
- Vous décrivez votre poste.
- Vous parlez de vos responsabilités et/ou de vos employés.
- Vous parlez des avantages et des inconvénients (*drawbacks*) de votre travail.

Interpersonal Communication

6 Décrivez Votre professeur va vous donner, à vous et à votre partenaire, deux feuilles d'activités différentes. À tour de rôle, dites ce que font les personnages de chaque profession pour compléter les feuilles. Answers will vary.

MODÈLE
Élève 1: Sur mon dessin, j'ai un plombier qui répare une fuite (*leak*) d'eau sous un évier.
Élève 2: Moi, j'ai un homme…

Interpersonal Communication

7 L'offre d'emploi Vous développez votre entreprise, une agence immobilière, et vous avez besoin d'embaucher rapidement un(e) nouvel(le) employé(e). Avec deux partenaires, écrivez une annonce que vous posterez en ligne. Utilisez les mots de la liste. Answers will vary.

Presentational Communication

agent immobilier/ agente immobilière	poste exigeant
carrière	promotion
congés payés	réussite
diriger	salaire élevé
entretien	temps partiel

Ⓘ I CAN discuss professions and my future career plans.

GAME

Categories Have students work in teams to categorize professions according to various paradigms. Examples: **les emplois de bureau/ les emplois en plein air**; **les métiers physiques/les métiers intellectuels**; and **les métiers qui exigent une longue formation/ les métiers qui exigent peu de formation**. Set a time limit. The team with the longest list for each category wins.

PRE-AP®

Presentational Speaking Have students work in pairs. Ask half the pairs to make a list of reasons people resign from a job (**Raisons pour démissionner d'un poste**) and the other half a list of reasons people get fired (**Raisons pour être renvoyé(e)**). Then have them write a dialogue to perform for the class illustrating one of the scenarios.

---

4 Expansion Have pairs get together with another pair and report what information they collected from their partners.

- **Virtual Chat** You can also assign Activity 4 on vhlcentral.com. Students record individual responses that appear in your gradebook.

SEL Suggestions

Some students may work out of necessity to contribute to the family, while others may not need to work. To avoid making any students uncomfortable, consider assigning jobs/ professions. Have students imagine they work the assigned job and answer accordingly.

5 Suggestion Before beginning the activity, give students a few minutes to jot down some ideas about their job, boss, and/or employees.

- **Partner Chat** You can also assign Activity 5 on vhlcentral.com. Students work in pairs to record the activity online. The pair's recorded conversation will appear in your gradebook.

6 Suggestion Have two volunteers read the **modèle** aloud. Then divide the class into pairs and distribute the Info Gap Handouts from the Activity Pack. Give students ten minutes to complete the activity.

7 Suggestions

- Tell students to use the ads on page 122 as models or have them look for real ads on the Internet using the keywords **agent immoblier offres d'emploi**. Encourage them to invent information for the company, such as a telephone number, a street address, or an e-mail address.
- Post the ads around the classroom and have students vote on which ad is the most appealing and why.

Activity Pack For additional activities, go to the **Activity Pack** in the **Resources** section of vhlcentral.com.

Communicative Goal Understand and correctly pronounce English words that are used in French

L'avenir et les métiers — Unité 3

Les sons et les lettres
Les néologismes et le franglais

The use of words or neologisms of English origin in the French language is called **franglais**. These words often look identical to the English words, but they are pronounced like French words. Most of these words are masculine, and many end in **-ing**. Some of these words have long been accepted and used in French.

| **le sweat-shirt** | **le week-end** | **le shopping** | **le parking** |

Some words for foods and sports are very common, as are expressions in popular culture, business, and advertising.

| **un milk-shake** | **le base-ball** | **le top-modèle** | **le marketing** |

Many **franglais** words are recently coined terms (**néologismes**). These are common in contemporary fields, such as entertainment and technology. Some of these words do have French equivalents, but the **franglais** terms are used more often.

| **un e-mail = un courriel** | **le chat = la causette** | **une star = une vedette** |

Some **franglais** words do not exist in English at all, or they are used differently.

| **un brushing** = *a blow-dry* | **un relooking** = *a makeover* | **le zapping** = *channel surfing* |

AP® Theme: Personal and Public Identities
Context: Language and Identity

Comparisons
En 1066, Guillaume le Conquérant gagne la bataille de Hastings. Il devient roi d'Angleterre et le français devient la langue de la cour (*court*) anglaise pendant 300 ans. C'est ainsi que beaucoup d'expressions et de mots français font maintenant partie de la langue anglaise.

- À deux, faites une liste de mots et d'expressions françaises que vous connaissez qui sont entrés dans la langue anglaise. Sont-ils prononcés de la même façon en français?

1 Prononcez Répétez les mots suivants à voix haute.

1. flirter
2. un fax
3. cliquer
4. le look
5. un clown
6. le planning
7. un scanneur
8. un smartphone
9. le volley-ball
10. le shampooing
11. un self-service
12. le chewing-gum

2 Articulez Répétez les phrases suivantes à voix haute.

1. Le cowboy porte un jean et un tee-shirt.
2. Julien joue au base-ball et il fait du jogging.
3. J'ai envie d'un nouveau look, je vais faire du shopping.
4. Au snack-bar, je commande un hamburger, des chips et un milk-shake.
5. Tout ce qu'il veut faire, c'est rester devant la télé dans le living et zapper!

3 Dictons Répétez les dictons à voix haute.

Ce n'est pas la star qui fait l'audience, mais l'audience qui fait la star.[1]

Un gentleman est un monsieur qui se sert d'une pince à sucre, même lorsqu'il est seul.[2]

[1] It's not the star that makes the fans, it's the fans that make the star.
[2] A gentleman is a man who uses sugar tongs, even when he is alone.

I CAN understand and correctly pronounce English words that are used in French.

Section Goals
In this section, students will learn functional phrases for talking about hypothetical situations and making polite requests and suggestions.

Video Recap: Leçon 3A
Before doing this **Roman-photo**, review the previous one with this activity.
1. Qu'est-ce que Stéphane et Astrid viennent de faire? (passer le bac)
2. Qu'est-ce que Stéphane veut étudier à l'université? (l'architecture)
3. Qu'est-ce qu'Astrid veut étudier à l'université? (la médecine)
4. Qu'est-ce que la jeune femme cherche au P'tit Bistrot? (un emploi)
5. Que cherche Michèle? (un nouveau travail)

Video Synopsis
Sandrine is anxious about her first public performance as a singer. Amina offers to make her a dress to give her confidence. Stéphane and Astrid get their **bac** results. Astrid passed with honors, but Stéphane has to retake one part of the exam. At **Le P'tit Bistrot**, Michèle asks Valérie for a raise. When Valérie refuses, Michèle quits. Then Stéphane arrives and tells his mother his bad news.

Scaffolding
- Have students predict what the episode will be about based on the video stills.
- Tell students to scan the captions to find job-related vocabulary.
- After reading the **Roman-photo**, review students' predictions and have them summarize the episode.

Roman-photo — Leçon 3B

Communicative Goal Talk about hypothetical situations and make polite requests or suggestions

Je démissionne!

vhlcentral | ▶ Roman-photo

PERSONNAGES

Amina

Astrid

Michèle

Sandrine

Stéphane

Valérie

En ville...
AMINA Alors, Sandrine, ton concert, ce sera la première fois que tu chantes en public?
SANDRINE Oui, et je suis un peu anxieuse!
AMINA Ah! Tu as le trac!
SANDRINE Un peu, oui. Toi, tu es toujours tellement chic, tu as confiance en toi, tu n'as peur de rien...

AMINA Mais Sandrine, la confiance en soi, c'est ici dans le cœur et ici dans la tête. J'ai une idée! Ce qui te donnerait du courage, c'est de porter une superbe robe.
SANDRINE Tu crois? Mais, je n'en ai pas...
AMINA Je m'en occupe. Quel style de robe est-ce que tu aimerais? Suis-moi!

Au marché...
AMINA Que penses-tu de ce tissu noir?
SANDRINE Oh! C'est ravissant!
AMINA Oui et ce serait parfait pour une robe du soir.
SANDRINE Bon, si tu le dis. Moi, si je faisais cette robe moi-même, elle finirait sans doute avec une manche courte et avec une manche longue!

STÉPHANE Attends. Forestier, Stéphane... Oh! Ce n'est pas possible!
ASTRID Quoi, qu'est-ce qu'il y a?
STÉPHANE Je dois repasser une partie de l'examen la semaine prochaine.
ASTRID Oh, ce n'est pas vrai! Il y a peut-être une erreur. Stéphane, attends!

Au P'tit Bistrot...
MICHÈLE Excusez-moi, Madame. Auriez-vous une petite minute?
VALÉRIE Oui, bien sûr!
MICHÈLE Voilà, ça fait deux ans que je travaille ici au P'tit Bistrot... Est-ce qu'il serait possible d'avoir une augmentation?

VALÉRIE Michèle, être serveuse, c'est un métier exigeant, mais les salaires sont modestes!
MICHÈLE Oui, je sais, Madame. Je ne vous demande pas un salaire très élevé, mais... c'est pour ma famille.
VALÉRIE Désolée, Michèle, j'aimerais bien le faire, mais, en ce moment, ce n'est pas possible. Peut-être dans quelques mois...

ACTIVITÉS

1 *Interpretive Communication*
Vrai ou faux? Indiquez si les affirmations sont vraies ou fausses. Corrigez les phrases fausses. *Answers will vary.*
1. Sandrine a un peu peur avant son concert. Vrai.
2. Amina ne sait pas comment aider Sandrine.
   Faux. Amina va faire une robe pour Sandrine.
3. Stéphane doit repasser tout le bac.
   Faux. Il doit repasser une partie de l'examen.
4. Michèle ne va pas retourner au P'tit Bistrot après ses vacances. Vrai.
5. Stéphane ne compte pas aller à l'université.
   Faux. Il va étudier nuit et jour pour réussir au bac.

2 *Interpersonal Communication*
Les mauvaises nouvelles Stéphane, Valérie et Michèle ont été très déçus (*disappointed*) aujourd'hui pour des raisons différentes. Avec deux partenaires, décidez qui a passé la pire journée et pourquoi. Ensuite, discutez-en avec le reste de la classe. *Answers will vary.*

142 *cent quarante-deux*

PRE-VIEWING
Je démissionne! Tell students to look at the video stills and to read the title and the scene setter. Then have them predict what might happen in this episode. Write their predictions on the board. After viewing the episode, have them confirm or correct their predictions.

VIEWING
Regarder la vidéo Show the video in four parts, pausing it before each location change. Have students describe what happens in each place. Write their observations on the board. Then show the entire episode again without pausing and have the class fill in any missing details to summarize the plot.

L'avenir et les métiers — Unité 3

Valérie et Stéphane rencontrent de nouveaux problèmes.

AMINA Je pourrais en faire une comme ça, si tu veux.
SANDRINE Je préférerais une de tes créations. Si tu as besoin de quoi que ce soit un jour, dis-le-moi.
AMINA Oh, Sandrine, je vais te faire une robe qui te fera plaisir.
SANDRINE Je pourrais te préparer un gâteau au chocolat?
AMINA Mmmm... Je ne dirais pas non.

Au lycée...
ASTRID Oh, Stéphane, c'est le grand jour! On va enfin connaître les résultats du bac! Je suis tellement nerveuse. Pas toi?
STÉPHANE Non, pas vraiment. Seulement si j'échoue, ma mère va m'étrangler. Eh! Félicitations, Astrid! Tu as réussi! Avec mention bien en plus!
ASTRID Et toi?

MICHÈLE Non, Madame! Dans quelques mois, je serai déjà partie. Je démissionne! Je prends le reste de mes vacances à partir d'aujourd'hui.
VALÉRIE Michèle, attendez! Mais Michèle! Ah, Stéphane, te voilà. Hé! Où vas-tu? Tu as eu les résultats du bac, non? Qu'est-ce qu'il y a?

STÉPHANE Maman, je suis désolé, mais je vais devoir repasser une partie de l'examen.
VALÉRIE Oh là là! Stéphane!
STÉPHANE Bon, écoute maman, voici ce que je vais faire: je vais étudier nuit et jour jusqu'à la semaine prochaine: pas de sports, pas de jeux vidéo, pas de télévision. J'irai à l'université, maman. Je te le promets.

Expressions utiles

Talking about hypothetical situations

- **Ce qui te donnerait du courage, c'est de porter une superbe robe.**
  Wearing a great dress would give you courage.
- **Ce serait parfait pour une robe du soir.**
  This would be perfect for an evening gown.
- **Si je faisais cette robe, elle finirait avec une manche courte et avec une manche longue!**
  If I made this dress, it would end up with one short sleeve and one long sleeve!
- **Je préférerais une de tes créations.**
  I would prefer one of your creations.
- **Je ne dirais pas non.**
  I wouldn't say no.
- **Si tu as besoin de quoi que ce soit un jour, dis-le-moi.**
  If you ever need anything someday, tell me.
- **Si j'échoue, ma mère va m'étrangler.**
  If I fail, my mother is going to strangle me.

Making polite requests and suggestions

- **Quel style de robe est-ce que tu aimerais? J'aimerais...**
  What kind of dress would you like? I would like...
- **Je pourrais en faire une comme ça, si tu veux.**
  I could make you one like this, if you would like.
- **Auriez-vous une petite minute?**
  Would you have a minute?
- **Est-ce qu'il serait possible d'avoir une augmentation?**
  Would it be possible to get a raise?

Additional vocabulary

- **le trac** — stage fright
- **faire plaisir à quelqu'un** — to make someone happy
- **mention** — distinction
- **ravissant(e)** — beautiful; delightful

---

3 Réfléchissez Répondez aux questions. *Answers will vary.*

1. Décrivez l'amitié de Sandrine et Amina et celle (*that of*) d'Astrid et Stéphane. Aimeriez-vous avoir des amis comme eux? Pourquoi?
2. Est-ce que vous êtes d'accord avec la décision de Michèle de démissionner? Expliquez.
3. Vous échouez à un examen. Quelle est la réaction de vos parents? Est-ce la même que celle de la mère de Stéphane?
4. Pourquoi est-ce que le bac est tellement important en France?

4 Écrivez Pensez à un examen très important de votre vie et écrivez un paragraphe en répondant à (*by answering*) ces questions. Quel était l'examen? Qu'est-ce que vous avez fait pour le préparer? Comment était-ce? Comme l'histoire de Stéphane ou d'Astrid? Comment cet examen a-t-il affecté vos projets d'avenir? *Answers will vary.*

I CAN talk about hypothetical situations and make polite requests and suggestions.

cent quarante-trois **143**

Culture

Leçon 3B

Communicative Goal Identify and reflect on cultural products and practices related to the working world

AP® Theme: Contemporary Life
Context: Professions

CULTURE À LA LOUPE

Syndicats et grèves

Les gens se plaignent° souvent des grèves° en France, mais faire la grève est un droit. Ce sont les grandes grèves historiques qui ont apporté aux Français la majorité des avantages sociaux°: retraite, sécurité sociale, congés payés, instruction publique, etc. Les grèves en France sont accompagnées de manifestations ou de pétitions, et beaucoup d'entre elles ont lieu° en automne, après les vacances d'été. Des grèves peuvent avoir lieu dans tous les secteurs de l'économie, en particulier le secteur des transports et celui° de l'enseignement°. Une grève de la SNCF°, par exemple, peut immobiliser tout le pays et causer des ennuis à des millions de voyageurs.

Les syndicats organisent les trois quarts° de ces mouvements sociaux. La France est pourtant° un des pays industrialisés les moins syndiqués° du monde.

Aujourd'hui, environ° 11% des salariés français sont syndiqués contre environ 26% en Grande Bretagne ou 70% en Suède.

De plus en plus, des non-salariés, comme les médecins et les commerçants, font aussi la grève. Dans ce cas, ils cherchent surtout à faire changer les lois°.

En général, le public soutient° les grévistes, mais il demande aussi la création d'un service minimum obligatoire dans les transports publics et l'enseignement pour éviter la paralysie totale du pays. Ce service minimum oblige° un petit nombre d'employés à travailler pendant chaque grève. La fréquence des grèves a diminué pendant les années 1970, 1980 et 1990, mais a vu° une certaine augmentation depuis l'année 2000.

une manifestation° de jeunes

se plaignent complain **grèves** strikes **avantages sociaux** benefits **ont lieu** take place **celui de** that of **enseignement** education **SNCF** French national railway company **trois quarts** three quarters **pourtant** however **syndiqués** unionized **environ** around **faire changer les lois** have the laws changed **soutient** supports **oblige** force **a vu** has seen **ramassage des ordures** trash collection

Les Français favorables à un service minimum

Dans le ramassage des ordures°	84%
Dans l'enseignement public	79%
Dans les transports aériens	77%
Dans les transports publics	74%

SOURCE: FRANCOSCOPIE

ACTIVITÉS

1 Répondez Répondez aux questions d'après les textes. Answers will vary.
1. Quel est un des droits des Français?
2. Qu'est-ce que la grève a apporté aux Français?
3. Par qui la majorité des grèves sont-elles organisées?
4. Les travailleurs français sont-ils très syndiqués?
5. Pourquoi les médecins et les commerçants font-ils la grève?

2 Considérez Répondez aux questions. Answers will vary.
1. À votre avis est-ce qu'il est important d'avoir le droit de faire grève? Quels en sont les avantages et les inconvénients?
2. Y a-t-il des syndicats dans votre pays? Lesquels? Que font-ils?
3. Que font les gens dans votre communauté pour faire changer les lois ou pour protester contre une injustice? Est-ce comme en France?
4. À votre avis, quelles facteurs influencent les attitudes des gens envers les grèves et les manifestations?

144 cent quarante-quatre

L'avenir et les métiers — Unité 3

PORTRAIT

Gardiens de parcs nationaux africains: un métier à risque!

Comme tout métier, celui de gardien de parcs nationaux, ou ranger, nécessite des connaissances et un savoir-faire particuliers. Les rangers sont des spécialistes dans le domaine de la protection de la faune. Pour postuler à ce poste, les candidats doivent suivre une formation de quatre semaines sur le comportement animal pour savoir comment réagir avec justesse° face à un éléphant ou à un lion. Leur vie en dépend!

Mais, dans certains pays africains, il y a un bien plus grand danger qui les guette°: celui de perdre leur vie dans l'exercice de leur fonction quand ils se retrouvent face à face avec des braconniers° armés. Il y a donc un énorme décalage° entre le risque associé à leur profession et leur salaire mensuel de 115 à 230 euros environ, sans congés payés ou autres avantages sociaux. En 2017, ces gardes ont accompli 113.159 jours de patrouille, réalisé 501 arrestations et détruit 48.151 pièges°. Dans le seul parc d'Odzala, au Congo, ils ont confisqué 31 tonnes de viande de brousse° et 53 armes à feu°. Grâce à° eux, le nombre d'actes de braconnage a chuté de 80% depuis 2013.

C'est en reconnaissance de l'extraordinaire contribution des rangers à la protection de la vie sauvage et des zones de conservation en Afrique qu'a été créé le Prix des Rangers Africains. Ce prix permet de leur apporter un soutien financier bien mérité.

avec justesse with accuracy **qui les guette** lying in wait **braconniers** poachers **décalage** gap **pièges** traps **viande de brousse** bush meat **armes à feu** firearms **Grâce à** Thanks to

LE MONDE FRANCOPHONE

La durée des vacances et les jours fériése

Voici la durée des congés payés dans quelques pays francophones.

En Belgique 20 jours après un an de travail, et 10 jours fériés par an
En France 25 jours et 10 jours fériés par an
Au Luxembourg 26 jours et 11 jours fériés par an
Au Maroc Entre 18 et 30 jours maximum et 12 jours fériés par an
Au Québec 10 jours et 8 jours fériés par an
Au Sénégal 24 jours par an minimum (plus pour les mères de famille et les travailleurs avec ancienneté°) et 5 jours fériés
En Suisse 20 jours pour les plus de 20 ans, 25 jours pour les moins de 20 ans; les jours fériés varient selon le canton°
En Tunisie 12 jours par an pour les plus de 20 ans, 18 jours pour les 18–20 ans et 24 jours pour les moins de 18 ans

ancienneté seniority **selon le canton** according to the administrative district

Sur le web
Choisissez un pays francophone de la liste ou un autre de votre choix. Allez sur le site gouvernemental de ce pays et regardez la liste et les dates des jours fériés. Comparez-les aux jours fériés de votre pays. Quelles sont les différences et les similitudes? Célébrez-vous les mêmes fêtes? Lesquelles?

3 Compréhension Complétez les phrases suivantes.

1. Les rangers suivent _une formation_ spéciale sur le comportement animal.
2. Leur _salaire_ ne dépasse pas 300 euros par mois.
3. Au Sénégal, on a des journées de vacances supplémentaires si on est _mère de famille et les travailleurs avec ancienneté_
4. La durée des vacances dépend de l'âge en _Tunisie_ et en _Suisse_.

4 La grève Vous êtes journaliste et votre partenaire est un(e) fonctionnaire en grève. Vous allez l'interviewer pour le journal télévisé de 20 heures. Préparez un dialogue où vous cherchez à comprendre pourquoi il ou elle est en grève et depuis combien de temps. Soyez prêt(e)s à jouer le dialogue devant la classe.

I CAN identify and reflect on cultural products and practices related to the working world.

cent quarante-cinq **145**

Structures

Leçon 3B

Communicative Goal Talk about hypothetical situations and likely events, and make suggestions

3B.1 Si clauses

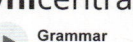

Point de départ **Si** (*If*) clauses describe a condition or event upon which another condition or event depends. Sentences with **si** clauses consist of a **si** clause and a main (or result) clause.

Si je faisais cette robe, elle serait laide.

Si j'échoue, ma mère va m'étrangler.

- You can use **si** clauses to express hypothetical or contrary-to-fact situations—what *would happen* if an event or condition *were to occur*. In such instances, the verb in the **si** clause is in the **imparfait** while the verb in the main clause is in the conditional.

  Si j'**étais** au chômage, je lui **enverrais** mon CV.
  If I were unemployed, I'd send her my résumé.

  Vous **partiriez** souvent en vacances si vous **aviez** de l'argent.
  You would go on vacation often if you had money.

- You can also use **si** clauses to express conditions or events that are possible or likely to occur. In such instances, the **si** clause is in the present while the main clause is in the **futur** or **futur proche**.

  Si le patron me **renvoie**, je **trouverai** un emploi à mi-temps.
  If the boss fires me, I'll find a part-time job.

  Si vous ne **signez** pas le contrat, vous **allez perdre** votre poste.
  If you don't sign the contract, you're going to lose your job.

- Use a **si** clause alone with the **imparfait** to make a suggestion or to express a wish.

  Si nous **faisions** des projets pour le week-end?
  What about making plans for the weekend?

  Ah! S'il **obtenait** un meilleur emploi!
  Oh! If only he got a better job!

Essayez! Complétez les phrases avec la forme correcte des verbes.

1. Si on <u>visitait</u> (visiter) l'Afrique centrale, on irait admirer les forêts tropicales.
2. Vous <u>serez</u> (être) plus heureux si vous faites vos devoirs.
3. Si tu <u>as</u> (avoir) la grippe, tu devras aller chez le médecin.
4. S'ils <u>avaient</u> (avoir) un million d'euros, que feraient-ils?
5. Mes grands-parents me <u>rendront</u> (rendre) visite ce week-end s'ils ont le temps.
6. J'<u>écrirais</u> (écrire) au conseiller si j'avais son e-mail.
7. Si nous lisons, nous <u>saurons</u> (savoir) la réponse.
8. Il <u>aurait</u> (avoir) le temps s'il ne regardait pas la télé.

146   cent quarante-six

L'avenir et les métiers — Unité 3

Le français vivant

Avez-vous besoin d'un développeur de jeux vidéo H/F?

Voudriez-vous choisir l'entreprise la plus compétente?

Alors, vous le regretteriez si vous ne nous choisissiez pas.

Nous vous offrons ce qu'il y a de meilleur dans le jeu vidéo!

INTERIM 21

Identifiez Combien de phrases avec **si** trouvez-vous dans cette publicité (*ad*)? Lesquelles?

Questions À tour de rôle, avec un(e) partenaire, posez-vous ces questions.
1. À qui s'adresse cette publicité (*ad*)?
2. Quelle erreur pourrait-on éviter?
3. Qu'est-ce que l'entreprise Intérim 21 t'offrirait si tu t'adressais à elle?
4. Quelle formation professionnelle est-ce que tu choisirais si tu voulais travailler pour Intérim 21?

Structures Leçon 3B

3B.1 Mise en pratique

AP® Theme: Contemporary Life
Context: Education

1 Questions Après votre formation à Kinshasa Digital Academy, vous cherchez un emploi dans une entreprise d'informatique. Indiquez vos réponses aux questions du chef du personnel.

MODÈLE Quand est-ce que vous pourriez commencer? (si / vous / avoir besoin de moi / je / pouvoir commencer demain)
Si vous aviez besoin de moi, je pourrais commencer demain.

1. Est-ce que vous aimeriez travailler à plein temps? *Si vous m'offriez un travail à plein temps, je l'accepterais.*
   (si / vous / m'offrir un travail à plein temps / je / l'accepter)
2. Auriez-vous besoin d'une assurance maladie? *Si j'en avais besoin d'une, je vous le dirais.*
   (si / je / en avoir besoin / je / vous le dire)
3. Quand prendriez-vous un congé? *Si mon/ma petit(e) ami(e) prenait un congé, nous partirions en mai.*
   (si / mon/ma petite ami(e) / prendre un congé / nous / partir en mai)
4. Voudriez-vous devenir développeur de jeux vidéo un jour? *Si vous le permettiez, je deviendrais développeur de jeux vidéo dans deux ans.*
   (si / vous / le permettre / je / devenir développeur de jeux vidéo dans deux ans)
5. Quand rentreriez-vous le soir? *Si nous devions travailler très tard, je rentrerais vers minuit.*
   (si / nous / devoir travailler très tard / je / rentrer vers minuit)

2 Et si... D'abord, complétez les questions. Ensuite, employez le conditionnel pour y répondre. Comparez vos réponses aux réponses d'un(e) partenaire. Answers will vary.

Interpersonal Communication

MODÈLE Que ferais-tu si... tu / être malade?
Que ferais-tu si tu étais malade?
Si j'étais malade, je dormirais toute la journée.

Situation 1: Que ferais-tu si...
1. tu / être fatigué(e)? *... si tu étais fatigué(e)?*
2. il / pleuvoir? *... s'il pleuvait?*
3. il / faire beau? *... s'il faisait beau?*

Situation 2: Que feraient tes parents si...
1. tu / quitter le lycée? *... si tu quittais le lycée?*
2. tu / choisir de devenir avocat(e)? *... si tu choisissais de devenir avocat(e)?*
3. tu / partir habiter en France? *... si tu partais habiter en France?*

3 Des réactions Dîtes ce que (*what*) vous ferez dans ces circonstances. Answers will vary.

MODÈLE Vous trouvez votre petit(e) ami(e) avec un(e) autre garçon/fille.
Si je trouve mon petit ami..., je ne lui parlerai plus.

1. Vous n'avez pas de devoirs ce week-end.
2. Votre ami(e) organise une fête sans rien vous dire.
3. Votre meilleur(e) ami(e) ne vous envoie pas de textos pendant une semaine.
4. Le prof de français vous donne une mauvaise note.
5. Vous tombez malade.

Connections

École des codeurs Kinshasa Digital Academy a ouvert ses portes dans la capitale de la République démocratique du Congo en 2020. C'est une école privée pour les codeurs et les développeurs informatiques. Les étudiants suivent une formation intensive et pratique de sept mois autour du numérique et bénéficient ensuite des services de l'académie pendant deux ans afin de trouver un poste dans une entreprise. Sur plus de 1.000 candidats, 40 ont été sélectionnés, dont 40% de femmes. Chaque étudiant reçoit une bourse de 5.500 dollars, qui couvre les frais académiques et le matériel informatique.

- Connaissez-vous un programme similaire dans votre communauté? Est-ce que cela vous intéresserait de suivre un programme similaire? Quels en sont les avantages?

Making Connections

Acquiring Information & Diverse Perspectives

Cultural Comparisons

L'avenir et les métiers — Unité 3

Communication

4 **L'imagination** Par groupes de trois, choisissez un de ces sujets et préparez un paragraphe par écrit. Ensuite, lisez votre paragraphe à la classe. Vos camarades décideront quel groupe est le gagnant (*winner*). Answers will vary.

- Si je pouvais devenir invisible, ...
- Si j'étais un extraterrestre à New York, ...
- Si j'inventais une machine, ...
- Si j'étais une célébrité, ...
- Si nous pouvions prendre des vacances sur Mars, ...

Presentational Communication

5 **Le portefeuille** Imaginez que vous et chacun (*each*) de vos camarades receviez une enveloppe mystérieuse avec un million de dollars. Que feriez-vous? Parlez de vos projets en petits groupes. Answers will vary.

Interpersonal Communication

MODÈLE

Élève 1: *Si je recevais une enveloppe d'argent, je déposerais la moitié de l'argent sur mon compte bancaire.*
Élève 2: *D'abord, j'achèterais une nouvelle voiture pour ma famille.*

6 **Interview** Avec un(e) partenaire, préparez cinq questions pour un(e) candidat(e) à la présidence des États-Unis. Ensuite, jouez les rôles de l'interviewer et du/de la candidat(e). Alternez les rôles. Answers will vary.

Interpersonal Communication

MODÈLE

Élève 1: *Que feriez-vous au sujet du chômage?*
Élève 2: *Alors, si j'étais président(e), je...*

I CAN talk about hypothetical situations and likely events, and make suggestions.

cent quarante-neuf 149

Structures

Leçon 3B

Communicative Goal Express oneself orally and in writing using complex sentences

3B.2 Relative pronouns *qui, que, dont,* and *où*

Point de départ Relative pronouns link two clauses together into a longer, more complex sentence. The clause introduced by a relative pronoun provides additional information about the main clause. In English, relative pronouns can sometimes be omitted, but the relative pronoun in French cannot be.

Je suis allée voir **le docteur**.
I went to see the doctor.

Tu m'as parlé de **ce docteur**.
You talked to me about this doctor.

Je suis allée voir le docteur **dont** tu m'as parlé.
I went to see the doctor that you talked to me about.

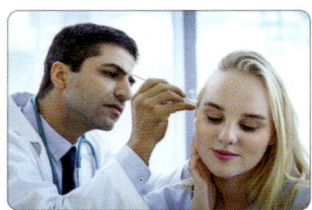

Relative pronouns

qui	who, that, which	**dont**	of which, of whom
que	that, which	**où**	where

- Use **qui** if the noun in the main clause is also the subject of the second clause. Since **qui** is the subject, it is followed by a verb.

COMMON NOUN — SUBJECT

Il a renvoyé **la comptable**.
He dismissed the accountant.

La comptable travaillait à mi-temps.
The accountant worked part-time.

Il a renvoyé la comptable **qui** travaillait à mi-temps.
He dismissed the accountant who was working part-time

COMMON NOUN — SUBJECT

Les élèves vont **au restaurant**.
The students go to the restaurant.

Le restaurant se trouve près du lycée.
The restaurant is near the high school.

Les élèves vont au restaurant **qui** se trouve près du lycée.
The students go to the restaurant that is near the high school.

Ta cousine habite à Boston.
Your cousin lives in Boston.

Ta cousine travaille beaucoup.
Your cousin works a lot.

Ta cousine **qui** habite à Boston travaille beaucoup.
Your cousin who lives in Boston works a lot.

Grammar Tutorial
vhlcentral

150 cent cinquante

L'avenir et les métiers — Unité 3

- Use **que** if the noun of the main clause is the direct object of the second. A subject and verb always follow **que**. If the subject and verb are in the **passé composé**, the past participle agrees in number and gender with the direct object.

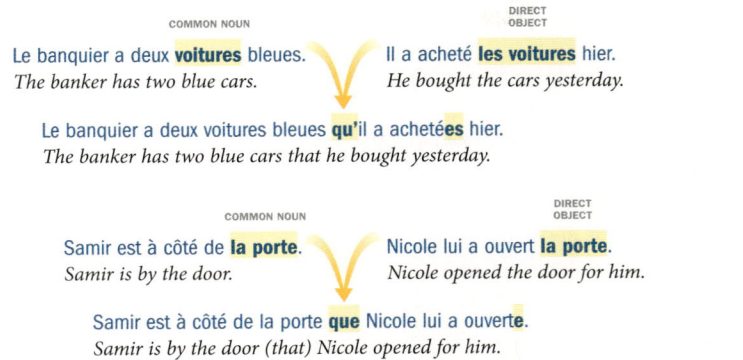

COMMON NOUN: Le banquier a deux **voitures** bleues. *The banker has two blue cars.*
DIRECT OBJECT: Il a acheté **les voitures** hier. *He bought the cars yesterday.*

Le banquier a deux voitures bleues **qu'**il a acheté**es** hier.
The banker has two blue cars that he bought yesterday.

COMMON NOUN: Samir est à côté de **la porte**. *Samir is by the door.*
DIRECT OBJECT: Nicole lui a ouvert **la porte**. *Nicole opened the door for him.*

Samir est à côté de la porte **que** Nicole lui a ouvert**e**.
Samir is by the door (that) Nicole opened for him.

- Use **dont**, meaning *that* or *of which*, to replace a noun in the main clause that is the object of the preposition **de** in the second clause. A subject and verb always follow **dont**.

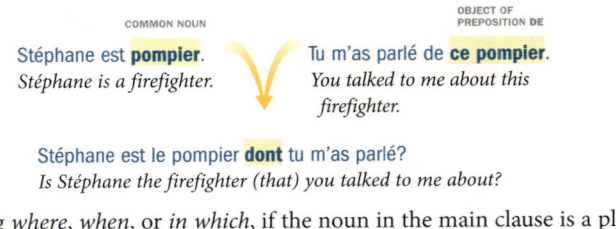

COMMON NOUN: Stéphane est **pompier**. *Stéphane is a firefighter.*
OBJECT OF PREPOSITION **DE**: Tu m'as parlé de **ce pompier**. *You talked to me about this firefighter.*

Stéphane est le pompier **dont** tu m'as parlé?
Is Stéphane the firefighter (that) you talked to me about?

- Use **où**, meaning *where*, *when*, or *in which*, if the noun in the main clause is a place or a period of time. A subject and verb follow **où**.

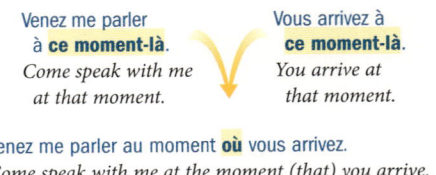

COMMON NOUN PHRASE: Venez me parler à **ce moment-là**. *Come speak with me at that moment.*
PERIOD OF TIME: Vous arrivez à **ce moment-là**. *You arrive at that moment.*

Venez me parler au moment **où** vous arrivez.
Come speak with me at the moment (that) you arrive.

Essayez! Complétez les phrases avec **qui, que, dont, où**.

1. La France est le pays _que_ j'aime le plus.
2. Tu te souviens du jour _où_ tu as fait ma connaissance?
3. M. Valois est le cadre _dont_ mon employé m'a parlé.
4. C'est la voiture _que_ vous avez louée?
5. Voici l'enveloppe _dont_ tu as besoin.
6. Vous connaissez le plombier _qui_ a réparé le lavabo chez Lucas?
7. On passe devant le lycée _où_ j'ai fait mes études.
8. Je reconnais le chauffeur de taxi _qui_ a conduit Lucie à l'hôtel.

Structures — Leçon 3B

3B.2 Mise en pratique

1 Notre entreprise Issa et Aya discutent de leur bureau et de leurs collègues. Complétez leurs phrases en utilisant (*by using*) les pronoms relatifs **qui, que, dont, où**.

MODÈLE Ils ont une cafétéria __qui__ n'est pas trop chère.

1. C'est une entreprise __où__ les employés peuvent suivre des formations supplémentaires.
2. Nous avons une profession __qui__ est exigeante.
3. Notre chef d'entreprise a commandé les nouveaux ordinateurs __dont__ nous avions besoin.
4. La personne __qui__ a un entretien aujourd'hui est l'ami du gérant.
5. La réunion __que__ tu as ratée (*missed*) hier était vraiment intéressante.
6. La femme __dont__ tu as peur est notre cheffe du personnel, n'est-ce pas?
7. L'homme __qu'__ on a embauché est le mari de Sandra.
8. Tu te souviens du jour __où__ on a fait la connaissance du patron?

2 Les villageois Isabelle vient de déménager dans un petit village et son agent immobilier lui parle des gens qui y habitent. Assemblez les deux phrases avec **qui, que, dont, où** pour en faire une seule.

1. Voici le bureau de M. Dantès. Vous pouvez vous adresser à ce bureau pour obtenir une assurance maladie. *Voici le bureau de M. Dantès où vous pouvez vous adresser pour obtenir une assurance maladie.*
2. Je vous ai parlé d'une banquière. La banquière s'appelle Murielle Marteau. *La banquière dont je vous ai parlé s'appelle Murielle Marteau.*
3. Vous avez vu la grande boutique. M. Descartes est le patron de cette boutique. *M. Descartes est le patron de la grande boutique que vous avez vue.*
4. Je ne connais pas le pompier. Le pompier habite en face de chez vous. *Je ne connais pas le pompier qui habite en face de chez vous.*
5. Madame Thibaut sert beaucoup de plats régionaux. Vous allez adorer ces plats. *Madame Thibaut sert beaucoup de plats régionaux que vous allez adorer.*
6. Les cuisinières travaillent à temps partiel. Vous avez rencontré les cuisinières chez moi. *Les cuisinières que vous avez rencontrées chez moi travaillent à temps partiel.*

3 Les choses que je préfère Marianne parle des choses qu'elle préfère. Utilisez les pronoms relatifs pour écrire ce qu'elle dit. Présentez vos phrases à la classe. *Answers will vary.*

1. Djibril est l'ami... (qui, dont)
2. «Le Djembe», c'est le restaurant... (où, que)
3. Ce tee-shirt est le cadeau... (que, qui)
4. Ma sœur est la personne... (dont, que)
5. La République démocratique du Congo est le pays... (où, dont)
6. Chéri Samba est le peintre... (qui, que)
7. Les livres... (dont, que)
8. J'aimerais avoir un(e) ami(e)... (qui, que)

AP® Theme: Beauty & Aesthetics
Context: Visual arts

Connections

Chéri Samba Né en République démocratique du Congo en 1956, Samba est un des peintres congolais les plus connus. C'est un peintre engagé dont les toiles mixent textes (souvent sous formes de bulles de bandes dessinées) et scènes de la vie quotidienne. Il critique avec humour la société dans laquelle on vit. Ses œuvres sont exposées au MoMA à New York ainsi qu'au Centre Georges Pompidou à Paris.

- Est-ce que vous aimez l'art engagé? Pourquoi? Quel est le peintre que vous préférez? Expliquez.

152 cent cinquante-deux

L'avenir et les métiers — Unité 3

Communication

4 Des opinions Avec un(e) partenaire, donnez votre opinion sur ces thèmes. Utilisez les pronoms relatifs **qui, que, dont** et **où**. *Answers will vary.*

MODÈLE

le printemps / saison
Élève 1: *Le printemps est la saison que je préfère parce que j'aime les fleurs.*
Élève 2: *L'hiver est la saison que je préfère parce que j'aime la neige.*

1. le petit-déjeuner / repas
2. surfer sur Internet / passe-temps
3. mon frère / ma sœur / personne
4. le samedi / jour
5. la chimie / cours
6. la France / pays
7. Jennifer Lawrence / actrice
8. le prof de français / prof

Interpersonal Communication

5 Des endroits intéressants Par groupes de trois, organisez un voyage. Parlez des endroits qui vous intéressent et expliquez pourquoi vous voulez y aller. Utilisez des pronoms relatifs dans vos réponses et décidez où vous allez. *Answers will vary.*

MODÈLE

Allons à Bruxelles où nous pouvons acheter des chocolats délicieux.

Interpersonal Communication

6 Chère Madame Avec un(e) partenaire, écrivez un e-mail à votre gérant dans lequel vous expliquez pourquoi vous n'avez pas fini le document qu'elle voulait pour la réunion. Utilisez des pronoms relatifs dans votre e-mail. *Answers will vary.*

De: clement@entreprise.fr
À: madame.giraud@entreprise.fr
Objet: Document

Chère Madame Giraud,

Je suis désolé, mais je n'ai pas fini le document que vous vouliez aujourd'hui. Ce matin, je suis allé à l'entreprise François et Fils où…

Presentational Communication

7 Mes préférences Avec un(e) partenaire, parlez de vos préférences dans chaque catégorie ci-dessous (*below*). Donnez des raisons pour vos choix (*choices*). Utilisez les pronoms relatifs **qui, que, dont** et **où** dans vos descriptions. *Answers will vary.*

MODÈLE

mon film préféré
Le film que j'aime le plus, c'est Jumanji: Welcome to the Jungle. *Dwayne Johnson, qui joue dans ce film, est super!*

1. mon film préféré
2. mon roman (*novel*) préféré
3. mon chanteur/ma chanteuse préféré(e)
4. la meilleure ville pour aller en vacances

Interpersonal Communication

I CAN express myself orally and in writing using complex sentences.

cent cinquante-trois 153

Synthèse — Leçon 3B

Révision

1 Du changement Avec un(e) partenaire, observez ces bureaux. Faites une liste d'au minimum huit changements que les employés feraient dans le premier pour devenir comme le deuxième s'ils en avaient les moyens (*means*). Answers will vary.

Interpretive Communication

MODÈLE
Élève 1: Si ces gens pouvaient changer quelque chose, ils achèteraient de nouveaux ordinateurs.
Élève 2: Si les affaires allaient mieux, ils déménageraient.

2 Si j'étais… Imaginez les activités que vous préféreriez faire si vous exerciez ces métiers et parlez-en en petits groupes. Utilisez **Si j'étais** et **ne… que**. Answers will vary.

Interpersonal Communication

MODÈLE
Élève 1: Si j'étais cuisinier/cuisinière, je ne préparerais que des desserts.
Élève 2: Si je travaillais comme chauffeur, je ne conduirais que sur l'autoroute.

artiste	conseiller/	médecin
chauffeur	conseillère	patron(ne)
chef(fe) d'entreprise	cuisinier/cuisinière	professeur
chercheur/chercheuse	femme/homme au foyer	

3 Je démissionnerais… Pour quelles raisons seriez-vous prêt(e)s à démissionner de votre travail? Par groupes de trois, donnez chacun(e) (*each one*) au minimum deux raisons positives et deux raisons négatives. Answers will vary.

Interpersonal Communication

MODÈLE
Élève 1: Je démissionnerais si je devais suivre ma famille et déménager loin.
Élève 2: Moi, je démissionnerais tout de suite si je m'ennuyais dans mon travail.

4 C'est l'histoire de… Avec un(e) partenaire, commentez ces titres de films francophones et imaginez les histoires. Utilisez des pronoms relatifs. Ensuite, comparez vos histoires avec un résumé du film que vous trouverez sur Internet. Qui a l'histoire la plus proche (*closest*) du vrai film? Answers will vary.

Presentational Communication

MODÈLE
Élève 1: C'est l'histoire d'un homme qui…
Élève 2: … et que la police recherche…

1. *Mon cirque à moi*
2. *Le Petit Prince*
3. *Les Vétos*
4. *Ma vie de courgette*
5. *Le Prince oublié*
6. *Le Fabuleux Destin d'Amélie Poulin*

5 Un(e) patron(ne) poli(e) Avec un(e) partenaire, inventez un dialogue entre un(e) patron(ne) et son assistant(e). Il/Elle demande plusieurs services à l'assistant(e), qui refuse. Le/La patron(ne) reformule alors ses demandes, mais plus poliment, et l'assistant(e) accepte. Answers will vary.

Interpersonal Communication

MODÈLE
Élève 1: Apportez-moi le téléphone!
Élève 2: Si vous me parlez comme ça, je ne vous apporterai rien.
Élève 1: Pourriez-vous m'apporter le téléphone, s'il vous plaît?
Élève 2: Avec plaisir!

6 Il y a longtemps! Vous déjeunez avec un(e) ancien(ne) collègue et vous parlez des personnes qui travaillaient avec vous autrefois (*in the past*). Votre collègue travaille toujours dans la même entreprise et vous donne des nouvelles (*news*). Jouez cette scène avec un(e) partenaire. Utilisez des pronoms relatifs dans votre conversation. Answers will vary.

Interpersonal Communication

MODÈLE
Élève 1: Est-ce que la fille qui faisait un stage travaille toujours avec Paul?
Élève 2: Ah non! La fille dont tu parles a quitté l'entreprise.

Communicative Goal Understand key information about unemployment and the disabled

L'avenir et les métiers — Unité 3

À l'écoute

vhlcentral

STRATÉGIE

Using background knowledge to anticipate content

If you know the subject of something you are going to listen to, your background knowledge will help you anticipate words and phrases you are going to hear. It will also help you determine important information that you should listen for.

To practice this strategy, you will listen to a radio advertisement for a culinary school. Before you listen, make a list of the topics you expect the advertisement to cover. Make another list of information you would listen for if you were considering this school. After listening, look at your lists. Did they help you anticipate the content of the advertisement and focus on key information?

Préparation

Regardez l'image. Le reportage que vous allez écouter aborde le problème du chômage des personnes handicapées (*disabled*). Regardez la photo. À quoi vous fait-elle penser? De quels sujets le reportage va-t-il parler? Quelles statistiques vont être données? Quelles difficultés vont être mentionnées?

À vous d'écouter

Écoutez le reportage de France Culture. Puis, écoutez une deuxième fois et indiquez quels faits sont mentionnés dans le reportage.

_____ le taux de chômage des personnes handicapées
_____ les emplois à mi-temps
__X__ beaucoup de seniors parmi les chômeurs
__X__ les difficultés à trouver un emploi adapté à son handicap
_____ des patrons trop exigeants
__X__ les grands écrans et des logiciels adaptés
_____ pas assez d'augmentations régulières de salaire
__X__ les accidents ou les maladies imprévus (*unexpected*)

I CAN identify key information from a radio broadcast about unemployment and the disabled.
I CAN explain why it's important for employers to hire the disabled and for employees to have meaningful work.

Compréhension

Répondez Répondez aux questions. *Answers will vary.*

1. Que doit faire une entreprise française qui a plus de 20 employés?
   Elle doit embaucher des personnes handicapées.
2. Quel est le taux de chômage des personnes handicapées?
   Il est deux fois plus élevé que la moyenne de la population active.
3. Est-ce qu'avoir un handicap est la seule (*only*) difficulté des chômeurs handicapés?
   Non, il y a plusieurs facteurs.
4. Quels sont les trois problèmes de Farroudja Abdelhamid pour trouver du travail?
   son âge, ses origines et son handicap
5. Quels autres problèmes ont beaucoup de chômeurs handicapés?
   Beaucoup sont des seniors et ne sont pas très qualifiés.
6. Qu'est-ce que Jean-Philippe Lefèvre veut faire?
   aider les personnes handicapées à naviguer sur Internet
7. Qu'est-ce qu'il cherche?
   une formation
8. Comment est-ce que les personnes se retrouvent (*end up*) handicapées et au chômage?
   Elles ont un accident ou une maladie qui les handicapent, puis elles perdent leur emploi.

Lettre à l'éditeur Vous venez d'écouter ce reportage sur le chômage et les personnes handicapées et vous décidez d'écrire au journal de votre ville pour attirer l'attention sur le problème. Expliquez ce que vous avez appris et pourquoi vous pensez que les entreprises devraient employer plus de personnes en situation de handicap. Pensez aux avantages pour les entreprises (expérience passée de la personne, développement de produits accessibles à tous, etc.) et aussi pour les personnes handicapées (un revenu, le sentiment de se sentir utile de nouveau, etc.). Mentionnez la loi de 2005.

À vous d'écouter

Script JOURNALISTE Et dans le cadre de la semaine pour l'emploi des personnes handicapées, nous avons rencontré ceux qui cherchent du travail. Depuis la loi de 2005, les entreprises de plus de 20 salariés sont tenus d'employer au moins six pour cent de personnes en situation de handicap. Pourtant le taux de chômage est deux fois plus élevé que la moyenne de la population active et le handicap n'est ni le premier, ni le seul facteur, qui explique les difficultés des travailleurs à trouver un emploi. Reportage signé Isabelle Lassalle.

For the full script, go to Audio Scripts in the Resources section of vhlcentral.com.

Savoir-faire

Communicative Goal Identify and reflect on cultural products and practices of Central Africa

Panorama

vhlcentral | ▶ Panorama culturel

L'Afrique centrale

L'Afrique centrale est une région située au cœur° du continent africain. Son climat est chaud et pluvieux° et on y trouve des forêts tropicales°. La région exporte de l'huile, de l'or°, des diamants et du charbon°.

Les premières sociétés établies° dans la région vers 3000 av. J.-C. viennent en majorité du groupe bantu.

En 1483, les Européens arrivent dans la région et exploitent la population sous la forme du commerce d'esclaves. Après l'abolition de l'esclavage, les Européens continuent leur exploitation de l'ivoire, du cuivre° et du caoutchouc°. Ils établissent des colonies, des plantations et des mines. Comme en Afrique de l'Ouest, les frontières° établies par les Européens ne reflètent pas les divisions historiques et ethniques de la région.

L'époque° coloniale en Afrique centrale se termine en 1960. Aujourd'hui, la région est encore fragile du point de vue économique mais connaît des progrès dans la gouvernance, l'éducation et la santé publique.

Personnes célèbres

▶ **Françoise Mbango-Etone,** Cameroun, athlète olympique (1976–)

▶ **Sonia Rolland,** Rwanda, actrice et réalisatrice (1981–)

▶ **Samuel Eto'o,** Cameroun, footballeur (1981–)

cœur *heart* pluvieux *rainy* forêts tropicales *rainforests* l'or *gold* charbon *coal* établies *established* cuivre *copper* caoutchouc *rubber* frontières *borders* L'époque *era*

Maisons obus au Cameroun

la place des Artistes à Kinshasa

Pays francophones d'Afrique centrale

ACTIVITÉS

Interpretive Communication

1 Les informations Complétez les phrases. *Answers will vary.*

1. Le climat de l'Afrique centrale est ___chaud et pluvieux___.
2. Les ___frontières___ établies par les Européens ne reflètent pas les divisions historiques et ethniques de la région.
3. Aujourd'hui, la croissance ___économique___ de la région est encore difficile.
4. Au cours des dernières années on voit du progrès dans les domaines ___de la gouvernance, de l'éducation et de la santé publique___.

Making Connections

2 Considérez Répondez aux questions. *Answers will vary.*

1. Comment sont les relations entre les différentes communautés et ethnicités de votre pays? Comment l'histoire d'un pays influence-t-elle les relations parmi ses habitants?
2. Est-ce que votre communauté ou votre pays a vécu (*experienced*) de grands changements sociétaux ou économiques? Quand? Pour quelles raisons?
3. Quels sont les défis (*challenges*) sociétaux ou économiques de votre communauté ou de votre pays? Quelle est l'origine de ces défis?

156 cent cinquante-six

Unité 3

Les destinations
AP® Theme: Contemporary Life
Context: Travel

Les lacs d'Ounianga, Tchad

Au nord-est du Tchad, les lacs d'Ounianga occupent un large site composé de dix-huit lacs interconnectés sur 62.808 hectares. L'originalité de ce site? Ces lacs sont dans le Sahara, une région désertique et très aride, où il ne tombe que° deux millimètres d'eau par an et où l'eau s'évapore constamment avec la chaleur°. Pourtant°, les lacs ne s'assèchent pas°. Ce phénomène est possible grâce à° une importante nappe d'eau souterraine°. Le contraste entre le désert et les lacs produit une mosaïque de couleurs: le vert des roseaux°, le bleu de l'eau, le brun du sable°... Avec le vent, la végétation ondule° à la surface des lacs, comme de véritables «vagues°» d'eau flottant dans le désert».

L'avenir et les métiers
AP® Theme: Beauty & Aesthetics
Context: Visual Arts

Les traditions
Les masques du Gabon

Les masques gabonais exposés° aujourd'hui dans les musées européens ont inspiré de grands artistes du vingtième siècle, comme Matisse et Picasso. Pourtant, ces masques ne sont pas à l'origine de simples décorations ou objets d'art. Ce sont des objets rituels, utilisés par les différents groupes ethniques et sociétés initiatiques du Gabon. Chaque° société produit ses propres° masques; ils sont donc de formes très variées. Les masques sont le plus souvent° portés par les hommes, dans des cérémonies et rituels de groupe. Leurs matériaux et apparences sont donc très symboliques. Ils sont surtout faits de bois°, mais aussi de plumes°, de raphia° ou de peaux°, et ils ont des formes anthropomorphiques, zoomorphiques ou abstraites.

Les gens
AP® Theme: Beauty & Aesthetics
Context: Ideals of Beauty

La SAPE

Costumes de grands couturiers°, couleurs vives°, chaussures de marque°, sophistication et élégance, voici qui résume la SAPE, ou Société des Ambianceurs et des Personnes Élégantes. Ce concept a fait son apparition au début du XXe siècle à Brazzaville, la capitale du Congo. Aujourd'hui, la «sapologie», science de la sape°, est même plus qu'un simple mouvement de mode vestimentaire°. C'est une véritable philosophie de vie qui prône° le respect et la tolérance. En effet, les sapeurs doivent non seulement être impeccablement bien habillés en toute occasion, mais ils doivent aussi avoir un comportement irréprochable° où racisme et violence n'ont pas leur place. Et même si Brazzaville reste la capitale incontestée° de la sape, on trouve aujourd'hui des sapeurs sur tous les continents, et les grandes marques de mode n'hésitent plus à s'inspirer de ce style haut en couleurs.

Les activités sportives
La course de l'espoir°, Cameroun

La course de l'espoir est un événement sportif célèbre au Cameroun. Cette course existe depuis 1973 et a lieu près du Mont Cameroun, dans le sud-ouest du pays. Pendant la course, les participants, hommes et femmes, font l'ascension de ce mont, aller et retour, sur 42 kilomètres. À près de 4.070 mètres, le Mont Cameroun est un des plus hauts° points de la région et un de ses volcans les plus actifs. La course de l'espoir est donc très difficile, parce que c'est une épreuve de vitesse°, d'endurance et d'alpinisme°! Les meilleurs temps sont d'environ quatre heures trente pour les hommes et d'un peu plus de cinq heures pour les femmes. La course est organisée par la Fédération camerounaise d'athlétisme en février chaque année, et en 2016, jusqu'à° 512 athlètes ont pris le départ.

AP® Theme: Contemporary Life
Context: Leisure and Sports

INCROYABLE MAIS VRAI!

Où se trouve le paradis des hippopotames sur Terre°? Dans les rivières du plus ancien parc d'Afrique, le parc national des Virunga, en République démocratique du Congo. En plus de° ses 20.000 hippopotames, le parc abrite une biodiversité exceptionnelle due à la variété de ses paysages°, dominés par les deux volcans les plus actifs du continent.

---

où il ne tombe que where it only falls **chaleur** heat **Pourtant** However **ne s'assèchent pas** don't dry out **grâce à** thanks to **nappe d'eau souterraine** aquifer **roseaux** reeds **sable** sand **ondule** moves, waves **vagues** waves **exposés** exhibited **Chaque** Each **propres** own **le plus souvent** most often **bois** wood **plumes** feathers **raphia** raffia **peaux** skins **couturiers** designers **vives** bright **marque** brand **sape** clothing **mode vestimentaire** fashion **prône** advocates **comportement irréprochable** flawless behavior **incontestée** unquestioned **Course de l'espoir** Hope race **des plus hauts** highest **épreuve de vitesse** speed test **alpinisme** mountaineering **jusqu'à** up to **Terre** Earth **En plus de** On top of **paysages** landscapes

---

3 Vous avez compris? Répondez aux questions.
1. Pour quelles occasions les masques du Gabon sont-ils portés?
   pour des cérémonies et rituels de groupe
2. Expliquez comment la sape est plus qu'un simple mouvement de mode vestimentaire. *C'est une véritable philosophie de vie parce qu'on doit avoir un comportement irréprochable.*
3. Pourquoi est-ce que la course de l'espoir est difficile?
   parce que c'est une épreuve de vitesse, d'endurance et d'alpinisme
4. Où est le paradis des hippopotames sur Terre?
   dans le parc des Virunga, en République démocratique du Congo

4 Cultures Par groupes de trois, choisissez un des thèmes présentés sur cette page et cherchez des informations complémentaires. Existe-t-il une destination, une tradition ou une activité sportive similaire dans votre pays ou dans votre communauté? Comparez les attitudes présentes dans votre communauté aux perspectives présentées dans la lecture.

I CAN identify cultural products and practices of Central Africa and reflect on attitudes around them.

Savoir-faire

Communicative Goal Read a fable in French and summarize it in one's own words

Lecture vhlcentral

Avant la lecture

AP® Theme: Beauty and Aesthetics
Context: Literature

STRATÉGIE

Summarizing a text in your own words

Summarizing a text in your own words can help you comprehend it better. Before summarizing a text, you may find it helpful to skim it and jot down a few notes about its general meaning. You can then read the text again, writing down the important details. Your notes will help you summarize what you have read. If the text is particularly long, you may want to subdivide it into smaller segments so that you can summarize it more easily.

Examinez le texte D'abord, regardez la forme du texte. Quel genre de texte est-ce? Puis, regardez les illustrations. Qu'y a-t-il sur ces illustrations? Qui sont les personnages de l'histoire (*story*)? Que font les insectes dans la première illustration? Et dans la deuxième?

À propos de l'auteur
Jean de La Fontaine (1621–1695)

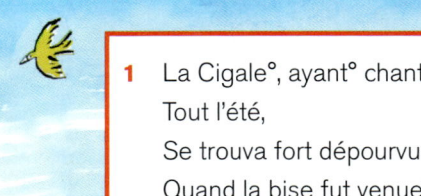

Jean de La Fontaine est un auteur et un poète français très connu du 17ᵉ siècle. Né à Château-Thierry, à l'est de Paris, il a passé toute son enfance à la campagne avant de devenir avocat et de s'installer à Paris. C'est à la capitale qu'il a rencontré des écrivains célèbres et qu'il a décidé d'écrire. Il est l'auteur de poèmes, de nouvelles en vers° et de contes°, mais il est connu surtout pour ses fables, considérées comme des chefs-d'œuvre° de la littérature française. Au total, La Fontaine a publié 12 livres de fables dans lesquels il a créé des histoires autour de concepts fondamentaux de la morale qu'il a empruntés principalement aux fables d'Ésope. Les fables de La Fontaine, avec leurs animaux et leurs histoires assez simples, étaient, pour lui, une manière° subtile de critiquer la société contemporaine et la nature humaine. Deux de ses fables les plus connues sont *La Cigale et la Fourmi* et *Le Corbeau et le Renard*.

nouvelles en vers short stories in verse **contes** tales **chefs-d'œuvre** masterpieces **manière** way

La Cigale et

1 La Cigale°, ayant° chanté
   Tout l'été,
   Se trouva fort dépourvue°
   Quand la bise fut venue°:
5 Pas un seul petit morceau
   De mouche° ou de vermisseau°.
   Elle alla crier° famine
   Chez la Fourmi° sa voisine,
   La priant° de lui prêter
10 Quelque grain pour subsister°
   Jusqu'à la saison nouvelle.
   «Je vous paierai, lui dit-elle,
   Avant l'Oût°, foi d'animal°,
   Intérêt et principal.»
15 La Fourmi n'est pas prêteuse°;
   C'est là son moindre défaut°.
   «Que faisiez-vous au temps chaud?
   Dit-elle à cette emprunteuse°.
   —Nuit et jour à tout venant°
20 Je chantais, ne vous déplaise°.
   —Vous chantiez? j'en suis fort aise°.
   Eh bien! dansez maintenant.»

la Fourmi
de Jean de La Fontaine

Cigale *Cicada* **ayant** *having* **Se trouva fort dépourvue** *Found itself left without a thing* **la bise fut venue** *the cold winds of winter arrived* **mouche** *fly* **vermisseau** *small worm* **alla crier** *went crying* **Fourmi** *Ant* **La priant** *Begging her* **subsister** *survive* **Oût** *August* **foi d'animal** *on my word as an animal* **n'est pas prêteuse** *doesn't like lending things* **moindre défaut** *the least of her shortcomings* **emprunteuse** *borrower* **à tout venant** *all the time* **ne vous déplaise** *whether you like it or not* **fort aise** *overjoyed*

L'avenir et les métiers — Unité 3

Après la lecture

Répondez Répondez aux questions par des phrases complètes. *Answers will vary.*

1. Qu'est-ce que la Cigale a fait tout l'été?
   La Cigale a chanté tout l'été.
2. Quel personnage de la fable a beaucoup travaillé pendant l'été?
   C'est la Fourmi.
3. Pourquoi la Cigale n'a-t-elle rien à manger quand l'hiver arrive?
   Elle n'a rien à manger parce qu'elle n'a pas travaillé.
4. Que fait la Cigale quand elle a faim?
   Elle va chez la Fourmi pour lui demander quelque chose à manger.
5. Que fera la Cigale si la Fourmi lui donne à manger?
   Elle lui dit qu'elle la payera.
6. Qu'est-ce que la Fourmi demande à la Cigale?
   Elle lui demande ce qu'elle a fait pendant tout l'été.
7. Quel est le moindre défaut de la Fourmi?
   Elle n'est pas prêteuse.
8. La Fourmi va-t-elle donner quelque chose à manger à la Cigale? Expliquez.
   Non, elle dit à la Cigale d'aller danser.

Un résumé Écrivez un résumé (*summary*) de la fable de La Fontaine. Regardez le texte et prenez des notes sur ce qui se passe aux différents moments de l'histoire. Faites aussi une liste des mots importants que vous ne connaissez pas et trouvez-leur des synonymes que vous pourrez utiliser dans votre résumé. Par exemple, vous connaissez déjà le mot «vent», synonyme de «bise». *Answers will vary.*

La morale de la fable Comme les fables en général, *La Cigale et la Fourmi* a une morale, mais La Fontaine ne la donne pas explicitement. À votre avis, quelle est la morale de cette fable? Êtes-vous d'accord avec cette morale? Discutez ces questions en petits groupes. *Answers will vary.*

Les fables Connaissez-vous déjà l'histoire de cette fable? Connaissez-vous d'autres fables? Que pensez-vous des fables en général? Aimez-vous les lire? À quoi servent-elles? Quels thèmes trouve-t-on souvent dans les fables? Quels animaux sont souvent utilisés? Discutez ces questions en petits groupes. *Answers will vary.*

I CAN read a fable in French and apply a reading strategy to summarize it in my own words.

Répondez Go over the answers with the class.

Un résumé After completing the activity, have students compare their summaries with a classmate or ask a few volunteers to read their summaries aloud.

La morale de la fable
- Ask groups to state the moral of the fable. Then ask students why animals are used as characters in fables.
- You may wish to show students the online animated version of the fable that has a different ending to the story. How does the moral change? Ask which ending students prefer and why.

Les fables Before beginning the activity, take a quick class survey to find out how many students have read fables and the names of those they have read.

SEL Suggestions
Stories such as fables and folktales vary among cultures. Point this out before students begin the conversation. If students share a story that others don't know, remind everyone to be respectful and ask questions to learn more about the story and how it reflects that student's culture.

21st Century Skills

Creativity and Innovation
Ask students to prepare a presentation on another fable by a francophone author, inspired by the information on these two pages. Remind them to present a brief summary of the plot, and to clearly state what the morale of the fable is.

PROFICIENCY

Interpersonal Have students work in pairs. Tell them to think of some real-life situations that would mirror the moral taught in this fable. Then have volunteers give examples and ask the class if they think the situation is appropriate or not.

PRE-AP

Presentational Writing Have students work in groups of three or four. Tell them to write a fable of their own. They should decide what the purpose or moral of their fable is, what situation would illustrate it, and which animals should be the main characters. Encourage them to include an illustration. Have volunteer groups act out their fable for the class.

Savoir-faire

Communicative Goal Describe and illustrate future careers for an online audience

Projet

Site services carrières
Présentation écrite

Les universités ont généralement un département dédié aux services professionnels. Ils sont là pour informer et conseiller les étudiants sur les possibilités d'orientation. Ils aident aussi à conceptualiser les projets de carrière. Ce bureau de services carrières offre divers programmes, tels que des ateliers (*workshops*) et une préparation aux entretiens d'embauche pour aider les étudiants dans leur transition vers la vie professionnelle.

Imaginez que vous travaillez dans une université comme conseiller/conseillère de services carrières. Vous allez concevoir (*design*) un site web pour présenter quatre professions possibles aux futurs étudiants. Sélectionnez des professions dans lesquelles la connaissance d'une langue étrangère est bénéfique. Mentionnez aussi le salaire potentiel de chaque profession et donnez une explication des exigences professionnelles (*job requirements*).

MINI-STAGES
au service des jeunes

1. Tourisme
2. Droit international
3. Journalisme
4. Marketing

Venez participer à nos **Stages professionnels intensifs**

Combien de temps? de 7 à 10 jours
Assez de temps pour vous aider à trouver votre carrière idéale
Pour qui? Lycéens et étudiants du supérieur
Pour les jeunes de 16 à 26 ans avec connaissances en langues étrangères
Quand? En juillet et août
Pendant les vacances scolaires
Où? En entreprise (secteurs public et privé)
Dans des services internationaux

ApprentissageAvenirJeunes
inscriptions.aaj.fr
Tél : 01 68 44 76 42

STRATÉGIE

Implementing good layout and design principles for an online audience

When organizing information for an online audience, you want to consider the most important information that you would like to highlight. Organizing your information into logical sections can help you support your audience and facilitate the delivery of your information. How can the information be divided? How can heads and subheads help organize your information? What visuals support your organization? How can you make your website easy to navigate? How can your design make your information clearer and easier to understand?

Étape 1: Remue-méninges: quelles professions?

- Pensez aux professions que vous voulez afficher sur votre site web. Vous pouvez faire des recherches sur Internet.
- Pour chaque profession choisie, mentionnez les informations suivantes :
  - Nom de la profession
  - Description du poste
  - Diplôme(s)/Formation nécessaire(s)
  - Salaire potentiel
  - Quelque chose d'intéressant ou d'attractif dans le travail (au moins deux phrases)
  - Les qualités idéales pour exercer cette profession

Les interprètes, comme ceux qui travaillent pour les Nations Unies, doivent avoir des compétences linguistiques avancées dans plus d'une langue.

160 cent soixante

L'avenir et les métiers — Unité 3

Étape 2: Préparez les informations

- En utilisant les informations que vous avez trouvées sur vos quatre professions, organisez la conception et la configuration de votre site web. Utilisez le futur dans votre texte et employez des pronoms relatifs dans vos phrases.
- Utilisez un programme multimédia ou un programme de traitement de texte (*word processor*). Vous devez inclure:

1. le nom de votre organisation (Inventez-le!)
2. l'en-tête de page (*page header*)/le titre
3. les sous-titres
4. la présentation des professions
5. des illustrations ou des photos

Étape 3: Création du site web

- Créez votre site web.
- Assurez-vous d'avoir toutes les informations demandées.

Étape 4: Évaluation par les pairs

- Échangez votre site web avec celui (*the one*) d'un(e) partenaire. Répondez à ces questions pour commenter son travail.

- ☑ Votre partenaire a-t-il/elle présenté quatre professions?
- ☐ A-t-il/elle donné les informations nécessaires pour chaque profession?
- ☐ Votre partenaire a-t-il/elle utilisé le vocabulaire approprié pour décrire les professions?
- ☐ A-t-il/elle utilisé des pronoms relatifs?
- ☐ A-t-il/elle utilisé le futur dans ses descriptions?
- ☐ A-t-il/elle donné un titre et des sous-titres?
- ☐ A-t-il/elle choisi des photos qui illustrent bien le sujet?
- ☐ A-t-il/elle bien organisé le site web?

- Corrigez votre site web d'après (*according to*) les commentaires de votre partenaire.

I CAN implement good layout and design principles for an online audience.

I CAN present information about future careers for college students.

Étape 5: Présentation du site web

Postez votre site selon les directives de votre professeur. Ensuite, regardez les sites de vos camarades de classe et commentez-les. Réfléchissez et répondez par écrit: Qui a le site web le plus créatif? Pourquoi? Quelles professions trouvez-vous les plus intéressantes? Expliquez.

cent soixante-et-un 161

POST-WRITING

Questionnaire To expand this project, have students create a short questionnaire for each profession for other students to complete to see if they have an aptitude or an interest in that profession.

PRE-AP®

Interpersonal/Presentational Speaking Have students work in pairs to prepare a mock job interview using one of the careers they used on their website or that they found on one of their classmates' sites. Ask them to create a résumé to use for the activity by researching models online.

Étape 1
- Have students research French-speaking university career centers online to get ideas of the services offered.
- Provide students with a list of French companies to research. For their assigned company, have them look at the available jobs listed and the requirements for these jobs. Have them share new vocabulary they learned while researching the sites.

Étape 2
- Have students discuss how they find information on a website. What types of heads do they see first? How do illustrations help the user find the information they seek?
- Remind students that they can find templates within multimedia presentation programs to give them ideas for their layouts, or they can find more options online.

Étape 3
Since students are creating a mock website, they can use their multimedia presentation program to introduce links to other sites providing more information about the professions they selected. You can add this as an additional requirement or for extra credit.

Étape 4
As students review their partner's work, ask them to imagine themselves as college students learning about potential career choices. Is there any information they would like to have that is missing in the descriptions?

Étape 5
- You may wish to have students conduct a career fair in which they present their websites to their classmates. Encourage them to interact with their classmates during their presentations. If you have more than one class, students can prerecord their presentations and share them with the other French classes.
- After the presentations, have students debrief about what they learned. Ask: **Quelles professions sont les plus populaires sur les sites web? Les moins populaires? Lesquelles nécessitent la connaissance de plus d'une langue étrangère?**

Vocabulaire — Unité 3

Leçon 3A

La recherche de l'emploi

chercher un/du travail	to look for work/a job
embaucher	to hire
faire des projets	to make plans
lire les annonces (f.)	to read the want ads
obtenir	to get, to obtain
passer un entretien	to have an interview
postuler	to apply
prendre (un) rendez-vous	to make an appointment
trouver un/du travail	to find work/a job
un(e) chef(fe) du personnel	human resources director
un conseil	advice
un domaine	field
un curriculum vitæ (un CV)	résumé
une entreprise	firm, business
une lettre de motivation	letter of application
un métier	profession
un(e) patron(ne)	manager; boss
un poste	position
un(e) responsable	manager, supervisor
une réunion	meeting
un salaire élevé	high salary

Qualifications

une formation	education; training
un stage	internship; professional training

Au téléphone

appeler	to call
décrocher	to pick up
laisser un message	to leave a message
patienter	to wait (on the phone), to be on hold
raccrocher	to hang up
l'appareil (m.)	telephone
la boîte vocale	voicemail
Allô!	Hello! (on the phone)
Qui est à l'appareil?	Who's calling please?
C'est de la part de qui?	On behalf of whom?
C'est M./Mme/Mlle... (à l'appareil.)	It's Mr./Mrs./Miss... (on the phone.)
Ne quittez pas.	Please hold.

Conjonctions

dès que	as soon as
quand	when

Pronoms intérrogatifs

lequel	which one (m. sing.)
lesquels	which ones (m. pl.)
laquelle	which one (f. sing.)
lesquelles	which ones (f. pl.)

Leçon 3B

Le travail

démissionner	to resign
diriger	to manage
être au chômage	to be unemployed
être bien/mal payé(e)	to be well/badly paid
être en/faire du télétravail	to work remotely
gagner	to earn; to win
prendre un congé	to take time off
renvoyer	to dismiss, to let go
un chômeur/une chômeuse	unemployed person
un emploi à mi-temps/à temps partiel	part-time job
un emploi à plein temps	full-time job
(une profession) exigeante	demanding (profession)
un(e) retraité(e)	retired person
une réussite	success
un syndicat	union
une assurance maladie	insurance
une augmentation (de salaire)	raise (in salary)

Les métiers

un agent immobilier/une agente immobilière	real estate agent
un agriculteur/une agricultrice	farmer
un banquier/une banquière	banker
un cadre/une femme cadre	executive
un chauffeur de camion	truck driver
un(e) chef(fe) d'entreprise	head of a company
un chercheur/une chercheuse	researcher
un(e) comptable	accountant
un conseiller/une conseillère	consultant; advisor
un cuisinier/une cuisinière, un(e) chef(fe)	cook, chef
un homme/une femme au foyer	househusband/housewife
un(e) gérant(e)	manager
un ouvrier/une ouvrière	worker, laborer
un pompier/une femme pompier	firefighter

Pronoms relatifs

dont	of which, of whom
où	where
que	that, which
qui	who, that, which

Mots apparentés: See p. 119.

cent soixante-deux

L'espace vert | Unité 4

Essential Question
What is our relationship with nature and wildlife?

Can-Do Goals
By the end of this unit, you will be able to:
- Talk about pollution
- Talk about what needs to be done
- Discuss nature and the environment
- Make comparisons

Culture
- The environmental concerns and famous natural sites in France and other francophone communities
- Geography and culture of **Provence-Alpes-Côte d'Azur** and **la Corse**

Strategies
- **Listening:** Listening for the gist/Listening for cognates
- **Reading:** Recognizing chronological order
- **Project:** Considering audience and purpose

Pour commencer
- Que fait la jeune femme sur la photo? Où est-elle?

Essential Question
Go over the Essential Question as a class. Ask guiding questions to facilitate the discussion: How do people face environmental challenges in their community and on a global level? What role should we take in order to protect the environment for future generations?

Can-Do Goals
Review the list of communicative goals with your students. Point out that this lesson will provide them with the tools necessary to achieve these goals. Tell your students that they will learn about environmental concerns and solutions, hiking, natural sites, and conservation efforts in French-speaking countries in **Roman-photo, Culture,** and **Le Zapping**. Throughout the unit, they will also learn more about the geography and the culture of the **Provence-Alpes-Côte d'Azur** and **la Corse** regions of France.

Pour commencer This photo is a view of the Tavignano Valley in northern Corsica, France. Ask these additional questions based on the photo: **Quel temps fait-il?** (Il fait beau. Il fait chaud. Il fait du soleil.) **Que porte la femme?** (un sac à dos; un short) **À votre avis, est-ce que c'est un bon endroit pour se promener? Pourquoi ou pourquoi pas?** (Answers will vary.)

 21st Century Skills

Initiative and Self-Direction
Students can monitor their progress online using the activities and assessments on vhlcentral.com.

SUPPORT FOR BACKWARD DESIGN

Unité 4 Integrated Performance Assessment
Before teaching the unit, review with your students the Integrated Performance Assessment (IPA) and its accompanying scoring rubric provided in the Testing Program. **IPA Context:** Students will discuss with a partner what they do to protect the environment, and create a voice recording describing ways to have a positive impact on the environment in one's daily life.

Dossier culturel
Throughout the unit, your students will identify and compare cultural realities from the francophone world. These important observations can be added to their **Dossier culturel**.

 Forums on vhlcentral.com allow you and your students to record and share text and audio messages. Use Forums for presentations, oral assessments, class discussions, exit tickets, etc. Encourage students to reflect weekly on what they've learned about the different cultural elements. Ask more advanced students to dig deeper and investigate a particular topic. This will facilitate the creation of their **Dossier culturel**.

Section Goals

In this section, students will review:
- vocabulary related to nature
- **il faut** and other impersonal expressions followed by the infinitive
- demonstrative adjectives
- comparatives and superlatives with adjectives

Teaching Tips

- Ask students to locate comparative and superlative structures in **Au zoo** (**aussi adorables que, les plus beaux**). Ask them which is a comparative and which is a superlative. Review comparative and superlative structures with the class.
- Have students name all the animals mentioned in **Au zoo** (**les éléphants, les lions, les chats**). Point to the photo at the beginning of the exchange and say: **C'est une hyène.** Tell students that many names of animals are cognates. Say the following words and have students guess what they mean: **l'antilope, le bison, le crocodile, la giraffe, le gorille, l'hippopotame, la panthère, le rhinocéros, le serpent, le tigre, le zèbre**.
- Have students point out demonstrative adjectives in **Opération nettoyage!** (**cet aprèm, cette organisation, ce parc**). Have them recall why these forms are all different.
- Ask students if they can guess what **aprèm** means in **Opération nettoyage!** (**après-midi**). Tell them that French teens use a lot of abbreviations for common words in both texts and speech. Ask students if they can recall some they've seen.

❶ **Suggestion** Help students by asking the following questions: **Est-ce que Myriam est vraiment en Afrique? Quelle autre personne est-ce que Myriam mentionne? Qu'est-ce que Léo adore? Qui a des chats? Comment s'appellent-ils?**

❷ **Expansion** Have students work in pairs to prepare other questions to ask one another about **Opération nettoyage!**

Mise en scène — Unité 4

Communicative Goal
Understand and talk about the environment

Rappelez-vous!

Au zoo
L Léo — Myriam M

- **L** Tu es où?
- **M** En Afrique.
- **L** Vraiment?
- **M** Mais non! Je suis au zoo avec Julien. 😄 Il y a plein d'animaux fantastiques. Tu devrais voir les éléphants!
- **L** Oh, trop cool! Il y a des lions? J'adore les lions.
- **M** Ouais! Il y a même 2 lionceaux adorables! 🦁🦁❤️
- **L** Aussi adorables que Grisou et Marmelade? 🥺😀
- **M** Tu sais bien que tes petits chats sont les plus beaux!

Opération nettoyage!
F Félicie — Adama A

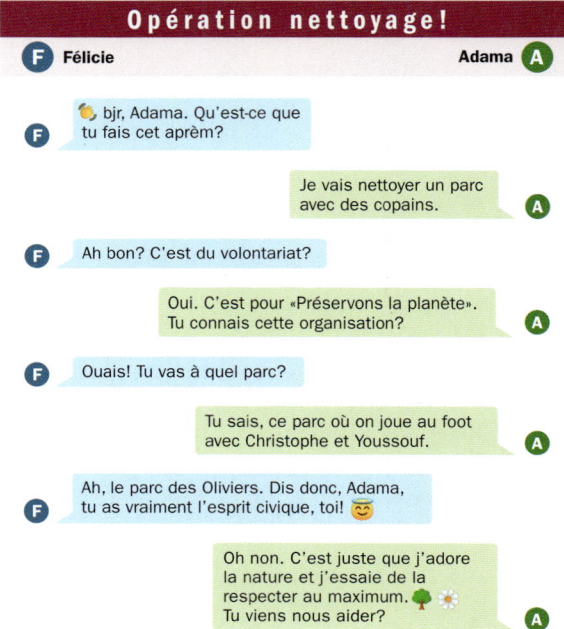

- **F** 👋 bjr, Adama. Qu'est-ce que tu fais cet aprèm?
- **A** Je vais nettoyer un parc avec des copains.
- **F** Ah bon? C'est du volontariat?
- **A** Oui. C'est pour «Préservons la planète». Tu connais cette organisation?
- **F** Ouais! Tu vas à quel parc?
- **A** Tu sais, ce parc où on joue au foot avec Christophe et Youssouf.
- **F** Ah, le parc des Oliviers. Dis donc, Adama, tu as vraiment l'esprit civique, toi! 😇
- **A** Oh non. C'est juste que j'adore la nature et j'essaie de la respecter au maximum. 🌳🌼 Tu viens nous aider?

ACTIVITÉS

1 Au zoo *Interpretive Communication* Complétez les phrases suivantes avec le mot logique d'après l'échange entre Léo et Myriam.

1. Myriam n'est pas <u>en Afrique</u>.
2. <u>Julien</u> est avec Myriam.
3. Léo aime beaucoup les <u>lions</u>.
4. Grisou et Marmelade sont les petits <u>chats</u> de Léo.

2 Opération nettoyage! *Interpretive Communication* Répondez aux questions par des phrases complètes d'après la conversation entre Félicie et Adama. Utilisez des pronoms d'objet quand vous le pouvez. *Answers will vary.*

1. Qu'est-ce que c'est, «Préservons la planète»?
   C'est une organisation.
2. Pourquoi Adama va-t-elle au parc?
   Elle va au parc pour le nettoyer.
3. Qui joue souvent au foot avec Adama?
   Félicie, Christophe et Youssouf jouent souvent au foot avec elle.
4. Quelle est l'attitude d'Adama au sujet de la nature?
   Elle l'adore et essaie de la respecter au maximum.

DIFFERENTIATION

Visual Learners Have students work in groups to create a poster advertising the zoo where Myriam is. They should explore French-speaking websites about wildlife and make a list of six to eight animals, including those mentioned in **Au zoo**. The poster should show photos of the animals and captions in French with the name of each one and a statement about it. Students should give their zoo a French name. Display the posters in class.

PROFICIENCY

Cultures Have students research a French-speaking environmental group that puts together initiatives such as the one in **Opération nettoyage!** (You might suggest the keywords **nettoyons nos parcs** or **protégeons notre environnement** to jump-start their research.) Students should prepare a short report including the name of the organization, its country of origin, and the type of initiatives it is involved in. Have volunteers present their reports to the class.

L'espace vert — Unité 4

Mots apparentés

PROTÉGEONS L'ENVIRONNEMENT!!

NATURE EN DANGER: Protégeons nos forêts et nos océans! Le changement climatique affecte toutes les régions du monde. Beaucoup de plantes risquent de disparaître. Certains animaux (rhinocéros, gorilles, léopards, etc.) sont en voie d'extinction! Comment éviter une catastrophe écologique certaine? La seule solution pour sauver la planète est de respecter la nature. Et ce n'est pas seulement la responsabilité du gouvernement...
LA PROTECTION DE LA NATURE, C'EST NOTRE RESPONSABILITÉ À TOUS! Il faut apprendre à mieux protéger la faune, les océans, les rivières, les lacs, les forêts et les parcs. Il faut aussi recycler, préserver les ressources naturelles et utiliser des énergies renouvelables moins polluantes, comme l'énergie solaire. Il faut changer nos habitudes dès aujourd'hui pour assurer une meilleure vie aux générations futures.

Les mots apparentés

un animal	un lac
une catastrophe	la nature
le changement climatique	une plante
	polluer
un danger	la pollution
un désert	préserver
développer	un produit
l'écologie (f.)	proposer une solution
écologique	la protection
l'écotourisme (m.)	pur(e)
l'énergie nucléaire (f.)	recycler
l'énergie solaire (f.)	une région
l'environnement (m.)	une ressource naturelle
l'extinction (f.)	une rivière
une forêt (tropicale)	sauver la planète
un gouvernement	une vallée
la jungle	un volcan

3 **Les mots apparentés** Choisissez les mots apparentés de la liste qui correspondent aux définitions suivantes. Answers will vary.

1. une solution pour protéger l'environnement: _recycler_
2. une caractéristique géologique: _un volcan_
3. un système administratif: _un gouvernement_
4. un endroit avec beaucoup de végétation: _une forêt tropicale_

4 **À votre tour** Vous faites partie d'une organisation écologiste d'un pays francophone. On vous demande d'écrire un petit discours (speech) pour encourager la population locale à protéger l'environnement. Dans votre discours, utilisez au moins dix mots de la liste. Ensuite, comparez votre discours à celui d'un(e) camarade de classe. Answers will vary.

MODÈLE *La protection de l'environnement est très importante. Pour protéger la nature, il faut...*

I CAN understand discussions about the environment and I can talk about it using cognates.

cent soixante-cinq **165**

Contextes

Leçon 4A

Communicative Goal Talk about environmental problems and solutions

Sauvons la planète!

AP® Theme: Global Challenges
Context: Environmental Issues

Vocabulaire

abolir	to abolish
améliorer	to improve
détruire	to destroy
gaspiller	to waste
prévenir l'incendie	to prevent fires
des déchets toxiques (m.)	toxic waste
l'effet de serre (m.)	greenhouse effect
le gaspillage	waste
un glissement de terrain	landslide
la pluie acide	acid rain
une population croissante	growing population
le réchauffement climatique	global warming
la surpopulation	overpopulation
le trou dans la couche d'ozone	hole in the ozone layer
une usine	factory
un emballage en plastique	plastic wrapping/packaging
un espace	space, area
en plein air	outdoor, open-air
une loi	law

Labels in illustration: l'énergie éolienne (f.), le recyclage, le covoiturage, Il trie ses déchets. (trier), interdire, une centrale nucléaire, un nuage de pollution, la sécheresse

166 cent soixante-six

L'espace vert — Unité 4

Mise en pratique

1 Écoutez Écoutez l'annonce radio suivante. Ensuite, complétez les phrases avec le mot ou l'expression qui convient le mieux.

Interpretive Communication

1. C'est l'annonce radio _____
   a. d'un groupe de lycéens.
   b. d'une entreprise commerciale.
   c. **d'une agence écologiste.**
2. La protection de l'environnement, c'est l'affaire _____
   a. **de tous.**
   b. du gouvernement.
   c. des centres de recyclage.
3. L'annonce dit qu'on peut recycler _____
   a. **les emballages en plastique et en papier.**
   b. les boîtes de conserve.
   c. les bouteilles en plastique.
4. Pour les déchets toxiques, il y a _____
   a. le ramassage des ordures.
   b. **le centre de recyclage.**
   c. l'Agence nationale pour la protection de l'environnement.
5. Pour ne pas gaspiller l'eau, _____
   a. il faut faire moins de lessives.
   b. on ne doit jamais laver sa voiture.
   c. **on peut prendre des douches plus courtes.**

2 Complétez Complétez ces phrases avec le mot ou l'expression qui convient le mieux pour parler de l'environnement. N'oubliez pas les accords.

Interpretive Communication

1. Nous avons trois poubelles différentes pour pouvoir __recycler__.
2. L'énergie __éolienne__ est produite par la force du vent.
3. __Les centrales nucléaires__ produisent la majorité de l'énergie en France.
4. Les pluies ont provoqué __un glissement de terrain__. À présent, la route est fermée.
5. Chez moi, __le ramassage__ des ordures se fait tous les lundis.
6. L'accident à l'usine chimique a provoqué un __nuage de pollution__.

3 Composez Utilisez les éléments de chaque colonne pour former six phrases cohérentes au sujet de l'environnement. Vous pouvez composer des phrases affirmatives ou négatives. *Answers will vary.*

Les gens	Les actions	Les éléments
vous	développer	l'eau
on	gaspiller	le covoiturage
les gens	polluer	l'énergie solaire
les politiciens	préserver	l'environnement
les entreprises	proposer	la planète
les centrales nucléaires	sauver	une solution

le ramassage des ordures (f.)

On a pollué. (polluer)

cent soixante-sept **167**

---

1 Script L'écologie, c'est l'affaire de tous! Aidez-nous à préserver et à améliorer l'environnement. Tout commence avec le ramassage des ordures: recyclez vos emballages en plastique et en papier! Ne polluez pas: votre centre de recyclage local est là pour s'occuper de vos déchets toxiques. Ne gaspillez pas l'eau, surtout en cette période de réchauffement climatique: comment? Prenez des douches plus courtes! Nous vous rappelons également qu'une loi interdit de laver sa voiture dans certaines régions de France quand il fait extrêmement chaud l'été. Ne gaspillez pas non plus l'énergie: faites attention à la consommation inutile d'énergie de vos appareils électriques. Enfin, évitez d'acheter des produits qui peuvent mettre l'environnement en danger: choisissez des produits écologiques. Ensemble, nous sommes plus forts! Nous développons et proposons des solutions simples. Alors, la prochaine fois que vous entendrez parler de pluies acides, de trou dans la couche d'ozone, de l'effet de serre, de pollution et de catastrophe écologique, vous pourrez être fier de dire que vous faites partie de la solution.

Ceci était un message de l'Agence nationale pour la protection de l'environnement.

• **Suggestion** Go over the answers with the class. Ask volunteers to read the complete sentences.

2 Expansion For additional practice, give students these items. 7. Une nouvelle étude des Nations Unies confirme qu'il y a un risque de ____. (surpopulation) En 2050, il y aura neuf milliards (*billions*) de personnes sur Terre. 8. Le parti écologiste veut améliorer ____ de l'environnement. (la protection) 9. Le gouvernement vient de passer ____ sur le transport des déchets toxiques. (une loi) 10. Nous évitons de laisser ____ par terre quand nous mangeons dans le parc. (des ordures)

3 Suggestion This activity can be done orally or in writing in pairs or groups.

GAME

Dix Questions Ask a volunteer to think of a word or expression from the new vocabulary. Other students get to ask one yes/no question, then they can guess what the word is. Limit attempts to ten questions per word. You may want to write some phrases on the board to cue students' questions.

EXTRA PRACTICE

Pairs Have students work in pairs. Write the following list of dangers facing our planet on the board. Tell students to rank them from the most to least serious and explain why. Dangers: **la surpopulation, le réchauffement climatique, les déchets toxiques, la pollution de l'environnement, le risque d'incendie, le risque d'accident dans une centrale nucléaire**, and **la crise de l'énergie**

Contextes **167**

Contextes Leçon 4A

Communication

4 Devinez Avec un(e) partenaire, choisissez à tour de rôle une image et décrivez-la. Donnez autant de détails et d'informations que possible. Votre partenaire doit déterminer de quelle image vous parlez. *Answers will vary.*

1.

3.

2.

4.

5 À vous de jouer Par petits groupes, préparez une conversation au sujet d'une de ces situations. Ensuite jouez la scène devant la classe. *Answers will vary.*

- Un(e) employé(e) du centre de recyclage local vient dans votre lycée pour expliquer aux élèves un nouveau système de recyclage. De nombreux élèves posent des questions.
- Un groupe d'écologistes rencontre le patron d'une entreprise accusée de polluer la rivière (*river*) locale.
- Le ministre de l'environnement donne une conférence de presse au sujet d'une nouvelle loi sur la protection de l'environnement.
- Vos parents oublient systématiquement de recycler les emballages. Vous avez une conversation avec eux.

6 L'article Vous êtes journaliste et vous devez écrire un article pour le journal local au sujet de la pollution. Vous en expliquez les causes et les conséquences sur l'environnement. Vous suggérez aussi des solutions pour améliorer la situation. *Answers will vary.*

MODÈLE
Les dangers de la pollution chimique
Les usines chimiques de notre région polluent! C'est une catastrophe pour notre environnement. Il faut leur interdire de fonctionner jusqu'à ce qu'elles améliorent leurs systèmes de recyclage…

I CAN talk about environmental problems and solutions.

168 cent soixante-huit

Communicative Goal
Compare French-English cognate word endings patterns

L'espace vert | **Unité 4**

Les sons et les lettres

vhlcentral

French and English spelling

You have seen that many French words only differ slightly from their English counterparts. Many differ in predictable ways. English words that end in *-y* often end in **-ie** in French.

| biolog**ie** | psycholog**ie** | énerg**ie** | écolog**ie** |

English words that end in *-ity* often end in **-ité** in French.

| qual**ité** | univers**ité** | c**ité** | national**ité** |

French equivalents of English words that end in *-ist* often end in **-iste**.

| art**iste** | optim**iste** | pessim**iste** | dent**iste** |

French equivalents of English words that end in *-or* and *-er* often end in **-eur**. This tendency is especially common for words that refer to people.

| doct**eur** | act**eur** | employ**eur** | agricult**eur** |

Other English words that end in *-er* end in **-re** in French.

| cent**re** | memb**re** | lit**re** | théât**re** |

Other French words vary in ways that are less predictable, but they are still easy to recognize.

| problème | orchestre | carotte | calculatrice |

Language Comparisons

Comparisons

Mots apparentés Il y a plus de 1.700 mots apparentés anglais-français. Lisez les exemples et trouvez les terminaisons équivalentes en anglais.

natur**el**/natur**elle** →

nerv**eux**/nerv**euse** →

hist**oire** →

• Trouvez d'autres exemples de mots apparentés avec ces mêmes terminaisons en français.

① Prononcez Répétez les mots suivants à voix haute.

1. tigre
2. bleu
3. lettre
4. salade
5. poème
6. banane
7. tourisme
8. moniteur
9. pharmacie
10. écologiste
11. conducteur
12. anthropologie

② Articulez Répétez les phrases suivantes à voix haute.

1. Ma cousine est vétérinaire.
2. Le moteur ne fonctionne pas.
3. À la banque, Carole paie par chèque.
4. Mon oncle écrit l'adresse sur l'enveloppe.
5. À la station-service, le mécanicien a réparé le moteur.

③ Dictons Répétez les dictons à voix haute.

On ne fait pas d'omelette sans casser des œufs.[2]

On reconnaît l'arbre à son fruit.[1]

[1] You can recognize a tree by its fruit.
[2] You can't make an omelet without breaking some eggs.

Cultural Comparisons

⊘ **I CAN** write correctly known cognates based out of known word ending patterns.

cent soixante-neuf **169**

Section Goals
In this section, students will learn about:
• differences between French and English spelling
• various strategies for recognizing cognates

Teaching Tips
• Point out that all the words in the explanation section are cognates.
• Model the pronunciation of the example words and have students repeat them after you.

❶ Expansion Have students provide examples of additional French words from each of the predictable categories in the explanation: -ie: **allergie, analogie, énergie**; -té: **liberté, égalité, fraternité**; -iste: **spécialiste, journaliste, réaliste**; -eur: **chanteur, entrepreneur, professeur**; -re: **nombre, concombre, ministre**.

❷ Expansion Have students write original sentences with the words from Activity 1 and dictate them to each other. They then exchange papers and correct each other's work.

Language Comparisons
Elicit the English endings (-al, -ous, -ory) and write them on the board. Some additional examples of words that follow these patterns are -el: **culturel, fraternel, personnel**; -eux: **curieux, sérieux, somptueux**; -oire: **acessoire, laboratoire, victoire**.

EXTRA PRACTICE

Mini-dictée Use these words for additional practice or dictation. 1. anxieux 2. essentiel 3. délicieuse 4. environnement 5. intellectuel 6. serveuse 7. journaliste 8. développer 9. exercice 10. distributeur

GAME

Tongue Twisters Teach students these French tongue-twisters that contain French words similar to English words.
1. Papier, panier, piano 2. Un généreux déjeuner régénérerait des généraux dégénérés.

Les sons et les lettres **169**

Section Goals

In this section, students will learn functional phrases for talking about necessities, asking for opinions, and expressing denial.

Video Recap: Leçon 3B

Before doing this **Roman-photo**, review the previous one with this activity.

1. Pourquoi Sandrine est-elle anxieuse? (à cause de son concert)
2. Que propose Amina? (de lui faire une jolie robe)
3. Pourquoi Stéphane n'est-il pas content? (Il doit repasser une partie du bac.)
4. Qu'a demandé Michèle à Valérie? (une augmentation de salaire)
5. Qu'est-ce que Michèle a décidé de faire finalement? (Elle a démissionné.)

Video Synopsis

Valérie asks Stéphane to recycle some bottles and plastic. Amina wants to know where Michèle is. Valérie explains that she quit. David says that he has to return home to the States in three weeks. To cheer everyone up, Rachid suggests a weekend trip to **la montagne Sainte-Victoire**. They all agree that it's a great idea.

Scaffolding

- Have students scan the captions to find sentences related to ecology and the environment.
- After reading the **Roman-photo**, have students summarize the episode.

① Expansion Have students work in groups of five. Write several sentences, one each on a separate strip of paper, summarizing the story. Distribute one set to each group, and tell students to arrange the sentences in the proper order and read them aloud.

② Suggestion Have volunteers write the answers on the board. Go over them with the class.

• Expansion For additional practice, ask students: **Qu'est-ce que le groupe d'amis veut faire à la montagne Sainte-Victoire?** (David veut dessiner en plein air, Amina veut respirer l'air pur et Valérie veut se reposer.)

Roman-photo Leçon 4A

Communicative Goal Understand conversations about emotions, opinions, and suggestions

Une idée de génie

PERSONNAGES

 Amina

 David

 Rachid

 Sandrine

 Stéphane

 Valérie

Au P'tit Bistrot...
VALÉRIE Stéphane, mon chéri, tu peux porter ces bouteilles en verre à recycler, s'il te plaît?
STÉPHANE Oui, bien sûr, maman.
VALÉRIE Oh, et puis, ces emballages en plastique aussi.
STÉPHANE Oui, je m'en occupe tout de suite.

RACHID ET AMINA Bonjour, Madame Forestier!
VALÉRIE Bonjour à vous deux.
AMINA Où est Michèle?
VALÉRIE Je n'en sais rien.
RACHID Mais elle ne travaille pas aujourd'hui?
VALÉRIE Non, elle ne vient ni aujourd'hui, ni demain, ni la semaine prochaine.

AMINA Elle est en vacances?
VALÉRIE Elle a démissionné.
RACHID Mais pourquoi?
AMINA Ça ne nous regarde pas!
VALÉRIE Oh, ça va, je peux vous le dire. Michèle voulait un autre travail.
RACHID Quelle sorte de travail?
VALÉRIE Plus celui-ci... Elle voulait une augmentation, ce n'était pas possible.

DAVID Madame Forestier, vous avez entendu la nouvelle? Je rentre aux États-Unis.
VALÉRIE Tu repars aux États-Unis?
DAVID Dans trois semaines.
VALÉRIE Il te reste très peu de temps à Aix, alors!
SANDRINE Oui. On sait.
DAVID Il faut que nous passions le reste de mon séjour de bonne humeur, hein?

RACHID Ah, mais vraiment, tout le monde a l'air triste aujourd'hui!
AMINA Oui. Pensons à quelque chose pour améliorer la situation. Tu as une idée?
RACHID Oui, peut-être.
AMINA Dis-moi! (*Il lui parle à l'oreille.*) Excellente idée!
RACHID Tu crois? Tu es sûre? Bon... Écoutez, j'ai une idée.

DAVID C'est quoi, ton idée?
RACHID Tout le monde a l'air triste aujourd'hui. Si on allait au mont Sainte-Victoire ce week-end. Ça vous dit?
DAVID Oui! J'aimerais bien y aller. J'adore dessiner en plein air.

ACTIVITÉS

① Vrai ou faux? Indiquez si chaque phrase est vraie ou fausse. *Interpretive Communication*

1. Stéphane va apporter les bouteilles et les emballages à recycler. Vrai.
2. Valérie explique que Michèle est en vacances. Faux.
3. David dit qu'il part la semaine prochaine. Faux.
4. Sandrine a l'idée d'aller à la montagne Sainte-Victoire ce week-end. Faux.
5. Ils décident de passer le week-end tous ensemble. Vrai.

② Répondez Répondez à ces questions par des phrases complètes. *Interpretive Communication*

1. Comment va Sandrine aujourd'hui? Elle est nerveuse avant son concert et elle est triste parce que David part dans trois semaines.
2. Qu'est-ce qu'Amina croit (*believe*) qu'il se passe avec Michèle? Elle croit que Michèle est peut-être en vacances.
3. Pourquoi Rachid veut-il aller à la montagne Sainte-Victoire? Il trouve que ses amis ont l'air triste et il veut les aider à changer d'humeur.
4. À votre avis, qu'est-ce que David a appris après avoir lu le journal? Answers will vary.

170 *cent soixante-dix*

PRE-VIEWING

Une idée de génie Based on the title **Une idée de génie** and video still 7, have students guess what idea Rachid might be suggesting to Amina and why he is suggesting it.

VIEWING

Regarder la vidéo Show the first half of the video episode and have students describe what happened. Write their observations on the board. Then ask them to guess what will happen in the second half of the episode. Write their ideas on the board. Show the entire episode and have students confirm or correct their predictions.

L'espace vert — Unité 4

Rachid propose une excursion en montagne.

DAVID Bonjour, tout le monde. Vous avez lu le journal ce matin? Il faut que je vous parle de cet article sur la pollution. J'ai appris beaucoup de choses au sujet des pluies acides, du trou dans la couche d'ozone, de l'effet de serre...
AMINA Oh, David, la barbe.
RACHID Allez, assieds-toi et déjeune avec nous.

Un peu plus tard...
RACHID Ton concert est dans une semaine, n'est-ce pas, Sandrine?
SANDRINE Oui.
RACHID Qu'est-ce que tu vas chanter?
SANDRINE Écoute, Rachid, je n'ai pas vraiment envie de parler de ça.

SANDRINE Oui, peut-être...
AMINA Allez! Ça nous fera du bien! Adieu, pollution de la ville. À nous, l'air pur de la campagne! Qu'en penses-tu, Sandrine?
SANDRINE Bon, d'accord.

AMINA Super! Et vous, Madame Forestier? Vous et Stéphane avez besoin de vous reposer aussi, vous devez absolument venir avec nous!
VALÉRIE En effet, je crois que c'est une excellente idée!

Expressions utiles

Talking about necessities
- Il faut que je vous parle de cet article sur la pollution.
  I have to tell you about this article on pollution.
- Il faut que nous passions le reste de mon séjour de bonne humeur.
  We have to spend the rest of my stay in a good mood.

Getting someone's opinion
- Qu'en penses-tu?
  What do you think (about that)?
- Je pense que...
  I think that...

Expressing denial
- Je n'en sais rien.
  I have no idea.
- Ça ne nous regarde pas.
  That is none of our business.
- Quelle sorte de travail? Plus celui-ci.
  What kind of job? Not this one anymore.

Additional vocabulary
- au sujet de — *about*
- Adieu! — *Farewell!*
- Il te reste très peu de temps. — *You don't have much time left.*
- en effet — *indeed/in fact*
- je crois — *I think/believe*
- Ça te/vous dit? — *Does that appeal to you?*

3 Considérez Répondez aux questions. Answers will vary.
1. Qu'est-ce que David a lu dans le journal ce matin? Quels problèmes environnementaux sont courants (*current*) dans les médias de votre communauté? Est-ce que vous en discutez avec vos ami(e)s? Comparez votre situation à celle de David.
2. Est-ce que vous avez l'habitude d'aller passer du temps dans la nature quand vous êtes de mauvaise humeur? Où allez-vous? Quelles valeurs et croyances influencent cette pratique? Expliquez.

4 Écrivez Imaginez comment se passera le week-end du groupe d'amis à la montagne Sainte-Victoire. Composez un paragraphe qui explique comment ils vont y aller, ce qu'ils y feront et s'ils s'amuseront. Donnez d'autres détails sur ce qui se passera pendant leur week-end.
Answers will vary.

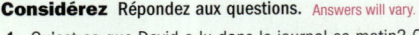

I CAN understand conversations about emotions, opinions, and suggestions.

Culture

Leçon 4A

AP® Theme: Global Challenges
Context: Environmental Issues

Communicative Goal Identify and reflect on cultural products and practices related to the environment

CULTURE À LA LOUPE

L'écologie

une manifestation° des Verts

Le mouvement écologique a commencé en France dans les années 1970, mais ne s'est réellement développé que dans les années 1980. Ce sont surtout les crises majeures comme le nuage de Tchernobyl en 1986, la destruction de la couche d'ozone, l'effet de serre et les marées noires° qui ont réveillé la conscience écologique des Français. Le désir de préserver la qualité de la vie et les espaces naturels s'est développé en même temps.

Aujourd'hui, l'environnement n'est pas le seul sujet d'inquiétude° des Français. La sécurité, l'emploi, la baisse des revenus°, l'avenir des retraites et les menaces alimentaires les préoccupent° plus. Pourtant, le parti Europe Écologie Les Verts est un parti de gauche important, ayant pour but° de créer une nouvelle vision du pouvoir et de mettre de l'avant la responsabilité écologique.

De manière générale, les problèmes liés à° l'environnement qui retiennent° le plus l'attention des Français sont la pollution atmosphérique des villes, la pollution de l'eau, le réchauffement climatique et la disparition d'espèces animales. Pour l'opinion publique, le plus urgent à régler° est l'émission des gaz à effet de serre. La plupart des Français souhaite que la France respecte les engagements pris dans le cadre° de la COP21, une conférence internationale sur le climat qui a eu lieu à Paris en 2015 et qui a pour but° cet objectif. Ils souhaitent aussi une transition vers des énergies plus propres et ont une opinion favorable à la loi sur la transition énergétique votée en 2015. Cette loi, entre autres, favorise le développement des énergies renouvelables et la réduction de la part du nucléaire dans la production d'énergie.

La perspective des Français quant à l'avenir de la planète

Très optimiste	6%
Plutôt optimiste	25%
Plutôt pessimiste	52%
Très pessimiste	17%

Les Français sont-ils optimistes ou pessimistes pour l'avenir de la planète?

SOURCE: Harris interactive

manifestation *demonstration* **marées noires** *oil spills* **inquiétude** *concern* **baisse des revenus** *lowering of incomes* **préoccupent** *worry* **but** *goal* **liés à** *linked to* **retiennent** *hold* **régler** *solve* **cadre** *framework*

ACTIVITÉS

1 Complétez Complétez les phrases. *Interpretive Communication*

1. Les crises majeures comme le nuage de Tchernobyl et la destruction de la couche d'ozone ont réveillé <u>la conscience écologique</u> des Français.
2. <u>L'environnement</u> n'est pas la seule préoccupation des Français.
3. <u>Europe Écologie Les Verts</u> est un parti écologiste important.
4. La majorité des Français pense qu'il est important de tenir les engagements pris à la <u>COP21</u>.
5. La France a voté une loi en 2015 sur <u>la transition énergétique</u>.

2 Réfléchissez Répondez aux questions. *Answers will vary.* — *Relating Cultural Products to Perspectives*

1. Quels problèmes écologiques vous inquiètent le plus? Pourquoi?
2. Comment est-ce que les croyances et les valeurs d'une communauté influencent ses mouvements écologiques?
3. À votre avis, est-ce qu'il faut faire attention aux problèmes écologiques locaux, ou bien est-il plus important d'examiner les problèmes nationaux et internationaux?

172 cent soixante-douze

L'espace vert — Unité 4

PORTRAIT

AP® Theme: Global Challenges
Context: Environmental Issues

L'énergie nucléaire

En France, l'électricité d'origine nucléaire est la principale énergie produite et consommée. En effet, le nucléaire produit 75% de l'électricité. C'est EDF (Électricité de France) qui a construit les premières centrales du pays dans les années 1950. La production d'énergie d'origine nucléaire s'est plus largement développée à partir de 1974, au lendemain du premier choc pétrolier°. Aujourd'hui, le pays possède 19 centrales nucléaires et une usine de traitement°, Areva NC, située à La Hague, dans le nord-ouest du pays. Les déchets radioactifs de France, d'Europe et d'Asie y sont traités°. La France est un exemple de réussite en ce qui concerne l'énergie nucléaire, mais sa population est inquiète. L'explosion de Tchernobyl en 1986 et l'accident de Fukushima en 2011 ont démontré les risques d'accidents dans les centrales. Dix pour cent des déchets dits «à vie longue» ne sont pas traitables° et deviennent un problème de santé publique. C'est pourquoi le rôle des énergies renouvelables ne peut qu'augmenter à l'avenir. Ces «énergies propres», ou «énergies vertes», proviennent de° sources que la nature renouvelle en permanence: elles sont inépuisables° à l'échelle° du temps humain. Elles sont issues de plusieurs grandes sources naturelles comme le soleil (solaire), l'eau (hydraulique), le vent (éolienne) ou encore la terre (géothermique).

choc pétrolier *oil crisis* **usine de traitement** *treatment plant* **traités** *treated* **traitables** *treatable* **proviennent de** *come from* **inépuisables** *inexhaustible* **à l'échelle** *on the scale*

LE MONDE FRANCOPHONE

Des réponses

Voici deux exemples de réponses aux inquiétudes sur l'environnement.

En Suisse
Le tunnel ferroviaire° du Gothard, au cœur des Alpes suisses, est le plus long tunnel du monde (57 kilomètres). Il est opérationnel depuis 2016 et permet l'augmentation du trafic ferroviaire pour décongestionner° le trafic routier°. L'objectif est de réduire la pollution.

Dans l'océan Indien
Les espèces° exotiques envahissantes° causent des dégâts° écologiques importants qui ont un impact sur la biodiversité et sur la santé humaine. Des experts se sont réunis à Mayotte pour réfléchir à ce problème. Ils venaient de toutes les îles francophones environnantes° de l'océan Indien.

AP® Theme: Global Challenges
Context: Environmental Issues

Relating Cultural Practices to Perspectives
School & Global Communities

Sur le web
Y a-t-il des problèmes de trafic routier ou d'espèces envahissantes dans votre région? Quelles actions sont prises dans votre communauté afin de résoudre ces problèmes? Faites des recherches en ligne afin de comparer différentes méthodes à celles appliquées dans votre région. Quelles méthodes sont les plus efficaces? Écrivez une lettre à vos élus locaux dans laquelle vous offrez de nouvelles solutions.

ferroviaire *railroad* **décongestionner** *relieve* **routier** *highway* **espèces** *species* **envahissantes** *invasive* **dégâts** *damages* **environnantes** *surrounding*

Interpretive Communication

3 Répondez Répondez aux questions d'après les textes. *Answers will vary.*
1. En France, quelle quantité d'électricité le nucléaire produit-il?
   Le nucléaire produit 75% l'électricité en France.
2. Qui a construit les premières centrales françaises?
   EDF (Électricité de France) a construit les premières centrales françaises.
3. Quel type de déchets l'entreprise Areva NC traite-t-elle?
   Areva NC traite les déchets radioactifs de France, d'Europe et d'Asie.
4. Les Français sont-ils contents du nucléaire?
   Non, en majorité, ils sont inquiets.
5. Qu'est-ce qui crée des dégâts écologiques dans les îles de l'océan Indien?
   Les espèces exotiques envahissantes y créent des dégâts écologiques.

Interpersonal Communication **Presentational Communication**

4 Nucléaire et environnement Vous travaillez pour Areva NC et votre partenaire est un(e) militant(e) écologiste. Imaginez ensemble un dialogue où vous parlez de vos opinions pour et contre l'usage de l'énergie nucléaire en France. Soyez prêt(e)s à jouer votre dialogue devant la classe. *Answers will vary.*

☑ **I CAN** identify and reflect on cultural products and practices related to the environment.

cent soixante-treize 173

Section Goals

In this section, students will learn:
- the demonstrative pronouns **celui**, **celle**, **ceux**, and **celles**
- to use **-ci** and **-là** with forms of **celui**

Scaffolding

- Use photos to present demonstrative pronouns. For example, hold up images of a wind turbine and solar panels and ask: **Quelle forme d'énergie est moins chère? Celle-ci ou celle-là?**
- Tell the class that adjectives modifying forms of **celui** agree in gender and number. Use the **Point de départ** example. Past participles also agree in gender and number with any preceding direct object form of **celui**. Example: **La centrale nucléaire de Belleville est celle qu'on a vue à la télé cet après-midi.**
- Make sure students understand that forms of **celui** in relative clauses can be used with the relative pronoun **dont**. Example: **La voiture hybride est celle dont on parle le plus.**
- Explain how possession can be expressed with the construction **celui de** + *a person's name*: **Quel sac cherches-tu? Celui d'Isabelle.**
- Say phrases with the construction **celui de** + [*a person's name*]. Have students guess the antecedent for your statement. Examples: **Celui de Shayne est bleu. (le tee-shirt) Celles de Roger sont noires. (les lunettes)**

Essayez! Have students come up with two more statements on their own.

Structures

Leçon 4A

Communicative Goal
Discuss previously mentioned people and things

4A.1 Demonstrative pronouns

Point de départ In **Chemins** Level 2, you learned how to use demonstrative adjectives. Demonstrative *pronouns* refer to a person or thing that has already been mentioned. Examples of English demonstrative pronouns include *this one* and *those*.

L'énergie qui coûte moins cher est plus dangereuse.
The energy that costs less is more dangerous.

▶ **Celle** qui coûte moins cher est plus dangereuse.
The one that costs less is more dangerous.

Les produits que tu développes sont très importants.
The products that you're developing are very important.

▶ **Ceux** que tu développes sont très importants.
The ones that you're developing are very important.

- Demonstrative pronouns agree in number and gender with the noun they replace.

Demonstrative pronouns

	singular		plural	
masculine	**celui**	this one; that one; the one	**ceux**	these; those; the ones
feminine	**celle**	this one; that one; the one	**celles**	these; those; the ones

 Vérifiez

- Demonstrative pronouns must be followed by one of three constructions: **-ci** or **-là**, a relative clause, or a prepositional phrase.

-ci; -là	Quels emballages? **Ceux-ci?** *Which packages? These here?*	Quelle bouteille? **Celle-là** en verre? *Which bottle? The glass one there?*
relative clause	Quelle femme? **Celle qui parle?** *Which woman? The one who is talking?*	C'est **celui** qu'on a entendu à la radio. *He is the one we heard on the radio.*
prepositional phrase	Quel problème? **Celui de l'effet de serre?** *What problem? The one about the greenhouse effect?*	Ces sacs coûtent plus cher que **ceux en papier**. *Those bags cost more than the paper ones.*

 Vérifiez

Essayez! Choisissez le pronom démonstratif correct.

1. Le recyclage du plastique coûte plus cher que (celle / **celui**) du verre.
2. La protection des arbres est aussi importante que (**celle** / celui) des animaux.
3. Les espaces verts sont (**ceux** / celles) dont on a le plus besoin en ville.
4. Les ordures les plus sales sont (ceux / **celles**) des industries.
5. De tous les problèmes écologiques, l'effet de serre est (**celui** / ceux) dont on parle le plus.
6. Quels sacs préfères-tu: (**ceux** / celui)-ci?

174 cent soixante-quatorze

EXTRA PRACTICE

Writing Have the class identify all the nouns in **Contextes**, pages 166–167. Then tell students to work in pairs to write a couple of sentences in which nouns from the list are replaced with forms of **celui**. Example: **des déchets toxiques (Ceux des usines de Sugar Land sont-ils dangereux?)**

GAME

Qui ou quoi? Make up a set of enigmatic sentences using forms of **celui**. The sentences should contain enough clues to suggest an antecedent. Tell students to guess at possible antecedents for each sentence and encourage them to be creative. Example: **Ceux de Taylor Swift sont blonds. (les cheveux)**

L'espace vert Unité 4

Le français vivant

La Corse

Celle qui a les plus belles plages de la Méditerranée. Tous ceux qui habitent ce paradis sont fiers de le partager avec tous ceux qui leur rendent visite. Celui qui vient en Corse une fois y reviendra toujours.

beautécorse

Identifiez Quels pronoms démonstratifs trouvez-vous dans la publicité (*ad*)? *Celle, ceux, Celui*

Questions À tour de rôle, avec un(e) partenaire, posez-vous ces questions. Employez des pronoms démonstratifs dans vos réponses, si possible. *Answers will vary.*

1. D'après (*According to*) la pub, quelles sont les plus belles plages de la Méditerranée? *celles de la Corse*
2. Qui est fier de partager la Corse? *tous ceux qui y habitent*
3. Que veut celui qui vient une fois en Corse? *Celui qui vient en Corse veut y revenir.*
4. Y a-t-il un endroit dans le monde qui a eu cet effet sur toi? Lequel?
5. Voudrais-tu visiter la Corse un jour? Pourquoi?

cent soixante-quinze **175**

Structures Leçon 4A

4A.1 Mise en pratique

1 Brocante au Cours Saleya Vous êtes au marché à la brocante du cours Saleya pour trouver des cadeaux. Complétez les phrases avec des pronoms démonstratifs.

1. Ce magnifique vase bleu, je pense que c'est __celui__ que maman voulait.
2. Ces deux jolis sacs: __celui-ci__ est pour Sylvie et __celui-là__ est pour Soraya.
3. Cette casquette rouge est pour moi. Elle ressemble à __celle__ de Françoise.
4. Il y avait des boîtes pleines de livres anciens. __Ceux__ que j'ai achetés étaient les plus beaux.
5. J'adore ces deux affiches. __Celle-ci__ est pour Julien et __celle-là__ est pour André.
6. Nous allons acheter un nouveau vélo. __Celui__ de Julien est trop vieux.
7. Tu aimes ces bottes-ci ou préfères-tu __celles-là__?
8. Ces pulls coûtent trop cher! __Ceux__ que Théo a choisis sont mieux.

Comparisons

Le cours Saleya C'est sur cette rue piétonnière que se trouve un des plus importants marchés de France. Le cours Saleya est surtout connu pour son marché aux fleurs, qui se tient du mardi au dimanche. Le lundi, le marché aux fleurs est remplacé par un marché à la brocante (*flea market*). Vous pouvez y trouver toutes sortes d'articles, tels que des meubles, des bijoux, des livres, des vêtements vintage, etc.; des cadeaux parfaits pour les gens soucieux de (*concerned about*) leur empreinte écologique.

- Ce genre de marché est-il fréquent dans votre région? Pensez-vous qu'acheter des produits d'occasion (*second-hand*) est une bonne manière de protéger l'environnement?

Cultural Comparisons

2 Entretien Camille doit passer un entretien et elle parle à sa copine Alice. Ajoutez des pronoms démonstratifs avec **-ci** et **-là**. Answers will vary.

CAMILLE Qu'est-ce que je peux mettre pour cet entretien? J'ai plusieurs tailleurs sympas.
ALICE Ces deux tailleurs gris font sérieux. Tu devrais plutôt mettre (1) __celui-là__. Il est élégant et classique.
CAMILLE Et comme chemisier, qu'est-ce que je mets?
ALICE (2) __Celui-ci__ est joli, mais (3) __celui-là__ ira mieux avec le style de ton tailleur.
CAMILLE Tu penses que je devrais mettre ces chaussures-ci ou (4) __celles-là__?
ALICE (5) __Celles-ci__ sont très à la mode mais (6) __celles-là__ sont plus classiques.

3 Cadeau d'anniversaire C'est bientôt l'anniversaire d'Houda et vous discutez avec un(e) partenaire des cadeaux que vous pourriez lui offrir. Refaites leur conversation. Answers will vary.

MODÈLE des tee-shirts / plus joli

Élève 1: *Tu aimes ce tee-shirt?*
Élève 2: *Non, pas trop.*
Élève 1: *Alors, lequel préfères-tu?*
Élève 2: *Je préfère celui-ci. Il est plus joli.*

- des robes / élégant
- des lunettes de soleil / trop cher
- des jeux / plus amusant
- des livres / très intéressant
- des montres / plus classique
- des fleurs / très joli
- des t-shirt / moins cher
- des bonbons / trop sucré

Communication

4 La pollution Que pensent vos camarades de la pollution? Posez ces questions à un(e) partenaire. Ensuite, présentez les réponses à la classe. Utilisez **celui**, **celle**, **ceux** ou **celles**. Answers will vary.

Interpersonal Communication

1. Quelles voitures polluent le moins: les voitures hybrides ou les voitures de sport? Lesquelles préfères-tu?
2. Si tu devais choisir entre ces deux voitures, laquelle prendrais-tu: celle qui est la plus rapide ou celle qui pollue le moins? Pourquoi?
3. Connais-tu quelqu'un qui fait régulièrement du covoiturage? Qui? Pourquoi le fait-il/elle?
4. Les emballages en plastique polluent-ils plus que ceux en papier? Pourquoi?
5. Est-ce que ceux qui recyclent leurs déchets aident à préserver la nature? Pourquoi?
6. Parmi (*Among*) les pays industrialisés, lesquels polluent le plus? Lesquels polluent le moins?
7. À votre avis, le gouvernement doit-il passer des lois pour arrêter le gaspillage? Quelles sortes de lois?
8. Quelles solutions proposez-vous pour sauver la planète?

5 Définitions Votre petit frère vous demande de lui expliquer ces expressions. Avec un(e) partenaire, donnez des définitions à tour de rôle. Utilisez **celui qui**, **celle qui**, **ceux qui** ou **celles qui**. Answers will vary.

Interpersonal Communication

MODÈLE

un pollueur
Élève 1: *Qu'est-ce que c'est, un pollueur?*
Élève 2: *C'est celui qui laisse des papiers sales dans la rue.*

- les déchets toxiques
- un(e) écologiste
- un écoproduit
- l'énergie solaire
- une loi
- la pluie acide
- une usine
- les voitures hybrides

6 D'accord, pas d'accord Par groupes de quatre, faites ce sondage (*survey*). Qui est d'accord ou qui n'est pas d'accord avec ces phrases? Justifiez vos réponses. Ensuite, comparez-les avec celles d'un autre groupe. Answers will vary.

Interpersonal Communication

	D'accord	Pas d'accord
1. Les déchets toxiques d'une centrale nucléaire sont plus dangereux que ceux d'une centrale électrique.		
2. Les sacs en plastique sont aussi facilement recyclables que ceux en papier.		
3. En ce qui concerne la voiture du futur, la voiture hybride est celle dont on parle le plus.		
4. Les déchets qui polluent le plus sont ceux des centrales nucléaires.		

I CAN discuss previously mentioned people and things.

Structures

Leçon 4A

Communicative Goal: Say what is necessary, urgent, or important

4A.2 The subjunctive (Part 1)

Introduction and forming the subjunctive

Point de départ With the exception of commands and the conditional, the verb forms you have learned have been in the indicative mood. The indicative is used to state facts and to express actions or states that the speaker considers real and definite. Now you will learn the subjunctive mood, which expresses the speaker's subjective attitudes toward events and actions or states the speaker's views as uncertain or hypothetical.

Present subjunctive of regular verbs			
	parler	**finir**	**attendre**
que je/j'	parle	finisse	attende
que tu	parles	finisses	attendes
qu'il/elle/on	parle	finisse	attende
que nous	parlions	finissions	attendions
que vous	parliez	finissiez	attendiez
qu'ils/elles	parlent	finissent	attendent

- To form the subjunctive for the **je**, **tu**, **il/elle/on**, and **ils/elles** forms of regular verbs, use the stem of the **ils/elles** form of the present indicative and add the subjunctive endings.

INFINITIVE	PRESENT INDICATIVE OF ILS/ELLES	PRESENT SUBJUNCTIVE
parler	parlent	que je parle
finir	finissent	que je finisse
attendre	attendent	que j'attende

Il est nécessaire qu'on **évite** le gaspillage.
It is necessary that we avoid waste.

Il est important que tu **réfléchisses** aux dangers.
It is important that you think about the dangers.

- The **nous** and **vous** forms of the present subjunctive are the same as those of the **imparfait**.

Il faut que nous **commencions**.
It is necessary that we start.

Il est bon que vous **réfléchissiez**.
It is good that you're thinking.

- The same rule applies for stem-changing verbs and verbs with spelling changes: use the present-tense stem of the **ils/elles** form and add the subjunctive endings for all forms except **nous** and **vous**, which use the same forms as the **imparfait**.

Present subjunctive of stem- and spelling-change verbs				
	acheter	**venir**	**prendre**	**boire**
que je/j'	achète	vienne	prenne	boive
que tu	achètes	viennes	prennes	boives
qu'il/elle/on	achète	vienne	prenne	boive
que nous	achetions	venions	prenions	buvions
que vous	achetiez	veniez	preniez	buviez
qu'ils/elles	achètent	viennent	prennent	boivent

Grammar Tutorial

Boîte à outils

English also uses the subjunctive. It used to be very common, but now survives mostly in expressions such as *if I were you* and *be that as it may*.

Vérifiez

L'espace vert — Unité 4

The subjunctive with impersonal expressions

- The subjunctive is generally used in sentences that consist of a main clause and a subordinate clause. The main clause contains a verb or expression that triggers the subjunctive. The word **que** connects the two clauses.

  Il faut **que** nous préservions l'environnement.
  It is necessary that we preserve the environment.

- These impersonal expressions of opinion are followed by clauses in the subjunctive when the verb in those subordinate clauses has a specific subject.

Impersonal expressions of opinion

Il est bon que…	It is good that…	Il est indispensable que…	It is essential that…
Il est dommage que…	It is a shame that…	Il est nécessaire que…	It is necessary that…
Il est essentiel que…	It is essential that…	Il est possible que…	It is possible that…
Il est important que…	It is important that…	Il faut que…	One must… / It is necessary that…
		Il vaut mieux que…	It is better that…

Il est important qu'on réduise le gaspillage.
It is important that we reduce waste.

Il est essentiel que nous travaillions ensemble.
It is essential that we work together.

Il est bon que tu recycles.
It is good that you recycle.

Il faut que vous trouviez une solution.
It is necessary that you find a solution.

- When making a statement for people in general, and there is no specific subject in the second clause, an infinitive follows the impersonal expression. If the expression contains the verb **être**, add **de** before the infinitive.

  Il faut trouver une solution.
  It is necessary to find a solution.

  Il est important de réduire le gaspillage.
  It is important to reduce waste.

Now, compare the two types of sentences. In the first example, note the two clauses separated by **que** and the specific subject in the second clause. In the second example, there is no specific subject.

Il vaut mieux que tu achètes des produits locaux.
It is better that you buy local products.

Il vaut mieux acheter des produits locaux.
It is better to buy local products.

Essayez! Indiquez la forme correcte du présent du subjonctif de ces verbes.

1. (améliorer, choisir, vendre) que je/j' _améliore, choisisse, vende_
2. (mettre, renvoyer, maigrir) que tu _mettes, renvoies, maigrisses_
3. (dire, partir, devenir) qu'elle _dise, parte, devienne_
4. (appeler, enlever, revenir) que nous _appelions, enlevions, revenions_
5. (démissionner, obtenir, apprendre) que vous _démissionniez, obteniez, appreniez_
6. (payer, répéter, lire) qu'ils _paient, répètent, lisent_

Structures — Leçon 4A

4A.2 Mise en pratique

1 Prévenir et améliorer Complétez ces phrases avec la forme correcte des verbes au présent du subjonctif.

1. Il est essentiel que je __recycle__ (recycler).
2. Il est important que nous __réduisions__ (réduire) la pollution.
3. Il faut que le gouvernement __interdise__ (interdire) les voitures polluantes (*polluting*).
4. Il vaut mieux que vous __amélioriez__ (améliorer) les transports en commun (*public transportation*).
5. Il est possible que les pays __prennent__ (prendre) des mesures pour réduire les déchets toxiques.
6. Il est indispensable que tu __boives__ (boire) de l'eau pure.
7. Il est bon que vous __proposiez__ (proposer) des solutions pour préserver la nature.
8. Il est dommage qu'on __gaspille__ (gaspiller) de l'eau.

2 Au lycée Quelles règles les lycéens doivent-ils suivre pour réussir? Transformez ces phrases avec **il faut** et le présent du subjonctif.

MODÈLE
Vous devez vous coucher avant minuit.
Il faut que vous vous couchiez avant minuit.

1. Le matin, vous devez vous lever à sept heures. *Le matin, il faut que vous vous leviez à sept heures.*
2. Ils doivent prendre un bon petit-déjeuner le matin. *Il faut qu'ils prennent un bon petit-déjeuner le matin.*
3. Tu dois prendre le bus au coin de la rue. *Il faut que tu prennes le bus au coin de la rue.*
4. Je dois déjeuner à la cantine à midi. *Il faut que je déjeune à la cantine à midi.*
5. Nous devons rentrer tôt pendant la semaine. *Il faut que nous rentrions tôt pendant la semaine.*
6. Elle doit étudier tous les soirs. *Il faut qu'elle étudie tous les soirs.*
7. Nous devons étudier plus souvent à la bibliothèque. *Il faut que nous étudiions plus souvent à la bibliothèque.*
8. On doit s'aider avec les devoirs. *Il faut qu'on s'aide avec les devoirs.*

3 Éviter une catastrophe Que devons-nous faire pour préserver notre planète? Avec un(e) partenaire, faites des phrases avec des expressions impersonnelles. *Answers will vary.*

MODÈLE
Il est essentiel que tu évites le gaspillage.

A	B	C
je/j'	améliorer	les écoproduits
tu	développer	les emballages
on	éviter	le gaspillage
nous	préserver	les glissements de terrain
vous	prévenir	les industries propres
le président	recycler	la nature
les pays	sauver	la pollution
?	trouver	le ramassage des ordures

180 cent quatre-vingts

Communication

4 Oui ou non? Vous discutez avec un(e) partenaire des problèmes environnementaux. À tour de rôle, dites si vous êtes d'accord ou non, puis partagez vos idées avec la classe.

MODÈLE

Élève 1: *Il faut que les pays industrialisés réduisent les émissions à effet de serre.*
Élève 2: *C'est vrai, il faut qu'ils réduisent les émissions à effet de serre.*

1. Il est nécessaire que tu recycles les bouteilles.
2. Il est dommage que les élèves prennent le bus pour aller au lycée.
3. Il est bon qu'on développe des énergies propres.
4. Il est essentiel qu'on signe le protocole de la prochaine COP.
5. Il est indispensable que nous évitions le gaspillage.
6. Il faut que les pays développent de nouvelles technologies pour réduire les émissions toxiques.

5 Les opinions Vous discutez avec un(e) partenaire des problèmes de pollution. À tour de rôle, répondez à ces questions. Justifiez vos réponses.

MODÈLE

Élève 1: *Faut-il que nous préservions l'environnement?*
Élève 2: *Oui, il faut que nous préservions l'environnement pour éviter le réchauffement de la Terre.*

1. Est-il important qu'on s'intéresse à l'écologie?
2. Faut-il qu'on évite de gaspiller?
3. Est-il essentiel que nous construisions des centrales nucléaires?
4. Vaut-il mieux que j'utilise des bacs (*bins*) à recyclage pour le ramassage des ordures?
5. Est-il indispensable qu'on prévienne les incendies?
6. Est-il possible qu'on développe l'énergie solaire?

6 L'écologie Par groupes de quatre, regardez les deux photos et parlez des problèmes écologiques qu'elles évoquent. Ensuite, préparez par écrit une liste des solutions. Comparez votre liste avec celles de la classe.

MODÈLE

Élève 1: *Aujourd'hui, il y a trop d'ordures.*
Élève 2: *Il faut qu'on développe le recyclage.*

Connections

COP21 COP signifie Conférence des parties. Le terme a été utilisé la première fois en 1992 au Sommet de la Terre. Depuis, les États membres se rencontrent une fois par an pour négocier et faire le suivi des décisions prises. La COP21, qui a eu lieu (*took place*) à Paris en 2015, se démarque (*stands out*) par la signature d'un premier accord qui prévoit de limiter l'augmentation de la température à 2°C.

- Où se déroulera la prochaine convention? Quels seront ses enjeux (*stakes*)?

AP® Theme: Global Challengess
Context: Environmental Issues

I CAN say what is necessary, urgent, or important.

Synthèse — Leçon 4A

Révision

1 Des solutions Avec un(e) partenaire, décrivez ces problèmes et donnez des solutions. Utilisez le présent du subjonctif et un pronom démonstratif pour chaque photo. Présentez vos solutions à la classe. *Answers will vary.*

MODÈLE

Élève 1: Cette eau est sale.
Élève 2: Il faut que celui qui a pollué cette eau paie une grosse amende.

1.

3.

2.

4.

2 Une lettre Vous habitez dans un village où les autorités veulent construire un grand aéroport. Avec un(e) partenaire, écrivez une lettre aux responsables dans laquelle vous expliquez vos inquiétudes (*worries*). Utilisez des expressions impersonnelles, puis lisez la lettre à la classe. *Answers will vary.*

3 Des conseils En petits groupes, à tour de rôle, décrivez un problème que vous avez avec une les personnes suivantes. Vos camarades vont vous donner des conseils. *Answers will vary.*

MODÈLE

Élève 1: Un employé à la banque a refusé de me donner de la monnaie.
Élève 2: Il faut que tu parles avec son responsable.
Élève 3: Il est important que tu écrives une lettre au gérant.

- vos parents
- votre professeur
- votre sœur/frère
- un(e) serveur/serveuse
- un(e) patron(ne)
- un médecin

4 Si… Avec un(e) partenaire, observez ces scènes et lisez les phrases. Pour chaque scène, faites trois phrases au présent du subjonctif, puis présentez-les à la classe. *Answers will vary.*

MODÈLE

Élève 1: Si l'eau est sale, il ne faut pas que les gens mangent les poissons.
Élève 2: Oui, il faut qu'ils les achètent à la poissonnerie.

1. Si l'eau est sale, …

3. S'il tombe une pluie acide, …

2. S'il y a un nuage de pollution, …

4. S'il y a un glissement de terrain, …

5 Des propositions Que peut-on faire pour préserver l'environnement? Avec un(e) partenaire, utilisez le présent du subjonctif et, si possible, des pronoms démonstratifs pour faire des propositions. *Answers will vary.*

MODÈLE

Élève 1: Celui qui change l'huile de sa voiture? Il est essentiel qu'il recycle l'huile et qu'il l'apporte à un garagiste.
Élève 2: Il ne faut pas qu'il change l'huile trop souvent ou qu'il utilise de l'huile de mauvaise qualité.

6 Non, Solange! Votre professeur va vous donner, à vous et à votre partenaire, deux feuilles d'activités différentes sur les mauvaises habitudes de Solange. Faites des commentaires. Attention! Ne regardez pas la feuille de votre partenaire. *Answers will vary.*

MODÈLE

Élève 1: Il est dommage que Solange conduise une voiture qui pollue.
Élève 2: Il faut qu'elle conduise une voiture plus écologique.

Communicative Goal Watch a report about sustainable living | **L'espace vert** | **Unité 4**

1 Préparation Répondez aux questions.

1. Vivez-vous dans un logement écologique? Expliquez.
2. Quels gestes écologiques (*eco-gestures*) faites-vous le plus souvent? Le moins souvent?
3. Qu'est-ce qu'une famille peut faire pour avoir un style de vie plus écologique? Donnez quelques exemples.

Les gestes écologiques domestiques des Français

Les gestes écologiques quotidiens sont importants pour les Français. Le premier est d'économiser l'énergie et l'eau. Beaucoup de Français veulent aussi limiter la présence des produits chimiques dans leur environnement. Cela veut dire qu'on utilise moins de produits chimiques pour nettoyer, pour décorer, pour faire sa toilette et son jardin. On essaie aussi de trier les déchets, mais la majorité des Français ne font pas de compostage avec leurs déchets organiques. Enfin, manger moins de viande et choisir des produits locaux est également important. Il y a environ 1.600 AMAP° en France. Ces associations font le lien entre les fermiers° et les consommateurs°.

AMAP (Association pour le maintien d'une agriculture paysanne) CSA (community-supported agriculture) **fermiers** farmers **consommateurs** consumers

2 Compréhension Répondez aux questions. Answers will vary.

1. Qui montre sa maison écolo dans ce reportage?
   une famille française, composée de Xavier, Capucine et Manon
2. D'où viennent les légumes consommés par la famille?
   du potager et de l'AMAP
3. D'où vient l'eau utilisée dans la maison?
   surtout de la pluie et un peu de la ville aussi
4. Qu'est-ce qui chauffe toute la maison?
   le poêle à bois et le bois du jardin

Interpretive Communication

3 Conversation Discutez à deux. Answers will vary.

1. Quelles sont les qualités les plus importantes d'une maison écolo, d'après vous?
2. Comment est-ce que cette famille essaie de limiter le gaspillage?
3. Est-ce que cette famille et ses locataires polluent beaucoup? Expliquez.
4. Est-ce que Manon approuve le style de vie de sa famille?

Interpersonal Communication

✓ **I CAN** understand a report about a green-living family and their house.

 Le Zapping

AP® Theme: Global Challenges
Context: Environmental Issues

Visite d'une maison écologique

Tu aimerais bien qu'on soit «normal»?...

Vocabulaire utile

chauffer	to heat
l'isolation (*f.*)	insulation
un(e) locataire	tenant
un poêle à bois	wood stove
un potager	vegetable garden
la récupération	harvest; recycling
en vrac	bulk

4 Réflexion
En petits groupes, faites la liste de toutes les stratégies utilisées par cette famille pour être éco-responsable et pour avoir un style de vie plus écologique. Puis, évaluez ensemble ces stratégies par ordre d'efficacité et de simplicité, de la plus facile à la plus difficile et de la plus efficace à la moins efficace. Partagez vos résultats avec la classe.

Interpersonal Communication *Lifelong Learning*

5 Application
En petits groupes, analysez votre école. Comment pourriez-vous améliorer son empreinte écologique? Faites une liste des mesures que vous pourriez implémenter pour rendre votre école plus verte en vous inspirant des mesures vues dans la vidéo. Créez ensuite une affiche à présenter à votre classe.

Presentational Communication *School & Global Communities*

cent quatre-vingt-trois **183**

Section Goals

In this section, students will learn and practice vocabulary related to:
- nature and conservation
- animals

 SEL Suggestions

Hunting and protecting endangered species are topics included in this context. Be mindful of students' personal beliefs about animals and their role in the natural world. Culture and religion may influence these beliefs, so it is important to listen to students' ideas and discuss them in a way that validates them.

Teaching Tips

- Have students read the new vocabulary out loud, and correct pronunciation as needed.
- Use the digital image for this page. Point out people and things as you describe the illustration. Examples: **Ils voient une étoile. C'est une vache.**
- To practice the vocabulary, show drawings or magazine photos and ask students questions. Examples: **Qu'est-ce que c'est? C'est un lapin ou un écureuil? Y a-t-il un fleuve sur le dessin?**
- Explain that **jeter**, like **appeler**, doubles the stem's final consonant in all singular forms as well as the third person plural form of the present tense: **je jette, tu jettes, il/elle jette, nous jetons, vous jetez, ils/elles jettent.**
- Tell students that French has two words for *river*: **un fleuve** and **une rivière**. **Un fleuve** is larger than **une rivière**, but most important, it flows into an ocean or sea

Contextes

Leçon 4B | **Communicative Goal** Discuss nature

vhlcentral

En pleine nature

Vocabulaire

chasser	to hunt
jeter	to throw away
un bois	woods
un champ	field
une côte	coast
un fleuve	river
un sentier	path
la chasse	hunt
le déboisement	deforestation
une espèce (menacée)	(endangered) species
la préservation	protection
le sauvetage des habitats naturels	natural habitat preservation

Labels on illustration: le ciel, la Lune, une étoile, les vaches (f.), un arbre, une île, un serpent, un écureuil, l'herbe (f.), un pique-nique, une pierre

184 *cent quatre-vingt-quatre*

DIFFERENTIATION

Kinesthetic Learners Make a series of true/false statements related to the lesson theme using the new vocabulary. Tell students to remain seated if a statement is true and to stand if it is false. Examples: **Les lapins habitent dans les arbres.** (Students stand.) **On voit des étoiles dans le ciel.** (Students remain seated or sit down.)

EXTRA PRACTICE

Individual Write these categories on the board and have students write them on a piece of paper. **Animaux** and **Éléments naturels** (*Natural features*). Dictate words from the vocabulary. Tell students to write the words under the correct heading on their papers. Examples: **serpent, île, écureuil, falaise, vallée,** and **vache.** Call on students to read the words they wrote for each category.

L'espace vert — Unité 4

Mise en pratique

1 Par catégorie Faites correspondre les éléments de la colonne de gauche avec l'élément des colonnes de droite qui correspond.

_d_ 1. la Seine
_j_ 2. la Martinique
_h_ 3. une vache
_a_ 4. l'Etna
_i_ 5. le pétrole
_g_ 6. le Sahara
_e_ 7. un arbre
_c_ 8. Michigan

a. un volcan
b. une jungle
c. un lac
d. un fleuve
e. une plante

f. une forêt
g. un désert
h. un animal
i. une ressource naturelle
j. une île

2 La nature Choisissez le mot ou l'expression qui correspond à chaque définition.

le déboisement	une falaise	la préservation
l'écotourisme	la jungle	le sauvetage des habitats naturels
l'environnement	une pierre	un sentier
l'extinction	un pique-nique	une vache

1. Là où l'homme vit: _l'environnement_
2. Sauver et protéger: _la préservation_
3. Lieu très chaud, très humide: _la jungle_
4. Chemin très étroit (*narrow*): _un sentier_
5. Quand une espèce n'existe plus: _l'extinction_
6. Conséquence de la destruction des arbres: _le déboisement_
7. Action de sauver le lieu où vivent des animaux: _le sauvetage des habitats naturels_
8. Vacances qui favorisent la protection de l'environnement: _l'écotourisme_
9. Un animal de taille importante qui mange de l'herbe: _une vache_
10. Quand on mange dans la nature: _un pique-nique_
11. Élément minéral solide, parfois gris: _une pierre_
12. Sur le dessin de gauche, c'est la formation rocheuse (*rocky*) à droite: _une falaise_

3 Écoutez Écoutez Armand parler de quelques-unes de ses expériences avec la nature. Après une deuxième écoute, écrivez les mots qu'il a utilisés qui se réfèrent au ciel, à la Terre et aux plantes. Some answers may vary.

Terre	Ciel	Plantes
nature	étoiles	forêt(s) tropicale(s)
forêt(s) tropicale(s)	Lune	arbres
sentiers		fleurs
campagne		nature

cent quatre-vingt-cinq 185

Contextes Leçon 4B

Communication

4 Conversez Interviewez un(e) camarade de classe. Answers will vary.

1. As-tu déjà fait de l'écotourisme? Où? Sinon, où as-tu envie d'en faire?
2. Aimes-tu les pique-niques? Quand en as-tu fait un pour la dernière fois? Avec qui?
3. Quelles activités aimes-tu pratiquer dans la nature?
4. As-tu déjà visité une forêt? Laquelle?
5. Connais-tu un lac? Quand y es-tu allé(e)? Quelles activités y as-tu pratiquées?
6. Es-tu déjà allé(e) dans un désert? Lequel?
7. Es-tu déjà allé(e) sur une île? Laquelle? Comment as-tu passé le temps?
8. Quelles sont les régions du monde que tu veux visiter? Pour quelle(s) raison(s)?
9. Si tu étais un animal, lequel serais-tu? Pourquoi?
10. Quand tu regardes le ciel, que trouves-tu de beau? Pourquoi?

5 La nature et moi Écrivez un paragraphe dans lequel vous racontez votre expérience avec la nature. Ensuite, à tour de rôle, lisez votre description à votre partenaire et comparez vos paragraphes. Answers will vary.

- Choisissez au minimum deux lieux naturels différents.
- Utilisez un minimum de huit mots de vocabulaire de **Contextes**.
- Faites votre description avec le plus de détails possible.
- Expliquez ce que vous aimez ou ce que vous n'aimez pas à propos de chaque lieu.

6 Les écologistes Vous faites partie d'un club d'écologistes au lycée. Avec deux camarades de classe et les informations suivantes, préparez une brochure pour informer les élèves d'un grave problème écologique. Présentez ensuite votre brochure au reste de la classe. Quel groupe a présenté le problème le plus sérieux? Quel groupe a proposé les solutions les plus originales? Answers will vary.

- le nom de votre club
- la situation géographique du problème écologique
- la description du problème
- les causes du problème
- les conséquences du problème
- les solutions possibles au problème

7 À la radio Vous travaillez pour le ministère du Tourisme d'un pays francophone et vous devez préparer un texte qui sera lu à la radio. L'objectif de ce message est de faire la promotion de ce pays pour son écotourisme. Décrivez la nature et les activités offertes. Utilisez les mots que vous avez appris. Answers will vary.

MODÈLE

Venez découvrir la beauté de l'île de Madagascar. Chaque région vous offre des sentiers qui permettent d'admirer des plantes rares et des arbres magnifiques et de rencontrer des animaux extraordinaires... À Madagascar, la nature est unique, préservée. Le charme et l'exotisme sont ici!

✓ **I CAN** discuss nature.

186 *cent quatre-vingt-six*

Les sons et les lettres

Homophones

Many French words sound alike, but are spelled differently. As you have already learned, sometimes the only difference between two words is a diacritical mark. Other words that sound alike have more obvious differences in spelling.

| a / à | ou / où | sont / son | en / an |

Several forms of a single verb may sound alike. To tell which form is being used, listen for the subject or words that indicate tense.

| je parle | tu parles | ils parlent |
| vous parlez | j'ai parlé | je vais parler |

Many words that sound alike are different parts of speech. Use context to tell them apart.

| VERB | POSSESSIVE ADJECTIVE | PREPOSITION | NOUN |
| Ils sont belges. | C'est son mari. | Tu vas en France? | Il a un an. |

You may encounter multiple spellings of words that sound alike. Again, context is the key to understanding which word is being used.

je peux *I can*	elle peut *she can*	peu *a little, few*
le foie *liver*	la foi *faith*	une fois *one time*
haut *high*	l'eau *water*	au *at, to, in the*

1 Prononcez Répétez les paires de mots suivants à voix haute.

1. ce se
2. leur leurs
3. né nez
4. foi fois
5. ces ses
6. vert verre
7. au eau
8. peut peu
9. où ou
10. lis lit
11. quelle qu'elle
12. c'est s'est

2 Choisissez Choisissez le mot qui convient à chaque phrase.

1. Je (lis / lit) le journal tous les jours.
2. Son chien est sous le (lis / lit).
3. Corinne est (née / nez) à Paris.
4. Elle a mal au (née / nez).

3 Jeux de mots Répétez les jeux de mots à voix haute.

Le ver vert va vers le verre.[1]

Mon père est maire, mon frère est masseur.[2]

[1] The green worm is going toward the glass.
[2] My father is a mayor, my brother is a masseur.

✓ **I CAN** distinguish homophones in context.

Roman-photo Leçon 4B

Communicative Goal Understand short conversations about nature and the outdoors

La randonnée

AP® Theme: Global Challenges
Context: Environmental Issues

 vhlcentral ▶ Roman-photo

PERSONNAGES

 Amina

 David

 Guide

 Rachid

 Sandrine

 Stéphane

 Valérie

À la montagne...
DAVID Que c'est beau!
VALÉRIE C'est la première fois que tu viens à la montagne Sainte-Victoire?
DAVID Non, en fait, je viens assez souvent pour dessiner, mais malheureusement, c'est peut-être la dernière fois. C'est dommage que j'aie si peu de temps.

SANDRINE Je préférerais qu'on parle d'autre chose.
AMINA Elle a raison, nous sommes venus ici pour passer un bon moment.
STÉPHANE Tiens, et si on essayait de trouver des serpents?
AMINA Des serpents ici?
RACHID Ne t'inquiète pas, ma chérie. Par précaution, je suggère que tu restes près de moi.

RACHID Mais il ne faut pas que tu sois aussi anxieuse.
SANDRINE C'est romantique ici, n'est-ce pas?
DAVID Comment? Euh, oui, enfin...
VALÉRIE Avant de commencer notre randonnée, je propose qu'on visite la Maison Sainte-Victoire.
AMINA Bonne idée. Allons-y!

Après le pique-nique...
DAVID Mais tu avais faim, Sandrine!
SANDRINE Oui. Pourquoi?
DAVID Parce que tu as mangé autant que Stéphane!
SANDRINE C'est normal, on a beaucoup marché, ça ouvre l'appétit. En plus, ce fromage est délicieux!
DAVID Mais, tu peux manger autant de fromage que tu veux, ma chérie.

Stéphane laisse tomber une serviette...
VALÉRIE Stéphane! Mais qu'est-ce que tu jettes par terre? Il est essentiel qu'on laisse cet endroit propre!
STÉPHANE Oh, ne t'inquiète pas, maman. J'allais mettre ça à la poubelle plus tard.

SANDRINE David, j'aimerais que tu fasses un portrait de moi, ici, à la montagne. Ça te dit?
DAVID Peut-être un peu plus tard... Cette montagne est tellement belle!
VALÉRIE David, tu es comme Cézanne. Il venait ici tous les jours pour dessiner. La montagne Sainte-Victoire était un de ses sujets favoris.

ACTIVITÉS

Interpretive Communication

 Vrai ou faux? Indiquez si les affirmations suivantes sont vraies ou fausses.

1. Stéphane visite souvent la Maison Sainte-Victoire. Faux.
2. Valérie traite la nature avec respect. Vrai.
3. Sandrine mange beaucoup au pique-nique. Vrai.
4. David est triste de devoir bientôt retourner aux États-Unis. Vrai.
5. David est très romantique. Faux.
6. Stéphane laisse Rachid et Amina tranquilles. Faux.

Presentational Communication

 À vous! Imaginez que vous êtes allé(e) à la montagne Sainte-Victoire avec des amis. À l'entrée du parc, il y a une liste de règles (*rules*) à suivre pour protéger la nature. Avec un(e) camarade de classe, imaginez quelles sont ces règles et écrivez une liste. Qu'est-ce qu'il faut faire si vous faites un pique-nique? Une randonnée? Quelles sont les activités interdites? Présentez votre liste à la classe.

188 cent quatre-vingt huit

L'espace vert — Unité 4

Les amis se promènent à la montagne Sainte-Victoire.

À la Maison Sainte-Victoire

GUIDE Mesdames, Messieurs, bonjour et bienvenue. C'est votre première visite de la Maison Sainte-Victoire?
STÉPHANE Pour moi, oui.
GUIDE La Maison Sainte-Victoire a été construite après l'incendie de 1989.
DAVID Un incendie?
GUIDE Oui, celui qui a détruit une très grande partie de la forêt.

GUIDE Maintenant, la montagne est un espace protégé.
DAVID Protégé? Comment?
GUIDE Eh bien, nous nous occupons de la gestion de la montagne et de la forêt. Notre mission est la préservation de la nature, le sauvetage des habitats naturels et la prévention des incendies. Je vous fais visiter le musée?
VALÉRIE Oui, volontiers!

Expressions utiles

Expressing regrets and preferences
- C'est dommage que j'aie si peu de temps.
  It's a shame that I have so little time.
- Je préférerais qu'on parle d'autre chose.
  I would prefer to talk about something else.
- J'aimerais que tu fasses un portrait de moi.
  I would like you to do a portrait of me.

Making suggestions
- Par précaution, je suggère que tu restes près de moi.
  As a precaution, I suggest that you stay close to me.
- Il ne faut pas que tu sois si anxieuse.
  There's no need to be so anxious.
- Je propose qu'on visite…
  I propose we visit…

Making comparisons
- Tu as mangé autant que Stéphane!
  You ate as much as Stéphane!
- Tu peux manger autant de fromage que tu veux.
  You can eat as much cheese as you want.

RACHID Tiens, chérie.
AMINA Merci, elle est très belle cette fleur.
RACHID Oui, mais toi, tu es encore plus belle. Tu es plus belle que toutes les fleurs de la nature réunies!
AMINA Rachid…

RACHID Chut! Ne dis rien… Stéphane! Laisse-nous tranquilles.

3 Considérez Répondez aux questions. *Answers will vary.*
1. Aimez-vous passer du temps dans la nature? Qu'est-ce que vous y faites? Quels facteurs influencent nos expériences du monde naturel?
2. Si quelqu'un jetait un emballage en plastique par terre devant vous, qu'est-ce que vous diriez à cette personne?
3. Quelles valeurs influencent notre comportement (*behavior*) en ce qui concerne le monde naturel? D'où viennent ces valeurs?

I CAN understand short conversations about nature and the outdoors.

4 Écrivez Valérie dit que David est comme Paul Cézanne, le peintre postimpressionniste qui a passé presque toute sa vie à Aix-en-Provence. Cherchez en ligne des images de ses œuvres connues, et choisissez un paysage à analyser. Où se trouve ce site? Aimeriez-vous le visiter? Quels éléments naturels y sont présents? Quelles caractéristiques ont inspiré Cézanne quand il a choisi ce site comme sujet? Écrivez huit phrases.

cent quatre-vingt-neuf **189**

PROFICIENCY

Cultures Born in Aix-en-Provence, Paul Cézanne (1839–1906) lived much of his life as a recluse in Provence. A master of Postimpressionism, he is considered one of the greatest modern French painters. Bring in some photos of Cézanne's sketches and paintings of **la montagne Sainte-Victoire** and have students describe them.

Connections: Science The south of France is at high risk for wildfires. Because of the extremely strong wind, **le mistral**, fires can get out of control and spread rapidly. **Le mistral** is caused by air that cools over the mountains and then flows into the valleys, creating a funnel effect and generating extremely strong wind currents. **Le mistral** occurs most often in the spring or winter.

Culture

Leçon 4B

AP® Theme: Global Challenges
Context: Environmental Issues

Communicative Goal Identify and reflect on cultural products and practices related to national parks

 vhlcentral | Flash culture

CULTURE À LA LOUPE

Les parcs nationaux

Le gouvernement français protège et gère° onze parcs nationaux. Tous offrent des sentiers de randonnée et la possibilité de découvrir la nature pendant des activités d'écotourisme guidées. Ce sont aussi des endroits où les visiteurs peuvent pratiquer différentes activités sportives. Par exemple, ils peuvent pratiquer des sports d'hiver dans cinq des sept parcs montagneux qui ont de nombreux sommets° et glaciers.

Les Cévennes, dans le sud de la France, est le plus grand parc forestier, avec 3.200 km² de forêts, mais on y trouve aussi des montagnes et des plateaux. La Vanoise, un parc de haute montagne dans les Alpes, a été le premier parc créé en France, en 1963. Avec ses 107 lacs et sa vingtaine° de glaciers, c'est une réserve naturelle où le bouquetin° est protégé. Deux autres parcs, les Écrins et le Mercantour, sont aussi situés dans la région des Alpes. Toujours dans les parcs montagneux, le parc national des Pyrénées est composé de six vallées principales, riches en forêts, cascades° et autres formations naturelles. C'est aussi un refuge pour de nombreuses espèces menacées, comme l'ours° et l'aigle royal°. Quand il fait beau, le parc marin de Port-Cros, composé d'îles méditerranéennes, ou celui des Calanques, sont idéals pour des activités aquatiques. Aux Antilles°, il fait chaud et humide toute l'année dans le parc national de la Guadeloupe. Les paysages° de ce parc sont très variés: forêt tropicale, volcan et paysages côtiers° ou maritimes. Ouvert depuis 2019 seulement, le parc national le plus récent est le Parc national de forêts, dans le nord-est de la France.

une calanque près de Marseille

gère manages **sommets** peaks **vingtaine** about twenty **bouquetin** ibex, a type of wild goat **cascades** waterfalls **ours** bear **aigle royal** golden eagle **Antilles** the French West Indies **paysages** landscapes **côtiers** coastal **calanques** coves

Année de création des parcs nationaux de France

1963	Parc national de la Vanoise
1963	Parc national de Port-Cros
1967	Parc national des Pyrénées
1970	Parc national des Cévennes
1973	Parc national des Écrins
1979	Parc national du Mercantour
1989	Parc national de la Guadeloupe
2007	Parc amazonien de Guyane
2007	Parc national de la Réunion
2012	Parc national des Calanques
2019	Parc national de forêts

ACTIVITÉS

Interpretive Communication

1 Répondez Répondez aux questions par des phrases complètes. *Answers will vary.*

1. Combien de parcs nationaux français y a-t-il?
   Il y a onze parcs nationaux français.
2. Quel type de parc est le parc des Cévennes?
   Le parc des Cévennes est un parc forestier.
3. Quel parc est situé sur des îles méditerranéennes?
   Le parc marin de Port-Cros est situé sur des îles méditerranéennes.
4. Quels sont deux animaux qu'on peut trouver dans les Pyrénées?
   On peut trouver des ours et des aigles royaux dans les Pyrénées.
5. Qu'est-ce qu'on peut trouver comme paysage dans le parc national de la Guadeloupe? On peut trouver une forêt tropicale, un volcan et des paysages côtiers.

Acquiring Information & Diverse Perspectives / Cultural Comparisons

2 Réfléchissez Répondez aux questions. *Answers will vary.*

1. Quel type de paysage trouvez-vous le plus beau? La montagne, la campagne ou la mer? Expliquez.
2. Avez-vous déjà fait de l'écotourisme? Si oui, où? Quelles activités aimez-vous faire dans la nature?
3. Combien de parcs nationaux y a-t-il dans votre pays? Qui protège ces sites naturels?
4. Comparez les territoires protégés dans votre pays aux zones de protection en France. Quelles réglementations assurent la préservation de ces parcs?

190 *cent quatre-vingt-dix*

L'espace vert — Unité 4

PORTRAIT

AP® Theme: Global Challenges
Context: Environmental Issues

Madagascar

Madagascar, ancienne colonie française, est la quatrième plus grande île du monde, et, avec plus de 20 parcs nationaux et réserves naturelles, elle est un paradis pour l'écotourisme. Madagascar (plus de 24 millions d'habitants) est située à 400 km à l'est du Mozambique, dans l'océan Indien. Sa faune et sa flore sont exceptionnelles avec 250.000 espèces différentes, dont 1.000 orchidées. 90% de ces espèces sont uniques au monde. Ses mangroves, rivières, lacs et récifs coralliens° offrent des milieux écologiques variés et ses forêts abritent° 90% des lémuriens° du monde. Caméléons, tortues terrestres°, tortues de mer° et baleines à bosse° sont aussi typiques de l'île.

récifs coralliens coral reefs **abritent** provide a habitat for **lémuriens** lemurs **tortues terrestres** tortoises **tortues de mer** sea turtles **baleines à bosse** humpback whales

LE MONDE FRANCOPHONE

AP® Theme: Global Challenges
Context: Environmental Issues

Grands sites naturels

Voici deux exemples d'espaces naturels remarquables du monde francophone.

Au Sénégal Le parc national du Niokolo Koba est l'une des réserves naturelles les plus vastes d'Afrique de l'Ouest. Situé le long° des rives° de la Gambie, forêts et savanes abritent une faune d'une grande richesse: des lions, des chimpanzés, des éléphants et de très nombreux° oiseaux et reptiles. Cet écosystème est classé au Patrimoine° mondial de l'UNESCO.

Aux Seychelles L'atoll Aldabra abrite la plus grande population de tortues° géantes du monde (152.000). Elles sont encore plus grosses que les tortues des Galapagos: elles peuvent atteindre° 1,2 mètre et 300 kilogrammes. L'atoll, qui comprend° quatre grandes îles de corail, est un autre site du Patrimoine mondial depuis 1982.

le long along **rives** riverbanks **nombreux** numerous **Patrimoine** Heritage **tortues** tortoises **atteindre** reach **comprend** encompasses

Sur le web
Allez en ligne pour découvrir d'autres sites qui font partie du Patrimoine mondial naturel de l'UNESCO dans le monde francophone. Y a-t-il un site qui vous inspire en particulier? Quelles sont ses particularités? Est-il menacé? Présentez ensuite les résultats de vos recherches à votre classe.

Presentational Communication | Acquiring Information & Diverse Perspectives | Lifelong Learning

3 Complétez Complétez les phrases. *(Interpretive Communication)*

1. Madagascar est une grande __île__ près du Mozambique.
2. Madagascar est une bonne destination pour __l'écotourisme__.
3. À Madagascar, la majorité des espèces sont __uniques au monde__.
4. __Caméléons, tortues terrestres, tortues de mer et baleines à bosse__ sont des espèces typiques de Madagascar.
5. L'une des réserves naturelles les plus vastes d'Afrique de l'Ouest se trouve __au Sénégal__.

4 À la découverte Vous et deux partenaires voulez visiter ensemble plusieurs pays francophones et découvrir la nature. Quelles destinations choisissez-vous? Comparez les activités qui vous intéressent et les endroits que vous voulez visiter. Soyez prêt(e)s à présenter votre itinéraire à la classe. *Answers will vary.*

Interpersonal Communication | Presentational Communication | School & Global Communities

✓ **I CAN** identify and reflect on cultural products and practices related to national parks.

cent quatre-vingt-onze **191**

Structures

Leçon 4B

Communicative Goal: Express emotions and attitudes

4B.1 The subjunctive (Part 2)

Will and emotion

- Use the subjunctive after clauses with verbs and expressions of will and emotion. Verbs and expressions of will are often used when someone wants to influence the actions of other people. Verbs and expressions of emotion express someone's feelings or attitude.

Je suggère que tu restes près de moi.

J'ai peur que nous soyons perdus!

À noter

See **Leçon 4A** for an introduction to the subjunctive and the structure of clauses containing verbs in the subjunctive.

- When the main clause contains an expression of will or emotion and the subordinate clause has a different subject, the subjunctive is required.

MAIN CLAUSE		SUBORDINATE CLAUSE
VERB OF WILL	CONNECTOR	SUBJUNCTIVE
Mes parents exigent	**que**	**je dorme** huit heures.
My parents demand	*that*	*I sleep eight hours.*

MAIN CLAUSE		SUBORDINATE CLAUSE
EXPRESSION OF EMOTION	CONNECTOR	SUBJUNCTIVE
Tu es triste	**que**	**Sophie ne vienne pas** avec nous.
You are sad	*that*	*Sophie isn't coming with us.*

MAIN CLAUSE		SUBORDINATE CLAUSE
VERB OF WILL	CONNECTOR	SUBJUNCTIVE
Je préfère	**que**	**tu travailles** ce soir.
I prefer	*that*	*you work tonight.*

MAIN CLAUSE		SUBORDINATE CLAUSE
EXPRESSION OF EMOTION	CONNECTOR	SUBJUNCTIVE
Elle est heureuse	**que**	**tu finisses** tes études.
She is happy	*that*	*you're finishing your studies.*

- Here are some verbs and expressions of will commonly followed by the subjunctive.

Verbs of will			
demander que…	to ask that…	recommander que…	to recommend that…
désirer que…	to want/desire that…	souhaiter que…	to wish that…
exiger que…	to demand that…	suggérer que…	to suggest that…
préférer que…	to prefer that…	vouloir que…	to want that…
proposer que…	to propose that…		

Mon père **recommande que** nous **dînions** au restaurant français.
My father recommends that we have dinner at the French restaurant.

Le gouvernement **exige qu'on recycle** les produits en plastique.
The government demands that we recycle plastic products.

cent quatre-vingt-douze

L'espace vert — Unité 4

- These are some verbs and expressions of emotion followed by the subjunctive.

Verbs and expressions of emotion			
aimer que...	to like that...	être heureux / heureuse que...	to be happy that...
avoir peur que...	to be afraid that...	être surpris(e) que...	to be surprised that...
être content(e) que...	to be glad that...	être triste que...	to be sad that...
être désolé(e) que...	to be sorry that...	regretter que...	to regret that...
être furieux / furieuse que...	to be furious that...		

Marc est surpris que Loïc vienne.
Marc is surprised that Loïc is coming.

Je suis furieux qu'on gaspille de l'énergie.
I am furious that people waste energy.

- In English, the word *that* introducing the subordinate clause may be omitted. In French, never omit **que** between the two clauses.

Ils sont heureux que j'arrive.
They're happy (that) I'm arriving.

Elle préfère que tu partes.
She prefers (that) you leave.

- If the subject doesn't change, use the infinitive with expressions of will and emotion. In the case of **avoir peur**, **regretter**, and expressions with **être**, add **de** before the infinitive.

Tu souhaites faire un pique-nique?
Do you wish to have a picnic?

Nous sommes tristes d'entendre la mauvaise nouvelle.
We're sad to hear the bad news.

Irregular verbs in the subjunctive

- Here are three verbs that have irregular forms in the subjunctive.

Present subjunctive of *avoir, être, faire*			
	avoir	être	faire
que je/j'	aie	sois	fasse
que tu	aies	sois	fasses
qu'il/elle/on	ait	soit	fasse
que nous	ayons	soyons	fassions
que vous	ayez	soyez	fassiez
qu'ils/elles	aient	soient	fassent

Elle veut que je fasse le lit.
She wants me to make the bed.

Tu es désolé qu'elle soit loin.
You are sorry that she is far away.

Boîte à outils

There is no future form of the subjunctive, so use the present subjunctive even when expressing an action that is going to take place in the future. The context will clarify the meaning.

Elle est contente que tu prennes des cours de musique l'année prochaine.
She's glad that you're taking music classes next year.

Vérifiez

Vérifiez

Essayez! Indiquez les formes correctes du présent du subjonctif des verbes.

1. que je _finisse_ (finir)
2. qu'il _fasse_ (faire)
3. que vous _soyez_ (être)
4. que leur enfant _ait_ (avoir)
5. que nous _prenions_ (prendre)
6. que nous _fassions_ (faire)
7. qu'ils _aient_ (avoir)
8. que tu _attendes_ (attendre)

Structures
Leçon 4B

4B.1 Mise en pratique

1 Des opinions Que devraient faire les personnages sur les illustrations? Employez ces expressions pour donner vos opinions. *Answers will vary.*

vous (proposer que)

▶ **MODÈLE**
Je propose que vous mangiez quelque chose.

acheter une décapotable	garder le secret
(*convertible*)	manger quelque chose
boire de l'eau	me donner de l'argent
faire la fête	trouver des amis

1. tu (suggérer que)
Je suggère que tu boives de l'eau.

2. mes voisins (vouloir que)
Je veux que mes voisins me donnent de l'argent.

3. vous (exiger que)
J'exige que vous gardiez le secret.

4. Yves (souhaiter que)
Je souhaite qu'Yves trouve des amis.

5. elle (recommander que)
Je recommande qu'elle achète une décapotable.

6. tu (désirer que)
Je désire que tu fasses la fête.

2 Des opinions Complétez ces phrases avec le présent du subjonctif. Ensuite, comparez vos réponses avec celles d'un(e) partenaire. *Answers will vary.*

1. Nous sommes furieux que les examens…
2. Notre prof exige que…
3. Nous aimons que le prof…
4. Je propose que… le vendredi.
5. Les élèves veulent que les cours…
6. Je recommande que… tous les jours.
7. C'est triste que ce lycée…
8. Nous préférons que la cantine…
9. Mes ami(e)s suggèrent que…
10. Je souhaite que…

L'espace vert — Unité 4

Communication

3 Enquête Comparez vos idées sur la nature et l'environnement avec celles d'un(e) partenaire. Posez-vous ces questions. *Answers will vary.*

1. Que suggères-tu qu'on fasse pour protéger les forêts tropicales?
2. Vaut-il mieux qu'on ne chasse plus? Pourquoi?
3. Que recommandes-tu qu'on fasse pour arrêter la pollution?
4. Comment souhaites-tu que nous préservions nos ressources naturelles?
5. Quels produits recommandes-tu qu'on développe?
6. Quel problème écologique veux-tu qu'on traite tout de suite?
7. Que proposes-tu qu'on fasse pour sauver les espèces menacées?
8. Est-il important qu'on arrête le déboisement? Pourquoi?

Connections

INPN L'inventaire National du Patrimoine Naturel est un portail en ligne qui répertorie l'ensemble de la biodiversité et de la géodiversité en France. Vous pouvez y trouver une liste de toutes les espèces menacées par région.

- À quoi sert cet outil, selon vous?

4 Mme Quefège... Mme Quefège donne des conseils à la radio. Pensez à une difficulté que vous avez et préparez par écrit un paragraphe que vous lui lirez. Elle va vous faire des recommandations. Avec un(e) partenaire, alternez les rôles pour jouer les scènes. *Answers will vary.*

MODÈLE
Élève 1: *Ma petite amie fait constamment ses devoirs et elle ne veut plus sortir.*
Élève 2: *Je suis désolée qu'elle n'arrête pas de travailler. Si elle ne veut toujours pas sortir ce week-end, je suggère que vous en parliez à ses parents.*

5 Il faut que... À tour de rôle, donnez des conseils à votre partenaire pour chacune (*each one*) de ces situations. Utilisez des expressions de volonté et d'opinion avec le subjonctif. *Answers will vary.*

- Il/Elle voyage en Europe pour la première fois.
- Il/Elle a un gros rhume.
- Il/Elle veut rester en forme.
- Il/Elle ne respecte pas la nature.

6 Les habitats naturels Par groupes de trois, préparez le texte pour cette affiche où vous expliquez ce qu'on doit faire pour sauver les habitats naturels. Utilisez des verbes au présent du subjonctif. *Answers will vary.*

I CAN express emotions and attitudes.

Structures

Leçon 4B | **Communicative Goal** Compare quantities

4B.2 Comparatives and superlatives of nouns

Point de départ In **Chemins** Level 2, you learned how to compare nouns and verbs by using comparative and superlative forms of adjectives and adverbs. You will now learn how to compare nouns when talking about quantities.

Tu peux manger autant de fromage que tu veux.

Nous nous occupons de la forêt pour avoir moins d'incendies.

- To compare the amount of something, use these expressions:

plus de	+	[noun]	+	**que** *more... than*
moins de	+	[noun]	+	**que** *less; fewer... than*
autant de	+	[noun]	+	**que** *as much; as many... as*

Elle fait **plus d'heures que** sa sœur.
She works more hours than her sister (does).

Il y a **moins d'**arbres dans le jardin **que** dans la forêt.
There are fewer trees in the garden than in the forest.

Vous recevez **autant de** courrier **que** vos amis.
You receive as much mail as your friends (do).

Il n'y a pas **autant d'**animaux dans la ville **que** dans la jungle.
There aren't as many animals in the city as (there are) in the jungle.

- To express the superlative quantity of a noun (*the most, the least/fewest*), use: **le plus de** or **le moins de**.

Ce sont les forêts tropicales qui ont **le plus de plantes**.
Tropical rainforests have the most plants.

Ce sont les pays pauvres qui ont **le moins d'argent**.
Poor countries have the least money.

Qui a vu **le plus de** lapins?
Who saw the most rabbits?

Quel véhicule doit-on utiliser pour produire **le moins de** pollution?
Which vehicle should we use to produce the least pollution?

> **Essayez!** Complétez les phrases avec les comparatifs ou les superlatifs corrects.
>
> 1. Mon ami n'a pas ___autant de___ (*as much*) travail que moi.
> 2. Qui a ___le moins de___ (*the fewest*) cousins?
> 3. La Corse a-t-elle ___autant de___ (*as many*) falaises que la Sicile?
> 4. Il y a ___moins de___ (*fewer*) déserts en Amérique du Nord qu'en Afrique.
> 5. Quel pays a ___le plus de___ (*the most*) rivières polluées?
> 6. Malheureusement, on a ___plus de___ (*more*) problèmes que de solutions.

196 cent quatre-vingt-seize

L'espace vert — Unité 4

Le français vivant

Le Québec

Là où il y a le plus de calme, le plus de sérénité. Moins de stress que chez vous, mais autant de confort et autant de bonheur.

Venez découvrir le Québec... pour plus d'émotions.

Identifiez Quels comparatifs et superlatifs trouvez-vous dans cette publicité (*ad*)?
le plus de calme; le plus de sérénité; Moins de stress; autant de confort; autant de bonheur; plus d'émotions

Questions Posez ces questions à un(e) partenaire et répondez à tour de rôle. Employez des comparatifs et des superlatifs dans vos réponses, si possible. Answers will vary.

1. D'après (*According to*) cette pub, que cherche le tourist qui voudrait passer des vacances au Québec?
2. Quelle comparaison la pub fait-elle entre le Québec et l'endroit où habite le lecteur/la lectrice (*reader*)?
3. As-tu déjà passé des vacances au Québec? Voudrais-tu y aller un jour?
4. Si tu vas ou retournes au Québec un jour, voudras-tu y faire un séjour comme celui que la pub décrit? Pourquoi?

Structures
Leçon 4B

4B.2 Mise en pratique

1 Avec qui sortir? Amaia compare deux garçons. Écrivez des phrases avec les éléments donnés et faites les changements nécessaires.

MODÈLE Kadir / avoir / plus / énergie / Jacques
Kadir a plus d'énergie que Jacques.

1. Kadir / avoir / moins / problèmes / Jacques *Kadir a moins de problèmes que Jacques.*
2. Jacques / avoir / plus / humour / Kadir *Jacques a plus d'humour que Kadir.*
3. Kadir / donner / plus / cadeaux / Jacques *Kadir donne plus de cadeaux que Jacques.*
4. Jacques / avoir / autant / amis / Kadir *Jacques a autant d'amis que Kadir.*
5. Kadir / avoir / moins / patience / Jacques *Kadir a moins de patience que Jacques.*
6. Jacques / avoir / plus / ambition / Kadir *Jacques a plus d'ambition que Kadir.*

2 À la campagne Lise parle de son séjour à la campagne et compare le nombre de choses qu'elle a observées dans la nature. Que dit-elle?

▶ **MODÈLE**
J'ai observé autant de nuages blancs que de nuages gris.

1. J'ai observé moins d'arbres que de fleurs./J'ai observé plus de fleurs que d'arbres.
2. J'ai observé moins d'écureuils que de lapins./J'ai observé plus de lapins que d'écureuils.
3. J'ai observé moins de chiens que de chats./J'ai observé plus de chats que de chiens.
4. J'ai observé moins de vaches que de serpents./J'ai observé plus de serpents que de vaches.

3 Des opinions! Qui en a le plus ou le moins? Écrivez des phrases avec les éléments donnés pour exprimer votre opinion. *Answers will vary.*

MODÈLE du charme: les villages ou les villes?
Les villages ont le plus de charme.

1. flamants roses: l'Europe ou l'Amérique du Nord? *... a le plus de flamants roses. / ... a le moins de flamants roses.*
2. musées: Paris ou New York? *... a le plus de musées. / ... a le moins de musées.*
3. usines: la campagne ou la ville? *... a le plus d'usines. / ... a le moins d'usines.*
4. déchets: les villes ou les villages? *... a le plus de déchets. / ... a le moins de déchets.*

4 Combien de calories? Vous et votre partenaire voulez manger plus sainement. Faites au moins quatre comparaisons entre ces aliments. Dites à la classe quel aliment contient le plus de calories et lequel en contient le moins. *Answers will vary.*

MODÈLE
Il y a autant de calories dans un café que dans un thé.

banane	carotte	glace	poulet
biscuits	frites	pain	saucisses
bonbons	gâteau	porc	thon

Connections

Le flamant rose Le flamant rose qu'on trouve en Europe, en Afrique et en Asie est l'espèce de flamant la plus commune. Depuis 1981, le flamant rose est totalement protégé sur l'ensemble du territoire français. Malgré cela, sa population fluctue d'année en année. Le confinement de 2020 causé par la pandémie de COVID19 a profité grandement à la population de flamants roses en Camargue, un parc naturel dans le sud de la France. En effet, les scientifiques ont recensé près de 40.000 flamants adultes, contre 15.000 habituellement.

- Comment est-ce que l'activité humaine affecte la faune de votre région?

AP® Theme: Global Challenges
Context: Environmental Issues

L'espace vert — Unité 4

Communication

5 **Eh bien, moi...** Posez ces questions à un(e) partenaire, puis faites une comparaison. *Answers will vary.*

MODÈLE
Élève 1: *Combien de films regardes-tu par mois?*
Élève 2: *Je regarde quatre ou cinq films par mois.*
Élève 1: *Je regarde plus de films que toi. Je regarde huit films par mois.*

1. Combien de frères (sœurs, cousins) as-tu?
2. Combien d'heures par jour étudies-tu?
3. Combien de SMS reçois-tu par jour?
4. Combien d'heures dors-tu chaque nuit?
5. Combien de cours as-tu ce semestre?
6. Combien de cafés prends-tu par jour?
7. Combien de personnes connais-tu qui parlent une langue étrangère?
8. Combien d'examens as-tu cette semaine-ci?

6 **Où habiter?** Avec un(e) partenaire, comparez la vie dans une maison à la vie dans un appartement. Décidez où vous préféreriez habiter si vous aviez le choix. Utilisez le vocabulaire de la liste. *Answers will vary.*

MODÈLE
Élève 1: *Dans une maison, nous pouvons mettre plus d'affiches sur les murs.*
Élève 2: *Oui, et dans un appartement, il y a moins d'espace.*

affiches	armoire	meuble	supervision
amis	espace	protection	télé
argent	fêtes	repas	?

7 **Un dialogue** Vous voulez aller dans un pays francophone et vous discutez de vos recherches sur Internet. Par groupes de trois, préparez un dialogue où vous utilisez **autant de**, **moins de** et **plus de** et alternez les rôles. *Answers will vary.*

MODÈLE
Élève 1: *Où y a-t-il moins de pollution, au Québec ou en France?*
Élève 2: *Il y a de la pollution aux deux endroits. Mais il y a plus d'espaces verts au Québec.*
Élève 3: *Où y a-t-il plus de sentiers? On voudrait faire des randonnées.*

8 **Les comparaisons** Vous habitez dans une grande ville et votre cousin(e) habite à la campagne. Avec un(e) partenaire, préparez une conversation où vous discutez des différences entre les deux environnements. Utilisez des comparatifs et des superlatifs dans votre conversation. *Answers will vary.*

MODÈLE
Élève 1: *Il y a beaucoup de bâtiments en ville.*
Élève 2: *À la campagne, il y a moins de bâtiments, mais il y a plus d'arbres.*

I CAN compare quantities.

cent quatre-vingt-dix-neuf **199**

Synthèse
Leçon 4B

Révision

1 Des changements Avec un(e) partenaire, observez ces endroits et dites, à tour de rôle, si vous aimeriez qu'il y ait **plus** ou **moins de** certaines choses. Answers will vary.

MODÈLE

Élève 1: Je préférerais qu'il y ait plus d'eau dans cette rivière.
Élève 2: J'aimerais mieux qu'il y ait plus d'herbe.

1.

3.

2.

4.

2 Visite de votre région Interviewez vos camarades. Que recommandent-ils à des visiteurs qui ne connaissent pas votre région? Écrivez leurs réponses. Utilisez les expressions de la liste suivante. Answers will vary.

MODÈLE

Élève 1: Que devraient faire les visiteurs de cette région?
Élève 2: Je recommande qu'ils visitent les musées du centre-ville. Il serait bon qu'ils assistent aussi à un match de baseball.

il serait bon que	proposer que
il est indispensable que	recommander que
il faut que	suggérer que
?	?

3 Plus d'arbres Avec un(e) partenaire, pensez à votre environnement et dites si vous voulez qu'il y ait **plus de**, **moins de** ou **autant de** choses ou d'animaux. Quand vous n'êtes pas d'accord, justifiez vos réponses. Answers will vary.

MODÈLE

Élève 1: Je souhaite qu'il y ait plus d'arbres.
Élève 2: Oui, il faut plus d'arbres autour du lycée et en ville.

4 Voyage en Afrique centrale Avec un(e) partenaire, vous voulez visiter ces endroits en Afrique centrale. Utilisez le subjonctif, des comparatifs et des superlatifs pour parler des endroits où aller. Answers will vary.

MODÈLE

Élève 1: J'aimerais qu'on visite Kribi, au Cameroun. Il y a plus de plages.
Élève 2: Il vaut mieux que nous visitions les marchés au Gabon.

| la forêt de Dzanga-Sangha (République centrafricaine) |
| le lac Kivu (Rwanda) |
| les marchés (Gabon) |
| le parc national de Lobéké (Cameroun) |
| le parc national de l'Ivindo (Congo) |
| les plages de Kribi (Cameroun) |

5 Échange d'opinions Avec un(e) partenaire, imaginez une conversation entre un chasseur (*hunter*) et un défenseur de la nature. Préparez un dialogue où les deux se font des suggestions. Jouez la scène pour la classe. Answers will vary.

MODÈLE

Élève 1: Il est dommage que vous disiez que les chasseurs n'aiment pas la nature.
Élève 2: Je souhaite que vous respectiez plus les animaux.

6 La maman de Carine Votre professeur va vous donner, à vous et à votre partenaire, deux feuilles d'activités différentes sur Carine et sa mère. Attention! Ne regardez pas la feuille de votre partenaire. Answers will vary.

MODÈLE

Élève 1: Si Carine prend l'avion,…
Élève 2: …sa mère veut qu'elle l'appelle de l'aéroport.

200 deux cents

Communicative Goal Understand key information in a radio broadcast | **L'espace vert** | **Unité 4**

À l'écoute

vhlcentral

STRATÉGIE

Listening for the gist/Listening for cognates

Combining these two strategies is an easy way to get a good sense of what you hear. When you listen for the gist, you get the general idea of what you're hearing, which allows you to interpret cognates and other words in a meaningful context. On the other hand, cognates provide information about the details of the story that you might not have understood when listening for the gist.

To practice these strategies, you will listen to a short paragraph. Write down the gist of what you hear and make a list of cognates you identify. What information did you gather from what you heard?

Préparation

Interpretive Communication

Regardez la photo. Qu'est-ce qui est arrivé (*happened*), d'après vous? Et dans votre communauté, quels événements ou épisodes climatiques importants ont lieu? Avec quelle fréquence et quelle intensité? Est-ce que ces événements sont en train d'évoluer ou changent avec le temps?

À vous d'écouter

Interpretive Communication

Écoutez le reportage. Écoutez deux fois ce reportage de France Inter et indiquez quels sujets les climatologues et les journalistes ont mentionnés.

- (des pluies torrentielles)
- des nuages de pollution
- beaucoup d'emballages en plastique
- (des événements de plus en plus intenses et fréquents)
- le gaspillage de l'énergie éolienne
- (une atmosphère plus chaude)
- (le changement climatique)
- la surpopulation en Méditerranée
- la sécheresse au printemps et en été
- (le réchauffement de la planète)

✓ **I CAN** understand and discuss extreme weather and environmental problems.

une inondation dans le sud de la France

Compréhension

Interpretive Communication

Complétez Choisissez la bonne réponse pour compléter chaque phrase.

1. Les journalistes mentionnent qu'il y a eu __c__ sur les Alpes maritimes vendredi.
   a. de gros incendies b. de la pluie acide c. de grosses pluies

2. Le climatologue Samuel Somot pense que le __c__ explique ce phénomène.
   a. recyclage b. glissement de terrain c. changement climatique

3. Pour lui, il n'y a pas d'autres raisons possibles que le __a__ de la planète.
   a. réchauffement b. déboisement c. sauvetage

4. D'après Véronique Ducrocq, les températures sont plus __b__ en Méditerranée.
   a. froides b. chaudes c. toxiques

5. Il y a aussi plus __a__ dans l'atmosphère.
   a. d'humidité b. de sécheresse c. d'espace

6. Et cela développe les chances de __c__.
   a. glissements de terrain b. covoiturage c. précipitations

Vos questions Réfléchissez à deux ou trois problèmes liés à l'environnement dans votre communauté pour interviewer des spécialistes sur ces phénomènes. Pourquoi est-ce que ces problèmes existent? Qu'est-ce qui les aggrave (*worsen*)? Quelles solutions existent, ou peuvent être testées, d'après vous? Préparez une liste de questions à poser aux spécialistes pour obtenir plus d'informations, pour confirmer vos hypothèses et pour leur demander ce qu'ils pensent des solutions que vous avez imaginées.

Presentational Communication | *Acquiring Information & Diverse Perspectives* | *School & Global Communities*

Deux cent un **201**

À vous d'écouter
Script MATHIEU VIDARD Camille Crosnier, on revient aujourd'hui sur les intempéries de la fin de semaine dans le sud-est.

CAMILLE CROSNIER Oui, des trombes d'eau qui se sont abattues vendredi sur les Alpes maritimes. On cherche toujours des disparus, hein, je le rappelle. Des pluies torrentielles qui ont provoqué crues, et donc inondations. Événement météorologique extrême, mais pas rare, hein, à l'automne, dans l'arc méditerranéen. Cela dit, pas avec une telle intensité, a expliqué Samuel Somot, climatologue au Centre National de Recherches Météorologiques, qui travaille particulièrement sur cette région.

For the full script, go to Audioscripts in the Resources section of vhlcentral.com.

Savoir-faire

Communicative Goal Identify and reflect on cultural products and practices of PACA and Corsica

Panorama

vhlcentral ▶ Panorama culturel

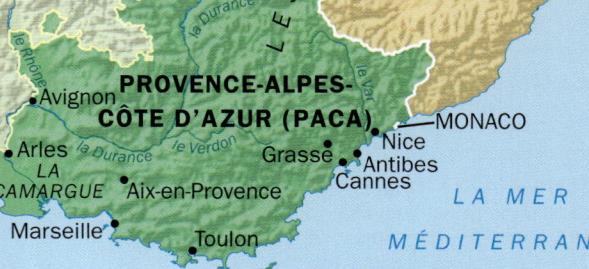
la promenade des Anglais à Nice

Provence-Alpes-Côte d'Azur

Provence-Alpes-Côte d'Azur (PACA) est une région dans le sud-est de la France. Elle contient° des vestiges° romains importants et la création artistique et culturelle y est présente depuis des siècles. Aujourd'hui, la région est non seulement connue pour sa fierté identitaire et ses artisans, mais également pour ses plages très fréquentées en été.

Personnes célèbres

▶ **Nostradamus,** astrologue et médecin (1503–1566)

▶ **Surya Bonaly,** athlète olympique (1973–)

La Corse

La Corse est située dans le sud de la France, en mer Méditerranée. Cette île est française depuis 1796. Depuis la deuxième moitié° du 20e siècle°, les indépendantistes corses luttent activement pour l'autonomie de leur île. La Corse est célèbre pour sa tradition musicale et pour sa charcuterie, ses fromages et son miel°. On y trouve une forte influence italienne dans la cuisine et la langue.

Personnes célèbres

▶ **Pasquale Paoli,** homme politique et philosophe, (1725–1807)

▶ **Tino Rossi,** chanteur, (1907–1983)

contient contains **vestiges** remains **moitié** half **siècle** century **miel** honey **Papes** Popes

le palais des Papes° à Avignon

les falaises de Bonifacio

ACTIVITÉS

1 Les informations Complétez les phrases.   *Interpretive Communication*

1. La région Provence-Alpes-Côte d'Azur contient des ___vestiges romains___ importants.
2. En été, beaucoup de Français visitent ___les plages___ de Provence-Alpes-Côte d'Azur.
3. Les indépendantistes luttent pour ___l'autonomie___ de la Corse.
4. La Corse est célèbre pour sa tradition ___musicale___ et sa gastronomie.

2 Assimilez Répondez aux questions.   *Answers will vary.*   *Making Connections / Acquiring Information & Diverse Perspectives*

1. Quels événements, personnes historiques ou traditions provençaux et corses connaissez-vous déjà?
2. En quoi le fait (*fact*) d'être une île influence-t-il l'histoire et la culture corses?
3. Quels facteurs provoquent la formation d'un mouvement autonomiste, en général et dans le cas de la Corse?
4. Comment l'histoire et la situation géographique d'un endroit influencent-elles sa culture, ses traditions artistiques et ses coutumes?

202   deux cent deux

L'espace vert — Unité 4

AP® Theme: Global Challenges
Context: Environmental Issues

Les destinations
La réserve naturelle de Scandola

La réserve naturelle de Scandola en Corse a été l'un des premiers sites français à être classés réserve du patrimoine° naturel terrestre et marin. La réserve fait partie° d'un ancien complexe volcanique connu au niveau international pour sa biodiversité. Des scientifiques viennent y étudier le corail° rouge, des espèces marines qui ont disparu ailleurs° dans la Méditerranée, et des espèces inconnues jusqu'à présent. La réserve abrite° aussi une population importante de balbuzards pêcheurs°, une espèce de rapace° qui a été très menacée dans les années 1970.

AP® Theme: Beauty and Aesthetics
Context: Performing Arts

Les arts
Le festival de Cannes

Chaque année depuis 1946, au mois de mai, de nombreux acteurs, réalisateurs°, producteurs et journalistes viennent à Cannes, sur la Côte d'Azur, pour le Festival international du film. Avec la présence de plus de 4.000 journalistes et de nombreux pays représentés, c'est la manifestation cinématographique annuelle la plus médiatisée° du monde. Après deux semaines de projections, de fêtes, d'expositions et de concerts, le jury international du festival choisit le meilleur d'une vingtaine de films présentés en compétition officielle.

Les personnages
Napoléon Bonaparte

Né en 1769 à Ajaccio, en Corse, Napoléon Bonaparte est devenu général à un très jeune âge. Ses succès militaires l'ont rendu° très populaire en France, ce qui lui a permis d'organiser un coup d'État en 1799. Il s'est déclaré Empereur en 1804. Pendant son règne°, il a fondé plusieurs institutions qui forment la base de la société française d'aujourd'hui: la Banque de France, le Code civil et le système éducatif, entre autres. Il a aussi cherché à conquérir° l'Europe. Il a obtenu de grandes victoires, mais en 1815, il a subi° son ultime défaite à la bataille de Waterloo. Il a été capturé et expatrié° sur l'île Sainte-Hélène où il est mort en 1821.

AP® Theme: Global Challenges
Context: Human Rights

Les traditions
Grasse, France

La ville de Grasse, sur la Côte d'Azur, est le centre de la parfumerie° française. Cette «capitale mondiale du parfum» cultive les fleurs depuis le Moyen Âge°: violette, lavande, rose, plantes aromatiques, etc. Au 19ᵉ siècle, ses parfumeurs, comme Molinard, ont conquis° les marchés du monde grâce à° la fabrication industrielle.

AP® Theme: Beauty and Aesthetics
Context: Ideals of Beauty

INCROYABLE MAIS VRAI!

Tous les cow-boys ne sont pas américains. En Camargue, la confrérie° des gardians° perpétue depuis 1512 les traditions des cow-boys français. C'est dans le sud que cohabitent les chevaux blancs camarguais, des taureaux° noirs et des flamants° roses. Montés sur° des chevaux blancs, les gardians gardent les taureaux noirs.

AP® Theme: Global Challenges
Context: Environmental Issues

patrimoine heritage **fait partie** is part **corail** coral **ailleurs** elsewhere **abrite** shelters **balbuzards pêcheurs** osprey **rapace** bird of prey **réalisateurs** filmmakers **médiatisée** publicized **ont rendu** made **règne** reign **conquérir** to conquer **a subi** suffered **expatrié** exiled **parfumerie** perfume industry **Moyen Âge** Middle Ages **ont conquis** conquered **grâce à** thanks to **confrérie** brotherhood **gardians** herdsmen **taureaux** bulls **flamants** flamingos **Montés sur** Riding

3 **Vous avez compris?** Répondez aux questions par des phrases complètes. *(Interpretive Communication)*

1. Pourquoi est-ce que la réserve naturelle Scandola est connue au niveau international? *La réserve naturelle Scandola est connue pour sa biodiversité.*
2. Qui assiste au festival de Cannes? *des acteurs, réalisateurs, producteurs et journalistes*
3. Qu'est-ce qui a permis à Napoléon Bonaparte d'organiser un coup d'État? *Les succès militaires lui ont permis d'organiser un coup d'État.*
4. Pourquoi est-ce que la ville de Grasse est connue? *C'est le centre de la parfumerie française.*

4 **Les villes** Choisissez une des villes principales de Provence-Alpes-Côte d'Azur ou de la Corse et recherchez des informations sur son climat, sa géographie, son histoire, ses habitants, ses spécialités gastronomiques et culturelles, etc. Ensuite, comparez cette ville à votre ville ou à une autre ville dans votre pays. Présentez vos idées à la classe. *(Cultural Comparisons | Acquiring Information & Diverse Perspectives | Presentational Communication)*

✓ I CAN identify and reflect on cultural products and practices of Provence, the French Riviera, and Corsica.

deux cent trois **203**

La réserve naturelle de Scandola
Located on the western coast of Corsica, the reserve covers over 900 **hectares** (1 **hectare** = 2.47 acres) of land and around 1,000 hectares of water. The only ways to reach it are by boat or by crossing high mountains on foot.

Le festival de Cannes
Besides the **Sélection officielle**, which awards filmmakers, screenwriters, and performers with **palmes d'or**, the Cannes Film Festival features multiple competitions called **sections parallèles**. Among them are **La Semaine de la critique** and **la Quinzaine des réalisateurs**. The festival also hosts **le Marché du Film**, which is the busiest film market in the world.

Napoléon Bonaparte
Many consider **Napoléon** one of the greatest leaders in military history, but he was also a reformer. He created a tax system, central banking system, sewer system, and a system of higher education. The Napoleonic Code, a code of basic civil laws, is perhaps one of his most lasting reforms. Some of its articles are still followed not only in France but also in the State of Louisiana.

Grasse, France
Each summer, people in Grasse celebrate the **Fête du Jasmin**. Over 150,000 flowers are used in the Battle of the Flowers parade. Women throw flowers from the floats and spray the audience with jasmine water.

Incroyable mais vrai!
Have students locate **la Camargue** on the map. Tell them that a 211,740-acre reserve was created there to protect the flora and fauna.

3 Expansion For additional practice, give students these items. **5. Quel est le rôle des gardians?** (Ils gardent les taureaux.) **6. Qu'est-ce que les scientifiques étudient dans la réserve naturelle de Scandola?** (Ils étudient le corail rouge et des espèces marines.)

4 Suggestion Ask students to present the information in class or to post their project on the Forums section of vhlcentral.com.

PRE-AP®
Presentational Speaking with Cultural Comparison Have students look at websites for **le festival de Cannes, les César du Cinéma,** and a major award show or film festival from their region. Ask them to compare and contrast the award categories, the selection process, the event, and the winners. Have each student share his or her findings with the class.

PROFICIENCY
Interpersonal Have students imagine that they have gone on vacation to **Provence-Alpes-Côte d'Azur** or **Corse**. In pairs, have students tell where they went, talk about at least two activities they did there, and what the weather was like. They should ask each other questions about their trip.

Savoir-faire **203**

Section Goals

In this section, students will:
- learn to recognize chronological order
- read an excerpt from a French novel

PRE-AP®

Interpretive Reading: Stratégie Tell students that understanding the order of events allows a reader to follow what is happening in the narrative.

Successful Language Learning Tell students to look for connecting words and transitions, because they are helpful in following a chain of events.

Examinez le texte
- Point out that geographers study the Earth's surface, its features, the distribution of life on the planet's surface, and the effect of climate and geography on human activity.
- Have volunteers describe the characters in the illustrations.

À propos de l'auteur
- Point out that *Le Petit Prince* is considered to be Saint-Exupéry's masterpiece.
- The wreckage from Saint-Exupéry's downed airplane was found in the Mediterranean seabed between Marseille and Cassis in 2000, and was officially attributed as his in 2004.
- The international airport in Lyon (**Aéroport Lyon-Saint-Exupéry**) is named after the famous writer and pilot.
- Ask these comprehension questions. 1. Où est-ce qu'Antoine de Saint-Exupéry est né? (à Lyon) 2. Était-il seulement écrivain? (Non, il était aussi aviateur/pilote.) 3. Quel genre de littérature a-t-il écrit? (des romans) 4. Où est-ce que le Petit Prince a voyagé? (vers d'autres planètes)

Savoir-faire

Communicative Goal
Recognize the order of events in a novel excerpt

Lecture

AP® Theme: Beauty and Aesthetics
Context: Literature

vhlcentral 🔊

Avant la lecture

STRATÉGIE

Recognizing chronological order

Recognizing the chronological order of events in a narrative is key to understanding the cause and effect relationship between them. When you are able to establish the chronological chain of events, you will easily be able to follow the plot. In order to be more aware of the order of events in a narrative, you may find it helpful to prepare a numbered list of the events as you read.

Examinez le texte

Dans l'extrait (*excerpt*) du *Petit Prince* que vous allez lire, le petit prince rencontre un géographe. Que fait un géographe? En quoi consiste son travail exactement? Est-ce un travail facile ou difficile, à votre avis? Regardez les illustrations et décrivez le géographe et le petit prince.

À propos de l'auteur
Antoine de Saint-Exupéry

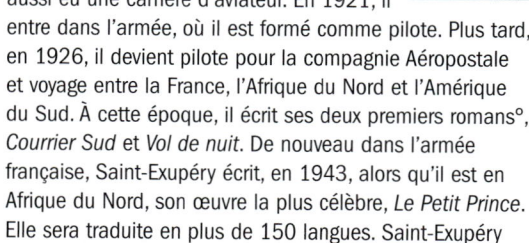

Antoine de Saint-Exupéry est né à Lyon, en France, en 1900. C'est un écrivain français très apprécié dans le monde entier qui a aussi eu une carrière d'aviateur. En 1921, il entre dans l'armée, où il est formé comme pilote. Plus tard, en 1926, il devient pilote pour la compagnie Aéropostale et voyage entre la France, l'Afrique du Nord et l'Amérique du Sud. À cette époque, il écrit ses deux premiers romans°, *Courrier Sud* et *Vol de nuit*. De nouveau dans l'armée française, Saint-Exupéry écrit, en 1943, alors qu'il est en Afrique du Nord, son œuvre la plus célèbre, *Le Petit Prince*. Elle sera traduite en plus de 150 langues. Saint-Exupéry disparaît° en 1944 pendant une mission en avion.

Le Petit Prince raconte l'histoire d'un jeune garçon qui a quitté sa planète pour visiter d'autres planètes. Pendant son voyage, il rencontre des personnages et des animaux différents. Dans cet extrait, le petit prince arrive sur la sixième planète, où habite un vieux monsieur qui est géographe.

romans *novels* **disparaît** *disappears*

204 deux cent quatre

Le Petit Prince

[...]

La sixième planète était une planète dix fois plus vaste. Elle était habitée par un vieux Monsieur qui écrivait d'énormes livres.

—Tiens! voilà un explorateur! s'écria-t-il°, quand il aperçut° le petit prince.

Le petit prince s'assit° sur la table et souffla° un peu. Il avait déjà tant° voyagé!

—D'où viens-tu? lui dit le vieux Monsieur.

—Quel est ce gros livre? dit le petit prince. Que faites-vous ici?

—Je suis géographe, dit le vieux Monsieur.

—Qu'est-ce qu'un géographe?

—C'est un savant° qui connaît où se trouvent les mers, les fleuves, les villes, les montagnes et les déserts.

—Ça, c'est intéressant, dit le petit prince. Ça, c'est enfin un véritable métier! Et il jeta un coup d'œil autour° de lui sur la planète du géographe. Il n'avait jamais vu encore une planète aussi majestueuse.

—Elle est bien belle, votre planète. Est-ce qu'il y a des océans?

—Je ne puis° pas le savoir, dit le géographe.

—Ah! (Le petit prince était déçu°.) Et des montagnes?

—Je ne puis pas le savoir, dit le géographe.

—Et des villes et des fleuves et des déserts?

—Je ne puis pas le savoir non plus, dit le géographe.

—Mais vous êtes géographe!

—C'est exact, dit le géographe, mais je ne suis pas explorateur. Je manque° absolument d'explorateurs. Ce n'est pas le géographe qui va faire le compte° des villes, des fleuves, des montagnes, des mers et des océans. Le géographe est trop important pour flâner°. Il ne quitte pas son bureau. Mais il reçoit les explorateurs. Il les interroge, et il prend note de leurs souvenirs°. Et si les souvenirs de l'un d'entre eux lui paraissent° intéressants, le géographe fait une enquête° sur la moralité de l'explorateur.

—Pourquoi ça?

—Parce qu'un explorateur qui mentirait° entraînerait° des catastrophes dans les livres de géographie. Et aussi un explorateur qui boirait° trop.

—Pourquoi ça? fit° le petit prince.

—Parce que les ivrognes° voient double. Alors le géographe noterait deux montagnes, là où il n'y en a qu'une seule.

—Je connais quelqu'un, dit le petit prince, qui serait mauvais explorateur.

PRE-READING

Research Have students research and write a summary about Saint-Exupéry's plane crash. They should find out what sort of a mission he was on, who found the plane's wreckage, and any other important or interesting details. Remind them to jot down notes of the events or details in chronological order. Have volunteers report their findings to the class.

READING

Language Note Tell students that some verbs in this text are in the **passé simple**, which is the literary way of expressing the **passé composé** in French. Have students give each **passé composé** form that corresponds to a **passé simple** form. Examples: **il fit (il a fait)**, **il dit (il a dit)**, **il s'assit (il s'est assis)**, and **il aperçut (il a aperçu)**.

L'espace vert — Unité 4

—C'est possible. Donc, quand la moralité de l'explorateur paraît° bonne, on fait une enquête sur sa découverte°.
—On va voir?
—Non. C'est trop compliqué. Mais on exige qu'il en rapporte° de grosses pierres.
Le géographe soudain s'émut°.
—Mais toi, tu viens de loin! Tu es explorateur! Tu vas me décrire ta planète!
Et le géographe, ayant ouvert son registre°, tailla° son crayon. On note d'abord au crayon les récits des explorateurs. On attend, pour noter à l'encre°, que l'explorateur ait fourni des preuves°.
—Alors? interrogea le géographe.
—Oh! chez moi, dit le petit prince, ce n'est pas très intéressant, c'est tout petit. J'ai trois volcans. Deux volcans en activité, et un volcan éteint. […]

s'écria-t-il he exclaimed **aperçut** noticed **s'assit** sat down **souffla** breathed **tant** so much **savant** scholar **jeta un coup d'œil autour** glanced around **puis** can **déçu** disappointed **manque** lack **faire le compte** count **flâner** stroll **souvenirs** memories **paraissent** seem **enquête** investigation **mentirait** would lie **entraînerait** would cause **boirait** would drink **fit** said **ivrognes** drunks **paraît** seems **découverte** discovery **rapporte** brings back **s'émut** became emotional **ayant ouvert son registre** having opened his book **tailla** sharpened **encre** ink **ait fourni des preuves** has provided proof

Après la lecture

Le travail d'un géographe Cherchez, dans le texte, les différentes étapes du travail du géographe et mettez-les dans l'ordre chronologique.

Interpretive Communication

__8__ 1. Le géographe écrit la version du récit des explorateurs à l'encre.
__2__ 2. Le géographe demande aux explorateurs de raconter leurs récits.
__3__ 3. Le géographe note les découvertes des explorateurs au crayon.
__1__ 4. Le géographe reçoit des explorateurs.
__7__ 5. Les explorateurs donnent des preuves au géographe.
__5__ 6. Le géographe fait une enquête sur les découvertes des explorateurs.
__4__ 7. Le géographe fait une enquête sur la moralité des explorateurs.
__6__ 8. Le géographe demande aux explorateurs de lui rapporter (*bring back*) des pierres.

Répondez Répondez aux questions par des phrases complètes. *Answers will vary.*

1. Où habite le géographe? Il habite sur la sixième planète.
2. Que faisait le géographe quand le petit prince est arrivé sur sa planète? Il écrivait d'énormes livres.
3. Pourquoi est-ce que le petit prince est fatigué quand il arrive chez le géographe? Il est fatigué parce qu'il a beaucoup voyagé.
4. D'après le géographe, quel est le métier du petit prince? Il pense que le petit prince est explorateur.
5. Pourquoi est-ce qu'un géographe n'explore jamais les endroits qu'il veut connaître? Il est trop important pour flâner.
6. Si un explorateur ment, quelles peuvent être les conséquences, d'après le géographe? Il peut y avoir des catastrophes dans les livres de géographie.
7. Qu'est-ce que le géographe demande au petit prince à la fin de l'extrait? Il lui demande de lui parler de sa planète.
8. Comment est la planète du petit prince? Elle est toute petite, avec deux volcans en activité et un volcan éteint.

Dans le futur C'est l'année 2650 et les gens peuvent voyager dans l'espace. Voulez-vous visiter d'autres planètes, comme le petit prince? Expliquez. Comment sont les autres planètes, à votre avis? Sont-elles comme la Terre ou pas?

Une lettre au géographe Vous êtes un(e) des explorateurs/exploratrices qui travaillent pour le géographe. Aidez-le à mieux connaître la Terre. Écrivez-lui une lettre dans laquelle vous lui expliquez comment est votre région, votre pays ou un autre endroit dans le monde, si vous préférez.

Presentational Communication

I CAN recognize the order of events in a novel excerpt.

deux cent cinq **205**

Le travail d'un géographe
If students have difficulty putting the events in order, have them refer to the text and mark the item number next to the corresponding line(s).

Répondez
Go over the answers with the class.

Dans le futur
This activity can be done in pairs or groups.

Une lettre au géographe
Have students exchange their letters for peer editing. Then tell them to ask questions about the letter's content as if they were **le géographe** in the story.

 **21st Century Skills**

Creativity and Innovation
Ask students to prepare a presentation on another author from the francophone world, inspired by the information on these two pages.

POST-READING

Discussion Have the class discuss these topics. **1.** *Le Petit Prince* est-il écrit pour les adultes ou pour les enfants? Students should justify their opinions with examples from the reading. **2.** Comment caractériseriez-vous (*would you characterize*) le géographe et le petit prince? **3.** À votre avis, qu'est-ce que le géographe et le petit prince symbolisent (*symbolize*)?

PROFICIENCY

Presentational Have students research and compile a list of titles of Saint-Exupéry's literary works. Tell them to read a brief description of each title, choose a book that they would like to read, and explain why they would like to read it.

Savoir-faire **205**

Section Goals

In this section, students will:
- learn how to organize and present information about an environmental issue
- use persuasive skills to convince their audience

Teaching Tips
- As a class, brainstorm a list of useful words and expressions used in persuasive speech. Examples: **À mon avis, Je pense que/Je crois que…, Il est urgent/nécessaire/important que…, Nous ne pouvons pas/Nous ne devrions pas…, Je vous demande de/Je vous prie de…**
- To review persuasive strategies, have students watch some commercials in French before starting the project and ask them to identify elements used to persuade.

Evaluation
Discuss the evaluation criteria before students start working, and explain how this project will be graded. Here is a list of what students should aim for:

Content Students present relevant, clearly presented information. Many details are highlighted. Supporting visuals accurately illustrate the subject matter. French is used exclusively.

Organization Information and visuals are clearly and logically organized. The environmental concern is clearly explained with supporting information.

Accuracy Students communicate clearly, using appropriate vocabulary and grammar from the unit.

Creativity The project includes unique ideas that show a deep understanding of the issues.

Culture Students demonstrate an understanding of cultural products, practices, and perspectives and apply this knowledge to the project.

Oral Presentation Students communicate clearly. The delivery is convincing and persuasive.

Scoring
- Excellent: 25–22 points
- Good: 21–18 points
- Satisfactory: 17–14 points
- Unsatisfactory: < 14 points

Savoir-faire

Communicative Goal Discuss and explain issues related to ecology and the environment

Projet

La rue « Zéro Déchet » (le rue des Paradis dans le 10ème à Paris) est une initiative créée pour réduire la production des déchets.

Forum: Environnement
Présentation orale

Chacun de nous doit faire sa part pour protéger et préserver notre environnement. Nos écosystèmes sont essentiels à notre santé et à notre qualité de vie.

Vous allez choisir un sujet associé à l'environnement dans le monde francophone que vous jugez important. Vous pouvez choisir un problème écologique, une initiative environnementale ou vous pouvez rechercher une zone protégée ou une réserve naturelle. Par exemple, vous pouvez rechercher les programmes de recyclage en Belgique ou le braconnage dans les parcs nationaux africains.

Vous allez ensuite faire des recherches sur ce sujet et vous allez présenter vos découvertes à vos camarades de classe. Vous allez ensuite décider quels sujets sont les plus importants et participer à un débat sur les sujets considérés les plus importants.

STRATÉGIE

Considering audience and purpose

When organizing information for an audience, you must determine who your audience is and how you want to retain their attention. Is it your intent to be informative? Persuasive? Both? Since you are presenting to your classmates and to your teacher, think about what will appeal most to them in a presentation. To make your argument convincing, you might use expressions such as **il est très important (que)… , il faut surtout (que)…** Remember also to use examples to support your argument when you are trying to convince someone.

Étape 1: Remue-méninges: Quels sont les problèmes environnementaux les plus importants?

Faites une liste des initiatives ou défis (*challenges*) environnementaux que vous trouvez importants. Vous devrez peut-être faire des recherches pour vous aider à former une liste complète.

- Identifiez deux ou trois problèmes en détail.
- Créez un tableau pour vous aider à organiser vos idées.
- Expliquez pourquoi chaque problème est important.
- Trouvez des informations pour soutenir vos conclusions.
- Utilisez des mots de transition (**d'abord, ainsi, finalement…**)
- Trouvez deux ou trois supports visuels (photos, graphiques, etc.) à utiliser pour votre présentation.

Problème	Pourquoi est-il important?	Effets négatifs/ Solutions
1. Pollution de l'air	Les êtres humains ont besoin d'air pur pour survivre.	La pollution de l'air peut causer des maladies ou des allergies.
2.		
3.		

deux cent six

DIFFERENTIATION

Slower Pace Learners Have students work with a partner to select their topics. Then, have the pairs write one sentence for each column in the chart. Have them underline the claims made in their charts and then create one sentence to support each claim with data or examples in a different color to help them see how to construct their arguments. Give students who need more support a set of topics to choose from before they begin. You might have students create a One-Pager to organize and present their thoughts on their topic. To do so, they must capture all of their ideas related to a topic on one single page and choose how they want to organize those ideas. Many One-Pagers include a visual anchor to help students capture their thoughts. Their One-Pager should include quotes, visuals, notes, or whatever information they want to capture about their topic.

L'espace vert — Unité 4

Étape 2: Préparation de la présentation

- En utilisant les informations que vous avez trouvées sur vos sujets, réfléchissez et décidez quel sujet est le plus important.
- Utilisez un programme multimédia ou un programme de traitement de texte pour intégrer vos images. Vous pouvez aussi montrer les images sur papier. Dans votre présentation, vous devez inclure:
  - une explication détaillée de votre sujet
  - un aperçu (*overview*) de l'importance de votre sujet
  - un argument persuasif pour convaincre (*convince*) vos camarades de classe que votre problème est le plus important
  - au moins trois phrases qui utilisent le subjonctif (**Il est nécessaire que, il faut que,** etc.)
  - au moins une phrase qui utilise le superlatif
  - deux ou trois images

la forêt tropicale africaine

Étape 3: Évaluation par les pairs

- Choisissez un(e) partenaire et répétez (*rehearse*) ensemble vos présentations. Après avoir écouté la présentation de votre partenaire, répondez à ces questions pour commenter son travail:
  - ☐ Votre partenaire a-t-il/elle présenté un problème environnemental important?
  - ☐ A-t-il/elle donné les informations nécessaires pour le sujet?
  - ☐ Votre partenaire a-t-il/elle utilisé le vocabulaire approprié pour décrire le sujet?
  - ☐ A-t-il/elle utilisé le subjonctif?
  - ☐ A-t-il/elle utilisé le superlatif?
  - ☐ A-t-il/elle choisi des images qui illustrent bien le sujet?
  - ☐ A-t-il/elle bien organisé les informations?
  - ☐ A-t-il/elle utilisé des arguments persuasifs?
- Révisez votre présentation d'après (*according to*) les commentaires de votre partenaire.

Étape 4: Présentation

- Présentez votre travail à vos camarades de classe.
- Ne parlez pas trop vite et insistez sur les détails les plus importants.

Étape 5: Débat

- Votez pour la présentation que vous avez préférée.
- Votre professeur va choisir une ou deux présentations que la classe a préférée(s) et va organiser un débat. Préparez des arguments pour ou contre cette ou ces présentation(s) pour participer au débat.
- Utilisez vos arguments pour participer au débat. Attendez votre tour pour parler et choisissez le bon moment pour intervenir. Soyez poli(e) et respectez les opinions des autres élèves.

Ⓘ I CAN explain an environmental concern.

Ⓘ I CAN use persuasive techniques to convince my audience.

deux cent sept **207**

PRE-AP®

Presentational Speaking Have small groups research environmental issues and initiatives in the French-speaking world and compare them to those in their own community. Students should then record their thoughts in a one-minute speech similar to the format of the Cultural Comparison activity of the AP® French Exam, in which students compare their culture to a francophone culture for an assigned topic. Have students use a chart to prepare their presentations. One column of the chart will be used to record details about the issue and/or initiative in the francophone country they selected and the other column will be used for corresponding details concerning their own community.

Étape 1
To help students prepare for this project and to review question formation, conduct a Socratic Seminar on an article related to environmental issues. To conduct a Socratic Seminar, find a text related to the environment to give to students. Students need time to prepare for the Seminar and should receive the text in advance. Launch the Socratic Seminar by asking an open-ended, critical-thinking question about the text. In turn, students respond to the question and ask other questions they have about the text. Remind students to respect other students, to engage in the discussion, and to use evidence from the article when they share ideas.

Étape 2
Consider asking an Environmental Sciences colleague for ideas to share with students about worthy topics.

Étape 3
Partners should also help coach each other on timing. Are the presentations too short? Too long? Are students using transition words to make their speech flow better? (**D'abord, Finalement…**)

Étape 4
Students might want to create note cards to help them remember key points during their presentation.

Étape 5
- To help students decide which presentation was the most convincing, you might provide them with guiding questions to help them make their decision. Which issue was presented the most clearly? Which one was the most convincing and why?
- Tally students' votes for best presentations, choose the top one or two presentation(s), and organize a debate on those topics. Give all students who prepared arguments a chance to voice their opinions for and against what they heard and the overall topic(s). Encourage students to raise their hands and wait their turn to speak.
- To expand their work, students could collect the information in their presentations and create an environmental newsletter to share with their school.

Savoir-faire

Vocabulaire   Unité 4

Leçon 4A

La nature
un espace	space, area
en plein air	outdoor, open-air

L'écologie
améliorer	to improve
détruire	to destroy
gaspiller	to waste
polluer	to pollute
prévenir l'incendie	to prevent fires
trier (les déchets)	to sort (the trash)
une centrale nucléaire	nuclear power plant
le covoiturage	carpooling
des déchets toxiques (m.)	toxic waste
l'effet de serre (m.)	greenhouse effect
un emballage en plastique	plastic wrapping/ packaging
l'énergie éolienne (f.)	wind power
le gaspillage	waste
un glissement de terrain	landslide
un nuage de pollution	pollution cloud
la pluie acide	acid rain
une population croissante	growing population
le ramassage des ordures	garbage collection
le réchauffement climatique	global warming
le recyclage	recycling
la sécheresse	drought
la surpopulation	overpopulation
le trou dans la couche d'ozone	hole in the ozone layer
une usine	factory

Les lois et les règlements
abolir	to abolish
interdire	to forbid, to prohibit
une loi	law

Pronoms démonstratifs
celui	this one; that one; the one (m. sing.)
ceux	these; those; the ones (m. pl.)
celle	this one; that one; the one (f. sing.)
celles	these; those; the ones (f. pl.)

Expressions impersonnelles
Il est bon que...	It is good that...
Il est dommage que...	It is a shame that...
Il est essentiel que...	It is essential that...
Il est important que...	It is important that...
Il est indispensable que...	It is essential that...
Il est nécessaire que...	It is necessary that...
Il est possible que...	It is possible that...
Il faut que...	One must... / It is necessary that...
Il vaut mieux que...	It is better that...

Leçon 4B

La nature
une espèce (menacée)	(endangered) species
un arbre	tree
un bois	woods
un champ	field
le ciel	sky
une côte	coast
une étoile	star
une falaise	cliff
un fleuve	river
l'herbe (f.)	grass
une île	island
la Lune	moon
une pierre	stone
un pique-nique	picnic
un sentier	path

L'écologie
chasser	to hunt
jeter	to throw away
la chasse	hunt
le déboisement	deforestation
la préservation	protection
le sauvetage des habitats naturels	natural habitat preservation

Les animaux
un écureuil	squirrel
un lapin	rabbit
un serpent	snake
une vache	cow

Verbes de volonté
demander que...	to ask that...
désirer que...	to want/desire that...
exiger que...	to demand that...
préférer que...	to prefer that...
proposer que...	to propose that...
recommander que...	to recommend that...
souhaiter que...	to wish that...
suggérer que...	to suggest that...
vouloir que...	to want that...

Verbes et expressions d'émotion
aimer que...	to like that...
avoir peur que...	to be afraid that...
être content(e) que...	to be glad that...
être désolé(e) que...	to be sorry that...
être furieux / furieuse que...	to be furious that...
être heureux / heureuse que...	to be happy that...
être surpris(e) que...	to be surprised that...
être triste que...	to be sad that...
regretter que...	to regret that...

Mots apparentés: *See p.165.*

Suggestion Tell students that an easy way to study from **Vocabulaire** is to cover up the French half of each section, leaving only the English equivalents exposed. They can then quiz themselves on the French items. To focus on the English equivalents of the French entries, they simply reverse this process.

21st Century Skills

Creativity and Innovation
Ask students to prepare a list of three products or perspectives they learned about in this unit to share with the class. Consider asking them to focus on the **Culture** and **Panorama** sections.

Leadership and Responsibility: Extension Project
As a class, have students decide on three questions they want to ask the partner class related to this unit's topic. Based on the responses they receive, work as a class to explain to the partner class one aspect of their responses that surprised the class and why.

Les arts | Unité 5

Essential Question
How do we express our creativity?

Can-Do Goals
By the end of this unit, you will be able to:
- Discuss theater and performing arts
- Express certainty, doubt, and disbelief
- Discuss fine arts, film, television, and books
- Express necessities and desires

Culture
You will learn about:
- Arts and entertainment in the francophone world
- Geography and culture of **la Bourgogne-Franche-Comté**, **le Grand Est**, and **les Hauts-de-France**

Strategies
- **Listening:** Listening for key words/Using the context
- **Reading:** Point of view
- **Project:** Writing strong introductions and conclusions

Pour commencer
- Est-ce que cette personne joue de la guitare ou du violoncelle? *du violoncelle*
- Où est cette personne? *dans la rue, devant une église*

Essential Question
Go over the Essential Question as a class. Ask guiding questions to facilitate the discussion: How do we ground our traditions in our community? How do the arts inspire identity in a community or a culture?

Can-Do Goals
- Review the list of communicative goals with your students. Point out that this lesson will provide them with the tools necessary to achieve these goals.
- Tell your students that they will learn about performing arts and animated films in **Roman-photo**, **Culture**, and **Le Zapping**. Throughout the unit, they will also learn about the geography and the culture of **la Bourgogne-Franche-Comté**, **le Grand Est**, and **les Hauts-de-France**.

Pour commencer
The photo shows a street musician playing the cello in the **place de la Cathédrale**, in Strasbourg, France. Ask these additional questions based on the photo: **Dans quel pays se trouve cet homme, d'après vous? Est-ce que vous pensez qu'il aime ce qu'il fait? Y a-t-il des musiciens qui jouent dans la rue dans votre communauté?** (Answers will vary.)

SEL Suggestions

As you work through this unit, be mindful that students' families may have varying resources. Some students may have had limited exposure to visual and performing arts due to this lack of resources. Use this unit to provide this exposure by displaying art and showing videos of performances as time allows.

21st Century Skills

Initiative and Self-Direction
Students can monitor their progress online using the activities and assessments on vhlcentral.com.

SUPPORT FOR BACKWARD DESIGN

Unité 5 Integrated Performance Assessment
Before teaching the unit, review with your students the Integrated Performance Assessment (IPA) and its accompanying scoring rubric provided in the Testing Program. **IPA Context:** Students will work in pairs to discuss examples of street art they know and write an essay about how street art in Montreal inspires Quebec's identity.

Dossier culturel
Throughout the unit, your students will identify and compare cultural realities from the francophone world. These important observations can be added to their **Dossier culturel**.

Forums on vhlcentral.com allow you and your students to record and share text and audio messages. Use Forums for presentations, oral assessments, class discussions, exit tickets, etc. Encourage students to reflect weekly on what they've learned about the different cultural elements. Ask more advanced students to dig deeper and investigate a particular topic. This will facilitate the creation of their **Dossier culturel**.

Mise en scène

Unité 5 | **Communicative Goal** Discuss arts and entertainment

Rappelez-vous!

Un concert électro

I Isham   Dorothée **D**

I: slt. Tu veux venir avec moi voir Petit Biscuit vendredi soir?

D: 😄 Petit Biscuit!! Tu es sérieux?

I: Ouais. C'est le cadeau de Noël de mes parents.

D: Oh non!! C'est l'anniversaire de mariage de mes grands-parents. Toute ma famille va au resto vendredi soir. Il faut absolument que j'y sois.

I: Trop dommage! 😟 Petit Biscuit ne vient pas souvent à Strasbourg, tu sais.

D: Bon, qu'est-ce que je fais? Attends! J'ai une idée! J'irai voir mes grands-parents dimanche pour célébrer leur anniversaire de mariage! J'apporterai un gâteau. Je suis sûre qu'ils seront contents.

I: Et tu viens au concert avec moi vendredi!! 🙂 Alors, on se retrouve devant la Maison Bleue vendredi à 19h45, OK?

D: dac. Merci, Isham. Je t'adore! 😘

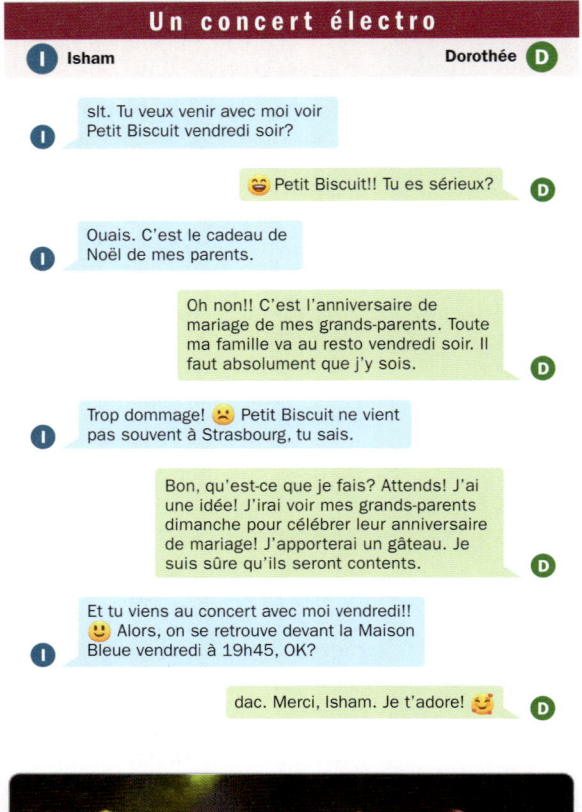

Le devoir d'anglais

N Noah   Margot **M**

M: Coucou. 👋 Qu'est-ce que tu fais?

N: Bof, rien de spécial. Pourquoi?

M: Il y a une comédie super à la télé. Viens chez moi. Ça commence à 15h.

N: J'aimerais bien mais il faut vraiment que je fasse mon devoir d'anglais. Il faut que j'aie une bonne note!

M: Tu peux faire ton devoir après le film, non?

N: Non, il vaut mieux que je le fasse maintenant. Et si j'ai fini d'ici 15h, je viens chez toi. C'est quoi, le film?

M: «Un jour sans fin». Tu as vu?

N: Ouais, il y a longtemps. Mais c'est super. Je finis mon anglais et j'arrive! 🙂

ACTIVITÉS

1. Un concert électro Les phrases suivantes sont fausses. Corrigez-les avec des phrases complètes. Attention! Plusieurs choses peuvent être incorrectes dans une phrase. *Answers will vary.*

1. Dorothée invite Isham à un concert samedi soir.
   Isham invite Dorothée à un concert vendredi soir.
2. C'est l'anniversaire de la mère de Dorothée.
   C'est l'anniversaire de mariage des grands-parents de Dorothée.
3. Il y a un concert de Petit Biscuit à Paris.
   Il y a un concert de Petit Biscuit à Strasbourg.
4. Isham va faire un gâteau pour Dorothée.
   Dorothée va faire un gâteau pour ses grands-parents.

2. Le devoir d'anglais Complétez les phrases logiquement, d'après la conversation entre Margot et Noah. Donnez tous les détails possibles. *Answers will vary.*

1. Le film dont parle Margot s'appelle « *Un jour sans fin* ».
2. Il faut que Noah *finisse son devoir d'anglais avant d'aller chez Margot*.
3. Margot invite *Noah à regarder un film chez elle*.
4. Noah pense qu'il *va pouvoir finir son devoir et aller regarder le film avec Margot*.

210   deux cent dix

Les arts — Unité 5

Mots apparentés

Blog *littéraire*

Je viens de lire un livre fantastique! Ça s'appelle *« Comédie, tragédie! »* et c'est l'histoire de plusieurs acteurs et actrices qui jouent ensemble au théâtre et au cinéma. Il y a un aspect *documentaire* dans ce livre parce qu'il est basé sur de vraies célébrités, d'après ce que j'ai lu dans un *magazine*.

L'*auteure*, Amélie Levasseur, *a publié* d'autres livres sur des artistes. Elle a écrit un roman sur un *sculpteur* et une *sculptrice* qui travaillent ensemble et un autre roman sur un *compositeur* et une *danseuse* qui tombent amoureux.

Mais je crois que «Comédie, tragédie!» est le meilleur livre de Levasseur. Elle montre comment les acteurs et actrices *jouent des rôles* complètement différents dans des *genres* opposés, du *drame psychologique* à la comédie.

Je pense que ce serait bien qu'on en fasse une *série télévisée* ou un film. En tout cas, je suis sûr que les *spectateurs* adoreront ça!

Les mots apparentés

- applaudir
- un(e) auteur(e)
- une comédie (musicale)
- un(e) compositeur/ compositrice
- un concert
- une danse
- un(e) danseur/ danseuse
- un documentaire
- un drame psychologique
- faire de la musique
- un festival (des festivals *pl.*)
- un genre
- le jazz
- jouer de la guitare/ du piano/du violon
- jouer un rôle littéraire
- un magazine
- un membre
- la musique classique/ pop/rock
- un opéra
- un orchestre
- un poème
- un(e) poète/poétesse
- présenter
- un programme
- publier
- récent(e)
- un(e) sculpteur/ sculptrice
- une sculpture
- une série (télévisée)
- une sorte
- un(e) spectateur/ spectatrice
- une tragédie
- une troupe

3 **Les mots apparentés** Trouvez dans la liste les mots qui correspondent à chaque catégorie. Answers will vary.

1. des artistes — un(e) auteur(e), un(e) compositeur/compositrice, un(e) danseur/danseuse, un(e) sculpteur/sculptrice
2. des types de spectacles et de programmes — une comédie (musicale), un concert, un opéra, une série (télévisée)
3. des genres de film ou de théâtre — une comédie (musicale), un documentaire, un drame psychologique, une tragédie
4. des mots associés à la littérature — un(e) auteur(e), littéraire, un poème, un(e) poète/poétesse, publier

I CAN discuss arts and entertainment.

4 **À votre tour** Vous tenez un blog où vous parlez d'art, de spectacles et de littérature. Écrivez un ou deux paragraphes dans votre blog au sujet de différents aspects du monde artistique que vous aimez. Utilisez au moins douze mots apparentés de la liste pour décrire vos préférences. N'oubliez pas de donner des exemples et des raisons pour vos impressions.
Answers will vary.

MODÈLE

J'aime beaucoup le rock classique. Par exemple, j'adore les Rolling Stones parce que…

Section Goals

In this section, students will learn and practice vocabulary related to:
- theater
- performing arts

 SEL Suggestions

As you work through this unit, be mindful that students' families may have varying resources. Some students may have had limited exposure to visual and performing arts due to this lack of resources. Use this unit to provide this exposure by displaying art and showing videos of performances as time allows.

Suggestions

- Use the digital image for this page. Point out people and things as you describe the illustration. Examples: **Il joue de la batterie. C'est un concert rock. C'est une pièce de théâtre. Ce sont les personnages de la pièce.**
- Remind students that they learned the word **chanteuse** in Level 1. Ask them to recall the masculine equivalent of **chanteuse (chanteur)**.
- Model the pronunciation of the word **début**, contrasting it with its English pronunciation.
- Point out the difference between **un personnage** and **une personne**.
- Tell students that **profiter de** does not necessarily have the negative connotation that *to take advantage of* does in English.
- Remind students to use **jouer à** with sports, but **jouer de** with musical instruments. Examples: **Il joue au tennis. Il joue de la guitare.**
- Ask students questions using the new vocabulary. Examples: **Quels réalisateurs célèbres connaissez-vous? Quelle est votre chanson préférée? Jouez-vous d'un instrument de musique? Si oui, duquel? Aimez-vous aller au théâtre? Quelles pièces de théâtre connaissez-vous?**

Contextes

Leçon 5A

Communicative Goal
Discuss performing arts, feelings, and opinions

Que le spectacle commence!

AP® Theme: Beauty and Aesthetics
Context: Performing Arts

Vocabulaire

profiter de quelque chose	to take advantage of/ to enjoy something
un applaudissement	applause
une chanson	song
un dramaturge	playwright
un entracte	intermission
un groupe	band
un metteur en scène/une metteuse en scène	director (of a play, a show, a movie)
un réalisateur/ une réalisatrice	director (of a movie)
une séance	show; screening
le début	beginning; debut
la fin	end
célèbre	famous

Cultures

Influences musicales Le monde francophone est très influencé par les Britanniques (*British*) et les Américains en matière de musique. On trouve, par exemple, beaucoup de groupes de rock, de pop, de blues, de jazz, de rap et de hip-hop en France comme au Canada et dans de nombreux pays d'Afrique. Il n'est pas rare qu'un groupe francophone ait un nom anglophone et que les paroles (*lyrics*) de ses chansons soient en anglais.

- Est-ce que la musique de votre région a été influencée par des cultures étrangères?

Relating Cultural Products to Perspectives

Making Connections

 deux cent douze

EXTRA PRACTICE

Whole Class Have students identify familiar artists, songs, films, plays, etc., by completing your statements with vocabulary from **Contextes**. Examples: **1.** Billie Eilish est une ____. (chanteuse) **2.** William Shakespeare est un ____. (dramaturge) **3.** *Roméo et Juliette* est une ____. (pièce de théâtre) **4.** Steven Spielberg est ____. (un réalisateur/metteur en scène)

GAME

Guessing Write or have students write the names of well-known artists on sticky notes and put them on the backs of other students. Then tell them to walk around the room asking their classmates yes/no questions to determine their identity. Examples: **Est-ce que je suis dramaturge? Est-ce que je suis réalisatrice? Est-ce que j'écris des chansons?**

Les arts — Unité 5

Mise en pratique

une pièce de théâtre
les personnages
la scène
une place
les spectateurs/spectatrices

1 Choisissez Choisissez la réponse qui complète le mieux chaque phrase. Notez que toutes les réponses ne sont pas utilisées.

_a_ 1. Pour voir une pièce de théâtre, ...
_g_ 2. Le réalisateur François Truffaut a fait...
_e_ 3. Au milieu d'une pièce de théâtre...
_d_ 4. Un metteur en scène est chargé de...
_h_ 5. La tragédie *Hamlet* est une...
_b_ 6. La batterie est...

a. il faut un billet.
b. un instrument de musique et de danse.
c. un membre de la troupe.
d. guider les comédiens dans leur travail.
e. il y a souvent un entracte.
f. il faut danser à l'entracte.
g. le film *Les 400 coups*.
h. des pièces de théâtre les plus célèbres de Shakespeare.

2 À compléter Complétez les phrases avec des mots du vocabulaire.

1. Tu connais la __chanson__ d'Édith Piaf *La vie en rose*?
2. Le début de ce film est un peu triste, mais la __fin__ est beaucoup plus joyeuse.
3. Il y a plusieurs __séances__ pour ce film. Il y en a une à 14h, une à 18h et une à 22h.
4. Les acteurs étaient sur la __scène__ du théâtre et les spectateurs étaient dans la salle.
5. Cette pièce a eu un succès incroyable! Vous avez entendu les __applaudissements__ des spectateurs?
6. Le __groupe__ rock préféré de mes parents, c'est les Rolling Stones.
7. __Profite__ bien du concert de Julien Doré ce soir! C'est le dernier concert de sa tournée pour cette année.
8. Cet acteur est très __célèbre__ en France. Tout le monde le connaît.

3 Écoutez Écoutez la conversation entre Hakim et Nadja pendant le spectacle de *Notre-Dame de Paris*, ensuite indiquez la bonne réponse.

1. Hakim et Nadja donnent leurs...
   a. places.
   b. billets.
   c. détails.

2. Leurs places sont situées...
   a. très loin de l'orchestre.
   b. au balcon.
   c. près de l'orchestre.

3. Le spectacle est...
   a. une comédie musicale.
   b. un concert.
   c. une tragédie.

4. Gilles Maheu est...
   a. un dramaturge.
   b. un metteur en scène.
   c. un personnage.

5. Hakim...
   a. n'a pas applaudi.
   b. a très peu applaudi.
   c. a beaucoup applaudi.

6. Nadja pense qu'Hakim...
   a. va devenir célèbre.
   b. n'est pas un bon danseur.
   c. est un bon réalisateur.

deux cent treize 213

Contextes Leçon 5A

Communication

4 Le mot juste Avec un(e) partenaire, remplissez les espaces par le mot qui est illustré. Faites les accords nécessaires.

1. Ma petite sœur apprend à __jouer de la batterie__ . Ça fait beaucoup de bruit (*noise*) dans la maison. Elle prépare son premier __concert__  qui sera en décembre.

2. Je dois me dépêcher de trouver une __place__  parce que la __séance__  va bientôt commencer.

3. Marie-Claude Pietragalla a été __danseuse__  étoile de l'Opéra de Paris. Je l'ai beaucoup aimée dans le __rôle__ de Giselle.

4. Je sais __jouer du piano__  et je voudrais apprendre à __jouer du violon__, mais je n'ai pas beaucoup de temps.

5 Répondez Avec un(e) partenaire, posez-vous les questions suivantes et répondez-y à tour de rôle.

1. Quelle sorte de chanson préfères-tu? Pour quelle(s) raison(s)?
2. Quel est le dernier concert auquel tu as assisté? Quel groupe est-ce que tu as vu?
3. Quel est ton genre de spectacle favori? Pourquoi?
4. Quel réalisateur admires-tu le plus? Décris un de ses films.
5. Est-ce que tu fais de la musique? De quel genre?
6. Es-tu un(e) bon(ne) danseur/danseuse? Pour quelle(s) raison(s)?
7. Si tu pouvais jouer un rôle, lequel choisirais-tu? Pourquoi?
8. Est-ce que les arts sont importants pour toi? Lesquels? Pourquoi?

6 Les sorties Votre professeur va vous donner, à vous et à votre partenaire, une feuille d'activités. Suivez les indications. Attention! Ne regardez pas la feuille de votre partenaire.

MODÈLE

Élève 1: Bonjour.
Élève 2: Bonjour. J'aimerais voir quelques spectacles ce week-end. Pourriez-vous me dire quels sont les spectacles proposés?
Élève 1: Bien sûr! Eh bien, vendredi soir…

7 Le blog virtuel Formez un petit groupe. Chaque membre du groupe choisit un film ou un spectacle différent.
- Écrivez une critique de ce film/spectacle.
- Passez-la à votre partenaire de gauche.
- Il/Elle écrit ensuite ses réactions.
- Continuez le processus pour faire un tour complet.
- Ensuite, discutez de tous vos commentaires.

I CAN discuss performing arts and express feelings and opinions.

214 deux cent quatorze

Communicative Goal Understand the obligatory liaisons and exceptions to liaison rules

Les arts — **Unité 5**

Les sons et les lettres

Les liaisons obligatoires et les liaisons interdites

Rules for making liaisons are complex and have many exceptions. Generally, a liaison is made between pronouns, and between a pronoun and a verb that begins with a vowel or vowel sound.

vous en avez   nous habitons   ils aiment   elles arrivent

Make liaisons between articles, numbers, or the verb **est** and a noun or adjective that begins with a vowel or a vowel sound.

un éléphant   les amis   di**x** hommes (z)   Roger est enchanté.

There is a liaison after many single-syllable adverbs, conjunctions, and prepositions.

très intéressant   chez eux   quand elle (t)   quand on décidera (t)

Many expressions have obligatory liaisons that may or may not follow these rules.

C'est-à-dire…   Comment allez-vous?   plus ou moins   avant-hier

Never make a liaison before or after the conjunction **et** or between a noun and a verb that follows it. Likewise, do not make a liaison between a singular noun and an adjective that follows it.

un garçon et une fille   Gilbert adore le football.   un cours intéressant

There is no liaison before **h aspiré**, the word **oui**, and numbers.

un hamburger   les héros   un oui et un non   mes onze animaux

Comparisons

Liaisons En anglais, on n'a pas besoin de faire la liaison. Prononcez ces paires de mots et expressions.

it, it is
read, read a book
man, a man opens
students, students are

• D'après vous, pourquoi la liaison n'est-elle pas nécessaire en anglais?

---

1 Prononcez Répétez les mots suivants à voix haute.

1. les héros
2. mon petit ami
3. un pays africain
4. les onze étages

2 Articulez Répétez les phrases suivantes à voix haute.

1. Ils en veulent trois.
2. Vous vous êtes bien amusés hier soir?
3. Christelle et Albert habitent en Angleterre.
4. Quand est-ce que Charles a acheté ces objets?

3 Dictons Répétez les dictons à voix haute.

Deux avis valent mieux qu'un.[1]

Les murs ont des oreilles.[2]

[1] Two heads are better than one. (lit. Two opinions are better than one.)
[2] The walls have ears.

I CAN understand when to make liaisons in French.

Section Goals
In this section, students will learn functional phrases for talking about a performance and for expressing certainty, doubt, necessities, and desires.

Video Recap: Leçon 4B
Before doing this **Roman-photo**, review the previous one with this activity.
1. Le groupe a fait un pique-nique à ____. (la montagne Sainte-Victoire)
2. D'abord, ils ont visité ____. (la Maison Sainte-Victoire)
3. Sandrine voulait que David fasse ____, mais il préférait dessiner ____. (un portrait d'elle/la montagne)
4. Stéphane a essayé de prendre une photo de ____. (Rachid et Amina)

Video Synopsis
Rachid, Amina, and David discuss the musical comedy they just saw and Sandrine's performance in it. At **Le P'tit Bistrot**, Valérie wants to know about the show and Sandrine's performance. David says she's not a bad actress, but she can't sing very well. Sandrine overhears his comments and confronts him. They argue and Sandrine breaks up with him.

Suggestions
- Tell students to scan the captions for vocabulary related to shows and performances.
- After reading the **Roman-photo**, have students summarize the episode.

① Suggestion Have students create additional true/false statements.

• Expansion For additional practice, give students these items. **6. David pense que Sandrine est une bonne actrice.** (Vrai) **7. Amina n'aime pas les comédies musicales.** (Faux) **8. Selon Rachid, la robe de Sandrine est le plus beau des costumes.** (Vrai) **9. David repart aux États-Unis demain.** (Faux)

Roman-photo — Leçon 5A

Communicative Goal Understand short conversations about a performance

Après le concert

AP® Theme: Beauty and Aesthetics
Context: Performing Arts

vhlcentral — Roman-photo

PERSONNAGES

Amina

David

Rachid

Sandrine

Valérie

Après le concert...
RACHID Bon... que pensez-vous du spectacle?
AMINA Euh... c'est ma comédie musicale préférée... Les danseurs étaient excellents.
DAVID Oui, et l'orchestre aussi!

RACHID Et les costumes, comment tu les as trouvés, Amina?
AMINA Très beaux!
RACHID Moi, je trouve que la robe que tu as faite pour Sandrine était le plus beau des costumes.
AMINA Vraiment?
DAVID Eh, voilà Sandrine.

SANDRINE Vous avez entendu ces applaudissements? Je n'arrive pas à croire que c'était pour moi... et toute la troupe, bien sûr!
DAVID Oui c'est vraiment incroyable!
SANDRINE Alors, vous avez aimé notre spectacle?
RACHID Oui! Amina vient de nous dire que c'était sa comédie musicale préférée.

VALÉRIE Et Sandrine?
DAVID Euh, comme ci, comme ça... À vrai dire, ce n'était pas terrible... C'est le moins que l'on puisse dire.
VALÉRIE Ah bon?
DAVID Comme actrice elle n'est pas mal. Elle a bien joué son rôle, mais il est évident qu'elle ne sait pas chanter.
VALÉRIE Tu ne lui as pas dit ça, j'espère!

DAVID Ben, non, mais... Je doute qu'elle devienne une chanteuse célèbre! C'est ça, son rêve. Croyez-vous que ce soit mieux qu'elle le sache?
SANDRINE Tu en as suffisamment dit...
DAVID Sandrine! Je ne savais pas que tu étais là.
SANDRINE De toute évidence! Il vaut mieux que je m'en aille.

À la terrasse...
DAVID Sandrine! Attends!
SANDRINE Pour quoi faire?
DAVID Je voudrais m'expliquer... Il est clair que...
SANDRINE Écoute, ce qui est clair, c'est que tu n'y connais rien en musique et que tu ne sais rien de moi!

ACTIVITÉS

① Vrai ou faux? Indiquez si ces affirmations sont **vraies** ou **fausses**. Corrigez les phrases fausses. *Answers may vary.* — *Interpretive Communication*

1. Le spectacle est la comédie musicale préférée de Rachid.
   Faux. Le spectacle est la comédie musicale préférée d'Amina.
2. Amina a beaucoup aimé les costumes. *Vrai.*
3. Valérie est surprise d'apprendre que Sandrine ne chante pas bien. *Vrai.*
4. David n'aime pas vraiment la robe de Sandrine.
   Faux. David aime bien la robe de Sandrine.
5. David veut rompre avec Sandrine.
   Faux. Sandrine veut rompre avec David.

② Compréhension Répondez aux questions. *Answers may vary.* — *Interpretive Communication*

1. Est-ce que la comédie musicale a eu du succès?
   Oui, elle a eu du succès.
2. Qui a fait la robe de Sandrine? *Amina a fait la robe de Sandrine.*
3. Que pense David de la performance de Sandrine?
   Il pense que Sandrine est une assez bonne actrice, mais qu'elle ne chante pas très bien.
4. Pourquoi Sandrine est-elle furieuse contre David?
   Elle a entendu David dire qu'elle ne chante pas très bien.

216 *deux cent seize*

PRE-VIEWING

Après le concert Before viewing the video, have students work in pairs and brainstorm a list of things people might say after a concert or musical. What aspects of the show might they mention? What expressions might they use to praise or criticize a performance?

VIEWING

Regarder la vidéo Photocopy the videoscript from the Teacher's Resources. Then white out words related to performing arts and other important vocabulary in order to create a master for a cloze activity. Distribute photocopies and tell students to fill in the missing information as they watch the video episode.

Les arts Unité 5

Les amis échangent leurs opinions.

SANDRINE C'est vrai? C'est la mienne aussi. (*Elle chante.*) J'adore cette chanson!
DAVID Euh... Sandrine, que tu es ravissante dans cette robe!
SANDRINE Merci, David. Elle me va super bien, non? Et toi, Amina, merci mille fois!

Au P'tit Bistrot...
VALÉRIE Alors c'était comment, la pièce de théâtre?
DAVID C'était une comédie musicale.
VALÉRIE Oh! Alors, c'était comment?
DAVID Pas mal. Les danseurs et l'orchestre étaient formidables.
VALÉRIE Et les chanteurs?
DAVID Mmmm... pas mal.

Expressions utiles

Talking about a performance
- Je n'arrive pas à croire que ces applaudissements étaient pour moi!
  I can't believe all that applause was for me!
- À vrai dire, ce n'était pas terrible... C'est le moins que l'on puisse dire.
  To tell the truth, it wasn't great... That's the least that you can say.

Expressing doubts
- Je doute qu'elle devienne une chanteuse célèbre!
  I doubt that she will become a famous singer!
- Croyez-vous que ce soit mieux qu'elle le sache?
  Do you think it would be better if she knew it?
- Je doute que ce soit ta vocation.
  I doubt that it's your vocation/professional calling.

Expressing certainties
- Il est évident qu'elle ne sait pas chanter.
  It's obvious that she does not know how to sing.
- Ce qui est clair, c'est que tu n'y connais rien en musique.
  What's clear is that you don't know anything about music.
- Il est clair que tu ne sais rien de moi.
  It's clear that you know nothing about me.
- Je suis certaine de ne plus jamais vouloir te revoir.
  I'm certain that I never want to see you again.

Talking about necessities and desires
- Il vaut mieux que je m'en aille.
  It's better that I go.
- Il faut bien que quelqu'un soit honnête avec toi.
  It's really necessary that someone be honest with you.

DAVID Sandrine, je suis désolé de t'avoir blessée, mais il faut bien que quelqu'un soit honnête avec toi.
SANDRINE À quel sujet?
DAVID Eh bien..., la chanson... je doute que ce soit ta vocation.
SANDRINE Tu doutes? Eh bien, moi, je suis certaine... certaine de ne plus jamais vouloir te revoir. C'est fini, David.

DAVID Mais, Sandrine, écoute-moi! C'est pour ton bien que je dis...
SANDRINE Oh ça suffit. Toi, tu m'écoutes... Je suis vraiment heureuse que tu repartes bientôt aux États-Unis. Dommage que ce ne soit pas demain!

3 **À vous!** David rentre chez lui et explique à Rachid qu'il s'est disputé avec Sandrine. Avec un(e) camarade de classe, préparez une conversation dans laquelle David dit ce qu'il a fait et explique la réaction de Sandrine. Rachid doit lui donner des conseils.

4 **Écrivez** Pauvre Sandrine! C'est vrai qu'elle ne chante pas bien, mais que son petit ami le dise, c'est blessant (*hurtful*). À votre avis, David a-t-il bien fait d'en parler? Pourquoi? Pour Sandrine, est-ce mieux de savoir ce que pense réellement David? D'après vous, est-ce que cette dispute entre David et Valérie se passerait dans votre culture? Composez un paragraphe dans lequel vous expliquez votre point de vue.

✓ **I CAN** understand conversations about a performance.

deux cent dix-sept 217

Culture

Leçon 5A

AP® Theme: Beauty and Aesthetics
Context: Performing Arts

Communicative Goal Identify and reflect on cultural products, practices, and perspectives related to theater

CULTURE À LA LOUPE

Le théâtre, un art vivant et populaire

Les Français sont très nombreux à fréquenter les théâtres: un Français sur trois voit au moins une pièce par an. Ce public fréquente les théâtres privés, les théâtres municipaux et les cinq théâtres nationaux, dont le plus ancien est la Comédie-Française. Les spectacles d'amateurs sont aussi très appréciés. Les comédiens° de théâtre ont beaucoup de prestige et reçoivent des récompenses° professionnelles spéciales, les Molière. Le théâtre joue aussi un rôle social important, en particulier pour les jeunes.

Le théâtre français est né au 17ᵉ siècle. Le roi Louis XIV était un grand amateur° de spectacles et la cour° de Versailles offrait les divertissements° les plus extravagants°. Les œuvres° d'auteurs célèbres, comme Molière ou les tragédiens Pierre Corneille et Jean Racine, datent de cette époque. En 1680, Louis XIV crée l'institution théâtrale la plus prestigieuse de France, la Comédie-Française.

Aujourd'hui, elle s'appelle aussi «Maison de Molière» ou «Théâtre-Français» et elle est toujours le symbole de la tradition théâtrale française. Elle compte parfois jusqu'à 70 comédiens et elle est subventionnée° par l'État. Elle a plus de 3.000 pièces à son répertoire et ses comédiens jouent dans près de 900 représentations° par an. Ils partent aussi en tournée° en province et à l'étranger et participent à des enregistrements° pour la radio et la télévision.

Pour assister à un de ces spectacles, il faut faire une réservation et retirer des billets avant le début de la représentation. Au théâtre Richelieu, on peut admirer le fauteuil dans lequel Molière a joué il y a plus de 300 ans!

Les chiffres clés du théâtre en France

- Le théâtre représente 29% des fréquentations «live».
- Il y a plus de 300 festivals de théâtre.
- 75% des spectateurs achètent leurs places en ligne.
- Les revenus du théâtre ont baissé de 90% pendant la pandémie de COVID-19.

Cultures

Les trois coups° du lever de rideau° Une tradition française est de signaler le début d'une représentation théâtrale avec trois coups. À la Comédie-Française, six coups sont utilisés à la place.

- Connaissez-vous d'autres traditions spécifiques au théâtre?

comédiens actors
récompenses awards
amateur lover
cour royal court
divertissements entertainment
œuvres works
subventionnée subsidized
représentations performances
en tournée on tour
enregistrements recordings
coups blows hit on the stage floor with a stick
lever de rideau rise of the curtain

ACTIVITÉS

1 **Complétez** Complétez les phrases. *Interpretive Communication*

1. _19% des Français_ voient au moins une pièce par an.
2. _Le théâtre français_ est né au 17ᵉ siècle.
3. _La Comédie-Française_ a été créée par Louis XIV en 1680.
4. La Comédie-Française a un répertoire de plus de _3.000 pièces_.
5. 75% des Français achètent leurs billets _en ligne_.

2 **Comparez** Répondez aux questions. *Answers will vary.* — *Cultural Comparisons / Relating Cultural Products to Perspectives*

1. Est-ce que le théâtre est populaire dans votre pays ou région? Faites des recherches.
2. Quels dramaturges connaissez-vous?
3. Est-ce qu'il existe l'équivalent des Molières pour le théâtre dans votre pays?
4. Est-ce qu'il y a des théâtres municipaux dans votre ville?

218 deux cent dix-huit

Les arts Unité 5

PORTRAIT

AP® Theme: Beauty and Aesthetics
Context: Performing Arts, Literature

Molière (1622–1673)

Molière, dont le vrai nom est Jean-Baptiste Poquelin, est le génie de la Comédie-Française. D'origine bourgeoise, il choisit la vie difficile du théâtre. En 1665, il obtient le soutien° de Louis XIV et devient le premier acteur comique, auteur et metteur en scène de France. Molière est un innovateur: il écrit des satires et des farces quand la mode est aux tragédies néoclassiques. Avec le compositeur Lully, il invente aussi la comédie-ballet. Les pièces de Molière sont restées populaires à travers les âges parce qu'il abordait les sujets de son époque de manière originale et universelle et remettait constamment en question les valeurs établies. Ce dont Molière parlait au 17è siècle est souvent encore d'actualité° aujourd'hui. Après une vie riche en aventures, il meurt après une représentation° du *Malade imaginaire*, dans laquelle il tenait° le rôle principal. Aujourd'hui, Molière reste l'auteur le plus joué en France.

soutien support **d'actualité** current **représentation** performance **tenait** played

LE MONDE FRANCOPHONE

Des musiciens

AP® Theme: Beauty and Aesthetics
Context: Music

Voici quelques musiciens francophones célèbres.

En Algérie Lofti Double Kanon (ou Lofti DK), considéré comme le roi du rap algérien

Aux Antilles Patrick Andrey, compositeur, arrangeur, interprète de la musique zouk

Au Cameroun Manu Dibango, célèbre joueur de saxophone, mort en 2020

Au Mali Amadou et Mariam, couple de chanteurs aveugles°

À La Réunion Zanmari Baré, l'une des plus belles voix° du maloya, musique typique de l'île

À Saint-Pierre-et-Miquelon Henri Lafitte, auteur, compositeur et interprète° de plus de 500 chansons

Au Sénégal Viviane Chidid, chanteuse de musique mbalax, un mélange de musique traditionnelle d'Afrique de l'Ouest et de musique occidentale

aveugles blind **voix** voices **interprète** performer

Sur le web
Faites des recherches sur un des musiciens mentionnés dans **Le monde francophone**, ou choisissez un autre pays ou région francophone et faites des recherches en ligne sur des musicien(ne)s célèbres de ces endroits et le type de musique qu'ils/elles jouent. Présentez votre recherche à la classe.

3 Répondez Répondez aux questions par des phrases complètes.
1. Molière était-il d'origine noble? *Non, il était d'origine bourgeoise.*
2. Que s'est-il passé dans la vie de Molière en 1665? *Il obtient le soutien de Louis XIV et devient le premier acteur comique, auteur et metteur en scène de France.*
3. Pourquoi Molière est-il un innovateur? *Il écrit des satires et des farces quand la mode est aux tragédies néoclassiques.*
4. Quand Molière est-il mort? *Il est mort après une représentation du Malade imaginaire.*
5. Quel type de musicien Lofti DK est-il? *C'est un musicien de rap.*

4 Un festival Vous et un(e) partenaire allez organiser un festival de culture francophone. Faites des recherches sur des artistes francophones et choisissez qui vous allez inviter. Où vont-ils jouer? Indiquez les genres d'œuvres. Comparez ensuite votre programme avec celui d'un autre groupe.

✓ **I CAN** identify and reflect on cultural products, practices, and perspectives related to shows.

deux cent dix-neuf **219**

PROFICIENCY
Cultures Organize students in groups and assign one of the following plays by Molière to each group: *L'École des femmes, Le Tartuffe, Don Juan, Le Misanthrope, Le Bourgeois gentilhomme, Les Femmes savantes,* or *Le Malade imaginaire*. Groups should find summaries of the plays and what kind of message they convey. Have volunteers present their findings to the class. Then, have the class discuss which of these plays they'd like to attend and why.

EXTRA PRACTICE
Pairs Have students read the list of musicians from **Le monde francophone**. Then have them work in pairs on a skit where they discuss which artist they would like to see perform, and why. Have volunteers perform their skit for the class.

Structures

Leçon 5A

Communicative Goal: Express doubt, disbelief, and uncertainty

5A.1 The subjunctive (Part 3)

Verbs of doubt, disbelief, and uncertainty

Point de départ The subjunctive is used in a subordinate clause when there is a change of subject and the main clause implies doubt, disbelief, or uncertainty.

MAIN CLAUSE	CONNECTOR	SUBORDINATE CLAUSE
Je doute	que	le concert soit bon.
I doubt	that	the concert is good.

Je doute qu'elle devienne une chanteuse célèbre!

Je suis certaine que je ne veux plus jamais te revoir!

Expressions of doubt, disbelief, and uncertainty

douter que...	to doubt that...	Il est impossible que...	It is impossible that...
ne pas croire que...	not to believe that...	Il n'est pas certain que...	It is uncertain that...
ne pas penser que...	not to think that...	Il n'est pas sûr que...	It is not sure that...
Il est douteux que...	It is doubtful that...	Il n'est pas vrai que...	It is untrue that...

Il n'est pas sûr qu'il y **ait** un entracte.
It's not sure that there is an intermission.

Il n'est pas vrai que Julie **danse** si mal.
It's not true that Julie dances so badly.

Je ne crois pas qu'on **vende** les billets ici.
I don't believe that they sell the tickets here.

Je ne pense pas qu'il y **ait** une séance du film ce soir.
I don't think there's a screening of the film tonight.

- The indicative is used in a subordinate clause when the main clause expresses certainty.

Expressions of certainty

croire que...	to believe that...	Il est clair que...	It is clear that...
penser que...	to think that...	Il est évident que...	It is obvious that...
savoir que...	to know that...	Il est sûr que...	It is sure that...
Il est certain que...	It is certain that...	Il est vrai que...	It is true that...

On **sait que** l'histoire **finit** mal.
We know the story ends badly.

Je **pense qu'**il **est** chanteur.
I think he is a singer.

Il est certain qu'elle **comprend**.
It is certain that she understands.

Il est évident qu'ils **aiment** la pièce.
It is obvious that they like the play.

Boîte à outils

The verb **croire** is conjugated in the present tense like the verb **voir**.

je crois	nous croyons
tu crois	vous croyez
il/elle/on croit	ils/elles croient

The past participle of **croire** is **cru**. It takes **avoir** in the **passé composé**.

Nous avons cru son histoire.
We believed his story.

Vérifiez

---

220 deux cent vingt

Les arts — Unité 5

- Sometimes a speaker may opt to use the subjunctive in a question to indicate that he or she feels doubtful or uncertain of an affirmative response.

Crois-tu que cet acteur **fasse** un bon Charles de Gaulle?
Do you believe that actor makes a good Charles de Gaulle?

Est-il vrai que vous **partiez** déjà en vacances?
Is it true that you're already leaving on vacation?

Croyez-vous que ce soit mieux qu'elle le sache?

More irregular verbs in the subjunctive

Present subjunctive of *aller, pouvoir, savoir, vouloir*

	aller	pouvoir	savoir	vouloir
que je/j'	aille	puisse	sache	veuille
que tu	ailles	puisses	saches	veuilles
qu'il/elle/on	aille	puisse	sache	veuille
que nous	allions	puissions	sachions	voulions
que vous	alliez	puissiez	sachiez	vouliez
qu'ils/elles	aillent	puissent	sachent	veuillent

Il faut qu'on **aille** au théâtre ce soir.
We have to go to the theater tonight.

Je doute que la pièce **puisse** causer un effet comme celui-là.
I doubt that the play could cause an effect like that.

Il vaut mieux que tu **saches** la nouvelle.
It's better that you know the news.

Est-il possible qu'il **veuille** apprendre à jouer du violon?
Is it possible that he wants to learn to play the violin?

◀ Vérifiez

Essayez! Choisissez la forme correcte du verbe.

1. Il est douteux que le metteur en scène (sait / **sache**) où est l'acteur.
2. Je sais que Mila Kunis et Ashton Kutcher (**sont** / soient) mariés.
3. Il est impossible qu'il (est / **soit**) amoureux d'elle.
4. Ne crois-tu pas que l'histoire du Titanic (finit / **finisse**) bien?
5. Pensez-vous que ce film français (est / **soit**) trop difficile à comprendre sans sous-titres (*subtitles*)?
6. Je ne crois pas qu'il (peut / **puisse**) jouer le rôle du jeune prisonnier.
7. Tout le monde sait que le groupe Christine and the Queens (**est** / soit) français.
8. Il n'est pas certain qu'ils (peuvent / **puissent**) terminer le spectacle.

deux cent vingt et un 221

Structures   Leçon 5A

5A.1 Mise en pratique

1 La Franche-Comté Vous habitez en Franche-Comté et vous parlez de vos projets de vacances. Complétez les phrases avec les formes correctes du présent de l'indicatif ou du subjonctif.

1. Je crois que Dijon __est__ (être) plus populaire que Nevers en juillet.
2. Il n'est pas certain que Pauline __vienne__ (venir) à Besançon cet été.
3. Il n'est pas sûr que nous __partions__ (partir) ensemble dans le Jura.
4. Crois-tu vraiment qu'ils __veuillent__ (vouloir) venir nous voir en hiver? Il fait tellement froid ici!
5. Nous savons que ce voyage __va__ (aller) te plaire.
6. Il est impossible que nous __sachions__ (savoir) les dates de nos vacances avant juin.

2 Un camarade pénible Valentine fait des commentaires, mais Laurent ne la croit pas. Utilisez les expressions entre parenthèses pour écrire les commentaires de Laurent.

MODÈLE
Valentine: *Le nouveau film de Tim Burton est populaire. (douter que)*
Laurent: *Je doute qu'il soit populaire.*

1. Il y a un concert de Jean-Jacques Goldman à la télé ce soir. (ne pas croire)
   Je ne crois pas qu'il y ait un concert de Jean-Jacques Goldman à la télé ce soir.
2. Les Enfoirés vont à la Maison de la Radio pour faire une émission. (il n'est pas vrai)
   Il n'est pas vrai qu'ils aillent à la Maison de la Radio pour faire une émission.
3. Zazie sort un nouvel album. (il n'est pas certain)
   Il n'est pas certain qu'elle sorte un nouvel album.
4. Tout le monde veut acheter l'album de ce groupe. (ne pas penser)
   Je ne pense pas que tout le monde veuille acheter l'album de ce groupe.
5. Moi aussi, je fais de la musique. (ne pas croire)
   Je ne crois pas que tu fasses de la musique.
6. Je sais jouer du piano et de la guitare. (il est impossible)
   Il est impossible que tu saches jouer du piano et de la guitare.
7. Toi et moi, nous pouvons jouer ensemble un jour. (ne pas penser)
   Je ne pense pas que nous puissions jouer ensemble un jour.
8. On deviendra célèbre! (il est douteux)
   Il est douteux qu'on devienne célèbre.

3 Devenir danseur Maxime veut devenir danseur avec la troupe nationale de danse contemporaine. Employez des expressions de doute et de certitude pour lui dire ce que vous pensez de ses habitudes.

Answers will vary.

MODÈLE
Je ne crois pas que tu puisses dormir jusqu'à midi!

1.   2.   3.

Les arts Unité 5

Communication

4 **Assemblez** Vous avez l'occasion de faire un séjour à Besançon. Avec un(e) partenaire, assemblez à tour de rôle les éléments de chaque colonne pour parler de ces vacances. Answers will vary.

MODÈLE

Il n'est pas certain que nous fassions de la musique.

A	B	C
Il est certain que	je/j'	être content(e)(s)
Il n'est pas certain que	tu	aller au musée
Il est évident que	mon copain	faire beau temps
Il est impossible que	ma sœur	profiter de la ville
Il est vrai que	mon frère	visiter des sites historiques
Il n'est pas sûr que	nous	voir la Maison de Victor Hugo
Je doute que	les touristes	admirer l'architecture
Je pense que	mes parents	?
Je sais que	?	
?		

Comparisons

La ville de Besançon
Située en Bourgogne-Franche-Comté, Besançon est connue pour son patrimoine (*cultural heritage*) artistique. On dit que sa beauté et son histoire en font un musée en plein air. De la Porte noire, datant de l'Antiquité, jusqu'au palais Granvelle en passant par les maisons à arcades, Besançon est en effet riche en beautés architecturales de tous les temps. Parmi les endroits à visiter dans cette ville, il y a la Maison natale de Victor Hugo, le célèbre auteur du roman *Les Misérables*, adapté plus tard en comédie musicale.

• Y a-t-il des quartiers historiques dans votre région? Quels sont-ils?

5 **Comédie musicale** Votre classe prépare une comédie musicale et vous organisez le spectacle. Votre partenaire voudrait y participer et il/elle postule pour un rôle. Alternez les rôles, puis présentez vos dialogues à la classe. Answers will vary.

MODÈLE

Élève 1: Est-il possible que je chante dans la chorale?
Élève 2: Je doute qu'il soit possible que tu y chantes. Il n'y a plus de place, mais je crois que...

- acteur/actrice
- compositeur
- metteur en scène
- animateur/animatrice (*emcee*)
- chorale
- danseurs
- musiciens
- ouvreur/ouvreuse (*usher*)

6 **L'avenir** Vous et votre partenaire parlez de vos doutes et de vos certitudes à propos de l'avenir. À tour de rôle, complétez ces phrases pour décrire comment vous envisagez (*envision*) l'avenir. Answers will vary.

1. Je doute que...
2. Il est sûr que...
3. Il n'est pas certain que...
4. Il est impossible que...
5. Je ne crois pas que...
6. Je sais que...

7 **Je doute** Votre partenaire veut mieux vous connaître. Écrivez cinq phrases qui vous décrivent: quatre fausses et une vraie. Votre partenaire doit deviner laquelle est vraie et justifier sa réponse. Ensuite, alternez les rôles. Answers will vary.

MODÈLE

Élève 1: Je finis toujours mes devoirs avant de me coucher.
Élève 2: Je doute que tu finisses tes devoirs avant de te coucher, parce que tu as toujours beaucoup de devoirs.

I CAN express doubt, disbelief, and uncertainty.

Section Goals

In this section, you will learn:
- the possessive pronouns
- the use of the expression **être à quelqu'un**

Scaffolding

- Review possessive adjectives and their usage before presenting possessive pronouns. Call out different phrases in English, for example *my hats, their dogs, his boat,* etc. and have students give the equivalent in French.
- Present possessive pronouns by pointing out to whom different objects belong. Use statements like these: **C'est mon stylo. C'est le mien. C'est le stylo de David. C'est le sien. Ce sont mes chaussures. Ce sont les miennes. Ces sont les chaussures de Meg et moi. Ce sont les nôtres**. Then ask students what the possessive pronouns replace (*the possessive adjectives and the nouns they modify*) and what they noticed about agreement (*they agree in number and gender with the nouns they replace*).
- Project the online version of this page. Read through the possessive pronouns and have students repeat after you. Point out the circumflex in **vôtre** and **nôtre** as well as the closed pronunciation of the **ô** in these words. Go over the examples. Work with students to create more sample sentences using other possessive pronouns. Example: **J'aime ta guitare, mais je préfère la mienne.**
- Have students complete the first **Vérifiez**.

Structures

Leçon 5A | **Communicative Goal** Express possession

5A.2 Possessive pronouns and être à (quelqu'un)

Point de départ In **Chemins** Level 1, you learned how possessive adjectives function in French. You will now learn about possessive pronouns and how they are different in French and English.

- Possessive pronouns are the words that replace nouns modified by possessive adjectives. In French, the possessive pronouns have different forms depending on whether the noun is masculine or feminine, singular or plural. These are the forms of the French possessive pronouns.

Singular possessive pronouns

masculine	feminine	
le mien	la mienne	*mine*
le tien	la tienne	*yours (fam./sing.)*
le sien	la sienne	*his/hers/its*
le nôtre	la nôtre	*ours*
le vôtre	la vôtre	*yours (form./pl.)*
le leur	la leur	*theirs*

Plural possessive pronouns

masculine	feminine	
les miens	les miennes	*mine*
les tiens	les tiennes	*yours (fam./sing.)*
les siens	les siennes	*his/hers/its*
les nôtres		*ours*
les vôtres		*yours (form./pl.)*
les leurs		*theirs*

- Possessive pronouns, like possessive adjectives, reflect the object or person possessed, *not* the possessor.

  sa voiture → *his car* **la sienne** (referring to the car) → *his*
  sa voiture → *her car* **la sienne** (referring to the car) → *hers*

- French and English possessive pronouns are very similar in usage. They can refer to an object or a person. However, the French possessive pronouns consist of two parts: the definite article and the possessive word. Both parts must agree in number and gender with the noun to which they refer.

  Ils aiment mes pièces, mais ils préfèrent **les tiennes**. (tes pièces)
  They like my plays, but they prefer yours.

  Je connais ton frère, mais je ne connais pas **le sien**. (son frère)
  I know your brother, but I don't know his/hers.

  Je vois **ma voiture**, mais je ne vois pas **la vôtre**. (votre voiture)
  I see my car, but I don't see yours.

224 *deux cent vingt-quatre*

vhlcentral
▶ Grammar Tutorial

💬 **Vérifiez**

DIFFERENTIATION

Kinesthetic Learners Using TPR, ask questions to elicit possessive pronouns. Examples: Point to your desk and then address a student. **C'est mon bureau ou ton bureau? (C'est le vôtre.)** Pick up a student's paper, and direct the question to a second student. **C'est ta feuille de papier ou la sienne? (C'est la sienne.)** Repeat each question several times with different students.

EXTRA PRACTICE

Pairs Have students work in pairs to write at least eight questions on a variety of topics to ask the other. The goal is to use possessive pronouns in the questions or the answers. Ex: **1. Mes grands-parents habitent à Houston. Et les tiens? 2. Ma famille est très grande. Et la tienne? 3. Mon/Ma petit(e) ami(e) est très intelligent(e). Et le tien/la tienne? 4. J'adore mes cours. Et toi? Les miens sont trop difficiles.**

Les arts — Unité 5

- With the indefinite pronoun **on**, always use the masculine possessive pronoun **le sien/les siens**.

   On aime **les siens**.
   One likes one's own (people).

- The articles **le** and **les** of the possessive pronouns contract with **à**.

   à + le mien → au mien
   à + la mienne → à la mienne
   à + les miens → aux miens
   à + les miennes → aux miennes

   Tu vas téléphoner **à mes amis** ou **aux tiens**?
   Are you going to call my friends or yours?

   Avez-vous parlé **à leurs parents** ou **aux vôtres**?
   Did you speak to their parents or yours?

- The articles **le** and **les** of the possessive pronouns contract also with **de**.

   de + le mien → du mien
   de + la mienne → de la mienne
   de + les miens → des miens
   de + les miennes → des miennes

   Pourquoi t'occupes-tu **de ses problèmes** au lieu **des tiens**?
   Why are you concerned with his/her problems instead of yours?

   Les critiques parlent **de votre tragédie**, pas de **la nôtre**.
   The critics are talking about your tragedy, not ours.

- You can use the possessive pronouns after the expressions **C'est** and **Ce sont** to indicate ownership.

   C'est **la nôtre**.
   It's ours.

   Ce sont **les miennes**.
   These are mine.

- However, to say that a specific object belongs to someone, use the expression **être à** + [noun/disjunctive pronoun].

   Ce pull **est à** Nathan.
   This sweater belongs to Nathan.

   Ce pull **est à** lui.
   This sweater is his.

 Vérifiez

Essayez!
Écrivez le pronom possessif qui correspond.

1. Où est ma feuille d'examen? _Où est la mienne?_
2. Ce sont tes sœurs qui reviennent de Grèce? _Ce sont les tiennes qui reviennent de Grèce?_
3. J'ai revu mon amie d'enfance hier soir! _J'ai revu la mienne hier soir!_
4. C'est votre lampe qui ne marche plus! _C'est la vôtre qui ne marche plus!_
5. Ils viennent d'acheter leur piano. _Ils viennent d'acheter le leur._
6. Ce sont nos chansons qui passent à la radio! _Ce sont les nôtres qui passent à la radio!_
7. Ses fauteuils sont toujours en bon état (*condition*). _Les siens sont toujours en bon état._
8. Quand ton concert a-t-il lieu (*takes place*)? _Quand le tien a-t-il lieu?_

Structures   Leçon 5A

5A.2 Mise en pratique

1 **Pas de répétitions!** Remplacez les mots indiqués par les bons pronoms possessifs.

MODÈLE

Je vois mon frère, mais je ne vois pas ton frère.
Je vois le mien, mais je ne vois pas le tien.

1. Tu préfères mes chansons ou leurs chansons? *Tu préfères les miennes ou les leurs?*
2. Mes danseurs sont arrivés, mais vos danseurs pas encore. *Les miens sont arrivés, mais les vôtres pas encore.*
3. Ta comédie est amusante, mais sa comédie est ennuyeuse. *La tienne est amusante, mais la sienne est ennuyeuse.*
4. Mon petit ami et ton petit ami sont allés au match ensemble. *Le mien et le tien sont allés au match ensemble.*
5. Ma grand-mère habite à Bruxelles. Et leur grand-mère? *La mienne habite à Bruxelles. Et la leur?*
6. Nos chansons sont meilleures que vos chansons. *Les nôtres sont meilleures que les vôtres.*
7. Sa maison est près de la banque. Où est votre maison? *La sienne est près de la banque. Où est la vôtre?*
8. Leurs séances sont moins longues que tes séances. *Les leurs sont moins longues que les tiennes.*

2 **Quel chaos!** Madame Mercier emmène ses enfants et leurs copains à la plage, mais tout le monde a oublié d'apporter quelque chose. Faites des phrases complètes pour dire qui a oublié quoi.

MODÈLE

je / serviette / David
J'ai ma serviette, mais David a oublié la sienne.

1. tu / lunettes de soleil / Marie et Claire *Tu as tes lunettes de soleil, mais Marie et Claire ont oublié les leurs.*
2. nous / chaussures / Christophe *Nous avons nos chaussures, mais Christophe a oublié les siennes.*
3. Tristan et Benjamin / casquettes / Élisa et toi *Tristan et Benjamin ont leurs casquettes, mais Élisa et toi avez oublié les vôtres.*
4. vous / maillot de bain / nous *Vous avez votre maillot de bain, mais nous avons oublié les nôtres.*
5. Thomas / crème solaire (*sunscreen*) / vous *Thomas a sa crème solaire, mais vous avez oublié la vôtre.*
6. je / ma tablette / tu *J'ai ma tablette, mais tu as oublié la tienne.*
7. Magalie / magazine / nous *Magalie a son magazine, mais nous avons oublié le nôtre.*
8. tu / bouteille d'eau / il *Tu as ta bouteille d'eau, mais il a oublié la sienne.*

3 **Les mêmes choses** Votre cousin va faire exactement les mêmes choses que vous, aujourd'hui. Écrivez ses réponses avec des pronoms possessifs.

MODÈLE

Tu vas écrire une carte postale à tes grands-parents?
Alors, je vais aussi écrire une carte postale aux miens.

1. Tu vas jouer avec ton petit frère? *Alors, je vais aussi jouer avec le mien.*
2. Tu vas téléphoner à tes amies? *Alors, je vais aussi téléphoner aux miennes.*
3. Tu vas donner à manger à tes chats? *Alors, je vais aussi donner à manger aux miens.*
4. Tu vas dire bonjour à ton prof? *Alors, je vais aussi dire bonjour au mien.*
5. Tu vas prendre une photo de ta maison? *Alors, je vais aussi prendre une photo de la mienne.*
6. Tu vas t'occuper de tes affaires? *Alors, je vais aussi m'occuper des miennes.*
7. Tu vas acheter un cadeau à ta mère? *Alors, je vais aussi acheter un cadeau à la mienne.*
8. Tu vas aller au cinéma avec tes amis? *Alors, je vais aussi aller au cinéma avec les miens.*

226   *deux cent vingt-six*

Les arts — Unité 5

Communication

4 C'est à qui? Vous êtes responsable du bureau des objets trouvés dans votre lycée. Avec un(e) partenaire, créez un dialogue et jouez la scène devant la classe. *Answers will vary.*

> **MODÈLE**
> **Élève 1:** Ces cahiers sont à toi?
> **Élève 2:** Non, ce ne sont pas les miens.
> **Élève 1:** Tu es sûr(e)?
> **Élève 2:** Oui, les miens sont plus grands.

1. 2. 3. 4.

5 Comparaisons Emma habite à Dijon et son amie Lucie habite à Besançon. Elles se retrouvent et parlent des différences entre leurs villes en matière d'arts et spectacles. Avec un(e) partenaire, imaginez la conversation entre Emma et Lucie. Utilisez autant de pronoms possessifs que possible. *Answers will vary.*

> **MODÈLE**
> **Élève 1:** Ma ville a beaucoup de concerts sympas. Et la tienne?
> **Élève 2:** La mienne a des musées très intéressants? Est-ce que la tienne a des musées?

6 Questions personnelles Vous voulez mieux connaître votre partenaire. Posez-vous ces questions à tour de rôle. Utilisez des pronoms possessifs dans vos réponses. *Answers will vary.*

1. Est-ce que tes idées (*ideas*) sont vraiment différentes de celles de tes parents?
2. Est-ce que ton style de vêtements est le même que celui de ton frère ou de ta sœur?
3. D'habitude, est-ce que tu t'occupes de tes affaires ou de celles de tes amis?
4. Tu t'entends mieux avec tes parents ou avec ceux de ton/ta meilleur(e) ami(e)?
5. Tu aimes ton quartier ou celui de tes amis?
6. Tu préfères la voiture de tes parents ou celle des parents d'un de tes amis?
7. Est-ce que tes goûts (*tastes*) en musique sont différents de ceux de tes grands-parents?

7 La réunion Vous allez à une fête et vous retrouvez un(e) ami(e) d'enfance. Avec un(e) partenaire, parlez de vos vies et utilisez des pronoms possessifs dans votre conversation. *Answers will vary.*

> **MODÈLE**
> **Élève 1:** Mes parents vont très bien. Et les tiens?
> **Élève 2:** Les miens vont bien aussi.

adresse e-mail	numéro de téléphone	voisins
frère/sœur	passe-temps	travail
lycée	petit(e) ami(e)	voiture

✓ **I CAN** express possession.

Cultures

Les spectacles à Dijon
La ville de Dijon compte plusieurs salles de spectacle. Le Zénith est une grande salle de spectacle avec 9.000 places et une architecture très moderne. Il accueille aussi bien les groupes de rock ou pop que des ballets de danse classique et moderne. Le très classique Grand Théâtre de Dijon, construit en 1828, propose plutôt des opéras et des pièces de théâtre. Également impressionnants de taille (*size*) et d'architecture, ces endroits représentent deux facettes importantes de la vie culturelle bourguignonne.

• Y a-t-il des salles de spectacle équivalentes dans votre communauté?

deux cent vingt-sept 227

Révision

Synthèse — Leçon 5A

1. Il est clair que... Imaginez les activités artistiques préférées de ces personnes. Avec un(e) partenaire, utilisez des expressions de doute et de certitude pour répondre aux questions. Answers will vary.

chanteur de chorale ou de comédie musicale?

danseur ou acteur?

chef d'orchestre ou metteur en scène?

compositeur d'opéra ou dramaturge?

2. Je ne pense pas Par petits groupes, discutez de ces affirmations. Qui est d'accord et qui n'est pas d'accord? Utilisez des expressions de doute et de certitude. Ensuite, présentez vos arguments à la classe. Answers will vary.

MODÈLE La télévision fait du mal au cinéma.
Élève 1: Penses-tu que la télévision fasse du mal au cinéma?
Élève 2: Non, je ne crois pas que ce soit vrai. Chaque média a sa place et ses spectateurs.

- Jimi Hendrix est le meilleur joueur de guitare.
- Mozart est le meilleur compositeur de musique classique.
- Personne n'aime les comédies musicales aujourd'hui.
- Un danseur est aussi sportif qu'un athlète.
- Beaucoup de groupes rock sont ennuyeux.

3. Les arts Votre professeur va vous donner, à vous et à votre partenaire, deux feuilles d'activités différentes sur les arts. Attention! Ne regardez pas la feuille de votre partenaire. Answers will vary.

4. C'est tout moi! Avec un(e) partenaire, vous voyez ces annonces dans le journal. Vous pensez qu'un de ces rôles est pour vous. Un(e) ami(e) n'est pas du tout d'accord, mais vous insistez. Utilisez des expressions de doute et de certitude dans votre dialogue. Answers will vary.

Cherchons jeune homme de 27-30 ans, sportif et musclé, avec permis moto et avion, pour rôle principal. Doit être un acteur expérimenté qui sache jouer du piano comme un professionnel et qui puisse monter à cheval. Doit avoir les yeux noirs, beaucoup de charme, de la présence et un look aventurier.

Cherchons jeune femme de 18-20 ans avec beaucoup de personnalité et qui ait une formation de chanteuse classique, pour rôle dans une comédie musicale en espagnol. Doit pouvoir danser le tango, la salsa et la rumba. Venez rencontrer le compositeur et le metteur en scène, jeudi à 20 heures, au Théâtre du Boulevard.

5. Le meilleur Avec un(e) partenaire, trouvez un exemple pour chaque catégorie de la liste. Ensuite, comparez votre liste avec celle d'un autre groupe et parlez de vos opinions. Utilisez des expressions de doute et de certitude. Answers will vary.

le/la meilleur(e)... en ce moment
- film
- chanson
- danseur/danseuse
- chanteur/chanteuse
- acteur/actrice

6. Mal organisé(e)s Votre partenaire et vous avez les mêmes fournitures scolaires (*school supplies*). Chacun(e) de vous pense que ce qui est sur la table est à lui/elle. Utilisez des pronoms possessifs. Jouez votre dialogue devant la classe. Answers will vary.

MODÈLE
Élève 1: C'est ma calculatrice, n'est-ce pas?
Élève 2: Non, désolé(e). C'est la mienne.

Communicative Goal Identify and reflect on cultural products and humorous perspectives related to them | **Les arts** | **Unité 5**

Préparation

1 Décrivez Répondez aux questions.

1. En quoi consiste un petit-déjeuner typique aux États-Unis?
   Answers will vary, but may include: des oeufs, du pain, des céréales, du jus d'orange, du café/du thé, etc.
2. En quoi consiste un petit-déjeuner typique en France?
   Answers will vary, but may include: des croissants, des tartines, du pain, de la baguette, du café au lait, etc.

La Tartine

Dans ce film d'animation musical de Guillaume Colomb et Olivier Derivière, les objets et les aliments qu'on associe à un petit-déjeuner français typique prennent vie° pour transformer ce moment simple de la journée en une compétition pleine d'humour entre un pot de miel et un pot de confiture qui convoitent° tous les deux une belle tartine. Lequel d'entre eux sera le vainqueur°? Découvrez-le!

Court métrage *Short film* **départager** *to settle between* **prennent vie** *come to life* **convoitent** *covet* **vainqueur** *winner*

2 À compléter Complétez ce dialogue à l'aide du vocabulaire et des expressions.

—Je n'arrête pas de (1) __bâiller__. J'ai mal dormi.
—Qu'est-ce que tu veux ce matin pour le petit-déjeuner?
—Du pain bien (2) __croustillant__ avec du beurre et de la confiture.
—Tu veux du café?
—Oui, mais fais-le bien (3) __corsé__, pas comme hier matin, alors, parce qu'il n'était vraiment pas bon!
—Oh, écoute, arrête de (4) __râler__! Tu n'es jamais content! Tiens, voilà ton jus d'orange...
—(5) __Bon sang__, fais attention! Tu en as renversé (*spilled*) partout!
—Dis donc, il est déjà huit heures. (6) __Grouille-toi__! Les cours commencent dans une demi-heure!

Court métrage°

Nous allons vous départager°.

Vocabulaire du court métrage

bâiller	to yawn
se bouger (*fam.*)	to get moving
un conte de fée	fairy tale
coquin(e)s	rascals
corsé(e)	strong
croustillant(e)	crusty
fatidique	fateful
(mettre) en sourdine	(to play) quietly, softly
les marioles (*m.*)	jokers
un pétale	flake
râler	to complain
tartiner	to spread

Expressions utiles

Arrête de faire l'andouille! (*fam.*)	Stop goofing around!
Bon sang! (*fam.*)	Darn it!
Grouille-toi! (*fam.*)	Hurry up!
J'en ai soupé. (*fam.*)	I've had enough.
Si vous n'y mettez pas du vôtre...	If you don't make an effort...
avoir du bol (*fam.*)	to have good luck

deux cent vingt-neuf 229

Synthèse Leçon 5A

Scènes

L'OUVRE-BOÎTE° Le réveil a sonné. Le petit-déjeuner va bientôt commencer. Tous nos amis sont-ils prêts? Où sont ces petits coquins? Ah tiens! En voilà un!
LE BOL Si vous voulez du bol, me voilà, les petits marioles!
LE CAFÉ Et moi, je suis corsé, tout aromatisé°. Et nous formons une équipe idyllique.
LA CONFITURE Et moi, la confiture, je suis prête pour l'aventure.
LE MIEL Et moi?! Il n'y a pas que toi!
L'OUVRE-BOÎTE Ah, décidément, ce miel... toujours en train de râler!

L'OUVRE-BOÎTE Elle en a de la chance, cette petite tranche! Car c'est aujourd'hui le jour de sa vie.
LA TARTINE Alors, c'est aujourd'hui? C'est vraiment le jour de ma vie?

LA TARTINE Quelle belle journée pour déjeuner! J'en ai rêvé.
LA CONFITURE Tu es si belle!
LE MIEL Elle sera mienne.
LA CONFITURE Viens avec moi!
LA TARTINE Un conte de fée est arrivé.
LE MIEL Ne l'écoute pas!

LE MIEL Moi, j'en ai marre! J'en ai soupé! Toujours pareil! Il y en a que pour lui, ce pot de confiture!
L'HOMME Nous allons vous départager. Devant vous, deux bols, un chacun. Derrière, des sucres. Vous allez lancer° un maximum de sucres dans votre bol. Quand la tartine sera prête, celui qui aura le plus de sucres dans son bol aura le droit° de se faire tartiner.

L'HOMME Un, deux, trois, quatre, cinq... Un, deux, trois, quatre, cinq, six, sept, huit. Ce sera donc une tartine de...

L'OUVRE-BOÎTE Elle en a eu de la chance, cette petite tranche. Ce fut° aujourd'hui le jour de sa vie.

ouvre-boîte *can opener* **aromatisé** *flavored*
lancer *to throw* **le droit** *the right* **fut** *was*

deux cent trente

Analyse

3 Compréhension Faites correspondre les images aux phrases.

_e_ 1. La tartine est prête à être tartinée.
_c_ 2. L'homme décide de départager le miel et la confiture.
_a_ 3. L'ouvre-boîte réveille tout le monde pour le petit-déjeuner.
_b_ 4. Le miel tombe de la table.
_d_ 5. C'est la compétition entre la confiture et le miel.
_f_ 6. L'homme mange finalement.

a.

b.

c.

d.

e.

f.

4 Conversation Avec un(e) partenaire, discutez de ces questions au sujet de *La Tartine*. Answers will vary.

1. Que représente la tartine dans l'histoire? Que représentent la confiture et le miel?
2. Pourquoi la tartine parle d'un «conte de fée»?
3. Pourquoi le miel tombe de la table?
4. Ce film d'animation est une parodie de quel genre de spectacle?

5 Réflexion De quelle manière la vie quotidienne peut-elle ressembler à un tableau, une danse, une pièce de théâtre, un concert ou une autre forme d'art? Quelle partie de votre vie ressemble à un spectacle? Pourquoi? Dans le spectacle de votre vie, qui est le metteur en scène et qui sont les membres de la troupe?

6 Application Comme nous le voyons dans *La Tartine*, les opéras sont connus pour leurs fins tragiques. Tous les genres artistiques ont des composantes qui forment leur identité. Pour la peinture, ce sont la perspective, la couleur et les lignes; pour la danse, le mouvement; dans une pièce de théâtre, l'introduction, le conflit et le dénouement, etc. Par petits groupes, choisissez un moment de la journée et transformez-le en œuvre d'art. Ensuite, présentez-le à la classe.

I CAN identify and reflect on cultural products and humorous perspectives related to them.

Section Goals

In this section, students will learn and practice vocabulary related to:
- fine arts
- films and television
- books

Suggestions
- Use the digital image for this page. Point out people and things as you describe the illustration. Examples: **Elle fait de la peinture. C'est un film d'horreur.**
- Point out that the **f** in **chef-d'œuvre** and the **p** in **sculpture** are silent.
- Point out the difference in spelling between the French word **aventure** and the English word *adventure*.
- Explain that in France some professions, such as **peintre**, do not have an officially recognized feminine form. **Une femme peintre** is used instead. However, the terms **écrivaine** and **auteure** are now officially accepted in France and Canada. Mention that the term **auteur(e)** is more general than **écrivain(e). Auteur(e)** can also mean *creator*.
- Explain that **les beaux-arts** (*fine arts*) is a term that refers collectively to a variety of artistic fields, particularly those concerned with the creation of beautiful things, such as painting and sculpture.

SEL Suggestions

Be mindful that some students may come from families that are not especially familiar with many works of art and literature. Use very well-known examples of films, TV shows, books, and visual art pieces to present and practice the vocabulary.

Contextes — Leçon 5B

Communicative Goal: Discuss fine arts, films, television, and books

Au festival d'art

AP® Theme: Beauty and Aesthetics
Context: Visual Arts

Vocabulaire

faire les musées	to go to museums
les beaux-arts (m.)	fine arts
un chef-d'œuvre	masterpiece
un conte	tale
une critique	review; criticism
un(e) écrivain(e)	writer
une émission (de télévision)	(television) program
un feuilleton	soap opera
un film (d'aventures, policier)	(adventure, crime) film
une histoire	story
les informations (infos) (f.)	news
un jeu télévisé	game show
la météo	weather
une œuvre (d'art)	(art)work, piece (of art)
une publicité (pub)	advertisement
un roman	novel
les variétés (f.)	popular music
ancien(ne)	ancient; old; former
doué(e)	talented, gifted
gratuit(e)	free
à la radio	on the radio
à la télé(vision)	on television

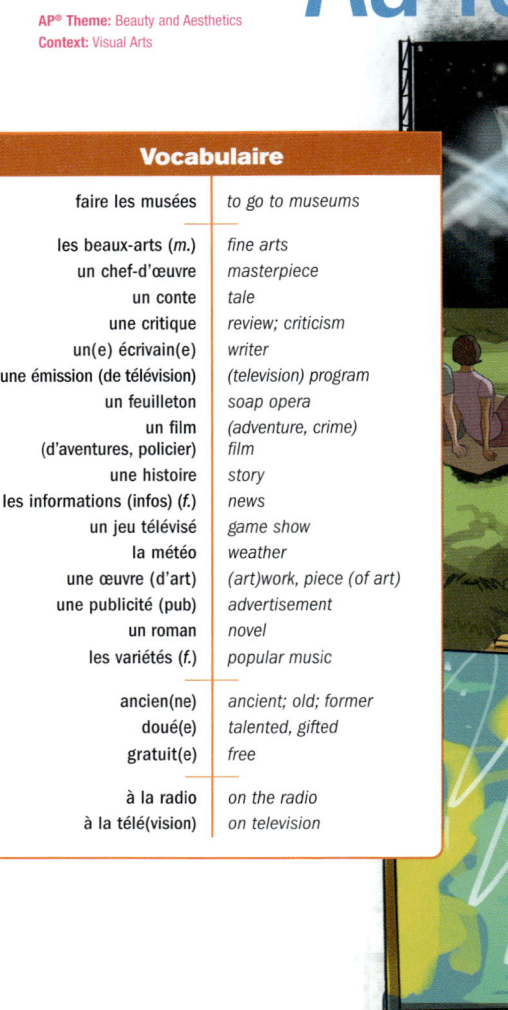

un film de science-fiction
un dessin animé
une exposition
une peinture / un tableau
une femme peintre (un peintre m.)
Elle fait de la peinture.

232   deux cent trente-deux

GAME

Jeopardy Write types of television shows or movies on index cards and place them in a box. Divide the class into two teams. Have students draw a card and describe the movie or show in French. The other team has to say **Qu'est-ce que c'est?** and the English title of the movie or show described. Reward the teams with one point per title they guess correctly.

DIFFERENTIATION

Visual Learners Bring images representing various vocabulary words to class. Hold them in front of the class and have students shout out the vocabulary words the images represent. Have a volunteer go to the board to write the words. Have students look at the images again, at the word spelled out on the board, and say the word one more time aloud. Model and correct the pronunciation as needed.

Les arts — Unité 5

Mise en pratique

1 Vous les connaissez? Faites correspondre les œuvres, personnages et programmes télévisés avec le mot ou l'expression qui convient.

_e_ 1. *La Belle et la Bête*
_d_ 2. *La Joconde (Mona Lisa)*
_a_ 3. *Le David*
_h_ 4. *Jeopardy*
_l_ 5. Claude Monet
_g_ 6. *Les Trois Mousquetaires*
_b_ 7. Victor Hugo
_f_ 8. *All My Children*
_i_ 9. *Vogue*
_c_ 10. *La Guerre des étoiles*

a. une sculpture
b. un auteur
c. un film de science-fiction
d. une peinture
e. un conte
f. un feuilleton
g. un roman
h. un jeu télévisé
i. un magazine
j. une exposition
k. un film d'horreur
l. un peintre

2 Complétez Complétez ces phrases avec le mot de vocabulaire qui convient.

1. La peinture et la sculpture font partie des __beaux-arts__.
2. Une __poétesse__ est une femme qui écrit des poèmes.
3. Un(e) __auteur(e)__ est quelqu'un qui crée une œuvre.
4. Un article au sujet de créations littéraires ou artistiques est __une critique__.
5. Un __documentaire__ est un film basé sur la réalité.
6. Une __publicité__ est une activité commerciale pour vendre un produit.
7. *Bugs Bunny* et *Mickey Mouse* sont des exemples de __dessin animé__.
8. *Indiana Jones* est un exemple de film __d'aventures__.
9. Si on n'a pas besoin de payer pour entrer dans un musée, c'est __gratuit__.
10. On peut écouter les informations __à la radio__.

3 Écoutez Écoutez la conversation entre Nora et Jeanne et indiquez si Nora (N), Armand (A), Jeanne (J) ou Charles (C) ont fait les choses suivantes.

_N_ 1. s'est bien amusée au Festival des beaux-arts.
_N et A_ 2. ont vu une exposition d'art contemporain.
_J et C_ 3. ont vu un film d'aventures.
_N et A_ 4. ont assisté à une critique littéraire sur Maïssa Bey.
_J et C_ 5. sont restés chez eux.
_N et A_ 6. sont allés à la librairie pour acheter un roman.
_C_ 7. a promis de faire les musées le week-end prochain.
_J_ 8. a fait de la peinture.

Interpretive Communication

deux cent trente-trois **233**

Contextes — Leçon 5B

Communication

4 Conversez Interviewez un(e) camarade de classe au sujet de l'art et des médias. *Answers will vary.*

1. Quels genres de film préfères-tu? Pourquoi?
2. Quel film récent as-tu vu? Quelle en est l'histoire?
3. As-tu un(e) auteur(e) préféré(e)? Lequel/Laquelle?
4. Quels genres de livres aimes-tu lire?
5. Qu'est-ce que tu regardes à la télé?
6. As-tu été au musée récemment? Quelle(s) exposition(s) as-tu vue(s)?
7. Quelles œuvres d'art admires-tu?
8. Qui considères-tu être un peintre doué? Pour quelle(s) raison(s)?
9. Es-tu un(e) artiste? Dans quel domaine?
10. Lis-tu des magazines? Lesquels?

5 À la télévision et à la radio Votre professeur va vous donner, à vous et à votre partenaire, une feuille d'activités. Remplissez d'abord la première colonne avec vos préférences pour chaque catégorie. Ensuite, comparez vos réponses avec votre partenaire. *Answers will vary.*

MODÈLE

un dessin animé
Élève 1: *Quel est ton dessin animé préféré?*
Élève 2: *J'adore regarder Les Simpsons.*

Programmes	Moi	Noms
1. un dessin animé		
2. une émission		
3. un feuilleton		

6 L'art et vous Écrivez un paragraphe d'après (*according to*) ces instructions. Ensuite, à tour de rôle, discutez-en avec un(e) camarade de classe. *Answers will vary.*

- Décrivez l'importance que l'art a dans votre vie.
- Parlez de l'influence positive et/ou négative de l'art sur le monde.
- Parlez de comment vous aimeriez contribuer à cette influence.

7 Pour la télé Par groupes de quatre, créez une présentation qui propose une émission pour une chaîne de télévision. Suivez les indications suivantes. *Answers will vary.*

- Choisissez une catégorie de programmes télévisés. Chaque groupe doit choisir un genre différent, par exemple un jeu, un feuilleton, une série, les informations, la météo, un documentaire, etc.
- Donnez un nom à votre programme et aux personnages de l'émission.
- Annoncez le contenu de votre programme.

deux cent trente-quatre

Communicative Goal Use abbreviations and acronyms | **Les arts** | **Unité 5**

Les sons et les lettres

vhlcentral

Les abréviations

French speakers use many acronyms to abbreviate commonly used expressions and titles. This is especially true in newspapers, televised news programs, and in political discussions. Many stand for official organizations or large companies.

EDF = Électricité de France   **ONU** = Organisation des Nations Unies

People often use acronyms when referring to geographical place names and transportation.

UE = Union européenne   **RF** = République française
RN = Route nationale   **TGV** = Train à grande vitesse

Many are simply shortened versions of common expressions or compound words.

SVP = s'il vous plaît   **RV** = rendez-vous   **VTT** = vélo tout terrain

When speaking, some acronyms are spelled out, while others are pronounced like any other word.

Cedex = Courrier d'entreprise à distribution exceptionnelle (*an overnight delivery service*)

1 Prononcez Répétez les abréviations suivantes à voix haute.

1. W-C = water-closet
2. HS = hors service (*out of order*)
3. VF = version française
4. CV = curriculum vitae
5. TVA = taxe à la valeur ajoutée (*added*)
6. DELF = Diplôme d'études en langue française
7. RATP = Régie autonome (*independent administration*) des transports parisiens
8. SMIC = Salaire minimum interprofessionnel de croissance (*growth*)

2 Articulez Répétez les abréviations à voix haute. Que représentent-elles?

_d_ 1. ECP
_e_ 2. GDF
_f_ 3. BD
_b_ 4. TTC
_c_ 5. PDG
_a_ 6. OVNI

a. objet volant non identifié
b. toutes taxes comprises
c. président-directeur général
d. École centrale de Paris
e. Gaz de France
f. bande dessinée

Elle est BCBG (bon chic, bon genre).[2]

3 Dictons Répétez les expressions à voix haute.

Language Comparisons

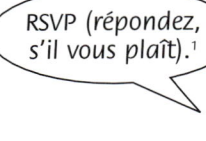

RSVP (répondez, s'il vous plaît).[1]

[1] Please reply. [2] She is preppy. (in a conservatively classic fashion)

I CAN use abbreviations and acronyms.

deux cent trente-cinq 235

PROFICIENCY

Comparisons: Language Have students make a list of well-known English acronyms for such things as international organizations and business denominations, and have them research their French equivalents on the Internet or at the library. Tell students that, when reading articles or watching the news about world events, knowing what acronyms mean will help them understand what is being reported.

EXTRA PRACTICE

Whole Class Write the following abbreviations in a column on the board and their meanings in another column. Have students match them with words. **1. sympa (sympathique) 2. PJ (police judiciaire) 3. Cie (compagnie) 4. VO (version originale) 5. RP (relations publiques) 6. DOM (département d'outre-mer) 7. foot (football) 8. slt (salut)**

Section Goals

In this section, students will learn about:
- abbreviations
- acronyms

Suggestions

- Model the pronunciation of the acronyms and have students repeat them after you.
- Explain that an **acronyme** refers to an abbreviation made of initial letters that can be pronounced as a word, such as **ONU**. A **sigle** is a set of letters forming an abbreviation that is pronounced as separate letters, for example, **RATP**. The general tendency is to omit the periods in everyday French.
- Ask students to provide additional examples of French **acronymes** or **sigles** they have seen or heard.
- Display or print out and distribute articles in French from the Internet and tell students to find acronyms. Ask them to guess what words they represent.
- Tell students that French speakers use many abbreviated forms of words. Some of them are considered slang, so students should be careful about using them in formal situations. Then write the shortened forms of the words below on the board and ask students what the original word is.
1. métro (métropolitain) 2. ciné (cinéma) 3. ado (adolescent) 4. micro (microphone) 5. moto (motocyclette)
- Tell students that with the development of instant messaging, there are now many more abbreviations used in texting. Provide a short list of useful abbreviations: **slt: salut, bjr: bonjour, a+: à plus (tard), c: c'est, dac: d'accord, g: j'ai, ns: nous, ki: qui, jta: je t'adore, bvo: bravo, mdr: mort de rire**

Les sons et les lettres 235

Roman-photo Leçon 5B

Communicative Goal Understand short conversations about short-term and long-term plans

Au revoir, David!

AP® Theme: Beauty and Aesthetics
Context: Ideals of Beauty

vhlcentral | ▶ Roman-photo

PERSONNAGES

Amina

Astrid

David

Rachid

Sandrine

Stéphane

Valérie

Chez Sandrine...
AMINA Qu'est-ce qui sent si bon?
SANDRINE C'est un gâteau pour David. Il repart demain aux États-Unis, tu sais.
AMINA David et toi, vous avez décidé de ne plus vous disputer?
SANDRINE C'est de l'histoire ancienne.
AMINA C'est comme dans un feuilleton. Vous vous disputez, vous vous détestez. Vous vous réconciliez.

SANDRINE J'étais tellement en colère contre lui ce jour-là, mais depuis, j'ai beaucoup réfléchi à ce qu'il m'a dit.
AMINA Et alors...?
SANDRINE En fait, David m'a aidée.
AMINA Comment ça?
SANDRINE Ma vraie passion, ce n'est pas la musique.
AMINA Non? Mais alors, c'est quoi, ta vraie passion?

SANDRINE J'ai décidé de devenir chef de cuisine!
AMINA Ça, c'est une excellente idée.
SANDRINE N'est-ce pas? Et j'ai aussi décidé de préparer ce gâteau pour la fête de ce soir.
AMINA Et moi qui pensais que tu ne voudrais pas y aller...
SANDRINE Mais... David ne peut pas partir sans que je lui dise au revoir!

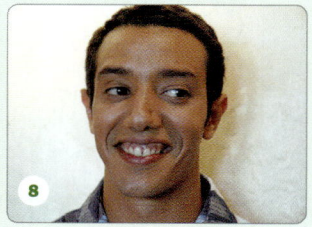

À la fête de David...
ASTRID Elle est jolie, ta jupe. C'est une de tes créations, n'est-ce pas?
SANDRINE Cet été, Amina participe à un défilé de mode à Paris.
AMINA N'exagérons rien... C'est une petite présentation des collections de plusieurs jeunes stylistes.
SANDRINE Tu vas montrer ce chef-d'œuvre?

AMINA Oui, cette jupe-ci, la robe que j'ai faite pour toi et d'autres modèles.
RACHID Elle n'est pas géniale, ma chérie? Belle, intelligente, douée...
AMINA Toi aussi, tu as de bonnes nouvelles, n'est-ce pas?
SANDRINE Ah bon?
RACHID Oh, ce n'est pas grand-chose.

AMINA Au contraire, c'est très important!
SANDRINE Vas-y, dis-nous tout, avant que je ne perde patience!
RACHID Eh bien, ça y est, j'ai mon diplôme!
AMINA Ah, mais ce n'est pas tout! Il a eu mention très bien!
SANDRINE Bravo, Rachid!
ASTRID Oui, félicitations!

ACTIVITÉS

1 **Les événements** Remettez les événements suivants dans l'ordre chronologique.

- _4_ a. Rachid annonce une bonne nouvelle.
- _2_ b. Stéphane veut absolument réussir son bac.
- _5_ c. David promet qu'il va revenir à Aix.
- _1_ d. Sandrine dit qu'elle n'est plus fâchée avec David.
- _3_ e. Amina explique qu'elle va à Paris cet été.

2 **Vrai ou faux?** Dites si ces phrases sont vraies (Vrai) ou fausses (Faux). Corrigez les phrases fausses.

1. Valérie prend une photo du groupe. Vrai.
2. Sandrine annonce qu'elle veut devenir artiste. Faux. Elle veut devenir chef de cuisine.
3. Il y a une fête pour l'anniversaire de David. Faux. Il y a une fête pour le départ de David.
4. Amina va participer à un défilé de mode. Vrai.
5. Stéphane étudie pour un examen d'anglais. Faux. Il étudie pour le Bac.

236 deux cent trente-six

Section Goals

In this section, students will learn functional phrases for expressing conditions and possible actions.

Video Recap: Leçon 5A

Before doing this **Roman-photo**, review the previous one with this true/false activity.

1. Le spectacle de Sandrine, c'est la comédie musicale préférée d'Amina. (Vrai)
2. Rachid admire la robe qu'Amina a faite. (Vrai)
3. Sandrine chante mal, mais elle est une assez bonne actrice. (Vrai)
4. David dit directement à Sandrine ce qu'il pense de son concert. (Faux)
5. Sandrine accepte ce que David lui dit. (Faux)

Video Synopsis

Sandrine is making a cake for David's farewell party. She tells Amina that David helped her find her true passion, cooking, and she has decided to become a professional chef. At the party, Amina explains that some of her clothes are going to be in a fashion show for young designers in Paris. Rachid announces that he got his diploma with honors. David says he plans to return next year and have an exhibit of his paintings at **Le P'tit Bistrot**.

Suggestions

- Have students predict what the episode will be about based on the video stills.
- After reading the **Roman-photo**, have students summarize the episode.

PRE-VIEWING

Au revoir, David! Before viewing the video, have students work in pairs and brainstorm a list of things people might say at a farewell party. What questions might they ask? What might they talk about?

VIEWING

Regarder la vidéo Download and print the videoscript found on vhlcentral.com, and white out key vocabulary in order to create a master for a cloze activity. Distribute the script and tell students to fill in the missing information as they watch the video episode.

Les arts — Unité 5

Les amis organisent une fête pour David.

Au P'tit Bistrot...
SANDRINE Stéphane, tu ne veux pas nous aider à préparer la fête?
STÉPHANE Une minute, s'il te plaît.
SANDRINE Mais, qu'est-ce que tu lis de si intéressant? Oh là là, *L'Histoire des Républiques françaises*. Ah, oui je vois... j'ai entendu dire que tu devais repasser une partie du bac.

STÉPHANE Oui, je dois absolument réussir cette fois-ci, mais une fois l'examen passé, je retourne à mes passions—le foot, les jeux vidéo...
SANDRINE Chut... ta mère va t'entendre.
STÉPHANE *(parlant plus fort et de manière sérieuse)* Oui, je t'assure, les documentaires et les infos sont mes nouvelles passions.

Expressions utiles

Relating conditions and possible actions
- David ne peut pas partir sans que je lui dise au revoir!
  David can't leave without my saying good-bye to him!
- Dis-nous tout, avant que je (ne) perde patience!
  Tell us everything, before I lose patience!
- J'ai l'intention de revenir à condition que Madame Forestier accepte.
  I intend to return on the condition that Madame Forestier accepts.

Additional vocabulary
- **repartir** *to go back*
- **repasser** *to take again*
- **chut** *shh/hush*
- **au contraire** *on the contrary*
- **félicitations** *congratulations*
- **se réconcilier** *to make up*

VALÉRIE S'il vous plaît. Nous sommes ici ce soir pour dire au revoir et bon voyage à David, qui repart demain aux États-Unis. Alors, David, comment s'est passée ton année à Aix?
DAVID Oh ça a été fantastique! Je ne connaissais personne à mon arrivée, mais j'ai rapidement trouvé un coloc super! J'ai fait la connaissance de quelques femmes formidables.

DAVID Mais surtout, je me suis fait des amis pour la vie...
ASTRID Quand est-ce que tu vas revenir nous voir, David?
DAVID Eh bien, j'ai l'intention de revenir l'année prochaine pour organiser une exposition de tous mes tableaux au P'tit Bistrot, à condition, bien sûr, que Madame Forestier accepte!
VALÉRIE Allez, une photo. Souriez!

Interpersonal Communication

3 **À vous!** Sandrine est bien plus calme maintenant. Elle a même dit qu'elle voulait dire au revoir à David à la fête. Avec un(e) camarade de classe, préparez une conversation entre David et Sandrine à cette occasion. Comment finit leur histoire?

Presentational Communication

4 **Écrivez** Pendant la fête de David, certains ont parlé de leurs projets d'avenir. À votre avis, qu'est-ce qui va arriver l'année prochaine? Écrivez vos prédictions pour chacun d'entre eux, au niveau professionnel et au niveau personnel.

I CAN understand conversations about short-term and long-term plans.

deux cent trente-sept **237**

Culture

Leçon 5B

AP® Theme: Beauty and Aesthetics
Context: Visual Arts

Communicative Goal Identify and reflect on cultural products and perspectives related to arts

CULTURE À LA LOUPE

La peinture haïtienne

L'art haïtien est surtout connu grâce à° sa peinture. Cette tradition artistique est très ancienne sur l'île, mais ses débuts officiels datent de 1804, quand le roi Christophe crée la première Académie de peinture. Les thèmes les plus fréquents à cette époque sont les thèmes historiques de l'émancipation° et les thèmes religieux du vaudou°.

La peinture haïtienne ne devient célèbre dans le monde qu'à partir de 1943. Cette année-là, Dewitt Peters, un professeur américain du lycée de Port-au-Prince, capitale d'Haïti, rencontre plusieurs jeunes peintres haïtiens. Il aime leurs toiles° et fonde avec eux un centre d'art et de peinture. Ce centre va donner à la majorité des peintres haïtiens les ressources nécessaires pour accéder au° succès. Aujourd'hui, on en est à la quatrième génération d'artistes. Ces peintres appartiennent à° diverses écoles d'art et leurs styles sont très variés, du plus naïf au plus sophistiqué. Ils peuvent être surréalistes, impressionnistes ou même primitifs modernes.

La peinture haïtienne est souvent très colorée et d'une grande vitalité. Quand elle n'est pas abstraite, elle illustre des scènes de la vie quotidienne°, des cérémonies religieuses et des paysages°. En Haïti, la peinture est partout. Elle décore les rues, les murs et les bus. On la trouve aussi bien sur les marchés que dans les galeries d'art. Grâce à des expositions dans le monde entier, les peintres haïtiens séduisent un public de plus en plus large.

grâce à *thanks to* émancipation *liberation* vaudou *voodoo* toiles *paintings* accéder au *achieve* appartiennent à *belong to* quotidienne *everyday* paysages *landscapes*

ACTIVITÉS

1 Répondez Répondez aux questions par des phrases complètes. *Answers will vary.*

1. Quel est l'art le plus connu à Haïti?
   C'est la peinture.
2. Pourquoi ses débuts officiels datent-ils de 1804?
   Le roi Christophe crée la première Académie de peinture en 1804.
3. Quels sont les thèmes les plus fréquents à cette époque?
   Ce sont les thèmes historiques de l'émancipation et les thèmes religieux du vaudou.
4. Qui a rendu la peinture haïtienne mondialement célèbre?
   Dewitt Peters l'a rendue mondialement célèbre.
5. Quels sont souvent les sujets de la peinture haïtienne?
   Les scènes de la vie quotidienne sont souvent les sujets de la peinture haïtienne.

2 Comparaisons Répondez aux questions. *Answers will vary.*

1. D'après la description et l'image, la peinture haïtienne vous rappelle-t-elle un style de peinture de votre région ou pays?
2. Quelles sont les différences et les similarités entre l'art haïtien et l'art qui vous est familier?
3. Où est-ce qu'on peut acheter des œuvres d'art dans votre région?

238   *deux cent trente-huit*

Les arts Unité 5

PORTRAIT

AP® Theme: Beauty and Aesthetics
Context: Performing Arts

Le Cirque du Soleil

En 1982, des saltimbanques° et des cracheurs de feu° sur échasses° se rencontrent et montent un spectacle à Baie-Saint-Paul, au Québec. En 1984, le gouvernement les embauche pour célébrer le 450ᵉ anniversaire de l'arrivée de l'explorateur Jacques Cartier. Ainsi° est né le Cirque du Soleil. Depuis, il a connu un succès international sous la direction de son fondateur principal Guy Laliberté. Ses spectacles pleins de féerie° et de poésie ravissent° tous les publics et, à la différence de ceux du cirque traditionnel, ils n'ont aucun animal. Ils intègrent plutôt les numéros° acrobatiques de contorsionnistes, trapézistes, équilibristes° et jongleurs à ceux de danseurs et de clowns. Leur univers magique a apporté à la troupe une popularité incroyable et a transformé le monde du cirque.

saltimbanques acrobats, performers **cracheurs de feu** fire-eaters **échasses** stilts **Ainsi** In this way **féerie** enchantment **ravissent** delight **numéros** acts **équilibristes** tightrope walkers

LE MONDE FRANCOPHONE

Des arts traditionnels

Voici quelques exemples d'art traditionnel du monde francophone.

Aux Antilles les poupées° en costumes de madras° traditionnels
Au Burkina-Faso les poteries en terre cuite° décorées à la teinture° végétale et les masques traditionnels
Au Cambodge le théâtre d'ombres°, avec ses marionnettes en cuir°
Au Maroc l'art de la tapisserie° et du métal
En Polynésie française la sculpture et l'art du tatouage corporel
En Tunisie les arts céramiques et l'art de la calligraphie
Au Viêt-Nam la peinture à la laque° et la peinture sur soie°

AP® Theme: Beauty and Aesthetics
Context: Visual Arts

Presentational Communication | Cultural Comparisons | Acquiring Information & Diverse Perspectives

Sur le web
Faites des recherches en ligne pour trouver un exemple d'art traditionnel de chacun de ces autres pays francophones: le Maroc, le Mali et Madagascar. Est-ce que ces exemples vous rappellent (*remind you*) des arts traditionnels de votre région ou pays? Imprimez des images et présentez-les à la classe.

poupées dolls **madras** brightly-colored cotton fabric **terre cuite** terra-cotta **teinture** dye **ombres** shadows **marionnettes en cuir** leather puppets **tapisserie** tapestry **laque** lacquer **soie** silk

Interpretive Communication

3 Complétez Complétez les phrases.
1. Le Cirque du Soleil est né en ___1984___.
2. Ce cirque a été créé dans la région de ___Québec___.
3. Ses spectacles sont pleins de ___féerie et poésie___.
4. Les poupées de madras sont un art traditionnel ___aux Antilles___.
5. En Polynésie française, ___le tatouage corporel___ est un art.

Interpersonal Communication

4 Au cirque Interviewez votre partenaire. Est-il/elle déjà allé(e) au cirque? Au Cirque du Soleil? Combien de fois? Quels numéros a-t-il/elle préférés? En a-t-il/elle un souvenir particulier? A-t-il/elle envie d'y retourner? Soyez prêt(e)s à présenter vos résultats à la classe.

Ⓘ I CAN identify and reflect on cultural products and practices related to arts in my own and other cultures.

deux cent trente-neuf 239

Structures

Leçon 5B

Communicative Goal: Say how, why, when, and where an action takes place

5B.1 The subjunctive (Part 4)

The subjunctive with conjunctions

Grammar Tutorial

Point de départ Conjunctions are words or phrases that connect other words and clauses in sentences. Some conjunctions introduce adverbial clauses that describe *how*, *why*, *when*, and *where* an action takes place.

- Conjunctions that express a condition upon which an action is dependent are followed by a clause with a verb in the subjunctive.

Conjunctions that require the subjunctive			
à condition que...	on the condition that..., provided that...	jusqu'à ce que...	until...
à moins que...	unless...	pour que...	so that...
avant que...	before...	sans que...	without...

main clause	conjunction	subordinate clause
Je vous laisse la clé. *I'll leave you the key*	**à condition que** *provided that*	vous me la **rendiez**. *you return it to me.*
Nous n'irons pas au cinéma *We won't go to the cinema*	**à moins que** *unless*	tu **viennes** avec nous. *you come with us.*
Elle me montre les photos *She shows me the pictures*	**pour que** *so that*	je **connaisse** sa famille. *I get to know her family.*
Je resterai ici *I will stay*	**jusqu'à ce que** *until*	vous **rentriez**. *you return.*

- When the subject of the main clause is the same as the subject of the subordinate clause, use the infinitive after these conjunctions. Note the change in their forms.

| avant que | avant de | sans que | sans | pour que | pour |

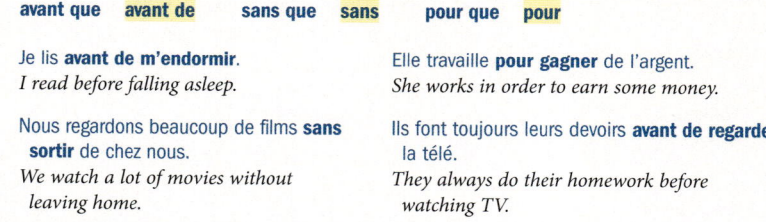

Je lis **avant de m'endormir**.
I read before falling asleep.

Elle travaille **pour gagner** de l'argent.
She works in order to earn some money.

Nous regardons beaucoup de films **sans sortir** de chez nous.
We watch a lot of movies without leaving home.

Ils font toujours leurs devoirs **avant de regarder** la télé.
They always do their homework before watching TV.

Essayez! Indiquez les formes correctes du présent du subjonctif des verbes.

1. jusqu'à ce que nous _partions_ (partir)
2. pour que je ne _me mette_ (se mettre) pas en colère
3. à condition que nous _soyons_ (être) prudents
4. à moins que tu _dises_ (dire) oui
5. sans que les spectateurs les _applaudissent_ (applaudir)
6. à moins qu'il _fasse_ (faire) beau
7. avant que tu _saches_ (savoir) conduire
8. pour que vous _appreniez_ (apprendre) des choses

Les arts   Unité 5

Le français vivant

Magnifique exposition sur ce grand peintre. Venez au château de Versailles du 2 au 29 septembre avant que ces peintures retournent dans leurs musées d'origine. Nous avons beaucoup travaillé pour que vous ayez l'occasion de voir ces superbes portraits. Venez contempler ces magnifiques tableaux qui vous feront voyager dans une autre époque… à moins que vous n'aimiez pas la beauté éternelle.

Identifiez Quelles conjonctions trouvez-vous avec le présent du subjonctif dans la publicité?
avant que, pour que, à moins que

Questions Posez ces questions à un(e) partenaire et répondez à tour de rôle.

1. Qui était Maurice Quentin de La Tour?
   un grand peintre
2. Pourquoi faut-il voir l'exposition avant le 29 septembre?
   Après cette date, les peintures retournent dans leurs musées d'origine.
3. Pourquoi a-t-on beaucoup travaillé au château de Versailles?
   pour que les visiteurs aient l'occasion de voir ces portraits
4. Quel effet ont les magnifiques tableaux sur les visiteurs?
   Ils les font voyager dans une autre époque.
5. D'après la pub, quelle sorte de personne ne voudrait pas visiter l'exposition?
   une personne qui n'aime pas la beauté éternelle
6. Aimes-tu visiter les musées? Pourquoi? Quels musées as-tu visités?
   Answers will vary.

Structures — Leçon 5B

5B.1 Mise en pratique

1 Je veux bien y aller si… Richard veut que Louise aille avec lui au cinéma ce week-end, mais elle y met plusieurs conditions. Complétez les phrases avec la forme correcte du verbe.

1. Je veux bien aller avec toi au cinéma à moins qu'il __fasse__ (faire) beau.
2. S'il fait beau, je préfère aller à la plage pour __bronzer__ (bronzer).
3. Regarde la météo pour que nous __sachions__ (savoir) le temps qu'il fera.
4. S'il ne fait pas beau, j'irai avec toi à condition que ce __ne soit pas__ (ne pas être) un film d'horreur.
5. J'aime bien les films policiers à moins qu'il y __ait__ (avoir) trop de violence.
6. Nous pouvons voir un documentaire à condition qu'il ne __soit__ (être) pas sur les animaux.
7. Souviens-toi que je ne vois pas de film sans __manger__ (manger) de pop-corn.
8. Si j'ai sommeil, je veux rentrer chez moi avant que le film __finisse__ (finir).

2 Au palais des Beaux-Arts Myriam et Delphine sont au palais des Beaux-Arts de Lille. Faites les changements nécessaires pour créer leur conversation. *Suggested answers*

MYRIAM (1) je / pouvoir / regarder / ce / chef-d'œuvre / jusqu'à ce que / le musée / fermer *Je pourrais regarder ce chef-d'œuvre jusqu'à ce que le musée ferme.*

DELPHINE (2) le peintre / avoir fait / ce / tableau / avant / avoir / douze ans *Le peintre a fait ce tableau avant d'avoir douze ans.*

MYRIAM (3) certain / enfants / être / vraiment doué / sans que / les parents / le / savoir *Certains enfants sont vraiment doués sans que les parents le sachent.*

DELPHINE (4) je / vouloir bien / voir / sculptures de Camille Claudel / avant que / nous / partir *Je voudrais bien voir les sculptures de Camille Claudel avant que nous partions.*

MYRIAM (5) pouvoir / nous / voir / documentaire sur Delacroix / avant / partir / ? *Pouvons-nous voir le documentaire sur Delacroix avant de partir?*

DELPHINE (6) d'accord / je / aller / le voir / à condition que / il / ne pas être / ennuyeux *D'accord, j'irai le voir à condition qu'il ne soit pas ennuyeux.*

3 Votre vie Vous êtes acteur/actrice ou écrivain(e). Décrivez votre vie quotidienne (*daily life*). Utilisez les conjonctions suivantes dans votre description. Écrivez au moins six phrases. *Answers will vary.*

MODÈLE
Nous jouons la scène jusqu'à ce que le metteur en scène soit heureux.

à condition que	jusqu'à ce que
à moins que	pour que/pour
avant que/avant de	sans que/sans

Making Connections

AP® Theme: Beauty and Aesthetics
Context: Visual Arts
Context: Architecture

Connections

Le palais des Beaux-Arts de Lille Ce musée est l'un des plus riches de France. On peut y voir des expositions et des collections permanentes des grands maîtres de la peinture, comme Goya, Delacroix et Rubens, ainsi que de nombreuses sculptures du 19ᵉ siècle, comme celles de Camille Claudel et d'Auguste Rodin. L'architecture extérieure du palais est tout aussi impressionnante que les œuvres qu'on peut y admirer. Datant de 1809, dans un style Belle Époque, le bâtiment domine la place de la République, en face de la préfecture de Lille.

• Avez-vous déjà entendu parler de ces artistes? Connaissez-vous le style Belle Époque?

Les arts Unité 5

Communication

4 Questions Avec un(e) partenaire, répondez à ces questions. Ensuite, présentez vos réponses à la classe. Answers will vary.

1. Que fais-tu tous les soirs avant de te coucher?
2. Que font tes parents pour que tu puisses aller à l'université plus tard?
3. Que peux-tu faire pour améliorer ton français?
4. Que veux-tu faire demain à moins qu'il fasse mauvais?
5. Que fais-tu pendant les cours sans que les profs le sachent?
6. Que fais-tu seulement à condition qu'un(e) ami(e) t'accompagne?
7. Quelles stratégies utilises-tu pour avoir de bonnes notes?
8. Quelle activité pratiques-tu sans t'arrêter jusqu'à ce que tu la finisses?
9. Qu'est-ce que tes parents te permettent de faire à condition que tu aies de bonnes notes?
10. Que fais-tu pendant des heures sans t'ennuyer?

5 Le week-end Avec un(e) partenaire, parlez de vos projets pour ce week-end. Utilisez les conjonctions suivantes. Answers will vary.

MODÈLE
Samedi, je vais aller à la piscine à moins que mes amis veuillent aller à la plage.

à condition que	jusqu'à ce que
à moins que	pour (que)
avant de/que	sans (que)

6 Tic-Tac-Toe Formez deux équipes. Une personne commence une phrase et une autre de son équipe la finit avec les mots de la grille. La première équipe à créer trois phrases d'affilée (*in a row*) gagne. Answers will vary.

MODÈLE
Élève 1: J'aime bien admirer un chef-d'œuvre...
Élève 2: ...à moins que ce soit une sculpture.

pour que	sans que	avant que
à condition que	jusqu'à ce que	pour
à moins que	sans	avant de

I CAN say how, why, when, and where an action takes place.

Structures

Leçon 5B

Communicative Goal Express points of view, emotions, and obligations and describe theoretical situations

5B.2 Review of the subjunctive

Point de départ Since **Leçon 4A**, you have been learning about the subjunctive mood and its verb forms. Because there is no exact English equivalent of the subjunctive in French, you cannot rely on translation. Instead, you must learn to recognize the contexts and cues that trigger the subjunctive. The charts on this and the following page will help you review and synthesize what you have already learned about the subjunctive.

D'accord, je vous dis tout avant que vous perdiez patience.

Je pense qu'il a raison. Ma vraie passion, ce n'est pas la musique.

Summary of subjunctive forms

regular verbs

	parler	finir	attendre	partir
que je/j'	parle	finisse	attende	parte
que tu	parles	finisses	attendes	partes
qu'il/elle/on	parle	finisse	attende	parte
que nous	parlions	finissions	attendions	partions
que vous	parliez	finissiez	attendiez	partiez
qu'ils/elles	parlent	finissent	attendent	partent

stem-change verbs / **irregular verbs**

	prendre	aller	avoir	être
que je/j'	prenne	aille	aie	sois
que tu	prennes	ailles	aies	sois
qu'il/elle/on	prenne	aille	ait	soit
que nous	prenions	allions	ayons	soyons
que vous	preniez	alliez	ayez	soyez
qu'ils/elles	prennent	aillent	aient	soient

irregular verbs

	faire	pouvoir	savoir	vouloir
que je	fasse	puisse	sache	veuille
que tu	fasses	puisses	saches	veuilles
qu'il/elle/on	fasse	puisse	sache	veuille
que nous	fassions	puissions	sachions	voulions
que vous	fassiez	puissiez	sachiez	vouliez
qu'ils/elles	fassent	puissent	sachent	veuillent

244 *deux cent quarante-quatre*

Boîte à outils

Remember that spelling-change verbs follow the same rules as regular verbs in the subjunctive.

Il faut que j'achète des crayons.

Il faut que nous achetions des crayons.

Les arts — Unité 5

- Certain expressions trigger the subjunctive in the subordinate clause when the subject is different from the one in the main clause.

Summary of subjunctive uses

Subjunctive trigger in main clause	Subjunctive in subordinate clause
Verb or expression of opinion	**Il est bon que** Djamel **conduise.** *It is good (that) Djamel drives.*
Verb or expression of necessity or obligation	**Il est essentiel que** les élèves **fassent** leurs devoirs. *It's essential that students do their homework.*
Verb or expression of will or emotion	Nous **avons peur que** vous **ayez** trop de travail. *We're afraid (that) you have too much work.*
Verb or expression of doubt, disbelief, or uncertainty	Tu **ne crois pas que** nous **soyons** américaines. *You don't believe (that) we're American.*
Conjunction	Il chantera **à condition que** tu **saches** jouer du piano. *He'll sing provided that you know how to play the piano.*

- Use the indicative in the subordinate clause when there is an expression of belief, certainty, or truth in the main clause.

Je crois que nous **sommes** à l'heure. *I believe (that) we're on time.*

but

Je doute que nous **soyons** en retard. *I doubt (that) we're late.*

- Use the infinitive when the subject of the main clause is the same as that of the subordinate clause.

Préfères-tu jouer de la guitare? *Do you prefer to play the guitar?*

Nous sommes ici **pour voir** l'auteur. *We're here to see the author.*

Essayez! Choisissez les formes correctes des verbes.

1. Veut-il qu'elle (vient / **vienne**) avec nous?
2. Montre-moi tes photos pour que je (vois / **voie**) les belles plages.
3. Il faut que tu (as / **aies**) de la patience.
4. Elle est sûre que cette émission (**finit** / finisse) tard.
5. Il est vrai que Dahlia (**est** / soit) malade.
6. Nous sommes contents que vous (allez / **alliez**) au musée du Louvre.
7. Il est dommage que nous ne (voyons / **voyions**) pas de peintures.
8. J'espère rentrer avant que mes parents (font / **fassent**) la cuisine.

Vérifiez

Scaffolding

- Before working through the summary on how to use the subjunctive, review the concepts of the indicative and subjunctive. Explain that in most speech, verbs are in the indicative. Then ask volunteers to tell you when the subjunctive is used. You might have them provide statements in English that they think would require the subjunctive in French. Write their statements on the board and discuss them.
- Compare the uses of the subjunctive and indicative. When comparing the subjunctive and infinitive in expressions of emotion, doubt, and certainty, discuss cases where the infinitive is used instead of the subjunctive. Compare and contrast the use of subjunctive and indicative with conjunctions.
- Follow the suggestion for the **Mini-dictée**, p. 245. Call on volunteers to write the sentences on the board. Then have students explain why the subjunctive was used in each case.

Essayez! Have students change the main clause from affirmative to negative, and vice versa. Discuss the impact this change has on the subordinate clause, if any.

EXTRA PRACTICE

Video Have students divide a sheet of paper into four sections, labeling them *Impersonal expressions, Will and emotion, Doubt,* and *Conjunctions*. Replay the **Roman-photo** episode, and have them write each example of the subjunctive they hear in the appropriate section. Then have them write a short summary of the parts that include each use of the subjunctive.

Mini-dictée Use the following sentences as a dictation. Read each twice, pausing after the second time for students to write. **1.** Il est important que nous regardions cette émission de télévision ce soir. **2.** Je vais au mariage à condition qu'il ne pleuve pas. **3.** Le patron demande que les employés travaillent plus vite. **4.** Nathalie est en France jusqu'à ce qu'elle finisse ses études.

Structures — Leçon 5B

5B.2 Mise en pratique

1. Oui, maman! La mère de Tarik et d'Aïcha veut que ses enfants soient très instruits (*educated*) sur l'art et la musique. Mettez les verbes à l'infinitif, à l'indicatif ou au subjonctif pour compléter ses phrases.

1. Il est nécessaire de ___lire___ (lire) tous les jours.
2. Il ne faut pas que nous ___regardions___ (regarder) trop la télévision.
3. Je pense que Tarik ___ne va pas___ (ne pas aller) assez souvent au musée.
4. Je ne pense pas que vous ___fassiez___ (faire) assez de peinture.
5. Il faut que vous ___étudiiez___ (étudier) la peinture et la musique.
6. Il est impossible que vous ___puissiez___ (pouvoir) tout comprendre, bien sûr.
7. Je veux que votre père vous ___apprenne___ (apprendre) à reconnaître les chefs-d'œuvre de Van Gogh.
8. Il pense que Van Gogh ___est___ (être) le plus grand peintre du dix-neuvième siècle (*century*).

2. Parle-moi de ta famille. Marc, le petit ami de Marion, veut tout savoir sur sa famille. Que lui dit-elle? Complétez les phrases. *Answers will vary.*

1. Il est clair que mes parents...
2. Je ne pense pas que mon frère...
3. Je crois que ma grand-mère...
4. Il est possible que je...
5. Je sais que mon frère et moi, nous...
6. Il est évident que ma famille...
7. Je ne suis pas sûre que...
8. Nous avons peur que...

3. Et nous? Tristan veut continuer à voir sa copine Shaynez, mais elle n'est pas sûre de vouloir continuer à sortir avec lui. Comment répond-elle à ses questions? *Answers will vary.*

1. De quoi as-tu peur, Shaynez?
2. N'est-il pas clair que nous nous amusons bien ensemble?
3. Est-il possible que tu sois malheureuse avec moi?
4. Que faut-il que je fasse pour te persuader?
5. De quoi n'es-tu pas sûre?
6. De quoi doutes-tu?
7. Que pensent tes amis?
8. Et tes parents, que veulent-ils que tu fasses?

4. Des conseils Viviane, une élève très douée, souhaite devenir écrivaine, mais elle a des doutes. Son professeur de français veut l'encourager. Écrivez cinq conseils qu'il pourrait lui donner. Utilisez chaque expression de la liste. *Answers will vary.*

> Je ne crois pas que... | Il est évident que...
> Je recommande que... | Il faut que...
> Il n'est pas sûr que...

Les arts Unité 5

Communication

5 Mes émissions préférées Avec un(e) partenaire, parlez de vos émissions préférées sur la chaîne ARTE. Lisez la note culturelle pour savoir quels types de programmes sont présentés et utilisez ces phrases dans votre conversation. Answers will vary.

1. Je regarde ARTE pour...
2. Je suis furieux/furieuse que...
3. Il faut absolument que tu...
4. Je ne suis pas sûr(e) que...
5. Il est possible que ce film...
6. Je ne pense pas que...
7. Je crois que...
8. Je regarde toujours cette émission avant...

Interpersonal Communication

6 Une pub Par groupes de trois, inventez un produit et faites sa publicité. Utilisez autant de ces expressions que possible. Ensuite, présentez vos produits et vos pubs à la classe, qui votera pour les meilleurs. Answers will vary.

Presentational Communication

MODÈLE

Voulez-vous que votre maison soit propre? Il faut que vous achetiez «Nettoitou»! Il est formidable! Utilisez-le pour que toute votre maison soit belle!

avant que	il faut que
croire que	jusqu'à ce que
il est douteux que	ne pas penser que
il est essentiel que	pour que
il est évident que	sans que
il est impossible que	vouloir que

7 Vos opinions Avec un(e) partenaire, écrivez un paragraphe pour donner votre opinion sur un de ces thèmes. Ensuite, échangez vos feuilles avec un groupe qui a choisi un thème différent et discutez de toutes les opinions. Answers will vary.

Interpersonal Communication

MODÈLE

Il est important que les profs écoutent les problèmes de leurs élèves.

- Le coût (*cost*) élevé des études universitaires
- Les relations entre les États-Unis et les autres pays du monde
- Le rôle du gouvernement dans la vie privée
- La nécessité des armes et de la guerre
- La séparation de l'Église et de l'État (*State*)
- L'importance des beaux-arts dans la société
- Les conséquences du réchauffement climatique
- Les avantages et les inconvénients (*disadvantages*) des réseaux sociaux

I CAN express points of view, emotions, and obligations and describe theoretical situations.

Comparisons

AP® Theme: Personal and Public Identities
Context: Multiculturalism

La chaîne ARTE
Depuis 1992, il existe une chaîne publique de télévision née de la coopération culturelle franco-allemande. Elle offre des programmes en tous genres (documentaires, séries, informations, films et concerts). Elle est maintenant diffusée en six langues (français, allemand, anglais, italien, espagnol et polonais.) Son siège (*headquarters*) se trouve dans la ville française de Strasbourg, non loin de la frontière allemande. Symbolique de l'esprit d'union européenne, ARTE est de plus en plus populaire parmi (*among*) ceux qui aiment les arts, les spectacles et les sciences.

- Existe-t-il des chaînes de télévision multi-nationales ou bilingues dans votre pays? Comment s'appellent-elles?

Cultural Comparisons

---

5 Suggestion Before doing this activity, students should read the **Comparisons** note and focus on the type of programs offered on ARTE. You might check comprehension by asking: **Quels sont les types de programmes qu'on peut regarder sur ARTE?** Tell students that ARTE is pronounced as if spelled **arté**.

- **Partner Chat** You can also assign Activity 5 on vhlcentral.com. Students work in pairs to record the activity online. The pair's recorded conversation will appear in your gradebook.

Comparisons: Cultural You may want to take a virtual tour of ARTE's website with the class or let students briefly browse the site. Be aware that some of the material might not be appropriate for the classroom, so monitoring is recommended. Have the class focus on the interface and menus, and discuss whether the channel reminds them of entertainment networks they are familiar with.

6 Expansion Give each group member a task when presenting the ad to the class. The first member should explain the target audience of the ad. The second member should read the text to the class. The third member should pretend to be a client, giving a testimonial about the product's benefits.

7 Suggestion Before dividing the class into groups, give individuals two minutes to choose a topic. Then have them write down three ideas about the topic. Divide the class according to the subject they chose.

SEL Suggestions

Some of the questions in this activity elicit personal responses. If students are uncomfortable discussing these topics, invite them to invent their responses.

Activity Pack For additional activities, go to the **Activity Pack** in the **Resources** section of vhlcentral.com.

PRE-AP®

Presentational Writing Have students choose one of the topics from Activity 7 to write a persuasive essay consisting of three paragraphs. First, tell them to express their opinions on the topic. In the second paragraph, they should provide reasons and concrete examples that support their opinions. Finally, they should tie everything together in a conclusion and perhaps ask a question that invites the reader to evaluate the question further.

Interpersonal Speaking Distribute the handout for the activity **Dites-moi!** from the online Resources (**Unité 7**/Activity Pack/Vocabulary and Grammar Activities). Have students read the instructions and give them 10 minutes to prepare their role-play. Ask volunteers to perform their scene for the class.

Synthèse — Leçon 5B

Révision

1. Un film d'horreur Que doit-on faire pour qu'un film d'horreur soit une réussite? Avec un(e) partenaire, faites par écrit une liste de huit phrases pour expliquer les critères. Utilisez tout ce vocabulaire. *Answers will vary.*

MODÈLE
Le film peut être une réussite à condition que les acteurs soient des célébrités.

à condition que	jusqu'à ce que
à moins que	pour que
avant que	sans que

2. Quels artistes? Par groupes de trois, interviewez vos camarades pour leur demander quels artistes et quelles œuvres ils vous recommandent de découvrir la prochaine fois que vous visiterez un musée. Écrivez leurs réponses, puis présentez leurs recommandations à la classe. Utilisez ces expressions avec le présent du subjonctif. *Answers will vary.*

MODÈLE
Je suggère que tu ailles voir les tableaux de Monet. Tu aimeras les couleurs et la représentation des personnages.

il est important que	proposer que
il est indispensable que	recommander que
(ne pas) penser que	suggérer que
?	?

3. Mes enfants Avec un(e) partenaire, préparez un dialogue où ces parents se disent ce qu'ils veulent que leurs enfants fassent plus tard. Utilisez au moins huit verbes au présent du subjonctif. Ensuite, jouez votre scène devant la classe. *Answers will vary.*

4. Un bon écrivain Que faut-il pour devenir un bon écrivain? Trouvez huit qualités qu'il faut avoir et utilisez l'infinitif pour faire une liste de conseils. À tour de rôle, utilisez votre liste pour donner des conseils à votre partenaire au présent du subjonctif. *Answers will vary.*

MODÈLE
Élève 1: Conseil numéro 1: Pour être un bon écrivain, il faut avoir beaucoup d'imagination.
Élève 2: Si tu veux être un bon écrivain, il est essentiel que tu développes ton imagination.

5. Au Louvre Votre professeur va vous donner, à vous et à votre partenaire, deux feuilles d'activités différentes. Attention! Ne regardez pas la feuille de votre partenaire. *Answers will vary.*

248 deux cent quarante-huit

Communicative Goal Use context to understand a radio announcement about a concert

Les arts — **Unité 5**

À l'écoute

vhlcentral

STRATÉGIE

Listening for key words / Using the context

The comprehension of key words is vital to understanding spoken French. You can use your background knowledge of the subject to help you anticipate some key words. When you hear unfamiliar words, remember that you can use context to figure out their meaning.

To practice these strategies, you will listen to a short radio announcement for an upcoming concert. Jot down key words, as well as any other words whose meaning you figured out from context clues.

Préparation

Regardez la photo Regardez et décrivez la photo. Où sont ces personnes? Que font-elles? Que vont-elles aller voir, à votre avis?

Interpretive Communication

À vous d'écouter

Écoutez l'annonce Vous êtes en France et vous voulez inviter un(e) ami(e) à sortir ce week-end. Vous écoutez la radio et vous entendez une annonce pour un spectacle qui plaira peut-être à votre ami(e). Notez les informations principales pour pouvoir ensuite décrire ce spectacle à votre ami(e) et pour lui dire quand vous pourrez aller le voir. *Answers will vary.*

_____
_____
_____
_____
_____
_____
_____

Interpretive Communication — *Relating Cultural Products to Perspectives*

Compréhension

Interpretive Communication — *Relating Cultural Products to Perspectives*

Complétez Complétez les phrases.

1. Le spectacle est ___a___.
   a. une pièce de théâtre   b. un opéra   c. un concert

2. Le nom du spectacle est ___c___.
   a. *Molière*   b. *Monfort*   c. *L'Avare*

3. Le spectacle est ___b___.
   a. une tragédie   b. une comédie   c. un drame psychologique

4. Yves Lemoîne est ___c___ du spectacle.
   a. l'auteur   b. le personnage principal
   c. le metteur en scène

5. Le public et les critiques ___a___ la première représentation du spectacle.
   a. ont adoré   b. ont détesté   c. ont peu apprécié

6. Les billets sont en vente tous les jours ___b___.
   a. à partir de 14h   b. de 10h à 18h   c. de 19h à 21h

Invitez votre ami(e)! Vous avez maintenant toutes les informations nécessaires pour inviter votre ami(e) (un[e] camarade) à aller voir le spectacle ce week-end.

Interpersonal Communication — *Relating Cultural Products to Perspectives*

- Invitez-le/la au spectacle et dites-lui quand vous pourrez y aller.
- Il/Elle va vous poser quelques questions pour obtenir plus de détails sur le spectacle (histoire, personnages, acteurs, etc.).
- Ensuite, comme il/elle n'a pas très envie d'aller voir le spectacle, il/elle va faire plusieurs suggestions d'autres activités artistiques (films, concerts, expositions, etc.).
- Discutez de ces possibilités et choisissez-en une ensemble.

deux cent quarante-neuf **249**

Section Goals

In this section, students will:
- learn to listen for key words and use context
- listen to a short announcement and note the key words
- complete several activities based on the content of a radio announcement about a play

Stratégie
Script Après une tournée internationale, Antoine Fabas revient à Paris pour présenter son nouveau spectacle *Il faut vivre!* Il sera à l'Olympia pour une série de concerts exceptionnels du 15 au 20 avril. Blues, rock, et rap se côtoient merveilleusement pour créer un opus toujours très émouvant. Un spectacle à ne pas manquer!

Préparation Have students look at the photo and describe what they see. Have students explain how they inferred the location. Ask them: **Est-ce que les théâtres sont comme ce théâtre dans votre région?**

21st Century Skills

Critical Thinking and Problem Solving
Students practice aural comprehension as a tool to negotiate meaning in French.

À vous d'écouter
Script Les amateurs de Molière ne doivent surtout pas manquer *L'Avare* au Théâtre Monfort. Le metteur en scène, Yves Lemoîne, réinvente ce grand classique avec beaucoup de créativité. Avec, dans le rôle d'Harpagon, le personnage principal qui a toujours peur qu'on lui prenne son argent, Julien Roche; un jeune comédien très talentueux qui a fait ses débuts il y a trois ans avec la troupe Comédia. *L'Avare* est une comédie très amusante et je suis certain que cette adaptation aura un grand succès. La première représentation a eu lieu hier soir et déjà les applaudissements étaient nombreux et enthousiastes. La pièce a aussi reçu une critique très positive dans le journal *Le Monde*. Si vous souhaitez voir *L'Avare* par Yves Lemoîne, les billets sont en vente au guichet du théâtre tous les jours de 10h00 à 18h00. Il y a deux représentations le vendredi et le samedi, à 19h00 et à 21h30 et une à 14h00 le dimanche.

Savoir-faire

Panorama

Communicative Goal Identify and reflect on cultural products and practices of Bourgogne-Franche-Comté

vhlcentral ▶ Panorama culturel

la ville d'Ornans

La Bourgogne-Franche-Comté

La Bourgogne-Franche-Comté est située dans le centre de la France. C'est une région rurale avec peu d'habitants, mais qui n'est pas isolée parce qu'on la traverse° quand on va de Paris à Lyon et parce qu'elle partage 230 kilomètres de frontière° avec la Suisse. La région n'a pas de très grandes zones urbaines. Dijon, sa plus grande ville, est la dix-septième ville de France en nombre d'habitants. Besançon, Belfort et Châlon-sur-Saône sont d'autres villes importantes.

La Bourgogne-Franche-Comté a une histoire longue et riche grâce à ses produits agricoles réputés. Certains sont appréciés dans le monde entier. Parmi les fromages de la région, il y a le comté, l'époisses et la cancoillotte. À l'étranger, on trouve aussi le fromage appelé délice de Bourgogne et les fromages La Vache qui rit° dans beaucoup de supermarchés. La moutarde de Dijon est aussi très appréciée. Ce condiment a été inventé en Bourgogne il y a 600 ans.

La région est aussi connue pour ses vins° variés et de très grande qualité. Il y a 107 vins différents produits en Bourgogne et dans le Jura. Les Climats° du vignoble° de Bourgogne sont inscrits° au patrimoine° mondial de l'UNESCO depuis 2015 pour leur variété exceptionnelle.

Personnes célèbres

▶ **Gustave Eiffel,** *ingénieur* (la tour Eiffel) (1832–1923)

▶ **Colette,** *écrivaine* (1873–1954)

traverse *cross* frontière *border* La Vache qui rit *The Laughing Cow* vins *wines* Climats *parcels* vignoble *wine-growing region* inscrits *listed* patrimoine *heritage* vendanges *grape harvest*

un marché à Dijon

les vendanges° en Bourgogne

ACTIVITÉS

1 Les informations Complétez les phrases. *Interpretive Communication*

1. La Bourgogne-Franche-Comté partage 230 kilomètres de frontière avec __la Suisse__.
2. __Dijon__ est la plus grande ville de la région.
3. La __moutarde__ de Dijon est un condiment très apprécié dans le monde.
4. Les vins de la région sont très variés et de très grande __qualité__.
5. Gustave Eiffel était un __ingénieur__ de Bourgogne-Franche-Comté.

2 Réflexion Répondez aux questions. *Answers will vary.* *Acquiring Information & Diverse Perspectives*

1. Est-ce que votre région est rurale comme la Bourgogne-Franche-Comté? Expliquez.
2. Avez-vous déjà goûté des produits gastronomiques de la Bourgogne-Franche-Comté? Lesquels? Quels produits originaires de votre région ou pays sont connus mondialement?
3. Pourquoi est-ce que Gustave Eiffel est connu en dehors (*outside*) de sa région? Y a-t-il des ingénieur(e)s et des célébrités de votre région qui sont connu(e)s dans le monde?

250 deux cent cinquante

Les arts   Unité 5

AP® Theme: Contemporary Life
Context: Leisure and Sports

Les sports

Les sports d'hiver dans le Jura

On peut pratiquer de nombreux sports d'hiver dans les montagnes du Jura, en Franche-Comté: ski alpin, surf°, monoski, planche à voile sur neige. Mais le Jura est surtout le paradis du ski de fond°. Avec des centaines de kilomètres de pistes°, on y skie de décembre à avril, y compris° la nuit, sur des pistes éclairées°. La célèbre Transjurassienne est la deuxième course° d'endurance du monde avec un parcours° de 76 km pour les hommes et 50 km pour les femmes. Il y a aussi une minitrans de 10 km pour les enfants.

L'économie

L'horlogerie°

L'horlogerie est une des spécialités de la région de Bourgogne-Franche-Comté depuis le 17e siècle. Aujourd'hui, cette industrie compte plus de 50 entreprises qui travaillent surtout dans le domaine du luxe°. À Besançon, le centre de ces activités, on peut voir le musée du Temps, consacré à cette tradition. Les fameuses horloges° comtoises sont aujourd'hui des objets de collection et le savoir-faire des horlogers de la région fait partie du patrimoine° mondial de l'UNESCO.

AP® Theme: Science and Technology
Context: Discoveries and Inventions

L'architecture

AP® Theme: Beauty and Aesthetics
Context: Architecture

Les toits de Bourgogne

Les toits° en tuiles vernissées° multicolores sont typiques de la Bourgogne. Inspirés de l'architecture flamande° et d'Europe centrale, ils forment des dessins géométriques. Le plus célèbre bâtiment est l'Hôtel-Dieu° de Beaune, construit en 1443 pour accueillir° les pauvres et les victimes de la guerre° de 100 ans (1337–1443). Aujourd'hui, l'Hôtel-Dieu organise la plus célèbre vente aux enchères° de vins du monde.

Les gens

Louis Pasteur (1822–1895)

Louis Pasteur est né à Dole, en Franche-Comté. Il découvre que les fermentations sont dues à des micro-organismes spécifiques. Dans ses recherches sur les maladies contagieuses, il montre la relation entre le microbe et l'apparition d'une maladie. Cette découverte° a des applications dans le monde hospitalier et industriel avec les méthodes de désinfection, de stérilisation et de pasteurisation. Le vaccin contre la rage° est aussi une de ses inventions. L'Institut Pasteur est créé à Paris en 1888. Aujourd'hui, il a des filiales° sur cinq continents.

AP® Theme: Science and Technology
Context: Discoveries and Inventions

INCROYABLE MAIS VRAI!

Au Moyen Âge, les escargots servaient à la fabrication de sirops contre la toux. La recette bourguignonne (beurre, ail, persil°) est popularisée au 19e siècle. En France, on consomme plus de 20.000 tonnes d'escargots par an. L'escargot aide à lutter contre° le mauvais cholestérol et les maladies cardio-vasculaires.

surf snowboarding **ski de fond** cross-country skiing **pistes** trails **y compris** including **éclairées** lit **course** race **parcours** course **horlogerie** watchmaking **luxe** luxury **horloges** clocks **patrimoine** heritage **toits** roofs **tuiles vernissées** glazed tiles **flamande** Flemish **Hôtel-Dieu** Hospital **accueillir** take care of **guerre** war **vente aux enchères** auction **découverte** discovery **rage** rabies **filiales** branches **persil** parsley **lutter contre** fight against

---

3 Vous avez-compris? Répondez aux questions. *Answers will vary.*

1. Quel est le sport le plus pratiqué dans le Jura? le ski de fond
2. Quel savoir-faire de la région fait partie du patrimoine mondial de l'UNESCO? l'horlogerie
3. En quoi les toits bourguignons typiques sont-ils fabriqués (*made*)? en tuiles vernissées multicolores
4. Quel vaccin est-ce que Louis Pasteur a inventé? Il a inventé le vaccin contre la rage.

4 La Bourgogne-Franche-Comté En petits groupes, choisissez une caractéristique culturelle intéressante de ce **Panorama** (un site, une tradition, un produit, une personne, etc.) pour faire une comparaison avec votre culture ou votre communauté. Dans votre comparaison, mentionnez les différences et les similitudes entre les deux caractéristiques et expliquez pourquoi vous avez choisi de les comparer. Illustrez aussi vos idées avec des exemples intéressants.

✓ I CAN identify and reflect on cultural products and practices of Bourgogne-Franche-Comté.

deux cent cinquante et un 251

Savoir-faire

Communicative Goal Identify and reflect on cultural products and practices of northeast France

Panorama

Le Grand Est

La région Grand Est regroupe les anciennes régions Champagne-Ardenne, Alsace et Lorraine. À l'ouest, on trouve les célèbres vignobles de la Champagne. La forêt des Ardennes, au nord, s'étend° jusqu'en Belgique et en Allemagne. À l'est, les influences germaniques se ressentent° toujours dans la langue, l'architecture et la gastronomie de l'Alsace et de la Lorraine.

Personnes célèbres

▶ **Albert Uderzo,** dessinateur et scénariste de BD°, co-créateur de la série Astérix (1927–2020)

▶ **Albert Schweitzer,** médecin, prix Nobel de la paix en 1952 (1875–1965)

Les Hauts-de-France

Dans le nord-est de la France, à côté de la Belgique, la région des Hauts-de-France regroupe les anciennes régions de Nord-Pas-de-Calais et de Picardie. Sa ville capitale, Lille, située à côté de la frontière belge, est l'une des zones urbaines les plus peuplées de France. Le cap° Gris-Nez, près de Calais, sur la Manche°, est l'endroit français le plus proche de la Grande-Bretagne, à 30km de distance.

Personnes célèbres

▶ **Camille Claudel,** sculptrice (1864–1943)
▶ **Dany Boon,** acteur (1966–)

s'étend stretches **se ressentent** are felt **dessinateur et scénariste de BD** cartoonist **cap** cape **la Manche** English Channel **paysage champenois** Champagne landscape

le Vieux Lille

le paysage champenois° près de Reims

dans les Vosges

ACTIVITÉS

1 **Les informations** Complétez les phrases. *Interpretive Communication*

1. La région **Grand Est** regroupe les anciennes régions Champagne-Ardenne, Alsace et Lorraine.
2. La forêt des **Ardennes** s'étend jusqu'en Belgique et en Allemagne.
3. Les influences **germaniques** se ressentent dans la langue, l'architecture et la gastronomie de l'Alsace et de la Lorraine.
4. **Lille**, ville capitale des Hauts-de-France, est l'une des zones urbaines les plus peuplées de France.

2 **Assimilez** Répondez aux questions. *Answers will vary.* *Making Connections / Relating Cultural Products to Perspectives*

1. Le champagne est unique à la Champagne. Quels produits sont uniques à votre communauté ou votre pays? Quels sont d'autres produits uniques à la France? Comparez-les.
2. Comment est-ce que la proximité à d'autres pays affecte la culture d'une région? Expliquez.
3. Faites des recherches sur une personne célèbre du Grand Est ou des Hauts-de-France et faites une présentation en classe.

252 deux cent cinquante-deux

Unité 5

Les traditions
AP® Theme: Families and Communities
Context: Customs and Ceremonies

Les géants° du Nord

D'origine médiévale, les géants sont des mannequins° gigantesques portés° par une ou plusieurs personnes pendant les fêtes et les célébrations locales du Nord de la France. Fortement liés° à l'identité d'une ville, d'un quartier ou d'une association, ils représentent des héros historiques ou légendaires, des personnages locaux, des métiers ou des animaux. Chaque géant a sa vie: il naît, il se marie, il a des enfants. Et cette vie de citoyen° modèle sert d'exemple à sa communauté.

Les arts
AP® Theme: Personal and Public Identities
Context: Nationalism and Patriotism

L'histoire
Jeanne d'Arc

Jeanne d'Arc est née en 1412, en Lorraine, dans le Grand Est, d'une famille de paysans°. En 1429, quand la France est en guerre contre l'Angleterre, Jeanne d'Arc décide de partir au combat pour libérer son pays. Elle prend la tête° d'une armée et libère la ville d'Orléans des Anglais. Cette victoire permet de sacrer° Charles VII roi° de France. Plus tard, Jeanne d'Arc perd ses alliés° pour des raisons politiques. Vendue aux Anglais, elle est condamnée pour hérésie. Elle est exécutée à Rouen en 1431. En 1920, l'Église catholique la canonise.

Les destinations
Strasbourg

Strasbourg, chef-lieu° du Grand Est, est le siège° du Conseil de l'Europe depuis 1949 et du Parlement européen depuis 1979. Le Conseil de l'Europe est responsable de la promotion des valeurs démocratiques et des droits de l'homme°, de l'identité culturelle européenne et de la recherche de solutions° aux problèmes de société. Les membres du Parlement sont élus° dans chaque pays de l'Union européenne. Le Parlement contribue à l'élaboration de la législation européenne et à la gestion de l'Europe.

AP® Theme: Global Challenges
Context: Human Rights

La société
Un mélange de cultures

L'Alsace, région historique du Grand Est, a été enrichie° par de multiples courants° historiques et culturels grâce à sa position entre la France et l'Allemagne et parce qu'elle a fait partie de chaque pays à différentes périodes de l'histoire. La langue alsacienne vient d'un dialecte germanique et l'allemand est maintenant enseigné dans les écoles primaires. Les Alsaciens bénéficient aussi des lois° sociales allemandes. Le mélange° des cultures est visible à Noël avec des traditions allemandes et françaises (le sapin de Noël, la Saint-Nicolas, les marchés).

AP® Theme: Personal and Public Identities
Context: Multiculturalism

INCROYABLE MAIS VRAI!

La région Hauts-de-France est la terre des cathédrales. La cathédrale d'Amiens, considérée un chef-d'œuvre du style gothique, est la plus vaste de France. Elle est assez grande pour contenir deux fois Notre-Dame de Paris! Dans le Grand Est, la cathédrale la plus célèbre est celle de Reims, où 33 rois de France ont été sacrés entre 1223 et 1825.

géants giants **mannequins** models **portés** carried **liés** linked **citoyen** citizen **paysans** peasants **prend la tête** takes the lead **sacrer** crown **roi** king **alliés** allies **chef-lieu** regional seat of government **siège** headquarters **droits de l'homme** human rights **recherche de solutions** finding solutions **élus** elected **enrichie** enriched **courants** trends, movements **lois** laws **mélange** mix

---

Interpretive Communication

3 Vous avez compris? Répondez aux questions. *Answers will vary.*
1. Qu'est-ce que les géants du Nord représentent?
   des héros historiques ou légendaires, des personnages locaux, des métiers ou des animaux.
2. Que permet la victoire de Jeanne d'Arc?
   Sa victoire permet de sacrer Charles VII roi de France.
3. Quel est un exemple du rôle du Conseil de l'Europe?
   Il est responsable de la promotion des valeurs démocratiques.
4. Quand est-ce que le mélange de cultures allemande et française est visible en Alsace? *à Noël*
5. Où est-ce que les rois de France ont été sacrés entre 1223 et 1825?
   à la cathédrale de Reims

✓ I CAN identify and reflect on cultural products and practices of northeast France.

Presentational Communication · **Cultural Comparisons** · **Relating Cultural Practices to Perspectives**

4 La société traditionnelle Faites des recherches sur l'Écomusée d'Alsace. Qu'est-ce que c'est? Quelle est son histoire? Quel est son rôle dans la préservation de la culture alsacienne? Comment est-ce que les Alsaciens participent aux différents projets du musée? Comparez cet écomusée avec un musée ou un projet similaire dans votre région ou dans votre pays, puis présentez vos idées à la classe.

deux cent cinquante-trois **253**

Lecture

Avant la lecture

AP® Theme: Beauty and Aesthetics
Context: Literature

STRATÉGIE

Point of View

Authors use a narrator with a unique perspective to tell their stories. This "point of view" filters what you see, hear, and feel in the narration. Identifying point of view helps you understand the emotions, opinions, and purpose the author wishes to convey. In some stories, the narrator is a character in the narrative and has a first person point of view. Everything you read is from this character's perspective. Other stories have a third person, omniscient point of view. An omniscient narrator is an outsider who reports the thoughts and actions of all the characters.

Examinez le texte Lisez les deux premières phrases du texte. À quelle personne le récit est-il écrit? À la première ou à la troisième personne? Le narrateur est-il un homme ou une femme? Comment le savez-vous? Les opinions et les émotions exprimées sont-elles celles du narrateur ou de quelqu'un d'autre? Quel ton ce point de vue donne-t-il au texte? Qu'est-ce que l'auteure veut communiquer?

À propos de l'auteure
Maïssa Bey

Maïssa Bey, nom de plume° de Samina Benameur, est née dans un petit village en Algérie en 1950. Après ses études, elle devient professeur de français, puis conseillère pédagogique. Avide lectrice° depuis un très jeune âge, elle passe petit à petit à l'écriture. Elle écrit des romans, des nouvelles, des pièces de théâtre, des poèmes et des essais. Le texte *Je suis lectrice* est un extrait de l'essai *L'une et l'autre*, un texte autobiographique sorti en 2009. Aujourd'hui, Bey continue à publier des œuvres et à animer **Paroles° et écriture**, une association dont l'objectif est d'ouvrir des espaces d'expression culturelle.

nom de plume *pen name* **lectrice** *reader* **Paroles** *Words*

Je suis lectrice

extrait de L'une et l'autre *(2009)*

Je suis lectrice°. Passionnément. Déraisonnablement donc. Au point de ne pas supporter° d'être séparée des objets de mes désirs, de mes plaisirs: les livres. Je me suis
5 nourrie°, parfois gavée° de mots. J'ai d'abord été une dévoreuse d'histoires. J'ai voulu tout lire. Tout et sans doute n'importe quoi. J'ai subi tous les charmes°, me suis laissée prendre au piège° de tous les filets tendus°. Des romans d'amour
10 les plus mièvres° aux récits d'aventures les plus insensées°. J'ai été rebelle sans jamais savoir ni pouvoir dire non. J'ai parcouru le monde, sillonné° les mers, visité tous les continents et même au-delà, sans jamais dépasser les limites de mon
15 quartier, ou plus rarement celles de mon village. J'ai découvert les mots d'amour les plus fous sans jamais avoir le droit° d'en prononcer un seul à voix haute°. J'ai ri, j'ai souffert et pleuré, j'ai porté le deuil° de mes héros avant même d'être confrontée
20 à la mort, la vraie. J'ai ardemment souhaité des défaites° et des victoires alors même qu'autour de moi des bourreaux° affûtaient° déjà leurs armes. Très jeune, sans jamais avoir de véritables amies, j'ai eu pour compagnons des adultes, personnages
25 de papier plus proches° de moi que mes proches, des femmes et des hommes qui m'ont confié les plus intimes de leurs pensées, qui ont, dans une communauté fraternelle, partagé avec moi le pain et le sel, je veux dire les mots et la vérité de leur être.

Les arts Unité 5

Après la lecture

Répondez Répondez aux questions par des phrases complètes. *Answers will vary.*

1. De quelle façon est-ce que la narratrice lit?
   Elle lit passionnément et déraisonnablement.

2. De quoi les livres sont-ils l'objet?
   Ils sont l'objet des désirs et des plaisirs de la narratrice.

3. La narratrice parle de trois types de livres qu'elle a lus. Lesquels?
   Elle a lu des histoires, des romans d'amour et des récits d'aventures.

4. Qu'est-ce que la narratrice a pu faire sans quitter son quartier grâce aux (*thanks to*) livres?
   Elle a pu parcourir le monde et visiter tous les continents.

5. Qu'est-ce qu'elle a découvert qu'elle n'a jamais pu prononcer?
   Elle a découvert des mots d'amour.

6. Quelles réactions les histoires ont-elles provoquées chez la narratrice?
   Elle a ri, elle a souffert, elle a pleuré et elle a porté le deuil de ses héros.

7. Qui étaient les compagnons de la narratrice pendant sa jeunesse?
   Ses compagnons étaient les personnages des livres.

8. Qu'est-ce que les personnages des livres ont partagé avec la narratrice?
   Ils ont partagé les plus intimes de leurs pensées, le sel et le pain et la vérité de leur être.

Point de vue Discutez de ces questions par petits groupes: Quel est le point de vue du texte? Qui est le narrateur? Soyez spécifique. Pourquoi croyez-vous que l'auteure a choisi ce point de vue? Si le texte était écrit d'un point de vue omniscient, serait-il différent? De quelle manière? *Answers will vary.*

Ensemble À votre avis, pourquoi est-ce que la narratrice dit «J'ai ri, j'ai souffert et pleuré…» pour décrire son expérience de lectrice? Croyez-vous que c'est possible de ressentir les mêmes sentiments que les personnages? Avez-vous lu quelque chose qui vous a inspiré(e) de la même façon que les livres ont inspiré la narratrice? Écrivez un paragraphe pour présenter vos idées. *Answers will vary.*

lectrice *reader* **ne pas supporter** *not to bear* **me suis nourrie** *nourished myself* **gavée** *gorged* **subi…** **charmes** *fell under all the spells* **me suis laissée… piège** *became trapped* **filets tendus** *nets cast* **mièvres** *sentimental* **insensées** *absurd* **sillonné** *plowed* **le droit** *right* **à voix haute** *aloud* **j'ai porté le deuil** *mourned* **défaites** *defeats* **bourreaux** *executioners* **affûtaient** *sharpened* **plus proches** *closer*

I CAN read a passage from an essay and identify point of view.

deux cent cinquante-cinq **255**

Section Goals

In this section, students will:
- learn to write introductions and conclusions
- write a critique of a film, play, or show

Teaching Tips
- Before students start the assignment, ask them what movies and shows they have seen. You could coordinate with your school's music and theater departments to have students review performances taking place at school.
- You may want to show students a few examples of play, musical, or movie critiques. Have students pay attention to the organization of the critique and its wording.
- Alternatively, have students focus on a particular area of the francophone world and research movies, plays, and musicals from that country or region.

Evaluation
Discuss the evaluation criteria before students start working and explain how this project will be graded.

Content Students present a well-developed critique of a film, play, or other show. Significant details are highlighted. The critique clearly reflects an introduction, body, and conclusion. French is used exclusively.

Organization The introduction outlines the information to be presented for the reader. The conclusion should clearly summarize the information found in the body of the critique.

Accuracy Students write clearly and use correct structure formation, using appropriate vocabulary and grammar from the unit.

Creativity Students make an effort to draw in their audience when writing their critiques. Sentences use a variety of descriptive adjectives to convey their opinion of the work.

Culture Students demonstrate an understanding of cultural products and practices and apply this knowledge in their critique.

Scoring
Excellent: 25–22 points
Good: 21–18 points
Satisfactory: 17–14 points
Unsatisfactory: < 14 points

Savoir-faire

Communicative Goal
Write a critique of a movie, film, play, or musical

Projet

Critique d'une œuvre artistique
Présentation écrite

Vous allez écrire la critique d'un film, d'une pièce de théâtre ou d'un autre type de spectacle de votre choix. Votre critique doit avoir trois parties: une introduction, un développement et une conclusion. Dans l'introduction, vous allez rapidement présenter l'œuvre. Ensuite, dans le développement, vous allez faire un résumé détaillé de l'œuvre. Enfin, dans la conclusion, vous allez donner votre opinion et expliquer pourquoi vous recommandez ce spectacle ou non.

STRATÉGIE

Writing strong introductions and conclusions

Introductions and conclusions serve a similar purpose: both are intended to focus the reader's attention on the topic being covered. The introduction informs the reader of the important points that will be covered in the body of your writing. The conclusion reaffirms those points and sums up the information that has been provided. A compelling fact or statistic, a humorous anecdote, or a question directed to your reader are all interesting ways to begin or end your writing. Introductions and conclusions also clarify your ideas and your intended purpose.

Étape 1: Remue-méninges

- Pensez aux œuvres artistiques que vous avez étudiées en classe. Est-ce qu'il y a un(e) écrivain(e) ou artiste que vous admirez? Est-ce que vous avez vu une comédie musicale ou une pièce de théâtre que vous avez appréciée?
- Faites une liste de ces œuvres et décidez laquelle vous voulez critiquer.
- Finalement, créez un graphique dans lequel vous notez des détails importants sur l'œuvre: le genre, les personnages, l'intrigue (*plot*), etc.

Œuvre	Détails importants
Le Tartuffe	Auteur : Molière
	Personnages : Tartuffe, Elmire, Orgon

PROFICIENCY

Cultures As students brainstorm important details of their selected work, have them consider the time period in which the work was set as well as the period when it was written. Who created/produced the work? How is the movie, play, musical, or show a reflection of the culture in which it was created?

Communities As an extension or alternative approach, have students research francophone movies, plays, or musicals within their own community. Students could also review critiques of current artistic events in francophone countries and analyze those critiques. Have them share how the critiques they found in their research reflected those cultures.

Les arts — Unité 5

Étape 2: Avant l'écriture

Maintenant que vous avez sélectionné votre œuvre, suivez ce plan pour la recherche des idées et pour leur organisation.

Introduction
- Titre de l'œuvre et nom de son créateur
- Description du sujet et/ou du genre de l'œuvre

Développement
- Résumé de l'intrigue
- Description des personnages, des décor(s) et des costumes

Conclusion
- Votre opinion de l'œuvre
- Raisons pour lesquelles vous la recommandez ou pas

Étape 3: Écriture

- Pour vous assurer (*ensure*) que vous allez écrire une introduction et une conclusion bien développées, remplissez (*fill in*) ce diagramme. Ces deux sections doivent contenir les mêmes informations sur les idées principales de votre critique, mais doivent aussi avoir au moins (*at least*) une idée différente. Essayez d'inclure un fait intéressant ou une citation pour accrocher (*hook*) votre lecteur.
- Ensuite, organisez bien vos idées et écrivez votre critique qui doit avoir au moins trois paragraphes.

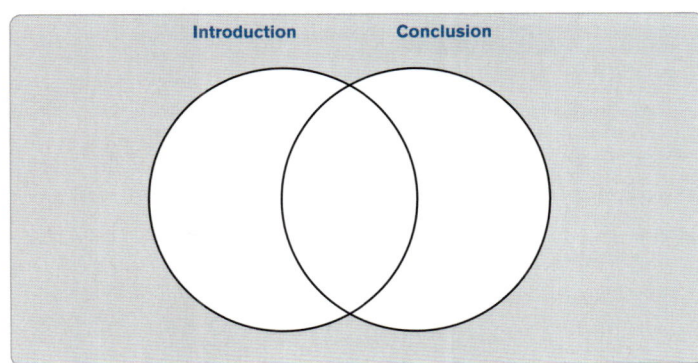

Étape 4: Révision

Échangez votre critique avec celle d'un(e) partenaire. Répondez à ces questions pour commenter son travail.

- ☐ Votre partenaire a-t-il/elle inclus une introduction développée?
- ☐ A-t-il/elle écrit une partie centrale détaillée?
- ☐ A-t-il/elle écrit une conclusion bien développée et en relation avec l'introduction, mais contenant (*containing*) aussi une nouvelle idée?
- ☐ A-t-il/elle présenté toutes les informations de la section **Avant l'écriture**?
- ☐ Quel(s) détail(s) ajouteriez-vous (*would you add*)?
- ☐ Quel(s) autre(s) commentaire(s) avez-vous pour votre partenaire?

Étape 5: Réalisation

Corrigez votre critique d'après les commentaires de votre partenaire. Relisez votre travail pour éliminer les fautes d'orthographe et de grammaire. Ensuite, présentez votre critique à vos camarades de classe.

I CAN write a critique of an artistic work and make a recommendation.

Étape 1
If students have not had a chance to see movies, plays, or musicals, they may prefer to review a singer or music group instead. They might want to consult the **Fête de la musique** website (https://fetedelamusique.culture.gouv.fr/) to get some ideas about French musicians, or they could do other research online. Their important details could include the music genre and explanations for the lyrics.

Étape 2
Before students start preparing their critiques, you may want to review the following terms for them: **les personnages, l'histoire, l'auteur(e)**, and other vocabulary words they learned in this unit. You might also present the word **intrigue**, meaning *plot*, and explain that **une intrigue** implies the order in which a story is told.

Étape 3
Instead of using a Venn Diagram, students may choose to use an outline format to prepare their critiques. You may also have them brainstorm a list of transition words that they should try to include to make their writing sound more natural (**en effet, par contre, de plus, notamment**).

Étape 5
- As an extension to the written critique, have pairs of students simulate a talk show to discuss the various works presented and what they liked and disliked about each one.
- Students could also create a poster or book jacket about the movie, play, or other show to accompany their critiques.

DIFFERENTIATION

Slower Pace Learners Students might find it easier to compare and contrast two artistic works rather than write a critique. To give more structure to the assignment, provide them with the following sentence starters: **X est plus/moins/aussi... que..., Je préfère... parce que..., ...tandis que..., il y a plus de/moins de/autant de...**

EXTRA PRACTICE

Pairs Provide students with useful expressions for writing a critique: **À mon avis..., Beaucoup de gens pensent que..., D'un point de vue artistique/historique..., Selon les critiques...**, etc. You may also want to provide a list of adjectives such as **original(e) médiocre,** and so on. Then, have students practice using these expressions with a partner before writing their critique.

Vocabulaire — Unité 5

Leçon 5A

Aller au spectacle

profiter de quelque chose	to take advantage of/to enjoy something
un applaudissement	applause
une chanson	song
un chœur	choir, chorus
le début	beginning; debut
un entracte	intermission
la fin	end
un groupe	band
une pièce de théâtre	play
une place	seat
une scène	stage
une séance	show; screening

Les artistes

jouer de la batterie	to play the drums
un dramaturge	playwright
un metteur en scène/une metteuse en scène	director (of a play, a show)
un personnage (principal)	(main) character
un réalisateur/une réalisatrice	director (of a movie)
célèbre	famous

Expressions de doute et de certitude

douter que...	to doubt that...
ne pas croire que...	not to believe that...
ne pas penser que...	not to think that...
Il est douteux que...	It is doubtful that...
Il est impossible que...	It is impossible that...
Il n'est pas certain que...	It is uncertain that...
Il n'est pas sûr que...	It is not sure that...
Il n'est pas vrai que...	It is untrue that...
croire que...	to believe that...
penser que...	to think that...
savoir que...	to know that...
Il est certain que...	It is certain that...
Il est clair que...	It is clear that...
Il est évident que...	It is obvious that...
Il est sûr que...	It is sure that...
Il est vrai que...	It is true that...

Pronoms possessifs

le mien (*m. sing.*)	mine
la mienne (*f. sing.*)	mine
les miens (*m. pl.*)	mine
les miennes (*f. pl.*)	mine
le tien (*m. sing.*)	yours
la tienne (*f. sing.*)	yours
les tiens (*m. pl.*)	yours
les tiennes (*f. pl.*)	yours
le sien (*m. sing.*)	his/hers/its
la mienne (*f. sing.*)	his/hers/its
les siens (*m. pl.*)	his/hers/its
les siennes (*f. pl.*)	his/hers/its
le/la nôtre (*m./f. sing.*)	ours
les nôtres (*m./f. pl.*)	ours
le/la vôtre (*m./f. sing.*)	yours (form./pl.)
les vôtres (*m./f. pl.*)	yours (form./pl.)
le/la leur (*m./f. sing.*)	theirs
les leurs (*m./f. pl.*)	theirs

Leçon 5B

Les artistes

un(e) écrivain(e)	writer
un peintre/une femme peintre	painter
doué(e)	talented; gifted

Le cinéma et la télévision

un dessin animé	cartoon
une émission (de télévision)	(television) program
un feuilleton	soap opera
un film (d'aventures, d'horreur, policier, de science-fiction)	(adventure, horror, crime, science fiction) film
une histoire	story
les informations (infos) (*f.*)	news
un jeu télévisé	game show
la météo	weather
une publicité (pub)	advertisement
les variétés (*f.*)	popular music
à la radio	on the radio
à la télé(vision)	on television

Les arts

faire de la peinture	to paint
faire les musées	to go to museums
les beaux-arts (*m.*)	fine arts
un chef-d'œuvre (chefs-d'œuvre *pl.*)	masterpiece
un conte	tale
une critique	review; criticism
une exposition	exhibit
une œuvre (d'art)	(art)work, piece (of art)
une peinture	painting
un roman	novel
un tableau	painting
ancien(ne)	ancient; old; former
gratuit(e)	free

Conjonctions suivies du subjonctif

à condition que...	on the condition that..., provided that...
à moins que...	unless...
avant que...	before...
jusqu'à ce que...	until...
pour que...	so that...
sans que...	without...

Mots apparentés: See p. 211.

deux cent cinquante-huit

Appendices

Appendix A
The *impératif* — A-2
Glossary of Grammatical Terms — A-2

Appendix B
Verb Conjugation Tables — A-6

Vocabulary
French–English — A-17
English–French — A-41
Supplementary Vocabulary — A-65

Indices
Grammar Index — A-67

Credits — A-69

Appendix A

The *impératif*

Point de départ The **impératif** is the form of a verb that is used to give commands or to offer directions, hints, and suggestions. With command forms, you do not use subject pronouns.

- Form the **tu** command of **-er** verbs by dropping the **-s** from the present tense form. Note that **aller** also follows this pattern.

  Réserve deux chambres. **Ne travaille pas.** **Va** au marché.
  Reserve two rooms. *Don't work.* *Go to the market.*

- The **nous** and **vous** command forms of **-er** verbs are the same as the present tense forms.

  Nettoyez votre chambre. **Mangeons** au restaurant ce soir.
  Clean your room. *Let's eat at the restaurant tonight.*

- For **-ir** verbs, **-re** verbs, and most irregular verbs, the command forms are identical to the present tense forms.

  Finis la salade. **Attendez** dix minutes. **Faisons** du yoga.
  Finish the salad. *Wait ten minutes.* *Let's do some yoga.*

The *impératif* of *avoir* and *être*

	avoir	être
(tu)	aie	sois
(nous)	ayons	soyons
(vous)	ayez	soyez

- The forms of **avoir** and **être** in the **impératif** are irregular.

  Aie confiance. Ne **soyons** pas en retard.
  Have confidence. *Let's not be late.*

- An object pronoun can be added to the end of an affirmative command. Use a hyphen to separate them. Use **moi** and **toi** for the first- and second-person object pronouns.

  Permettez-moi de vous aider. Achète le dictionnaire et **utilise-le**.
  Allow me to help you. *Buy the dictionary and use it.*

- In negative commands, place object pronouns between **ne** and the verb. Use **me** and **te** for the first- and second-person object pronouns.

  Ne **me montre** pas les réponses, s'il te plaît. Cette photo est fragile. Ne **la touchez** pas.
  Please don't show me the answers. *That picture is fragile. Don't touch it.*

Glossary of Grammatical Terms

ADJECTIVE A word that modifies, or describes, a noun or pronoun.

des livres **amusants** une **jolie** fleur
some **funny** books a **pretty** flower

Demonstrative adjective An adjective that specifies which noun a speaker is referring to.

cette chemise **ce** placard
this shirt **this** closet

cet hôtel **ces** boîtes
this hotel **these** boxes.

Possessive adjective An adjective that indicates ownership or possession.

ma belle montre C'est **son** cousin.
my beautiful watch This is **his/her** cousin.

tes crayons Ce sont **leurs** tantes.
your pencils Those are **their** aunts.

ADVERB A word that modifies, or describes, a verb, adjective, or other adverb.

Michael parle **couramment** français.
*Michael speaks French **fluently**.*

Elle lui parle **très** franchement.
*She speaks to him **very** honestly.*

ARTICLE A word that points out a noun in either a specific or a non-specific way.

Definite article An article that points out a noun in a specific way.

le marché **la** valise
the market **the** suitcase

les dictionnaires **les** mots
the dictionaries **the** words

Indefinite article An article that points out a noun in a general, non-specific way.

un vélo **une** fille
a bike **a** girl

des oiseaux **des** affiches
some birds **some** posters

CLAUSE A group of words that contains both a conjugated verb and a subject, either expressed or implied.

Main (or Independent) clause A clause that can stand alone as a complete sentence.

J'ai un manteau vert.
I have a green coat.

Glossary of Grammatical Terms

Subordinate (or Dependent) clause A clause that does not express a complete thought and therefore cannot stand alone as a sentence.

Je travaille dans un restaurant **parce que j'ai besoin d'argent**.
*I work in a restaurant **because I need money**.*

COMPARATIVE A construction used with an adjective or adverb to express a comparison between two people, places, or things.

Thomas est **plus petit** qu'Adrien.
*Thomas is **shorter than** Adrien.*

En Corse, il pleut **moins souvent qu'**en Alsace.
*In Corsica, it rains **less often than** in Alsace.*

Cette maison n'a pas **autant de fenêtres** que l'autre.
*This house does not have **as many windows as** the other one.*

CONJUGATION A set of the forms of a verb for a specific tense or mood, or the process by which these verb forms are presented.

Imparfait conjugation of **chanter**:
je chant**ais** nous chant**ions**
tu chant**ais** vous chant**iez**
il/elle chant**ait** ils/elles chant**aient**

CONJUNCTION A word used to connect words, clauses, or phrases.

Suzanne **et** Pierre habitent en Suisse.
*Suzanne **and** Pierre live in Switzerland.*

Je ne dessine pas très bien, **mais** j'aime les cours de dessin.
*I don't draw very well, **but** I like art classes.*

CONTRACTION The joining of two words into one. In French, the contractions are **au, aux, du,** and **des**.

Ma sœur est allée **au** concert hier soir.
*My sister went **to a** concert last night.*

Il a parlé **aux** voisins cet après-midi.
*He talked **to the** neighbors this afternoon.*

Je retire de l'argent **du** distributeur automatique.
*I withdraw money **from the** ATM machine.*

Nous avons campé près **du** village.
*We camped **near the** village.*

DIRECT OBJECT A noun or pronoun that directly receives the action of the verb.

Thomas lit **un livre**.   Je **l'**ai vu hier.
*Thomas reads **a book**. I saw **him** yesterday.*

GENDER The grammatical categorizing of certain kinds of words, such as nouns and pronouns, as masculine, feminine, or neuter.

Masculine
articles **le, un**
pronouns **il, lui, le, celui-ci, celui-là, lequel**
adjective **élégant**

Feminine
articles **la, une**
pronouns **elle, la, celle-ci, celle-là, laquelle**
adjective **élégante**

IMPERSONAL EXPRESSION A third-person expression with no expressed or specific subject.

Il pleut.   **C'est** très important.
It's raining. *It's very important*.

INDIRECT OBJECT A noun or pronoun that receives the action of the verb indirectly; the object, often a living being, to or for whom an action is performed.

Éric donne un livre **à Linda**.
*Éric gave a book **to Linda**.*

Le professeur **m'**a donné une bonne note.
*The teacher gave **me** a good mark.*

INFINITIVE The basic form of a verb. Infinitives in French end in **-er**, **-ir**, **-oir**, or **-re**.

parler   **finir**   **savoir**   **prendre**
to speak *to finish* *to know* *to take*

INTERROGATIVE An adjective or pronoun used to ask a question.

Qui parle?
***Who** is speaking?*

Combien de biscuits as-tu achetés?
***How many** cookies did you buy?*

Que penses-tu faire aujourd'hui?
***What** do you plan to do today?*

INVERSION Changing the word order of a sentence, often to form a question.

Statement: Elle a vendu sa voiture.

Inversion: A-t-elle vendu sa voiture?

MOOD A grammatical distinction of verbs that indicates whether the verb is intended to make a statement or command or to express a doubt, emotion, or condition contrary to fact.

Glossary of Grammatical Terms

Conditional mood Verb forms used to express what would be done or what would happen under certain circumstances, or to make a polite request, soften a demand, express what someone could or should do, or to state a contrary-to-fact situation.

Il **irait** se promener s'il avait le temps.
He **would go** for a walk if he had the time.

Pourrais-tu éteindre la lumière, s'il te plaît?
Would you turn off the light, please?

Je **devrais** lui parler gentiment.
I **should** talk to her nicely.

Imperative mood Verb forms used to make commands or suggestions.

Parle lentement.   **Venez** avec moi.
Speak slowly.   **Come** with me.

Indicative mood Verb forms used to state facts, actions, and states considered to be real.

Je **sais** qu'**il a** un chat.
I **know** that **he has** a cat.

Subjunctive mood Verb forms used principally in subordinate (dependent) clauses to express wishes, desires, emotions, doubts, and certain conditions, such as contrary-to-fact situations.

Il est important que **tu finisses** tes devoirs.
It's important that **you finish** your homework.

Je doute que **Louis ait** assez d'argent.
I doubt that **Louis has** enough money.

NOUN A word that identifies people, animals, places, things, and ideas.

homme	**chat**	**Belgique**
man	*cat*	*Belgium*
maison	**livre**	**amitié**
house	*book*	*friendship*

NUMBER A grammatical term that refers to singular or plural. Nouns in French and English have number. Other parts of a sentence, such as adjectives, articles, and verbs, can also have number.

Singular	**Plural**
une chose	**des** choses
a thing	*some things*
le professeur	**les** professeurs
the professor	*the professors*

NUMBERS Words that represent amounts.

Cardinal numbers Words that show specific amounts.

cinq minutes   l'année **deux mille six**
five minutes   *the year* **2006**

Ordinal numbers Words that indicate the order of a noun in a series.

le **quatrième** joueur   la **dixième** fois
the fourth player   *the tenth time*

PAST PARTICIPLE A past form of the verb used in compound tenses. The past participle may also be used as an adjective, but it must then agree in number and gender with the word it modifies.

Ils ont beaucoup **marché**.
They have **walked** a lot.

Je n'ai pas **préparé** mon examen.
I haven't **prepared** for my exam.

Il y a une fenêtre **ouverte** dans le salon.
There is an **open** window in the living room.

PERSON The form of the verb or pronoun that indicates the speaker, the one spoken to, or the one spoken about. In French, as in English, there are three persons: first, second, and third.

Person	Singular		Plural	
1st	**je**	*I*	**nous**	*we*
2nd	**tu**	*you*	**vous**	*you*
3rd	**il/elle**	*he/she/it*	**ils/elles**	*they*
	on	*one*		

PREPOSITION A word or words that describe(s) the relationship, most often in time or space, between two other words.

Annie habite **loin de** Paris.
Annie lives **far from** Paris.

Le blouson est **dans** la voiture.
The jacket is **in** the car.

Martine s'est coiffée **avant de** sortir.
Martine combed her hair **before** going out.

PRONOUN A word that takes the place of a noun or nouns.

Demonstrative pronoun A pronoun that takes the place of a specific noun.

Je veux **celui-ci**.
I want **this one**.

Marc préférait **ceux-là**.
Marc preferred **those**.

Object pronoun A pronoun that functions as a direct or indirect object of the verb.

Elle **lui** donne un cadeau.
She gives **him** a present.

Frédéric **me l'**a apporté.
Frédéric brought **it** to **me**.

Reflexive pronoun A pronoun that indicates that the action of a verb is performed by the subject on itself. These pronouns are often expressed in English with *-self*: myself, yourself, etc.

Je **me lave** avant de sortir.
I **wash (myself)** before going out.

Marie **s'est couchée** à onze heures et demie.
Marie **went to bed** at eleven-thirty.

Relative pronoun A pronoun that connects a subordinate clause to a main clause.

Le garçon **qui** nous a écrit vient nous voir demain.
The boy **who** wrote us is coming to visit tomorrow.

Je sais **que** nous avons beaucoup de choses à faire.
I know **that** we have a lot of things to do.

Subject pronoun A pronoun that replaces the name or title of a person or thing, and acts as the subject of a verb.

Tu vas partir.
You are going to leave.

Il arrive demain.
He arrives tomorrow.

SUBJECT A noun or pronoun that performs the action of a verb and is often implied by the verb.

Marine va au supermarché.
Marine goes to the supermarket.

Ils travaillent beaucoup.
They work a lot.

Ces livres sont très chers.
Those books are very expensive.

SUPERLATIVE A word or construction used with an adjective, adverb or a noun to express the highest or lowest degree of a specific quality among three or more people, places, or things.

Le cours de français est **le plus intéressant**.
The French class is **the most interesting**.

Romain court **le moins rapidement**.
Romain runs **the least fast**.

C'est son jardin qui a **le plus d'arbres**.
It is her garden that has **the most trees**.

TENSE A set of verb forms that indicates the time of an action or state: past, present, or future

Compound tense A two-word tense made up of an auxiliary verb and a present or past participle. In French, there are two auxiliary verbs: **être** and **avoir**.

Le colis n'**est** pas encore **arrivé**.
The package **has** not **arrived** yet.

Elle **a réussi** son examen.
She **has passed** her exam.

Simple tense A tense expressed by a single verb form.

Timothée **jouait** au volley-ball pendant les vacances.
Timothée **played** volleyball during his vacation.

Joëlle **parlera** à sa mère demain.
Joëlle **will speak** with her mom tomorrow.

VERB A word that expresses actions or states-of-being.

Auxiliary verb A verb used with a present or past participle to form a compound tense. **Avoir** is the most commonly used auxiliary verb in French.

Ils **ont** vu les éléphants.
They **have** seen the elephants.

J'espère que tu **as** mangé.
I hope you **have** eaten.

Reflexive verb A verb that describes an action performed by the subject on itself and is always used with a reflexive pronoun.

Je **me suis acheté** une voiture neuve.
I **bought myself** a new car.

Pierre et Adeline **se lèvent** très tôt.
Pierre and Adeline **get (themselves) up** very early.

Spelling-change verb A verb that undergoes a predictable change in spelling in the various conjugations.

acheter	e → è	nous achetons	j'ach**è**te
espérer	é → è	nous espérons	j'esp**è**re
appeler	l → ll	nous appelons	j'appe**ll**e
envoyer	y → i	nous envoyons	j'envoie
essayer	y → i	nous essayons	j'essaie/ j'essaye

Appendix B

Verb Conjugation Tables

Each verb in this list is followed by a model verb conjugated according to the same pattern. The number in parentheses indicates where in the verb tables you can find the conjugated forms of the model verb. Reminder: All reflexive (pronominal) verbs use **être** as their auxiliary verb in the **passé composé**. The infinitives of reflexive verbs begin with **se** (**s'**).

* = This verb, unlike its model, takes **être** in the **passé composé**.
† = This verb, unlike its model, takes **avoir** in the **passé composé**.
In the tables you will find the infinitive, past participles, and all the forms of each model verb you have learned.

abolir like finir (2)
aborder like parler (1)
abriter like parler (1)
accepter like parler (1)
accompagner like parler (1)
accueillir like ouvrir (31)
acheter (7)
adorer like parler (1)
afficher like parler (1)
aider like parler (1)
aimer like parler (1)
aller (13) p.c. with être
allumer like parler (1)
améliorer like parler (1)
amener like acheter (7)
animer like parler (1)
apercevoir like recevoir (36)
appeler (8)
applaudir like finir (2)
apporter like parler (1)
apprendre like prendre (35)
arrêter like parler (1)
arriver* like parler (1)
assister like parler (1)
attacher like parler (1)
attendre like vendre (3)
attirer like parler (1)
avoir (4)
balayer like essayer (10)
bavarder like parler (1)
boire (15)
bricoler like parler (1)
bronzer like parler (1)
célébrer like préférer (12)
chanter like parler (1)
chasser like parler (1)

chercher like parler (1)
choisir like finir (2)
classer like parler (1)
commander like parler (1)
commencer (9)
composer like parler (1)
comprendre like prendre (35)
compter like parler (1)
conduire (16)
connaître (17)
consacrer like parler (1)
considérer like préférer (12)
construire like conduire (16)
continuer like parler (1)
courir (18)
coûter like parler (1)
couvrir like ouvrir (31)
croire (19)
cuisiner like parler (1)
danser like parler (1)
débarrasser like parler (1)
décider like parler (1)
découvrir like ouvrir (31)
décrire like écrire (22)
décrocher like parler (1)
déjeuner like parler (1)
demander like parler (1)
démarrer like parler (1)
déménager like manger (11)
démissionner like parler (1)
dépasser like parler (1)
dépendre like vendre (3)
dépenser like parler (1)
déposer like parler (1)
descendre* like vendre (3)
désirer like parler (1)

dessiner like parler (1)
détester like parler (1)
détruire like conduire (16)
développer like parler (1)
devenir like venir (41)
devoir (20)
dîner like parler (1)
dire (21)
diriger like parler (1)
discuter like parler (1)
divorcer like commencer (9)
donner like parler (1)
dormir† like partir (32)
douter like parler (1)
durer like parler (1)
échapper like parler (1)
échouer like parler (1)
écouter like parler (1)
écrire (22)
effacer like commencer (9)
embaucher like parler (1)
emménager like manger (11)
emmener like acheter (7)
employer like essayer (10)
emprunter like parler (1)
enfermer like parler (1)
enlever like acheter (7)
enregistrer like parler (1)
enseigner like parler (1)
entendre like vendre (3)
entourer like parler (1)
entrer* like parler (1)
entretenir like tenir (40)
envahir like finir (2)
envoyer like essayer (10)
épouser like parler (1)

espérer like préférer (12)
essayer (10)
essuyer like essayer (10)
éteindre (24)
éternuer like parler (1)
étrangler like parler (1)
être (5)
étudier like parler (1)
éviter like parler (1)
exiger like manger (11)
expliquer like parler (1)
explorer like parler (1)
faire (25)
falloir (26)
fermer like parler (1)
fêter like parler (1)
finir (2)
fonctionner like parler (1)
fonder like parler (1)
freiner like parler (1)
fréquenter like parler (1)
fumer like parler (1)
gagner like parler (1)
garder like parler (1)
garer like parler (1)
gaspiller like parler (1)
enfler like parler (1)
goûter like parler (1)
graver like parler (1)
grossir like finir (2)
guérir like finir (2)
habiter like parler (1)
imprimer like parler (1)
indiquer like parler (1)
interdire like dire (21)
inviter like parler (1)

Verb Conjugation Tables

jeter like appeler (8)
jouer like parler (1)
laisser like parler (1)
laver like parler (1)
lire (27)
loger like manger (11)
louer like parler (1)
lutter like parler (1)
maigrir like finir (2)
maintenir like tenir (40)
manger (11)
marcher like parler (1)
mêler like préférer (12)
mener like parler (1)
mettre (28)
monter* like parler (1)
montrer like parler (1)
mourir (29); **p.c.** with **être**
nager like manger (11)
naître (30); **p.c.** with **être**
nettoyer like essayer (10)
noter like parler (1)
obtenir like tenir (40)
offrir like ouvrir (31)
organiser like parler (1)
oublier like parler (1)
ouvrir (31)
parler (1)
partager like manger (11)
partir (32); **p.c.** with **être**
passer like parler (1)
patienter like parler (1)
patiner like parler (1)
payer like essayer (10)
penser like parler (1)
perdre like vendre (3)
permettre like mettre (28)
pleuvoir (33)
plonger like manger (11)
polluer like parler (1)
porter like parler (1)
poser like parler (1)
posséder like préférer (12)
poster like parler (1)
pouvoir (34)
pratiquer like parler (1)
préférer (12)
prélever like parler (1)
prendre (35)
préparer like parler (1)
présenter like parler (1)
préserver like parler (1)
prêter like parler (1)
prévenir like tenir (40)
produire like conduire (16)
profiter like parler (1)
promettre like mettre (28)
proposer like parler (1)
protéger like préférer (12)
provenir like venir (41)
publier like parler (1)
quitter like parler (1)
raccrocher like parler (1)
ranger like manger (11)
réaliser like parler (1)
recevoir (36)
recommander like parler (1)
reconnaître like connaître (17)
recycler like parler (1)
réduire like conduire (16)
réfléchir like finir (2)
regarder like parler (1)
régner like préférer (12)
remplacer like parler (1)
remplir like finir (2)
rencontrer like parler (1)
rendre like vendre (3)
rentrer* like parler (1)
renvoyer like essayer (10)
réparer like parler (1)
repasser like parler (1)
répéter like préférer (12)
repeupler like parler (1)
répondre like vendre (3)
réserver like parler (1)
rester* like parler (1)
retenir like tenir (40)
retirer like parler (1)
retourner* like parler (1)
retrouver like parler (1)
réussir like finir (2)
revenir like venir (41)
revoir like voir (42)
rire (37)
rouler like parler (1)
salir like finir (2)
s'amuser like se laver (6)
s'asseoir (14)
sauvegarder like parler (1)
sauver like parler (1)
savoir (38)
se brosser like se laver (6)
se coiffer like se laver (6)
se composer like se laver (6)
se connecter like se laver (6)
se coucher like se laver (6)
se croiser like se laver (6)
se dépêcher like se laver (6)
se déplacer* like commencer (9)
se déshabiller like se laver (6)
se détendre* like vendre (3)
se disputer like se laver (6)
s'embrasser like se laver (6)
s'endormir like partir (32)
s'énerver like se laver (6)
s'ennuyer* like essayer (10)
s'excuser like se laver (6)
se fouler like se laver (6)
s'installer like se laver (6)
se laver (6)
se lever* like acheter (7)
se maquiller like se laver (6)
se marier like se laver (6)
se promener* like acheter (7)
se rappeler* like appeler (8)
se raser like se laver (6)
se rebeller like se laver (6)
se réconcilier like se laver (6)
se relever* like acheter (7)
se reposer like se laver (6)
se réveiller like se laver (6)
servir† like partir (32)
se sécher* like préférer (12)
se souvenir like venir (41)
se tromper like se laver (6)
s'habiller like se laver (6)
sentir† like partir (32)
signer like parler (1)
s'inquiéter* like préférer (12)
s'intéresser like se laver (6)
skier like parler (1)
s'occuper like se laver (6)
sonner like parler (1)
s'orienter like se laver (6)
sortir like partir (32)
sourire like rire (37)
souffrir like ouvrir (31)
souhaiter like parler (1)
subvenir† like venir (41)
suffire like lire (27)
suggérer like préférer (12)
suivre (39)
surfer like parler (1)
surprendre like prendre (35)
télécharger like parler (1)
téléphoner like parler (1)
tenir (40)
tomber* like parler (1)
tourner like parler (1)
tousser like parler (1)
traduire like conduire (16)
travailler like parler (1)
traverser like parler (1)
trouver like parler (1)
tuer like parler (1)
utiliser like parler (1)
valoir like falloir (26)
vendre (3)
venir (41); **p.c.** with **être**
vérifier like parler (1)
visiter like parler (1)
vivre like suivre (39)
voir (42)
vouloir (43)
voyager like manger (11)

Verb Conjugation Tables

Regular verbs

Infinitive Past participle		Subject Pronouns	INDICATIVE				CONDITIONAL	SUBJUNCTIVE	IMPERATIVE
			Present	Passé composé	Imperfect	Future	Present	Present	
1	parler (to speak) parlé	je (j') tu il/elle/on nous vous ils/elles	parle parles parle parlons parlez parlent	ai parlé as parlé a parlé avons parlé avez parlé ont parlé	parlais parlais parlait parlions parliez parlaient	parlerai parleras parlera parlerons parlerez parleront	parlerais parlerais parlerait parlerions parleriez parleraient	parle parles parle parlions parliez parlent	 parle parlons parlez
2	finir (to finish) fini	je (j') tu il/elle/on nous vous ils/elles	finis finis finit finissons finissez finissent	ai fini as fini a fini avons fini avez fini ont fini	finissais finissais finissait finissions finissiez finissaient	finirai finiras finira finirons finirez finiront	finirais finirais finirait finirions finiriez finiraient	finisse finisses finisse finissions finissiez finissent	 finis finissons finissez
3	vendre (to sell) vendu	je (j') tu il/elle/on nous vous ils/elles	vends vends vend vendons vendez vendent	ai vendu as vendu a vendu avons vendu avez vendu ont vendu	vendais vendais vendait vendions vendiez vendaient	vendrai vendras vendra vendrons vendrez vendront	vendrais vendrais vendrait vendrions vendriez vendraient	vende vendes vende vendions vendiez vendent	 vends vendons vendez

Auxiliary verbs: *avoir* and *être*

Infinitive		INDICATIVE				CONDITIONAL	SUBJUNCTIVE	IMPERATIVE
Past participle	Subject Pronouns	Present	Passé composé	Imperfect	Future	Present	Present	
4 avoir (to have)	j'	ai	ai eu	avais	aurai	aurais	aie	
	tu	as	as eu	avais	auras	aurais	aies	aie
	il/elle/on	a	a eu	avait	aura	aurait	ait	
eu	nous	avons	avons eu	avions	aurons	aurions	ayons	ayons
	vous	avez	avez eu	aviez	aurez	auriez	ayez	ayez
	ils/elles	ont	ont eu	avaient	auront	auraient	aient	
5 être (to be)	je (j')	suis	ai été	étais	serai	serais	sois	
	tu	es	as été	étais	seras	serais	sois	sois
	il/elle/on	est	a été	était	sera	serait	soit	
été	nous	sommes	avons été	étions	serons	serions	soyons	soyons
	vous	êtes	avez été	étiez	serez	seriez	soyez	soyez
	ils/elles	sont	ont été	étaient	seront	seraient	soient	

Reflexive (Pronominal)

Infinitive		INDICATIVE				CONDITIONAL	SUBJUNCTIVE	IMPERATIVE
Past participle	Subject Pronouns	Present	Passé composé	Imperfect	Future	Present	Present	
6 se laver (to wash oneself)	je	me lave	me suis lavé(e)	me lavais	me laverai	me laverais	me lave	
	tu	te laves	t'es lavé(e)	te lavais	te laveras	te laverais	te laves	lave-toi
	il/elle/on	se lave	s'est lavé(e)	se lavait	se lavera	se laverait	se lave	
lavé	nous	nous lavons	nous sommes lavé(e)s	nous lavions	nous laverons	nous laverions	nous lavions	lavons-nous
	vous	vous lavez	vous êtes lavé(e)s	vous laviez	vous laverez	vous laveriez	vous laviez	lavez-vous
	ils/elles	se lavent	se sont lavé(e)s	se lavaient	se laveront	se laveraient	se lavent	

Verb Conjugation Tables

Verbs with spelling changes

Infinitive Past participle	Subject Pronouns	INDICATIVE Present	INDICATIVE Passé composé	INDICATIVE Imperfect	INDICATIVE Future	CONDITIONAL Present	SUBJUNCTIVE Present	IMPERATIVE
7 acheter *(to buy)* acheté	j' tu il/elle/on nous vous ils/elles	achète achètes achète achetons achetez achètent	ai acheté as acheté a acheté avons acheté avez acheté ont acheté	achetais achetais achetait achetions achetiez achetaient	achèterai achèteras achètera achèterons achèterez achèteront	achèterais achèterais achèterait achèterions achèteriez achèteraient	achète achètes achète achetions achetiez achètent	 achète achetons achetez
8 appeler *(to call)* appelé	j' tu il/elle/on nous vous ils/elles	appelle appelles appelle appelons appelez appellent	ai appelé as appelé a appelé avons appelé avez appelé ont appelé	appelais appelais appelait appelions appeliez appelaient	appellerai appelleras appellera appellerons appellerez appelleront	appellerais appellerais appellerait appellerions appelleriez appelleraient	appelle appelles appelle appelions appeliez appellent	 appelle appelons appelez
9 commencer *(to begin)* commencé	je (j') tu il/elle/on nous vous ils/elles	commence commences commence commençons commencez commencent	ai commencé as commencé a commencé avons commencé avez commencé ont commencé	commençais commençais commençait commencions commenciez commençaient	commencerai commenceras commencera commencerons commencerez commenceront	commencerais commencerais commencerait commencerions commenceriez commenceraient	commence commences commence commencions commenciez commencent	 commence commençons commencez
10 essayer *(to try)* essayé	j' tu il/elle/on nous vous ils/elles	essaie essaies essaie essayons essayez essayent	ai essayé as essayé a essayé avons essayé avez essayé ont essayé	essayais essayais essayait essayions essayiez essayaient	essaierai essaieras essaiera essaierons essaierez essaieront	essaierais essaierais essaierait essaierions essaieriez essaieraient	essaie essaies essaie essayions essayiez essaient	 essaie essayons essayez
11 manger *(to eat)* mangé	je (j') tu il/elle/on nous vous ils/elles	mange manges mange mangeons mangez mangent	ai mangé as mangé a mangé avons mangé avez mangé ont mangé	mangeais mangeais mangeait mangions mangiez mangeaient	mangerai mangeras mangera mangerons mangerez mangeront	mangerais mangerais mangerait mangerions mangeriez mangeraient	mange manges mange mangions mangiez mangent	 mange mangeons mangez
12 préférer *(to prefer)* préféré	je (j') tu il/elle/on nous vous ils/elles	préfère préfères préfère préférons préférez préfèrent	ai préféré as préféré a préféré avons préféré avez préféré ont préféré	préférais préférais préférait préférions préfériez préféraient	préférerai préféreras préférera préférerons préférerez préféreront	préférerais préférerais préférerait préférerions préféreriez préféreraient	préfère préfères préfère préférions préfériez préfèrent	 préfère préférons préférez

Irregular verbs

Infinitive / Past participle	Subject Pronouns	INDICATIVE Present	INDICATIVE Passé composé	INDICATIVE Imperfect	INDICATIVE Future	CONDITIONAL Present	SUBJUNCTIVE Present	IMPERATIVE
13 aller (to go) allé	je (j')	vais	suis allé(e)	allais	irai	irais	aille	
	tu	vas	es allé(e)	allais	iras	irais	ailles	va
	il/elle/on	va	est allé(e)	allait	ira	irait	aille	
	nous	allons	sommes allé(e)s	allions	irons	irions	allions	allons
	vous	allez	êtes allé(e)s	alliez	irez	iriez	alliez	allez
	ils/elles	vont	sont allé(e)s	allaient	iront	iraient	aillent	
14 s'asseoir (to sit down, to be seated) assis	je	m'assieds	me suis assis(e)	m'asseyais	m'assiérai	m'assiérais	m'asseye	
	tu	t'assieds	t'es assis(e)	t'asseyais	t'assiéras	t'assiérais	t'asseyes	assieds-toi
	il/elle/on	s'assied	s'est assis(e)	s'asseyait	s'assiéra	s'assiérait	s'asseye	
	nous	nous asseyons	nous sommes assis(e)s	nous asseyions	nous assiérons	nous assiérions	nous asseyions	asseyons-nous
	vous	vous asseyez	vous êtes assis(e)s	vous asseyiez	vous assiérez	vous assiériez	vous asseyiez	asseyez-vous
	ils/elles	s'asseyent	se sont assis(e)s	s'asseyaient	s'assiéront	s'assiéraient	s'asseyent	
15 boire (to drink) bu	je (j')	bois	ai bu	buvais	boirai	boirais	boive	
	tu	bois	as bu	buvais	boiras	boirais	boives	bois
	il/elle/on	boit	a bu	buvait	boira	boirait	boive	
	nous	buvons	avons bu	buvions	boirons	boirions	buvions	buvons
	vous	buvez	avez bu	buviez	boirez	boiriez	buviez	buvez
	ils/elles	boivent	ont bu	buvaient	boiront	boiraient	boivent	
16 conduire (to drive; to lead) conduit	je (j')	conduis	ai conduit	conduisais	conduirai	conduirais	conduise	
	tu	conduis	as conduit	conduisais	conduiras	conduirais	conduises	conduis
	il/elle/on	conduit	a conduit	conduisait	conduira	conduirait	conduise	
	nous	conduisons	avons conduit	conduisions	conduirons	conduirions	conduisions	conduisons
	vous	conduisez	avez conduit	conduisiez	conduirez	conduiriez	conduisiez	conduisez
	ils/elles	conduisent	ont conduit	conduisaient	conduiront	conduiraient	conduisent	
17 connaître (to know, to be acquainted with) connu	je (j')	connais	ai connu	connaissais	connaîtrai	connaîtrais	connaisse	
	tu	connais	as connu	connaissais	connaîtras	connaîtrais	connaisses	connais
	il/elle/on	connaît	a connu	connaissait	connaîtra	connaîtrait	connaisse	
	nous	connaissons	avons connu	connaissions	connaîtrons	connaîtrions	connaissions	connaissons
	vous	connaissez	avez connu	connaissiez	connaîtrez	connaîtriez	connaissiez	connaissez
	ils/elles	connaissent	ont connu	connaissaient	connaîtront	connaîtraient	connaissent	
18 courir (to run) couru	je (j')	cours	ai couru	courais	courrai	courrais	coure	
	tu	cours	as couru	courais	courras	courrais	coures	cours
	il/elle/on	court	a couru	courait	courra	courrait	coure	
	nous	courons	avons couru	courions	courrons	courrions	courions	courons
	vous	courez	avez couru	couriez	courrez	courriez	couriez	courez
	ils/elles	courent	ont couru	couraient	courront	courraient	courent	
19 croire (to believe) cru	je (j')	crois	ai cru	croyais	croirai	croirais	croie	
	tu	crois	as cru	croyais	croiras	croirais	croies	crois
	il/elle/on	croit	a cru	croyait	croira	croirait	croie	
	nous	croyons	avons cru	croyions	croirons	croirions	croyions	croyons
	vous	croyez	avez cru	croyiez	croirez	croiriez	croyiez	croyez
	ils/elles	croient	ont cru	croyaient	croiront	croiraient	croient	

Verb Conjugation Tables

Irregular verbs (continued)

Infinitive / Past participle	Subject Pronouns	INDICATIVE Present	INDICATIVE Passé composé	INDICATIVE Imperfect	INDICATIVE Future	CONDITIONAL Present	SUBJUNCTIVE Present	IMPERATIVE
20 devoir (to have to; to owe)	je (j')	dois	ai dû	devais	devrai	devrais	doive	
	tu	dois	as dû	devais	devras	devrais	doives	dois
	il/elle/on	doit	a dû	devait	devra	devrait	doive	
	nous	devons	avons dû	devions	devrons	devrions	devions	devons
dû	vous	devez	avez dû	deviez	devrez	devriez	deviez	devez
	ils/elles	doivent	ont dû	devaient	devront	devraient	doivent	
21 dire (to say, to tell)	je (j')	dis	ai dit	disais	dirai	dirais	dise	
	tu	dis	as dit	disais	diras	dirais	dises	dis
	il/elle/on	dit	a dit	disait	dira	dirait	dise	
dit	nous	disons	avons dit	disions	dirons	dirions	disions	disons
	vous	dites	avez dit	disiez	direz	diriez	disiez	dites
	ils/elles	disent	ont dit	disaient	diront	diraient	disent	
22 écrire (to write)	j'	écris	ai écrit	écrivais	écrirai	écrirais	écrive	
	tu	écris	as écrit	écrivais	écriras	écrirais	écrives	écris
	il/elle/on	écrit	a écrit	écrivait	écrira	écrirait	écrive	
écrit	nous	écrivons	avons écrit	écrivions	écrirons	écririons	écrivions	écrivons
	vous	écrivez	avez écrit	écriviez	écrirez	écririez	écriviez	écrivez
	ils/elles	écrivent	ont écrit	écrivaient	écriront	écriraient	écrivent	
23 envoyer (to send)	j'	envoie	ai envoyé	envoyais	enverrai	enverrais	envoie	
	tu	envoies	as envoyé	envoyais	enverras	enverrais	envoies	envoie
	il/elle/on	envoie	a envoyé	envoyait	enverra	enverrait	envoie	
envoyé	nous	envoyons	avons envoyé	envoyions	enverrons	enverrions	envoyions	envoyons
	vous	envoyez	avez envoyé	envoyiez	enverrez	enverriez	envoyiez	envoyez
	ils/elles	envoient	ont envoyé	envoyaient	enverront	enverraient	envoient	
24 éteindre (to turn off)	j'	éteins	ai éteint	éteignais	éteindrai	éteindrais	éteigne	
	tu	éteins	as éteint	éteignais	éteindras	éteindrais	éteignes	éteins
	il/elle/on	éteint	a éteint	éteignait	éteindra	éteindrait	éteigne	
éteint	nous	éteignons	avons éteint	éteignions	éteindrons	éteindrions	éteignions	éteignons
	vous	éteignez	avez éteint	éteigniez	éteindrez	éteindriez	éteigniez	éteignez
	ils/elles	éteignent	ont éteint	éteignaient	éteindront	éteindraient	éteignent	
25 faire (to do; to make)	je (j')	fais	ai fait	faisais	ferai	ferais	fasse	
	tu	fais	as fait	faisais	feras	ferais	fasses	fais
	il/elle/on	fait	a fait	faisait	fera	ferait	fasse	
fait	nous	faisons	avons fait	faisions	ferons	ferions	fassions	faisons
	vous	faites	avez fait	faisiez	ferez	feriez	fassiez	faites
	ils/elles	font	ont fait	faisaient	feront	feraient	fassent	
26 falloir (to be necessary) fallu	il	faut	a fallu	fallait	faudra	faudrait	faille	

Infinitive		INDICATIVE				CONDITIONAL	SUBJUNCTIVE	IMPERATIVE
Past participle	Subject Pronouns	Present	Passé composé	Imperfect	Future	Present	Present	
27 lire	je (j')	lis	ai lu	lisais	lirai	lirais	lise	
(to read)	tu	lis	as lu	lisais	liras	lirais	lises	lis
	il/elle/on	lit	a lu	lisait	lira	lirait	lise	
lu	nous	lisons	avons lu	lisions	lirons	lirions	lisions	lisons
	vous	lisez	avez lu	lisiez	lirez	liriez	lisiez	lisez
	ils/elles	lisent	ont lu	lisaient	liront	liraient	lisent	
28 mettre	je (j')	mets	ai mis	mettais	mettrai	mettrais	mette	
(to put)	tu	mets	as mis	mettais	mettras	mettrais	mettes	mets
	il/elle/on	met	a mis	mettait	mettra	mettrait	mette	
mis	nous	mettons	avons mis	mettions	mettrons	mettrions	mettions	mettons
	vous	mettez	avez mis	mettiez	mettrez	mettriez	mettiez	mettez
	ils/elles	mettent	ont mis	mettaient	mettront	mettraient	mettent	
29 mourir	je	meurs	suis mort(e)	mourais	mourrai	mourrais	meure	
(to die)	tu	meurs	es mort(e)	mourais	mourras	mourrais	meures	meurs
	il/elle/on	meurt	est mort(e)	mourait	mourra	mourrait	meure	
mort	nous	mourons	sommes mort(e)s	mourions	mourrons	mourrions	mourions	mourons
	vous	mourez	êtes mort(e)s	mouriez	mourrez	mourriez	mouriez	mourez
	ils/elles	meurent	sont mort(e)s	mouraient	mourront	mourraient	meurent	
30 naître	je	nais	suis né(e)	naissais	naîtrai	naîtrais	naisse	
(to be born)	tu	nais	es né(e)	naissais	naîtras	naîtrais	naisses	nais
	il/elle/on	naît	est né(e)	naissait	naîtra	naîtrait	naisse	
né	nous	naissons	sommes né(e)s	naissions	naîtrons	naîtrions	naissions	naissons
	vous	naissez	êtes né(e)s	naissiez	naîtrez	naîtriez	naissiez	naissez
	ils/elles	naissent	sont né(e)s	naissaient	naîtront	naîtraient	naissent	
31 ouvrir	j'	ouvre	ai ouvert	ouvrais	ouvrirai	ouvrirais	ouvre	
(to open)	tu	ouvres	as ouvert	ouvrais	ouvriras	ouvrirais	ouvres	ouvre
	il/elle/on	ouvre	a ouvert	ouvrait	ouvrira	ouvrirait	ouvre	
ouvert	nous	ouvrons	avons ouvert	ouvrions	ouvrirons	ouvririons	ouvrions	ouvrons
	vous	ouvrez	avez ouvert	ouvriez	ouvrirez	ouvririez	ouvriez	ouvrez
	ils/elles	ouvrent	ont ouvert	ouvraient	ouvriront	ouvriraient	ouvrent	
32 partir	je	pars	suis parti(e)	partais	partirai	partirais	parte	
(to leave)	tu	pars	es parti(e)	partais	partiras	partirais	partes	pars
	il/elle/on	part	est parti(e)	partait	partira	partirait	parte	
parti	nous	partons	sommes parti(e)s	partions	partirons	partirions	partions	partons
	vous	partez	êtes parti(e)(s)	partiez	partirez	partiriez	partiez	partez
	ils/elles	partent	sont parti(e)s	partaient	partiront	partiraient	partent	
33 pleuvoir	il	pleut	a plu	pleuvait	pleuvra	pleuvrait	pleuve	
(to rain)								
plu								

Verb Conjugation Tables

Irregular verbs (continued)

Infinitive Past participle	Subject Pronouns	INDICATIVE Present	INDICATIVE Passé composé	INDICATIVE Imperfect	INDICATIVE Future	CONDITIONAL Present	SUBJUNCTIVE Present	IMPERATIVE
34 pouvoir	je (j')	peux	ai pu	pouvais	pourrai	pourrais	puisse	
(to be able)	tu	peux	as pu	pouvais	pourras	pourrais	puisses	
	il/elle/on	peut	a pu	pouvait	pourra	pourrait	puisse	
pu	nous	pouvons	avons pu	pouvions	pourrons	pourrions	puissions	
	vous	pouvez	avez pu	pouviez	pourrez	pourriez	puissiez	
	ils/elles	peuvent	ont pu	pouvaient	pourront	pourraient	puissent	
35 prendre	je (j')	prends	ai pris	prenais	prendrai	prendrais	prenne	
(to take)	tu	prends	as pris	prenais	prendras	prendrais	prennes	prends
	il/elle/on	prend	a pris	prenait	prendra	prendrait	prenne	
pris	nous	prenons	avons pris	prenions	prendrons	prendrions	prenions	prenons
	vous	prenez	avez pris	preniez	prendrez	prendriez	preniez	prenez
	ils/elles	prennent	ont pris	prenaient	prendront	prendraient	prennent	
36 recevoir	je (j')	reçois	ai reçu	recevais	recevrai	recevrais	reçoive	
(to receive)	tu	reçois	as reçu	recevais	recevras	recevrais	reçoives	reçois
	il/elle/on	reçoit	a reçu	recevait	recevra	recevrait	reçoive	
reçu	nous	recevons	avons reçu	recevions	recevrons	recevrions	recevions	recevons
	vous	recevez	avez reçu	receviez	recevrez	recevriez	receviez	recevez
	ils/elles	reçoivent	ont reçu	recevaient	recevront	recevraient	reçoivent	
37 rire	je (j')	ris	ai ri	riais	rirai	rirais	rie	
(to laugh)	tu	ris	as ri	riais	riras	rirais	ries	ris
	il/elle/on	rit	a ri	riait	rira	rirait	rie	
ri	nous	rions	avons ri	riions	rirons	ririons	riions	rions
	vous	riez	avez ri	riiez	rirez	ririez	riiez	riez
	ils/elles	rient	ont ri	riaient	riront	riraient	rient	
38 savoir	je (j')	sais	ai su	savais	saurai	saurais	sache	
(to know)	tu	sais	as su	savais	sauras	saurais	saches	sache
	il/elle/on	sait	a su	savait	saura	saurait	sache	
su	nous	savons	avons su	savions	saurons	saurions	sachions	sachons
	vous	savez	avez su	saviez	saurez	sauriez	sachiez	sachez
	ils/elles	savent	ont su	savaient	sauront	sauraient	sachent	
39 suivre	je (j')	suis	ai suivi	suivais	suivrai	suivrais	suive	
(to follow)	tu	suis	as suivi	suivais	suivras	suivrais	suives	suis
	il/elle/on	suit	a suivi	suivait	suivra	suivrait	suive	
suivi	nous	suivons	avons suivi	suivions	suivrons	suivrions	suivions	suivons
	vous	suivez	avez suivi	suiviez	suivrez	suivriez	suiviez	suivez
	ils/elles	suivent	ont suivi	suivaient	suivront	suivraient	suivent	
40 tenir	je (j')	tiens	ai tenu	tenais	tiendrai	tiendrais	tienne	
(to hold)	tu	tiens	as tenu	tenais	tiendras	tiendrais	tiennes	tiens
	il/elle/on	tient	a tenu	tenait	tiendra	tiendrait	tienne	
tenu	nous	tenons	avons tenu	tenions	tiendrons	tiendrions	tenions	tenons
	vous	tenez	avez tenu	teniez	tiendrez	tiendriez	teniez	tenez
	ils/elles	tiennent	ont tenu	tenaient	tiendront	tiendraient	tiennent	

Infinitive		INDICATIVE				CONDITIONAL	SUBJUNCTIVE	IMPERATIVE
Past participle	Subject Pronouns	Present	Passé composé	Imperfect	Future	Present	Present	
41 venir (to come) venu	je	viens	suis venu(e)	venais	viendrai	viendrais	vienne	
	tu	viens	es venu(e)	venais	viendras	viendrais	viennes	viens
	il/elle/on	vient	est venu(e)	venait	viendra	viendrait	vienne	
	nous	venons	sommes venu(e)s	venions	viendrons	viendrions	venions	venons
	vous	venez	êtes venu(e)(s)	veniez	viendrez	viendriez	veniez	venez
	ils/elles	viennent	sont venu(e)s	venaient	viendront	viendraient	viennent	
42 voir (to see) vu	je (j')	vois	ai vu	voyais	verrai	verrais	voie	
	tu	vois	as vu	voyais	verras	verrais	voies	vois
	il/elle/on	voit	a vu	voyait	verra	verrait	voie	
	nous	voyons	avons vu	voyions	verrons	verrions	voyions	voyons
	vous	voyez	avez vu	voyiez	verrez	verriez	voyiez	voyez
	ils/elles	voient	ont vu	voyaient	verront	verraient	voient	
43 vouloir (to want, to wish) voulu	je (j')	veux	ai voulu	voulais	voudrai	voudrais	veuille	
	tu	veux	as voulu	voulais	voudras	voudrais	veuilles	veuille
	il/elle/on	veut	a voulu	voulait	voudra	voudrait	veuille	
	nous	voulons	avons voulu	voulions	voudrons	voudrions	voulions	veuillons
	vous	voulez	avez voulu	vouliez	voudrez	voudriez	vouliez	veuillez
	ils/elles	veulent	ont voulu	voulaient	voudront	voudraient	veuillent	

Vocabulary

Guide to Vocabulary

This glossary contains the words and expressions listed on the **Vocabulaire** page found at the end of each unit in **Chemins**, Levels 1–3. The numbers following an entry indicate the **Chemins** level and unit where the term was introduced. For example, the first entry in the glossary **à** was introduced in **Chemins**, Level 1, Unit 4. Entries with multiple references indicate where words and expressions have been reintroduced. Note that I-P refers to **Unité préliminaire** in **Chemins**, Level 1; II-R and III-R refer to the **Reprise** sections at the beginning of Levels 2 and 3 respectively.

Abbreviations used in this glossary

adj.	adjective	*f.*	feminine	*i.o.*	indirect object	*prep.*	preposition
adv.	adverb	*fam.*	familiar	*m.*	masculine	*pron.*	pronoun
art.	article	*form.*	formal	*n.*	noun	*refl.*	reflexive
comp.	comparative	*imp.*	imperative	*obj.*	object	*rel.*	relative
conj.	conjunction	*indef.*	indefinite	*part.*	partitive	*sing.*	singular
def.	definite	*interj.*	interjection	*p.p.*	past participle	*sub.*	subject
dem.	demonstrative	*interr.*	interrogative	*pl.*	plural	*ssuper.*	superlative
disj.	disjunctive	*inv.*	invariable	*poss.*	possessive	*v.*	verb
d.o.	direct object						

French-English

A

à *prep.* at, in, to I-4
  À bientôt. See you soon. I-1
  à condition que *conj.* on the condition that, provided that III-5
  à droite de *prep.* to the right of I-3
  à gauche (de) *prep.* to the left (of) I-3
  à… heure(s) at … (o'clock) I-4
  à la radio on the radio III-5
  à la suite de following III-R
  à la télé(vision) on television III-5
  à l'étranger abroad, overseas II-2
  à mi-temps part-time (job) III-3
  à moins que *conj.* unless III-5
  à plein temps full-time (job) III-3
  À plus tard. See you later. I-1
  À quelle heure? What time?; When? I-2
  À qui? To whom? I-4
  À table! Let's eat!, Food is ready! II-4
  à temps partiel part-time (job) III-3
  À tout à l'heure. See you later. I-1
  au bout (de) *prep.* at the end (of) III-2
  au fait by the way I-3
  au printemps in the spring I-5
  Au revoir. Good-bye. I-1
  au sein de within, at the center of III-1
abolir *v.* to abolish III-4
abonné(e) *m., f.* subscriber III-1
abonnement *m.* subscription III-1
aborder *v.* to tackle; to approach II-2
abriter *v.* to provide a habitat for III-2
absolument *adv.* absolutely II-2
accident *m.* accident III-1
  avoir un accident *v.* to have/to be in an accident III-1
accompagner *v.* to accompany III-2
accorder *v.* to grant III-R
achat *m.* purchase III-1
acheter *v.* to buy I-5
acteur *m.* actor I-1
actif/active *adj.* active I-3
activement *adv.* actively II-3
actrice *f.* actress I-1
adapter: s'adapter *v.* to adapt, to adjust I-5
addition *f.* check, bill I-4
adolescence *f.* adolescence II-1, III-R
adorer *v.* to love I-2, III-1
  s'adorer *v.* to adore one another III-1
  J'adore… I love… I-2
adresse *f.* address III-2
aéroport *m.* airport II-2, III-R
affaires *f.; pl.* business; belong-ings I-3, III-1
affiche *f.* poster II-3
afin de *conj.* in order to III-2
âge *m.* age I-P, II-1
  âge adulte *m.* adulthood II-1, III-R
agence de voyages *f.* travel agency II-2, III-R
agent *m.* officer; agent III-1
  agent de police *m.* police officer III-1
  agent de voyages *m.* travel agent II-2
  agent immobilier *m.* real estate agent III-3
agglomération *f.* urban area III-2
agréable *adj.* pleasant I-1
agriculteur/agricultrice *m., f.* farmer III-3
aider (à) *v.* to help (*to do something*) I-5, III-1
  s'aider *v.* to help one another III-1
aie (avoir) *imp. v.* have II-2
ail *m.* garlic II-4
aimer *v.* to like; to love I-2, III-1
  s'aimer (bien) *v.* to love (like) one another III-1
  aimer mieux *v.* to prefer I-2
  aimer que… to like that… III-4
  J'aime bien… I really like… I-2

Vocabulary

Je n'aime pas tellement... I don't like... very much. I-2
ainsi que *conj.* as well as III-2
air *m.* air
  en plein air *adj.* outdoor, open-air III-4
Algérie *f.* Algeria I-P
algérien(ne) *adj.* Algerian I-P, I-1
aliment *m.* (type or kind of) food II-4
Allemagne *f.* Germany II-2, II-R
allemand(e) *adj.* German I-1
aller *v.* to go I-4, III-1, III-5
  aller à fond *v.* to go all-out III-3
  aller à la pêche *v.* to go fishing I-5
  aller à la pharmacie *v.* to go to the pharmacy II-5, III-R
  aller aux urgences *v.* to go to the emergency room II-5, III-R
  aller avec to go with II-1
  aller-retour *adj.* round-trip II-2; **billet aller-retour** *m.* round-trip ticket II-2
  Allons-y! Let's go! I-2
  Ça va? What's up?; How are things? I-1
  Comment allez-vous? *form.* How are you? I-1
  Comment vas-tu? *fam.* How are you? I-1
  Je m'en vais. I'm leaving. II-3
  Je vais bien/mal. I am doing well/badly. I-1
  J'y vais. I'm going/coming. II-3
allergie *f.* allergy II-5
Allez. Come on. I-5
allier *v.* to combine III-2
allô (*on the phone*) hello I-1, III-3
allumer *v.* to turn on III-1
alors *adv.* so then, at that moment I-2
améliorer *v.* to improve III-3
amende *f.* fine III-1
amener *v.* to bring (*someone*) I-5
américain(e) *adj.* American I-P, I-1
  football américain *m.* football I-5
ami(e) *m., f.* friend I-1
  petit(e) ami(e) *m., f.* boyfriend/girlfriend I-3
amitié *f.* friendship II-1
amour *m.* love II-1, III-R

amoureux: tomber amoureux/amoureuse (de) to fall in love (with) II-1, III-R
amical(e) *adj.* friendly I-1
amusant(e) *adj.* fun I-1
amuser *v.* to amuse
  s'amuser *v.* to play; to have fun II-5
  s'amuser à *v.* to pass time by III-1
an *m.* year I-2
  J'ai [nombre] ans. I am [number] years old. I-P
ancien(ne) *adj.* ancient, old; former III-R, III-1, III-5
ange *m.* angel I-1
anglais *m.* English I-P, I-2
anglais(e) *adj.* English I-1
angle *m.* corner III-2
Angleterre *f.* England II-2
animal *m.* animal III-4
animé(e) *adj.* lively III-2
année *f.* year I-2
  cette année this year I-2
anniversaire *m.* birthday I-P
  C'est quand l'anniversaire de... ? When is ...'s birthday? I-P
  C'est quand ton/votre anniversaire? When is your birthday? I-P
annonce *f.* want ad III-3
  lire les annonces to read the want ads III-3
annuler (une réservation) *v.* to cancel (a reservation) II-2
anorak *m.* ski jacket, parka II-1, III-R
août *m.* August I-P, I-5
apercevoir *v.* to catch sight of, to perceive III-2
  s'apercevoir *v.* to notice; to realize III-2
aperçu (apercevoir) *p.p.* seen, caught sight of III-2
appareil *m.* telephone III-3
  appareil (électrique/ménager) *m.* (electrical/household) appliance II-3, III-R
  C'est M./Mme/Mlle... (à l'appareil). It's Mr./Mrs./Miss... (on the phone). III-3
  Qui est à l'appareil? Who's calling, please? III-3
appartement *m.* apartment II-3
appartenir (à) *v.* to belong (to) III-R, III-1, III-2
appel (vidéo) *m.* (video) call III-1
appeler *v.* to call III-3
  s'appeler *v.* to be named, to be called II-5

Comment t'appelles-tu? *fam.* What is your name? I-1
Comment vous appelez-vous? *form.* What is your name? I-1
Je m'appelle... My name is... I-P, I-1
applaudir *v.* to applaud III-5
applaudissement *m.* applause III-5
appli(cation) *f.* app III-1
  payer par appli mobile *v.* to pay with a phone app III-2
apporter *v.* to bring, to carry (*something*) I-4
apprendre (à) *v.* to teach; to learn (*to do something*) I-4, III-1
apprentissage *m.* learning III-3
appris (apprendre) *adj.* learned II-1, III-R
après *prep.* after I-P, I-2
après-demain *adv.* day after tomorrow I-P
après-midi *m.* afternoon I-P
  cet après-midi this afternoon I-2
  de l'après-midi in the afternoon I-2
  demain après-midi *adv.* tomorrow afternoon I-2
  hier après-midi *adv.* yesterday afternoon II-2
arbre *m.* tree III-4
archipel *m.* archipelago III-R
architecte *m., f.* architect I-3
  architecte paysagiste *m., f.* landscape architect III-1
argent *m.* money III-2
  dépenser de l'argent *v.* to spend money I-4
  déposer de l'argent *v.* to deposit money III-2
  retirer de l'argent *v.* to with-draw money III-2
armoire *f.* armoire, wardrobe II-3, III-R
arobase *f.* at symbol I-P
arrêt d'autobus (de bus) *m.* bus stop II-2, III-R
arrêter (de faire quelque chose) *v.* to stop (*doing something*) III-1
  s'arrêter *v.* to stop (oneself) II-5
arrivée *f.* arrival II-2
arriver (à) *v.* to arrive; to manage (*to do something*) I-2, III-1
art *m.* art I-P, I-2
  beaux-arts *m., pl.* fine arts III-5

French-English

artisanat *m.* arts and crafts III-3
artiste *m., f.* artist I-3
aspirateur *m.* vacuum cleaner II-3
   passer l'aspirateur to vacuum II-3, III-R
aspirine *f.* aspirin II-5
asseoir: s'asseoir *v.* to sit II-5
Asseyez-vous! (s'asseoir) *imp. v.* Have a seat! II-5
assez *adv. (before adjective or adverb)* pretty; quite II-3
   assez (de) *(before noun)* enough (of) I-4
   pas assez (de) not enough (of) I-4
assiette *f.* plate II-4
assis (s'asseoir) *p.p.* sat down; *adj.* sitting, seated II-5
assister *v.* to attend I-2
assurance maladie *f.* health insurance III-3
athlète *m., f.* athlete I-3
attacher *v.* to attach III-1
   attacher sa ceinture de sécurité *v.* to buckle one's seatbelt III-1
attendre *v.* to wait for II-1
attention *f.* attention I-5
attirer *v.* to attract III-2
au (à + le) *prep.* to/at the I-4
au bout (de) *prep.* at the end (of) III-2
auberge de jeunesse *f.* youth hostel II-2, III-R
aucun(e) *adj.* no; *pron.* none
   ne… aucun(e) none, not any III-2
augmentation (de salaire) *f.* raise (in salary) III-3
aujourd'hui *adv.* today I-P, I-2
auquel (à + lequel) *pron., m., sing.* which one III-3
aussi *adv.* too, as well; as I-1
   aussi… que *(used with an adjective/adverb)* as … as II-4, III-R
   Moi aussi. Me too. I-1
autant de… que *adv. (used with noun to express quantity)* as much/as many … as III-4
auteur/femme auteur *m., f.* author III-5
autobus *m.* bus II-2,
   arrêt d'autobus *m.* bus stop II-2, III-R,
   prendre un autobus to take a bus II-2
autodidacte *adj.* self-taught III-1

automatique *adj.* automatic III-2
   distributeur (automatique/de billets) *m.* ATM III-2
automne *m.* fall I-5
   en automne in the fall I-5
autoroute *f.* highway III-1
autour (de) *prep.* around III-2
autrefois *adv.* in the past II-3
aux (à + les) to/at the I-4
auxquelles (à + lesquelles) *pron., f., pl.* which ones III-3
auxquels (à + lesquels) *pron., m., pl.* which ones III-3
avance *f.* advance I-2
   en avance *adv.* early I-2
avant (que) *adv.* before II-2, III-5
avant-hier *adv.* day before yesterday II-1
avec *prep.* with I-1
   Avec qui? With whom? I-4
avenir *m.* future III-2
aventure *f.* adventure III-5
   film d'aventures *m.* adventure film III-5
avenue *f.* avenue III-2
avion *m.* airplane II-2
   prendre un avion *v.* to take a plane II-2
avocat(e) *m., f.* lawyer I-3
avoir *v.* to have I-2
   aie *imp. v.* have I-2
   avoir besoin (de) *v.* to need *(something)* I-2
   avoir chaud *v.* to be hot I-2
   avoir de bonnes/mauvaises notes *v.* to have good/bad grades I-2
   avoir de la fièvre *v.* to have a fever II-5, III-R
   avoir envie (de) *v.* to feel like *(doing something)* I-2
   avoir faim *v.* to be hungry I-4
   avoir froid *v.* to be cold I-2
   avoir l'air to look II-1
   avoir lieu *v.* to take place III-2
   avoir mal *v.* to have an ache II-5, III-R
   avoir mal au cœur *v.* to feel nauseated II-5
   avoir peur (que) *v.* to be afraid (that) I-2, III-4
   avoir raison *v.* to be right I-2
   avoir soif *v.* to be thirsty I-4
   avoir sommeil *v.* to be sleepy I-2
   avoir tort *v.* to be wrong I-2
   avoir un accident *v.* to have/to be in an accident III-1
   avoir un compte bancaire *v.* to have a bank account III-2

   en avoir marre *v.* to be fed up I-3, II-1
avril *m.* April I-P, I-5
ayez (avoir) *imp. v.* have II-2
ayons (avoir) *imp. v.* let's have II-2

B

baguette *f.* baguette I-4
baignoire *f.* bathtub II-3, III-R
bain *m.* bath II-1
   maillot de bain *m.* swimsuit, bathing suit III-R
   salle de bains *f.* bathroom II-3, III-R
   serviette de bain *f.* bath towel III-R
balai *m.* broom II-3
balayer *v.* to sweep II-3, III-R
balcon *m.* balcony II-3
ballon *m.* ball I-P
banane *f.* banana II-4
bancaire *adj.* banking III-2
   avoir un compte bancaire *v.* to have a bank account III-2
   payer par carte bancaire *v.* to pay with a debit card III-2
bande dessinée (B.D.) *f.* comic strip I-5
banque *f.* bank III-2
banquier/banquière *m., f.* banker III-3
baseball *m.* baseball I-5
basket(-ball) *m.* basketball I-5
baskets *f.* tennis shoes II-1
bateau *m.* boat II-2
   bateau-mouche *m.* riverboat II-2
   prendre un bateau *v.* to take a bus II-2
bâtiment *m.* building III-2
batterie *f.* drums; battery III-5
   batterie faible/déchargée *f.* low/dead battery III-1
   jouer de la batterie *v.* to play the drums III-5
bavarder *v.* to chat I-4
beau (belle) *adj.* handsome; beautiful I-3
   Il fait beau. The weather is nice. I-5
beauté *f.* beauty III-2
   salon de beauté *m.* beauty salon; day spa III-2
beaucoup (de) *adv.* a lot (of) I-4
   Merci (beaucoup). Thank you (very much). I-1
beau-frère *m.* brother-in-law I-3
beau-père *m.* father-in-law; stepfather I-3, III-R

Vocabulary

beaux-arts *m., pl.* fine arts III-5
belge *adj.* Belgian I-P, II-2
Belgique *f.* Belgium I-P, II-2, III-R
belle *f.* (*feminine form of* **beau**) beautiful I-3
belle-mère *f.* mother-in-law; stepmother I-3, III-R
belle-sœur *f.* sister-in-law I-3
besoin *m.* need I-2
   avoir besoin (de) *v.* to need (*something*) I-2
beurre *m.* butter II-4
bibliothèque *f.* library I-1
bien *adv.* well II-2, II-4, III-R
   bien sûr *adv.* of course I-2
   Je vais bien. I am doing well. I-1
   Très bien. Very well. I-1
bientôt *adv.* soon I-1
   À bientôt. See you soon. I-1
bienvenu(e) *adj.* welcome I-1
bijouterie *f.* jewelry store III-2
billet *m.* (*travel*) ticket; (*money*) bills, (bank)notes II-2, III-2
   billet aller-retour *m.* round-trip ticket II-2
   distributeur (automatique/ de billets) *m.* ATM III-2
biologie *f.* biology I-2
biscuit *m.* cookie II-1
blague *f.* joke I-2
blanc(he) *adj.* white I-3, II-1
blesser: (se) blesser *v.* to injure (oneself); to get hurt II-5, III-R
blessure *f.* injury, wound II-5, III-R
bleu(e) *adj.* blue I-3, II-1
blond(e) *adj.* blonde I-3
blouson *m.* jacket II-1, III-R
bœuf *m.* beef II-4
boire *v.* to drink I-4
bois *m.* woods III-4
boisson (gazeuse) *f.* (carbonated) drink/beverage I-4
boîte *f.* box; can II-4, III-2
   boîte aux lettres *f.* mailbox III-2
   boîte de conserve *f.* can (of food) II-4, III-2
bol *m.* bowl II-4
bon(ne) *adj.* kind; good I-3, III-R
   Il est bon que… It is good that… III-4
bonbon *m.* candy II-1
bonheur *m.* happiness II-1, III-R
Bonjour. Good morning.; Hello. I-P, I-1
Bonsoir. Good evening.; Hello. I-P, I-1

bouche *f.* mouth II-5
boucherie *f.* butcher's shop II-4
boulangerie *f.* bread shop, bakery II-4
boulevard *m.* boulevard III-2
bout *m.* end III-2
   au bout (de) *prep.* at the end (of) III-2
bouteille (de) *f.* bottle (of) I-4
boutique *f.* boutique, store III-2
brancher *v.* to plug in; to connect III-1
bras *m.* arm II-5
brasserie *f.* restaurant III-2
Brésil *m.* Brazil II-2, III-R
brésilien(ne) *adj.* Brazilian II-2
brillant(e) *adj.* bright I-1
brosse (à cheveux/à dents) *f.* (hair/tooth) brush II-5, III-R
brosser: se brosser (les cheveux/les dents) *v.* to brush one's (hair/ teeth) II-5, III-R
brun(e) *adj.* (*hair*) dark I-3
bu (boire) *p.p.* drank, drunk II-1, III-R
bureau *m.* desk; office I-1, III-2
   bureau de poste *m.* post office III-2
bus *m.* bus II-2
   arrêt d'autobus (de bus) *m.* bus stop II-2
   prendre un bus *v.* to take a bus II-2

C

c'est… it/that is… I-P, I-1
   C'est de la part de qui? On behalf of whom? III-3
   C'est le 1er (premier) octobre. It is October first. I-P
   C'est M./Mme/Mlle… (à l'appareil). It's Mr./Mrs./ Miss… (*on the phone*). III-3
   C'est quand l'anniversaire de… ? When is…'s birthday? I-P
   C'est quand ton/votre anniversaire? When is your birthday? I-P
   Qu'est-ce que c'est? What is it? I-1
ça *pron.* that; this; it I-1
   Ça dépend. It depends. I-4
   Ça suffit. That's enough. I-5
   Ça va? What's up?; How are things? I-1
   ça veut dire that is to say II-5
   Comme ci, comme ça. So-so. I-1

cadeau *m.* gift II-1
   paquet cadeau wrapped gift II-1
cadre/femme cadre *m., f.* executive III-3
café *m.* café; coffee I-1, I-4
   cuillère à café *f.* teaspoon II-4
   terrasse de café *f.* café terrace I-4
cahier *m.* notebook I-P, I-1
calculatrice *f.* calculator I-P, I-1
calme *m.* calm I-1
camarade de classe *m., f.* classmate I-1
camion *m.* truck III-3
   chauffeur de camion *m.* truck driver III-3
camionnette *f.* small truck or van III-2
campagne *f.* country(si- de) II-2, III-1
   pain de campagne *m.* country-style bread I-4
   pâté de campagne *m.* pâté, meat spread II-4
camping *m.* camping I-5
   faire du camping *v.* to go camping I-5
Canada *m.* Canada I-P, II-2
canadien(ne) *adj.* Canadian I-P, I-1
canapé *m.* couch II-3, III-R
candidat(e) *m., f.* candidate; applicant III-3
cantine *f.* (*school*) cafeteria I-2
capitale *f.* capital I-P, II-2, III-R
capot *m.* hood III-1
car *m.* bus, coach I-2
carafe (d'eau) *f.* pitcher (of water) II-4
carotte *f.* carrot II-4
carrefour *m.* intersection III-2
carrière *f.* career III-3
carte *f.* card I-2, III-2; map I-P, I-1; menu II-4
   carte bancaire *f.* debit card III-2
   carte de crédit *f.* credit card III-2
   carte postale *f.* postcard III-2
   cartes (à jouer) *f. pl.* (playing) cards I-5
   payer par carte bancaire *v.* to pay with a debit card III-2
casquette *f.* (baseball) cap II-1, III-R
casser: se casser *v.* to break one's… II-5 III-R
catastrophe *f.* catastrophe III-4

French-English

cave *f.* basement, cellar II-3
ce *dem. adj., m., sing.* this; that II-1
   ce matin *adv.* this morning I-2
   ce mois-ci this month I-2
   Ce n'est pas grave. It's okay.; No problem. II-1
   ce soir *adv.* this evening I-2
   ce sont… those are… I-1
   ce week-end this weekend I-2
ceinture *f.* belt II-1
   attacher sa ceinture de sécurité to buckle one's seatbelt III-1
célèbre *adj.* famous III-5
célibataire *adj.* single I-3
celle *pron., f., sing.* this one; that one; the one III-4
   celles *pron., f., pl.* these; those; the ones III-4
celui *pron., m., sing.* this one; that one; the one III-4
cent *m.* one hundred I-3
   cent mille *m.* one hundred thousand I-5
   cent un *m.* one hundred one I-5
   cinq cents *m.* five hundred I-5
centième *adj.* hundredth II-2
centrale nucléaire *f.* nuclear plant III-4
centre commercial *m.* shopping center, mall I-4
centre-ville *m.* city/town center, downtown I-4
certain(e) *adj.* certain II-4
   Il est certain que… It is certain that… III-5
   Il n'est pas certain que… It is uncertain that… III-5
ces *dem. adj., m., f., pl.* these; those II-1
cet *dem. adj., m., sing.* this; that II-1
   cet après-midi this afternoon I-2
cette *dem. adj., f., sing.* this; that II-1
   cette année this year I-2
   cette semaine this week I-2
ceux *pron., m., pl.* these; those; the ones III-4
chaîne *f.* network; channel; range III-1
   chaîne (de télévision) *f.* (television) channel III-1
chaise *f.* chair I-1
chambre *f.* bedroom II-3, III-R
   chambre individuelle *f.* (single hotel) room II-2
champ *m.* field III-4

champignon *m.* mushroom II-4
chance *f.* luck I-2
   avoir de la chance *v.* to be lucky I-2
changement *m.* change
   changement climatique *m.* climate change III-4
chanson *f.* song III-5
chanter *v.* to sing I-5
chanteur/chanteuse *m., f.* singer I-1
chapeau *m.* hat III-R
chaque *adj.* each; every; single II-1, III-2
charcuterie *f.* delicatessen II-4
charmant(e) *adj.* charming I-1
chasse *f.* hunt III-4
chasser *v.* to hunt III-4
chat *m.* cat I-3
châtain *adj.* (hair) brown I-3
chaud *m.* heat I-2
   avoir chaud *v.* to be hot I-2
   Il fait chaud. (weather) It is hot. I-5
chauffeur de taxi/de camion *m., f.* taxi/truck driver III-3
chaussette *f.* sock II-1
chaussure *f.* shoe II-1, III-R
chef/cheffe d'entreprise *m., f.* head of a company III-3
chef du personnel *m.* human resources director III-3
chef-d'œuvre *m.* (chefs-d'œuvre *pl.*) masterpiece III-5
chemin *m.* way; path; route III-1, III-2
chemise (à manches courtes/longues) *f.* (short-/long-sleeved) shirt II-1, III-R
chemisier *m.* blouse II-1, III-R
cher/chère *adj.* dear; expensive I-4, II-1
   pas cher/chère *adj.* inexpensive II-1
chercher *v.* to look for I-2
   chercher un/du travail *v.* to look for work/a job III-3
chercheur/chercheuse *m., f.* researcher III-3
chéri(e) *adj.* dear, beloved, darling I-2
cheval *m.* horse I-5
   faire du cheval *v.* to go horseback riding I-5
cheveux *m., pl.* hair II-4
   brosse à cheveux *f.* hairbrush II-5, III-R
   cheveux blonds blond hair I-3
   cheveux châtains brown hair I-3
   se brosser les cheveux *v.* to brush one's hair II-4, III-R

cheville *f.* ankle II-5
   se fouler la cheville *v.* to twist/sprain one's ankle II-5
chez *prep.* at the place/home of I-3
   passer chez quelqu'un *v.* to stop by someone's house I-4
chic *adj.* chic I-4
chien *m.* dog I-3
chimie *f.* chemistry I-2
Chine *f.* China II-2, III-R
chinois(e) *adj.* Chinese I-1, II-2
chocolat (chaud) *m.* (hot) chocolate I-4
chœur *m.* choir, chorus III-5
choisir *v.* to choose I-4
chômage *m.* unemployment III-3
   au chômage *adj.* unemployed III-3
   être au chômage to be unemployed III-3
chômeur/chômeuse *m., f.* unemployed person III-3
chose *f.* thing I-1
   quelque chose *m.* something; anything I-4
chrysanthèmes *m., pl.* chrysanthemums II-4
-ci (used with demonstrative adjective **ce** and noun or with demonstrative pronoun **celui**) here II-1
   ce mois-ci this month I-2
ciel *m.* sky III-4
cinéma (ciné) *m.* movie theater, movies I-4
cinq *m.* five I-P, I-1
cinquante *m.* fifty I-1
cinquième *adj.* fifth II-2
circulation *f.* traffic III-1
citadin(e) *m., f.* city/town dweller; *adj.* urban III-1
clair(e) *adj.* clear III-5
   Il est clair que… It is clear that… III-5
classe *f.* (group of students) class I-1
   camarade de classe *m., f.* classmate I-1
   salle de classe *f.* classroom I-1
classique *adj.* classic; classical III-5
   musique classique *f.* classical music III-5
clavier *m.* keyboard III-1
clé *f.* key II-2
client(e) *m., f.* client; guest II-2
climatique *adj.* climate; climatic III-4
   changement climatique *m.* climate change III-4

Vocabulary

cœur *m.* heart II-5
   avoir mal au cœur *v.* to feel nauseated II-5
coffre *m.* trunk III-1
coiffer: se coiffer *v.* to do one's hair II-5, III-R
coiffeur/coiffeuse *m., f.* hairdresser I-3
coin *m.* corner III-2
   au coin (de) at the corner (of) III-2
colis *m.* package III-2
colocataire *m., f.* roommate *(in an apartment)*; co-tenant I-1
Combien (de)… ? *adv.* How much/many…? I-P, I-1
   Combien coûte… ? How much is…? I-4
comédie (musicale) *f.* comedy (musical) III-5
commander *v.* to order II-4
comme *adv.* how; like, as I-2, III-1
   Comme ci, comme ça. So-so. I-1
commencer (à) *v.* to begin *(to do something)* I-2, III-1
comment *adv.* how I-4
Comment? *adv.* What? I-4
   Comment allez-vous? *form.* How are you? I-1
   Comment t'appelles-tu? *fam.* What is your name? I-P, I-1
   Comment vas-tu? *fam.* How are you? I-1
   Comment vous appelez-vous? *form.* What is your name? I-P, I-1
commerçant(e) *m., f.* shop keeper II-4
commissariat de police *m.* police station III-2
commode *f.* dresser, chest of drawers II-3, III-R
compagnie *f.* company III-3
complet/complète *adj.* full (no vacancies); complete; sold out II-2
composer (un numéro) *v.* to dial (a number) III-1
compositeur/compositrice *m., f.* composer III-5
comprendre *v.* to understand I-4
compris (comprendre) *p.p.,adj.* understood; included II-1, II-4
comptable *m., f.* accountant III-3
compte *m.* account (at a bank) III-2
   avoir un compte bancaire *v.* to have a bank account III-2

compte d'épargne *m.* savings account III-2
   se rendre compte *v.* to realize II-5
compter *v.* to expect to; to include III-1
   compter sur quelqu'un *v.* to count on someone II-3
concert *m.* concert III-5
concours *m.* contest III-1
condition *f.* condition
   à condition de *prep.* on the condition that, provided that III-5
conduire *v.* to drive II-1
   permis de conduire *m.* driver's license III-1
conduit (conduire) *p.p.,adj.* driven II-1
   cours de conduite *m.* driving lessons III-1
confiture *f.* jam II-4
congé *m.* time off, leave II-2
   jour de congé *m.* day off II-2
   prendre un congé *v.* to take time off III-3
congélateur *m.* freezer II-3
connaissance *f.* acquaintance I-5
   faire la connaissance de *v.* to meet (someone) I-5
connaître *v.* to know, to be familiar with I-1, II-3
   se connaître *v.* to know one another III-1
connecté(e) *adj.* connected III-1
   montre connectée *f.* smart watch III-1
connu (connaître) *p.p.,adj.* known; famous II-3 III-2
conseil *m.* (piece of) advice I-5, III-3
conseiller/conseillère *m., f.* consultant; advisor III-3
considérer *v.* to consider I-5,
constamment *adv.* constantly II-2
construire *v.* to build, to construct II-1, III-2
conte *m.* tale III-5
   conte de fée *m.* fairy tale III-1
content(e) *adj.* happy III-4
   être content(e) que… *v.* to be happy that… III-4
continuer (à) *v.* to continue *(doing something)* III-2
contravention *f.* ticket III-1
copain/copine *m., f.* friend I-1
coréen(ne) *adj.* Korean I-1
corps *m.* body II-5
côte *f.* coast III-4

cou *m.* neck II-5
couche d'ozone *f.* ozone layer III-4
   trou dans la couche d'ozone *m.* hole in the ozone layer III-4
coucher: se coucher *v.* to go to bed II-5, III-R, III-1
couleur *f.* color II-1
   De quelle couleur… ? What color… ? II-1
couloir *m.* hallway II-3
couple *m.* couple II-1
cour *f.* courtyard; court I-3, III-2
courage *m.* courage
courageux/courageuse *adj.* courageous, brave I-3
couramment *adv.* fluently II-2
courir *v.* to run I-5
courrier *m.* mail III-2
cours *m.* class, course I-P, I-2
   cours de conduite *m.* driving lessons III-1
course *f.* errand; race II-4, III-2
   faire les courses *v.* to go (grocery) shopping II-4, III-R
court(e) *adj.* short I-3
   chemise à manches courtes *f.* short-sleeved shirt II-1
couru courir *p.p.* ran, run II-1, III-R
cousin(e) *m., f.* cousin I-3, III-R
couteau *m.* knife II-4
coûter *v.* to cost I-4
   Combien coûte… ? How much is… ? I-4
couvert (couvrir) *p.p.* covered III-1
couverture *f.* blanket, cover II-3
couvrir *v.* to cover III-1
covoiturage *m.* carpooling III-4
crayon *m.* pencil I-1
créatif/créative *adj.* creative I-3
crédit *m.* credit III-2
   payer par carte de crédit *v.* to pay with a credit card III-2
crème *f.* cream II-4
   crème à raser *f.* shaving cream II-5, III-R
crêpe *f.* crêpe I-4
crevé(e) *adj.* deflated; blown up III-1
   pneu crevé *m.* flat tire III-1
critique *f.* review; criticism III-5
croire (que) *v.* to believe (that) III-2, III-5
   ne pas croire que… not to believe that… III-5

French-English

croissant *m.* croissant I-4
croissant(e) *adj.* growing III-4
  population croissante *f.* growing population III-4
croque-monsieur *m.* hot ham and cheese sandwich I-4,
cru (croire) *p.p.* believed III-5
cruel(le) *adj.* cruel I-3
cubain(e) *adj.* Cuban I-1
cuillère (à soupe/à café) *f.* (soup/tea)spoon II-4
cuisine *f.* cooking; kitchen I-5, II-3, III-R
cuisiner *v.* to cook II-4, III-R
cuisinier/cuisinière *m., f.* cook, chef III-3
cuisinière *f.* stove II-3, III-R
curieux/curieuse *adj.* curious I-3
curriculum vitæ (CV) *m.* résumé III-3

D

d'abord *adv.* first II-2
d'accord all right? *(tag question)*; *(in statement)* okay I-2
  être d'accord to be in agreement I-2
d'autres *m., f.* others I-4
d'habitude *adv.* usually II-3
danger *m.* danger, threat III-4
dans *prep.* in; inside I-3
danse *f.* dance III-5
danseur/danseuse *m., f.* dancer III-5
date *f.* date I-P
  Quelle est la date? What is the date? I-P
  Quelle est la date de ton/votre anniversaire? When is your birthday? I-P
  Quelle est la date de l'anniversaire de…? When is…'s birthday? I-P
de/d' *prep.* from; of I-1, I-3
  de l' *part. art., m., f., sing.* some I-4
  de la *part. art., f., sing.* some I-4
  de l'après-midi in the afternoon I-2
  de laquelle *pron., f., sing.* which one III-3
  De même. Likewise. I-P
  De quelle couleur… ? What color… ? II-1
  De rien. You're welcome. I-1
  de taille moyenne of medium height I-3
  de temps en temps *adv.* from time to time II-2
débarrasser la table *v.* to clear the table II-3, III-R
déboisement *m.* deforestation III-4
déborder *v.* to overflow III-2
debout *adv.* standing I-5
débrouiller: se débrouiller *v.* to figure it out; to manage III-1
début *m.* beginning; debut III-5
décembre *m.* December I-P, I-5
déchargé(e) *adj.* discharged, empty
  batterie déchargée *f.* dead battery III-1
  déchets *m., pl.* trash
  déchets toxiques *m., pl.* toxic waste III-4
  trier les déchets to sort the trash III-4
décider (de) *v.* to decide *(to do something)* III-1
découvert (découvrir) *p.p.* discovered III-1
découverte (capitale) *f.* (breakthrough) discovery III-1
découvrir *v.* to discover III-1
décrire *v.* to describe II-2
décrit (décrire) *p.p., adj.* described II-2
décrocher *v.* to pick up III-3
degrés *m., pl.* (temperature) degrees I-5
  Il fait… degrés. *(to describe weather)* It is … degrees. I-5
dehors *adv.* outside III-1
déjà *adv.* already I-5
déjeuner *m.* lunch; *v.* to eat lunch I-P, I-4, II-4
délégué(e) de classe *m., f.* student council representative I-2
délicieux/délicieuse delicious II-3
demain *adv.* tomorrow I-P, I-2
  À demain. See you tomorrow. I-1
  après-demain *adv.* day after tomorrow I-2
  demain matin/après-midi/soir *adv.* tomorrow morning/afternoon/evening I-2
demander *v.* to ask for
  demander (à) *v.* to ask (someone), to make a request (of someone) II-1
  demander que… *v.* to ask that… III-4
démarrer *v.* to start up III-1
déménager *v.* to move II-3
demie *f.* half I-2
  et demie half past … (o'clock) I-2
demi-frère *m.* half-brother; stepbrother I-3, III-R
demi-sœur *f.* half-sister, stepsister I-3, III-R
démissionner *v.* to quit, to resign III-3
dent *f.* tooth II-4
  brosse à dents *f.* toothbrush II-5, III-R
  se brosser les dents *v.* to brush one's teeth II-4, III-R
dentifrice *m.* toothpaste II-5, III-R
dentiste *m., f.* dentist I-3, II-5
départ *m.* departure II-2
dépasser *v.* to go over; to pass III-1
dépêcher: se dépêcher *v.* to hurry II-5
dépense *f.* expenditure, expense III-2
dépenser *v.* to spend I-4
  dépenser de l'argent *v.* to spend money I-4
déplacer: se déplacer *v.* to move (change location) III-2
déposer *v.* to deposit; to drop off III-2
  déposer de l'argent *v.* to deposit money III-2
déprimé(e) *adj.* depressed II-5
depuis *adv.* since; for II-4, III-2
déranger *v.* to bother; to disturb I-1
dernier/dernière *adj.* last, final I-2
dernièrement *adv.* lastly, finally II-2
derrière *prep.* behind I-3
des *part. art., m., f., pl.* some I-4
des (de + les) *m., f., pl.* of the I-3
dès que *adv.* as soon as III-3
désagréable *adj.* unpleasant I-1
descendre *v.* to go down; to get off III-2
  descendre (de) *v.* to go downstairs; to get off; to take down II-1
désert *m.* desert III-4
déshabiller: se déshabiller *v.* to undress II-5, III-R
désirer *v.* to want (that) to desire; to want to I-5
  désirer que to want/desire that III-4
désolé(e) *adj.* sorry II-1
  être désolé(e) que… to be sorry that… III-4
desquelles (de + lesquelles) *pron., f., pl.* which ones III-3
desquels (de + lesquels) *pron., m., pl.* which ones III-3
dessert *m.* dessert II-1
dessin animé *m.* cartoon III-5

Vocabulary

dessiner *v.* to draw I-2
détendre: se détendre *v.* to relax II-5
détester *v.* to hate I-2, III-1
  Je déteste… I hate… I-2
détruire *v.* to destroy III-4
détruit (détruire) *p.p., adj.* destroyed II-1, III-2
deux *m.* two I-P, I-1
deuxième *adj.* second II-2
devant *prep.* in front of I-3
développer *v.* to develop III-4
devenir *v.* to become II-4
devoir *m.* homework I-2; *v.;* to have to, must; to owe II-4, III-R, III-1
dictionnaire *m.* dictionary I-P, I-1
différemment *adv.* differently II-3
différence *f.* difference I-1
difficile *adj.* difficult I-2
dimanche *m.* Sunday I-P
  le dimanche every Sunday/on Sundays I-P
dîner *m.* dinner; *v.* to dine, to eat/have dinner II-4, I-2
diplôme *m.* diploma, degree I-2
dire *v.* to say II-2
  se dire *v.* to tell one another III-1
  ça veut dire that is to say II-5
  veut dire *v.* means, signifies II-4
diriger *v.* to manage III-3,
discuter *v.* discuss II-1
disputer: se disputer (avec) *v.* to argue (with); to fight with one another II-5, III-1
distributeur (automatique/de billets) *m.* ATM III-2,
dit (dire) *p.p., adj.* said II-2
divorce *m.* divorce II-1, III-R
divorcé(e) *adj.* divorced I-3
dix *m.* ten I-P, I-1
dix-huit *m.* eighteen I-P, I-1
dixième *adj.* tenth II-2
dix-neuf *m.* nineteen I-P, I-1
dix-sept *m.* seventeen I-P, I-1
documentaire *m.* documentary III-5
doigt *m.* finger II-5
  doigt de pied *m.* toe II-5
domaine *m.* field III-3
domicile *m.* home III-2
dommage *m.* shame III-4
  Il est dommage que… It's a shame that… III-4
donc *adv.* so therefore II-2
donner *v.* to give
donner (à) *v.* to give (to someone) I-2

se donner *v.* to give one another III-1
dont *rel. pron.* of which; of whom; whose; that III-3
dormir *v.* to sleep I-5
dortoir *m.* dormitory I-3
dos *m.* back II-5, III-2
  sac à dos *m.* backpack I-1
douane *f.* customs II-2
douche *f.* shower II-3, III-R
  prendre une douche *v.* to take a shower II-5, III-R
doué(e) *adj.* talented; gifted III-5
douleur *f.* pain; suffering II-5, III-R
douloureux/douloureuse *adj.* painful III-R
douter (que) *v.* to doubt (that) III-5
douteux/douteuse *adj.* doubtful III-5
  Il est douteux que… It is doubtful that… III-5
douze *m.* twelve I-P, I-1
dramaturge *m.* playwright III-5
drame psychologique *m.* psychological drama III-5
drapeau *m.* flag 1-P
draps *m., pl.* sheets II-3
droit *m.* law; straight
  tout droit straight ahead III-2
droite *f.* the right (side) I-3
  à droite (de) *prep.* to the right (of) I-3
drôle *adj.* funny I-3
du *part. art.,m., sing.* some I-4
  du (de + le) *m., sing.* of the I-3
dû (devoir) *p.p.* had to (must); owed III-R
duquel (de + lequel) *pron., m., sing.* which one III-3
dur(e) *adj.* hard I-2
durée *f.* length III-R
  durée moyenne *f.* average length III-R
durer *v.* to last III-1

E

eau (minérale) *f.* (mineral) water I-4
  carafe d'eau *f.* pitcher of water II-4
écharpe *f.* scarf II-1
échouer *v.* to fail I-2
éclair *m.* éclair I-4
école *f.* school I-2
écologie *f.* ecology III-4

écologique *adj.* ecological III-4
économie *f.* economics I-2
écotourisme *m.* ecotourism III-4
écouter *v.* to listen (to) I-2
écouteurs *m.* headphones III-1
écran *m.* screen III-1
écrire *v.* to write II-2
  s'écrire *v.* to write one another III-1
écrit (écrire) *adj.* written II-2
écrivain(e) *m., f.* writer III-5
écureuil *m.* squirrel III-4
éducation physique *f.* physical education I-2
effacer *v.* to erase I-1, III-1
effet de serre *m.* greenhouse effect III-4
égaler *v.* to equal I-3
église *f.* church I-4
égoïste *adj.* selfish I-1
Eh! *interj.* Hey! I-2
électricien/électricienne *m., f.* electrician III-3
électrique *adj.* electric II-3
appareil électrique/ménager *m.* electrical/household appliance II-3, III-R
élégant(e) *adj.* elegant I-1
élevé *adj.* high III-R, III-3
  un salaire élevé *m.* high salary III-3
élève *m., f.* pupil, student I-P, I-1
elle *pron., f.* she; it; her I-P, I-3
  elle est… she/it is… I-P, I-1
elles *pron., f.* they, them I-P, I-3
  elles sont… they are… I-P, I-1
éloigné(e) *adj.* faraway III-1
e-mail *m.* e-mail III-1
emballage en plastique *m.* plastic wrapping/packaging III-4
embaucher *v.* to hire III-3
embrasser: s'embrasser *v.* to kiss one another III-1
émission (de télévision) *f.* (television) program III-5
emménager *v.* to move in II-3
emmener *v.* to take (someone) I-5
emploi *m.* job III-1, III-3
  emploi à mi-temps/à temps partiel *m.* part-time job III-3
  emploi à plein temps *m.* full-time job III-3
  emploi du temps *m.* schedule I-P

French-English

employé(e) *m., f.* employee I-5, III-3
emprunter *v.* to borrow III-2
en *pron.* some of it/them; about it/them; of it/them; from it/them II-5, III-R
en *prep.* in; at I-3
   en automne in the fall I-5
   en avance *adv.* early I-2
   en avoir marre *v.* to be fed up I-3, II-1
   en été in the summer I-5
   en face (de) *prep.* facing, across (from) I-3
   en fait in fact II-2
   en général *adv.* in general II-2
   en hiver in the winter I-5
   en plein air *adj.* outdoor, open-air III-4
   en retard *adv.* late I-2
   en revanche on the other hand III-R
   en streaming streaming III-5
   en tout cas in any case II-1
   en vacances on vacation II-2
   être en ligne (avec) to be online/on the phone (with) III-1
Enchanté(e). Delighted. I-P, I-1
encore *adv.* again; still I-3
s'endormir *v.* to fall asleep, to go to sleep II-5, III-R
endroit *m.* place I-4
énergie *f.* energy
   énergie éolienne *f.* wind power III-4
   énergie (nucléaire/solaire) *f.* (nuclear/solar) energy III-4
énerver *v.* to annoy
   s'énerver *v.* to get worked up, to become upset II-5
enfance *f.* childhood II-1, III-R
enfant *m., f.* child I-3
   enfant unique *m., f.* only child I-3
enfin *adv.* finally, at last II-2
enfler *v.* to swell II-5
enlever la poussière *v.* to dust II-3, III-R
ennuyeux/ennuyeuse *adj.* boring I-3
énorme *adj.* enormous, huge I-2
enregistrer *v.* to record III-1
enseignement *m.* education III-2
enseigner *v.* to teach I-2
enseignant(e) *m., f.* teacher I-1

ensemble *adv.* together II-1
ensuite *adv.* then, next II-2
entendre *v.* to hear II-1
   s'entendre bien (avec) *v.* to get along well (with one another) II-5, III-1
entourer *v.* to surround III-1
entracte *m.* intermission III-5
entre *prep.* between I-3
entrée *f.* appetizer, starter II-4
entreprise (multinationale) *f.* (multinational) company, firm, business III-3
   chef/cheffe d'entreprise *m., f.* head of a company III-3
entrer *v.* to enter II-2
entretenu(e) *adj.* cared for III-2
entretien *m.* interview
   passer un entretien to have an interview III-3
enveloppe *f.* envelope III-2
envie *f.* desire, envy I-2
   avoir envie (de) *v.* to feel like (doing something) I-2
environ *adv.* around; about III-2
environnement *m.* environment III-4
envoyer (à) *v.* to send (to someone) I-5
   s'envoyer (des textos/des SMS) *v.* to send each other (text messages) III-1
éolienne *adj.* wind III-4
   énergie éolienne *f.* wind power III-4
épargne *f.* savings III-2
   compte d'épargne *m.* savings account III-2
épouvantable *adj.* dreadful I-5
   Il fait un temps épouvantable. The weather is dreadful. I-5
équipe *f.* team I-5
escalier *m.* staircase II-3
escargot *m.* escargot, snail I-P, II-4
esclavage *m.* slavery III-2
esclave *m., f.* slave III-2
espace *m.* space, area III-4
Espagne *f.* Spain II-2, III-R
espagnol *m.* Spanish I-P, I-2
espagnol(e) *adj.* Spanish I-1
espèce (menacée) *f.* (endangered) species III-4
espérer *v.* to hope I-5, III-1
esprit *m.* spirit
   libérer l'esprit *v.* to free the mind III-3
essayer *v.* to try I-5

essence *f.* gas III-1
essentiel(le) *adj.* essential III-4
   Il est essentiel que... It is essential that... III-4
essuie-glace *m.* (**essuie-glaces** *pl.*) windshield wiper(s) III-1
essuyer (la vaisselle/la table) *v.* to wipe (the dishes/the table) II-3, III-R
est *m.* east III-2
Est-ce que...? (used in forming questions) I-2
estivaux *adj.* summer III-R
et *conj.* and I-1
   et demie half past... (o'clock) I-2
   et quart a quarter after... (o'clock) I-2
   Et toi? *fam.* And you? I-P, I-1
   Et vous? *form.* And you? I-P, I-1
étage *m.* floor II-2
étagère *f.* shelf II-3, III-R
étape *f.* stage II-1
États-Unis *m., pl.* United States I-P, II-2
été *m.* summer I-5
   en été in the summer I-5
été (être) *p.p.* been II-1, III-R
éteindre *v.* to turn off III-1
éternuer *v.* to sneeze II-5
étoile *f.* star III-4
étranger *m.* (places that are) abroad, overseas II-2
   à l'étranger abroad, overseas II-2
   étranger/étrangère foreign I-3
   langues étrangères *f., pl.* foreign languages I-2
être *v.* to be I-P, I-1, III-R
   être à to belong to; to be someone's III-5
   être au chômage to be unemployed III-3
   être au régime to be on a diet II-4
   être bien/mal payé(e) to be well/badly paid III-3
   être content(e) que... to be happy that... III-4
   être d'accord to be in agreement I-2
   être de bonne/mauvaise humeur to be in a good/bad mood II-3
   être désolé(e) (que) to be sorry (that) III-4

Vocabulary

être en bonne/mauvaise santé to be in good/bad health II-5, III-R
être en ligne (avec) to be online/on the phone (with) III-1
être en pleine forme to be in good shape II-5
être en télétravail to work remotely III-3
être furieux/furieuse que… to be furious that… III-4
être heureux/heureuse que… to be happy that… III-4
être malade to be sick III-R
être perdu(e) to be lost III-2
être surpris(e) que… to be surprised that… III-4
être triste que… to be sad that… III-4
étudiant(e) *m., f.* student I-1
étudier *v.* to study I-2
  Il/Elle étudie He/She studies I-P
  J'étudie I study I-P
  Tu étudies You study I-P
eu (avoir) *p.p.* had II-1, III-R
eux *disj. pron., m., pl.* they, them I-3
évidemment *adv.* obviously, evidently; of course II-2
évident: Il est évident que… It is evident that… III-5
évier *m.* sink II-3, III-R
éviter (de) *v.* to avoid *(doing something)* II-5, III-1
exactement *adv.* exactly II-4
examen *m.* exam; test I-1
  être reçu(e) à un examen *v.* to pass an exam I-2
  passer un examen *v.* to take an exam I-2
Excuse-moi. *fam.* Excuse me. I-1
exercice *m.* exercise II-5
  faire de l'exercice *v.* to exercise II-5
exigeant(e) *adj.* demanding III-3
  profession (exigeante) *f.* (demanding) profession III-3
exiger *v.* to demand III-4
  exiger (que) *v.* to demand (that) III-4
expérience professionnelle *f.* professional experience III-3
expliquer *v.* to explain I-2
explorer *v.* to explore I-4
exposition *f.* exhibition; art show III-5
extinction *f.* extinction III-4

F

facile *adj.* easy I-2
facilement *adv.* easily II-3
facteur/factrice *m.* mail carrier III-2
faible *adj.* weak I-3
  une batterie faible *f.* low battery III-1
faim *f.* hunger I-4
  avoir faim *v.* to be hungry I-4
faire *v.* to do; to make I-5
  faire de l'exercice *v.* to exercise II-5
  faire de la gym *v.* to work out I-5
  faire de la musique *v.* to play music III-5
  faire de la peinture *v.* to paint III-5
  faire des projets *v.* to make plans III-3
  faire du camping *v.* to go camping I-5
  faire du cheval *v.* to go horseback riding I-5
  faire du kayak *v.* to go kayaking I-5
  faire du jogging *v.* to go jogging I-5
  faire du shopping *v.* to go shopping I-5, II-2
  faire du skate(board) *v.* to go skateboarding I-5
  faire du ski *v.* to go skiing I-5
  faire du sport *v.* to do sports I-5
  faire du télétravail *v.* to work remotely III-3
  faire du vélo *v.* to go bike riding I-5
  faire du yoga *v.* to do yoga I-5
  faire la fête *v.* to celebrate II-1
  faire la lessive *v.* to do the laundry II-3, III-R
  faire la poussière *v.* to dust II-3, III-R
  faire la queue *v.* to wait in line III-2
  faire la vaisselle *v.* to do the dishes II-3, III-R
  faire le lit *v.* to make the bed II-3, III-R
  faire le ménage *v.* to do the housework II-3, III-R
  faire le plein *v.* to fill the tank III-1
  faire les courses *v.* to go (grocery) shopping II-4, III-R
  faire les musées *v.* to go to museums III-5
  faire les valises *v.* to pack one's bags II-2
  faire mal *v.* to hurt II-5
  faire sa toilette to wash up II-5, III-R
  faire ses devoirs to do homework I-5
  faire un séjour *v.* to spend time *(somewhere)* II-2
  faire un selfie *v.* to take a selfie III-1
  faire une piqûre *v.* to give a shot II-5
  faire une promenade *v.* to go for a walk I-5
  faire une randonnée *v.* to go for a hike I-5
  faire une surprise à quelqu'un *v.* to surprise someone II-1
  faire visiter *v.* to give a tour II-3
fait (faire) *p.p., adj.* done; made II-1, III-R
falaise *f.* cliff III-4
falloir *v.* to be necessary; to have to
  Il faut que… One must…/It is necessary that… III-4
fallu (falloir) *p.p.* (used with infinitive) had to… II-1, III-R
  Il a fallu… It was necessary to… II-1
famille *f.* family I-3
farine *f.* flour III-R, III-3
faut (falloir) *v.* (used with infinitive) il faut It is necessary to…
  Il a fallu… It was necessary to… II-1
  Il fallait… One had to… II-3
  Il faut que… One must…/It is necessary that… III-4
fauteuil *m.* armchair II-3, III-R
favori(te) *adj.* favorite I-3
femme *f.* woman; wife I-1, III-R
  femme au foyer housewife III-3
  femme auteur author III-5
  femme cadre executive III-3
  femme d'affaires businesswoman I-3
  femme peintre painter III-5
  femme politique politician III-3
  femme pompier firefighter III-3
fenêtre *f.* window I-1
férié(e) *adj.* holiday II-1

French-English

jour férié *m.* holiday II-1
fermé(e) *adj.* closed III-2
fermer *v.* to close; to shut off III-1
festival *m.* **(festivals** *pl.***)** festival III-5
fête *f.* party celebration II-1
   faire la fête *v.* to celebrate II-1
fêter *v.* to celebrate II-1
feu de signalisation *m.* **(feux** *pl.***)** traffic light III-2
feu rouge (jaune, vert) *m.* red (yellow, green) light III-1
feuille de papier *f.* sheet of paper I-1
feuilleton *m.* soap opera III-5
février *m.* February I-P, I-5
fiancé(e) *m., f.* fiancé; fiancée II-1, III-R
fiancé(e) *adj.* engaged I-3
fichier *m.* file III-1
fier/fière *adj.* proud I-3
fièvre *f.* fever II-5, III-R
   avoir de la fièvre *v.* to have a fever II-5, III-R
fille *f.* girl; daughter I-P, I-1, III-R
   regarder (un film/une vidéo) en streaming *v.* to stream (a film/video) III-1
film (d'aventures, d'horreur, policier, de science-fiction) *m.* (adventure, horror, crime, science-fiction) film III-5
fils *m.* son I-3, III-R
fin *f.* end III-5
finalement *adv.* finally II-2
fini (finir) *p.p., adj.* finished, done, over I-4
finir (de) *v.* to finish (*doing something*) I-4, III-1
fleur *f.* flower II-4
   parterre de fleurs *m.* flower bed III-2
fleuve *m.* river III-4
foire *f.* fair III-1
fois *f.* time II-3
   une/deux fois *adv.* once/twice II-3
fonctionner *v.* to work, to function III-1
fontaine *f.* fountain III-2
foot(ball) *m.* soccer I-5
   football américain *m.* football I-5
force *f.* strength III-R
forêt (tropicale) *f.* (rain) forest III-4
formation *f.* education; training III-3
forme *f.* shape; form II-5
   être en pleine forme *v.* to be in good shape II-5

formidable *adj.* great II-2
formulaire *m.* form III-2
   remplir un formulaire to fill out a form III-2
fort(e) *adj.* strong I-3
fou/folle *adj.* crazy I-3
fouler: se fouler (la cheville) *v.* to twist/to sprain one's (ankle) II-5
four (à micro-ondes) *m.* (microwave) oven II-3, III-R
fourchette *f.* fork II-4
foyer *m.* home, household III-3
   femme au foyer *f.* housewife III-3
   homme au foyer *m.* househusband III-3
frais/fraîche *adj.* fresh; cool I-5, III-2
   Il fait frais. (*weather*) It is cool. I-5
fraise *f.* strawberry II-4
français *m.* French I-P, I-2
français(e) *adj.* French I-P, I-1
France *f.* France I-P, II-2
franchement *adv.* frankly, honestly II-2
freiner *v.* to brake III-1
freins *m., pl.* brakes III-1
fréquenté(e) *adj.* busy III-R
fréquenter *v.* to frequent; to visit I-4
frère *m.* brother I-3, III-R
   beau-frère *m.* brother-in-law I-3
   demi-frère *m.* half-brother, stepbrother I-3
frigo *m.* refrigerator II-3, III-R
frisé(e) *adj.* curly I-3
frites *f., pl.* French fries I-4
froid *m.* cold I-2
   avoir froid *v.* to be cold I-2
   Il fait froid. (*weather*) It is cold. I-5
fromage *m.* cheese I-4
fruit *m.* fruit II-4
   fruits de mer *m., pl.* seafood II-4
funérailles *f., pl.* funeral II-4
furieux/furieuse *adj.* furious III-4
   être furieux/furieuse que *v.* to be furious that... III-4
fusée *f.* rocket III-1
futur *m.* future III-2

G

gagner *v.* to win; to earn I-5, III-3
gant *m.* glove II-1
garage *m.* garage II-3
garanti(e) *adj.* guaranteed I-5

garçon *m.* boy I-P, I-1
garder la ligne *v.* to stay slim II-5
gare (routière) *f.* train station (bus station) II-2, III-R
garer: se garer *v.* to park III-1
gaspillage *m.* waste III-4
gaspiller *v.* to waste III-4
gâteau *m.* cake II-1
gauche *f.* the left (side) I-3
   à gauche (de) *prep.* to the left (of) I-3
gazeux/gazeuse *adj.* carbonated, fizzy I-4
   boisson gazeuse *f.* carbonated drink/beverage I-4
généreux/généreuse *adj.* generous I-3
génial(e) *adj.* great, terrific I-3
genou *m.* knee II-5
genre *m.* genre III-5
gens *m., pl.* people II-2
gentil(le) *adj.* nice I-3
gentiment *adv.* nicely kindly II-3
géographie *f.* geography I-P, I-2
glace *f.* ice cream II-1
glaçon *m.* ice cube I-4, II-1
glissement de terrain *m.* landslide III-4
golf *m.* golf I-5
gomme *f.* eraser I-1
gorge *f.* throat II-5
goût *m.* taste; flavor III-2
goûter *m.* afternoon snack; *v.* to taste II-4
gouvernement *m.* government III-4
grâce à *prep.* thanks to III-2
grand(e) *adj.* big; tall; great I-3
   grand magasin *m.* department store I-4
   grand-mère *f.* grandmother I-3 III-R
   grand-père *m.* grandfather I-3 III-R
   grands-parents *m., pl.* grandparents I-3
gratin *m.* gratin II-4
gratuit(e) *adj.* free I-4, III-5
grave *adj.* serious II-5
   Ce n'est pas grave. It's okay.; No problem. II-1
grève *f.* strike III-3
grille-pain *m.* toaster II-3
grippe *f.* flu II-5, III-R
gris(e) *adj.* gray I-3, II-1
gros(se) *adj.* fat I-3
grossir *v.* to gain weight I-4
groupe *m.* musical group; band III-5
guérir *v.* to get better; to cure, to heal II-5

Vocabulary

guitare *f.* guitar III-5
   jouer de la guitare *v.* to play the guitar III-5
gym *f.* exercise I-5
   faire de la gym *v.* to work out I-5
gymnase *m.* gym I-4

H

habiller: s'habiller *v.* to get dressed II-5, III-R
habitat *m.* habitat III-4
   sauvetage des habitats *m.* habitat preservation III-4
habiter (à) *v.* to live (in/at) I-2
Haïti *f.* Haiti I-P
haïtien(ne) *adj.* Haitian I-P
hamburger *m.* hamburger I-4
haricots verts *m., pl.* green beans II-4
hausse *f.* rise III-2
haut(e) *adj.* high III-2
hébergement *m.* accommodation III-R
Hein? *interj.* Huh?; Right? I-3
herbe *f.* grass III-4
hésiter (à) *v.* to hesitate *(to do something)* III-1
heure(s) *f.* hour, o'clock; time I-2
   à… heure(s) at… (o'clock) I-4
   À quelle heure? What time?; When? I-2
   À tout à l'heure. See you later. I-1
   Quelle heure avez-vous? *form.* What time do you have? I-2
   Quelle heure est-il? What time is it? I-2
heureusement *adv.* fortunately, happily II-3
heureux/heureuse *adj.* happy I-3
   être heureux/heureuse que… to be happy that… III-4
hier (matin/après-midi/soir) *adv.* yesterday (morning/afternoon/evening) I-P, II-2
   avant-hier *adv.* day before yesterday II-2
histoire *f.* history; story I-P, I-2
hiver *m.* winter I-5
   en hiver in the winter I-5
hockey *m.* hockey I-5
homme *m.* man I-1
   homme au foyer *m.* househusband III-3
   homme d'affaires *m.* businessman I-3
   homme politique *m.* politician III-3
honte *f.* shame I-2
   avoir honte (de) *v.* to be ashamed (of); to be embarrassed (of) I-2
hôpital *m.* hospital I-4
horloge *f.* clock I-P, I-1
horreur *f.* horror III-5
   film d'horreur *m.* horror film III-5
hors-d'œuvre *m.* hors d'œuvre, starter, appetizer II-4
hôte/hôtesse *m., f.* host II-1
hôtel *m.* hotel II-2, III-R
huile *f.* oil II-4 *f.* (automobile) oil III-1
   hule d'olive *f.* olive oil II-4
   vérifier l'huile to check the oil III-1
huit *m.* eight I-P, I-1
huitième *adj.* eighth II-2
humeur *f.* mood II-3
   être de bonne/mauvaise humeur *v.* to be in a good/bad mood II-3

I

ici *adv.* here I-1
idée *f.* idea I-3
identifiant *m.* username III-1
il *sub. pron.* he; it I-P, I-1
   il est… he/it is… I-1
   Il n'y a pas de quoi. It's nothing.; You're welcome. I-1
   Il vaut mieux que… It is better that… III-4
Il faut (falloir) *v. (used with infinitive)* It is necessary to… II-1
   Il faut (que)… One must…/It is necessary that… III-4
il y a there is/are I-P, I-1, II-4
   il y a eu there was/were II-1
   il y avait there was/were II-3
il y a… *(used with an expression of time)* … ago II-4
île *f.* island III-R, III-1, III-4
illustration *f.* illustration I-P
ils *sub. pron., m., pl.* they I-1
   ils sont… they are I-1
immeuble *m.* building II-3
immobilier *m.* property; real estate
   agent immobilier *m.* real estate agent III-3
impatient(e) *adj.* impatient I-1
imperméable *m.* rain jacket I-5
impoli(e) *adj.* impolite I-1
important(e) *adj.* important
   Il est important que… It is important that… III-4
impossible *adj.* impossible III-5
   Il est impossible que… It is impossible that… III-5
imprimante *f.* printer III-1
imprimer *v.* to print III-1
incendie *m.* fire III-4
   prévenir l'incendie to prevent a fire III-4
incontournable *adj.* inevitable; not to be missed III-1, III-2
indépendamment *adv.* independently II-3
indépendant(e) *adj.* independent I-1
indications *f.* directions III-2
indien(ne) *adj.* Indian I-1
indiquer *v.* to indicate I-5
indispensable *adj.* essential, indispensable III-4
   Il est indispensable que… It is essential that… III-4
individuel(le) *adj.* single, individual II-2
   chambre individuelle *f.* single (hotel) room II-2
infirmier/infirmière *m., f.* nurse II-5
informations (infos) *f., pl.* news III-5
informatique *f.* computer science I-P, I-2
ingénieur(e) *m., f.* engineer I-3
inquiet/inquiète *adj.* worried I-3
inquiéter: s'inquiéter *v.* to worry II-5
inscrire: s'inscrire *v.* to enroll; to register III-2
instaurer *v.* to establish III-R
instrument *m.* instrument I-1
intellectuel(le) *adj.* intellectual I-3
intelligent(e) *adj.* intelligent I-1
interdire *v.* to forbid, to prohibit III-4
intéressant(e) *adj.* interesting I-1
intéresser: s'intéresser (à) *v.* to be interested (in) II-5
interro(gation) *f.* test I-P
inutile *adj.* useless I-2
inventeur/inventrice *m., f.* inventor III-1
invité(e) *m., f.* guest II-1
inviter *v.* to invite I-4
irlandais(e) *adj.* Irish I-2, II-2
Irlande *f.* Ireland II-2
Italie *f.* Italy II-2, III-R
italien(ne) *adj.* Italian I-1

French-English

J

jaloux/jalouse *adj.* jealous I-3
jamais *adv.* never I-5, III-2
   ne… jamais never, not ever III-2
jambe *f.* leg II-5
jambon *m.* ham I-4
janvier *m.* January I-P, I-5
Japon *m.* Japan II-2, III-R
japonais(e) *adj.* Japanese I-1
jardin *m.* garden; yard II-3, III-R
jardinier/jardinière *m., f.* gardener III-1
jaune *adj.* yellow II-1
   feu jaune *m.* yellow light III-1
je/j' *sub. pron.* I I-P, I-1
   Je vous en prie. *form.* Please.; You're welcome. I-1
jean *m., sing.* jeans II-1
jeter *v.* to throw; to throw away III-4
jeu *m.* game I-P, I-5
   jeu télévisé *m.* game show III-5
   jeu vidéo *m.* **(jeux vidéo** *pl.)* *m.* video game(s) I-5
jeudi *m.* Thursday I-P
   le jeudi every Thursday, on Thursdays I-P
jeune *adj.* young I-3
   jeunes mariés *m., pl.* newlyweds II-1, III-R
jeunesse *f.* youth II-1, III-R
   auberge de jeunesse *f.* youth hostel II-2, III-R
job *m.* job III-3
jogging *m.* jogging I-5
   faire du jogging *v.* to go jogging I-5
joli(e) *adj.* handsome; beautiful; pretty I-3
jouer (à/de) *v.* to play (a sport/a musical instrument) I-5
   jouer de la batterie *v.* to play the drums III-5
   jouer de la guitare *v.* to play the guitar III-5
   jouer du piano *v.* to play the piano III-5
   jouer du violon *v.* to play the violin III-5
   jouer un rôle *v.* to play a role III-5
joueur/joueuse *m., f.* player I-5
jour *m.* day I-2
   jour de congé *m.* day off II-2
   jour férié *m.* holiday II-1
   Quel jour sommes-nous? What day is it? I-2
   un jour *m.* one day II-3
journal *m.* newspaper; journal
   marchand de journaux *m.* newsstand III-2
journaliste *m., f.* journalist I-3,
journée *f.* day I-2
juillet *m.* July I-5
juin *m.* June I-P, I-5
jungle *f.* jungle III-4
jupe (plissée) *f.* (pleated) skirt II-1, III-R
jus (d'orange/de pomme) *m.* (orange/apple) juice I-4
jusqu'à (ce que) *conj.* until III-2
juste *adv.* just; right
   juste à côté right next door I-3

K

karaté *m.* karate I-P
kilo(gramme) *m.* kilo (gram) II-4
kilomètre (carré) *m.* (square) kilometer III-R
kiosque *m.* kiosk I-4

L

l' *def. art., m., f. sing.* the; *d.o. pron., m., f.* him; her; it I-1
la *def. art., f. sing.* the; *d.o. pron., f.* her; it I-1, II-2
-là *(used with demonstrative adjective* **ce** *and noun or with demonstrative pronoun* **celui***)* there II-1
là(-bas) (over) there I-1
lac *m.* lake III-4
laid(e) *adj.* ugly I-3
laisser *v.* to let, to allow
   laisser tranquille *v.* to leave alone II-5
   laisser un message *v.* to leave a message III-3
   laisser un pourboire *v.* to leave a tip I-4
lait *m.* milk I-4
laitue *f.* lettuce II-4
lampe *f.* lamp II-3
langue *f.* language I-P
   langues étrangères *f., pl.* foreign languages I-2
lapin *m.* rabbit III-4
laquelle *pron., f., sing.* which one III-3
   à laquelle *pron., f., sing.* which one III-3
   de laquelle *pron., f., sing.* which one III-3
large *adj.* loose; big II-1
lavabo *m.* bathroom sink III-R
lave-linge *m.* washing machine II-3, III-R
laver *v.* to wash II-3, III-R
   se laver (les mains) *v.* to wash oneself (one's hands) II-5, III-R
laverie *f.* laundromat III-2
lave-vaisselle *m.* dishwasher II-3, III-R
le *def. art., m. sing.* the; *d.o. pron.* him; it I-1, II-2
le/la meilleur(e) *adj.* the best III-R
légume *m.* vegetable II-4
lent(e) *adj.* slow I-3
lentement *adv.* slowly II-2
   rouler lentement to drive slowly III-1
lequel *pron., m., sing.* which one III-3
   auquel (à + lequel) *pron., m., sing.* which one III-3
   duquel (de + lequel) *pron., m., sing.* which one III-3
les *def. art., m., f., pl.* the ; *d.o. pron. m., f. pl.* them I-1, II-2
lesquelles *pron., f., pl.* which ones III-3
   auxquelles (à + lesquelles) *pron., f., pl.* which ones III-3
   desquelles (de + lesquelles) *pron., f., pl.* which ones III-3
lesquels *pron., m., pl.* which ones III-3
   auxquels (à + lesquels) *pron., m., pl.* which ones III-3
   desquels (de + lesquels) *pron., m., pl.* which ones III-3
lessive *f.* laundry II-3
   faire la lessive *v.* to do the laundry II-3, III-R
lettre *f.* letter III-2
   boîte aux lettres *f.* mailbox III-2
   lettre de motivation *f.* letter of application III-3
   lettre de recommandation *f.* letter of reference/recommendation III-3
   poster une lettre *v.* to mail a letter III-3
lettres *f., pl.* humanities I-2
leur *i.o. pron., m., f., pl.* them, to them II-1
leur(s) *poss. adj., m., f.* their I-3
lever *v.* to lift
   se lever *v.* to get up, to get out of bed II-5, III-R

Vocabulary

libérer: se libérer *v.* to free oneself
  libérer l'esprit *v.* to free the mind III-3
librairie *f.* bookstore I-1, III-2
libre *adj.* available II-2
lien *m.* link; connection III-1
lieu *m.* place I-4
  avoir lieu *v.* to take place III-2
ligne *f.* figure, shape II-5
  garder la ligne *v.* to stay slim II-5
limitation de vitesse *f.* speed limit III-1
limonade *f.* lemon soda I-4
linge *m.* laundry II-3
  lave-linge *m.* washing machine II-3
  sèche-linge *m.* clothes dryer II-3
liquide *m.* cash III-2
  payer en liquide *v.* to pay in cash III-2
lire *v.* to read II-2
  lire les annonces to read the want ads III-3
lit *m.* bed II-2
  faire le lit *v.* to make the bed II-3, III-R
littéraire *adj.* literary III-5
littérature *f.* literature I-P, I-1
livre *m.* book I-P, I-1
logement *m.* housing II-3
logiciel *m.* software, program III-1
loi *f.* law III-4
loin de *prep.* far from I-3
loisir *m.* leisure activity I-5
long(ue) *adj.* long I-3
  chemise à manches longues *f.* long-sleeved shirt II-1
longtemps *adv.* for a long time I-5
loyer *m.* rent II-3
lu (lire) *p.p.* read II-2
lui *pron., sing.* he; him; *i.o. pron.* him, to him; *(attached to imperative)* to him/her I-1, I-3, II-1, II-4
lumière *f.* light III-R
lundi *m.* Monday I-P
  le lundi every Monday/on Mondays I-P
Lune *f.* Moon III-4
lunettes (de soleil) *f., pl.* (sun) glasses II-1, III-R
lycée *m.* high school I-1
lycéen(ne) *m., f.* high school student I-2

M

ma *poss. adj., f., sing.* my I-3
macaron *m.* macaroon I-4
Madame *f.* Ma'am; Mrs. I-P, I-1
Mademoiselle *f.* Miss I-P, I-1
magasin *m.* store I-4
  grand magasin *m.* department store I-4
magazine *m.* magazine III-5
mai *m.* May I-P, I-5
maigrir *v.* to lose weight I-4
maillot de bain *m.* bathing suit, swimsuit II-1, III-R
main *f.* hand I-5
  sac à main *m.* handbag, purse II-1
maintenant *adv.* now I-5
maintenir *v.* to maintain II-4
mairie *f.* town/city hall; mayor's office III-2
mais *conj.* but I-1
mais non (but) of course not; no I-2
maison *f.* house I-P, I-4
  rentrer (à la maison) *v.* to return (home) I-2
maïs *m.* corn III-R
mal *m.* illness; ache, pain II-5
  Je vais mal. I am doing badly. I-1
  le plus mal *super. adv.* the worst II-4
  se porter mal *v.* to be doing badly II-5
mal *adv.* badly II-2, III-R
  avoir mal to have an ache II-5, III-R
  avoir mal au cœur to feel nauseated II-5
  faire mal *v.* to hurt II-5
malade *adj.* sick, ill II-5
  tomber/être malade *v.* to get sick II-5, III-R
maladie *f.* illness
  assurance maladie *f.* health insurance III-3
malgré *prep.* despite III-2
malheureusement *adv.* unfortunately, unhappily II-2
malheureux/malheureuse *adj.* unhappy I-3
Mali *m.* Mali I-P
malien(ne) *adj.* Malian I-P
manager *m.* manager III-3
manche *f.* sleeve II-1
  chemise à manches courtes/longues *f.* short-/long-sleeved shirt II-1
manger *v.* to eat I-2
  salle à manger *f.* dining room II-3, III-R
manteau *m.* coat II-1, III-R

maquillage *m.* makeup II-5, III-R
  se maquiller *v.* to put on makeup II-5, III-R
marchand de journaux *m.* newsstand III-2
marché *m.* deal
  marché (boursier) *m.* (stock) market I-4
  bon marché *adj.* inexpensive II-1
marcher *v.* to walk *(person)*; to work *(thing)*, to function I-5, III-1
mardi *m.* Tuesday I-P
  le mardi every Tuesday/on Tuesdays I-P
mari *m.* husband I-3 III-R
mariage *m.* marriage; wedding *(ceremony)* II-1, III-R
marié(e) *adj.* married I-3
mariés *m., pl.* married couple II-1
  jeunes mariés *m., pl.* newlyweds II-1, III-R
Maroc *m.* Morocco I-P
marocain(e) *adj.* Moroccan I-P, I-1
marque *f.* brand; make III-1, III-2
marron *adj., inv. (not for hair)* brown I-3, II-2
mars *m.* March I-P, I-5
martiniquais(e) *adj.* from Martinique I-1
match *m.* game I-5
mathématiques (maths) *f., pl.* mathematics I-P, I-2
matière *f.* subject; material; substance I-P, III-3
matin *m.* morning I-P, I-2
  ce matin this morning I-2
  demain matin *adv.* tomorrow morning I-2
  hier matin *adv.* yesterday morning II-2
matinée *f.* morning I-2
mauvais(e) *adj.* bad I-3, III-R
  Il fait mauvais. The weather is bad. I-5
  le/la plus mauvais(e) *super. adj.* the worst II-4, III-R
  plus mauvais(e) *comp., adj.* worse II-4, III-R
mayonnaise *f.* mayonnaise II-4
me/m' *pron., sing.* me, to me; myself II-1
mécanicien(ne) *m., f.* mechanic III-1
méchant(e) *adj.* mean I-3
médecin *m.* doctor I-3
médicament (contre/pour) *m.* medication (against/for) II-5, III-R

French-English

meilleur(e) *comp. adj.* better II-4, III-R
  le/la meilleur(e) *super. adj.* the best II-4
membre *m.* member III-5
même *adj.* even; same; very I-5, III-2
-même(s) *pron.* -self/-selves II-1
menacé(e) *adj.* endangered III-4
  espèce menacée *f.* endangered species III-4
ménage *m.* household II-3,
  faire le ménage *v.* to do the housework II-3, III-R
ménager/ménagère *adj.* household II-3
  appareil ménager *m.* household appliance II-3, III-R
  tâche ménagère *f.* household chore II-3
menu *m.* menu II-4
mer *f.* sea II-2, III-R
Merci (beaucoup). Thank you (very much). I-1
mercredi *m.* Wednesday I-P
  le mercredi every Wednesday/on Wednesdays I-P
mère *f.* mother I-3, III-R
  belle-mère *f.* mother-in-law; stepmother I-3
mes *poss. adj., m., f., pl.* my I-3
message *m.* message III-3
  laisser un message *v.* to leave a message III-3
météo *f.* weather III-5
métier *m.* profession III-3
métro *m.* subway II-2
  station de métro *f.* subway station II-2, III-R
metteur/metteuse en scène *m., f.* director *(of a play)* III-5
mettre *v.* to put, to place II-1
  mettre la table to set the table II-3, III-R
  se mettre à *v.* to begin II-5
  se mettre *v.* to put *(something)* on *(yourself)* II-5
meuble *m.* piece of furniture II-3, III-R
mexicain(e) *adj.* Mexican I-1
Mexique *m.* Mexico II-2, III-R
Miam! *interj.* Yum! I-2, I-5
micro-onde *m.* microwave oven II-3
  four (à micro-ondes) *m.* (microwave) oven II-3
midi *m.* noon I-2
  après-midi *m.* afternoon I-2
mieux *adv.* better II-4, III-R
  aimer mieux *v.* to prefer I-2
  le mieux *super. adv.* the best II-4, III-R
  se porter mieux *v.* to be doing better II-5
mille *m.* one thousand I-5
  cent mille *m.* one hundred thousand I-5
million: un million *m.* one million I-5
  deux millions *m.* two million I-5
minuit *m.* midnight I-2
miroir *m.* mirror II-3
mis (mettre) *p.p.* put, placed II-1
mode *f.* fashion I-2
modeste *adj.* modest III-3
  un salaire modeste *m.* modest salary III-3
moi *disj. pron., sing.; pron.* I, me *(attached to an imperative)* to me, to myself I-3, II-1, II-4
  Moi aussi. Me too. I-1
  Moi non plus. Me neither. I-2
moins *adv.* before… (o'clock) less I-2
  à moins que *conj.* unless III-5
moins (de) *adv.* less (of); fewer I-4
  le/la moins *super. adv. (used with verb or adverb)* the least II-4, III-R
  le moins de… *(used with noun to express quantity)* the least… III-4
  moins de… que… *(used with noun to express quantity)* less… than… III-4
  moins… que *(used with adjective/adverb)* more/less … than III-R
mois *m.* month I-2
  ce mois-ci this month I-2
moment *m.* moment I-1
mon *poss. adj., m., sing.* my I-3
monde *m.* world II-2
monnaie *f.* change, coins; money III-2
  pièces de monnaie *f. pl.* coins III-2
Monsieur *m.* Sir; Mr. I-P, I-1
monter *v.* to go up, to come up; to get in/on; to ascend II-2, III-2
montre *f.* watch II-1
  montre connectée *f.* smart watch III-1
montrer (à) *v.* to show *(to someone)* II-1
morceau (de) *m.* piece, bit (of) I-4
mort *f.* death II-1, III-R
mort (mourir) *p.p.* died; *adj.* dead II-2, III-R
mot de passe *m.* password III-1
moteur *m.* engine III-1
motiver *v.* to motivate I-5
mourir *v.* to die II-2
moutarde *f.* mustard II-4
moyen(ne) *adj.* medium I-3
  de taille moyenne of medium height I-3
  durée moyenne *f.* average length III-R
mur *m.* wall II-3
musée *m.* museum I-4
  faire les musées *v.* to go to museums III-5
musical(e) *adj.* musical III-5
  comédie musicale *f.* musical comedy III-5
musicien(ne) *m., f.* musician I-3
musique *f.* music I-P
  faire de la musique *v.* to play music III-5
  musique classique *f.* classical music III-5
  musique pop *f.* pop music III-5
  musique rock *f.* rock music III-5

N

nager *v.* to swim I-4
naïf/naïve *adj.* naïve I-3
naissance *f.* birth II-1, III-R
naître *v.* to be born II-2
nappe *f.* tablecloth II-4
natation *f.* swimming I-P
nationalité *f.* nationality I-P, I-1
  Je suis de nationalité… I am of… nationality I-1
  Quelle est ta nationalité? *fam.* What is your nationality? I-1
  Quelle est votre nationalité? *sing. form.* What is your nationality? I-1
nature *f.* nature III-4
naturel(le) *adj.* natural III-4
  ressource naturelle *f.* natural resource III-4
né (naître) *p.p. adj.* born II-2, III-R
ne/n' no, not I-1
  ne… aucun(e) none, not any III-2
  ne… jamais never, not ever III-2
  ne… ni… ni… neither… nor… III-2
  ne… pas so, not I-2

Vocabulary

ne... personne nobody, no one III-2
ne... plus no more, not anymore III-2
ne... que only III-2
ne... rien nothing, not anything III-2
N'est-ce pas? *(tag question)* Isn't it? I-2
nécessaire *adj.* necessary III-4
  Il est nécessaire que... It is necessary that... III-4
neiger *v.* to snow I-5
  Il neige. It is snowing. I-5
nerveusement *adv.* nervously II-3
nerveux/nerveuse *adj.* nervous I-3
nettoyer *v.* to clean II-3
neuf *m.* nine I-P, I-1
neuvième *adj.* ninth II-2
neveu *m.* nephew I-3, III-R
nez *m.* nose II-5
ni nor III-2
  ne... ni... ni... neither... nor... III-2
nièce *f.* niece I-3, III-R
noir(e) *adj.* black I-3, II-1
nom *m.* last name I-P
nombreux/nombreuse *adj.* numerous III-2
non no I-P, I-2
  mais non (but) of course not; no I-2
nord *m.* north III-2
Norvège *f.* Norway III-R
nos *poss. adj., m., f., pl.* our I-3
note *f.* (academics) grade I-2
notre *poss. adj., m., f., sing.* our I-3
nourriture *f.* food, sustenance II-4
nous *pron.* we; us; ourselves I-P, I-1, II-5
  nous y allons we're going/coming II-4
Nous y allons. We're going/coming. II-4
nouveau/nouvelle *adj.* new I-3
novembre *m.* November I-P, I-5
nuage de pollution *m.* pollution cloud; smog III-4
nuageux/nuageuse *adj.* cloudy I-5
  Le temps est nuageux. It is cloudy. I-5
nucléaire *adj.* nuclear III-4
  centrale nucléaire *f.* nuclear plant III-4
  énergie nucléaire *f.* nuclear energy III-4
nuit *f.* night I-2
nul(le) *adj.* useless I-2

numéro *m.* (telephone) number III-1
  composer un numéro *v.* to dial a number III-1
  numéro de téléphone *m.* telephone number III-3
  recomposer un numéro *v.* to redial a number III-1

O

objet *m.* object I-1
obtenir *v.* to get, to obtain III-3
occupé(e) *adj.* busy I-1
occuper: s'occuper (de) *v.* to take care of, to keep oneself busy; to see to II-5, III-1
octobre *m.* October I-P, I-5
œil *m.* **(les yeux** *pl.***)** eye (eyes) II-5
œuf *m.* egg II-4
œuvre (d'art) *f.* (art)work, piece (of art) III-5
  chef-d'œuvre *m.* **(chefs-d'œuvre** *pl.***)** masterpiece(s) III-5
  hors-d'œuvre *m.* hors d'œuvre, starter, appetizer II-4
offert (offrir) *p.p.* offered III-1
office du tourisme *m.* tourist office III-2
offrir *v.* to offer III-1
oignon *m.* onion II-4
oiseau *m.* bird I-3
olive *f.* olive II-4
  huile d'olive *f.* olive oil II-4
omelette *f.* omelette I-4
on *sub. pron., sing.* one (we) I-1
oncle *m.* uncle I-3, III-R
onze *m.* eleven I-P, I-1
onzième *adj.* eleventh II-2
opéra *m.* opera III-5
optimiste *adj.* optimistic I-1
orageux/orageuse *adj.* stormy I-5
  Le temps est orageux. It is stormy. I-5
orange *adj. inv.* orange II-1
orchestre *m.* orchestra III-5
ordinateur *m.* computer, portable laptop I-P, I-1
ordonnance *f.* prescription II-5
ordures *f., pl.* trash III-4
  ramassage des ordures *m.* garbage collection III-4
oreille *f.* ear II-5
oreiller *m.* pillow II-3
orienter: s'orienter *v.* to get one's bearings III-2
origine *f.* heritage I-1
  Je suis d'origine... I am of... heritage. I-1
orteil *m.* toe II-5

ou or I-3
où *adv.* where I-4; *rel. pron.* where III-3
ouais *adv.* yeah I-2
oublier (de) *v.* to forget *(to do something)* I-2, III-1
ouest *m.* west III-2
oui *adv.* yes I-P, I-2
outre-mer *adj.* overseas III-1
ouvert (ouvrir) *p.p.* opened; *adj.* open III-1, III-2
ouverture *f.* opening III-1
ouvrier/ouvrière *m., f.* worker, laborer III-3
ouvrir *v.* to open III-1
ozone *m.* ozone III-4
  couche d'ozone *f.* ozone layer III-4
  trou dans la couche d'ozone *m.* hole in the ozone layer III-4

P

pain (de campagne) *m.* (country-style) bread I-4
panne *f.* breakdown, malfunction III-1
  tomber en panne *v.* to break down III-1
pantalon *m., sing.* pants II-1, III-R
papeterie *f.* stationery store III-2
papier *m.* paper I-1
  feuille de papier *f.* sheet of paper I-1
paquet *m.* package
  paquet cadeau wrapped gift II-1
par *prep.* by, through; on I-3
  par jour/semaine/mois/an per day/week/month/year I-5
parapluie *m.* umbrella I-5
parc *m.* park I-4
parce que *conj.* because I-2
Pardon. Pardon (me). I-1
  Pardon? What? I-4
pare-brise *m.* **(des pare-brise** *pl.***)** windshield III-1
pare-chocs *m.* **(des pare-chocs** *pl.***)** bumper III-1
parents *m., pl.* parents I-3
paresseux/paresseuse *adj.* lazy I-3
parfait(e) *adj.* perfect I-4
parfois *adv.* sometimes I-5, II-3
parking *m.* parking lot III-1
parler (à) *v.* to speak (to) I-1, I-2, II-1
  parler (au téléphone) *v.* to speak (on the phone) I-2
parmi among III-1
partager *v.* to share I-2

French-English

parterre de fleurs *m.* flower bed III-2
particulier/particulière *m., f.* individual III-2
partiel(le) *adj.* partial; part-time
  emploi à temps partiel *m.* part-time job III-3
partir *v.* to leave I-5
  partir en vacances *v.* to go on vacation II-2
partout *adv.* everywhere III-2
pas (de) *adv.* no, none III-2
  ne… pas no, not I-2
  pas du tout not at all I-2
  pas encore not yet II-3
  Pas mal. Not badly. I-1
passager/passagère *m., f.* passenger II-2
passeport *m.* passport II-2
passer *v.* to pass by; to spend time; to play II-2, III-1
  passer chez quelqu'un *v.* to stop by someone's house I-4
  passer l'aspirateur *v.* to vacuum II-3, III-R
  passer un entretien *v.* to have an interview III-3
  passer un examen *v.* to take an exam I-2
pâté (de campagne) *m.* pâté, meat spread II-4
pâtes *f., pl.* pasta II-4
patiemment *adv.* patiently II-3
patient(e) *m., f. adj.* patient *adj.* II-5; patient I-1, I-2
patienter *v.* to wait *(on the phone)*, to be on hold III-3
pâtisserie *f.* pastry shop, bakery; pastry II-4
patrimoine culturel/mondial *m.* cultural/world heritage III-R, III-2
patron(ne) *m., f.* boss III-3
payé (payer) *p.p. adj.* paid III-3
  être bien/mal payé(e) to be well/badly paid III-3
payer *v.* to pay I-5
  payer en liquide *v.* to pay in cash III-2
  payer par appli mobile *v.* to pay with a phone app III-2
  payer par carte (bancaire/de crédit) *v.* to pay with a (debit/credit) card III-2
pays *m.* country I-P, II-2
peau *f.* skin II-5
pêche *f.* fishing; peach I-5, II-4
  aller à la pêche *v.* to go fishing I-5
peigne *m.* comb II-5, III-R
peintre/femme peintre *m., f.* painter III-5

peinture *f.* painting III-5
  faire de la peinture *v.* to paint III-5
pendant (que) *prep.* during, while II-2
  pendant *(with time expression) prep.* for II-4
pénible *adj.* tiresome I-3
penser (que) *v.* to think (that) to intend to I-2, III-5
  ne pas penser que… not to think that… III-5
perdre *v.* to lose II-1
  perdre son temps *v.* to lose/to waste time II-1
perdu *adj.* lost III-2
  être perdu(e) to be lost III-2
père *m.* father I-3, III-R
  beau-père *m.* father-in-law; stepfather I-3
  grand-père *m.* grandfather I-3
périphérie *f.* outskirts III-2
permettre (de) *v.* to allow *(to do something)* II-1, III-1
permis (permettre) *p.p., adj.* permitted, allowed II-1
  permis de conduire *m.* driver's license III-1
permis *m.* permit; license III-1
personnage *m.* character (in a story or play)
  personnage (principal) *m.* (main) character III-5
personne *f.* person I-1, I-2; *pron.* no one III-2
  ne… personne nobody, no one III-2
personnel *m.* staff III-3
  chef du personnel *m.* human resources director III-3
pessimiste *adj.* pessimistic I-1
pétanque *f.* petanque I-5
petit(e) *adj.* small; short (stature) I-3
  petit-déjeuner *m.* breakfast II-4
  petite-fille *f.* granddaughter I-3, III-R
  petit-fils *m.* grandson I-3, III-R
  petits-enfants *m., pl.* grand-children I-3
  petits pois *m., pl.* peas II-4
peu *adv.* little; not much (of) I-2
peur *f.* fear I-2
  avoir peur (que) *v.* to be afraid (that) I-2, III-4
peut-être *adv.* maybe, perhaps I-2
phares *m., pl.* headlights III-1
pharmacie *f.* pharmacy I-4, II-5

  aller à la pharmacie *v.* to go to the pharmacy III-R
pharmacien(ne) *m., f.* pharmacist II-5
philosophie *f.* philosophy I-2
photo(graphie) *f.* photo(graph) I-3
  prendre une photo(graphie) *v.* to take a photo(graph) III-1
physique *f.* physics I-2
piano *m.* piano III-5
  jouer du piano *v.* to play the piano III-5
pièce *f.* room II-3, III-R
  pièce de théâtre *f.* play III-5
  pièces de monnaie *f., pl.* coins III-2
pied *m.* foot II-5
pierre *f.* stone III-4
piéton(ne) *m., f.* pedestrian III-1, III-2
pilule *f.* pill II-5
pique-nique *m.* picnic III-4
piqûre *f.* shot, injection II-5
  faire une piqûre *v.* to give a shot II-5
pire *adv.* worse II-4, III-R
  le/la pire *adv.* the worst II-4, III-R
piscine *f.* pool I-4
pizza *f.* pizza I-4
placard *m.* closet; cupboard II-3, III-R
place *f.* square; place; plaza; seat I-4, III-5
plage *f.* beach I-5, II-2, III-R
plaindre: se plaindre *v.* to complain III-3
plan *m.* map II-2
  utiliser un plan *v.* to use a map II-2
planète *f.* planet III-4
  sauver la planète *v.* to save the planet III-4
plante *f.* plant III-4
plastique *m.* plastic III-4
  emballage en plastique *m.* plastic wrapping/packaging III-4
plat principal *m.* main dish II-4
plein air *m.* outdoor, open-air III-4
  en plein air *adj.* outdoor, open-air III-4
plein(e) *adj.* full
  emploi à plein temps *m.* full-time job III-3
  faire le plein *v.* to fill the tank III-1
pleine forme *f.* good shape, good state of health II-5
  être en pleine forme to be in good shape II-5

Vocabulary

pleuvoir *v.* to rain I-5
  Il pleut. It is raining. I-5
plombier *m.* plumber III-3
pluie acide *f.* acid rain III-4
plupart *f., pron.* most (of them); majority III-R, III-1
plus *adv.* (used in comparatives, superlatives, and expressions of quantity) more I-4
  le/la plus… *super. adv.* (used with adjective) the most… II-4, III-R
  le/la plus mauvais(e) *super. adj.* the worst II-4, III-R
  le plus *super. adv.* (used with verb or adverb) the most II-4
  le plus de… (used with noun to express quantity) the most… III-4
  le plus mal *super. adv.* the worst II-4, III-R
  ne… plus no more, not anymore III-2
  plus de more of I-4
  plus de… que (used with noun to express quantity) more… than III-4
  plus mal *adv.* worse II-4, III-R
  plus mauvais(e) *comp., adj.* worse II-4, III-R
  plus/moins… que (used with adjective) more/less … than II-4
  plus/moins de… que (used with noun to express quantity) more/less … than III-4
  plus… que (used with adjective/adverb) more… than II-4, III-R
plusieurs *adj., pron.* several, several (of them) I-4
plutôt *adv.* rather I-2
pneu (crevé) *m.* (flat) tire III-1
  vérifier la pression des pneus *v.* to check the tire pressure III-1
poème *m.* poem III-5
poète/poétesse *m., f.* poet III-5
poire *f.* pear II-4
poisson *m.* fish I-3
poissonnerie *f.* fish shop II-4
poitrine *f.* chest III-5
poivre *m.* (spice) pepper II-4
poivron *m.* (vegetable) pepper II-4
poli(e) *adj.* polite I-1
police *f.* police (force) III-1
  agent de police *m.* police officer III-1
  commissariat de police *m.* police station III-2

policier/policière *m., f.* police officer III-1
  film policier *m.* detective film III-5
poliment *adv.* politely II-3
politique *adj.* political I-2
  femme politique *f.* politician III-3
  homme politique *m.* politician III-3
  sciences politiques (sciences po) *f., pl.* political science I-2
polluer *v.* to pollute III-4
pollution *f.* pollution III-4
  nuage de pollution *m.* pollution cloud; smog III-4
polonais(e) *adj.* Polish I-1
portugais(e) *adj.* Portuguese I-1
pomme *f.* apple II-4
pomme de terre *f.* potato II-4
pompier/femme pompier *m., f.* firefighter III-3
pont *m.* bridge III-2
pop *m.* pop (music) III-5
  musique pop *f.* pop music III-5
population croissante *f.* growing population III-4
porc *m.* pork II-4
portable *m.* cell phone I-P, III-1
porte *f.* door I-1
porter *v.* to carry; to wear I-3, II-1
  se porter mal/mieux *v.* to be ill/better II-5
portière *f.* car door III-1
poser *v.* to pose
  poser une question (à) *v.* to ask (someone) a question II-1
posséder *v.* to possess, to own I-5
possible *adj.* possible III-4
  Il est possible que… It is possible that… III-4
poste *f.* postal service; post office III-2
  bureau de poste *m.* post office III-2
poste *m.* position; job III-3
poster (sur) *v.* to post III-1
  poster une lettre *v.* to mail a letter III-2
postuler *v.* to apply III-3
pote *m., f.* friend, buddy III-2
poubelle *f.* trash
  sortir la/les poubelle(s) *v.* to take out the trash III-R
poulet *m.* chicken II-4
pour *prep.* for; in order to I-5
  pour que *conj.* so that III-5
  pour qui? for whom? I-4
  pour rien for no reason I-4

pourboire *m.* tip I-4
  laisser un pourboire *v.* to leave a tip I-4
pourquoi? *adv.* why? I-2
poussière *f.* dust II-3
  enlever/faire la poussière *v.* to dust II-3, III-R
pouvoir *v.* to be able to; can II-4, III-R, III-1, III-5
pratiquer *v.* to play regularly; to practice I-5
préféré(e) *adj.* favorite, preferred I-2
préférer *v.* to prefer III-1
  préférer (que) *v.* to prefer (that) I-5, III-4
premier *m.* the first (day of the month) I-5
  C'est le 1er (premier) octobre. It is October first. I-P
premier/première *adj.* first I-2
prendre *v.* to take; to have I-4
  prendre (un) rendez-vous *v.* to make an appointment III-3
  prendre la relève *v.* to take over, take the baton III-3
  prendre sa retraite *v.* to retire II-1, III-R
  prendre un congé *v.* to take time off III-3
  prendre un autobus/avion/bateau/taxi/train *v.* to take a bus/plane/boat/taxi/train II-2
  prendre une douche *v.* to take a shower II-5, III-R
  prendre une photo(graphie) *v.* to take a photo(graph) III-1
prénom *m.* first name I-P
préparer *v.* to prepare (for) I-2
  se préparer (à) *v.* to get ready; to prepare (to do something) II-5, III-R, III-1
près (de) *prep.* close (to), near I-3
  tout près (de) very close by, very close (to) I-3, III-2
présenter *v.* to present, to introduce III-5
  Je te présente… *fam.* I would like to introduce… to you. I-1
  Je vous présente… *form.* I would like to introduce… to you. I-1
préservation *f.* protection III-4
préserver *v.* to preserve III-4
presque *adv.* almost I-2
pressé(e) *adj.* hurried II-4
pression *f.* pressure III-1
  vérifier la pression des pneus *v.* to check the tire pressure III-1

French-English

prêt(e) *adj.* ready I-3
prêter (à) *v.* to lend (to someone) II-1
prévenir *v.* to prevent, to tell; to warn
  prévenir l'incendie to prevent a fire III-4
principal(e) *adj.* main, principal II-4
  personnage principal *m.* main character III-5
  plat principal *m.* main dish II-4
printemps *m.* spring I-5
  au printemps in the spring I-5
pris (prendre) *p.p., adj.* taken II-1, III-R
prix *m.* price I-4
problème *m.* problem I-1
prochain(e) *adj.* next; following I-2
proche *m., f.* close friend/family member III-R, III-2
produit *m.* product III-4
produit (produire) *p.p., adj.* produced II-1
professeur *m., f.* teacher, professor I-P, I-1
profession (exigeante) *f.* (demanding) profession III-3
professionnel(le) *adj.* professional III-3
  expérience professionnelle *f.* professional experience III-3
profiter (de) *v.* to take advantage (of); to enjoy; to benefit from III-5
profiter de quelque chose *v.* to take advantage of/to enjoy something III-5
programme *m.* program III-5
projet *m.* project III-3
  faire des projets *v.* to make plans III-3
promenade *f.* walk, stroll I-5
  faire une promenade *v.* to go for a walk I-5
promener: se promener *v.* to take a stroll/walk II-5
promettre *v.* to promise II-1
promis (promettre) *p.p., adj.* promised II-1
promotion *f.* promotion III-3
proposer (que) *v.* to propose (that) III-4
  proposer une solution *v.* to propose a solution III-4
propre *adj.* own; clean II-3
propriétaire *m., f.* owner II-3
protection *f.* protection III-4
protéger *v.* to protect I-5

psychologie *f.* psychology I-2
psychologique *m., f.* psychologist III-3; *adj.* psychological III-5
  drame psychologique *m.* psychological drama III-5
pu (pouvoir) *p.p.* (used with infinitive) was able to II-4, III-R
publicité (pub) *f.* advertisement; advertising III-5
publier *v.* to publish III-5
puis *adv.* then II-2
pull *m.* sweater II-1, III-R
pur(e) *adj.* pure; clean III-4

Q

quand *adv.* when I-4, III-3
  C'est quand l'anniversaire de …? When is …'s birthday? I-P
  C'est quand ton/votre anniversaire? When is your birthday? I-P
  quand même nevertheless, anyway; still III-R
quant à as for III-R
quarante *m.* forty I-1
quart *m.* quarter I-2
  et quart a quarter after… (o'clock) I-2
quartier *m.* area, neighborhood II-3
quatorze *m.* fourteen I-P, I-1
quatre *m.* four I-P, I-1
  quatre-vingt-dix *m.* ninety I-3
  quatre-vingts *m.* eighty I-3
quatrième *adj.* fourth II-2
que *adv.* only III-2
  ne… que only III-2
que/qu' *conj.* than II-4, III-R, III-2; *rel pron.* that, which III-3, III-4, III-5
  plus/moins… que (used with adjective/adverb) more/less… than II-4, III-R
  plus/moins de… que (used with noun to express quantity) more/less… than III-2
que/qu'…? *interr. pron.* what? I-4
  Qu'est-ce qu'il y a? What is it?; What's wrong? I-P, I-1
  Qu'est-ce que c'est? What is it? I-P, I-1
québécois(e) *adj.* from Quebec I-1
quel(le)(s)? *interr. adj.* which?, what? I-4,
  Quel âge as-tu? *fam.* How old are-you? I-P
  Quel âge avez-vous? *form.* How old are you? I-P

  Quel jour sommes-nous? What day is it? I-P
  Quel temps fait-il? What is the weather like? I-5
  Quelle heure est-il? What time is it? I-2
  À quelle heure? What time?; When? I-2
  Quelle est la date? What is the date? I-P
  Quelle est ta nationalité? *fam.* What is your nationality? I-1
  Quelle est votre nationalité? *form.* What is your nationality? I-1
  Quelle température fait-il? (*weather*) What is the temperature? I-5
quelqu'un *pron.* someone III-2
quelque chose *m.* something; anything I-4, III-2
  Quelque chose ne va pas. Something's not right. I-5
quelquefois *adv.* sometimes II-2
quelques-un(e)s *pron.* some, a few (of them) I-4
question *f.* question I-P, II-1
  poser une question (à) to ask (*someone*) a question II-1
queue *f.* line III-2
  faire la queue to wait in line III-2
qui *rel. pron.* who; whom; that; which III-3
qui? *interr. pron.* who?; whom? I-4; who, that *rel. pron.* III-3
  à qui? to whom? I-4
  avec qui? with whom? I-4
  C'est de la part de qui? On behalf of whom? III-3
  Qui est à l'appareil? Who's calling, please? III-3
  Qui est-ce? Who is it? I-1
quinze *m.* fifteen I-P, I-1
quitter (la maison) *v.* to leave (the house); to leave behind I-4
  se quitter *v.* to leave one another III-1
  Ne quittez pas. Please hold. III-3
quoi? *interr. pron.* what?
  Il n'y a pas de quoi. It's nothing.; You're welcome. I-1

R

raccrocher *v.* to hang up III-3
radio *f.* radio I-P, III-5
  à la radio on the radio III-5

Vocabulary

raide *adj.* straight I-3
raison *f.* reason; right I-2
ralentir *v.* to slow down III-1
ramassage des ordures *m.* garbage collection III-4
randonnée *f.* hike I-5
  faire une randonnée *v.* to go for a hike I-5
ranger *v.* to tidy up, to put away II-3, III-R
rapide *adj.* fast I-3
rapidement *adv.* quickly II-3
rarement *adv.* rarely I-5
raser: se raser *v.* to shave II-5, III-R
  crème à raser *f.* shaving cream III-R
rasoir *m.* razor II-5, III-R
Ravi(e). *adj.* Delighted. I-P
réalisateur/réalisatrice *m., f.* director (of a movie) III-5
récent(e) *adj.* recent III-5
réception *f.* reception desk II-2
recevoir *v.* to receive III-2
recharger *v.* to charge (a battery) III-1
réchauffement de la Terre *m.* global warming III-4
recherche *f.* research III-1
recommandation *f.* recommendation III-3
  lettre de recommandation *f.* letter of reference/recommendation III-3
recommander *v.* to recommend
  recommander (que) *v.* to recommend (that) III-4
recomposer (un numéro) *v.* to redial (a number) III-1
reconnaître *v.* to recognize II-3
reconnu (reconnaître) *p.p., adj.* recognized II-3
reçu (recevoir) *p.p., adj.* received II-2; *m.* receipt III-2
  être reçu(e) à un examen *v.* to pass an exam I-2
récupérer *v.* to recover; to rest III-2, III-3, III-4, III-5
recyclage *m.* recycling III-4
recycler *v.* to recycle III-4
redémarrer *v.* to restart III-1
référence *f.* reference III-3
réfléchir (à) *v.* to think (about), to reflect (on) I-4
refuser (de) *v.* to refuse (to do something) III-1
regarder *v.* to watch I-2
  regarder (un film/une vidéo) en streaming *v.* to stream (a film video) III-1
  se regarder *v.* to look at oneself; to look at each other II-5, III-R, III-1

régime *m.* diet II-5
  être au régime *v.* to be on a diet II-4
région *f.* region III-4
regretter (que) *v.* to regret (that) III-4
relancer *v.* to renew III-2
relever: se relever *v.* to get up again II-5
remplacer *v.* to replace II-4
remplir (un formulaire) *v.* to fill out (a form) III-2
rencontrer *v.* to meet I-1, I-2
  se rencontrer *v.* to meet one another (make an acquaintance) III-1
rendez-vous *m.* date; appointment II-1
  prendre (un) rendez-vous *v.* to make an appointment III-3
rendre (à) *v.* to give back, to return (to) II-1
  rendre visite (à) *v.* to visit II-1
  se rendre compte *v.* to realize II-5
rentrer (à la maison) *v.* to return (home) I-2
rentrer (dans) *v.* to hit (another car) III-1
renvoyer *v.* to dismiss, to let go III-3
réparer *v.* to repair III-1
repas *m.* meal II-4
répéter *v.* to repeat; to rehearse I-5
répondre (à) *v.* to respond (to), to answer II-1
reposer: se reposer *v.* to rest II-5
réseau (social) *m.* (social) network III-R
réservation *f.* reservation II-2
  annuler une réservation *v.* to cancel a reservation II-2
Ravi(e). Delighted. I-P
réservé(e) *adj.* reserved I-1
réserver *v.* to reserve II-2
responsable *m., f.* manager, supervisor III-3
ressource *f.* resource
  ressource naturelle *f.* natural resource III-4
restaurant *m.* restaurant I-4
rester *v.* to stay II-2
retenir *v.* to keep, to retain to hold something back II-4
retirer (de l'argent) *v.* to withdraw (money); to take off II-2
retourner *v.* to return II-2
retraite *f.* retirement II-1
  prendre sa retraite *v.* to retire II-1, III-R

retraité(e) *m., f.* retired person III-3
retrouver *v.* to find (again); to meet up with I-2
  se retrouver *v.* to meet one another (planned) III-1
rétroviseur *m.* rear-view mirror III-1
réunion *f.* meeting III-3
réussir (à) *v.* to succeed (in doing something) I-4, III-1
réussite *f.* success III-3
revanche *f.* revenge
  en revanche on the other hand III-R
réveil *m.* alarm clock II-5
réveiller: se réveiller *v.* to wake up II-5, III-R
revenir *v.* to come back II-4
rêver (de) *v.* to dream (about) III-1
revoir *v.* to see again III-2
  Au revoir. Good-bye. I-1
revu (revoir) *p.p.* seen again III-2
rez-de-chaussée *m.* ground floor II-2
rhume *m.* cold II-5, III-R
ri (rire) *p.p.* laughed II-1
rideau *m.* curtain II-3
rien *m.* nothing III-2
  De rien. You're welcome. I-1
  ne... rien nothing, not anything III-2
  ne servir à rien *v.* to be good for nothing II-4
rire *v.* to laugh II-1
rivière *f.* river III-4
riz *m.* rice II-4
rizière *f.* rice paddy III-R
robe *f.* dress II-1, III-R
rock *m.* rock (music) III-5
  musique rock *f.* rock music III-5
rôle *m.* part, role III-5
  jouer un rôle *v.* to play a role III-5
roman *m.* novel III-5
rose *adj.* pink II-1
roue (de secours) *f.* (spare) tire III-1
rouge *adj.* red II-1
  feu rouge *m.* red light III-1
rouler (en voiture) *v.* to drive II-2
  rouler lentement/vite *v.* to drive slowly/fast III-1
rue *f.* street III-1
russe *adj.* Russian I-1

S

S'il te plaît. *fam.* Please. I-1
S'il vous plaît. *form.* Please. I-1

French-English

sa *poss. adj., f., sing.* his; her; its I-3
sac *m.* bag I-1
  sac à dos *m.* backpack I-1
  sac à main *m.* handbag, purse, II-1
sain(e) *adj.* healthy II-5
saison *f.* season I-5
salade *f.* salad II-4
salaire (élevé/modeste) *m.* (high/low) salary III-3
  augmentation de salaire *f.* raise in salary III-3
salarié(e) *m., f.* employee III-R
sale *adj.* dirty II-3
salir *v.* to soil, to make dirty II-3
salle *f.* room II-3
  salle à manger *f.* dining room II-3, III-R
  salle de bains *f.* bathroom II-3, III-R
  salle de classe *f.* classroom I-1
  salle de séjour *f.* living/family room II-3, III-R
salon *m.* formal living room, sitting room II-3, III-R
  salon de beauté *m.* beauty salon; day spa III-2
Salut! Hi!; Bye! I-P, I-1
samedi *m.* Saturday I-P
  le samedi every Saturday/on Saturdays I-P
sandwich *m.* sandwich I-4
sans *prep.* without II-3
  sans que *conj.* without III-5
santé *f.* health II-5, III-R
  être en bonne/mauvaise santé *v.* to be in good/bad health II-5, III-R
saucisse *f.* sausage II-4
sauvegarder *v.* to save III-1
sauver (la planète) *v.* to save (the planet) III-4
sauvetage des habitats *m.* habitat preservation III-4
savoir *v.* to know *(facts)*, to know; how to do something II-3, III-1, III-5
  savoir (que) *v.* to know (that) III-5
savoir-faire *m.* expertise III-3
savon *m.* soap II-5, III-R
science-fiction *f.* science fiction III-5
  film de science-fiction *m.* science fiction film III-5
sciences *f., pl.* science I-P, I-2
  sciences politiques (sciences po) *f., pl.* political science I-2
sculpteur/sculptrice *m., f.* sculptor III-5
sculpture *f.* sculpture III-5

se/s' *pron., sing., pl. (used with reflexive verb)* himself; herself; itself, themselves; *(used with reciprocal verb)* each other II-5, III-1
séance *f.* show; screening III-5
sèche-linge *m.* clothes dryer II-3
sécher: se sécher *v.* to dry oneself II-5, III-R
sécheresse *f.* drought III-4
secours: roue de secours *f.* spare tire III-1
  roue de secours *f.* spare tire III-1
sécurité *f.* security safety
  attacher sa ceinture de sécurité to buckle one's seatbelt III-1
sein *m.* center
  au sein de within, at the center of III-1
seize *m.* sixteen I-P, I-1
séjour *m.* stay II-2
  faire un séjour *v.* to spend time *(somewhere)* II-2
  salle de séjour *f.* living room II-3, III-R
sel *m.* salt II-4
semaine *f.* week I-P
  cette semaine this week I-2
Sénégal *m.* Senegal I-P
sénégalais(e) *adj.* Senegalese I-P, I-1
sens *m.* sense
  sens unique *m.* one-way III-2
sentier *m.* path III-4
  se sentir *v.* to feel II-5, III-R
séparé(e) *adj.* separated I-3
sept *m.* seven I-P, I-1
septembre *m.* September I-P, I-5
septième *adj.* seventh II-2
série (télévisée) *f.* (television) series III-5
sérieux/sérieuse *adj.* serious I-3
serpent *m.* snake III-4
serre *f.* greenhouse I-3, III-4
  effet de serre *m.* greenhouse effect III-4
serré(e) *adj.* tight II-1
serveur/serveuse *m., f.* server I-4
serviette *f.* napkin II-4
serviette (de bain) *f.* (bath) towel II-5, III-R
servir *v.* to serve
  ne servir à rien *v.* to be good for nothing II-4
ses *poss. adj., m., f., pl.* his; her; its I-3
seulement *adv.* only II-3, III-R

shampooing *m.* shampoo II-5, III-R
shopping *m.* shopping I-5
  faire du shopping *v.* to go shopping II-2
short *m., sing.* shorts II-1
si *conj.* if III-3
si *adv. (when contradicting a negative statement or question)* yes I-2
siècle *f.* century III-R, III-2
signalisation *f.* signal
  feu de signalisation *m.* **(feux** *pl.***)** traffic light(s) III-2
signer *v.* to sign III-2
sincère *adj.* sincere I-1
site Internet/web *m.* web site III-1
six *m.* six I-P, I-1
sixième *adj.* sixth II-2
ski *m.* skiing, ski (equipment) I-5
  faire du ski *v.* to go skiing I-5
  station de ski *f.* ski resort II-2, III-R
skier *v.* to ski I-5
smartphone *m.* smartphone III-1
SMS *m.* text message III-1
  s'envoyer des SMS to send each other text messages III-1
sociable *adj.* sociable I-1
social(e) *adj.* social
  réseau (social) *m.* (social) network III-1
sociologie *f.* sociology I-1
sœur *f.* sister I-3, III-R
  belle-sœur *f.* sister-in-law I-3
  demi-sœur *f.* half-sister; stepsister I-3
soif *f.* thirst I-4
soir *m.* evening I-P
soirée *f.* evening I-2
sois (être) *imp. v.* be I-2
soixante *m.* sixty I-1
  soixante-dix *m.* seventy I-3
solaire *adj.* solar III-4
  énergie solaire *f.* solar energy III-4
soldes *f., pl.* sales II-1
  être en solde to be on sale II-1
soleil *m.* sun I-5
  lunettes de soleil *f., pl.* sunglasses III-R
solution *f.* solution III-4
  proposer une solution to propose a solution III-4
sommeil *m.* sleep I-2
son *poss. adj., m., sing.* his; her; its I-3
sonner *v.* to ring III-1
sorte *f.* sort, kind III-5
sortie *f.* exit II-2

Vocabulary

sortir *v.* to go out, to leave; to take out I-5, II-3
   sortir la/les poubelle(s) *v.* to take out the trash II-3, III-R
soudain *adv.* suddenly II-3
souhaiter (que) *v.* to wish (that); to hope; to wish to III-4
soupe *f.* soup I-4
souris *f.* mouse III-1
sous *prep.* under I-3
sous-sol *m.* basement II-3
souvenir: se souvenir de *v.* to remember II-5
souvent *adv.* often I-5, II-3
soyez (être) *imp. v.* be II-2
soyons (être) *imp. v.* let's be II-2
spectacle *m.* show, performance I-5
spectateur/spectatrice *m., f.* spectator III-5
sport *m.* sport(s) I-5
   faire du sport *v.* to do sports I-5
sportif/sportive *adj.* athletic I-3
stade *m.* stadium I-5
stage *m.* internship; professional training III-3
station (de métro) *f.* (subway) station II-2, III-R
   station balnéaire *f.* seaside resort III-R
   station de ski *f.* ski resort II-2, III-R
   station-service *f.* service station III-1
statue *f.* statue III-2
steak *m.* steak II-4
studio *m.* studio (apartment) II-3
stylo *m.* pen I-P, I-1
su (savoir) *p.p.* knew, known II-3
sucre *m.* sugar I-4
sud *m.* south III-2
suggérer (que) *v.* to suggest (that) III-4
Suisse *f.* Switzerland I-P, II-2, III-R
suisse *adj.* Swiss I-P, I-1
suite *f.* rest; sequel III-R
   à la suite de following III-R
suivre *v.* to follow III-2
supermarché *m.* supermarket II-4
sur *prep.* on I-3
sûr(e) *adj.* safe ; sure, certain II-4
   bien sûr *adv.* of course I-2
   Il est sûr que... It is sure that... III-5

Il n'est pas sûr que... It is not sure that... III-5
surgelé *adj.* frozen III-2
surpopulation *f.* overpopulation III-4
surpris (surprendre) *p.p., adj.* surprised II-1
   être surpris(e) que... to be surprised that... III-4
   faire une surprise à quelqu'un *v.* to surprise someone II-1
survivre *v.* to survive III-2
sympa(thique) *adj.* nice I-1
symptôme *m.* symptom II-5, III-R
syndicat *m.* (trade) union III-3

T

ta *poss. adj., f., sing.* your I-3
table *f.* table I-P, I-1
   À table! Let's eat!, Food is ready! II-4
   débarrasser la table *v.* to clear the table II-3, III-R
   essuyer la table *v.* to wipe the table II-3, III-R
   mettre la table *v.* to set the table II-3, III-R
tableau *m.* blackboard; picture, painting I-P, I-1, III-5
tablette (tactile) *f.* tablet I-P, I-1, III-1
tâche *f.* task
   tâche ménagère *f.* household chore II-3
tactile *adj.* tactile III-1
   tablette (tactile) *f.* tablet I-P, I-1, III-1
taille *f.* size; waist II-1
   de taille moyenne of medium height I-3
tandis que *conj.* while III-1
tante *f.* aunt I-3, III-R
tapis *m.* rug II-3
tard *adv.* late I-2
   À plus tard. See you later. I-1
tarte *f.* pie; tart II-4
tasse (de) *f.* cup (of) I-4
taxi *m.* taxi II-2
   chauffeur de taxi *m., f.* taxi driver III-3
   prendre un taxi *v.* to take a taxi II-2
te/t' *pron., sing., fam.* you, to you, yourself II-2, II-5, III-1
technopôle *f.* science and technology park III-1
tee-shirt *m.* tee shirt II-1
télécharger *v.* to download III-1
télécommande *f.* remote control III-1

téléphone *m.* telephone I-2
   numéro de téléphone *m.* telephone number III-3
   parler au téléphone *v.* to speak (on the phone) I-2
téléphoner (à) *v.* to telephone (someone) I-2
   se téléphoner *v.* to phone one another III-1
télévision *f.* television I-P
   chaîne de télévision *f.* television channel III-1
   émission de télévision *f.* television program III-5
tellement *adv.* so much I-2
température *f.* temperature I-5
   Quelle température fait-il? *(weather)* What is the temperature? I-5
temps *m., sing.* weather I-5
   Il fait un temps épouvantable. The weather is dreadful. I-5
   Le temps est nuageux. It is cloudy. I-5
   Le temps est orageux. It is stormy. I-5
   Quel temps fait-il? What is the weather like? I-5
temps *m., sing.* time I-5
   de temps en temps *adv.* from time to time II-2
   emploi à mi-temps/à temps partiel *m.* part-time job III-3
   emploi à plein temps *m.* full-time job III-3
   temps libre *m.* free time I-5
Tenez! (tenir) *imp. v.* Here! II-4
tenir *v.* to hold II-4
tennis *m.* tennis I-P, I-5
terrain (de foot) *m.* (soccer) field
   glissement de terrain *m.* landslide III-4
terrasse (de café) *f.* (café) terrace I-4
Terre *f.* Earth
   réchauffement de la Terre *m.* global warming III-4
terre *f.* land III-2
tes *poss. adj., m., f., pl.* your I-3
tête *f.* head II-5
texto *m.* text message III-1
   s'envoyer des textos to send each other text messages III-1
thé (glacé) *m.* (iced) tea I-4
théâtre *m.* theater III-5
   pièce de théâtre *f.* play III-5
thon *m.* tuna II-4
ticket de bus/métro *m.* bus/subway ticket II-2
Tiens! (tenir) *imp. v.* Here! II-4
timbre *m.* stamp III-2

French-English

timide *adj.* shy I-1
toi *disj. pron., sing., fam.* you; *refl. pron. sing. fam. (attached to imperative)* yourself I-3, II-1, II-4, III-1
   toi non plus you neither I-2
toilette *f.* washing up, grooming II-5, III-R
   faire sa toilette *v.* to wash up II-5
toilettes *f., pl.* restroom(s) II-3, III-R
tomate *f.* tomato II-4
tomber *v.* to fall II-2
   tomber amoureux/amoureuse (de) to fall in love (with) II-1, III-R
   tomber en panne *v.* to break down III-1
   tomber/être malade *v.* to get sick II-5, III-R
   tomber sur quelqu'un *v.* to run into someone II-2
ton *poss. adj., m., sing.* your I-3
tort *m.* wrong; harm I-2
   avoir tort to be wrong I-2
tortue *f.* turtle III-R
tôt *adv.* early I-2
toujours *adv.* always II-3, III-2
tourisme *m.* tourism III-2
   écotourisme *m.* ecotourism III-4
   office du tourisme *m.* tourist office III-2
tourner *v.* to turn III-2
tous: tous les jours *adv.* every day I-2, II-3
tousser *v.* to cough II-5
tout *m., sing.* all; **tout** *adv.* very, really *(before adjective or adverb)* I-3
   À tout à l'heure. See you later. I-1
   tout à coup *adv.* all of a sudden, suddenly II-2
   tout de suite *adv.* right away II-2
   tout droit straight ahead III-2
   tout le monde everyone II-4
   tout près (de) very close by, very close (to) I-3, III-2
toux *f.* cough II-5
toxique *adj.* toxic III-4
   déchets toxiques *m., pl.* toxic waste III-4
tragédie *f.* tragedy III-5
train *m.* train II-2
tranquille *adj.* calm; quiet; serene II-5
   laisser tranquille *v.* to leave alone II-5
transports en commun *m.* public transportation III-1

travail *m.* work III-2
   chercher un/du travail *v.* to look for a job/work III-2
   être en/faire du télétravail *v.* to work remotely III-3
   trouver un/du travail *v.* to find a job/work III-3
travailler *v.* to work I-2
travailleur/travailleuse *adj.* hardworking I-3
traverser *v.* to cross III-2
treize *m.* thirteen I-P, I-1
trente *m.* thirty I-P, I-1
très *adv. (before adjective or adverb)* very, really II-3
   Très bien. Very well. I-1
trier *v.* to sort III-4
   trier les déchets *v.* to sort the trash III-4
triste *adj.* sad I-3
   être triste que... *v.* to be sad that... III-4
trois *m.* three I-P, I-1
troisième *adj.* third II-2
tromper *v.* to deceive
   se tromper (de) *v.* to be mistaken (about) II-5
trop *adv.* too many/much I-4
tropical(e) *adj.* tropical III-4
   forêt tropicale *f.* tropical forest III-4
trou (dans la couche d'ozone) *m.* hole (in the ozone layer) III-4
troupe *f.* company, troupe III-5
trousse *f.* pencil case I-1
trouver *v.* to find; to think I-2
   trouver un/du travail *v.* to find work/a job III-3
   se trouver *v.* to be located II-5
truc *m.* thing II-2
tu *sub. pron., sing., fam.* you I-P, I-1
Tunisie *f.* Tunisia I-P
tunisien(ne) *f.* Tunisian I-P

U

un *m. (number)* one I-P, I-1
un(e) *indef. art.* a; an I-P, I-1
unique *adj.* only I-3
   sens unique *m.* one-way III-2
univers *m.* universe I-P
urgences *f., pl.* emergency room II-5
   aller aux urgences *v.* to go to the emergency room II-5, III-R
usine *f.* factory III-4
utile *adj.* useful I-2

utiliser (un plan) *v.* to use (a map) II-2

V

vacances *f., pl.* vacation II-2
   partir en vacances *v.* to go on vacation II-2
vacancier/vacancière *m., f.* vacationer III-R
vache *f.* cow III-4
vague *f.* wave I-5
vaisselle *f.* dishes II-3
   essuyer la vaisselle *v.* to dry the dishes III-R
   faire la vaisselle *v.* to do the dishes II-3, III-R
   lave-vaisselle *m.* dishwasher II-3
valise *f.* suitcase II-2
   faire les valises *v.* to pack one's bags II-2
vallée *f.* valley III-4
variétés *f., pl.* popular music III-5
vaut (valoir): Il vaut mieux que *v.* It is better that III-4
vélo *m.* bicycle I-5
   faire du vélo *v.* to go bike riding I-5
vendeur/vendeuse *m., f.* salesman/woman II-1
vendre *v.* to sell II-1
vendredi *m.* Friday I-P
   le vendredi every Friday/on Fridays I-P
venir *v.* to come II-4
   venir de *v. (used with an infinitive)* to have just II-4, III-R, III-1
vent *m.* wind I-5
   Il fait du vent. It is windy. I-5
ventre *m.* stomach II-5
vérifier (l'huile/la pression des pneus) *v.* to check (the oil/the tire pressure) III-1
verre (de) *m.* glass (of) I-4
vers *adv.* about I-2
vert(e) *adj.* green I-3, II-1
   feu vert *m.* green light III-1
   haricots verts *m., pl.* green beans II-4
vêtements *m., pl.* clothing II-1
   sous-vêtement *m.* underwear II-1
vétérinaire *m., f.* veterinarian III-3
veuf/veuve *m., f.* widower/widow; *adj.* widowed I-3
veut dire *v.* means, signifies II-4
veut dire (vouloir dire) *v.* means, signifies II-4
viande *f.* meat II-4
vidéo *f.* video

Vocabulary

appel vidéo *m.* video call III-1
jeu vidéo (jeux vidéo *pl.***)** *m.* video game(s) I-5
regarder (un film/une vidéo) en streaming) *v.* to stream (a film/video) III-1
vie *f.* life II-1
vieille *f. (feminine form of* **vieux***)* old I-3
vieillesse *f.* old age III-R
Viêt-Nam *m.* Vietnam I-P
vietnamien(ne) *adj.* Vietnamese I-P, I-1
vieux/vieille *adj.* old I-3,
ville *f.* city; town I-4
vingt *m.* twenty I-P, I-1
vingtième *adj.* twentieth II-2
violet(te) *adj.* purple; violet II-1
violon *m.* violin III-5
   jouer du violon to play the violin III-5
visage *m.* face II-5
visite *f.* visit II-1
visiter *v.* to visit *(a place)* I-2
   faire visiter *v.* to give a tour II-3
vite *adv.* fast II-2
   rouler vite to drive fast III-1
vitesse *f.* speed III-1
   limitation de vitesse *f.* speed limit III-1
vivre *v.* to live II-3
voici here is/are I-1
voilà there is/are I-1
voir *v.* to see III-2
voisin(e) *m., f.* neighbor I-1, I-3

voiture *f.* car I-P, III-1 **rouler en voiture** *v.* to ride in a car II-2
vol *m.* flight II-2
volant *m.* steering wheel III-1
volcan *m.* volcano III-4
volley(-ball) *m.* volleyball I-5
volonté *f.* will III-2
vos *poss. adj., m., f., pl.* your I-3
votre *poss. adj., m., f., sing.* your I-3
vouloir *v.* to want, to mean *(with* **dire***)* II-4, III-R, III-1, III-5
   veut dire *v.* means, signifies II-4
   vouloir (que) *v.* to want (that) III-4
voulu (vouloir) *p.p. adj., (used with infinitive)* wanted to… ; *(used with noun)* planned to/for II-4, III-R
vous *pron., sing., pl., form.; d.o. pron.* you; you; yourself, yourselves I-P, I-1, II-2, II-5
voyage *m.* trip II-2
   agence de voyages *f.* travel agency II-2, III-R
   agent de voyages *m.* travel agent II-2
voyager *v.* to travel I-2
vrai(e) *adj.* true; real I-3
   Il est vrai que… It is true that… III-5
   Il n'est pas vrai que… It is untrue that… III-5
vraiment *adv.* really II-2
vu (voir) *p.p.* saw, seen III-2

W

W.-C. *m., pl.* restroom(s) II-3, III-R
webcam *f.* webcam I-P
week-end *m.* weekend I-2
   ce week-end this weekend I-2

X

xylophone *m.* xylophone I-P

Y

y *pron.* there; at *(a place)* II-5, III-R
   J'y vais I'm going/coming. II-3
   Nous y allons. We're going/coming. II-4
   Y a-t-il… ? Is/Are there… ? I-2
yaourt *m.* yogurt I-P, II-4
yeux (œil) *m., pl.* eyes I-3

Z

zéro *m.* zero I-P, I-1
zoo *m.* zoo I-P
zut *interj.* darn II-1

English-French

A

a un(e) *indef. art.* I-P, I-1
a lot (of) beaucoup (de) *adv.* I-4
an un(e) *indef. art.* I-P, I-1
able: to be able to pouvoir *v.* II-4, III-R, III-1, III-5
   was able to *(used with infinitive)* pu (pouvoir) *p.p.* II-4, III-R
abolish abolir *v.* III-4
about environ *adv.* III-2; vers *adv.* I-2
abroad à l'étranger II-2; *(place)* l'étranger *m.* II-2
absolutely absolument *adv.* II-2
accident accident *m.* III-1
   to have/to be in an accident avoir un accident *v.* III-1
accommodation hébergement *m.* III-R
accompany accompagner *v.* III-2
account *(at a bank)* compte *m.* III-2
   savings account compte d'épargne *m.* III-2
   to have a bank account avoir un compte bancaire *v.* III-2
accountant comptable *m., f.* III-3
ache mal *m.* II-5
   to have an ache avoir mal *v.* II-5, III-R
acid rain pluie acide *f.* III-4
acquaintance connaissance *f.* I-5
across (from) en face (de) *prep.* I-3
active actif/active *adj.* I-3
actively activement *adv.* II-3
actor/actress acteur/actrice *m., f.* I-1
adapt s'adapter *v.* I-5
address adresse *f.* III-2
adjust s'adapter *v.* I-5
adolescence adolescence *f.* II-1, III-R
adore one another s'adorer *v.* III-1
adulthood âge adulte *m.* II-1, III-R
advance avance *f.* I-2
adventure aventure *f.* III-5
   adventure film film d'aventures *m.* III-5

advertisement message/spot *m.* publicitaire IV-3; publicité (pub) *f.* III-5, IV-3 *m.* III-5
advice conseil *m.* I-5, III-3
advisor conseiller/conseillère *m., f.* III-3
afraid: to be afraid (of/that) avoir peur (de/que) *v.* I-2, III-4
after après *prep.* I-P, I-2
afternoon après-midi *m.* I-P, I-2
   ... o'clock ... in the afternoon heure(s) de l'après-midi I-2
   yesterday afternoon hier après-midi *adv.* I-P, II-2
afternoon snack goûter *m.* II-4
again encore *adv.* I-3, IV-2; de nouveau *adv.* IV-8
against contre *prep.*
age âge *m.* I-P, II-1
   old age vieillesse *f.* II-1, III-R
agent: real estate agent agent immobilier *m.* III-3
   travel agent agent de voyages *m.* II-2
ago *(with an expression of time)* il y a... II-4
agreement: to be in agreement (with) être d'accord (avec) *v.* I-2
airplane avion *m.* II-2
airport aéroport *m.* II-2, III-R
alarm clock réveil *m.* II-5
Algeria Algérie *f.* I-P
Algerian algérien(ne) *adj.* I-P, I-1
all of a sudden tout à coup *adv.* II-2,
all right? *(tag question)* d'accord? I-2
allergy allergie *f.* II-5
allow *(to do something)* permettre (de) *v.* II-1, III-1
allowed permis (permettre) *adj., p.p.* II-1
almost presque *adv.* I-2
already déjà *adv.* I-5
always toujours *adv.* II-3, III-2
American américain(e) *adj.* I-P, I-1
among parmi *prep.* III-1
an un(e) *indef. art.* I-P, I-1
ancient *(placed after the noun)* ancien(ne) *adj.* III-R, III-1, III-5
and et *conj.* I-1
   And you? Et toi? *fam.* I-P, I-1
   And you? Et vous? *form.* I-P, I-1

angel ange *m.* I-1
animal animal *m.* III-4
ankle cheville *f.* II-5
answer répondre (à) *v.* II-1
anything quelque chose *indef. pron., m.* I-4, III-2
anyway quand même *adv.* III-R
apartment appartement *m.* II-3
app appli(cation) *f.* III-1
appetizer entrée *f.*, hors-d'œuvre *f.* II-4
applaud applaudir *v.* III-5
applause applaudissement *m.* III-5
apple pomme *f.* II-4
appliance: (electrical/household) appliance appareil (électrique/ménager) *m.* II-3, III-R
applicant candidat(e) *m., f.* III-3
apply postuler *v.* III-3
appointment rendez-vous *m.* II-1
   to make an appointment prendre (un) rendez-vous *v.* III-3
approach aborder *v.* II-2
April avril *m.* I-P, I-5
archipelago archipel *m.* III-R
architect architecte *m., f.* I-3
   landscape architect architecte paysagiste *m., f.* III-1
area quartier *m.* II-3, IV-2; espace *m.* III-4, IV-7
argue (with) se disputer (avec) *v.* II-5, III-1
arm bras *m.* II-5
armchair fauteuil *m.* II-3, III-R
armoire armoire *f.* II-3, III-R
around autour (de), environ *prep., adv.* III-2
arrival arrivée *f.* II-2
arrive arriver (à) *v.* I-2, III-1
art art *m.* I-P, I-2
   art show exposition *f.* III-5
   work of art/artwork œuvre (d'art) *f.* III-6
artist artiste *m., f.* I-3
arts and crafts artisanat *m.* III-3
   arts: fine arts beaux-arts *m., pl.* III-5
as (like) comme *adv.* I-2 III-1
   as aussi *adv.* I-1
   as ... as *(with an adjective/adverb to compare)* aussi... que II-4, III-R
   as for quant à III-R

Vocabulary

as many/as many… as
(used with noun to express quantity) autant de… que *adv.* III-4
as soon as dès que, aussitôt que *conj.* III-3
as well aussi *adv.* I-1
as well as ainsi que *conj.* III-2
ascend monter *v.* II-2, III-2
ashamed: to be ashamed (of) avoir honte (de) *v.* I-2
ask *(someone)* demander (à) *v.* II-1
ask *(someone)* **a question** poser une question (à) *v.* II-1
ask that… demander que… *v.* III-4
aspirin aspirine *f.* II-5
at à *prep.* I-4, IV-5; en *prep.* I-3, IV-5
at… (o'clock) à… heure(s) I-4
at last enfin *adv.* II-2
at symbol arobase *f.* I-P
at the corner (of) au coin (de) III-2
at the end (of) au bout (de) *prep.* III-2
at the place or home of chez *prep.* I-3
athlete athlète *m., f.* I-3
athletic sportif/sportive *adj.* I-3
ATM distributeur (automatique/de billets) *m.* III-2
attach attacher *v.* III-1
attend assister à *v.* I-2
attention attention *f.* I-5
attract attirer *v.* III-2
August août *m.* I-P, I-5
aunt tante *f.* I-3, III-R
author auteur/femme auteur *m., f.* III-5
automatic automatique *adj.* III-2
available libre *adj.* II-2
avenue avenue *f.* III-2
average length durée moyenne *f.* III-R
avoid *(doing something)* éviter (de) *v.* II-5, III-1

B

back dos *m.* II-5, III-2
backpack sac à dos *m.* I-1
bad mauvais(e) *adj.* I-3, III-R
to be in a bad mood être de mauvaise humeur *v.* II-3
to be in bad health être en mauvaise santé *v.* II-5, III-R
badly mal *adv.* II-2, III-R
I am doing badly. Je vais mal. I-1
bag sac *m.* I-1
to pack one's bags faire les valises *v.* II-2
baguette baguette *f.* I-4
bakery boulangerie *f.* II-4
balcony balcon *m.* II-3
ball ballon *m.* I-P
banana banane *f.* II-4
band groupe *m.* III-5
bank banque *f.* III-2
to have a bank account avoir un compte bancaire *v.* III-2
banker banquier/banquière *m., f.* III-3
banking bancaire *adj.* III-2
(bank)note *(money)* billet *m.* III-2
baseball baseball *m.* I-5
baseball cap casquette *f.* II-1, III-R
basement sous-sol *m.*; cave *f.* II-3
basketball basket(-ball) *m.* I-5
bath bain *m.* II-1
bath towel serviette de bain *f.* III-R
bathing suit maillot de bain *m.* II-1, III-R
bathroom salle de bains *f.* II-3, III-R
bathroom sink lavabo *m.* II-3 III-R
bathtub baignoire *f.* II-3, III-R
be être *v.* I-P, I-1, III-R, IV-1; sois *imp., v., fam.* I-2; soyez *(être) imp., v.,* form. II-2 II-2 III-R
let's be soyons *(être) imp. v.* II-2
to be able to pouvoir *v.* II-4, III-R, III-1, III-5
to be afraid (of/that) avoir peur (de/que) *v.* I-2, III-4
to be ashamed (of) avoir honte (de) *v.* I-2
to be cold avoir froid *v.* I-2
to be doing badly se porter mal *v.* II-5
to be doing better se porter mieux *v.* II-5
to be fed up (with) en avoir marre (de) *v.* I-3, II-1
to be good for nothing ne servir à rien *v.* II-4
to be hot avoir chaud *v.* I-2
to be be hungry avoir faim *v.* I-4
to be ill/better se porter mal/mieux *v.* II-5
to be in agreement être d'accord *v.* I-2
to be in good shape être en pleine forme *v.* II-5
to be in good/bad health être en bonne/mauvaise santé *v.* II-5, III-R
to be interested (in) s'intéresser (à) *v.* II-5
to be located se trouver *v.* II-5
to be lucky avoir de la chance *v.* I-2
to be mistaken (about) se tromper (de) *v.* II-5
to be right avoir raison *v.* I-2
to be sleepy avoir sommeil *v.* I-2
to be thirsty avoir soif *v.* I-4
to be wrong avoir tort *v.* I-2
beach plage *f.* I-5, II-2, III-R
beans: green beans haricots verts *m., pl.* II-4
beautiful beau (belle) *adj.* I-3
beauty beauté *f.* III-2
beauty salon salon de beauté *m.* III-2
because car *conj.* IV-4; parce que *conj.* I-2
become devenir *v.* II-4
bed lit *m.* II-2
flower bed parterre de fleurs *m.* III-2
to get up/out of bed se lever *v.* II-5, III-R
to make the bed faire le lit *v.* II-3, III-R
bedroom chambre *f.* II-3, III-R
beef bœuf *m.* II-4
been été (être) *p.p.* II-1, III-R
before avant (de) *adv.* II-2, avant que *conj.* III-5
before… (o'clock) moins *adv.* I-2
begin *(to do something)* commencer (à) *v.* I-2, III-1
to begin se mettre à *v.* II-5
beginning début *m.* III-5
behind derrière *prep.* I-3
Belgian belge *adj.* I-P, II-2
Belgium Belgique *f.* I-P, II-2, II-R
believe (that) croire (que) *v.* III-2, III-5
believed cru (croire) *p.p.* III-5
belong (to) appartenir (à) *v.* III-R, III-1, III-2
to belong to être à *v.* III-5
belongings affaires *f., pl.* I-3, III-1

English-French

beloved chéri(e) *adj.* I-2
belt ceinture *f.* II-1
best: the best le/la meilleur(e) *super., adj.* II-4, III-R; le mieux *super., adv.* II-4, III-R
better meilleur(e) *comp., adj.* II-4, III-R; mieux *adv.* II-4, III-R
   It is better that... (valoir): Il vaut mieux que... *v.* III-4
between entre *prep.* I-3
beverage (carbonated) boisson (gazeuse) *f.* I-4
bicycle vélo *m.* I-5
   to go bike riding faire du vélo *v.* I-5
big grand(e) *adj.* I-3; *(clothes)* large *adj.* II-1
bill *(restaurant)* addition *f.* I-4
bills *(money)* billets *m., pl.* III-2
biology biologie *f.* I-2
bird oiseau *m.* I-3
birth naissance *f.* II-1, III-R
birthday anniversaire *m.* I-P
   When is ...'s birthday? C'est quand l'anniversaire de...? I-P
   When is your birthday? C'est quand ton/votre anniversaire?/Quelle est la date de ton/votre anniversaire? I-P
bit (of) morceau (de) *m.* I-4
black noir(e) *adj.* I-3, II-1
blackboard tableau *m.* I-P, I-1, III-5
blanket couverture *f.* II-3
blond hair cheveux blonds I-3
blonde blond(e) *adj.* I-3
blouse chemisier *m.* II-1, III-R
blown up crevé(e) *adj.* III-1
blue bleu(e) *adj.* I-3, II-1
boat bateau *m.* II-2
body corps *m.* II-5
book livre *m.* I-P, I-1
bookstore librairie *f.* I-1, III-2
boring ennuyeux/ennuyeuse *adj.* I-3
born: to be born naître *v.* II-2
   born né (naître) *adj., p.p.* II-2, III-R
borrow emprunter *v.* III-2
boss patron(ne) *m., f.* III-3
bother déranger *v.* I-1
bottle (of) bouteille (de) *f.* I-4
boulevard boulevard *m.* III-2
boutique boutique *f.* III-2
bowl bol *m.* II-4
box boîte *f.* II-4, III-2
boy garçon *m.* I-P, I-1
boyfriend petit ami *m., f.* I-1, I-3

brake freiner *v.* III-1
brakes freins *m., pl.* III-1
brand marque *f.* III-1, III-2,
brave courageux/courageuse *adj.* I-3
Brazil Brésil *m.* II-2, III-R
Brazilian brésilien(ne) *adj.* II-2
bread pain *m.* I-4
   (country-style) bread pain (de campagne) *m.* I-4
   bread shop boulangerie *f.* II-4
break down *(vehicle)* tomber en panne *v.* III-1
break one's se casser *v.* II-5 III-R
breakdown *(vehicle)* panne *f.* III-1
breakfast petit-déjeuner *m.* II-4
bridge pont *m.* III-2
bright brillant(e) *adj.* I-1
bring *(someone)* amener *v.* I-5; *(something)* apporter *v.* I-4
broach aborder *v.* II-2
broom balai *m.* II-3
brother frère *m.* I-3, III-R
   brother-in-law beau-frère *m.* I-3
   stepbrother demi-frère *m.* I-3, III-R
brown *(hair)* châtain *adj.* I-3; marron *adj. inv.* I-3, II-2
   brown hair cheveux châtains I-3
brush (hair/tooth) brosse (à cheveux/à dents) *f.* II-5, III-R
   to brush one's (hair/teeth) se brosser (les cheveux/les dents) *v.* II-5, III-R
buckle one's seatbelt attacher sa ceinture de sécurité *v.* III-1
buddy pote *m., f.* III-2
build construire *v.* II-1, III-2
building bâtiment *m.* III-2; immeuble *m.* II-3
bumper pare-chocs *m.* (des pare-chocs *pl.*) III-1
bus autobus, bus *m.* II-2; *(coach)* car *m.* I-2
   bus station gare routière *f.* II-2, III-R
   bus stop arrêt d'autobus/de bus *m.* II-2, III-R
   bus ticket ticket de bus *m.* II-2
business *(profession)* affaires *f., pl.* I-3, III-1
   (multinational) business, company, firm entreprise (multinationale) *f.* III-3

businessman homme d'affaires *m.* I-3
businesswoman femme d'affaires *f.* I-3
busy fréquenté(e) *adj.* III-R; occupé(e) *adj.* I-1
but mais *conj.* I-1
   but of course not mais non I-2
butcher's shop boucherie *f.* II-4
butter beurre *m.* II-4
buy acheter *v.* I-5
by par *prep.* I-3
   by the way au fait I-3

C

café café *m.* I-1, I-4
   café terrace terrasse de café *f.* I-4
cafeteria *(school)* cantine *f.* I-2
cake gâteau *m.* II-1
calculator calculatrice *f.* I-P, I-1
call: (video) call appel (vidéo) *m.* III-1
   to call appeler *v.* III-3
calm calme *m.* I-1; calme *adj.* I-1; tranquille *adj.* II-5
camping camping *m.* I-5
   to go camping faire du camping *v.* I-5
can pouvoir *v.* II-4, III-R, III-1, III-5
can *(of food)* boîte (de conserve) *f.* II-4, III-2
Canada Canada *m.* I-P, II-2
Canadian canadien(ne) *adj.* I-P, I-1
cancel (a reservation) annuler (une réservation) *v.* II-2
candidate candidat(e) *m., f.* III-3
candy bonbon *m.* II-1
cap: baseball casquette *f.* II-1, III-R
capital capitale *f.* 1-P, II-2, III-R
car voiture *f.* I-P, III-1
   to get in a car monter dans une voiture *v.* II-2, III-2
   to ride in a car rouler en voiture *v.* II-2
car door portière *f.* III-1
carbonated gazeux/gazeuse *adj.* I-4
   carbonated beverage/drink boisson gazeuse *f.* I-4

A-43

Vocabulary

card: debit card carte bancaire *f.* III-2
   (playing) cards cartes (à jouer) *f., pl.* I-5
cared for entretenu(e) *adj.* III-2
career carrière *f.* III-3
carpooling covoiturage *m.* III-4
carrot carotte *f.* II-4
carry porter *v.* I-3, II-1
   to carry *(something)* apporter *v.* I-4
cartoon dessin animé *m.* III-5
cash liquide *m.* III-2
   to pay in cash payer en liquide *v.* III-2
cat chat *m.* I-3
catastrophe catastrophe *f.* III-4
catch sight of apercevoir *v.* III-2
caught sight of aperçu (apercevoir) *p.p.* III-2
celebrate faire la fête *v.* II-1; fêter *v.* II-1
celebration fête *f.* II-1
cell phone portable *m.* I-P, III-1
cellar cave *f.*; sous-sol *m.* II-3
   at the center of au sein de III-1
   city/town center centre-ville *m.* I-4
century siècle *f.* III-R, III-2
certain certain(e) *adj.* II-4; sûr(e) *adj.* II-4
   It is certain that... Il est certain que... III-5
chair chaise *f.* I-1
change *(coins)* monnaie *f.* III-2
   climate change changement climatique *m.* III-4
channel chaîne *f.* III-1
   channel (television) chaîne (de télévision) *f.* III-1
character: main character personnage principal *m.* III-5
charge *(battery)* recharger *v.* III-1
charming charmant(e) *adj.* I-1
chat bavarder *v.* I-4; causer *v.* I-4
check *(restaurant)* addition *f.* I-4
   to check (the oil/the tire pressure) vérifier (l'huile/la pression des pneus) *v.* III-1
cheese fromage *m.* I-4
chef cuisinier/cuisinière *m., f.* III-3
chemistry chimie *f.* I-2
chest poitrine *f.* II-5
   chest of drawers commode *f.* II-3, III-R

chic chic *adj.* I-4
chicken poulet *m.* II-4
child enfant *m., f.* I-3
   only child enfant unique *m., f.* I-3
childhood enfance *f.* II-1, III-R
China Chine *f.* II-2, III-R
Chinese chinois(e) *adj.* I-1, II-2
chocolate: (hot) chocolate chocolat (chaud) *m.* I-4
choir chœur *m.* III-5
choose choisir *v.* I-4
chore: household chore tâche ménagère *f.* II-3
chorus chœur *m.* III-5
chrysanthemums chrysanthèmes *m., pl.* II-4
church église *f.* I-4
city ville *f.* I-4
   city center centre-ville *m.* I-4
   city dweller citadin(e) *m., f.* III-1
   city hall mairie *f.* III-2
class *(group of students)* classe *f.* I-1; *(course)* cours *m.* I-P, I-2
classic; classical classique *adj.* III-5
   classical music musique classique *f.* III-5
classmate camarade de classe *m., f.* I-1
classroom salle de classe *f.* I-1
clean nettoyer *v.* II-3
   clean propre *adj.* II-3; pur(e) *adj.* III-4
clear clair(e) *adj.* III-5
   It is clear that... il est clair que... III-5
   to clear the table débarrasser la table *v.* II-3, III-R
client client(e) *m., f.* II-2
cliff falaise *f.* III-4
climate climatique *adj.* III-4
   climate change changement climatique *m.* III-4
climatic climatique *adj.* III-4
clock horloge *f.* I-P, I-1
   alarm clock réveil *m.* II-5
close fermer *v.* III-1
close (to) près (de) *prep.* I-3
   close friend proche *m., f.* III-R, III-2
closed fermé(e) *adj.* III-2
closet placard *m.* II-3, III-R
clothes dryer sèche-linge *m.* II-3
clothing vêtements *m., pl.* II-1
cloudy nuageux/nuageuse *adj.* I-5
   It is cloudy. Le temps est nuageux. I-5

co-tenant colocataire *m., f.* III-1
coast côte *f.* III-4
coat manteau *m.* II-1, III-R
coffee café *m.* I-1, I-5
coins monnaie *f.*, pièces de monnaie *f. pl.* III-2
cold froid *m.* I-2
   It is cold. Il fait froid. I-5
   to be cold avoir froid *v.* I-2
cold rhume *m.* II-5, III-R
collection: garbage collection ramassage des ordures *m.* III-4
color couleur *f.* II-1
   What color... ? De quelle couleur... ? II-1
comb peigne *m.* II-5, III-R
come venir *v.* II-4
   Come on. Allez. *v.* I-5
   I'm coming. J'y vais. II-3
   We're coming. Nous y allons. II-4
   to come back revenir *v.* II-4
   to come up monter *v.* II-2, III-2
comedy (musical) comédie (musicale) *f.* III-5
comic strip bande dessinée (B.D.) *f.* I-5
company compagnie *f.* III-3; troupe *f.* III-5
   (multinational) company, firm, business entreprise (multinationale) *f.* III-3
   head of a company chef/cheffe d'entreprise *m., f.* III-3
composer compositeur/compositrice *m., f.* III-5
computer *(portable laptop)* ordinateur *m.* I-P, I-1
   computer science informatique *f.* I-P, I-2
concert concert *m.* III-5
   on the condition that à condition que *conj.* III-5
connect brancher *v.* III-1
connected connecté(e) *adj.* III-1
consider considérer *v.* I-5
constantly constamment *adv.* II-2
construct construire *v.* II-1, III-2
consultant conseiller/conseillère *m., f.* III-3
contest concours *m.* III-1
continue *(doing something)* continuer (à) *v.* III-2
cook cuisinier/cuisinière *m., f.* III-3
   to cook cuisiner *v.* II-4, III-R
cookie biscuit *m.* II-1

English-French

cooking cuisine *f.* I-5, II-3, III-R
cool frais/fraîche *adj.* I-5, III-2
  It is cool. *(weather)* Il fait frais. I-5
corn maïs *m.* III-R
corner angle *m.;* coin *m.* III-2
  at the corner (of) au coin (de) III-2
cost coûter *v.* I-4
couch canapé *m.* II-3, III-R
cough toux *f.* II-5
  to cough tousser *v.* II-5
count on someone compter sur quelqu'un *v.* II-3
country pays *m.* I-P, II-2
  country-style bread pain de campagne *m.* I-4
  country(side) campagne *f.* II-2, III-1
couple couple *m.* II-1
  married couple mariés *m., pl.* II-1
courageous courageux/courageuse *adj.* I-3
course cours *m.* I-P, I-2
courtyard cour *f.* I-3, III-2
cousin cousin(e) *m., f.* I-3, III-R
cover couverture *f.* II-3; couvrir *v.* III-1
covered couvert (couvrir) *p.p.* III-1
cow vache *f.* III-4
crazy fou/folle *adj.* I-3
cream crème *f.* II-4
creative créatif/créative *adj.* I-3
credit crédit *m.* III-2
  to pay with a credit card payer par carte de crédit *v.* III-2
crêpe crêpe *f.* I-4
criticism critique *f.* III-5
croissant croissant *m.* I-4
cross traverser *v.* III-2
cruel cruel(le) *adj.* I-3
Cuban cubain(e) *adj.* I-1
cultural heritage patrimoine culturel *m.* III-R, III-2
cup (of) tasse (de) *f.* I-4
cupboard placard *m.* II-3, III-R
cure guérir *v.* II-5
curious curieux/curieuse *adj.* I-3
curly frisé(e) *adj.* I-3
curtain rideau *m.* II-3
customs douane *f.* II-2

D

dance danse *f.* III-5
dancer danseur/danseuse *m., f.* III-5
danger danger *m.* III-4
dark (hair) brun(e) *adj.* I-3
darling chéri(e) *adj.* I-2
darn zut *interj.* II-1
date date *f.* I-P
  What is the date? Quelle est la date? I-P
daughter fille *f.* I-P, I-1
  granddaughter petite-fille *f.* I-3, III-R
day jour, *m.* journée *f.* I-2
  day after tomorrow après-demain *adv.* I-P, I-2
  day before yesterday avant-hier *adv.* II-1
  day off jour de congé *m.* II-2
  every day tous les jours *adv.* I-2, II-3
  per day par jour I-5
  What day is it? Quel jour sommes-nous? I-2
day spa salon de beauté *m.* III-2
dead mort (mourir) *adj.* II-2, III-R
  dead battery batterie déchargée/faible *f.* III-1
dear cher/chère *adj.* I-4, II-1; chéri(e) *adj.* I-2
death mort *f.* II-1, III-R
debit card carte bancaire *f.* III-2
  to pay with a debit card payer par carte bancaire *v.* III-2
debut début *m.* III-5
December décembre *m.* I-P, I-5
decide *(to do something)* décider (de) *v.* III-1
deflated crevé(e) *adj.* III-1
deforestation déboisement, *m.* déforestation *f.* III-4
degree *(school)* diplôme *m.* I-2
degrees *(temperature)* degrés *m., pl.* I-5
  It is ... degrees. Il fait... degrés. I-5
delicatessen charcuterie *f.* II-4
delicious délicieux/délicieuse *adj* II-3
Delighted. Enchanté(e). *adj.* I-P, I-1; Ravi(e). *adj.* I-P
  demand (that) exiger (que) *v.* III-4
demanding exigeant(e) *adj.* III-3
dentist dentiste *m., f.* I-3, II-5
department store grand magasin *m.* I-4
departure départ *m.* II-2
depend: It depends. Ça dépend. I-4
deposit déposer *v.* III-2
  to deposit money déposer de l'argent *v.* III-2
depressed déprimé(e) *adj.* II-5
describe décrire *v.* II-2
described décrit (décrire) *adj., p.p.* II-2
desert désert *m.* III-4
desire envie *f.* I-2
  to desire désirer *v.* I-5
  to desire that désirer que III-5
desk bureau *m.* I-1
  reception desk réception *f.* II-2
despite malgré *prep.* III-2
dessert dessert *m.* II-1
destroy détruire *v.* III-4
destroyed détruit (détruire) *adj., p.p.* II-1, III-2
detective film film policier *m.* III-5
develop développer *v.* III-4
dial (a number) composer (un numéro) *v.* III-1
dictionary dictionnaire *m.* I-P, I-1
die mourir *v.* II-2
died mort (mourir) *p.p.* II-2, III-R
diet régime *m.* II-5
  to be on a diet être au régime *v.* II-4
difference différence *f.* I-1
differently différemment *adv.* II-3
difficult difficile *adj.* I-2
dining room salle à manger *f.* II-3, III-R
dinner dîner *m.* II-4
dinner: to eat/have dinner dîner *v.* I-2, II-4
diploma diplôme *m.* I-2
directions indications *f.* III-2
director *(of a play)* metteur/metteuse en scène *m., f.* III-5; *(of a movie)* réalisateur/réalisatrice *m., f.* III-5
dirty sale *adj.* II-3
  to make dirty salir *v.* II-3
discover découvrir *v.* III-1
discovered découvert (découvrir) *adj., p.p.* III-1
discovery: (breakthrough) discovery découverte (capitale) *f.* III-1
discuss discuter *v.* II-1
disease: (incurable) disease maladie (incurable) *f.* III-3
dish: main dish plat principal *m.* II-4
dishes vaisselle *f.* II-3
dishwasher lave-vaisselle *m.* II-3, III-R
dismiss renvoyer *v.* III-3
disturb déranger *v.* I-1
divorce divorce *m.* II-1, III-R
divorced divorcé(e) *adj.* I-3

Vocabulary

do faire *v.* I-5
  I am doing badly. Je vais mal. I-1
  I am doing well. Je vais bien. I-1
  to do homework faire ses devoirs *v.* I-5
  to do one's hair se coiffer *v.* II-5, III-R
  to do sports faire du sport *v.* I-5
  to do the dishes faire la vaisselle *v.* II-3, III-R
  to do the housework faire le ménage *v.* II-3, III-R
  to do the laundry faire la lessive *v.* II-3, III-R
  to do yoga faire du yoga *v.* I-5
doctor médecin *m.* I-3
documentary documentaire *m.* III-5
dog chien *m.* I-3
done fini (finir) *adj.* I-4; fait (faire) *adj., p.p.* II-1, III-R
door porte *f.* I-1
  right next door juste à côté I-3
dormitory dortoir *m.* I-3
doubt (that) douter (que) *v.* III-5
doubtful douteux/douteuse *adj.* III-5
  It is doubtful that... Il est douteux que... III-5
download télécharger *v.* III-1
downtown centre-ville *m.* I-4
drama: psychological drama drame psychologique *n.* III-5
draw dessiner *v.* I-2
dreadful épouvantable *adj.* I-5
  to dream (about) rêver (de) *v.* III-1
dress robe *f.* II-1, III-R
dresser commode *f.* II-3, III-R
drink (carbonated) boisson (gazeuse) *f.* I-4
  to drink boire *v.* I-4
drive conduire *v.* II-1
  to drive rouler (en voiture) *v.* II-2
  to drive slowly/fast rouler lentement/vite *v.* III-1
driven conduit (conduire) *adj.* II-1
  driver (taxi/truck) chauffeur (de taxi/de camion) *m., f.* III-3
  driver's license permis de conduire *m.* III-1
  driving lessons cours de conduite *m.* III-1

drop off déposer *v.* III-2
drought sécheresse *f.* III-4
drums batterie *f.* III-5
  to play the drums jouer de la batterie *v.* III-5
drunk bu (boire) *p.p.* II-1, III-R
  clothes dryer sèche-linge *m.* II-3
  to dry oneself se sécher *v.* II-5, III-R
  to dry the dishes essuyer la vaisselle *v.* III-R
during pendant (que) *prep.* II-2
dust poussière *f.* II-3
  to dust enlever/faire la poussière *v.* II-3, III-R

E

e-mail e-mail *m.* III-1
each chaque *adj.* II-1, III-2
  each other *(used with reciprocal verb)* se/s' *pron., pl.* II-5, III-1
ear oreille *f.* II-5
early en avance, tôt *adv.* I-2
earn gagner *v.* I-5, III-3
Earth Terre *f.* III-4
easily facilement *adv.* II-3
east est *m.* III-2
easy facile *adj.* I-2
eat manger *v.* I-2, IV-1; bouffer *v.* IV-10
  Let's eat! À table! II-4
  to eat dinner dîner *v.* I-2, II-4
  to eat lunch déjeuner *v.* I-P, I-4, II-4
éclair éclair *m.* I-4
ecological écologique *adj.* III-4
ecology écologie *f.* III-4
economics économie *f.* I-2
ecotourism écotourisme *m.* III-4
education enseignement *m.* III-2; formation *f.* III-3
egg œuf *m.* II-4
eight huit *m.* I-P, I-1
eighteen dix-huit *m.* I-P, I-1
eighth huitième *adj.* II-2
eighty quatre-vingts *m.* I-3
electric électrique *adj.* II-3
electrical appliance appareil électrique *m.* II-3, III-R
electrician électricien/électricienne *m., f.* III-3
elegant élégant(e) *adj.* I-1
eleven onze *m.* I-P, I-1
eleventh onzième *adj.* II-2
emergency: emergency room urgences *f., pl.* II-5
  emergency, spare *(tire)* (pneu de) secours *m.* III-1

  to go to the emergency room aller aux urgences *v.* II-5, III-R
employee employé(e) *m., f.* I-5, III-3; salarié(e) *m., f.* III-3
end bout *m.* III-2; fin *f.* III-5
  at the end (of) au bout (de) *prep.* III-2
endangered menacé(e) *adj.* III-4
  endangered species espèce menacée *f.* III-4
  energy: (nuclear/solar) energy énergie (nucléaire/solaire) *f.* III-4
engaged fiancé(e) *adj.* I-3
engine moteur *m.* III-1
engineer ingénieur(e) *m., f.* I-3
England Angleterre *f.* II-2, III-R
English *(language)* anglais *m.* I-P, I-2; anglais(e) *adj.* I-1
enjoy something profiter de quelque chose *v.* III-5
enormous énorme *adj.* I-2
enough (of) *(before noun)* assez (de) I-4
  That's enough. Ça suffit. I-5
enroll s'inscrire *v.* III-2
enter entrer *v.* II-2
envelope enveloppe *f.* III-2
environment environnement *m.* III-4
envy envie *f.* I-2
  equal égaler *v.* I-3
erase effacer *v.* I-1, III-1
eraser gomme *f.* I-1
errand course *f.* II-4, III-2
escargot escargot *m.* I-P, II-4
essential essentiel(le) *adj.* III-4
  It is essential that... Il est essentiel que... ; Il est indispensable que... III-4
establish instaurer *v.* III-R
even même *adj.* I-5, III-2
evening soir *m.* I-P; soirée *f.* I-2
  yesterday evening hier soir *adv.* I-P, II-2
every chaque *adj.* II-1, III-2
  every day tous les jours *adv.* I-2, II-3
everyone tout le monde II-4
everywhere partout *adv.* III-2
evident: It is evident that... Il est évident que III-5
evidently évidemment *adv.* II-2
exactly exactement *adv.* II-4
exam examen *m.* I-1
  exam (French high-school exam) bac(calauréat) *m.* I-2
  to pass an exam être reçu(e) à un examen *v.* I-2

English-French

to take an exam passer un examen *v.* I-2
Excuse me. Excuse-moi. *fam.* I-1
executive cadre/femme cadre *m., f.* III-3
exercise gym *f.* I-5; exercice *m.* II-5
   to exercise faire de l'exercice *v.* II-5
exhibition exposition *f.* III-5
exit sortie *f.* II-2
   to expect to compter *v.* III-1
expenditure; expense dépense *f.* III-2
expensive cher/chère *adj.* I-4, II-1
experience: professional experience expérience professionnelle *f.* III-3
expertise savoir-faire *m.* III-3
explain expliquer *v.* I-2
explore explorer *v.* I-4
extinction extinction *f.* III-4
eye (eyes) œil *m.* (les yeux) *pl.* I-3, II-5

F

face visage *m.* II-5
facing en face (de) *prep.* I-3
factory usine *f.* III-4
fail échouer *v.* I-2
fair foire *f.* III-1
fairy tale conte de fée *m.* III-1
fall automne *m.* I-5
   in the fall en automne I-5
   to fall tomber *v.* II-2
   to fall in love (with) tomber amoureux/amoureuse (de) *v.* II-1, III-R
family famille *f.* I-3
   family member proche *m., f.* III-R, III-2
   family room salle de séjour *f.* II-3, III-R
famous connu (connaître) *adj.* II-3, III-2; célèbre *adj.* III-5
far (from) loin (de) *prep.* I-3
faraway éloigné(e) *adj.* III-1
farmer agriculteur/agricultrice *m., f.* III-3
fashion mode *f.* I-2
fast rapide *adj.* I-3; vite *adv.* II-2
fat gros(se) *adj.* I-3
father père *m.* I-3, III-R
   father-in-law beau-père *m.* I-3, III-R
   grandfather grand-père *m.* I-3

   stepfather beau-père *m.* I-3
favorite préféré(e) *adj.* I-2; favori(te) *adj.* I-3
fear peur *f.* I-2
February février *m.* I-P, I-5
fed: to be fed up (with) en avoir marre (de) *v.* I-3, II-1
feel se sentir *v.* II-5, III-R *v.*
   to feel like (doing something) avoir envie (de) *v.* I-2
   to feel nauseated avoir mal au cœur *v.* II-5
festival festival *m.* (festivals *pl.*) III-5
fever fièvre *f.* II-5, III-R
   to have a fever avoir de la fièvre *v.* II-5, III-R
fewer (of) moins (de) *adv.* I-4
fiancé fiancé(e) *m., f.* II-1, III-R
field *(terrain)* champ *m.* III-4; *(of study)* domaine *m.* III-3
fifteen quinze *m.* I-P, I-1
fifth cinquième *adj.* II-2
fifty cinquante *m.* I-1
   to fight with one another se disputer (avec) *v.* II-5, III-1
figure *(physique)* ligne *f.* II-5
   to figure it out se débrouiller *v.* III-1
file fichier *m.* III-1
fill: to fill out (a form) remplir (un formulaire) *v.* III-2
   to fill the tank faire le plein *v.* III-1
film (adventure, crime, horror, sciencefiction) film (d'aventures, policier, d'horreur, de science-fiction) *m.* III-5
   to stream (a film) regarder (un film) en streaming *v.* III-1
finally enfin, finalement *adv.* II-2
find trouver *v.* I-2
   to find (again) retrouver *v.* I-2
   to find a job/work trouver un/du travail *v.* III-3
fine amende *f.* III-1
fine arts beaux-arts *m., pl.* III-5
finger doigt *m.* II-5
finish *(doing something)* finir (de) *v.* I-4, III-1
finished fini (finir) *adj., p.p.* I-4
fire incendie *m.* III-4
   to prevent a fire prévenir l'incendie *v.* III-4
firefighter pompier/femme pompier *m., f.* III-3

firm: (multinational) firm, business, company *(business)* entreprise (multinationale) *f.* III-3
first d'abord *adv.* II-2; premier/première *adv.* I-2
   first (day of the month) premier *m.* I-5
   first name prénom *m.* I-P
   It is October first. C'est le 1er (premier) octobre. I-P
fish poisson *m.* I-3
   fish shop poissonnerie *f.* II-4
fishing pêche *f.* I-5, II-4
   to go fishing aller à la pêche *v.* I-5
five cinq *m.* I-P, I-1
   five hundred cinq cents *m.* I-5
flag drapeau *m.* 1-P
flat tire pneu crevé *m.* III-1
flavor goût *m.* III-2
flight vol *m.* II-2
floor étage *m.* II-2
flour farine *f.* III-R, III-3
flower fleur *f.* II-4
   flower bed parterre de fleurs *m.* III-2
flu grippe *f.* II-5, III-R
fluently couramment *adv.* II-2
follow suivre *v.* III-2
following à la suite de III-R; prochain(e) *adj.* I-2
food *(type or kind)* aliment *m.* II-4; *(sustenance)* nourriture *f.* II-4
   Food is ready! À table! II-4
foot pied *m.* II-5
football football américain *m.* I-5
for pour *prep.* I-5; pendant *(with time expression) prep.,* II-4
   for a long time longtemps *adv.* I-5
forbid interdire *v.* III-4
foreign: foreign languages langues étrangères *f., pl.* I-2
forest: tropical forest forêt tropicale *f.* III-4
forget *(to do something)* oublier (de) *v.* I-2 III-1
fork fourchette *f.* II-4
form formulaire *m.* III-2
   to fill out a form remplir un formulaire III-2
former *(placed before a noun)* ancien(ne) *adj.* III-R, III-1, III-5
fortunately heureusement *adv.* II-3

A-47

Vocabulary

forty quarante *m.* I-1
fountain fontaine *f.* III-2
four quatre *m.* I-P, I-1
fourteen quatorze *m.* I-P, I-1
fourth quatrième *adj.* II-2
France France *f.* I-P, II-2
frankly franchement *adv.* II-2
free *(at no cost)* gratuit(e) *adj.* I-4, III-5
   free time temps libre *m.* I-5
   to free the mind libérer l'esprit *v.* III-3
freezer congélateur *m.* II-3
French français(e) *adj.* I-P, I-1; *(language)* français *m.* I-P, I-1, I-2
   French fries frites *f., pl.* I-4
frequent fréquenter *v.* I-4
fresh frais/fraîche *adj.* I-5, III-2
Friday vendredi *m.* I-P
   every Friday, on Fridays le vendredi I-P
friend ami(e) *m., f.* I-1, copain/copine *m., f.* I-1; pote *m., f., fam.* III-2
   close friend proche *m., f.* III-R, III-2
friendly amical(e) *adj.* I-1
friendship amitié *f.* II-1
from de/d' *prep.* I-1, I-3
frozen surgelé *adj.* III-2
fruit fruit *m.* II-4
full *(no vacancies)* complet/complète *adj.* II-2, IV-2, IV-8; plein(e) *adj.* IV-2
   full-time *(job)* à plein temps *adj.* III-3
   full-time job emploi à plein temps *m.* III-3
fun amusant(e) *adj.* I-1
function fonctionner *v.* III-1; marcher *v.* I-5, III-1
funeral funérailles *f., pl.* II-4
funny drôle *adj.* I-3
furious furieux/furieuse *adj.* III-4
   to be furious that... être furieux/furieuse que *v.* III-4
furniture: piece of furniture meuble *m.* II-3, III-R
future avenir *m.* III-2; futur *m.* III-2 III-2

G

gain weight grossir *v.* I-4
game jeu *m.* I-P, I-5; match *m.* I-5
   game show jeu télévisé *m.* III-5
   video game(s) jeu vidéo *m.* (des jeux vidéo *pl.*) I-5

garage garage *m.* II-3
garbage collection ramassage des ordures *m.* III-4
garden jardin *m.* II-3, III-R
gardener jardinier/jardinière *m., f.* III-1
garlic ail *m.* II-4
gas essence *f.* III-1
   gas warning light voyant d'essence *m.* III-1
generous généreux/généreuse *adj.* I-3
genre genre *m.* III-5
geography géographie *f.* I-P, I-2
German allemand(e) *adj.* I-1
Germany Allemagne *f.* I-R, II-2
get *(obtain)* obtenir *v.* III-3
   to get along well (with one another) s'entendre bien (avec) *v.* II-5, III-1
   to get better guérir *v.* II-5
   to get dressed s'habiller *v.* II-5, III-R
   to get hurt se blesser *v.* II-5, III-R
   to get off descendre (de) *v.* II-1 III-2
   to get one's bearings s'orienter *v.* III-2
   to get ready se préparer (à) *v.* II-5, III-R, III-1
   to get sick être/tomber malade *v.* II-5, III-R
   to get up again se relever *v.* II-5
   to get up/out of bed se lever *v.* II-5, III-R
   to get upset/worked up s'énerver *v.* II-5
gift cadeau *m.* II-1
   wrapped gift paquet cadeau II-1
gifted doué(e) *adj.* III-5
girl fille *f.* I-P, I-1, III-R
girlfriend petite amie *m., f.* I-1, I-3
give: to give a shot faire une piqûre *v.* II-5
   to give a tour faire visiter *v.* II-3
   to give back, return (to) rendre (à) *v.* II-1
   to give one another se donner *v.* III-1
glass (of) verre (de) *m.* I-4
glasses (sunglasses) lunettes (de soleil) *f., pl.* I-1, III-R
global warming réchauffement *m.* de la Terre III-4
glove gant *m.* II-1
go aller *v.* I-4 III-1, III-5
   I'm going. J'y vais. II-3

   Let's go! Allons-y! I-2
   We're going. Nous y allons. II-4
   to go all-out aller à fond *v.* III-3
   to go down descendre *v.* III-2
   to go downstairs descendre (de) *v.* II-1
   to go (grocery) shopping faire les courses *v.* II-4, III-R
   to go out sortir *v.* I-5, II-3
   to go over dépasser *v.* III-1
   to go to bed se coucher *v.* II-5, III-R, III-1,
   to go up monter *v.* II-2, III-2
   to go with aller avec *v.* II-1
golf golf *m.* I-5
good bon(ne) *adj.* I-3 III-R
   Good evening. Bonsoir. I-P, I-1
   Good morning. Bonjour. I-P, I-1
   good shape, good state of health pleine forme *f.* II-5
   It is good that... Il est bon que... III-4
   to be in a good mood être de bonne humeur *v.* II-3
   to be in good health être en bonne santé *v.* II-5, III-R
   to be in good shape être en pleine forme II-5
Good-bye. Au revoir. I-1
government gouvernement *m.* III-4
grade *(academics)* note *f.* I-2
   to have good/bad grades avoir de bonnes/mauvaises notes I-2
grandchildren petits-enfants *m., pl.* I-3
granddaughter petite-fille *f.* I-3, III-R
grandfather grand-père *m.* I-3, III-R
grandmother grand-mère *f.* I-3, III-R
grandparents grands-parents *m., pl.* I-3
grandson petit-fils *m.* I-3, III-R
grant accorder *v.* III-R
grass herbe *f.* III-4
gratin gratin *m.* II-4
gray gris(e) *adj.* I-3, II-1
great formidable *adj.* II-2; génial(e) *adj.* I-3; grand(e) *adj.* I-3
green vert(e) *adj.* I-3, II-1
   green beans haricots verts *m., pl.* II-4
   green light feu vert *m.* III-1

English-French

greenhouse serre *f.* I-3, III-4
  greenhouse effect effet de serre *m.* III-4
grooming toilette *f.* II-5, III-R
ground floor rez-de-chaussée *m.* II-2
group: musical group groupe *m.* III-5
growing croissant(e) *adj.* III-4
  growing population population croissante *f.* III-4
guaranteed garanti(e) *adj.* I-5
guest client(e) *m., f.* II-2; invité(e) *m., f.* II-1
guitar guitare *f.* III-5
  to play the guitar jouer de la guitare *v.* III-5

H

habitat habitat *m.* III-4
  habitat preservation sauvetage *m.* des habitats III-4
had eu (avoir) *p.p.* II-1, III-R
  had to dû (devoir) *p.p.* III-R
  had to... *(used with infinitive)* fallu (falloir) *p.p.* II-1, III-R
hair cheveux *m., pl.* II-4
  to brush one's hair se brosser les cheveux *v.* II-5, III-R
  to do one's hair se coiffer *v.* II-5, III-R
hairbrush brosse à cheveux *f.* II-5, III-R
hairdresser coiffeur/coiffeuse *m., f.* I-3
Haiti Haïti *f.* I-P
Haitian haïtien(ne) *adj.* I-P
half demie 1-2
  half past ... (o'clock) et demie I-2
  half-brother demi-frère *m.* I-3, III-R
  half-sister demi-sœur *f.* I-3, III-R
hallway couloir *m.* II-3
ham jambon *m.* I-4
hamburger hamburger *m.* I-4
hand main *f.* I-5
  on the other hand en revanche III-R
handbag sac à main *m.* II-1
handsome beau (belle) *adj.* I-3
hang up *(phone)* raccrocher *v.* III-3
happily heureusement *adv.* II-3
happiness bonheur *m.* II-1, III-R
happy content(e) *adj.* III-4; heureux/heureuse *adj.* I-3
  to be happy that... être content(e) que... être heureux/heureuse que... *v.* III-4
hard dur(e) *adj.* I-2
hardworking travailleur/travailleuse *adj.* I-3
hat chapeau *m.* III-R
hate détester *v.* I-2, III-1
  I hate... Je déteste... I-2
have avoir *v.* I-2; aie (avoir) *imp., v.* II-2; ayez (avoir) *imp. v.* II-2 *v.* I-2, II-2
  Have a seat! Asseyez-vous! (s'asseoir) *imp. v.* II-5
  let's have ayons (avoir) *imp,. v.* II-2
  to have an ache avoir mal *v.* II-5, III-R
  to have fun s'amuser *v.* II-5
  to have to falloir *v.* II-2
he il *sub. pron.* I-P, I-1
  he is... il est... I-1
head *(body part)* tête *f.* II-5
  head of a company chef/cheffe d'entreprise *m., f.* III-3
headlights phares *m., pl.* III-1
headphones écouteurs *m., pl.* III-1
heal guérir *v.* II-5
health santé *f.* II-5, III-R
  good state of health pleine forme *f.* II-5
  to be in good/bad health être en bonne/mauvaise santé *v.* II-5, III-R
health insurance assurance maladie *f.* III-3
healthy sain(e) *adj.* II-5
hear entendre *v.* II-1
heart cœur *m.* II-5
heat chaud *m.* I-2
height: of medium height de taille moyenne I-3
Hello. *(on the phone)* Allô I-1, III-3; *(in the morning or afternoon)* Bonjour. I-P, I-1; *(in the evening)* Bonsoir. I-P, I-1
help one another s'aider *v.* III-1
her elle *disj. pron.* I-3; sa *poss. adj., f., sing.*; son *poss. adj. m., sing.*; ses *poss. adj. m., f., pl.* I-3
her la, l' *d.o. pron.* II-2; lui *i.o. pron.* II-2; -lui *(attached to an imperative); i.o. pron.* II-1, II-4
here ici *adv.* I-1, IV-2; -ci *(used with demonstrative adjective* **ce** *and noun or with demonstrative pronoun* **celui** *)* II-1

Here! Tenez! (tenir) *form., imp., v.* II-4; Tiens! (tenir) *fam., imp., v.* II-4
here is/are voici I-1
heritage origine *f.* I-1
  cultural/world heritage patrimoine culturel/mondial *m.* III-R, III-2
  I am of... heritage. Je suis d'origine... I-1
herself *(used with reflexive verb)* se/s' *refl. pron., sing.* II-5, III-1
hesitate *(to do something)* hésiter (à) *v.* III-1
Hey! Eh! *interj.* I-2
Hi!; Bye! Salut! *fam.* I-P, I-1
high élevé *adj.* III-R, III-3
  high salary un salaire élevé *m.* III-3
high school lycée *m.* I-1
  high school student lycéen(ne) *m., f.* I-2
highway autoroute *f.* III-1
hike randonnée *f.* I-5
  to go for a hike faire une randonnée *v.* I-5
him le, l' *d.o. pron.* II-2; lui *i.o. pron.* I-1, I-3; -lui *(attached to an imperative); i.o. pron.* II-1, II-4 II-2
him lui *disj. pron.* I-3
himself *(used with reflexive verb)* se/s' *refl. pron., sing.* II-5, III-1
hire embaucher *v.* III-3
his sa *poss. adj., f., sing.*; son *poss. adj. m., sing.*; ses *poss. adj., m., f., pl.* I-3
history histoire *f.* I-P, I-2
hit *(another car)* rentrer (dans) *v.* III-1
hockey hockey *m.* I-5
hold tenir *v.* II-4
  to hold something back retenir *v.* II-4
  to be on hold patienter *v.* III-3
hole (in the ozone layer) trou (dans la couche d'ozone) *m.* III-4
holiday férié(e) *adj.* II-1; jour *m.* férié II-2 *adj.* II-1
home domicile *m.* III-2
  at the home of chez *prep.* I-5
  to return (home) rentrer (à la maison) *v.* I-2
homework devoir *m.* I-2
honestly franchement *adv.* II-2
hood capot *m.* III-1
hope espérer *v.* I-5, III-1
  to hope (that) souhaiter (que) *v.* III-4

Vocabulary

horror horreur *f.* III-5
  horror film film d'horreur *m.* III-5
hors d'œuvre hors-d'œuvre *m.* II-4
horse cheval *m.* I-5
  to go horseback riding faire du cheval *v.* I-5
hospital hôpital *m.* I-4
host hôte/hôtesse *m., f.* II-1
hostel: youth hostel auberge de jeunesse *f.* II-2, III-R
hot: It is hot. *(weather)* Il fait chaud. I-5
  to be hot avoir chaud *v.* I-2
hotel hôtel *m.* II-2, III-R
  single hotel room chambre individuelle *f.* II-2
hour heure *f.* I-2
house maison *f.* I-P, I-4
  at (someone's) house chez *prep.* I-5
  to leave (the house) quitter (la maison) *v.* I-4
  to stop by someone's house passer chez quelqu'un *v.* I-4
household foyer *m.* III-3; ménage *m.* II-3; ménager/ménagère *adj.* II-3
  household appliance appareil ménager *m.* II-3, III-R
  household chore tâche ménagère *f.* II-3
househusband homme au foyer *m.* III-3
housewife femme au foyer *f.* III-3
housework: to do the housework faire le ménage *v.* II-3, III-R
housing logement *m.* II-3
how comme *adv.* I-2, III-1; comment *adv.* I-4
  How are things? Ça va. I-1
  How are you? Comment vas-tu? *fam.* I-1; Comment allez-vous? *form.* I-1
  How much is...? Combien coûte... ? I-4
  How much/many ...? Combien (de)... ? *adv.* I-P, I-1
  How old are you? Quel âge as-tu? *fam.* I-P; Quel âge avez-vous? *form.* I-P
huge énorme *adj.* I-2
Huh? Hein? *interj.* I-3
  human resources director chef du personnel *m.* III-3

humanities lettres *f., pl.* I-2
hundred: one hundred cent *m.* I-3
  one hundred one cent un *m.* I-5
  one hundred thousand cent mille *m.* I-5
hundredth centième *adj.* II-2
hunger faim *f.* I-4
hungry: to be hungry avoir faim *v.* I-4
hunt chasse *f.* III-4
  to hunt chasser *v.* III-4
hurried pressé(e) *adj.* II-4
hurry se dépêcher *v.* II-5
hurt faire mal *v.* II-5
  to get hurt (se) blesser *v.* II-5, III-R
husband mari *m.* I-3, III-R

I

I je/j' *sub. pron.* I-P, 1-1; moi *disj. pron., sing.; pron.* I-3, II-1, II-4
ice cream glace *f.* II-1
ice cube glaçon *m.* I-4, II-1
idea idée *f.* I-3
if si *conj.* III-3
ill malade *adj.* II-5
illness maladie *f.* II-5
illustration illustration *f.* I-P
impatient impatient(e) *adj.* I-1
impolite impoli(e) *adj.* I-1
  It is important that... Il est important que... III-4
impossible impossible *adj.* III-5
  It is impossible that... Il est impossible que... III-5
improve améliorer *v.* III-3
in à *prep.* 1-4; dans *prep.* I-3; en *prep.* I-3
  in any case en tout cas II-1
  in fact en fait II-2
  in front of devant *prep.* I-3
  in general en général *adv.* II-2
  in order to pour *prep.* I-5; afin de *conj.* III-2
  in the past autrefois *adv.* II-3
include compter *v.* III-1
included compris (comprendre) *adj.* II-1, II-4
independent indépendant(e) *adj.* I-1
independently indépendamment *adv.* II-3
Indian indien(ne) *adj.* I-1
indicate indiquer *v.* I-5
indispensable indispensable *adj.* III-4

individual individuel(le) *adj.* II-2; particulier/particulière *m., f.* III-2
inevitable incontournable *adj.* III-1, III-2
inexpensive bon marché *adj. inv.*, pas cher/chère *adj.* II-1
injection piqûre *f.* II-5
injure (oneself) (se) blesser *v.* II-5, III-R
injury blessure *f.* II-5, III-R
inside dans *prep.* I-3
instrument instrument *m.* I-1
insurance: health insurance assurance maladie *f.* III-3
intellectual intellectuel(le) *adj.* I-3
intelligent intelligent(e) *adj.* I-1
intend to penser (que) *v.* I-2, III-5
interesting intéressant(e) *adj.* I-1
intermission entracte *m.* III-5
internship stage *m.* III-3
intersection carrefour *m.* III-2
interview: to have an interview passer un entretien *v.* III-3
introduce présenter *v.* III-5
  I would like to introduce... to you. Je te présente... *fam.* I-1; Je vous présente... *form.* I-1
inventor inventeur/inventrice *m., f.* III-1
invite inviter *v.* I-4
Ireland Irlande *f.* II-2
Irish irlandais(e) *adj.* I-1, I-2, II-2
island île *f.* III-R, III-1, III-4
isn't it? *(tag question)* n'est-ce pas? I-2
it il, elle *sub. pron., m., f.* I-P, I-1; ça *pron.* I-1
it le *m., sing., d.o. pron.* II-2; la *f., sing., d.o. pron.* II-2; l' *m., f., sing., d.o. pron.* II-2
  it is... c'est... I-P, I-1; il est I-1
  What is it? Qu'est-ce que c'est? I-P, I-1
Italian italien(ne) *adj.* I-1
Italy Italie *f.* II-2, III-R
its sa *poss. adj., f., sing.* I-3; son *poss. adj. m., sing.* I-3; ses *poss. adj. m., f., pl.* I-3
itself *(used with reflexive verb)* se/s' *refl. pron., sing.* II-5, III-1

English-French

J

jacket blouson *m.* II-1, III-R
jam confiture *f.* II-4
January janvier *m.* I-P, I-5
Japan Japon *m.* II-2, III-R
Japanese japonais(e) *adj.* I-1
jealous jaloux/jalouse *adj.* I-3
jeans jean *m., sing.* II-1
jewelry store bijouterie *f.* III-2
job emploi *m.,* job *m.* III-1, III-3; poste *m.* III-3
  job interview entretien (d'embauche) *m.* III-3
  full-time job emploi à plein temps *m.* III-3
  part-time job emploi à mi-temps/à temps partiel *m.* III-3
  to find a job trouver un/du travail *v.* III-3
jogging jogging *m.* I-5
  to go jogging faire du jogging *v.* I-5
joke blague *f.* I-2
journalist journaliste *m., f.* I-3
juice (apple/orange) jus (de pomme/d'orange) *m.* I-4
July juillet *m.* I-5
June juin *m.* I-P, I-5
jungle jungle *f.* III-4

K

karate karate *m.* I-P
kayak: to go kayaking faire du kayak *v.* I-5
keep retenir *v.* II-4
key clé *f.* II-2
keyboard clavier *m.* III-1
kilo(gram) kilo(gramme) *m.* II-4
kilometer (square) kilomètre (carré) *m.* III-R
kind bon(ne) *adj.* I-3, III-R
kindly gentiment *adv.* II-3
kiosk kiosque *m.* I-4
kiss one another s'embrasser *v.* III-1
kitchen cuisine *f.* I-5, II-3, III-R
knee genou *m.* II-5
knife couteau *m.* II-4
know *(be familiar with)* connaître *v.* I-1, II-3
  to know *(facts)* savoir *v.* II-3, III-1, III-5
  to know *(how to do something)* savoir *(used with an infinitive) v.* II-3, III-1, III-5
  to know (that) savoir (que) *v.* III-5

to know one another se connaître *v.* III-1
known *(facts)* su (savoir) *p.p.* II-3; *(famous)* connu (connaître) *adj., p.p.* II-3, III-2
Korean coréen(ne) *adj.* I-1

L

laborer ouvrier/ouvrière *m., f.* III-3
lake lac *m.* III-4
lamp lampe *f.* II-3
land terre *f.* III-2
  landscape architect architecte paysagiste *m., f.* III-1
landslide glissement de terrain *m.* III-4
lane couloir *m.* II-3
language langue *f.* I-P
  foreign languages langues étrangères *f., pl.* I-2
laptop ordinateur *m.* I-P, I-1
last dernier/dernière *adj.* I-2
  at last enfin *adv.* II-2
  to last durer *v.* III-1
lastly, finally dernièrement *adv.* II-2
late *(when something happens late)* en retard *adv.* I-2; *(in the evening, etc.)* tard *adv.* I-2
later: See you later. À plus tard.; À tout à l'heure. I-1
laugh rire *v.* II-1
laughed ri (rire) *p.p.* II-1
  to launch *(an application/ program)* lancer *v.* III-5
laundromat laverie *f.* III-2
laundry lessive *f.,* linge *m.* II-3
  to do the laundry faire la lessive *v.* II-3, III-R
law loi *f.* III-4
lawyer avocat(e) *m., f.* I-3
layer: hole in the ozone layer trou dans la couche d'ozone *m.* III-4
lazy paresseux/paresseuse *adj.* I-3
learn *(to do something)* apprendre (à) *v.* I-4 III-1
learned appris (apprendre) *adj., p.p.* II-1, III-R
learning apprentissage *m.* III-3
least: the least *(used with adjective)* la/le moins *super. adv.* II-4, III-R; *(used with verb or adverb)* le moins *super. adv.* II-4, III-R; *(used with noun to express quantity)* le moins de… III-4

leave congé *m.* II-2
  to leave partir *v.* I-5
  to leave *(go out)* sortir *v.* I-5, II-3
  to leave (the house) quitter (la maison) *v.* I-4
  to leave a message laisser un message *v.* III-3
  to leave a tip laisser un pourboire *v.* I-4
  to leave alone laisser tranquille *v.* II-5
  to leave behind quitter *v.* I-4
  to leave one another se quitter *v.* III-1
  I have to run/leave. Il faut que je file. IV-5
  I'm leaving. Je m'en vais. II-3
left *(side)* gauche *f.* I-3
  to the left (of) à gauche (de) *prep.* I-3
leg jambe *f.* II-5
leisure activity loisir *m.* I-5
lemon citron *m.* I-4
  lemon soda limonade *f.* I-4
lend (to *someone*) prêter (à) *v.* II-1
length durée *f.* III-R
  average length durée moyenne *f.* III-R
less (of) moins (de) *adv.* I-4
  less… than… *(used with adjective/adverb)* moins… que II-4, III-R; *(used with noun to express quantity)* moins de… que III-2, III-4
lessons: driving lessons cours de conduite *m.* III-1
let: to let go *(to fire or lay off)* renvoyer *v.* III-3
  Let's go! Allons-y! I-2
letter lettre *f.* III-2
  letter of application lettre de motivation *f.* III-3
  letter of recommendation/ reference lettre de recommandation *f.* III-3
  to mail a letter poster une lettre *v.* III-2
lettuce laitue *f.* II-4
library bibliothèque *f.* I-1
license: driver's license permis, permis de conduire *m.* III-1
life vie *f.* II-1
light lumière *f.* III-R
  red (yellow, green) light feu rouge (jaune, vert) *m.* III-1
  traffic light feu de signalisation *m.* (feux *pl.*) III-2
  warning light (gas/oil) voyant (d'essence/d'huile) *m.* III-1

Vocabulary

like comme *adv.* I-2 III-1
  to like aimer *v.* I-2, III-1
  to like that... aimer que... III-4
  I don't like... very much. Je n'aime pas tellement... I-2
  I really like... J'aime bien... I-2
Likewise. De même. I-P
line queue *f.* III-2
  to wait in line faire la queue III-2
link lien *m.* III-1
listen (to) écouter *v.* I-2
literary littéraire *adj.* III-5
literature littérature *f.* I-P, I-1
little (of) peu (de) *adv.* I-2
live vivre *v.* II-3
  to live (in/at) habiter (à) *v.* I-2
lively animé(e) *adj.* III-2
living room salle de séjour *f.* II-3, III-R; *(formal)* salon *m.* II-3, III-R
located: to be located se trouver *v.* II-5
long long(ue) *adj.* I-3
  for a long time longtemps *adv.* I-5
  long-sleeved shirt chemise à manches courtes/longues *f.* I-1
look avoir l'air II-1
  to look at regarder *v.* I-2
  to look at one another/oneself se regarder *v.* II-5, III-R, III-1
  to look for chercher *v.* I-2
  to look for a job/work chercher un/du travail *v.* III-2
loose large *adj.* II-1
lose perdre *v.* II-1
  to lose/waste time perdre son temps *v.* II-1
  to lose weight maigrir *v.* I-4
lost perdu *adj.* III-2
  to be lost être perdu(e) III-2
love amour *m.* II-1, III-R
  to love aimer *v.* I-2, III-1; adorer *v.* I-2, III-1
  I love... J'adore... I-2
  to love (like) one another s'aimer (bien) *v.* III-1
  to fall in love (with) tomber amoureux/amoureuse (de) II-1, III-R
low battery batterie faible *f.* III-1
luck chance *f.* I-2
  to be lucky avoir de la chance *v.* I-2
lunch déjeuner *m.* II-4
  to eat lunch déjeuner *v.* I-P, I-4

M

Ma'am Madame *f.* I-P, I-1
macaroon macaron *m.* I-4
machine: washing machine lave-linge *m.* II-3
made fait (faire) *adj., p.p.* II-1, III-R
magazine magazine *m.* III-5
mail courrier *m.* III-2
  mail carrier facteur/factrice *m.* III-2
  to mail a letter poster une lettre *v.* III-2
mailbox boîte aux lettres *f.* III-2
main principal(e) *adj.* II-4
  main character personnage principal *m.* III-5
  main dish plat principal *m.* II-4
maintain maintenir *v.* II-4
majority plupart (de) *f., pron.* III-R, III-1
make *(brand)* marque *f.* III-1, III-2
  to make faire *v.* I-5
  to make a request *(of someone)* demander (à) *v.* II-1
  to make an appointment prendre (un) rendez-vous *v.* III-3
  to make plans faire des projets *v.* III-3
  to make the bed faire le lit *v.* II-3, III-R
makeup maquillage *m.* II-5, III-R
malfunction panne *f.* III-1
Mali Mali *m.* I-P
Malian malien(ne) *adj.* I-P
mall centre commercial *m.* I-4
man homme *m.* I-1
manage *(to do something)* arriver à *v.* I-2, III-1; se débrouiller *v.* III-1; diriger *v.* III-3
manager manager *m.*; responsable *m., f.* III-3
many beaucoup (de) *adv.* I-4
  as many... as *(used with noun to express quantity)* autant de... que *adv.* III-4
  How many... ? Combien (de)... ? *adv.* I-P, I-1
map *(of the world)* carte *f.* I-P, I-1, I-2; *(of a city)* plan *m.* II-2
  to use a map utiliser un plan *v.* II-2
March mars *m.* I-P, I-5
  stock market marché boursier *m.* I-4

marriage mariage *m.* II-1, III-R
married marié(e) *adj.* I-3
  married couple mariés *m., pl.* II-1
Martinique: from Martinique martiniquais(e) *adj.* I-1
masterpiece chef-d'œuvre *m.* (chefs-d'œuvre *pl.*) III-5
material matière *f.* I-P III-3
mathematics mathématiques (maths) *f., pl.* I-P, I-2
May mai *m.* I-P, I-5
maybe peut-être *adv.* I-2
mayonnaise mayonnaise *f.* II-4
  mayor's office mairie *f.* III-2
me me/m' *d.o. pron.* II-1; me/m' *i.o. pron.* II-?; moi *disj. pron.* I-?; *(attached to an imperative)* -moi *pron.* II-1
  Me neither. Moi non plus. I-2
  Me too. Moi aussi. I-1
meal repas *m.* II-4
mean méchant(e) *adj.* I-3
  to mean vouloir dire *v.* II-4, III-R, III-1, III-5,
  ... means ... veut dire (vouloir dire) *v.* II-4
meat viande *f.* II-4
mechanic mécanicien(ne) *m., f.* III-1
medication (against/for) médicament (contre/pour) *m.* II-5, III-R
medium moyen(ne) *adj.* I-3
  of medium height de taille moyenne I-3
meet rencontrer *v.* I-1, I-2,
  to meet *(someone)* faire la connaissance de *v.* I-5
  to meet one another *(make an acquaintance)* se rencontrer *v.* III-1
  to meet one another *(planned)* se retrouver *v.* III-1
  to meet up with retrouver *v.* I-2
meeting réunion *f.* III-3
member membre *m.* III-5
  family member proche *m., f.* III-R, III-2
menu menu *m.* II-4
message message *m.* III-3
  text message SMS, texto *m.* III-1
  to leave a message laisser un message *v.* III-3
  to send each other text messages s'envoyer des SMS/des textos III-1
Mexican mexicain(e) *adj.* I-1
Mexico Mexique *m.* II-2, III-R

English-French

microwave oven micro-onde *m.* II-3; four à micro-ondes *m.* II-3, III-R
midnight minuit *m.* I-2
milk lait *m.* I-4
million: one million million *m.* I-5
mind: free the mind libérer l'esprit *v.* III-3
mirror miroir *m.* II-3
   rear-view mirror rétroviseur *m.* III-1
Miss Mademoiselle *f.* I-P, I-1
missed: not to be missed incontournable *adj.* III-1, III-2
mistaken: to be mistaken (about) se tromper (de) *v.* II-5
modest modeste *adj.* III-3
   modest salary salaire modeste *m.* III-3
moment moment *m.* I-1
   at that moment alors *adv.* I-2
Monday lundi *m.* I-P
   every Monday, on Mondays le lundi I-P
money argent *m.*; *(change, coins)* monnaie *f.* III-2
   to deposit money déposer de l'argent *v.* III-2
   to spend money dépenser de l'argent *v.* I-4
   to withdraw money retirer de l'argent *v.* III-2
month mois *m.* I-2
   per month par mois I-5
mood humeur *f.* II-3
   to be in a good/bad mood être de bonne/mauvaise humeur *v.* II-3
Moon Lune *f.* III-4
more *(used in comparatives, superlatives, and expressions of quantity)* plus *adv.* I-4
   more of plus de I-4
   more... than *(used with adjective/adverb)* plus... que II-4, III-R
   more... than *(used with noun to express quantity)* plus/moins de... que III-2, III-4
morning matin, matinée *m., f.* I-P, I-2
   yesterday morning hier matin *adv.* I-P, II-2
Moroccan marocain(e) *adj.* I-P, I-1
Morocco Maroc *m.* I-P

most (of them) plupart (de) *f., pron.* III-R, III-1
   the most *(used with verb or adverb)* le plus *super. adv.* II-4; *(used with adjective)* la/le plus *super. adv.* II-4, III-R; *(used with noun to express quantity)* le plus de... que III-R II-4 III-R, III-4
mother mère *f.* I-3, III-R
   mother-in-law belle-mère *f.* I-3, III-R
   stepmother belle-mère *f.* I-3
motivate motiver *v.* I-5
mouse souris *f.* III-1
mouth bouche *f.* II-5
move déménager *v.* II-3; *(change location)* se déplacer *v.* III-2
   to move in emménager *v.* II-3
   to move out déménager *v.* II-3
movie (adventure, crime, horror, science fiction) film (d'aventures, policier, d'horreur, de science-fiction) *m.* III-5
   movie theater, movies cinéma (ciné) *m.* I-4
Mr. Monsieur *m.* I-P, I-1
Mrs. Madame *f.* I-P, I-1
much: as much as *(used with noun to express quantity)* autant de ... que *adv.* III-4
   How much... ? Combien (de)... ? *adv.* I-P, I-1
   How much is... ? Combien coûte... ? I-4
   too much (of) trop (de) *adv.* I-4
(mutinational) company entreprise (multinationale) *f.* III-3
museum musée *m.* I-4
   to go to museums faire les musées *v.* III-5
mushroom champignon *m.* II-4
music musique *f.* I-P
   classical music musique classique *f.* III-5
   pop music musique pop *f.* III-5
   popular music variétés *f., pl.* III-5
   rock music musique rock *f.* III-5
   to play music faire de la musique *v.* III-5
musical musical(e) *adj.* III-5
   musical, musical comedy comédie musicale *f.* III-5

musician musicien(ne) *m., f.* I-3,
must *(to have to)* devoir *v.* dû (devoir) *p.p.* III-R, III-1
   One must... Il faut que... III-4
mustard moutarde *f.* II-4
my ma *poss. adj., f., sing.*; mon *poss. adj. m., sing.*; mes *poss. adj. m., f., pl.* I-3
myself me/m' *pron., sing.* II-1

N

naïve naïf/naïve *adj.* I-3
name: last name nom *m.* I-P
   My name is... Je m'appelle... I-P, I-1
   What is your name? Comment t'appelles-tu? *fam.* / Comment vous appelez-vous? *form.* I-1
named: to be named s'appeler *v.* II-5
napkin serviette *f.* II-4
nationality nationalité *f.* I-P, I-1
   I am of ... nationality Je suis de nationalité... I-1
   What is your nationality? Quelle est ta nationalité? *fam.* / Quelle est votre nationalité? *form., sing., pl.* I-1 I-1
natural naturel(le) *adj.* III-4
   natural resource ressource naturelle *f.* III-4
nature nature *f.* III-4
   to feel nauseated avoir mal au cœur *v.* II-5
near près (de) *prep.* I-3
   very near (to) tout près (de) I-3, III-2
necessary nécessaire *adj.* III-4
   it is necessary (to)... *(followed by infinitive)* il faut I-5, II-1
   It is necessary that... *(followed by subjunctive)* Il est nécessaire que... III-4; *(followed by subjunctive)* Il faut que... III-4
   It is necessary that... Il est nécessaire que... ; Il faut que... III-4
   It was necessary to... *(followed by infinitive or subjunctive)* Il a fallu... II-1
neck cou *m.* II-5
need besoin *m.* I-2
   to need *(something)* avoir besoin (de) I-2

Vocabulary

neighbor voisin(e) *m., f.* I-1, I-3
neighborhood quartier *m.* II-3
neither... nor... ne... ni... ni... III-2
  you neither toi non *plus* I-2
nephew neveu *m.* I-3, III-R
nervous nerveux/nerveuse *adj.* I-3
nervously nerveusement *adv.* II-3
network chaîne *f.* III-1
  (social) network réseau (social) *m.* III-R
never jamais *adv.* I-5, III-2; ne... jamais III-2
nevertheless quand même *adv.* III-R
new nouveau/nouvelle *adj.* I-3
newlyweds jeunes mariés *m., pl.* II-1, III-R
news informations (infos) *f., pl.* III-5
newsstand marchand de journaux *m.* III-2
next ensuite *adv.* II-2; prochain(e) *adj.* I-2
  next day lendemain *m.* I-I
  next to à côté de I-3
nice gentil(le) *adj.* I-3; sympa(thique) *adj.* I-1
nicely gentiment *adv.* II-3
niece nièce *f.* I-3, III-R
night nuit *f.* I-2
nine neuf *m.* I-P, I-1
nineteen dix-neuf *m.* I-P, I-1
ninety quatre-vingt-dix *m.* I-3
ninth neuvième *adj.* II-2
no non I-P, I-2
  no more ne... *plus* III-2
  no, none pas (de) *adv.* III-2
  no, not (any) ne... pas I-2
  no one, nobody ne... personne *adv.* III-2; personne *f. pron.* I-1, I-2, III-2
  No problem. Ce n'est pas grave. II-1
nobody, no one ne... personne *adv.* III-2; personne *f. pron.* I-1, I-2, III-2
none *(not any)* ne... aucun(e) III-2
noon midi *m.* I-2
nor ni III-2
  neither... nor... ne... ni... ni... III-2
north nord *m.* III-2
Norway Norvège *f.* III-R
nose nez *m.* II-5
not ne... pas I-2
  not any ne... aucun(e) III-2

not anymore ne... plus III-2
not anything ne... rien III-2
not at all pas du tout I-2
Not badly. Pas mal. I-1
not enough (of) pas assez (de) I-4
not much (of) peu (de) *adv.* I-2
not to believe that... ne pas croire que... III-5
not to think that... ne pas penser que... III-5
not yet pas encore II-3
(but) of course not mais non I-2
notebook cahier *m.* I-P, I-1
(bank)note *(money)* billet *m.* III-2
nothing ne... rien; rien *m.* III-2
  It's nothing. Il n'y a pas de quoi. I-1
  to be good for nothing ne servir à rien *v.* II-4
notice s'apercevoir *v.* III-2
novel roman *m.* III-5
November novembre *m.* I-P, I-5
now maintenant *adv.* I-5,
nuclear nucléaire *adj.* III-4
  nuclear energy énergie nucléaire *f.* III-4
  nuclear plant centrale nucléaire *f.* III-4
number *(telephone)* numéro *m.* III-1
  to dial a number composer un numéro *v.* III-1
  to redial a number recomposer un numéro *v.* III-1
numerous nombreux/nombreuse *adj.* III-2
nurse infirmier/infirmière *m., f.* II-5

O

o'clock heure(s) *f.* I-2
  at... (o'clock) à... heure(s) I-4
  It's... (o'clock). Il est... heure(s). I-2
object objet *m.* I-1
obviously évidemment *adv.* II-2
October octobre *m.* I-P, I-5
of de/d' *prep.* I-1, I-3
  of course bien sûr *adv.* I-2; évidemment *adv.* II-2
  of course not; no *(at beginning of statement to express disagreement)* mais non I-2

  of medium height de taille moyenne I-3
  of the des (de + les) *m., f., pl.* I-3; du (de + le) *m., sing.* I-3
off: day off jour de congé *m.* II-2
offer offrir *v.* III-1
offered offert (offrir) *p.p.* III-1
office bureau *m.* III-2
officer agent *m.* III-1
often souvent *adv.* I-5, II-3
oil huile *f.* II-4
  oil *(automobile)* huile *f.* III-1
  oil warning light voyant *m.* d'huile *m.* III-1
  olive oil huile d'olive *f.* II-4
  to check the oil vérifier l'huile III-1
Okay. Ce n'est pas grave. II-1
okay *(in statement)* d'accord I-2
old *(placed after a noun)* ancien(ne) *adj.* III-R, III-1, III-5; vieux/vieille *adj.* I-3
  old age vieillesse *f.* II-1, III-R
olive olive *f.* II-4
  olive oil huile d'olive *f.* II-4
omelette omelette *f.* I-4
on sur *prep.* I-3
  On behalf of whom? C'est de la part de qui? III-3
  on Mondays, Tuesdays, etc. le lundi, le mardi, etc. I-P
  on television à la télé(vision) III-5
  on the condition that à condition que *conj.* III-5
  on the other hand en revanche III-R
  on the radio à la radio III-5
  on vacation en vacances II-2
  Come on. Allez. I-5
once une fois *adv.* II-3
one *(number)* un *m.* I-P, I-1
  one (we) on *sub. pron., sing.* I-1
  one another *(used with reciprocal verb)* se/s' *pron., sing., pl.* II-5, III-1
  one day un jour *m.* II-3
  One had to... Il fallait... II-3
  One must... *(followed by the subjunctive)* Il faut que... III-4
  one-way sens unique *m.* III-2
  the one celui *dem. pron., m., sing.*; celle *dem. pron., f., sing.* III-4
  the ones ceux *dem. pron., m., pl.*; celles *dem. pron., f., pl.* III-4

English-French

onion oignon *m.* II-4
online en ligne III-1
  to be online (with) être en ligne (avec) *v.* III-1
  to be online with someone être connecté(e) avec quelqu'un *v.* II-2
only ne… que III-2; seulement *adv.* II-3, III-R; unique *adj.* I-3
only child enfant unique *m., f.* I-3
open ouvert (ouvrir) *adj.* III-1, III-2
  to open ouvrir *v.* III-1
  to open *(an application/ program)* lancer *v.* III-5
open-air en plein air *adj.* III-4; plein air *m.* III-4
opened ouvert (ouvrir) *p.p.* III-1, III-2
opening ouverture *f.* III-1
opera opéra *m.* III-5
optimistic optimiste *adj.* I-1
or ou I-3
orange orange *f.* II-4; orange *adj. inv.* II-1
orchestra orchestre *m.* III-5
order commander *v.* II-4
  in order to pour *prep.* I-5; afin de *conj.* III-2
others d'autres *m., f.* I-4
our nos *poss. adj., m., f., pl.* I-3; notre *poss. adj., m., f., sing.* I-3
ourselves nous *pron.* I-P, I-1, II-5
outdoor en plein air *adj.* III-4; plein air *m.* III-4
outside dehors *adv.* III-1
outskirts périphérie *f.* III-2
over fini (finir) *adj.* I-4
over there là-bas *m.* I-1,
overflow déborder *v.* III-2
overpopulation surpopulation *f.* III-4
overseas à l'étranger II-2; outre-mer *adj.* III-1
owed dû (devoir) *p.p.* III-R
  to own posséder *v.* I-5,
owner propriétaire *m., f.* II-3
ozone ozone *m.* III-4
  ozone layer couche d'ozone *f.* III-4
  hole in the ozone layer trou dans la couche d'ozone *m.* III-4

P

pack one's bags faire les valises *v.* II-2
package colis III-2
paid payé (payer) *adj.* III-3
  to be well/badly paid être bien/mal payé(e) *v.* III-3
pain douleur *f.* II-5; mal *m.* II-5, III-R
painful douloureux/douloureuse *adj.* III-R
paint faire de la peinture *v.* III-5
painter peintre/femme peintre *m., f.* III-5
painting peinture *f.* III-5; tableau *m.* I-P, I-1, III-5
pants pantalon *m., sing.* II-1, III-R
paper papier *m.* I-1
  sheet of paper feuille de papier *f.* I-1
Pardon (me). Pardon. I-1
parents parents *m., pl.* I-3
park parc *m.* I-4
  to park se garer *v.* III-1
parka anorak *m.* II-1, III-R
parking lot parking *m.* III-1
part rôle *m.* III-5
part-time *(job)* à mi-temps /à temps partiel III-3; partiel(le) *adj.* III-3
  part-time job emploi *m.* à mi-temps/à temps *m.* partiel III-3
party fête *f.* II-1
pass dépasser *v.* III-1
  to pass an exam être reçu(e) à un examen *v.* I-2
  to pass by passer *v.* II-2, III-1
  to pass time by s'amuser à *v.* III-1
passenger passager/passagère *m., f.; adj.* II-2
passport passeport *m.* II-2
password mot de passe *m.* III-1
pasta pâtes *f., pl.* II-4
pastry pâtisserie *f.* II-4
  pastry shop pâtisserie *f.* II-4
pâté pâté (de campagne) *m.* II-4
path chemin *m.* III-1, III-2; sentier *m.* III-4
patient patient(e) *m., f.* I-1, I-2, II-5; patient(e) *adj.* I-1, I-2, II-5
patiently patiemment *adv.* II-3
pay payer *v.* I-5,
  to pay in cash payer en liquide *v.* III-2
  to pay with a (credit/debit) card payer par carte (de crédit/bancaire) *v.* III-2
  to pay with a phone app payer par appli mobile *v.* III-2
peach pêche *f.* I-5, II-4
pear poire *f.* II-4
peas petits pois *m., pl.* II-4
pedestrian piéton(ne) *m., f.*
pen stylo *m.* I-P, I-1
pencil crayon *m.* I-1
  pencil case trousse *f.* I-1
people gens *m., pl.* II-2
pepper *(spice)* poivre *m.* II-4: *(vegetable)* poivron *m.* II-4
per day/week/month/year par jour/semaine/mois/an I-5
perceive apercevoir *v.* III-2
perfect parfait(e) *adj.* I-4
performance spectacle *m.* I-5
perhaps peut-être *adv.* I-2
permit permis *m.* III-1
permitted permis (permettre) *adj.* II-1
person personne *f. pron.* I-1, I-2, III-2
pessimistic pessimiste *adj.* I-1
petanque pétanque *f.* I-5
pharmacist pharmacien(ne) *m., f.* II-5
pharmacy pharmacie *f.* I-4, II-5
  to go to the pharmacy aller à la pharmacie *v.* II-5, III-R
philosophy philosophie *f.* I-2
phone one another se téléphoner *v.* III-1
  on the phone à l'appareil III-3
  to be on the phone (with) être en ligne (avec) *v.* III-1
  to pay with a phone app payer par appli mobile *v.* III-2
photo(graph) photo(graphie) *f.* I-3
physical education éducation physique *f.* I-2
physics physique *f.* I-2
piano piano *m.* III-5
  to play the piano jouer du piano III-5
pick up *(phone)* décrocher *v.* III-3
picnic pique-nique *m.* III-4
picture tableau *m.* I-P, I-1, III-5
pie tarte *f.* II-4
piece (of) morceau (de) *m.* I-4
  piece (of art) œuvre (d'art) *f.* III-5
  piece of furniture meuble *m.* II-3, III-R
pill pilule *f.* II-5
pillow oreiller *m.* II-3
pink rose *adj.* II-1
pitcher (of water) carafe (d'eau) *f.* II-4

A-55

Vocabulary

pizza pizza *f.* I-4
place endroit *m.* I-4; lieu *m.* I-4; place *f.* I-4, III-5
  at the place of chez *prep.* I-4
  to place mettre *v.* II-1
  to take place avoir lieu *v.* III-2
placed mis (mettre) *p.p.* II-1
plan: to make plans faire des projets *v.* III-3
planet planète *f.* III-4
  to save the planet sauver la planète *v.* III-4
  planned to/for *(used with noun)* voulu (vouloir) *adj., p.p.* II-4, III-R
plant plante *f.* III-4
  nuclear plant centrale nucléaire *f.* III-4
plastic plastique *m.* III-4
  plastic packaging/ wrapping emballage en plastique *m.* III-4
plate assiette *f.* II-4
play pièce de théâtre *f.* III-5
  to play s'amuser *v.* II-5; *(a sport/a musical instrument)* jouer (à/de) *v.* I-5
  to play a role jouer un rôle *v.* III-5
  to play music faire de la musique *v.* III-5
  to play regularly pratiquer *v.* I-5
player joueur/joueuse *m., f.* I-5
playwright dramaturge *m.* III-5
pleasant agréable *adj.* I-1
Please. Je vous en prie. *form.* I-1; S'il te plaît. *fam.* I-1; S'il vous plaît. *form.* I-1
  Please hold. Ne quittez pas. *v.* III-3
plug in brancher *v.* III-1
plumber plombier *m.* III-3
poem poème *m.* III-5
poet poète/poétesse *m., f.* III-5
police *(force)* police *f.* III-1
  police officer agent *m.* de police III-1; policier/policière *m., f.* III-1
  police station commissariat de police *m.* III-2
Polish polonais(e) *adj.* I-1
polite poli(e) *adj.* I-1
politely poliment *adv.* II-3
political politique *adj.* I-2
  political science sciences politiques (sciences po) *f., pl.* I-2
politician homme/femme politique *m., f.* III-3
pollute polluer *v.* III-4

pollution pollution *f.* III-4
  pollution cloud nuage de pollution *m.* III-4
pool piscine *f.* I-4
pop music pop *m.* III-5; musique pop *f.* III-5
popular music variétés *f., pl.* III-5
population: growing population population croissante *f.* III-4
pork porc *m.* II-4
Portugese portugais(e) *adj.* I-1
position poste *m.* III-3
possess posséder *v.* I-5,
possible possible *adj.* III-4
  It is possible that... Il est possible que... III-4
post poster (sur) *v.* III-1
post office bureau de poste *m.* III-2
postal service poste *f.* III-2
postcard carte postale *f.* III-2
poster affiche *f.* II-3
potato pomme de terre *f.* II-4
  wind power énergie éolienne *f.* III-4
practice pratiquer *v.* I-5
prefer aimer mieux *v.* I-2; préférer *v.* III-1
  prefer (that) préférer (que) *v.* I-5, III-4
preferred préféré(e) *adj.* I-2
prepare (for) préparer *v.* I-2
  to prepare *(to do something)* se préparer (à) *v.* II-5, III-R, III-1
prescription ordonnance *f.* II-5
present présenter *v.* III-5
preservation: habitat preservation sauvetage des habitats *m.* III-4
preserve préserver *v.* III-4
pressure pression *f.* III-1
  to check the tire pressure vérifier la pression des pneus *v.* III-1
pretty *(before adjective or adverb)* assez *adv.* II-3; joli(e) *adj.* I-3
prevent a fire prévenir l'incendie III-4
price prix *m.* I-4
principal principal(e) *adj.* II-4
print imprimer *v.* III-1
printer imprimante *f.* III-1
problem problème *m.* I-1
  No problem.; Not a problem. Ce n'est pas grave. II-1

produced produit (produire) *adj., p.p.* II-1
product produit *m.* III-4
profession métier *m.* III-3
  (demanding) profession profession (exigeante) *f.* III-3
professional professionnel(le) *adj.* III-3
  professional experience expérience professionnelle *f.* III-3
professor professeur *m., f.* I-P, I-1
program programme *m.* III-5
program *(software)* logiciel *m.* III-1
program (television) émission *f.* (de télévision) III-5
prohibit interdire *v.* III-4
project projet *m.* III-3
promise promettre *v.* II-1
promised promis (promettre) *adj., p.p.* II-1
promotion promotion *f.* III-3
  to propose (that) proposer (que) *v.* III-4
  to propose a solution proposer une solution *v.* III-4
protect protéger *v.* I-5,
protection préservation *f.* III-4; protection *f.* III-4
proud fier/fière *adj.* I-3
provide a habitat for abriter *v.* III-2
provided that à condition de *prep.* III-5; à condition que *conj.* III-5
psychological psychologique *adj.* III-5
  psychological drama drame psychologique *m.* III-5
psychologist psychologue *m., f.* III-3
psychology psychologie *f.* I-2
public transportation transports en commun *m.* III-1
publish publier *v.* III-5
pupil élève *m., f.* I-P, I-1
purchase achat *m.* III-1
pure pur(e) *adj.* III-4
purple violet(te) *adj.* II-1
purse sac à main *m.* II-1
put mettre *v.* II-1; mis (mettre) *p.p.* II-1
  to put away ranger *v.* II-3, III-R
  to put on makeup se maquiller *v.* II-5, III-R
  to put (something) on (yourself) se mettre *v.* II-5

English-French

Q

quarter quart *m.* I-2
  quarter after… (o'clock) et quart I-2
Quebec: from Quebec québécois(e) *adj.* I-1
question question *f.* I-P, II-1
  to ask (someone) a question poser une question (à) II-1
quickly rapidement *adv.* II-3
quiet tranquille *adj.* II-5
quit démissionner *v.* III-3
quite *(before adjective or adverb)* assez *adv.* II-3

R

rabbit lapin *m.* III-4
race course *f.* II-4, III-2
radio radio *f.* I-P, III-5
radio: on the radio à la radio III-5
rain: acid rain pluie acide *f.* III-4
  to rain pleuvoir *v.* I-5,
  It is raining. Il pleut. I-5
rain forest forêt tropicale *f.* III-4
rain jacket imperméable *m.* I-5
raise (in salary) augmentation (de salaire) *f.* III-3
ran couru (courir) *p.p.* II-1, III-R
range (mountain) chaîne *f.* (montagneuse) *f.* III-1
rarely rarement *adv.* I-5
rather plutôt *adv.* I-2
razor rasoir *m.* II-5, III-R
read lire *v.* II-2
  read lu (lire) *p.p.* II-2
  to read the want ads lire les annonces III-3
ready prêt(e) *adj.* I-3
real estate immobilier *m.* III-3
  real estate agent agent immobilier *m.* III-3
realize s'apercevoir *v.* III-2; se rendre compte *v.* II-5
really *(before adjective or adverb)* très II-3; vraiment *adv.* II-2
rear-view mirror rétroviseur *m.* III-1
reason raison *f.* I-2
  for no reason pour rien I-4
receipt reçu *m.* II-2, III-2
receive recevoir *v.* III-2
recent récent(e) *adj.* III-5
reception desk réception *f.* II-2
recognize reconnaître *v.* II-3
recognized reconnu (reconnaître) *adj.* II-3
recommend (that) recommander (que) *v.* III-4
recommendation recommandation *f.* III-3
  letter of recommendation lettre *f.* de recommendation III-3
record enregistrer *v.* III-1
recover récupérer *v.* III-2
recycle recycler *v.* III-4
recycling recyclage *m.* III-4
red rouge *adj.* II-1
  red (yellow, green) light feu rouge (jaune, vert) *m.* III-1
redial (a number) recomposer (un numéro) *v.* III-1
reference référence *f.* III-3
reflect (on) réfléchir (à) *v.* I-4
refrigerator frigo *m.* II-3, III-R
refuse *(to do something)* refuser (de) *v.* III-1
region région *f.* III-4
register s'inscrire *v.* III-2
regret (that) regretter (que) *v.* III-4
relax se détendre *v.* II-5
remember se souvenir de *v.* II-5
remote control télécommande *f.* III-1
remotely: to work remotely être en/faire du télétravail *v.* III-3
renew relancer *v.* III-2
rent loyer *m.* III-3
repair réparer *v.* III-1
repeat répéter *v.* I-5,
replace remplacer *v.* II-4
research recherche *f.* III-1
researcher chercheur/chercheuse *m., f.* III-3
reservation réservation *f.* II-2
  to cancel a reservation annuler une réservation *v.* II-2
reserve réserver *v.* II-2
reserved réservé(e) *adj.* I-1
resign démissionner *v.* III-3
resort: seaside resort station balnéaire *f.* III-R
  ski resort station de ski *f.* II-2, III-R
resource: natural resource ressource naturelle *f.* III-4
respond (to) répondre (à) *v.* II-1
rest suite *f.* III-R
  to rest récupérer *v.* III-2, III-3, III-4, III-5; se reposer *v.* II-5
restart redémarrer *v.* III-1
restaurant brasserie *f.* III-2; restaurant *m.* I-4
restroom(s) toilettes *f., pl.* II-3, III-R; W.-C. *m., pl.* II-3, III-R
résumé curriculum vitæ (CV) *m.* III-3
retain retenir *v.* II-4
retire prendre sa retraite *v.* II-1, III-R
retired person retraité(e) *m., f.* III-3
retirement retraite *f.* II-1
return retourner *v.* II-2
  to return (home) rentrer (à la maison) *v.* I-2,
review critique *f.* III-5
revolve (around) tourner (autour de) *v.* III-2
rice riz *m.* II-4
  rice paddy rizière *f.* III-R
ride in a car rouler en voiture *v.* II-2
right *(side)* droite *f.* I-3; juste *adv.* I-3
  Right? Hein? *interj.* I-3
  right away tout de suite *adv.* II-2
  right next door juste à côté I-3
  Something's not right. Quelque chose ne va pas. I-5
  to be right avoir raison *v.* I-2
  to the right (of) à droite (de) *prep.* I-3
ring sonner *v.* III-1
rise hausse *f.* III-2
river fleuve *m.* III-4; rivière *f.* III-4
riverboat bateau-mouche *m.* II-2
rock (music) rock *m.* III-5; musique *f.* rock III-5
role rôle *m.* III-5
  to play a role jouer un rôle *v.* III-5
room pièce *f.* II-3, III-R; salle *f.* II-3
  bathroom salle de bains *f.* II-3, III-R
  classroom salle de classe *f.* I-1
  dining room salle à manger *f.* II-3, III-R
  emergency room urgences *f., pl.* II-5

Vocabulary

family room salle de séjour *f.* II-3, III-R
living room *(informal)* salle *f.* de séjour II-3, III-R; *(formal)* salon *m.* II-3, III-R
single hotel room chambre individuelle *f.* II-2
roommate *(in an apartment)* colocataire *m., f.* I-1
round-trip aller-retour *adj.* II-2
round-trip ticket billet aller-retour *m.* II-2
route chemin *m.* III-1, III-2
rug tapis *m.* II-3
run courir *v.* I-5
to run into someone tomber sur quelqu'un *v.* II-2
Russian russe *adj.* I-1

S

sad triste *adj.* I-3
to be sad that... être triste que... *v.* III-4
safe sûr(e) *adj.* II-4
said dit (dire) *adj.* II-2
salad salade *f.* II-4
salary (high/low) salaire (élevé/modeste) *m.* III-3
sale: to be on sale être en solde *v.* II-1
sales soldes *f., pl.* II-1
salesman vendeur *m.* II-1
saleswoman vendeuse *f.* II-1
salt sel *m.* II-4
same même *adj.* I-5, III-2
sandwich sandwich *m.* I-4
hot ham and cheese sandwich croque-monsieur *m.* I-4
Saturday samedi *m.* I-P
every Saturday, on Saturdays le samedi I-P
sausage saucisse *f.* II-4
save sauvegarder *v.* III-1
to save (the planet) sauver (la planète) *v.* III-4
savings épargne III-2
savings account compte d'épargne *m.* III-2
say dire *v.* II-2
scenery paysage *m.* II-1
schedule emploi du temps *m.* I-P
school école *f.* I-2
science sciences *f., pl.* I-P, I-2
science and technology park technopôle *f.* III-1
science fiction science-fiction *f.* III-5

science fiction film film de science-fiction *m.* III-5
computer science informatique *f.* I-P, I-2
political science sciences politiques (sciences po) *f., pl.* I-2
screening séance *f.* III-1
scrub récurer *v.* III-5
sculpture sculpture *f.* III-5
sea mer *f.* III-5
seafood fruits de mer *m., pl.* II-2, III-R
search engine moteur de recherche *m.* II-4
seaside resort station balnéaire *f.* III-R
season saison *f.* I-5
seat place *f.* I-4, III-5
Have a seat! Asseyez-vous! (s'asseoir) *imp. v.* II-5
seatbelt: to buckle one's seatbelt attacher sa ceinture de sécurité III-1
seated assis(e) *adj., p.p.* II-5
second deuxième *adj.* II-2
see voir *v.* III-2
to see again revoir *v.* III-2
to see to s'occuper (de) *v.* II-5 III-1
See you later. À plus tard.; À tout à l'heure. I-1
See you soon. À bientôt. I-1
See you tomorrow. À demain. I-1
seen aperçu (apercevoir) *p.p.* III-2; vu (voir) *p.p.* III-2
seen again revu (revoir) *p.p.* III-2
-self/-selves -même(s) *pron.* II-1
self-taught autodidacte *adj.* III-1
selfish égoïste *adj.* I-1
sell vendre *v.* II-1
send *(to someone)* envoyer (à) *v.* I-5
to send each other (text messages) s'envoyer (des SMS/des textos) *v.* III-1
Senegal Sénégal *m.* I-P
Senegalese sénégalais(e) *adj.* I-P, I-1
separated séparé(e) *adj.* I-3
September septembre *m.* I-P, I-5
serene tranquille *adj.* II-5
series (television) série (télévisée) *f.* III-5
serious grave *adj.* II-5; sérieux/sérieuse *adj.* I-3

server serveur/serveuse *m., f.* I-4
service station station-service *f.* III-1
set the table mettre la table *v.* II-3, III-R
seven sept *m.* I-P, I-1
seventeen dix-sept *m.* I-P, I-1
seventh septième *adj.* II-2
seventy soixante-dix *m.* I-3
several (of them) plusieurs *adj.* I-4; plusieurs *indef. pron.* IV-4
shame dommage III-4; honte *f.* I-2
It's a shame that... Il est dommage que... III-4
shampoo shampooing *m.* III-4
shape forme *f.* II-5; ligne *f.* II-5, III-R
good shape pleine forme *f.* II-5
to be in good shape être en pleine forme *v.* II-5
share partager *v.* I-2
shaving cream crème à raser *f.* II-5, III-R
she elle *sub. pron., f.* I-P, I-1
sheet of paper feuille de papier *f.* I-1
sheets draps *m., pl.* II-3
shelf étagère *f.* II-3, III-R
shirt (long-/short-sleeved) chemise (à manches longues/courtes) *f.* II-1, III-R
shoe chaussure *f.* II-1, III-R
shopkeeper commerçant(e) *m., f.* II-4
shopping shopping *m.* I-5
shopping center centre commercial *m.* I-4
to go shopping faire du shopping *v.* I-5, II-2
to go (grocery) shopping faire les courses *v.* II-4, III-R
short court(e) *adj.* I-3, IV-2; *(stature)* petit(e) *adj.* I-3, II-2, IV-2
short-sleeved shirt chemise à manches courtes *f.* II-1
shorts short *m., sing.* II-1
shot piqûre *f.* II-5
to give a shot faire une piqûre *v.* II-5
show spectacle *m.* I-5; *(movie or theater)* séance *f.* III-5
show *(to someone)* montrer (à) *v.* II-1
shower douche *f.* II-5
to take a shower prendre une douche *v.* II-5, III-R

English-French

shut off fermer *v.* III-1
shy timide *adj.* I-1
sick malade *adj.* II-5
  to be/get sick être/tomber malade *v.* II-5, III-R
sign signer *v.* III-2
signal signalisation *f.* III-2
signifies veut dire (vouloir dire) *v.* II-4
since; for depuis *adv.* II-4, III-2
sincere sincère *adj.* I-1
sing chanter *v.* I-5
singer chanteur/chanteuse *m., f.* I-1
single célibataire *adj.* I-3; chaque *adj.* II-1, III-2; individuel(le) *adj.* II-2
  single (hotel) room chambre individuelle *f.* II-2
sink (kitchen) évier *m.* II-3, III-R; (bathroom) lavabo *m.* II-3, III-R
Sir Monsieur *m.* I-P, I-1
sister sœur *f.* I-3, III-R
  sister-in-law belle-sœur *f.* I-3
  half-sister; stepsister demi-sœur *f.* I-3
sit s'asseoir *v.* II-5,
  sit: sat down assis (s'asseoir) *p.p.* II-5
sitting assis(e) *adj.* II-5
  sitting room salon *m.* II-3, III-R
six six *m.* I-P, I-1
sixteen seize *m.* I-P, I-1
sixth sixième *adj.* II-2
sixty soixante *m.* I-1
size taille *f.* II-1
skateboard: to go skateboarding faire du skate(board) *v.* I-5
ski (equipment) ski *m.* I-5,
  ski jacket anorak *m.* II-1, III-R
  ski resort station de ski *f.* II-2, III-R
  to ski skier *v.* I-5
skiing ski *m.* I-5,
  to go skiing faire du ski *v.* I-5
skin peau *f.* II-5
skirt: (pleated) skirt jupe (plissée) *f.* II-1, III-R
sky ciel *m.* III-4
slave esclave *m., f.* III-2
slavery esclavage *m.* III-2
sleep sommeil *m.* I-2
  to sleep dormir *v.* I-5
  to fall asleep, to go to sleep s'endormir *v.* II-5, III-R
sleepy: to be sleepy avoir sommeil *v.* I-2

sleeve manche *f.* II-1
slim: to stay slim garder la ligne *v.* II-5
slow lent(e) *adj.* I-3
  to slow down ralentir *v.* III-1
slowly lentement *adv.* II-2
small petit(e) *adj.* I-3
smart watch montre connectée *f.* III-1
smartphone smartphone *m.* III-1
smog nuage de pollution *m.* III-4
snack (afternoon) goûter *m.* II-4
snail escargot *m.* I-P, II-4
snake serpent *m.* III-4
sneeze éternuer *v.* II-5
snow neiger *v.* I-5
  It is snowing. Il neige. I-5
so alors *adv.* I-2; donc *adv.* II-2
  so much tellement *adv.* I-2
  so that pour que *conj.* III-5
soap savon *m.* II-5, III-R
  soap opera feuilleton *m.* III-5
soccer foot(ball) *m.* I-5
sociable sociable *adj.* I-1
  social network réseau social *m.* III-1
sociology sociologie *f.* I-1
sock chaussette *f.* II-1
software program logiciel *m.* III-1
soil, make dirty salir *v.* II-3
solar solaire *adj.* III-4
  solar energy énergie solaire *f.* III-4
sold out complet/complète *adj.* II-2
solution solution *f.* III-4
some de l' *part. art., m., f., sing.* I-4; de la *part. art., f., sing.* I-4; des *part. art., m., f., pl.* I-4; du *part. art., m.,* sing. I-4
  some quelques *adj.* I-4
  some (of it/them) en *pron.* II-5, III-R
someone quelqu'un *pron.* III-2
something quelque chose *m.* I-4, III-2
  Something's not right. Quelque chose ne va pas. I-5
sometimes parfois *adv.* I-5, II-3; quelquefois *adv.* II-2
son fils *m.* I-3, III-R
song chanson *f.* III-5
soon bientôt *adv.* I-1
  as soon as dès que *conj.* III-3

  See you soon. À bientôt. I-1
sorry désolé(e) *adj.* II-1
  to be sorry (that) être désolé(e) (que) *v.* III-4
sort, kind sorte *f.* III-5
  to sort the trash trier les déchets *v.* III-4
So-so. Comme ci, comme ça. I-1
soup soupe *f.* I-4
soupspoon cuillère à soupe *f.* II-4
south sud *m.* III-2
spa: day spa salon de beauté *m.* III-2
space espace *m.* III-4
Spain Espagne *f.* II-2, III-R
Spanish (language) espagnol *m.* I-P, I-2; espagnol(e) *adj.* I-1
spare tire roue de secours *f.* III-1
speak (on the phone) parler (au téléphone) *v.* I-2
  to speak (to) parler (à) *v.* I-1, I-2, II-1
to speak to one another se parler *v.* III-1
spectator spectateur/spectatrice *m., f.* III-5
speed vitesse *f.* III-1
speed limit limitation de vitesse *f.* III-1
spend dépenser *v.* I-4
  to spend money dépenser de l'argent *v.* I-4
  to spend time passer *v.* II-2, III-1
  to spend time (somewhere) faire un séjour *v.* II-2
spoon: (soup/tea)spoon cuillère (à soupe/à café) *f.* II-4
sport(s) sport *m.* I-5
  to do sports faire du sport *v.* I-5
  to play (a sport) jouer à *v.* I-5
sprain one's (ankle) se fouler (la cheville) *v.* II-5
spring printemps *m.* I-5
  in the spring au printemps I-5
square place *f.* I-4, III-5
squirrel écureuil *m.* III-4
stadium stade *m.* I-5
staff personnel *m.* III-3
stage étape *f.* II-1
staircase escalier *m.* II-3
stamp timbre *m.* III-2
standing debout *adv.* I-5

Vocabulary

star étoile *f.* III-4
start up démarrer *v.* III-1
starter entrée *f.* II-4; hors-d'œuvre *m.* II-4
ation: bus station gare routière *f.* II-2, III-R
  police station commissariat de police *m.* III-2
  subway station station de métro *f.* II-2, III-R
  train station gare *f.* II-2, III-R
stationery store papeterie *f.* III-2
statue statue *f.* III-2
stay séjour *m.* II-2
  to stay rester *v.* II-2
  to stay slim garder la ligne *v.* II-5
steak steak *m.* II-4
steering wheel volant *m.* III-1
stepbrother demi-frère *m.* I-3, III-R
stepfather beau-père *m.* I-3
stepmother belle-mère *f.* I-3
stepsister demi-sœur *f.* I-3, III-R
still encore *adv.* I-3
stock market marché boursier *m.* I-4
stomach ventre *m.* II-5
stone pierre *f.* III-4
stop *(doing something)* arrêter (de faire quelque chose) *v.* III-1; *(oneself)* s'arrêter *v.* II-5
  to stop by someone's house passer chez quelqu'un *v.* I-4
store boutique *f.* III-2; magasin *m.* I-4
  department store grand magasin *m.* I-4
  jewelry store bijouterie *f.* III-2
stormy orageux/orageuse *adj.* I-5
  It is stormy. Le temps est orageux. I-5
story histoire *f.* I-P, I-2
stove cuisinière *f.* II-3, III-R
straight raide *adj.* I-3
  straight ahead tout droit III-2
strawberry fraise *f.* II-4
stream (a film/video) regarder (un film/une vidéo) en streaming *v.* III-1
streaming en streaming III-5
street rue *f.* III-1
strength force *f.* III-R
strike grève *f.* III-3
stroll promenade *f.* I-5

strong fort(e) *adj.* I-3
student élève *m., f.* I-P, I-1; *(university)* étudiant(e) *m., f.* I-1
  student council representative délégué(e) de classe *m., f.* I-2
studio *(apartment)* studio *m.* II-3
study étudier *v.* I-2
  He/She studies Il/Elle étudie I-P
  I study J'étudie I-P
  You study Tu étudies I-P
subject matière *f.* I-P, III-3
subscriber abonné(e) *m., f.* III-1
subscription abonnement *m.* III-1
substance matière *f.* I-P, III-3
subway métro *m.* II-2
  subway station station de métro *f.* II-2, III-R
  subway ticket ticket de métro *m.* II-2
succeed *(in doing something)* réussir (à) *v.* I-4, III-1
success réussite *f.* III-3
suddenly tout à coup *adv.* II-2
suddenly soudain *adv.* II-3
suffering douleur *f.* II-5, III-R
sugar sucre *m.* I-4
suggest (that) suggérer (que) *v.* III-4
suitcase valise *f.* II-2
summer été *m.* I-5; estivaux *adj.* III-R
  in the summer en été I-5
sun soleil *m.* I-5
Sunday dimanche *m.* I-P
  every Sunday, on Sundays le dimanche I-P
sunglasses lunettes de soleil *f., pl.* II-1, III-R
supermarket supermarché *m.* II-4
supervisor responsable *m., f.* III-3
sure sûr(e) *adj.* II-4
  It is not sure that… Il n'est pas sûr que… III-5
  It is sure that… Il est sûr que… III-5
surprise someone faire une surprise à quelqu'un *v.* II-1
surprised surpris (surprendre) *adj.* II-1
  to be surprised that… être surpris(e) que… *v.* III-4
surround entourer *v.* III-1
survive survivre *v.* III-2

sweater pull *m.* II-1, III-R
sweep balayer *v.* II-3, III-R
swell enfler *v.* II-5
swim nager *v.* I-4
swimming natation *f.* I-P
swimsuit maillot de bain *m.* II-1, III-R
Swiss suisse *adj.* I-P, I-1
Switzerland Suisse *f.* I-P, II-2, III-R
symptom symptôme *m.* II-5, III-R

T

table table *f.* I-P, I-1
  to clear the table débarrasser la table *v.* II-3, III-R
  to set the table mettre la table *v.* II-3, III-R
tablecloth nappe *f.* II-4
tablet tablette (tactile) *f.* I-P, I-1, III-1
tackle aborder *v.* II-2
tactile tactile *adj.* III-1
take *(someone)* emmener *v.* I-5; prendre *v.* I-4, II-2
  to take a boat (bus, plane, taxi, train) prendre un bateau (autobus, avion, taxi, train) *v.* II-2
  to take a photo(graph) prendre une photo(graphie) *v.* III-1
  to take a selfie faire un selfie *v.* III-1
  to take a shower prendre une douche *v.* II-5, III-R
  to take a stroll/walk se promener *v.* II-5
  to take advantage (of) profiter (de) *v.* III-5
  to take an exam passer un examen *v.* I-2
  to take care *(of something)* s'occuper (de) *v.* II-5, III-1
  to take out sortir *v.* I-5, II-3
  to take out the trash sortir la/les poubelle(s) *v.* III-R
  to take over prendre la relève *v.* III-3
  to take place avoir lieu *v.* III-2
  to take the baton prendre la relève *v.* III-3
  to take time off prendre un congé *v.* III-3
taken pris (prendre) *adj.* II-1, III-R
tale conte *m.* III-5
talented doué(e) *adj.* III-5

English-French

tall grand(e) *adj.* I-3
tank: to fill the tank faire le plein *v.* III-1
tart tarte *f.* II-4
taste goût *m.* III-2
  to taste goûter *v.* II-4
taxi taxi *m.* II-2
  taxi driver chauffeur de taxi *m., f.* III-3
tea: (iced) tea thé (glacé) *m.* I-4
teach *(someone to do something)* apprendre (à) *v.* I-4, III-1; enseigner *v.* 1-2
teacher enseignant(e) *m., f.* I-1; professeur *m., f.* I-P, I-1
team équipe *f.* I-5
teaspoon cuillère à café *f.* II-4
tee shirt tee-shirt *m.* II-1
telephone *(receiver)* appareil *m.* III-3; téléphone *m.* I-2
  telephone number numéro de téléphone *m.* III-3
  to telephone *(someone)* téléphoner (à) *v.* I-2
television télévision *f.* I-P
  television channel chaîne de télévision *f.* III-1
  television program émission de télévision *f.* III-5
  television series série (télévisée) *f.* III-5
  to tell one another se dire *v.* III-1
temperature température *f.* I-5
  What is the temperature? Quelle température fait-il? I-5
ten dix *m.* I-P, I-1
tennis tennis *m.* I-P, I-5
  tennis shoes baskets *f.* II-1
tenth dixième *adj.* II-2
terrace: (café) terrace terrasse (de café) *f.* I-4
test examen *m.* I-1; interro(gation) *f.* I-P
text message SMS, texto *m.* III-1
  to send each other text messages s'envoyer des SMS/des textos III-1
than que/qu' *rel. pron., conj.* II-4, III-2, III-3, III-4, III-5
Thank you (very much). Merci (beaucoup). I-1
  thanks to grâce à *prep.* III-2
that ça, ce/c' *pron.* I-1: dont *rel. pron.* III-3; que/qu' *rel. pron., conj.* II-4, III-2, III-3, III-4, III-5; qui *rel. pron.* III-3
  that is to say ça veut dire II-5
  that is... c'est... I-P, I-1

That's enough. Ça suffit. I-5
the l' *def. art., m., f.,* I-1; la *def. art., f.* I-1; le *def. art., m.* I-1; les *def. art., m., f., pl.* I-1
theater théâtre *m.* III-5
their leur(s) *poss. adj., m., f.* I-3
them les *d.o. pron., m., f., pl.* II-1; *i.o. pron., m., f., pl.* leur II-1
them elles *disj. pron., f., pl.* I-3; eux *disj. pron., m., pl,.* I-3
then ensuite *adv.* II-2; puis *adv.* II-2
  so then alors *adv.* I-2
there là *m.* I-1; *(used with dem. adj.* ce *and noun or with dem. pron.* celui*)* -là II-1; y *pron.* II-5, III-R
  there is/are il y a I-P, I-1, II-4; voilà I-1
  there was/were il y a eu II-1; il y avait II-3
  Is/Are there...? Y a-t-il...? I-2
therefore donc *adv.* II-2
these/ those ces *dem. adj., m., f., pl.* II-1; celles *dem. pron., f., pl.* III-4; ceux *dem. pron., m., pl.* III-4
they elles *sub. pron., f., pl.* I-1; ils *sub. pron., m., pl.* I-1
  they are elles sont... I-P, I-1; ils sont... I-P, I-1
thing chose *f.* I-1; truc *m.* II-2
think trouver *v.* I-2
  to think (about) réfléchir (à) *v.* I-4
  to think (that) penser (que) *v.* I-2, III-5
third troisième *adj.* II-2
thirst soif *f.* I-4
  to be thirsty avoir soif *v.* I-4
thirteen treize *m.* I-P, I-1
thirty trente *m.* I-P, I-1
this/that ça *pron.* I-1; ce *dem. adj., m., sing.* II-1; cet *dem. adj., m., sing.* II-1; cette *dem. adj., f., sing.* II-1
  this/that one celui *dem. pron., m., sing.* III-4; celle *dem. pron., f., sing.* III-4
  this afternoon cet après-midi I-2
  this evening ce soir *adv.* I-2
  this month ce mois-ci I-2
  this morning ce matin *adv.* I-2
  this week cette semaine I-2
  this weekend ce week-end I-2
  this year cette année I-2

those are... ce sont... I-1
thousand: one hundred thousand cent mille *m.* I-5
  one thousand mille *m.* I-5
threat danger *m.* III-4.
three trois *m.* i-P, I-1
throat gorge *f.* II-5
through par *prep.* I-3
throw lancer *v.* III-5
  to throw (away) jeter *v.* III-4
Thursday jeudi *m.* I-P
  every Thursday, on Thursdays le jeudi I-P
ticket contravention *f.* III-1
ticket *(travel)* billet *m.* II-2, III-2
  bus/subway ticket ticket de bus/de métro *m.* II-2
  round-trip ticket billet aller-retour *m.* II-2
tidy up ranger *v.* II-3, III-R
tie cravate *f.* II-1
tight serré(e) *adj.* II-1
time *(occurrence)* fois *f.* II-3; *(general sense)* temps *m.* sing. I-5
  time off congé *m.* II-2
  free time temps libre *m.* I-5
  from time to time de temps en temps *adv.* II-2
  to lose/waste time perdre son temps *v.* II-1
  to take time off prendre un congé *v.* III-3
  What time do you have? Quelle heure avez-vous? *form.* I-2
  What time is it? Quelle heure est-il? I-2
  What time?; When? À quelle heure? I-2
tip pourboire *m.* I-4
  to leave a tip laisser un pourboire *v.* I-4
tire: (flat) tire pneu (crevé) *m.* III-1
  (spare) tire roue (de secours) *f.* III-1
  to check the tire pressure vérifier la pression des pneus *v.* III-1
tiresome pénible *adj.* I-3
to à *prep.* I-4
  to/at the au (à + le) I-4; aux (à + les) aux I-4
toaster grille-pain *m.* II-3
today aujourd'hui *adv.* I-P, I-2
toe doigt de pied *m.*, orteil *m.* II-5
together ensemble *adv.* II-1
tomato tomate *f.* II-4

Vocabulary

tomorrow demain *adv.* I-P, I-2
  tomorrow morning/afternoon/evening demain matin/après-midi/soir *adv.* I-2
  day after tomorrow après-demain *adv.* I-P, I-2
  See you tomorrow. À demain. I-1
too aussi *adv.* I-1
  too many/much (of) trop (de) *adv.* I-4
tooth dent *f.* II-4
  to brush one's teeth se brosser les dents *v.* II-5, III-R
toothbrush brosse à dents *f.* II-5, III-R
toothpaste dentifrice *m.* II-5, III-R
tourism tourisme *m.* III-2
  tourist office office du tourisme *m.* III-2
towel: (bath) towel serviette (de bain) *f.* II-5, III-R
town ville *f.* I-4
  town center centre-ville *m.* I-4
  town dweller citadin(e) *m., f.* III-1
town hall mairie *f.* III-2
toxic toxique *adj.* III-4
  toxic waste déchets toxiques *m., pl.* III-4
trade union syndicat *m.* III-3
traffic circulation *f.* III-1
  traffic light(s) feu de signalisation *m.* (feux *pl.*) III-2
tragedy tragédie *f.* III-5
train train *m.* II-2
  train station gare *f.* II-2, III-R
training formation *f.* III-3
  professional training stage *m.* III-3
transportation: public transportation transports en commun *m.* III-1
trash: to sort the trash trier les déchets *v.* III-4
  to take out the trash sortir la/les poubelle(s) *v.* II-3, III-R
travel voyager *v.* I-2
  travel agency agence de voyages *f.* II-2, III-R
  travel agent agent de voyages *m.* II-2
tree arbre *m.* III-4
trip voyage *m.* II-2
tropical tropical(e) *adj.* III-4
  tropical forest forêt tropicale *f.* III-4
troupe troupe *f.* III-5

truck camion *m.* III-3
  truck driver chauffeur de camion *m.* III-3
  small truck or van camionnette *f.* III-2
true: It is true that… Il est vrai que… III-5
trunk coffre *m.* III-1
try essayer *v.* I-5
Tuesday mardi *m.* I-P
  every Tuesday, on Tuesdays le mardi I-P
tuna thon *m.* II-4
Tunisia Tunisie *f.* I-P
Tunisian tunisien(ne) *f.* I-P
turn tourner *v.* III-2
  to turn off éteindre *v.* III-1
  to turn on allumer *v.* III-1
turtle tortue *f.* III-R
twelve douze *m.* I-P, I-1
twentieth vingtième *adj.* II-2
twenty vingt *m.* I-P, I-1
twice deux fois *adv.* II-3
twist one's (ankle) se fouler (la cheville) *v.* II-5
two deux *m.* I-P, I-1
  two million deux millions *m.* I-5

U

ugly laid(e) *adj.* I-3
umbrella parapluie *m.* I-5
uncertain: It is uncertain that… Il n'est pas certain que… III-5
uncle oncle *m.* I-3, III-R
under sous *prep.* I-3
understand comprendre *v.* I-4
understood compris (comprendre) *adj., p.p.* II-1, II-4
underwear sous-vêtement *m.* II-1
undress se déshabiller *v.* II-5, III-R
unemployed au chômage *adj.* III-3
  unemployed person chômeur/chômeuse *m., f.* III-3
  to be unemployed être au chômage *v.* III-3
unemployment chômage *m.* III-3
unfortunately malheureusement *adv.* II-2
unhappily malheureusement *adv.* II-2
unhappy malheureux/malheureuse *adj.* I-3
union *(trade)* syndicat *m.* III-3

United States États-Unis *m., pl.* I-P, II-2
universe univers *m.* I-P
unless à moins que *conj.* III-5
unpleasant désagréable *adj.* I-1
until jusqu'à (ce que) *prep.* III-2
untrue: It is untrue that… Il n'est pas vrai que… III-5
upload télécharger *v.* III-1
urban citadin(e) *adj.* III-1
  urban area agglomération *f.* III-2
us nous *disj. pron.* I-3 II-5
use (a map) utiliser (un plan) *v.* II-2
useful utile *adj.* I-2
useless inutile *adj.* I-2; nul(le) *adj.* I-2
username identifiant *m.* III-1
usually d'habitude *adv.* II-3

V

vacation vacances *f., pl.* II-2
  to go on vacation partir en vacances *v.* II-2
vacationer vacancier/vacancière *m., f.* III-R
vacuum (cleaner) aspirateur *m.* II-3
  to vacuum passer l'aspirateur *v.* II-3, III-R
valley vallée *f.* III-4
van camionnette *f.* III-2
vegetable légume *m.* II-4
very très *adv.* I-1; *(before adjective or adverb)* tout *adv.* I-3
  very close (by/to) tout près (de) I-3 III-2
  Very well. Très bien. I-1
veterinarian vétérinaire *m., f.* III-3
video call appel vidéo *m.* III-1
  video game(s) jeu vidéo *m.* (des jeux vidéo *pl.*) I-5
  to stream (a video) regarder (une vidéo) en streaming *v.* III-1
Vietnam Viêt-Nam *m.* I-P
Vietnamese vietnamien(ne) *adj.* I-P, I-1
violet violet(te) *adj.* II-1
violin violon *m.* III-5
  to play the violin jouer du violon III-5
visit visite *f.* II-1
  to visit *(regularly)* fréquenter *v.* I-4; *(a person)* rendre visite (à) *v.* II-1; *(a place)* visiter *v.* I-2
volcano volcan *m.* III-4
volleyball volley(-ball) *m.* I-5

English-French

W

waist taille *f.* II-1
wait *(on the phone)* patienter *v.* III-3
  to wait for attendre *v.* II-1
  to wait in line faire la queue *v.* III-2
wake up se réveiller *v.* II-5, III-R
walk promenade *f.* I-5
  to go for a walk faire une promenade *v.* I-5
  to take a stroll/walk se promener *v.* II-5
  to walk *(person)* marcher *v.* I-5, III-1
wall mur *m.* II-3
want vouloir *v.* II-4, III-R, III-1, III-5
  to want (that) vouloir (que) *v.* III-4
  to want that désirer que *v.* I-5
  to want (to) désirer *f.* III-3
want ad annonce III-3
  to read the want ads lire les annonces III-4
wanted to *(used with infinitive)* voulu (vouloir) *adj., p.* II-4, III-R
wardrobe armoire *f.* II-3, III-R
warming: global warming réchauffement *m.* de la Terre III-4
warning light (gas/oil) voyant (d'essence/d'huile) *m.* III-1
wash laver *v.* II-3, III-R
  to wash oneself (one's hands) se laver (les mains) *v.* II-5, III-R
  to wash up faire sa toilette *v.* II-5, III-R
washing machine lave-linge *m.* II-3, III-R
washing up toilette *f.* II-5, III-R
waste gaspillage *m.* III-4
  toxic waste déchets toxiques *m., pl.* III-4
  to waste gaspiller *v.* III-4
watch montre *f.* II-1
  smart watch montre connectée *f.* III-1
  to watch regarder *v.* I-2
water: (mineral) water eau (minérale) *f.* I-4
wave vague *f.* I-5
way chemin *m.* III-1, III-2
we nous *pron.* I-P, I-1, II-5
weak faible *adj.* I-3

wear porter *v.* I-3, II-1
weather temps *m. sing.* I-5; météo *f.* III-5
  The weather is bad. Il fait mauvais. I-5
  The weather is dreadful. Il fait un temps épouvantable. I-5
  The weather is nice. Il fait beau. I-5
  What is the weather like? Quel temps fait-il? I-5
webcam webcam *f.* I-P
website site Internet/web *m.* III-1
wedding *(ceremony)* mariage *m.* II-1, III-R
Wednesday mercredi *m.* I-P
  every Wednesday, on Wednesdays le mercredi I-P
week semaine *f.* I-P
  per week par semaine I-5
weekend week-end *m.* I-2
weight: to lose weight maigrir *v.* I-4
welcome bienvenu(e) *adj.* I-1
  You're welcome. De rien. I-1; Il n'y a pas de quoi. I-1
well bien *adv.* II-2, II-4, III-R
as well as ainsi que *conj.* III-2
  I am doing well. Je vais bien. I-1
  Very well. Très bien. I-1
west ouest *m.* III-2
What? Comment? *adv.*; Pardon?; Que/Qu'… ? *interr. pron;*. Quel(le)(s)? *interr. adj.* I-4
  What color…? De quelle couleur… ? II-1
  What day is it? Quel jour sommes-nous? I-P
  What is it? Qu'est-ce que c'est? I-1
  What is the date? Quelle est la date? I-P
  What is the temperature? *(weather)* Quelle température fait-il? I-5
  What is the weather like? Quel temps fait-il? I-5
  What is your name? Comment t'appelles-tu? *fam.*; Comment vous appelez-vous? *form.* I-P, I-1
  What is your nationality? Quelle est ta nationalité? *fam.*; Quelle est votre nationalité? *form., sing., pl.* I-1
  What time do you have? Quelle heure avez-vous? *form.* I-2

  What time is it? Quelle heure est-il? I-2
  What time? À quelle heure? I-2
  What's up? Ça va? I-1
  What's wrong? Qu'est-ce qu'il y a? I-P, I-1
when quand *adv.* i-4, III-3; où *rel. pron.* III-3
  When is …'s birthday? C'est quand l'anniversaire de… ? / Quelle est la date de l'anniversaire de… ? I-P
  When is your birthday? C'est quand ton/votre anniversaire? /Quelle est la date de ton/votre anniversaire? I-P
  When? À quelle heure? I-2
where où *adv.* I-4; où *rel pron.* III-3
which que/qu' *rel. pron.*; *conj.* II-4, III-2, III-3, III-4, III-5; qui *rel. pron.* III-3
  of which dont *rel. pron.* III-3
  Which? Quel(le)(s)? *interr. adj.* I-4
  which one à laquelle *pron., f., sing.* III-3; auquel (à + lequel) *pron., m., sing.* III-3
  which one de laquelle *pron., f., sing.* III-3; duquel (de + lequel) *pron., m., sing.* III-3
  which one laquelle *pron., f., sing.* III-3; lequel *pron., m., sing.* III-3
  which ones auxquelles (à + lesquelles) *pron., f., pl.* III-3; auxquels (à + lesquels) *pron., m., pl.* III-3
  which ones desquelles (de + lesquelles) *pron., f., pl.* III-3; desquels (de + lesquels) *pron., m., pl.* III-3
  which ones lesquelles *pron., f., pl.* III-3; lesquels *pron., m., pl.* III-3
while pendant *prep.* II-2; pendant que *conj.* III-I; tandis que *conj.* III-1
white blanc(he) *adj.* I-3, II-1
who qui *rel. pron.* III-3
  Who? Qui? *interr. pron.* I-4
  Who is it? Qui est-ce? I-1
  Who's calling, please? Qui est à l'appareil? III-3
whom qui *rel. pron.* III-3
  For whom? Pour qui? I-4
  of whom dont *rel. pron.* III-3
  To whom? À qui? I-4
  With whom? Avec qui? I-4
whose dont *rel. pron.* III-3
Why? Pourquoi? *adv.* I-2

Vocabulary

widow veuve *f.* I-3
widowed veuf/veuve *adj.* I-3
widower veuf *m.* I-3
wife femme *f.* I-1, III-R
will volonté *f.* III-2
win gagner *v.* I-5, III-3
wind vent *m.* I-5; éolienne *adj.* III-4
   It is windy. Il fait du vent. I-5
   wind power énergie éolienne *f.* III-4
window fenêtre *f.* I-1
windshield pare-brise *m.* (des pare-brise *pl.*) III-1
   windshield wiper(s) essuie-glace (essuie-glaces *pl.*) III-1
winter hiver *m.* I-5
   in the winter en hiver I-5
wipe (the dishes/the table) essuyer (la vaisselle/la table) *v.* II-3, III-R
wish (that/to) souhaiter (que) *v.* III-4
with avec *prep.* I-1
   With whom? Avec qui? I-4
withdraw (money) retirer (de l'argent) *v.* III-2
within au sein de III-1
without sans *prep.* II-3; sans que *conj.* III-5
woman femme *f.* I-1, III-R
woods bois *m.* III-4
work travail *m.* III-2
   (art)work, piece (of art) œuvre (d'art) *f.* III-5
   to work *(thing)* fonctionner *v.* III-1; *(thing)* marcher *v.* I-5, III-1; travailler *v.* I-2
   to work out faire de la gym *v.* I-5
   to work remotely être en/faire du télétravail III-3
   to find work trouver un/du travail *v.* III-3
worker ouvrier/ouvrière *m., f.* III-3
world monde *m.* II-2
   world heritage patrimoine mondial *m.* III-R, III-2
   World War II Seconde Guerre mondiale *f.* III-1
worried inquiet/inquiète *adj.* I-3
worry s'inquiéter *v.* II-5
worse pire *adv.* II-4, III-R; plus mal *comp., adv.* II-4, III-R; plus mauvais(e) *comp., adj.* II-4, III-R
worst: the worst le/la pire *adv.* II-4, III-R; le plus mal *super., adv.* II-4; le/la plus mauvais(e) *super., adj.* II-4, III-R
wound blessure *f.* II-5, III-R
wrapped gift paquet cadeau II-1
write écrire *v.* II-2
   to write to one another s'écrire *v.* III-1
writer écrivain(e) *m., f.* III-5
written écrit (écrire) *adj.* II-2
wrong tort *m.* II-2
   to be wrong avoir tort *v.* I-2
   What's wrong? Qu'est-ce qu'il y a? I-P, I-1

X

xylophone xylophone *m.* I-P

Y

yard jardin *m.* II-3, III-R
yeah ouais *adv.* I-2
year an, année *m., f.* I-2
   I am [number] years old. J'ai [nombre] ans. I-P
   per year par an I-5
yellow jaune *adj.* II-1
   yellow light feu jaune *m.* III-1
yes oui *adv.* I-P, I-2; *(when contradicting a negative statement or question)* si *adv.* I-2
yesterday (morning/afternoon/evening) hier (matin/après-midi/soir) *adv.* I-P, II-2
   day before yesterday avant-hier *adv.* II-2
yogurt yaourt *m.* I-P, II-4
you toi *disj. pron., sing., fam.* I-3; tu *sub. pron., sing., fam.* I-P, I-1; vous *subj. pron., sing., pl., form.* I-P, I-1
you neither toi non plus I-2;
You're welcome. De rien. I-1 Je vous en prie. *form.* I-1
young jeune *adj.* I-3
your ta *poss. adj., f., sing., fam.* I-3; tes *poss. adj., m., f., pl. fam.* I-3; ton *poss. adj., m., sing., fam.* I-3; votre *poss. adj., m., f., sing. form.* I-3; vos *poss. adj., m., f., pl. form.* I-3
yourself te/t' *refl. pron., sing., fam.* II-2, II-5
yourself/yourselves vous *refl. pron., sing., pl., form.* II-2, II-5
youth jeunesse *f.* II-1, III-R
   youth hostel auberge de jeunesse *f.* II-2, III-R
Yum! Miam! *interj.* I-2, I-5

Z

zero zéro *m.* I-P, I-1
zoo zoo *m.* I-P

Supplementary Vocabulary

D'autres mots pour la technologie

une base de données *database*
la biotechnologie *biotechnology*
un bouton *button; knob*
un câble *cable*
une clé USB *USB drive*
le courant *current*
l'électricité (f.) *electricity*
un enregisteur DVR *DVR*
une fusée *rocket*
un laboratoire spatial *space laboratory*
programmer *to program*
un satellite *satellite*
une touche *key*

D'autres mots pour la voiture

l'accélérateur *accelerator*
baisser la vitre *to roll down the window*
la boîte de vitesses (automatique/manuelle) *(automatic/manual) transmission*
le carburateur *carburetor*
la carrosserie *bodywork*
les codes (m.) *low beams*
un concessionnaire *car dealer*
la consommation (d'essence) *mileage*
descendre la vitre *to roll down the window*
l'embrayage (m.) *clutch*
pleins phares (m.) *high beams*
remonter la vitre *to roll up the window*
un réservoir d'essence *gas tank*
la suspension *suspension*
les vitres (f.) *windows*

Quelques édifices

un aquarium *aquarium*
la caserne des pompiers *fire station*
un gratte-ciel *skyscraper*
un hôtel particulier *mansion*
l'hôtel de ville *town hall*
le palais de justice *law courts*
un pâté de maisons *block*

L'infrastructure

une ambulance *ambulance*
un camion de pompiers *fire engine*
la chaussée *street*
un panneau *street sign*
un réverbère *street light*
une route à trois voies *three-lane road*
un trottoir *sidewalk*
un tunnel *tunnel*

Quelques magasins

une boutique de mode *fashion store*
un cordonnier *shoe repair shop*
une crémerie *cheese and dairy product store*
une fleuriste *flower shop*
une galerie marchande *shopping mall*
un hypermarché *large supermarket*
un magasin de chaussures *shoe store*
un magasin de sport *sports store*
une parfumerie *perfumery shop*
un salon de coiffure *hairdressing salon*
une supérette *mini-market*

D'autres occupations

un(e) acheteur/euse *buyer*
un agent d'assurances *insurance agent*
un artisan *craftsman*
un(e) bibliothécaire *librarian*
un(e) chirurgien/ne *surgeon*
un(e) diététicien/ne *dietician*
un(e) diplomate *diplomat*
un éboueur/une éboueuse *garbage collector*
un garagiste *car mechanic*
une hôtesse de l'air/un steward *flight attendant*
un(e) interprète *interpreter*
un(e) juge *judge*
un marin *sailor*
un rédacteur/une rédactrice *editor*

Quelques expressions

choisir une branche *to choose a field*
être en congé de maladie *to be on sick leave*
être en congé de maternité *to be on maternity leave*
être en/à la retraite *to be retired*
partir en retraite *to retire*
le secteur privé *private sector*
le secteur public *public sector*

L'environnement et la nature

l'atmosphère (f.) *atmosphere*
une colline *hill*
un écosystème *ecosystem*
le sable *sand*
le système solaire *solar system*

Supplementary Vocabulary

Des problèmes écologiques et des solutions

déboiser *to deforest*
un dépôt d'ordures *garbage dump*
le dioxyde de carbone *carbon dioxide*
une éolienne *windmill*
une inondation *flood*
une marée noire *oil spill*
des panneaux solaires (m.) *solar panels*
un pesticide *pesticide*
le reboisement *reforestation*
reboiser *to reforest*

D'autres animaux

une abeille *bee*
un alligator *alligator*
un âne *donkey*
une araignée *spider*
une baleine *whale*
un canard *duck*
un chameau *camel*
un cerf/un daim *deer*
un coq *rooster*
un coyote *coyote*
un éléphant *elephant*
une fourmi *ant*
une girafe *giraffe*
un gorille *gorilla*
une grenouille *frog*
un hippopotame *hippopotamus*
un insecte *insect*
un lézard *lizard*
un lion *lion*
un loup *wolf*
une mouche *fly*
un moustique *mosquito*
un mouton *sheep*
un orignal *moose*
un papillon *butterfly*
un perroquet *parrot*
un phoque *seal*
une poule *chicken; hen*
un ours *bear*
un renard *fox*
un renne *reindeer*
un requin *shark*
un rhinocéros *rhinoceros*
une sauterelle *grasshopper*
un singe *monkey*
un tigre *tiger*
un zèbre *zebra*

Les arts du spectacle

un(e) acteur/actrice comique/un(e) comique *comedian*
un autographe *autograph*
un bis *encore*
bisser *to ask for an encore; to do an encore*
une cantatrice *opera singer*
une chorale *choir*
un(e) comédien(ne) *actor, actress*
les coulisses (f.) *backstage*
émouvant *moving*
un fauteuil (d'orchestre) *(orchestra) seat*
la générale *dress rehearsal*
huer *to boo*
une matinée *matinée*
le méchant *villain*
une opérette *operetta*
un(e) ouvreur/euse *usher/usherette*
pleurer *to cry*
la première *première*
un(e) soliste *soloist*

Les beaux-arts

un atelier *studio*
un cadre *frame*
un chevalet *easel*
encadrer *to frame*
une fresque *fresco*
une galerie d'art *art gallery*
une palette *palette*
une peinture murale *mural*
un vernissage *private showing; opening (exhibition)*

L'artisanat

l'argent (m.) *silver*
une brodeuse *embroiderer*
la céramique *ceramics*
un charpentier *carpenter*
une couturière *dressmaker*
le cuivre *copper*
une dentellière *lacemaker*
un facteur de pianos *piano maker*
l'or (m.) *gold*
un orfèvre *goldsmith*
un potier *potter*
un souffleur de verre *glassblower*

Grammar Index

A

adjectives
  comparative forms of (R) 16
  superlative forms of (R) 16
adverbs
  comparisons (R) 16
  superlatives (1) 98, 99
affirmative expressions (2) 86, 87
aller
  conditional (1) 58
  future (2) 100
  subjunctive (5) 221
apercevoir (2) 82
avoir
  conditional (1) 58
  future (2) 100
  subjunctive (4) 192

C

celui, celle, etc. (4) 174, 208
comparatives
  irregular (R) 16
  of adjectives (R) 16
  of adverbs (R) 16
  of nouns (4) 196
conditional
  irregular (1) 58
  regular (1) 58
  spelling change (1) 58
  uses of (1) 58
conjunctions (5) 240, 244, 258
croire (2) 82, 116

D

de
  used after a negative (2) 86
  venir (R) 18
demonstrative pronouns (4) 174, 208
devoir (R) 15
directions, getting and giving (2) 92, 116
dont (3) 150

E

en
  as a pronoun (R) 20
  used with y (R) 20
-er verbs
  conditional (1) 58
  future (2) 100
  passé composé (R) 3, 4, 20
  subjunctive (4) 178
être
  à (5) 224
  with **venir** (R) 18
  conditional (1) 58
  future (2) 100
  subjunctive (4) 192, 193
exiger (4) 192
expressions
  affirmative (2) 86, 87
  negative (2) 86
  with **avoir** (R) 19
  with **faire** (5) 232, 233, 258

F

faire
  conditional (1) 58
  expressions with (5) 232, 233, 258
future
  irregular stems (2) 100
  regular (2) 100
  simple (2) 100
  with **quand** and **dès que** (3) 128

I

idiomatic reflexive verbs (R) 18
if clauses (3) 146
il faut (4) 178, 208
infinitive
  reflexive verbs (R) 18
  with prepositions (1) 36
interrogative words (3) 132, 162

J

jouer (5) 212, 258

L

lequel (3) 132, 162

N

negative expressions (2) 86, 87

O

object pronouns (R) 4
offrir (1) 54, 70
où (3) 150, 162
ouvrir (1) 54, 70

P

passé composé
  vs. **imparfait** (R) 8
passé récent (**venir de** + infinitive) (R) 20
possessive pronouns (5) 224
pouvoir (R), (5) 15, 221
préférer
  verbs like (4) 192, 208
prendre
  conditional (1) 58
  future (2) 100
  subjunctive (4) 178
prepositions
  with infinitives (1) 36
pronouns
  demonstrative (4) 174, 208
  en (R) 20
  possessive (5) 224
  reflexive (R) 18
  relative (3) 150, 162
  y (R) 20

Grammar Index

Q

dès que
  with future (3) 128
quand
  with future (3) 128
que (3) 150
qui (3) 150

R

recevoir (2) 82
  conditional (1) 58
  future (2) 100
reciprocals (1) 40, 70
reciprocal verbs (1) 40
  past participle (1) 40
reflexive verbs (R) 18
  imperative (R) 18
  infinitive (R) 18
relative pronouns (3) 150, 162
  dont (3) 150, 162
  où (3) 150, 162
  que (3) 150, 162
  qui (3) 150, 162

S

se (R) 18
si clauses (3) 146
subjunctive
  with impersonal expressions (4) 179
  irregular forms (4), (5) 192, 193, 221
  present (4) 178
  regular forms (4) 178
  review of (5) 240
  will and emotion (4) 192
  with conjunctions (5) 240, 258
  with verbs of doubt, disbelief, and uncertainty (5) 220, 221, 258
  with expressions of emotion (4) 192
  with expressions of will (4) 193, 208
  with impersonal expressions (4) 178, 208
superlatives
  irregular (R) 16
  of adjectives (R) 16
  of adverbs (R) 16
  of nouns (4) 196

T

tu commands
  with en (R) 20
  with y (R) 20

V

venir
  present tense (R) 20
  with de (recent past) (R) 20
verbs
  devoir (R) 15
  être à (5) 224
  offrir (1) 54, 70
  ouvrir (1) 54, 70
  pouvoir (1) 15
  reciprocal (1) 40
  reflexive (1) 18
  vouloir (1) 15
verbs followed by
  à + infinitive (1) 36
  an infinitive (1) 36
  de + infinitive (1) 36
voir (2) 82, 116
vouloir (1) 15

Y

y (R) 20
  used with en (R) 20

Credits

Every effort has been made to trace the copyright holders of the works published herein. If proper copyright acknowledgment has not been made, please contact the publisher and we will correct the information in future printings.

Photography and Art Credits

All images © by Vista Higher Learning unless otherwise noted.

Cover: John Harper/The Image Bank Unreleased/Getty Images.

Front Matter (TE): T9: Margouillat Photo/Shutterstock; **T12:** PeopleImages/iStockphoto; **T16:** Asiseeit/iStockphoto; **T38:** SimmiSimons/iStockphoto; **T41:** Monkeybusiness/Deposit Photos.

Front Matter (SE): xvi: (all) North Wind Picture Archives/Alamy; **xvii:** (l) Map of the Louisiana Purchase Territory, 1803-1819/Department of the Interior. General Land Office. 1849-7/16/1946/National Archives and Records Administration (NARA) [594889]; (r) Kelly Redinger/Design Pics Inc/Alamy; **xviii:** *Danse à la campagne* (1883), Pierre Auguste Renoir. Oil on canvas, 90 x 180 cm. Musée d'Orsay, Paris, France/Artepics/AGE Fotostock; **xix:** (t) Moodboard/Fotolia; (bl) Moshimochi/Shutterstock; (br) Wavebreakmedia Ltd/Shutterstock; **xx:** Michelle Silke/Shutterstock; **xxi:** (l) Gawrav/iStockphoto; (r) Yuri/iStockphoto; **xxii:** FMB/Isabel Schiffler/Future Image/WENN/Newscom; **xxiii:** (t) Monkeybusinessimages/iStockphoto; (b) Masterfile; **xxiv:** David Schaffer/Media Bakery.

Reprise: 1: Dinoco Greco/PhotoAlto/Getty Images; **2:** (t) Privilege/Shutterstock; (b) Stock Media/123RF; **4:** Steve Prezant/Media Bakery; **5:** (tl) GoGo Images/Alamy; (tr) Pekic/iStockphoto; (bl) Kzenon/Shutterstock; (br) Cathy Yeulet/123RF; **6:** (t) VHL; (b) Iakov Filimonov/123RF; (background) Alexander Ryabintsev/Shutterstock; **9:** (tl) Lelu/Media Bakery; (tm) Mindscape Studio/Shutterstock; (tr) Egd/Shutterstock; (ml) Keith Levit/Alamy; (mm) David Hughes/Shutterstock; (mr) Antoniodiaz/Shutterstock; (b) Rawpixel.com/Shutterstock; **12:** Anton Ivanov/Shutterstock; **13:** Keystone-France/Gamma-Keystone/Getty Images; **14:** (t) May1985/123RF; (mt) Anne Loubet; (mb) CSP HamsterMan/Fotosearch LBRF/AGE Fotostock; (b) VHL; **16:** Leszek Glasner/Shutterstock; **17:** Klotz/Shutterstock; **18:** (t) Ale Ventura/Media Bakery; (b) Letizia Le Fur/ONOKY/Getty Images; (background) BongkarnGraphic/Shutterstock; **19:** Lovleah/Deposit Photos; **21:** (tl) Paul Maguire/Shutterstock; (tr) Pascal Pernix; (bl) Halfpoint/Deposit Photos; (bm) Blend Images/Alamy; (br) Flying Colours/Media Bakery; **23:** (tl) Red Confidential/Shutterstock; (tr) Blickwinkel/McPhoto/Run/Alamy; (ml) Igor Plotnikov/Shutterstock; (mr) Matthieu Colin/Hemis.fr/Alamy; (b) David Degner/Getty Images; **24:** (tl) Melba Photo Agency/Alamy; (tm) Roman Lutskin/Deposit Photos; (tr) Paul Springett B/Alamy; (b) Rocketclips/Fotolia.

Unit 1: 25: PonyWang/E+/Getty Images; **26:** (l) Annie Pickert Fuller; (r) Tanya Constantine/Getty Images; **27:** (t) Ariel Skelley/DigitalVision/Getty Images; (b) Tmcphotos/Deposit Photos; **30:** Moodboard/Fotolia; **34:** (l) Delcreations/123RF; (r) Pascal Pernix; **35:** Alain Nogues/Sygma/Getty Images; **37:** (foreground) DomenicoGelermo/iStockphoto; (background) Nadla/iStockphoto; **39:** Philippe Halle/123RF; **41:** Samuel Borges Photography/Shutterstock; **42:** Kiev Victor/Shutterstock; **44:** (tl) Pressmaster/Shutterstock; (tr) 2p2play/Shutterstock; (bl) Duel/Cultura/AGE Fotostock; (br) Fractal Pictures/Shutterstock; **52:** (l) Artem Konovalov/123RF; (r) Anne Loubet; **53:** (l) Razvan Iosif/Shutterstock; (r) Bettmann/Getty Images; **55:** (background) Mixetto/E+/Getty Images; (inset) Scanrail/123RF; **57:** Scanrail/Deposit Photos; **63:** Anne Loubet; **64:** (left col) Zloyel/123RF; (t) Albert Knapp/Alamy; (bl) Paanna/Deposit Photos; (br) Sigurcamp/Shutterstock; **65:** (tl) Kalpana Kartik/Alamy; (tr) *Portrait of André Le Nôtre* (circa 1680), Carlo Maratta. Oil on canvas, 113 x 85.5 cm. Musée National du Château de Versailles, Versailles, France. The Picture Art Collection/Alamy; (ml) Tony French/Alamy; (mr) Bukki88/Depositphotos; (b) *Closerie Falbala* (1971-1973), Jean Dubuffet. Painted epoxy resin and sprayed concrete. Surface area: 1.610 m2. Fondation Dubuffet, Perigny-sur-Marne (France). Copyright Fondation Dubuffet/© 2021 Artists Rights Society (ARS), New York/ADAGP, Paris; **66:** Photo12/UIG/Getty Images; **67:** Pierre Rouanet/VDNPQR; **68:** (t) Francis Demange/Sipa/AP Images; (bl) Daniel Pier/NurPhoto/Getty Images; (br) Haiyin Wang/Alamy; **69:** Haiyin Wang/Alamy.

Unit 2: 71: Petter Sandell/500px Plus/Getty Images; **72:** (l) Ikonya/Shutterstock; (r) Yoh4nn/iStockphoto; **73:** PA Images/Alamy; **76:** (tl) Gavin Rodgers/Alamy; (tm) Anouchka/iStockphoto/Getty Images; (tr, bm, br) Anne Loubet; (bl) Paris Metro/Alamy; **80:** (all) Janet Dracksdorf; **81:** (l) Gil Giuglio/Hemis.fr/Alamy; (r) Hufton+Crow Collection/View Pictures/AGE Fotostock; **84:** (t) Monkeybusiness/Deposit Photos; (mt, window) Volokhatiuk/Deposit Photos; (mt, students on the grass) Vanessa Bertozzi; (mb) Motortion/Deposit Photos; (b) Wavebreakmedia ltd/Newscom; (right col) Paul Slade/Paris Match/Getty Images; **98:** (l) Anne Loubet; (r) Pixinoo/123RF; **99:** André Quillien/Alamy; **101:** (t) Lauradyoung/E+/Getty Images; (b) Bart Pro/Alamy; **103:** (tl) Jupiterimages/Photos.com/Getty Images; (tr) Elpis Ioannidis/Shutterstock; (b) Keith Levit/Alamy; (right col) Sylvie Corriveau/Shutterstock; **105:** Michał Krakowiak/iStockphoto; **106:** (t) IJeab/Shutterstock; (ml) Anne Loubet; (mm) Doncon402/Deposit Photos; (mr) Pascal Pernix; (bl) Sebra/Fotolia; (bm) Jon E. Oringer/Shutterstock; (br) VHL; **108:** Sabin Johnson/Anadolu Agency/Getty Images; **109:** Rossy Llano; **110:** (tl) Frederic/Fotolia; (tr) NAN728/Shutterstock; (b) Lynne Sladky/AP Images; **111:** (tl) Sean Drakes/Alamy; (tr) Rotorhead 30A Productions/Shutterstock; (ml) Andres Martinez Casares/Reuters/Alamy; (mr) Sergii Koval/Alamy; (b) Historic Images/Alamy; **112:** Courtesy of Simonne Charpentreau and Valérie M.C. Bajou; **114:** Andrey Bayda/123RF; **115:** (t) EQRoy/Shutterstock; (b) Monkeybusiness/Deposit Photos.

Credits

Unit 3: 117: Heiner Heine/imageBroker/Alamy; **118:** (l) Juanmonino/iStockphoto; (r) Bannafarsai Stock/Shutterstock; **119:** (t) Gr8/Shutterstock; (b) SolisImages/Fotolia; **122:** Martín Bernetti; **126:** Gazeau/Andia.fr/Alamy; **127:** (t) Steve O. Taylor (GHF)/Nature Picture Library/Alamy; (b) Damien Grenon/Photo12/AGE Fotostock; **129:** Stockyimages/Shutterstock; **131:** (tl) Sportstock/iStockphoto; (tm) BeautifulLotus/iStockphoto; (tr, bm, br) Martín Bernetti; (bl) Anne Loubet; **133:** Andresr/Shutterstock; **134:** The Print Collector/Heritage Images/Alamy; **136:** (l) G-Stock Studio/Shutterstock; (r) Monkeybusiness/Deposit Photos; **139:** (all) Anne Loubet; **140:** (all) Anne Loubet; **144:** Hadrian/Shutterstock; **145:** (l) Thierry Falise/LightRocket/Getty Images; (r) Brent Stirton/Reportage Archive/Getty Images; **147:** (t) Birgit Reitz-Hofmann/iStockphoto; (b) Mediaphotos/E+/Getty Images; **149:** Anne Loubet; **150:** Akarapong/Shutterstock; **152:** Lionel Healing/AFP/Getty Images; **154:** (l) Stokkete/Shutterstock; (r) New Africa/Shutterstock; **155:** Amelie-Benoist/BSIP/Alamy; **156:** (left col: t) ATB/ATP/WENN/Newscom; (left col: b) SA Terli/Anadolu Agency/Getty Images; (l) Anthony Asael/Art in All of Us/Corbis News/Getty Images; (r) MJ Photography/Alamy; **157:** (tl) SFM Titti Soldati/Alamy; (tr) Werner Forman Archive/Heritage Image Partnership Ltd/Alamy; (ml) Abaca Press/Alamy; (mr) Philippe Giraud/Corbis Sport/Getty Images; (b) Gerard Lacz Images/SuperStock; **158:** Universal Images Group/SuperStock; **160:** (t) Jolopes/Fotolia; (b) Carlo Allegri/Reuters/Alamy; **161:** (t) Charles O. Cecil/Alamy; (m) Piyaset/Shutterstock; (b) Rmarmion/Deposit Photos.

Unit 4: 163: Manuel Sulzer/Westend61 GmbH/Alamy; **164:** (tl) Vladimir Wrangel/Shutterstock; (tr) Wavebreakmedia Ltd/AGE Fotostock; (b) Wrangel/123RF; **165:** José Nicolas/Hemis.fr/AGE Fotostock; **168:** (tl) Tomas Sereda/Shutterstock; (tr) Bosca78/iStockphoto; (bl) Grafissimo/iStockphoto; (br) Anne Loubet; **172:** Directphoto Collection/Alamy; **173:** (t) Bertrand Rieger/Hemis.fr/Alamy; (b) Nobor/Fotolia; **175:** Nancy Camley; **176:** Sosn-a/Shutterstock; **181:** (l) Mark Karrass/Corbis; (r) Goodshot/Alamy; **182:** (left col: tl, right col: tl) Index Open/Photolibrary; (left col: tr) Ingram Publishing/Getty Images; (left col: bl) Pidjoe/iStockphoto; (left col: br) Hemera Technologies/Getty Images; (right col: tr) Ablestock.com/Getty Images; (right col: bl) Comstock/Thinkstock; (right col: br) Charlie Borland/Alamy; **185:** Paul A. Souders/Stone/Getty Images; **186:** (t) Jonathan Heger/iStockphoto; (b) William Wang/iStockphoto; **190:** Andre Quinou/Shutterstock; **191:** (l) Gail A. Johnson/iStockphoto; (r) Thomas Pozzo Di Borgo/123RF; **195:** Ingram Publishing/Alamy; **197:** Index Open/Photolibrary; **198:** Francesco de Marco/Shutterstock; **200:** (left col: tl) Konrad Mostert/iStockphoto; (left col: tr) Anastasiya Maksimenko/123RF; (left col: bl) Juuce/iStockphoto; (left col: br) Keith Levit/Shutterstock; (right col) Nature Picture Library/Alamy; **201:** Securite Civile/UIISC7/Abaca Press/Alamy; **202:** (left col: t) Toni Anne Barson Archive/WireImage/Getty Images; (left col: m) Peace PhotoHunter/Shutterstock; (left col: b) *Portrait of Pasquale Paoli* (C19th), Caterina Piotti-Pirola. Engraving, 27 x 17.5 cm. Museo Centrale Del Risorgimento di Roma, Rome, Italy. DEA/V. Pirozzi/De Agostini/Getty Images; (t) Elena Elisseeva/Shutterstock; (bl) Miloski50/Shutterstock; (br) Pawel Kazmierczak/Shutterstock; **203:** (tl) John Schults/Reuters; (tr) KCS Presse/Splash News/Newscom; (ml) *The Emperor Napoleon in His Study at the Tuileries* (1812), Jacques-Louis David. Oil on canvas, 203.9 x 125.1 cm. Everett Collection/Shutterstock; (mr) Andreas Karelias/iStockphoto; (b) Larysa Uhryn/123RF; **204:** Bettmann/Getty Images; **206:** Mairie du 10e, Paris; **207:** (t) Guenterguni/E+/Getty Images; (b) Rawpixel.com/Shutterstock; (b, image on computer screen) Pablo Hidalgo/123RF.

Unit 5: 209: David Silverman/Getty Images; **210:** (l) Hero Images Inc/Alamy; (r) Xalanx/123RF; **211:** Igor Bulgarin/123RF; **218:** Pascal Pernix; **219:** (l) *Molière* (circa 1820-1864), Marc Antoine Claude Monnin. Etching on chine collé, after a portrait by Henri Allouard from *Oeuvres Complètes De Molière* published 1868, Paris, France. The Print Collector/Heritage Images/Alamy; (r) Stockbyte/Corbis; **223:** Guichaoua/Alamy; **227:** (t, bml) Martín Bernetti; (bl) Thapom942/Fotolia; (bmr) Anne Loubet; (br) Dmitry Rukhlenko/Shutterstock; (right col) Helene Pambrun/Paris Match Archive/Getty Images; **228:** (tl) Auremar/123RF; (tr) Ant236/Fotolia; (bl) Juanmonino/Wando Studios Inc/E+/Getty Images; (br) Hero Images/Getty Images; **233:** Emka74/Shutterstock; **234:** (t) Jessica Beets; (b) Kevin Kozicki/Media Bakery; **238:** DanitaDelimont.com/Alamy; **239:** (l) Rune Hellestad/Corbis Entertainment/Getty Images; (r) Robbie Jack/Corbis Entertainment/Getty Images; **241:** *Madame du Chatelet-Lomont* (C18th), Maurice Quentin de la Tour. Oil on canvas, 45 x 38 cm. Bridgeman Images; **242:** Arterra/Universal Images Group/Getty Images; **248:** (t) Monkey Business/Fotolia; (b) Jessica Beets; **249:** Images-of-France/Alamy; **250:** (left col: t) Cgstock/Shutterstock; (left col: b) Bettmann/Getty Images; (t) Media Bakery; (bl) AnkNet/iStockphoto; (br) SGM/AGE Fotostock; **251:** (tl) Guenter Fischer/Imagebroker/Alamy; (tr) Horst Ossinger/Picture Alliance/Getty Images; (ml) ImagesEurope/Alamy; (mr) *Louis Pasteur* (1885), Albert Edelfelt. Oil on canvas, 155 x 127.5 cm. Musée d'Orsay, Paris, France/Everett Art/Shutterstock; (b) Fotosearch; **252:** (left col: t) Courtesy of Région Grand Est; (left col: mt) Romuald Meigneux/SIPA/Newscom; (left col: mb) Courtesy of Région Hauts-de-France; (left col: b) Sonia Recchia/Getty Images; (t) Hemis/Alamy; (bl) Stuart Black/Media Bakery; (br) Katarzyna Mazurowska/iStockphoto; **253:** (tl) Olivier Leclercq/Hemis.fr/Alamy; (tr) *Entry of Joan of Arc into Orleans* (1887), Jean-Jacques Scherrer. Oil on canvas, 500 x 374 cm. Musée des Beaux-Arts d'Orléans, Orleans, France/Gianni Dagli Orti/De Agostini/Getty Images; (ml) Thierry Tronnel/Sygma/Getty Images; (mr) Hemis/Alamy; (b) Tashka/iStockphoto; **254:** Simon Isabelle/Sipa/Newscom; **254–255:** Joel Robison/Arcangel; **255:** (young woman) Heiko119/iStockphoto; **256:** (t) Paul Brown/Alamy; (b) Igor Bulgarin/123RF; **257:** Ronald Grant Archive/Alamy.

Credits

Text Credits

66: La Voix du Nord; **112:** © Jacques Charpentreau, Mots et Merveilles. Éditions Saint-Germain-des-Prés, 1981; **204:** Excerpts from *LE PETIT PRINCE* by Antoine de Saint-Exupery. Copyright ©1943 by Houghton Miffl in Harcourt Publishing Company, renewed 1971 by Consuelo de Saint-Exupery. Reprinted by permission of Houghton Miffl in Harcourt Publishing Company. All rights reserved. Audio, print, and digital rights *LE PETIT PRINCE* by Antoine de Saint-Exupery © Editions Gallimard, 1946.; **254:** Éditions de l'Aube.

Video Credits

45: © BBC 2019, Reproduced by permission; **91:** Matthieu MICHEL, Sevenmotion (pour Paris Je Te Quitte); **137:** Eric Kayser, artisan baker and "Mauvaise mine (Jupiter Remix)" by Lafayette. Courtesy of Enterprise / By arrangement with HyperExtension.; **183:** Brut Media; **229:** A filmb y Guillaume Colomb and Olivier Deriviere.

Audio Credits

Unit 3: Radio France / France Culture / Redaction; **Unit 4:** Radio France / France Inter / Camille Crosnier.